René Girard • SZEKSPIR

Teatr zazdrości

René Girard

SZEKSPIR

Teatr zazdrości

Przekład
Barbara Mikołajewska

Wydanie drugie poprawione

The Lintons' Video Press
New Haven, CT, USA
2015

Tytuł oryginału:
Shakespeare, les feux de l'envie,
© Éditions Bernard Grasset & Fasquelle, Paris 1990,
A Theater of Envy: William Shakespeare,
© Oxford University Press, Oxford, 1991.
Pierwsze polskie wydanie: SZEKSPIR: Teatr zazdrości,
© Wydawnictwo KR, Warszawa, 1996, for the Polish edition
© Barbara Mikołajewska, New Haven, 1996, for the Polish translation

ISBN-10: 1-929865-55-4
ISBN-13: 978-1-929865-55-0

SPIS TREŚCI

WPROWADZENIE 7
1 **MIŁOŚĆ PRAGNIE POCHWAŁ:**
   Valentine i Proteus w *Dwaj szlachcice z Werony* 14
2 **SKARB ÓW JAK ŻĄDŁO KŁUJE:** Collatinus i Tarkwiniusz w *Lukrecji* 34
3 **BIEG PRAWDZIWEJ MIŁOŚCI:** Czterech kochanków w *Śnie nocy letniej* 45
4 **O, UCZ MNIE SPOJRZEŃ:** Helena i Hermia w *Śnie nocy letniej* 60
5 **I ICH UMYSŁY ODMIENIONE WSPÓLNIE:** Geneza mitu w *Śnie nocy letniej* 76
6 **COŚ WIĘCEJ NIŻ ZŁUDZENIE:** Rzemieślnicy w *Śnie nocy letniej* 87
7 **COŚ O WIELKIEJ STAŁOŚCI:** Tezeusz i Hipolita w *Śnie nocy letniej* 100
8 **MIŁOŚĆ CUDZYM OKIEM:** Mimetyczne kalambury w *Śnie nocy letniej* 107
9 **MIŁOŚĆ ZASŁYSZANYM SŁOWEM:**
   Mimetyczne strategie w *Wiele hałasu o nic* 118
10 **A TY GO KOCHAJ, BO JA GO KOCHAM!:**
   Gatunek sielankowy w *Jak wam się podoba* 135
11 **TO NIE ZWIERCIADŁO ALE TY JEDEN JESTEŚ JEJ POCHLEBCĄ:**
   Miłość własna w *Jak wam się podoba* 146
12 **O, JAKŻE PIĘKNIE MU Z TĄ POGARDĄ:**
   Miłość własna w *Wieczorze Trzech Króli* 154
13 **SKOŃCZCIE. JUŻ MI NIE UŻYCZY TAKIEJ JAK PRZEDTEM BEZMIERNEJ SŁODYCZY:**
   Orsino i Olivia w *Wieczorze Trzech Króli* 162
14 **SMĘTNA CRESSIDA WŚRÓD WESOŁYCH GREKÓW:**
   Romans w *Troilusie i Cressidzie* 174
15 **ROZPUSTA I WOJNA:**
   Przekręcenia w średniowiecznym Troilusie i Cressidzie 196
16 **WEJRZENIA TYCH LUDZI:** Gry władzy w *Troilusie i Cressidzie* 204
17 **O, PANDARUSIE!:** *Troilus i Cressida* oraz uniwersalny stręczyciel 222
18 **EMULACJI BLADEJ, BEZKRWISTEJ:**
   Kryzys Kolejności w *Troilusie i Cressidzie* 232
19 **OJCIEC TWÓJ BOGIEM WINIEN BYĆ DLA CIEBIE:**
   Kryzys Kolejności w *Śnie nocy letniej* 243
20 **ŻENUJĄCE SPRZECZNOŚCI:** Kryzys Kolejności w
   Żywocie Timona z Aten i innych sztukach 252

21 O SPISKU!: Mimetyczne uwodzenie w *Juliuszu Cezarze* 269
22 FURIA DOMOWA I WŚCIEKŁY BÓJ W PAŃSTWIE:
    Stosująca przemoc polaryzacja w *Juliuszu Cezarze* 281
23 WIELKI RZYM BĘDZIE SSAŁ TWOJĄ PRZYWRACAJĄCĄ ŻYCIE KREW:
    Mord założycielski w *Juliuszu Cezarze* 290
24 MY OFIARNIKAMI, NIE RZEŹNIKAMI, MUSIMY BYĆ, KASJUSZU:
    Składanie ofiary w *Juliuszu Cezarze* 304
25 TRZEBA GO POCIĄĆ JAK GDYBY STANOWIŁ STRAWĘ DLA BOGÓW:
    Ofiarnicze cykle w *Juliuszu Cezarze* 318
26 WILK TEN WSZECHOGARNIAJĄCY I WSZYSTKO JAKO ZDOBYCZ:
    Mord założycielski w *Troilusie i Cressidzie* 327
27 SLODKI PUCK!: Ofiarnicze zakończenie w *Śnie nocy letniej* 337
28 USIDLENIE NAJMĄDRZEJSZEGO:
    Ofiarnicza ambiwalencja w *Kupcu Weneckim* i *Ryszardzie III* 350
29 CZY WIERZY PAN W SWOJĄ TEORIĘ?:
    „Francuskie trójkąty" w Szekspirze Jamesa Joyce'a 368
30 OSPAŁY ODWET HAMLETA: Zemsta w *Hamlecie* 387
31 CZY MAMY PRAGNĄĆ ZBURZENIA ŚWIĄTYNI?:
    Pragnienie i śmierć w *Otello* i w innych sztukach 412
32 KOCHASZ JĄ, BOWIEM WIESZ, ŻE JĄ MIŁUJĘ: Figury retoryczne w *Sonetach* 423
33 DAWSZY CI TAKĄ SPOSOBNOŚC: *Zimowa opowieść* (akt I, scena 2) 438
34 TWOIM SPRZYMIERZEŃCEM!: Zazdrość w *Zimowej opowieści* 446
35 ZŁOŚĆ ANI PRZYCZYNA: Grzech pierworodny w *Zimowej opowieści* 455
36 I PRAGNĘ CIEŃ TWÓJ MIŁOWAĆ ŻARLIWIE:
    Zimowa opowieść (akt V, scena 1 i 2) 464
37 CZYŻ MNIE NIE GANI TEN KAMIEŃ, ŻE JESTEM BARDZIEJ NIŹLI ON KAMIENNY?:
    Zimowa opowieść (akt V, scena 3) 475
38 WSZYSCY INNI TAK SIĘ DADZĄ SKUSIĆ JAK KOT DO MLEKA: Autosatyra w *Burzy* 488
    POSŁOWIE — Barbara Mikołajewska 505

WPROWADZENIE

Skoro już tysiące książek o Szekspirze zajmują półki bibliotek, ten kto usiłuje napisać nową, powinien się usprawiedliwić. Moje wyjaśnienie będzie jednak bardzo proste: bezgraniczna miłość przedmiotu. Byłbym jednak obłudny, twierdząc, że miłość ta jest tak bezinteresowna i bezcielesna, jak zaleca Immanuel Kant w swoich pismach o estetyce.

Moja praca o Szekspirze jest nierozerwalnie związana z wszystkim tym, co dotychczas napisałem, zaczynając od eseju na temat pięciu europejskich powieściopisarzy. Darzyłem ich miłością tak jednakowo i bezstronnie, że w błogiej nieznajomości mody literackiej, żądającej stanowczo od krytyków, aby poszukiwali tego, co czyni wybranych przez nich pisarzy absolutnie „niezwykli", „wyjątkowi", „niezrównani", „nieporównywalni" — inaczej mówiąc, całkowicie wyróżniającymi się — ryzykowałem tezę, że moich pięciu pisarzy coś łączy. Szokująca myśl, to prawda, ale uważam, że ryzyko opłaciło się. Odkryłem to coś i nazwałem to „mimetycznym pragnieniem" [*mimetic desire*][1].

Gdy myślimy o zjawiskach, w których mimetyzm może odgrywać jakąś rolę, wyliczamy takie przedmioty jak ubranie, manieryzm, wyrazy twarzy, mowa, zachowanie na scenie, twórczość artystyczna, itp., ale nigdy nie przychodzi nam na myśl pragnienie. Imitację w życiu społecznym rozumiemy bowiem jako narzucanie stadnego i

---

[1] Słowo *desire* nie ma w pełni zadowalającego odpowiednika w języku polskim. Oznacza bowiem pragnienie, silne pragnienie, pożądanie, chcenie. Słowo pożądanie, wybierane często przez innych tłumaczy, wydaje mi się zbyt wąskie i mające mylące konotacje. Sam autor odnosi *desire* do impulsu do zdobywania i posiadania. Używa terminów *desire* oraz *mimetic desire*. Wyraźnie zależy mu na neutralnym użyciu tego terminu. Podkreśla to, wskazując, że oceniający termin Szekspira *zazdrość* ma węższy zasięg niż termin *mimetic desire*. Do *desire* odnoszą się także wszystkie uniwersalistyczne religie, żądając, jak np. buddyzm wyrzeczenia się wszelkich pragnień [*desires*]. Do *desire* ustosunkuje się również chrześcijaństwo. Ewangelie określają je jako *skandalon* lub nazywają je szatanem. Nowoczesna kultura jednak, jak twierdzi Girard, nie używa tak negatywnych określeń dla *desire*. Wręcz przeciwnie niezwykle je ceni. *Desire* jest więc przedmiotem, do którego można się odnosić mniej lub bardziej negatywnie. Wybieram polski termin pragnienie, aby móc oddać złożony sposób używania terminów *desire* oraz *mimetic desire* przez autora. [Przyp. tłum.]

dobrotliwego konformizmu poprzez masową reprodukcję kilku społecznych modeli.

Gdyby imitacja odgrywała także pewną rolę w pragnieniu, gdyby „zakażała" nasz impuls do zdobywania i posiadania, wówczas ów stereotypowy sąd byłoby całkowicie fałszywy lub straciłby sens. Imitacja nie tylko zbliżałaby ludzi do siebie, ale również oddzielałaby ich od siebie. Paradoksalnie, może ona czynić obie te rzeczy naraz. Jednostki pragnące tego samego przedmiotu są zjednoczone czymś tak potężnym, że dopóki potrafią dzielić się wszystkim, czego pragną, dopóty pozostaną najlepszymi przyjaciółmi; w momencie, gdy tracą tę umiejętność, stają się najgorszymi wrogami.

Doskonała ciągłość asonansu z dysonansem jest tak kluczowa u Szekspira, jak u tragicznych poetów Grecji, służąc również za bogate źródło poetyckich paradoksów. Dramaturg i pisarz, aby zapewnić swej pracy przetrwanie krótkotrwałej mody, muszą odkryć fundamentalne źródło ludzkiego konfliktu — to znaczy mimetyczną rywalizację — i muszą odkryć je sami, bez pomocy filozofów, moralistów, historyków lub psychologów, którzy nieustannie na ten temat milczą.

Szekspir odkrył tę prawdę na tyle wcześnie, że jego obchodzenie się z nią wydaje się początkowo młodzieńcze, nawet karykaturalne. W młodzieńczej jeszcze *Lukrecji*[2], potencjalny gwałciciel, odmiennie od oryginalnego Tarquiniusa u rzymskiego historyka Liwiusza, postanowił zgwałcić kobietę, której nigdy w rzeczywistości nie spotkał; został do niej zwabiony wyłącznie za sprawą niepohamowanego wysławiania jej piękności przez jej męża. Podejrzewam, że Szekspir napisał tę scenę bezpośrednio po odkryciu mimetycznego pragnienia. Był tak bardzo pod jego wpływem, tak głęboko pragnął podkreślić jego konstytuujący paradoks, że stworzył tę — no, nie żeby całkowicie nieprawdopodobną, ale lekko niepokojącą — potworność, gwałt całkowicie w ciemno, tak jak mówimy o „randce w ciemno"[3]

Współcześni krytycy czują głęboką niechęć do tego poematu. Jeśli chodzi o Szekspira, to szybko zdał on sobie sprawę, że wymachiwanie przed publicznością mimetycznym pragnieniem jak płachtą przed bykiem nie jest najlepszą drogą do sukcesu (ja sam, jak sądzę, nigdy się tego nie nauczyłem). Szekspir prawie natychmiast stał się wyrafinowany, podstępny, skomplikowany w swoim sprzedawaniu pragnienia, ale pozostał konsekwentnie, nawet obsesyjnie, mimetyczny.

---

[2] Polskie cytaty z dzieł Szekspira w tłumaczeniu Macieja Słomczyńskiego. [Przyp. tłum.]

[3] Aluzja do amerykańskiego zwyczaju organizowania spotkania między osobami przeciwnej płci, które się nie znają. [Przyp. tłum.]

Szekspir potrafi mówić o mimetycznym pragnieniu tak wyraźnie, jak niektórzy z nas — ma tu swój własny zasób słów natychmiast rozpoznawalny, gdyż wystarczająco bliski współczesnemu. Mówi o "zasugerowanym pragnieniu" [*suggested desire*], „sugestii" [*suggestion*], „zazdrosnym pragnieniu" [*jealous desire*], "emulującym pragnieniu" [*emulous desire*], itp. Jednakże słowem podstawowym jest „zazdrość" [*envy*][4], sama lub w takich kombinacjach, jak „zazdrosne pragnienie" [*envious desire*] lub „zazdrosna emulacja" [*envious emulation*].

Zazdrość, podobnie jak mimetyczne pragnienie, podporządkowuje upragnione coś temu k o m u ś, kto pozostaje z tym w uprzywilejowanym związku. Zazdrość pożąda tego stojącego wyżej b y c i a [*being*], którym zdaje się być obdarzony nie ten ktoś sam ani to coś samo, ale ich połączenie. Zazdrość, zwłaszcza po intronizacji metafizycznej dumy w epoce Renesansu, jest mimowolnie świadectwem niedostatku bycia, co zawstydza zazdrosnego. Zazdrość jest więc grzechem najtrudniejszym do wyznania.

Przechwalamy się często, że żadne słowo nie może już nas zgorszyć, jak jednak jest z "zazdrością"? Nasz rzekomo nienasycony apetyt na zakazane zatrzymuje się nagle przed zazdrością. Kultury pierwotne obawiają się i tłumią ją tak silnie, że nie mają dla niej słowa; my sami prawie nie używamy tego słowa, które mamy i fakt ten nie jest bez znaczenia. Nie zakazujemy już wielu czynów, które wywołują zazdrość, ale milcząco wykluczamy wszystko, co mogłoby przypomnieć nam o jej obecności wśród nas. Powiada się, że doniosłość zjawisk psychicznych jest proporcjonalna do oporu przed ujawnieniem, który wywołują. Jeżeli zastosujemy tę miarę zarówno do zazdrości jak i do tego, co psychoanaliza nazywa wypartym, to które z nich stanie się poważniejszym kandydatem do roli najlepiej bronionej tajemnicy?

Kto wie, czy mimetyczne pragnienie nie zawdzięcza owego niewielkiego stopnia akceptacji w kołach akademickich, jaki udało mu się uzyskać, swojej częściowej zdolności do funkcjonowania nie jako kategoryczne ujawnienie tego, co Szekspir nazywa zazdrością, lecz jako jej maska i substytut. Aby uniknąć nieporozumień, w tytule tego szkicu

---

[4] W języku angielskim istnieją dwa odrębne słowa: *envy* oraz *jealousy*, które są tak samo tłumaczone na język polski, jako zazdrość lub zawiść. Słowa te mają odrębne znaczenia w języku angielskim. Słowo *jealousy* jest używane w kontekście obawy, że się straci coś, co się posiada, np. męża, który ma romans. Słowo *envy* jest używane w sytuacji, gdy chcemy posiadać coś, co ktoś inny posiada, np. pieniądze. Po polsku, w obu kontekstach użylibyśmy słowa zazdrość. Girarda interesuje kontekst, w którym używa się słowa *envy*. [Przyp. tłum.]

wybrałem tradycyjne, prowokacyjne, niepokojące i niepopularne słowo, słowo użyte przez samego Szekspira — zazdrość.

Czy oznacza to, że termin mimetyczne pragnienie nie może być sensownie użyty? Bynajmniej. Każda zazdrość jest mimetyczna, ale nie każde mimetyczne pragnienie jest zazdrosne. Zazdrość sugeruje pojedyncze, statyczne zjawisko, a nie fantastyczną matrycę form, którą konfliktotwórcza imitacja staje się pod piórem Szekspira.

Ci, którzy są przeciwni mimetycznemu pragnieniu, twierdząc że jego „redukcjonizm" zubaża literaturę, mylą je z ograniczonym zbiorem pojęć, który miałby skończoną zawartość. Szekspir sam odpowiada na ten zarzut, wybierając imię Proteusza, greckiego boga przekształceń, dla tego bohatera *Dwóch szlachciców z Werony*, który dosłownie personifikuje mimetyczne pragnienie. Tej wczesnej sztuce nie udało się rozwinąć pełnych implikacji tego imienia, ale „proteuszowa" jakość mimetycznego pragnienia staje się oczywista w komicznych arcydziełach, poczynając od cudownie lekkiego *Snu nocy letniej*.

Celem mojego szkicu jest pokazanie, że im bardziej kwintesencjonalnie „mimetyczny" staje się dany krytyk, tym wierniejszy pozostaje Szekspirowi. Niewątpliwie, dla większości ludzi pojednanie praktycznej i teoretycznej krytyki wydaje się niemożliwe. Moja książka ma na celu zademonstrowanie, że ludzie się mylą. Żadna teoria nie dorównuje w spojrzeniu Szekspirowi: stworzony przez niego świat jest posłuszny tym samym mimetycznym regułom, które ja sam odniosłem do jego pracy i jest im posłuszny *explicite*.

Szekspir często definiuje mimetyczne pragnienie w swoich komediach; nazywa je „miłością, która trzyma ten sam kurs, co wybór przyjaciół" [*love that stood upon the choice of friends*], „miłością cudzym okiem" [*love by another eye*], „miłością zasłyszanym słowem" [*love by hearsay*]. Miał on swój własny, niezrównany styl teoretyzowania *mimesis*: ostrożny, nawet czasami zamaskowany — nigdy nie zapomniał, że mimetyczna prawda jest niepopularna — ale zabawnie oczywisty i komiczny, gdy tylko zdobędziemy klucz, który otwiera wszystkie zamki w tej dziedzinie. Tym kluczem nie jest stara papka „mimetycznego realizmu", rzekomo odrębnej, artystycznej *mimesis*, z usuniętym konfliktotwórczym żądłem. U Szekspira nawet sztuka należy do tej jadowitej odmiany imitacji.

Interpretacja, tak jak ją współcześnie rozumiemy, nie jest właściwym określeniem dla tego, co robię. Moje przedsięwzięcie jest bardziej elementarne. Odcyfrowuję po raz pierwszy literę nigdy nie odcyfrowanego tekstu na tematy w literaturze dramatycznej podstawowe: pragnienia, konfliktu, przemocy, ofiary.

WPROWADZENIE 11

Radość pisania tego studium pochodzi z wielokrotnych odkryć w tekście, na które pozwala to neomimetyczne podejście. Szekspir jest bardziej komiczny, niż to sobie uświadamiamy, w gorzko satyrycznej i nawet cynicznej tonacji, o wiele bliższy współczesnym postawom niż kiedykolwiek podejrzewaliśmy. Byłoby błędem wierzyć, że jego intencje są bezpowrotnie stracone. Od czasów starych Nowych Krytyków[5] interpretatorzy zaniechali poszukiwań intencji poetów jako niedostępnych i nawet jako mało znaczących. Jeżeli chodzi o teatr, jest to katastrofalne. Komediopisarz ma w zamiarze **efekty komiczne** i jeżeli ich nie rozumiemy, nie potrafimy faktycznie przedstawić dzieła na scenie.

Mimetyczne podejście rozwiązuje "problemy" tak zwanych problematycznych sztuk teatralnych. Tworzy nową interpretację *Snu nocy letniej*, *Wiele hałasu o nic*, *Juliusza Cezara*, *Kupca weneckiego*, *Wieczoru Trzech Króli*, *Troilusa i Cressidy*, *Hamleta*, *Króla Leara*, *Zimowej opowieści*, *Burzy*. Odsłania dramatyczną jedność teatru Szekspira i jego tematyczną ciągłość. Odsłania kapitalne zmiany w jego osobistej perspektywie, historię jego dzieła, która wskazuje na jego własną, osobistą historię. Mimetyczne podejście odsłania ponadto oryginalnego myśliciela, wyprzedzającego swą epokę o stulecia, bardziej nowoczesnego niż niektórzy z naszych tak zwanych wzorcowych myślicieli.

Szekspir rozpoznaje siłę, która cyklicznie niszczy różnicujący system kultury [*the differential system of culture*] i która przywraca go do istnienia, mianowicie, kryzys mimetyczny, który Szekspir nazywa kryzysem *Degree* [*Kolejności*]. Jego zakończenie widzi w kolektywnej przemocy scapegoatingu (na przykład *Juliusz Cezar*). Omega jednego kulturowego cyklu jest alfą innego. Jednomyślny *victimage*[6] jest tym, co przekształca niszczącą siłę mimetycznej rywalizacji w konstruktywną siłę ofiarniczej *mimesis*, która cyklicznie odtwarza pierwotną przemoc, aby uniemożliwić powrót kryzysu.

Jako dramaturgiczny strateg, Szekspir z premedytacją ucieka się do potęgi scapegoatingu. Podczas prawie całej swojej kariery jednoczył dwie sztuki w jednej, rozmyślnie wyżłabiając różne segmenty swojej publiczności ku dwóm różnym sposobom rozumienia tej samej sztuki: ofiarniczemu wyjaśnieniu dla niewybrednego widza, które unieśmiertel-

---

[5] Chodzi tu o anglo-amerykański New Criticism. [Przyp. tłum.]
[6] Słowo to jest w pewien sposób zmodyfikowaną formą standardowych słów francuskich. Autor używa je zamiennie z terminem *scapegoating*. Terminy te nie mają zadowalających odpowiedników w języku polskim. [Przyp. tłum.]

niło się w większości nowoczesnych interpretacji i nieofiarniczemu, mimetycznemu wyjaśnieniu dla galerii.

Mimo moich starań o kompozycyjną całość, nie zawsze było możliwe pogodzenie chronologii sztuk z logiką ujawniania się mimetycznego procesu, który jest również procesem w czasie. Połączenie obu udawało się dość dobrze w komediach, ale po *Troilusie i Cressidzie* potrzeba logicznej prezentacji zmuszała mnie od czasu do czasu do poruszania się tam i z powrotem między sztukami z różnego okresu. Wolałbym, żeby taki sposób postępowania nie był konieczny.

Manipulowanie chronologicznym porządkiem nie jest najgorszym z moich grzechów. Pod koniec książki wstawiłem rozdział o *Ulissesie* Joyce'a, dokładniej mówiąc na temat wykładu Stefana Dedalusa o Szekspirze. Chociaż tekst ten powszechnie uważa się za bezużyteczny dla zrozumienia Szekspira, to jednak jest on pierwszą mimetyczną interpretacją jego prac, olśniewającą kondensacją wielu tych samych myśli, które wydobyłem na światło dzienne w niniejszej książce.

Tekst Joyce'a ma pewną jak najbardziej niezwykła właściwość: zręcznie zaprasza do filisterskiego, błędnego czytania, które wciąż panuje niepodzielnie w kręgach literackich. Joyce szatańsko zmontował tę szaradę dzięki dramatycznej ambiwalencji, która zdaje się być wzorowana na ambiwalencji samego Szekspira. Wszyscy przyszli czytelnicy, których Joyce uważa za niegodnych swojego pisarstwa, zostaną zręcznie wprowadzeni w błąd, aby pójść drogą wrogo usposobionych słuchaczy Stefana; kończą „składając w ofierze" wykładowcę i jego wykład.

Joyce jest tak potężnym sprzymierzeńcem, udzielającym poparcia moim własnym niekonwencjonalnym tezom, że nie mogłem oprzeć się pokusie, aby nie poświęcić mu rozdziału. Ale gdzie go umieścić? Źle rozumiane gromy rzucane przez Stefana, aby poskutkować, potrzebują wyjaśniającej pomocy moich własnych starannych analiz. Z powodu swojej autentycznej wyższości, Joyce powinien następować po moich dociekaniach. Nie chciałem jednak umieszczać go na samym końcu, jako pewnego rodzaju konkluzji. Nie chciałem wywoływać wrażenia, że zgadzam się ze wszystkim, co mówi o Szekspirze. Chociaż jego supersoniczna bezczelność jest dokładnie tym, co jest potrzebne, aby uwolnić Szekspira od góry humanistycznej pobożności oraz estetycznej, sentymentalnej bzdury, pod którą ten „szlachetny wieszcz" został na wieki pogrzebany, to jednak według mnie Joyce nie dostrzegł czegoś niezwykle ważnego w jego ostatnich sztukach. Wprowadzają one coś gruntownie nowego, bardziej litościwą i nawet religijną nutę, na którą Joyce, tak przenikliwy gdzie indziej, jest całkowicie ślepy.

Ostatecznie zdecydowałem się przemycić Joyce'a między debatowaniem nad tymi licznymi sztukami, co do których się zgadzamy, i tymi nielicznymi, o których mamy odmienne sądy. Jednakże rozwiązanie to, wtrącone w moją analizę sztuk, nie jest faktycznie zadowalające.

Innym problemem był wybór sztuk oraz poszczególnych scen, które ilustrowałyby najlepiej moje dociekania. Był to *embarras de richesse*. Wybrałem nie tyle najbardziej zasobne teksty, co najbardziej niedwuznaczne z punktu widzenia moich celów. Zwykle są one pierwszą dramatyzacją którejś z mimetycznych konfiguracji, którą ilustrują. Ten tryb selekcji wyjaśnia dlaczego sztuki, o których mówię niewiele lub nic, pochodzą często z końca któregoś z okresów, w którym autor oddawał się temu właśnie gatunkowi, do którego przynależą — na przykład, komedie *Miarka za miarkę*, *Wszystko dobre, co się dobrze kończy*; i tragedie *Macbeth*, *Antoniusz i Kleopatra*. Odwrotnie, jeżeli chodzi o romanse — nie ma nic o *Peryklesie*, bardzo niewiele o *Cymbeline*, mnóstwo o *Opowieści zimowej* i trochę o *Burzy*.

Kronik prawie całkowicie brakuje. Jestem świadomy ogromu mimetycznej materii w nich, zwłaszcza w *Henryku IV* (część II), chociaż z punktu widzenia tego, co mnie najbardziej interesuje, są to raczej prace ubogie; ustępują większości komedii i tragedii.

Szczerze mówiąc, temu szkicowi brak równowagi. O tak wielu sztukach się tu debatuje, że w końcu brakuje tylko kilku; ich nieobecność wydaje się nieuzasadniona. Nie wykluczyłem ich rozmyślnie z powodów teoretycznych, czy też estetycznych. „Romantyczna" *Romeo i Julia* tryska mimetyczną satyrą, ale mój esej na temat tej sztuki zbytnio się rozrósł, aby zmieścić się w tej już i tak ciężkiej do obsługi książki.

Za wady tej książki tylko ja odpowiadam. Mam nadzieję, że czytelnik będzie umiał oddzielić ziarno od plew i wyczarować choćby mglisty obraz tego, co doskonalsza realizacja takiego samego planu mogłaby osiągnąć.

1
MIŁOŚĆ PRAGNIE POCHWAŁ
Valentine i Proteus
w *Dwóch szlachcicach z Werony*

Valentine i Proteus z Werony są przyjaciółmi od najwcześniejszych lat dzieciństwa i obecnie ich ojcowie chcą ich posłać do Mediolanu, aby zdobyli wykształcenie. Proteus odmawia wyjazdu z Werony z powodu miłości do Julii; Valentine udaje się do Mediolanu sam.

Jednakże Proteus mimo bliskości Julii ogromnie tęskni za Valentinem i po pewnym czasie również udaje się do Mediolanu. Dwaj przyjaciele łączą się ponownie w książęcym pałacu; córka księcia, Silvia, właśnie tam się znajduje i Valentine zwięźle przedstawia Proteusa. Po jej odejściu Valentine oznajmia, że ją kocha i jego hiperboliczna namiętność złości Proteusa. Jednakże, gdy Proteus zostaje sam, wyznaje sam sobie, że już dłużej nie kocha Julii; także zakochał się w Silvii:

> Even as one heat another heat expels,
> Or as one nail by strength drives out another,
> So the remembrance of my former love
> Is by a newer object quite forgotten.
> (II, iv, 192-195)[7]

> Jak płomień niknie, gdy większy zaświeci,
> Jak jednym klinem można wybić drugi,
> Tak i wspomnienie mej dawnej miłości,
> Ów nowy przedmiot usunął z pamięci.
> (s.59)[8]

---

[7] Wszystkie angielskojęzyczne cytaty z prac Szekspira pochodzą z *The Riverside Shakespeare*, ed. G. Blakemore Evans, Houghton Mifflin, Boston, 1974.

[8] Tu i dalej cytuję za: *Dwaj szlachcice z Werony*, przełożył Maciej Słomczyński, Wydawnictwo Literackie, Kraków 1979. [Przyp. tłum.]

Jeżeli „miłość od pierwszego wejrzenia" w ogóle istnieje, to z całą pewnością jest to ona, myślimy, ale Proteus nie jest wcale tego pewien; w trzech decydujących wersach sugeruje odmienne wyjaśnienie:

> Is it mine eye, or Valentinus' praise,
> Her true perfection, or my false transgression,
> That makes me reasonless, to reason thus?
> (196-198)

> Czyżby niestałość mojego umysłu,
> Czy Valentina pochwały, a może
> Jej doskonałość prawdziwa, lub moja
> Nikczemność pełna fałszu, to sprawiły,
> Że nierozumnie muszę rozumować?
> (s. 59-60)

Komedia w całości dostarcza dostatecznego potwierdzenia tej decydującej roli Valentina w powstaniu nagłej namiętności Proteusa do Silvii. Zgodnie z naszą romantyczną i indywidualistyczną ideologią, zapożyczone uczucie, takie jak to, nie jest wystarczająco prawdziwe, aby być naprawdę silne. Według Szekspira prawda jest inna; pragnienie Proteusa jest tak zawzięte, że rzeczywiście zgwałciłby Sylwię, gdyby Valentine nie uratował jej w ostatniej chwili.

Mamy tu do czynienia z pragnieniem mimetycznym lub zapośredniczonym [*mediated*]. Valentine jest w tym pragnieniu modelem lub pośrednikiem [*mediator*]; Proteus jest w nim zapośredniczającym [*mediated*] podmiotem. Silvia jest ich wspólnym przedmiotem. Mimetyczne pragnienie może uderzać z prędkością pioruna; nie bazuje jednak w rzeczywistości na wstrząsie wywoływanym przez przedmiot, chociaż tak się wydaje. Proteus pragnie Silvii, nie dlatego że ich krótkie spotkanie zrobiło na nim takie decydujące wrażenie, ale dlatego że jest usposobiony przychylnie do wszystkiego, czego pragnie Valentine.

Mimetyczne pragnienie jest pojęciem samego Szekspira. Możemy zauważyć to znowu w monologu Proteusa, gdzie rola percepcji w genezie jego pragnienia Silvii została zredukowana do minimum:

> She is fair; and so is Julia that I love,
> That I did love...
> (199)

> Piękna jest. Równie piękna jest i Julia,

Ma ukochana, — ongi ukochana.
(s. 60)

Silvia nie jest obiektywnie bardziej pociągająca od Julii, a jej jedyną przewagą jest to, że Valentine już jej pragnie. Szekspir poddaje w wątpliwość dominację wejrzenia w wyrażeniu **miłość od pierwszego wejrzenia**. Także w *Śnie nocy letniej* mówi się, że obie dziewczyny są równie piękne, co również przemawia za pragnieniem mimetycznym.

Dramatycznym kontekstem tego pierwszego mimetycznego pragnienia, jak i wielu innych u Szekspira, jest bliska, długoletnia przyjaźń obu protagonistów. Tuż przed przyjazdem Proteusa, Valentine opisuje tę przyjaźń Silvii i jej ojcu:

> I knew him as myself; for from our infancy
> We have convers'd and spent our hours together.
> (II, iv, 62-63)

> Znam go jak siebie, bowiem od dzieciństwa
> Był druhem wszystkich moich wolnych godzin.
> (s. 52)

Gdy dwaj młodzi mężczyźni wzrastają razem, uczą się tych samych lekcji, czytają te same książki, grają w te same gry i zgadzają się prawie we wszystkim, mają również skłonność do pragnienia tych samych przedmiotów. Ta bezustanna zbieżność nie jest przypadkowa, lecz konieczna dla przyjaźni; występuje tak regularnie i nieuchronnie, że wydaje się zadecydowana z góry przez jakieś nadprzyrodzone fatum; w rzeczywistości polega ona na wzajemnej **imitacji** tak samoistnej i nieprzerwanej, że pozostaje nieświadoma.

Erosem nie można się dzielić w taki sam sposób jak książką, butelką wina, utworem muzycznym, czy pięknym pejzażem. Proteus robi to, co czynił zawsze — imituje swojego przyjaciela, ale tym razem skutki są radykalnie odmienne. Nagle, bez ostrzeżenia, postawa, która zawsze była pokarmem dla przyjaźni, rozbija ją. Imitacja jest więc mieczem obosiecznym. Niekiedy wytwarza tak wielką harmonię, że może uchodzić za najłagodniejszy i najnudniejszy z ludzkich popędów; kiedy indziej wytwarza tak silne niesnaski, że wzbraniamy się przed uznaniem jej za imitację.

Szekspir jest zafascynowany tą ambiwalencją imitacji i przedstawia szczegółowo tę niepokojącą ciągłość między postawą, które podsyca przyjaźń i postawą, które ją niszczy. Jeszcze w Weronie, Proteus dokładał starań, aby uwikłać Valentina w swój związek z Julią. Chciał przeszkodzić wyjazdowi przyjaciela i jego pierwszą myślą była Julia. Znajdując ją pociągającą, uważał za naturalne, że Valentine będzie dzielił z nim to zauroczenie; sławił jej piękno w taki sam sposób, jak obecnie w Mediolanie Valentine sławi Silvię.

Nasi dwaj przyjaciele, ilekroć nie widzą tak samo, czują, że coś jest nie tak; każdy z nich próbuje przekonać drugiego, że powinien przeorientować swoje pragnienie w taki sposób, aby raz jeszcze uzgodnić je z własnym. Przyjaźń jest wiecznym zbieganiem się dwóch pragnień. Ale *envy* i *jealousy*[9] są dokładnie tą samą rzeczą. *Mimesis* pragnienia jest zarówno tym, co najlepsze w przyjaźni, jak i tym, co najgorsze w nienawiści. Ten oczywisty paradoks odgrywa kolosalną rolę u Szekspira.

Kiedy Proteus ostatecznie opuszcza Weronę, twierdzi, że zrobił tak z posłuszeństwa wobec ojca, chociaż przedtem sprzeciwił się jego rozkazom. To przykład przyjaciela jest bardziej przekonywujący niż życzenie ojca. Proteus ma zranioną dumę i potrzebuje wymówki, której dostarcza mu ojciec. Oto pierwsza ilustracja czegoś, o czym będziemy się przekonywać wielokrotnie w niniejszym szkicu. Wbrew potocznemu poglądowi, ojcowie jako ojcowie nie liczą się u Szekspira prawie wcale. Nie są ważni sami w sobie, jak u Freuda, lecz służą za maski dla mimetycznego pragnienia.

Proteus, po przyjeździe do Mediolanu, nie może powstrzymać się, aby nie przypomnieć o obojętności Valentina wobec Julii:

> My tales of love were wont to weary you;
> I know you joy not in a love-discourse.
> (126-127)

> Nie chcę cię nużyć mówiąc o miłości,
> Wiem, że miłosnych nie lubisz powiastek.
> (s. 56)

Proteus jest nieco urażony, ale pełen wstrzemięźliwego uwielbienia dla niezależnego ducha przyjaciela. Oto prawdziwy powód, dla którego ostatecznie wyjechał z Werony. Obojętność Valentina zrobiła już podkop pod jego pragnieniem Julii.

---

[9] Zob. przypis 4. Ponieważ język angielski rozróżnia słowa *envy* i *jealousy* powyższe zdanie można napisać: „Pragnienie posiadania czegoś, co ktoś posiada, jest tym samym co obawa, że się straci coś, co się samemu posiada". [Przyp. tłum.]

Wyjazd Proteusa do Mediolanu jest opóźnioną imitacją Valentina; jego nagła namiętność do Silvii jest dokładnie tym samym. Chociaż odstąpienie od własnego erotycznego wyboru dla przyjaciela jest bardziej widowiskowe niż zmiana miejsca zamieszkania, to imitacyjny wzór jest tu taki sam. Gdy przeanalizujemy rozmowę, która zaraz po jego krótkim spotkaniu z Silvią wytwarza pragnienie Proteusa, zobaczymy, że te dwa zjawiska mają ten sam charakter; po krótkiej próbie polegania na samym sobie, Proteus nie potrafi znieść wysiłku i nagle ulega wpływowi Valentina:

> *Proteus*: Was this the idol that you worship so?
> *Valentine*: Even she; is she not a heavenly saint?
> *Proteus*: No; but she is an earthly paragon.
> *Valentine*: Call her divine.
> *Proteus*: I will not flatter her.
> *Valentine*: O flatter me; for love delights in praises.
> (II, iv, 144-148)

> *Proteus*: Czyż ta jest bóstwem, które tak czcić musisz?
> *Valentine*: Ona. Czyż nie jest to święta niebiańska?
> *Proteus*: Nie, lecz jest ziemskim jej odpowiednikiem.
> *Valentine*: Boską ją nazwij.
> *Proteus*: Nie chcę jej pochlebiać.
> *Valentine*: O, mnie pochlebiaj! Miłość pragnie pochwał.
> (s. 57)

W terminologii chrześcijańskiej, nazwanie kogoś „bóstwem" [*an idol*] może być obraźliwe. Słowo ma konotację fałszywej czci; święta niebiańska [*a heavenly saint*] natomiast jest sprawiedliwie uhonorowana, a nie niesłusznie czczona.

Proteus już dwa razy sprowadził Sylwię na ziemię, ale Valentine ciągle chce ją widzieć w niebie:

> [*Valentine*]: Yet, let her be a principality
>   Sovereign to all the creatures of this world.
> *Proteus*: Except my own mistress.
> (152-154)

> *Valentine*: Pozwól przynajmniej, by była niebiańska,
>   Górując ponad wszystkim, co świat nosi.
> *Proteus*: Prócz mej kochanki.
> (s. 57)

Ostatnie słowa wskazują wprost na prawdziwy powód irytacji Proteusa; zbytnie sławienie Sylwii jest ukrytym odrzuceniem Julii. Proteus chce zawieszenia broni, ale Valentine żąda bezwarunkowego poddania się:

> *Valentine*: Sweet, except not any;
> Except thou wilt except against my love.
> *Proteus*: Have I no reason to prefer mine own?
> *Valentine*: And I will help thee to prefer her too:
> She shall be dignified with this high honor —
> To bear my lady's train, lest the base earth
> Should from her vesture chance to steal a kiss.
> And of so great a favor growing proud,
> Disdain to root the summer-swelling flow'r,
> And make rough winter everlastingly.
> (154-163)

> *Valentine*: Prócz żadnej, mój miły!,
> Prócz myśli, że to „prócz" godzi w mą miłość!,
> *Proteus*: Czyż mi nie wolno mojej stawiać wyżej?,
> *Valentine*: Ja cię wspomogę, byś tę wyżej stawiał.
> Tamtą zaszczyci, jeśli zazna łaski,
> I będzie mogła nieść tren mojej pani,
> Aby proch nędzny nie mógł pocałunku,
> Z kraju jej szaty skraść, a otrzymawszy,
> Tak wielką łaskę, nie zapomniał zwolnić
> Z głębi swej kwiatów wzbierających wiosną,
> I nie uczynił zimy wiekuistą.
> (s. 58)

Proteus, gdy tego słucha, z cala pewnością przedstawia sobie ponurą przyszłość, która go czeka w towarzystwie patetycznej Julii. Będzie nieustannie zaćmiewany przez promieniujące stadło skłaniające do składania pokornego hołdu. Tak się składa, że Silvia jest córką panującego księcia. Tego faktu nie należy przeceniać, ale jest wart nadmienienia.

Valentine sławiąc Silvię, ucieka się głównie do metafor religijnych. Tradycyjnie krytycy potępiają ten język jako sztuczny. Twierdzą, że odnosi się do wszystkich kobiet i nie opisuje nikogo w szczególności. Retoryka jest obecnie znowu modna, ale — co osobliwe — z tej właśnie racji, dla której nasi przodkowie jej nie lubili: jej oczywiste lekceważenie prawdy schlebia naszemu współczesnemu samozadowoleniu; chcemy całkowitego oddzielenia języka od rzeczywistości i jesteśmy na tyle pewni, że cel ten spełni retoryka, że nasz nihilizm jest uspokojony.

To oddzielenie jest mniej kompletne niż się zdaje. Chętnie zgodzę się, że nazwanie kobiety „boską" [*divine*] nie opisuje jej taką, „jaką rzeczywiście jest". Religijne metafory nie odtwarzają wiernie piękna kobiety, ale nie jest to ich rzeczywistym celem. Jak już stwierdziliśmy, w mimetycznym kontekście wygląd fizyczny nie ma nic wspólnego z tematem.

Omawiana dyskusja jest prowadzona z punktu widzenia dwóch rywali[10] i metafory doskonale służą swojemu celowi. Są uporządkowane według wznoszącej się ku górze skali, sugerującej wyższe i niższe stopnie powabu. Julia nie jest naprawdę „migoczącą gwiazdą" [*a twinkling star*], Silvia nie jest „niebiańskim słońcem" [*a celestial sun*]; retoryczne napuszenie jest krańcowe, nie sprawia jednak, że wizerunki są mniej wymowne, podobnie jak byłoby z termometrem, gdyby liczby zostały pomnożone przez sto lub sto tysięcy. Tak więc nawet jeżeli Silvia nie jest „monarchinią wszystkich stworzeń tego świata" [*sovereign to all the creatures of this world*], może wyraźnie być bardziej pożądaną partią niż Julia. Nawet jeżeli Valentine w rzeczywistości nie stanie się olimpijskim bogiem, to biorąc ją sobie za żonę, może wzbić się wysoko ponad pechowego Proteusa i jego mierną metresę.

Valentine używa tego języka tak skutecznie, że Proteus wydaje się coraz bardziej przygnębiony. Gdy pierwszy z nich używa zdań coraz dłuższych, drugi przemawia w krótkich i posępnych wybuchach. Dawniej, w Weronie, Proteus czuł się tak samo wspaniały jak obecnie Valentine; jego miłość do Julii czyniła z niego bogacza przemieniając innych w nędzrzy. Teraz Valentine sam jeden jest bogaty, tak bogaty, że jego ogromne zasoby przemieniają jego przyjaciela prawie w żebraka.

Proteus, zanim podda się magnetycznej sile przyciągania pragnienia Valentina, czyni ostatni wysiłek ocalenia własnego, niezależnego pragnienia. Jednakże Valentine jest nieprzejednany:

> *Valentine*: Pardon me, Proteus, all I can is nothing
> To her, whose worth makes other worthies nothing:
> She is alone.
> *Proteus*: Then let her alone.
> *Valentine*: Not for the world. Why, man, she is mine own,
> And I as rich in having such a jewel
> As twenty seas, if all their sand were pearl,
> The water nectar, and the rocks pure gold.
> (II, iv, 165-171)

---

[10] Użyto tu słowa *competitive*, które odnosi się do sytuacji, w której ocenia się, kto jest lepszy, a więc sytuacji konkursu. [Przyp. tłum.]

> *Valentine*: Wybacz mi, proszę Proteusie; wszystko,
> Co rzec tu mogę, jest niczym przy owej,
> Która przemienia każdą inną w nicość.
> Nieosiągalna.
> *Proteus*: Więc po nią nie sięgaj.
> *Valentine*: Ach, świat bym oddał. Moja jest, człowieku,
> A jam bogaczem mając taki klejnot,
> Jak gdybym panem został mórz dwudziestu,
> Mających perły w miejsce ziaren piasku,
> Nektar miast wody i brzeg szczerozłoty.
>
> (s. 58)

Gdy czujemy się zbyt boleśnie wykluczeni z towarzystwa, niedostępny świat naszych prześladowców nabiera transcendentalnej jakości, która przypomina specyficzne przeżycie religijne, równocześnie archaiczne i współczesne, w którym bogowie są bardziej wrodzy, niż łaskawi.

Przyjaciel oznajmia Proteusowi, tym razem prostym językiem, że ten stracił w jego oczach wartość:

> Forgive me, that I do not dream on thee,
> Because thou seest me dote upon my love.
>
> (172-173)
>
> Wybacz, że witam cię nieco ospale,
> Lecz śnię o miłej mojej nieustannie.
>
> (s. 58)

Miłość jest ważniejsza od przyjaźni. Obrócony w perzynę Proteus, czuje się teraz wywłaszczony nie tylko z ukochanej Julii i najlepszego przyjaciela Valentina, ale ostatecznie i z samego siebie. Nieświadome okrucieństwo Valentina, przekształciło Proteusa w coś na kształt średniowiecznego trędowatego, skończonego pariasa.

Bezdenne piekło otwiera się u jego stóp, a na wysokościach piękna Silvia stoi w towarzystwie nie posiadającego się z radości Valentina. Gdyby zechciała wyciągnąć pomocną dłoń do Proteusa, mogłaby sprowadzić go z powrotem na brzeg życia. Valentine unicestwił przyjaciela, ale również zasugerował drogę zmartwychwstania. Proteus jest nieodparcie naprowadzany na przeorientowanie swojego własnego pragnienia ku wybitniejszej boskości.

Język nieba i piekła jest jedynym stosownym, aby opisać to, co przytrafia się Proteusowi. Najpierw Valentine ucieka się do niego trochę mechanicznie, ale w trakcie rozmowy jego znaczenie rośnie. Dyskusja zamiera, kiedy Proteus zostaje całkowicie przekonany przez bałwochwalczy język Valentina. Zostaje nawrócony na kult Silvii.

Valentine, w przeciwieństwie do Proteusa, zdaje się być odporny na mimetyczne pragnienie. W Weronie odrzuca pragnienie przyjaciela; następnie w Mediolanie, o ile możemy się zorientować, zakochuje się bez zewnętrznej sugestii. Jego pragnienie Silvii nie ma dostrzegalnego modelu lub jakiegoś pośrednika. Jednakże, paradoksalnie, to rzekomo autonomiczne pragnienie jest złudnym pozorem, jeszcze jedną mimetyczną iluzją. Valentine jest bardziej złożony niż się wydaje; właśnie widzieliśmy go kompulsywnie sławiącego, Silvię „na rzecz" Proteusa, podczas gdy chwilę wcześniej, równie kompulsywnie, sławił Proteusa „na rzecz" Silvii i jej ojca. Gdyby poszczęściło mu się z nią tak samo jak z przyjacielem, to tych dwoje skończyłoby w swoich ramionach. Ostateczny rezultat byłby więc katastrofą jeszcze gorszą od tej, którą Valentine faktycznie wywołuje — tym rodzajem katastrofy, która faktycznie wydarza się w niektórych późniejszych sztukach, zwłaszcza w *Troilusie i Cressidzie*. Valentine jest bezwiednie stręczycielem [*go-between*], kimś, kto zapowiada rozmyślne stręczycielstwo z późniejszych komedii. Pracuje tak gorączkowo przeciw swojemu własnemu interesowi, że zastanawiamy się, czego faktycznie pragnienie.

Czyżby Valentine rozkoszował się w sekrecie perspektywą miłosnego połączenia swej ukochanej ze swoim najlepszym przyjacielem? Takie domysły są uzasadnione, nawet nieodzowne, ale nie powinny prowadzić nas do zastępowania tekstu Szekspira taką lub inną teorią psychoanalityczną. Narzędzie, którym dysponujemy może uwolnić nas od fałszywej dychotomii między normalnym i nienormalnym pragnieniem.

Nie należy nigdy zapominać, że Valentine i Proteus mają zupełnie normalny powód, aby próbować wzajemnie oddziaływać na przychylność drugiego w stosunku do swojej ukochanej: przyjaźń z lat dziecinnych. Wybór żony jest tak ważny, że negatywna lub nawet „letnia" reakcja ze strony bliskiego przyjaciela poddaje w wątpliwość mądrość naszego wyboru. Nie zadowala nas powierzchowna aprobata; domagamy się gorącego poparcia.

Obojętność Valentina wobec Julii najpierw osłabia pragnienie Proteusa, a następnie je niszczy. Jest zrozumiałe, że Valentine chce uniknąć analogicznego doświadczenia i próbuje przekonać Proteusa, że Silvia przewyższa Julię. Wiara Valentina w Sylwię byłaby bowiem poddana w wątpliwość dokładnie tak samo, jak wiara Proteusa w Julię, gdyby w Mediolanie reakcja Proteusa była taka sama, jak jego własna reakcja wcześniej w Weronie. Przesadne sławienie Sylvii przez Valentina jest więc próbą zażegnania tego niebezpieczeństwa. Valentine, aby wymóc na Proteusie jak najwyższą ocenę Silvii, popisuje się większą pewnością niż ta, którą faktycznie posiada. Nie znaczy to, że jest obojętny wobec swej pięknej dziewczyny, ale między tym zauroczeniem a fanatycznym kultem, który publicznie wyznaje, istnieje przepaść, nad którą nie można by zbudować mostu bez paradoksalnej pomocy Proteusa. Chociaż wybór Silvii przez Valentina nie jest zdeterminowany mimetycznie w takim samym sensie, jak wybór Proteusa, to jednak jego pragnienie ma mimetyczny wymiar, który odsłania jego niepohamowane wychwalanie. Valentine czyni swoje pragnienie bardziej efektownym niż ono jest w istocie, aby zarazić nim Proteusa i przemienić przyjaciela w mimetyczny model *a posteriori*.

Możemy bez trudu dostrzec rolę Valentina w procesie przekonywania Proteusa do tego, że Silvia jest boska; rola Proteusa w przekonywaniu Valentina do tej samej myśli jest słabiej widoczna, ale równie niewątpliwa. W miarę jak pragnienie Silvii przez Proteusa rośnie, rośnie także pragnienie jej przez Valentina, a jego retoryka staje się bardziej ożywiona.

Strategia Valentina nie jest bynajmniej wyjątkowa; każdy z nas może zaobserwować wokół siebie ludzi, którzy ją stosują i, jeżeli nie jesteśmy zbyt uczuleni na autoanalizę, możemy nawet samych siebie na tym przyłapać. Nasze pragnienia nie są prawdziwie przekonywujące, zanim nie zostaną odbite w zwierciadle pragnień innych ludzi. Trochę poniżej całkowicie jasnej świadomości odgadujemy reakcje naszych przyjaciół i próbujemy „kanalizować" je w kierunku naszego własnego, niepewnego wybierania, tzn. w kierunku, którego nasze pragnienie powinno się nieugięcie trzymać, aby nie wydawać się mimetycznym. Taka nieugiętość nie jest sprawą rozstrzygniętą z góry, zrozumiała samą przez się. Za pomocą mimetycznie uzależnionego modelu, Valentine wzmacnia swoje jeszcze wahające się pragnienie, przekształcając w ten sposób półprawdę swojej miłości do Silvii w „prawdę całkowitą".

Apetyt Valentina na mimetyczne pragnienie Proteusa jest także mimetyczny. To asymetryczne położenie przyjaciół nie niszczy, lecz tworzy, podstawową symetrię ich mimetycznej spółki.

Obserwator zainteresowany psychopatologią rozpozna u Valentina i Proteusa wszelkiego rodzaju „symptomy", które ciągle są z trudem dostrzegalne. Symptomy te nie są bynajmniej zmyślone, gdyż pojawią się znowu w ostrzejszej formie w późniejszych sztukach Szekspira, takich jak *Wiele hałasu o nic, Wieczór Trzech Króli, Troilus i Cressida, Otello, Cymbeline* i *Zimowa opowieść*.

U Valentina możemy dostrzec coś „sadystycznego", gdy rozniecazazdrość Proteusa i coś „masochistycznego", gdy cierpi od rykoszetu tej zazdrości. Możemy nazywać go „ekshibicjonistą", gdy popisuje się Silvią przed Proteusem; możemy również rozpoznać w nim „utajony homoseksualizm", dyskutowany przez Freuda. Nic z tego nie jest od rzeczy, ale nasze rozumienie tej sztuki ucierpi raczej zamiast się poprawić, jeżeli pozwolimy temu psychiatrycznemu słownikowi uszczuplić szekspirowskie źródło zrozumiałości — mimetyczne pragnienie.

Mężczyzna nie może dać większego dowodu, że dana kobieta jest atrakcyjna, niż rzeczywiście jej pragnąc. Byłoby przesadą twierdzić, że Proteus w Weronie, a Valentine w Mediolanie faktycznie chcą, aby przyjaciel zakochał się w kobiecie, w której sami są już zakochani. Jednakże granica między poszukiwaniem poparcia u przyjaciela, a popychaniem go i tej właśnie kobiety, aby padli sobie w ramiona, jest wąska.

Kiedy granica ta zostaje wyraźnie przekroczona, czujemy, że przekroczyliśmy pewien próg „perwersji" lub patologii, ale zasadnicza sytuacja nie zmieniła się, a konkretne określenie zależy od oczu patrzącego. Chcę tu jedynie pokazać, że zawsze możliwe jest sprowadzenie bardziej lub mniej „perwersyjnej" struktury do całkiem normalnych impulsów dwóch przyjaciół z dzieciństwa, którzy imitują nawzajem swoje pragnienia, ponieważ zawsze tak robili i ponieważ taka imitacja zawsze wzmacniała zarówno ich indywidualne pragnienia, jak i ich przyjaźń.

Ta sama jednostka, która robi wszystko, co może, żeby przekazać własne pragnienie przyjacielowi, oszaleje z zazdrości na najdrobniejszą oznakę sukcesu. U późniejszego Szekspira prawda ta będzie się odnosić nawet do najbardziej wyrachowanego i przewrotnego stręczyciela, Pandarusa. Potrafimy już zrozumieć dlaczego: gdy pragnienie przeszczepione w przyjaciela doda już raz animuszu pragnieniu podmiotu, wówczas takie pełne wigoru pragnienie naprawdę lęka się konkurencji, za którą tęskniło, gdy brakowało mu siły dostarczonej przez współzawodnictwo.

Wbrew powszechnemu przekonaniu, obecność czytelnych symptomów nie stanowi gwarancji, że patologiczna interpretacja jest najlepsza. We wszystkich stadiach swojego diachronicznego procesu, perspektywa mimetyczna ma więcej sensu. Zawsze możemy wywieść wszystkie symptomy z traumatycznego doświadczenia mimetycznego *double bind*[11], tzn. równoczesnego odkrycia przez Valentina i Proteusa, że w dodatku do zwykłego imperatywu przyjaźni — naśladuj mnie — tajemniczo wyłania się inny imperatyw: nie naśladuj mnie. Wszystkie „patologiczne symptomy" są reakcjami na niezdolność przyjaciół do uwolnienia się od tego *double bind* lub nawet do wyraźnego postrzeżenia go.

Niewinna przyjaźń i wspomniany mimetyczny paradoks, który ją niszczy, stanowią prawdę o najwyższej doniosłości; Pandarus, jak zobaczymy, jest jedynie mimetyczną karykaturą tej fundamentalnej prawdy. Psychopatologiczne rozważania są słuszne, pod warunkiem że nie mają pierwszeństwa. U Szekspira perwersja pragnienia nie ma nigdy źródła w samej sobie, ale jest mimetycznie wywiedziona z początkowego *double bind*; prawdziwe źródło zrozumienia nie jest nigdy gdzieś w naszych ciałach, w instynktownych popędach. Odnosi się to również do najbardziej wnikliwych analiz Freuda, jeżeli interpretujemy je w terminach, jakimi posługujemy się obecnie, ale Freud nie jest tego świadomy, podczas gdy Szekspir jest.

Jedyną drogą ucieczki od mimetycznego *double bind*, jedynym radykalnym rozwiązaniem dla obu przyjaciół byłoby wyrzeczenie się raz na zawsze wszelkich pragnień posiadania. Prawdziwy wybór leży między tragicznym konfliktem a całkowitym wyrzeczeniem, Królestwem Bożym, Złotą Regułą Ewangelii. Ten wybór jest tak przerażający, że szekspirowscy bohaterzy i bohaterki próbują mu się wymknąć i dlatego są skazani na wykrzywienia i perwersje wciąż odnawiających się mimetycznych zdwojeń [*duplications*]. Poszukiwanie kompromisu wytwarza niezdrowe zjednoczenie rzeczy, których połączenia się nie oczekuje; wyrzeczenie staje się swoją parodią, zabarwioną krętactwem seksualnej perwersji. Wartości i znaczenia, które powinny pozostawać

---

[11] W oryginale użyto wyrażenia *the mimetic double bind*. Termin *a bind* jest używany w języku potocznym dla określenia odczucia nieodpartej konieczności wykonania jakiejś powinności. *The Random House Dictionary of the English Language*, New York, 1974 podaje: *in a bind, slang = in a predicament, under unusual pressure*. W psychologii używane jest wyrażenie *double-bind* dla opisu źródeł wewnętrznego konfliktu powodującego patologiczne symptomy. R. D. Laing w książce *Self and Others*, Random House, New York, 1969 pisze, że *double-bind* opisuje sytuację, w której „ofiara" jest złapana w plątaninę paradoksalnych nakazów lub powiązanych praw mających moc nakazów, w której nie jest w stanie zachować się w swym poczuciu słusznie. Całe wyrażenie *the mimetic double bind* odnosi się do opisu źródła wewnętrznego konfliktu o charakterze normatywnym charakterystycznego dla bliskich przyjaciół tej samej płci, który przekształca ich we wrogów.[Przyp. tłum.]

rozdzielone, zanieczyszczają się nawzajem, przyjaźń Erosem, chęć posiadania wspaniałomyślnością, pokój wojną, miłość nienawiścią. Pod koniec sztuki godna uwagi wypowiedź Valentina ilustruje tę fundamentalną dwuznaczność. Pojawia się ona zaraz po próbie zgwałcenia Silvii przez Proteusa. Po jej uratowaniu następuje powszechne pojednanie, podczas którego zwycięski Valentine, właśnie ponownie połączony ze swoją ukochaną, dosłownie składa ją w ofierze niedoszłemu gwałcicielowi:

> All that was mine in Silvia I give thee.
> (V, vi, 83)
>
> Daję ci wszystko, co mym w Silvii było.
> (s. 139)

Ta hojność Valentina nie tylko lekceważy uczucia Silvii, ale nagradza kryminalne zachowanie. Tradycyjni krytycy zawsze skłonni do wiary, że łajdacy powinni być surowo ukarani, są zgorszeni przesadną hojnością Valentina. Ta surowość nie rozumie, że Valentinowi musi przypaść w udziale część potępienia za perfidię przyjaciela. Zrazu sam Valentine nie rozumiał, co jego mimetyczne nagabywanie [*teasing*] uczyniło Proteusowi, ale teraz zrozumiał i dlatego nie jest w nastroju do obłudnego oburzenia. Jedynym pojednawczym rozwiązaniem byłoby pozwolić rywalowi, aby zdobył sporny przedmiot, Silvię. Valentine, jak Abraham, deklaruje gotowość złożenia swojej miłości w ofierze na ołtarzu przyjaźni.

Skruszony Valentine próbuje odpokutować za swój grzech. W kontekście bezinteresownej przyjaźni nie powinno pozostawać dwuznaczności. Jednakże nasze niezadowolenie nie ustaje; życzymy sobie interpretowania „przesadnej hojności" Valentina w języku czystej przyjaźni, ale to nieuchronnie wskrzesza jego zbyt skuteczne rzemiosło reklamowania piękna Silvii.

Chociaż te dwie interpretacje są sprzeczne, to jednak wybór między nimi jest niemożliwy i nie należy robić wyboru. Ten węzeł gordyjski wyjaśnia sam siebie, w tym sensie, że wszelkie usiłowania uniknięcia mimetycznego *double bind* inaczej niż poprzez całkowite wyrzeczenie z całą pewnością dadzą w rezultacie jakieś „monstrum", błędne pojednanie istnień, które powinny pozostać nie do pogodzenia. Ta ambiwalencja jest kwintesencjonalnie szekspirowska i z czasem stanie się wyraźniejsza. *Double bind* mimetycznej miłości/nienawiści jest u Szekspira traumą *par excellence* i sprowadza na manowce te stosunki międzyludzkie, których gwałtem nie zniszczył.

Szekspirowska ambiwalencja może być zdefiniowana jako zanieczyszczenie tragedii przez Złotą Regule lub zanieczyszczenie Złotej Reguły przez tragedię, diabelska mieszanina obu. Pokładając nadzieję w pseudo-nauce o seksualnych popędach i instynktach, nie tylko tracimy tragiczny wymiar wszystkich sztuk Szekspira, ale sam seksualny aspekt staje się mętny i niezrozumiały.

Ów *double bind* mimetycznego pragnienia jest podstawową treścią, nie tylko w sztuce *Dwaj szlachcice z Werony*, ale w całym dziele Szekspira. Moim zdaniem, niedostrzeganie go przez krytyków stanowczo wypacza ich interpretacje. Jest intelektualnym odpowiednikiem szekspirowskiego perwersyjnego pragnienia, które nigdy nie jest otwarcie dyskutowane. Nawet ci interpretatorzy, którzy zadają ostre pytania na temat związku Valentina z Proteusem, ostatecznie likwidują omawiany paradoks, zamiast wyraźnie stawiać mu czoło.

Sądzę, że tak właśnie jest z Anne Barton[12] — uważam ją za niezwykle spostrzegawczą, definiuje ona jednak konflikt dwóch przyjaciół jako „przyjaźń" *versus* „miłość". Jest to dokładnie to, czym to nie jest. Problem nie może być zredukowany do opozycji pojęć.

Załóżmy, że Valentine i Proteus rezygnują z miłości w imię przyjaźni. Naprawdę oznacza to, że mają znowu swobodę imitowania siebie nawzajem i prędzej czy później będą pragnąć tej samej kobiety lub jakiejś innej rzeczy, którą nie mogą się dzielić. I znowu przyjaźń zostanie zniszczona. Valentine i Proteus mogą być bowiem przyjaciółmi jedynie dlatego, że pragną jednakowo, a gdy pragną jednakowo są wrogami. Nie można poświęcać przyjaźni na rzecz miłości, ani miłości na rzecz przyjaźni bez poświęcenia tego, co się chce zatrzymać i zatrzymania tego, co się chce poświęcić.

Konflikt przyjaźni z miłością to słowne oszukaństwo, które fałszywie rozplątuje nierozerwalne mimetyczne splątanie obu. Przypomina mi to francuskich klasycznych krytyków, wielkich ekspertów od ukrywania nagości mimetycznej rywalizacji pod szlachetnymi draperiami etycznych debat: honor *versus* miłość, namiętność *versus* obowiązek, itd. Ale Francuzi nie są jedynymi oskarżonymi; każdy popełnia to samo głupstwo i dopóki zasadnicza rola mimetycznej rywalizacji nie zostanie uznana, dopóty wszystkie wyjaśnienia tragedii będą nieodparcie popa-

---

[12] Wprowadzenie do *The Two Gentlemen of Verona*, w *The Riverside Shakespeare*, dz. cyt., s. 143-46.

dać w jakąś odmianę pojęciowej iluzji. Wszyscy krytycy maskują ostatecznie tragedię pod oderwanymi od tematu „wartościami".

Tragedia jest nieredukowalna do pojęciowych rozróżnień i nikt nie pokazał tego równie skutecznie jak Szekspir. Przedstawia on mimetyczny *double bind* tak wyraźnie, że czytelnikowi trudno mu się wymknąć, a u krytyków wzbudza on rozpalony do czerwoności gniew, gdy zbytnio zbliżą się do zrozumienia tego, co robi. Kiedy Thomas Rymer narzekał, ze *Otello* jest o niczym lub prawie o niczym, miał rację[13]. Prace Szekspira nie nadają się tak łatwo, jak większość innych, do ukrywania owego kłopotliwego ludzkiego położenia [*human predicament*][14] pod konwenansami humanistycznej paplaniny.

Tragiczni przeciwnicy nie walczą o „wartości"; oni pragną tych samych przedmiotów i myślą te same myśli. Nie wybierają tych przedmiotów przypadkowo; nie jest to sprawa odmiany, kaprysu lub nielogicznych przesłanek; nie jest to wada systemu ekonomicznego, w którym zbyt dużo ludzi musi konkurować o niewystarczającą ilość dóbr. Bohaterowie ci myślą jednakowo i pragną jednakowo, dlatego że są drogimi przyjaciółmi i braćmi, w każdym sensie słowa „brat".

Gdy Arystoteles definiuje tragedię, jako konflikt między tymi, którzy są ze sobą blisko spokrewnieni, nie powinniśmy rozumieć tego stwierdzenia z wąsko rodzinnego punktu widzenia. Mimetyczna rywalizacja, głęboko zanurzona w ludzkiej psychice, osiąga w sprawach ludzkich identyczne sedno, co asonans i dysonans.

Tragiczna inspiracja nie ograniczając się do pisania tragedii, zaczyna się od uznania tej nieugiętej rzeczywistości. Właśnie to mamy w *Dwóch szlachcicach z Werony*. W drogocennym monologu Proteusa, który już kilkakrotnie cytowałem, znajdujemy również następujące wersy:

> Methinks my zeal to Valentine is cold,
> And that I love him not as I was wont:
> O, but I love his lady too too much
> And that's the reason I love him so little.
> (II, iv, 203-206)

> O Valentinie także chłodniej myślę,
> I nie miłuję go tak jak niegdyś.
> Lecz jego panią, ach, ach, nazbyt kocham!

---

[13] T. Rymer, *Against Othello*, w: *A Short View of Tragedy*, cytowany w: J. Frank Kermode, ed., *Four Centuries of Shakespearean Criticism*, Avon Books, New York 1965, 461-69.

[14] *A predicament* jest synonimem *a bind*. [Przyp. tłum.]

Valentine i Proteus w *Dwóch szlachcicach z Werony* 29

> Dlatego pewnie kocham go tak mało.
> (s. 60)

Cytowany ustęp nie jest szczególnie piękny lub trafny: nasza żądza wyrafinowania i nieprzezroczystości uzna powyższe przesłanie za zbyt proste i oczywiste. Jednakże przedstawia ono w ogólnym zarysie początek ludzkiego konfliktu, który z cala pewnością występuje „w rzeczywistym życiu" i który również stanowi treść nie tylko teatru szekspirowskiego, ale każdego wielkiego teatru.

Mimetyczna rywalizacja między Valentinem i Proteusem dostarcza komedii jej intrygi; taka rywalizacja jest tworzywem dramatu i powieści. Tylko ci, którzy oddają jej sprawiedliwość, są wielkimi twórczymi pisarzami, tragicznymi poetami Grecji, Szekspirem lub Cervantesem, Molierem lub Racinem, Dostojewskim lub Proustem i niewielu innymi. Jedynie największe arcydzieła zachodniego teatru i beletrystyki uznają prymat mimetycznej rywalizacji.

Co osobliwe, krytycy literaccy nigdy nie zwrócili na to najmniejszej uwagi: przyjmują założenia z góry. Ich teoretyczne rozprawy są pod mniejszym wpływem tekstu literackiego niż filozofów i socjologów, nieodmiennie ślepych na to, co faktycznie interesuje Szekspira, a co w ich oczach wygląda jak komunał. Mimetyczna rywalizacja nie pojawiła się nigdy w pojęciowych schematach filozofów, psychologów, socjologów, psychoanalityków lub nawet polemologistów, specjalistów od konfliktu. I wszyscy teoretycy imitacji, od Platona i Arystotelesa do Gabriela Trade, wszyscy współcześni eksperymentalni badacze imitującego zachowania przeoczyli oczywisty ale zasadniczy paradoks konfliktotwórczej *mimesis*.

Badacze konfliktu wymyślają liczne teorie na temat natury i początku ludzkiego dysonansu, nie biorąc nigdy pod uwagę mimetycznej rywalizacji. Jeżeli nie ludzkie bycie [*being*] jest tym winowajcą, to z cala pewnością musi nim być jakieś pojęcie lub być może jakąś chemiczna substancja — coś zasadniczo odmiennego od tego, czym faktycznie jest przyjaźń i przyjaciele. Poszukują jakiejś zasady ludzkiej agresji zakopanej głęboko w naszych genach; mają na uwadze nasze hormony; przywołują Marsa, Edypa i nieświadomość; przeklinają represyjność rodziny i innych społecznych instytucji, nigdy jednak nie wzmiankują o mimetycznej rywalizacji. Jest ona skandalem stosunków międzyludzkich, który wymyka się większości z nas, ponieważ obraża optymistyczną wizję tych stosunków. Przyjmujemy za oczywiste, że wśród ludzi taki konflikt jest wyjątkiem, a harmonia regułą, szczególnie wśród tak znakomitych przyjaciół, jak Proteus i Valentine.

Pisarze tragiczni widzą sprawy odmiennie. Zamiast wystrzegać się tego, czego większość z nas pilnie unika, obsesyjnie się na tym skupiają; nawet ta wczesna komedia zawiera już pewne wersy, które pośrednio definiują ten tragiczny paradoks. Valentine, przyłapawszy Proteusa gwałcącego Silvię, woła:

> O times most accurst!
> 'Mongst all foes that a friend should be the worst!
> (V, iv, 71-72)

> Dziś nie wróg żaden, o czasie przeklęty,
> Lecz jest przyjaciel najbardziej zawzięty!
> (s. 138)

Nie jest to retoryczna hiperbola, ale słabo zamaskowana wypowiedź na temat rzeczywistej treści tej sztuki, tzn. na temat tajemniczej bliskości, nawet identyczności, mimetycznej przyjaźni i mimetycznej nienawiści. Szekspir, od początku do końca swojej kariery, będzie opisywać przyjaciół i braci którzy, stają się wrogami bez powodu dostrzegalnego dla niemimetycznego obserwatora. Odwrotność jest również prawdziwa: śmiertelni wrogowie stają się bliskimi przyjaciółmi bez widocznej przyczyny.

Jeżeli jest prawdą, że wśród wszystkich przeciwników przyjaciel z cała pewnością jest przeciwnikiem najgorszym, to wynikałoby stąd, że wśród wszystkich przyjaciół, najlepszym przyjacielem jest przeciwnik. Jeżeli ten ostatni paradoks wydaje się przesadą, warto zobaczyć, co wydarzyło się w *Tragedii Coriolanusa*, ostatniej wielkiej tragedii Szekspira. Coriolanus i Aufidius nie są dwójką bliskich przyjaciół, którzy stają się wrogami i znowu przyjaciółmi, lecz parą zawziętych wojowników i śmiertelnych rywali, którzy stają się na jakiś czas bliskimi przyjaciółmi. Kiedy rozwścieczeni współobywatele wypędzają niepokonanego, ale hardego Coriolanusa, bohater ten zwraca się o pomoc do Aufidiusa, wojskowego wodza Wolsków, z którym walczył zawzięcie przez lata. W monologu usprawiedliwia swoją śmiałość zwrócenia się do swojego arcywroga tą racją, że ekstremalna miłość i ekstremalna nienawiść są chwiejnymi sentymentami, zawsze mogącymi przemienić się jeden w drugi:

> O world, thy slippery turn! Friends now fast sworn,
> Whose double bosoms seem to wear one heart,
> Whose house, whose bed, whose meal and exercise,
> Are still together, who twin, as 'twere, in love

Valentine i Proteus w *Dwóch szlachcicach z Werony* 31

> Unseparable, shall within this hour,
> On a dissension of a doit, break out
> To bitterest enmity: so, fellest foes,
> Whose passions and whose plots have broke their sleep,
> To take the one the other, by some chance,
> Some trick not worth an egg, shall grow dear friends
> And interjoin their issues.
> (IV, iv, 12-22)

> O świecie, kręte są twoje obroty!,
> Zaprzysiężeni przyjaciele, którzy,
> W dwóch piersiach jedno serce chcieli nosić;
> Którzy dzielili czas, łoże, posiłki,
> I pracę; których miłość przemieniła,
> W bliźnięta — będą jeszcze tej godziny,
> Na skutek sporu o marną błahostkę,
> Odczuwać pełną goryczy nienawiść.
> Nieprzyjaciele śmiertelni natomiast,
> Którzy bezsennie knuli wściekłe plany,
> Przeciwko sobie, nagle, przez przypadek,
> Wart mniej niż pusta skorupka od jajka,
> Są przemienieni w serdecznych przyjaciół,
> I chcą potomstwo swe złączyć małżeństwem,
> (s. 158)[15].

Bieg zdarzeń potwierdza spekulacje Coriolanusa; dwaj wrogowie widząc, jak bardzo są podobni i że kochają dokładnie te same rzeczy, padają sobie w ramiona. Aufidius powierza Coriolanusowi dowodzenie wojskową wyprawą na Rzym. Oczywiście, rywalizacyjne ambicje obudzą się wkrótce powtórnie i Aufidius w końcu zamorduje swojego mimetycznego rywala, którego kocha i nienawidzi z taką samą intensywnością.

Struktura konfliktu jest taka sama w komediach i w tragediach. Jedyna różnica polega na sposobie jego zakończenia, które może być skonstruowane z użyciem przemocy lub bez, zależnie od wymogów dramatycznych.

Wszystkie nasze teorie konfliktu, ba, nawet nasz język, odzwierciedlają potoczny pogląd, że im bardziej intensywny konflikt, tym większe rozdzielenie przeciwników. Tragiczny duch działa według przeciwnej reguły: im bardziej intensywny konflikt, tym mniej w nim miejsca dla

---

[15] Cytuję za: *Tragedia Coriolanusa* w tłumaczeniu Macieja Słomczyńskiego, Wydawnictwo Literackie, Kraków 1984. [Przyp. tłum.]

różnicy. Szekspir wypowiada tę podstawową mimetyczną prawdę na wiele rozmaitych sposobów; gdy tylko odczytamy je w mimetycznym świetle, ich racjonalność stanie się oczywista. To, co odnosi się Valentina i Proteusa lub do Coriolanusa i Aufidiusa, odnosi się również do Cezara i Marka Antoniusza w *Tragedii Antoniusza i Kleopatry*:

...that which is the strength of their amity shall prove the immediate author of their variance

(II, vi, 155-157)

...to, co jest siłą ich przyjaźni, okaże się natychmiastowym twórcą ich niezgody

(s. 83)[16]

Nasza interpretacja *Dwóch szlachciców z Werony*, aby była w pełni zadowalająca, wymaga nieznacznego sprostowania. Dla jasności wywodu w jakiś sposób wyolbrzymiłem mimetyczną symetrię dwóch omawianych protagonistów, która bynajmniej nie zawsze jest doskonała; konieczne jest oszacowanie tego, co pominięto.

Wspomniana symetria nie jest zmyślona, ale jeszcze nie zatriumfowała w tej wczesnej sztuce tak, jak to ma miejsce u późniejszego Szekspira. Chociaż silnie się ujawnia, to jednak w niemiłej kombinacji ze swoim przeciwieństwem, którym jest asymetryczna koncepcja obydwu bohaterów. Autor zdaje się wahać między dwoma diametralnie przeciwnymi pomysłami na komedię.

W pewnych momentach czujemy, że dwaj protagoniści są jednakowo dotknięci przez mimetyczne pragnienie i że ich równorzędność [*reciprocity*] lub symetria jest doskonała. Kiedy indziej, wydaje się, że „złe" mimetyczne pragnienie należy jedynie do Proteusa, a jego niegodziwość stanowi mroczne tło, na którym rzekoma dobroć Valentina wydaje się nabierać b y c i a. W tym przypadku, Proteus staje się klasycznym nikczemnikiem, a Valentine klasycznym bohaterem.

Bardziej dojrzały Szekspir bardziej stanowczo poddałby w wątpliwość tę klasyczną asymetrię Valentina i Proteusa; dychotomię bohater/nikczemnik poddałby gruntowniej dekonstrukcji, niż to uczynił w *Dwaj szlachcice z Werony*. Ta wczesna praca waha się jeszcze między tradycyjną komedią z jednej strony, w której zawiść, zazdrość i inne złe (mimetyczne) uczucia należą wyłącznie do Proteusa, a bardziej radykalnie szekspirowską sztuką, w której mimetyczne nagabywanie [*teasing*]

---

[16] Cytuję za: *Tragedia Antoniusza i Kleopatry*, przełożył Maciej Słomczyński, Wydawnictwo Literackie, Kraków 1987. [Przyp. tłum.]

Proteusa przez Valentina jest doskonałym odpowiednikiem perfidii Proteusa. Ta wiecznie żywa sztuka ma w sobie coś zarówno ze starego komediowego wzoru, skrywającego mimetyczną równorzędność za kozłami ofiarnymi, jak i coś z koncepcji radykalnie mimetycznej, która zatriumfuje w *Śnie nocy letniej*. Położyłem nacisk na to, co należy raczej w tej sztuce do szekspirowskiej przyszłości, niż na to, co zachowuje ona ze scenicznej tradycji i co bardziej doświadczony Szekspir później odrzuci stanowczo i całkowicie.

2
SKARB ÓW JAK ŻĄDŁO KŁUJE
Collatinus i Tarkwiniusz w *Lukrecji*

Mimetyczne pragnienie nie jest chwilową fanaberią młodego Szekspira; jest strukturą związków międzyludzkich i to nie tylko w sztukach, ale i w *Lukrecji* — poemacie opublikowanym w 1594 roku, tzn. w tym roku, który najczęściej wymienia się również jako rok powstania *Dwóch szlachciców z Werony*.

Jak pamiętamy, na zakończenie tej komedii Proteus próbuje zgwałcić Silvię, ale mu się to nie udaje; Valentine zjawia się na czas. W poemacie brutalny gwałt zostaje faktycznie zadany — w rzeczywistości jest to ten sam gwałt, ten sam gwałt m i m e t y c z n y. Mąż Lukrecji, Collatinus, nierozsądnie sławi swoją piękną i cnotliwą żonę przed Tarkwiniuszem, dokładnie tak jak Valentine sławił Silvię przed Proteusem. Skutki są podobne.

Lukrecja jest tragiczną wersją omawianej komedii: komedia zaś jest komiczną wersją poematu. Nie wiemy naprawdę, co powstało najpierw. Wielu sądzi, że komedia — potwierdza to również porównanie tych dwóch prac. Przyjmuję tę chronologię za poprawną, chociaż moja interpretacja nie jest faktycznie od tej kolejności zależna. Gdyby okazało się, że nie jest ona do zaakceptowania, wymagałoby to jedynie drobnych poprawek.

Poemat, tak jak komedia, definiuje mimetyczne pragnienie, ale tym razem definicja jest tak staranna i dokładna, że nie pozostawia żadnych wątpliwości:

> Perchance his [Collatine's] boast of Lucrece's sov'reignty,
> Suggested this proud issue of a king [Tarquin];
> For by our ears our hearts oft tainted be;
> Perchance that envy of so rich a thing,
> Braving compare, disdainfully did sting
> His high-pitched thoughts that meaner men should vaunt
> That golden hap which their superiors want.
>
> (36-42)

Być może, zwąc ją niewiast monarchinią

> Umysł królewski ku Lukrecji skłania,
> Gdyż często uszy zamęt w sercach czynią:
> Być może skarb ów, drwiący z porównania,
> Jak żądło kłuje, gdy król dumnie wzbrania
> Uznać, że jeden z poddanych dostąpił
> Szczęścia, którego los władcom poskąpił.
>   (s. 70)[17]

Najważniejsze wydaje mi się tutaj połączenie dwóch zasadniczych słów. Pierwszym jest oczywiście „zazdrość" [*envy*], główne szekspirowskie określenie mimetycznego pragnienia, a drugim jest „zasugerowane" [*suggested*]. Jeżeli komuś z jakiś powodów zwrot m i m e t y c z n e p r a g n i e n i e nie odpowiada, jeżeli ktoś uważa go za nieszekspirowski, może go tutaj zastąpić wyrażeniem użytym przez Szekspira, tzn. z a s u g e r o w a n e p r a g n i e n i e. W omawianym obecnie kontekście oba zwroty znaczą to samo.

Jednakże określenia te nie są synonimami. Z a s u g e r o w a n e p r a g n i e n i e jest wprawdzie niedwuznaczne, ale będąc sam badaczem tego pragnienia, muszę wyrazić pewne zastrzeżenia. Zakłada ono zbyt dużą bierność; nikt nie może dostać gotowego pragnienia od kogoś innego; nawet najbardziej podatny podmiot musi czynnie współpracować ze swoim pośrednikiem. Nikt sam nie potrafi wytworzyć w kimś innym mimetycznego pragnienia na własną rękę. Pragnienie, nawet u Szekspira, ustawicznie przekształca się w mimetyczne, chociaż brak zachęty ze strony modeli, czy nawet ich wiedzy. Sądzę więc, że istnieją rozsądne powody, aby mówić raczej o pragnieniu m i m e t y c z - n y m l u b n a ś l a d u j ą c y m, a n i e o z a s u g e r o w a n y m.

Rozumiem jednakże dlaczego Szekspir użył tego określenia; pasuje ono szczególnie dobrze do tej specyficznej modalności *mimesis*, która dominuje w jego pracy; Collatinus, podobnie jak Valentine, czyni wszystko, co tylko może, aby zarazić rywala swym pragnieniem; on także jest skutecznym agitatorem:

> For he the night before, in Tarquin's tent
> Unlock'd the treasure of his happy state;
> What priceless wealth the heavens had him lent
> In the possession of his beauteous mate;
> Reck'ning his fortune at such high proud rate
>   That kings might be espoused to more fame,

---

[17] Tu i dalej cytuję, za *Lukrecja* w: *Poematy*, przełożył Maciej Słomczyński, PIW, Warszawa, 1964. [Przyp. tłum.]

But king no peer to such a peerless dame.

(15-21)

> Gdyż w Tarkwiniusza namiocie wśród nocy
> Skarby ukazał swojej szczęśliwości,
> Dobro zesłane przy niebios pomocy,
> Które w małżonce urodziwej gości,
> Sądząc, że godny jego los zazdrości;
> Choć więcej chwały może król zaślubić,
> Lecz równą panią nie może się chlubić
>
> (s. 7)

Słowa te, aczkolwiek pełne rezerwy, przywołują na myśl żywy obraz kobiecej piękności, nieprzyzwoite wystawienie na pokaz, które prepostaciuje omawiany gwałt. „Skarby ukazał swojej szczęśliwości" [*He ...unlocked the treasure of his happy state*] brzmi tak, jakby Collatinus rozebrał Lukrecję przed swoimi współtowarzyszami broni. Zostały wyczarowane wizerunki, których Tarkwiniusz nie potrafi wygnać ze swojego umysłu.

Chociaż impuls Collatinusa wydaje się irracjonalny, to jednak przenika go tajemnicza racjonalność, szalona, ale ścisła logika, analogiczna do zimnego szaleństwa spekulanta, przekonanego, że musi zaryzykować wszystkim, aby osiągnąć największy zysk. Najbardziej przepełnieni pychą ludzie chcą posiadać najbardziej upragnione przedmioty; nie mają pewności, czy je posiadają, dopóki próżne pochlebstwa nie sławią dokonanego przez nich wyboru; potrzebują bardziej namacalnego dowodu, tzn. pragnienia innych ludzi, możliwie najliczniejszych i o jak najwyższym prestiżu. Muszą lekkomyślnie wystawiać na pokaz tym pragnieniom swój największy skarb.

Nawet największa i najrzadsza zdobycz — żona, kochanka, majątek, królestwo, niedostępna wiedza, cokolwiek — gdy zbyt bezpiecznie posiadana, traci swój urok. Zaniepokojone pragnienie, tak jak gracz, usiłuje rozpaczliwie się odnowić. Późniejsze określenie Collatinusa, jako „skąpego utracjusza" [*niggard prodigal*, 79], odnosi się nie tylko do jego języka, ale do jego całego planu, do zarazem lekkomyślnego i skąpego szaleństwa, czemu równa się sławienie własnej żony:

> Beauty itself doth of itself persuade
> The eyes of men without an orator;
> What needeth then apology be made
> To set forth that which is so singular?
> Or why is Collatine the publisher

> Of that rich jewel he should keep unknown
> From thievish ears because it is his own?
>
> (29-35)

> Uroda własnym swym głosem przemawia,
> Bez mów pochwalnych czci ją wzrok człowieka;
> Któż bez potrzeby taką rzecz wysławia,
> Która jaśnieje wśród innych z daleka?
> I czemu na jaw swe skarby wywleka
> Sam Collatinus widząc, że nikczemny
> Łotr czyhać może na klejnot bezcenny?
>
> (s. 70)

Szczęśliwy posiadacz doskonałej żony powinien być tak powściągliwy, nawet zakonspirowany, jak kapłan strzegący jakiejś świętej tajemnicy. Collatinus — ujawniający swój skarb [*the publisher*] zbiera to, co zasiał. Szekspir nie przemieszcza po prostu winy za gwałt z jednego mężczyzny na drugiego; czyni obu mężczyzn współtwórcami przestępstwa, za które szybko karzą się nawzajem.

Collatinus jedynie w blasku zazdrości potrafi prawdziwie docenić piękność swojej żony. Zazdrość jest dla niego środkiem zwiększającym popęd seksualny *par excellence*, prawdziwym napojem miłosnym. Pragnienie Tarkwiniusza jest zazdrosne, ale takie jest też pragnienie Collatinusa. Jego zazdrość o zazdrość Tarkwinuszia czyni go dokładnie tak samo mimetycznym jak jego rywal, identycznym z nim. Różnica między bohaterem i nikczemnikiem zostaje poddana w wątpliwość.

To szekspirowskie urzeczenie możemy dostrzec raz jeszcze, gdy Lukrecja próbuje odradzić Tarkwiniuszowi zgwałcenie jej. Jednym z jej argumentów jest to, że zważywszy jego wysoką, widoczną pozycję, mimetyczna namiętność Tarkwiniusza na pewno przyniesie olbrzymią ilość imitacji:

> For princes are the glass, the school, the book,
> Where subjects' eyes do learn, do read, do look.
> And wilt thou be the school where Lust shall learn?
> Must he in thee read lectures of such shame?
> Wilt thou be glass wherein it shall discern
> Authority for sin, warrant for blame,
> To privilege dishonor in thy name?"
>
> (615-621)

> Czy chcesz, by w szkole twej uczyła żądza

I obwieszczała twoje pohańbienie?
Chcesz być zwierciadłem, w którym ujrzeć można
Grzechu i gwałtu usprawiedliwienie
I, za twą zgodą, niesławy uczczenie?
Nad wieczną chwałę stawiasz niegodziwość
Chcąc w nierządnicę przemienić uczciwość.

(s. 94)

Początek omawianego poematu jest obszernym autorskim szeptem scenicznym o najczęstszym mimetycznym schemacie w całym dziele Szekspira; podsuwa to myśl o tym, jaki powód mógł mieć Szekspir, aby napisać poemat zamiast sztuki. Jeżeli poezja narracyjna zdaje się być złym środkiem przekazu dla teoretycznych obserwacji na temat mimetycznego pragnienia, to teatr jest nawet gorszym. Dramaturg może komentować własny dramat jedynie poprzez którąś z postaci tego dramatu, którą musi wyposażyć w przesadną zdolność do badania samej siebie. Kto kiedykolwiek słyszał, aby młody mężczyzna przyznawał się, jak to praktycznie czyni Proteus, do niespontanicznej natury swojej „miłości od pierwszego wejrzenia"? W omawianym poemacie główny komentarz zajmuje *mutatis mutandis* to samo miejsce, co monolog Proteusa, pojawia się bezpośrednio po narodzinach jego mimetycznego pragnienia; jest dłuższą i bogatszą wersją uprzedniego monologu. W sztuce komentarze te musiałyby być włożone w usta Tarkwiniusza, co byłoby, oględnie mówiąc, niezręczne. Być może jest to właśnie ten powód, lub jeden z powodów, dla których w tej przełomowej chwili Szekspir decyduje się na napisanie poematu narracyjnego zamiast sztuki.

Teraz tym bardziej widzimy, że mimetyczne pragnienie nie jest obcym elementem w pracy Szekspira; nie stanowi "krytycznego narzędzia", które ja, krytyk, arbitralnie stosuję do tej pracy. Wspomniane autorskie komentarze stanowią kontynuację i rozszerzenie rozmyślań, które autor rozpoczął w *Dwóch szlachcicach z Werony*, tj. rozmyślań nad tym, co uważa za najbardziej godne uwagi w swojej pracy.

Poemat rozpoczyna się powrotem Tarkwiniusza w obłąkanym pośpiechu do Rzymu wyłącznie w celu zgwałcenia Lukrecji:

> From the besieged Ardea all in post
> Borne by the trustless wings of false desire,
> Lust-breathed Tarquin leaves the Roman host,
> And to Collatium bears the lightless fire,
> Which in pale embers hid, lurks to aspire,

> And girdle with embracing flames the waist
> Of Collatine's fair love, Lucrece the chaste.
>
> (1-7)

> Od oblężonej Ardei spieszący,
> Gnany skrzydłami swych pragnień podstępnych,
> Zastępy rzymskie porzucił dyszący
> Żądzą Tarkwiniusz, by z iskier posępnych
> Wybuchł w Collatium żar ogni występnych
> I objął ciało żony urodziwej
> Collatinusa, Lukrecji cnotliwej.
>
> (s. 69)

Pragnienie to jest "fałszywe", gdyż Tarkwiniusz zapożyczył je od swojego pośrednika Collatinusa. Nie oznacza to jednak, że gdzieś w tym poemacie istnieje prawdziwe pragnienie, które można by zwycięsko przeciwstawić fałszywemu pragnieniu gwałciciela.

Romantyczne i modernistyczne ideologie zawsze lansowały „prawdziwą miłość" albo, jak to ma miejsce obecnie, „autentyczne pragnienie", które wyposaża nas w identyfikator spontaniczności. Intensywność i autentyczność są postrzegane jako idące w parze. Mimetyczne pragnienie uważa się za słabe na tej podstawie, że jest zaledwie kopią, a kopie nigdy nie osiągną poziomu oryginału. Zapatrywania te są w nas tak zakorzenione, że możemy bez trudu nieświadomie przypisać je Szekspirowi i w ten sposób błędnie go rozumieć. Pragnienia Proteusa i Tarkwiniusza są równie gwałtowne, co fałszywe. Mimetyczne pragnienie jest najbardziej intensywnym pragnieniem, substancją zarówno tragedii jak i komedii.

Zarówno w *Dwaj szlachcice z Werony* jak i w *Lukrecji* mimetyczne nagabywanie rywala przez męża lub kochanka zostało wyrażone standardowym językiem. Szekspir wkrótce wymyśli swój prywatny idiom, lecz będzie nadal skupiał się na tym samym zjawisku, lub raczej na tej samej grupie zjawisk. Cały temat głupiego męża, który przyprawia sam sobie rogi przez reklamowanie uroków swojej żony, brzmi cokolwiek archaicznie, przypominając mądrość ludową, ale jest również kwintesencjonalnie szekspirowski.

Szablonowe elementy w tych wczesnych pracach nie powinny prowadzić do pomniejszania ich znaczenia; nasza mimetyczna perspektywa dowiedzie ich ciągłości w późniejszych arcydziełach. Szekspir wybiera wątki z największym mimetycznym potencjałem. W późniejszych sztukach słowa będą inne, ale zjawisko ukryte za nimi będzie takie samo.

W *Dwóch szlachcicach z Werony* Proteus, zanim się zakochał w Sylvii widział ją tylko przez kilka sekund, ale przynajmniej ją widział. Inaczej z Tarkwiniuszem, który nigdy przedtem nie widział swojej przyszłej ofiary, gdy opuszczał Rzym ze zbrodniczymi zamiarami w sercu. Późniejsza strofa wyraźnie potwierdza tę zdumiewającą ignorancję gwałciciela; kiedy Tarkwiniusz w końcu widzi Lukrecję, jest to z całą pewnością po raz pierwszy, gdyż stwierdza, że jest ona nawet piękniejsza, niż mógłby się spodziewać na podstawie słów jej męża:

> Now thinks he that her husband's shallow tongue,
> The niggard prodigal that prais'd her so,
> In that high task hath done her beauty wrong.
> Which far exceeds his barren skill to show.
> Therefore that praise which Collatine doth owe,
>   Enchanted Tarquin answers with surmise,
>   In silent wonder of still-gazing eyes.
>   (78-84)

> Myśli on teraz, że język jej męża
> Jak prostak skąpy obszedł się z jej chwałą,
> Piękność pokrzywdził, choć się nadwerężał;
> Lecz był bezpłodny, jak się okazało;
> Gdy Collatinus powiedział zbyt mało,
> Więcej Tarkwiniusz powie zachwycony:
> Mówi w milczeniu jego wzrok olśniony.
>   (s. 72)

Krytycy zwykle ostro potępiają ten poemat jako sztuczny i fałszywy. Jego tajemniczy początek jest w dużym stopniu odpowiedzialny za tę krytyką. Nie jest moim celem „rehabilitacja" tego poematu jako „dzieła sztuki". Dojrzalszy Szekspir niewątpliwie potraktowałby sprawy inaczej, ale pytanie o wartość estetyczną nie powinno zaćmiewać zagadki tego początku. Dlaczego Szekspir zdecydował się tak rażąco zaprzeczyć naszemu poczuciu tego, co możliwe i co niemożliwe w dziedzinie pragnienia?

Szekspir, pisząc *Lukrecję*, gwałtownie przekształcał się w tego dramaturga, którego uważamy za niedoścignionego znawcę ludzkiego serca. Gdyby geneza namiętności Tarkwiniusza była tak przesadzona, jak nam się wydaje, to jak ten autor, stojąc na progu najwyższego geniuszu, mógłby zrobić taką pomyłkę? Czego ten poemat nas uczy o jego i o naszej koncepcji pragnienia?

Zagadka została uczyniona jeszcze bardziej intrygującą dzięki godnej uwagi sprzeczności między poematem i jego źródłem, *Historią Rzymu* Liwiusza, której szekspirowski „Argument" (I, 57-59) nie próbuje ukryć:

> Lucius Tarquinius (z powodu swej niezwykłej pychy przezywany Superbus) ... otoczony synami swymi i możnymi panami rzymskimi wyruszył, by oblegać Ardeę. Podczas owego oblężenia najznamienitsi mężowie wojska, spotkawszy się pewnego wieczora w namiocie Sextusa Tarquiniusa, syna królewskiego, wychwalali koleją po wieczerzy każdy cnoty żony swojej; pośród nich Collatinus wynosił nieporównaną skromność żony swej, Lukrecji. W wesołym usposobieniu wyruszyli wszyscy wierzchem do Rzymu, pragnąc, dzięki swemu sekretnemu i niespodziewanemu przybyciu wystawić na próbę to, co uprzednio każdy z nich wychwalał; jeden tylko Collatinus odnalazł żonę, choć noc już była późna, przy kołowrotku pośród jej służebnych; inne panie znaleziono tańcujące, weselące się lub oddające różnym igraszkom. Za czym szlachetni mężowie przyznali Collatinusowi zwycięstwo, a żonie jego chwałę. W owym czasie Sextus Tarquinius, rozpalony pięknością Lukrecji, wszelako do czasu żądze swe poskramiając, zawrócił z innymi do obozu, skąd wkrótce cichaczem odjechał i (jak przystało jego godności) po królewsku przyjęty i ugoszczony został przez Lukrecję w Collatinum. Tejże nocy zdradziecko wkradł się do jej komnaty, gwałtem posiadł ją, a wczesnym rankiem spiesznie odjechał.
>
> (s. 67-68)

Tarquinius Liwiusza zakochuje się w Lukrecji dopiero po spotkaniu z nią, po stwierdzeniu, że rzeczywiście jest najcnotliwszą i najpiękniejszą mężatką w Rzymie. U Liwiusza, podobnie jak u Szekspira, sławienie jej przez Collatinusa wydarza się najpierw, ale nie zostało przedstawione jako przyczyna kryminalnego planu Tarquiniusa. Liwiusz jest bliższy niż Szekspir naszemu zdroworozsądkowemu widzeniu pragnienia. Dlaczego Szekspir zadaje sobie trud zniekształcania interpretacji Liwiusza w sposób, który uważamy za skandaliczny i niewiarygodny?

Osobliwa geneza pragnienia Tarkwiniusza potwierdza to, co sugerowały omawiane podobieństwa tego tragicznego poematu z *Dwoma szlachcicami z Werony*; młody Szekspir chce uczynić mimetyczne pragnienie rzucającym się w oczy, chce, abyśmy skupili na nim naszą uwagę; nie wystarcza mu eksploatowanie po cichu jego naturalnego bogactwa. Szekspir całkowicie likwidując wzrokowy kontakt między podmiotem i przedmiotem p r z e d narodzinami pragnienia Tarkwiniusza, uczynił je zdecydowanie bardziej mimetycznym, niż byłoby to wówczas, gdyby odtworzył wiernie to, co napisał Liwiusz.

Nawet jak najkrótsze spotkanie z przedmiotem przed narodzinami pragnienia mogłoby być wykorzystane przeciw mimetycznej interpretacji tego pragnienia. Wyobrażenie o miłości od pierwszego wejrzenia pozostaje możliwością w komedii, ale nie w poemacie. Szekspir napisał ten poemat właśnie w taki sposób, aby usunąć tę możliwość. Nie może być innego powodu zniekształcenia tekstu Liwiusza w przedstawiony wyżej sposób.

Założywszy, że *Dwaj szlachcice z Werony* powstali najpierw, możemy również przyjąć, że Szekspir był rozczarowany obojętnością publiczności wobec mimetycznej natury pragnienia Proteusa. Aby zniewolić uwagę publiczności zdecydował się napisać pracę, w której mimetyczne pragnienie jest wywołane „bez oglądania wzrokiem", wyłącznie pod wpływem pośrednika. Przemienił miłość od pierwszego wejrzenia z poprzedniej pracy w miłość bez wejrzenia w ogóle.

Szekspir zniekształca tekst źródłowy w *Lukrecji*, ale paradoksalnie zniekształcenie to ujawnia coś istotnego w pierwotnym tekście. Mimetyczny interpretator może wskazać u Liwiusza na plotkarskie ślady zdradzające mimetyczną rywalizację; wspomniany konkurs między wojownikami-mężami nie dotyczy piękności ich żon, ale ich cnoty; nie jest to dworska debata, ale sprawa osobistego honoru tych mężczyzn, a więc śmiertelnie poważna waśń. Rozpasany styl życia żon (oprócz Lukrecji) sugeruje również pewien towarzyski wir, w który żony są wplątane, podobnie jak w *Bachantkach* Eurypidesa.

Ślady te są charakterystyczne dla tekstu mitycznego czy quasimitycznego. Wszystkie te tematy ostatecznie odnoszą się do wygnania ostatniego króla Rzymu, który jest również założycielem Republiki. Teoria mimetyczna interpretuje mity, jako nieodzownie zniekształcone wyjaśnienia jakiegoś *victimage'u*, który ponownie łączy wspólnotę, zniszczoną przez mimetyczną rywalizację. Skutek kozła ofiarnego jest dostrzegalny jedynie pośrednio w takich tekstach; jest zawsze przynajmniej częściowo kamuflowany, gdyż odgrywa w stosunku do tych tekstów rolę generującą.

Interpretator musi zauważyć możliwą sprzeczność między oficjalną wiadomością, według której jedynie Tarkwiniusz używa przemocy, a pośrednimi śladami, które wskazują na przemoc wśród ogółu wojowników, poprzedzającą zagładę monarchii. Pomysł konkursu minimalizuje przemoc wśród pozostałych wojowników, a temat indywidualnego gwałtu popełnionego jedynie przez samego Tarkwiniusza, maksymalizuje tego kozła ofiarnego. Żadna interpretacja pojedynczego mitycznego tekstu w izolacji nie może być wystarczająco przekonywująca; należy użyć metody porównawczej. Nie miejsce jednak tutaj na pełne rozwinięcie tego tematu. Odsyłam zainteresowanych do moich prac o mitologii[18].

Szekspir redukuje zbiorowy kryzys sugerowany przez Liwiusza do rozmiaru osobistego konfliktu między Collatinusem i Tarkwiniuszem, ale pokazuje, że wie, gdzie szukać wzajemnej przemocy ukrytej za tym mitem. Nawet wyeksponowanie męża Lukrecji nie ma podstawy w tekście. Dlaczego u Liwiusza Collatinus, mąż Lukrecji, został tak wyróżniony? Dlaczego jest jedynym wojownikiem, którego imię zostało wspomniane? Poemat dostarcza istotnej odpowiedzi na te pytania — mimetycznej odpowiedzi. Szekspir ujawnia całkowicie to, co ten mit sugeruje między wierszami, tzn. stosujące przemoc odróżnicowanie [*the violent undifferentiation*], poprzedzające i ukrywające się za różnicującą strukturą [*the differential structure*] scapegoatingu.

Liwiusz pisze swą relację z perspektywy ofiarnika, klasycznej mitycznej perspektywy. Rzekomo jedynie Tarkwiniusz zadaje gwałt, ale wspomniane pośrednie ślady nakierowują na inny szlak — szlak całej autentycznie tragicznej poezji; Szekspir częściowo dokonuje dekonstrukcji republikańskiego scapegoatingu Tarkwiniusza, ponieważ rozdziela przemoc równo między gwałciciela i męża, wybierając brak różnicy odwzajemniania przemocy, a nie mityczne różnice scapegoatingu. Szekspir interpretuje wszystkie mityczne źródła, jako ukryte grobowce mimetycznej rywalizacji — według mnie, pierwszorzędna intuicja, która przedstawia realistycznie nawet czysto beletrystyczne elementy poematu.

Już w *Lukrecji* Szekspir czyni to, co będzie też czynił we wszystkich swoich późniejszych sztukach — odróżnicowuje swoich protagonistów, przyprowadza nas bliżej ku wypełnionej przemocą matrycy mitycznych tematów, ku owej zbiorowej przemocy dobrowolnego *victimage*'u, która zostanie w pełni ujawniona w *Juliuszu Cezarze*[19]. Już w jego tragicznej interpretacji tekstu Liwiusza jest pewna potęga, z którą płytki empiryzm historyków, filologów i nawet strukturalnych antropologów nie może iść w zawody, czy nawet jej uznać.

---

[18] Zobacz Girard, *Violence and the Sacred*, The Johns Hopkins University Press, Baltimore, 1977; *To Double Business Bound: Essays on Literature, Mimesis and Anthropology*, The Johns Hopkins University Press, Baltimore, 1978; *Kozioł ofiarny*, Wydawnictwo Łódzkie, 1987, 1991; *Things Hidden since the Foundation of the World*, Stanford University Press, Stanford, Calif., 1988.
[19] Por. rozdziały 21-25.

Po napisaniu *Lukrecji*, Szekspir nigdy więcej nie próbował narzucać niechętnej publiczności swojej wiedzy o mimetycznym pragnieniu. Za drugim razem zrozumiał to, czego nie pojął za pierwszym: bezużyteczność całego przedsięwzięcia. Poemat odniósł umiarkowany sukces, jednakże mniejszy niż *Wenus i Adonis*, który nie zawierał żadnego mimetycznego pragnienia i mógł być napisany, zanim Szekspir odkrył to zjawisko. Szekspir jednak nigdy nie zrezygnował z mimetycznego pragnienia. Gdyby zrezygnował, podziwiane przez nas sztuki wydawałyby się mniej godne podziwu i nie wiedzielibyśmy dlaczego. Dla genialnego dramaturga konfliktotwórcza *mimesis* nie jest niezobowiązującym chwytem, czymś, z czego można zrezygnować bez wpływu na zasadniczą jakość pracy. Plątanina komicznych nieporozumień nie może być inna niż mimetyczna — to samo odnosi się do nieredukowalnych konfliktów tragedii. Bez tego składnika żadne przedstawienie ludzkiego wiru nie może być zadowalające, ale pisarzowi nie wolno wskazywać na tę prawdę zbyt wyraźnie, nie wolno mu zmuszać czytelników, aby dostrzegli to, czego wolą nie widzieć. Jeżeli poczują się nieswojo, będą wynajdywać wszelkiego rodzaju preteksty dla zdyskredytowania owych obraźliwych kawałków literatury, bez jakiegokolwiek wzmiankowania o autentycznej przyczynie swojej wrogości, faktycznie nawet bez odkrycia jej.

Poczynając od *Snu nocy letniej* Szekspir obrał strategię doskonale pasującą do tego typu oporu, który zawsze prowokuje zbyt duże mimetyczne objawienie. Alergia na mimetyczną wiedzę z reguły jest taka, że dopóki jakieś alternatywne wyjaśnienie jest dostępne, dopóty *mimesis* nie musi być nawet dokładnie zamaskowana. Fałszywe wyjaśnienia chociażby tak błahe i nonsensowne, jak Duszki w *Śnie nocy letniej* lub niechybna miłość od pierwszego wejrzenia, zostaną powszechnie przyjęte.

W następnych rozdziałach zajmę się rosnącą złożonością mimetycznych wzorów u Szekspira, poczynając od komedii, które następują po *Lukrecji*, kończąc na wybranych tragediach; wszystkie te sztuki dostarczają przykładu tego, co można by nazwać szekspirowską dwoistą techniką równoczesnego ujawniania *mimesis* i obłudy. Zobaczymy, że nawet gdy są one zabawnie bez niedomówień, to zawsze w taki sposób, że ci którzy nie chcą rozpoznać tego zjawiska, nie znajdą jego najdrobniejszego śladu w tych sztukach. Poczynając od *Snu nocy letniej*, Szekspir prowadzi swoje drogocenne, ale niebezpieczne nauczanie o pragnieniu w tak zręczny sposób, że jego ogromna rola w całym szekspirowskim teatrze pozostaje nieodkryta do dziś.

3
BIEG PRAWDZIWEJ MIŁOŚCI

Czworo kochanków w
Śnie nocy letniej

Sen nocy letniej cieszy się popularnością publiczności teatralnej na całym świecie, ale z reguły nie ma powodzenia u bardziej filozoficznych krytyków. Podoba im się poezja sielskiej Anglii, ale nie podoba im się miłosna retoryka, którą uważają za sztuczną. Poszukują bezskutecznie intelektualnej i duchowej strawy. George Orwell przestrzegał, że ta „najbardziej sceniczna sztuka" jest jedną z najmniej godnych podziwu w teatrze Szekspira i oczywiście sam nie znalazł w niej nic godnego podziwu[20]. Tradycja ukryta za tym lekceważeniem sięga daleko w przeszłość. Samuel Pepys po obejrzeniu przedstawienia tej sztuki, skomentował w swoim notatniku: „jest to najnudniejsza komiczna sztuka, jaką kiedykolwiek widziałem w moim życiu".

Wszystkie trzy wątki wydają się równie chybione. Bezrozumni kochankowie nie są nawet odpowiedzialni za to, co robią; to Puck, chochlik, porucznik Oberona, nalewa ciągle swój płyn miłosny „do niewłaściwych oczu". Któż faktycznie przywiązywałby wagę do zazdrości i niewierności, które nie mają nic wspólnego z „prawdziwą miłością"? Kogoż doprawdy obchodzą błazeństwa miejscowych prostaków, absurdalnie robiących próbę żałosnej karykatury dramatu na ucztę ślubną Tezeusza, księcia Aten? Jedynym łącznikiem między tymi fabułami jest nieistotna bajka o Duszkach, ale łącznik ten wydaje się czysto formalny, pozbawiony znaczącej treści.

Osobiście widzę tę sztukę odmiennie: uważam *Sen nocy letniej* za pierwsze dojrzałe arcydzieło Szekspira, prawdziwą eksplozję geniuszu. Akcja nie charakteryzuje się bezpośrednią etyczną „trafnością", ale dana sztuka może być przecież interesująca z innych powodów. Może zajmować się chaotycznością i pomimo to być logicznie zwarta jako dzieło sztuki i wypowiedź intelektualna. Tragedia grecka nieustannie

---

[20] George Orwell, *Lear, Tolstoy and the Fool*, w: J. Frank Kermode, ed., *Four Centuries of Shakespearean Criticism*, Avon Books, New York, 1965, s. 519.

traktuje o chaosie, sama nie będąc chaotyczna. Na pierwszy rzut oka Szekspir wydaje się wymyślać kaprysy swoich kochanków na chybił trafił, bez żadnego ukrytego celu, ale ich zdolność pragnienia ulokowana na skrzyżowaniu celów jest zbyt trafna, aby wynikać z przypadku. Zawsze wybierają taki sposób postępowania, który niesie największy potencjał frustracji i konfliktu.

Ten cud porażki musi mieć jakieś wytłumaczenie. Nazwa magicznego kwiatu, rzekomo odpowiedzialnego za cała niezgodę, "love-in-idleness" (dosłownie: „miłość z lenistwa") sugeruje, że młodzi arystokraci opisani w głównym wątku, są zepsutą młodzieżą; w tej sztuce nie brakuje społecznych i nawet politycznych implikacji. Nie sądzę jednak, że odgrywają najważniejszą rolę. Sami kochankowie wyjaśniają wydarzenia nocy działaniem Duszków i nawet w kontekście komedii należy traktować ich wyjaśnienie z niedowierzaniem. Sama sztuka sugeruje coś wiarygodniejszego.

Czytelnik natychmiast zgadnie, co mam na myśli. *Sen nocy letniej* jest mimetyczny, ale w sposób bardziej złożony niż fabuła wcześniejszych prac. Zamiast pojedynczego związku, mamy zawikłaną pajęczynę mimetycznej interakcji, dalekosiężną eskalację rywalizacji tak zawziętej w punkcie kulminacyjnym, że przekształca się ona w niosący przemoc chaos. Jednakże, gdy tylko cała ta struktura dosięga dna, odbija się ku światłu i jakieś szczęśliwe zakończenie jest w zasięgu wzroku.

Czytając tę sztukę w jej własnym mimetycznym świetle, możemy obyć się bez miłosnego pucharu i wyjaśnić każde wydarzenie bardziej zadowalająco. Sztuka przestaje wówczas być mozaiką różnorodnych tematów, które zwykle opisują krytycy. Staje się jednym, dynamicznym procesem zawierającym w sobie wszystkie trzy subwątki, ciągle pogorszającą się bezkształtnością, która nagle powraca do uporządkowanej formy. Jest ona nie tylko *tour de force* dramatycznej organizacji, ale również świadectwem wirtuozerii językowej. Tutaj mimetyczne pragnienie, zamiast być wyraźnie zdefiniowane, jak w pracach dotychczas rozważanych, wyraża się poprzez pozornie nieistotną retorykę kochanków, która rozkwita od czasu do czasu olśniewającymi kalamburami.

Jest to praca, w której mimetyczne pragnienie rządzące stosunkami międzyludzkimi u Szekspira zostało po raz pierwszy całkowicie opanowane i udramatyzowane jako globalny system, źródło zarówno integracji, jak i dezintegracji społecznej. Pod swoją frywolną powierzchownością sztuka ta jest zdumiewającą teorią nie tylko konfliktotwórczego aspektu *mimesis*, ale także jej mocy spajającej, która manifestuje się w postaci rytuału i teatru.

Oberon, Tytania, pozostałe Duszki, jak i ten cały fantastyczny wątek, jest mitycznym snem generowanym przez mimetyczne wzajemne oddziaływanie w dwóch pozostałych subwątkach. Szekspir przemienia swoją sztukę w zadziwiająco potężną interpretację jej własnego dramatycznego podstępu jako mitycznej morfogenezy. Histeria nocy rosnąc, produkuje monstrualne halucynacje, które ostatecznie umożliwiają ukazanie się Duszków, zarówno rzemieślnikom powtarzającym swoją mimetyczną sztukę, jak i kochankom powtarzającym sobie nawzajem swe mimetyczne żale.

Zarówno ten, jak i następne cztery rozdziały zostały poświęcone głownie, chociaż nie wyłącznie, wspomnianemu bezładnemu wymiarowi *Snu nocy letniej*. Później powrócimy do tej sztuki znowu, po raz pierwszy po zakończeniu badań nad *Troilusem i Cressidą*, po raz drugi, gdy zdobędziemy wiedzę o składaniu ofiary w *Juliuszu Cezarze*. Dopiero wówczas będę w stanie uporać się z rytualnym wymiarem tej sztuki, odrodzeniem się w niej ofiarniczego porządku. Dopiero wtedy będę w stanie bronić mojej ogólnej tezy na temat tej fantastycznej komedii. Jest to praca, w której szekspirowska koncentracja na mimetycznym pragnieniu rozszerza się w wszechogarniającą antropologiczną wizję. Magiczna religia jest najbardziej przenikliwą i najdoskonalszą maską mimetycznej interakcji, pierwotną maską, samą ludzką kulturą. W *Śnie nocy letniej* maska ta zostaje odsłonięta. Sztuka ta powinna być obowiązkowo czytana przez wszystkich nowoczesnych antropologów.

Aby dowieść powyższej tezy, muszę najpierw uwydatnić podobieństwa z *Dwoma szlachcicami z Werony*. *Sen nocy letniej* jest w pewnym sensie bardziej złożoną i systematyczną ilustracją prawa, które rządziło jej poprzedniczką.

W pierwszej z omawianych komedii mieliśmy ojca, który był również księciem i który próbował uniemożliwić małżeństwo swojej córki z Valentinem. W *Śnie nocy letniej*, ojciec i książę to dwie odrębne postacie, ale połączone siły przeciw Hermii, która, podobnie jak Silvia, zdecydowała się wyjść za mąż za Lysandra wbrew życzeniom ojca. Jeżeli Hermia odmówi wyjścia za mąż za Demetriusza, będzie musiała umrzeć, albo spędzić resztę życia w pogańskim odpowiedniku tradycyjnego klasztoru. Po tym strasznym edykcie, ojcowskie postacie majestatycznie wyruszają w drogę i nie odgrywają dalej żadnej roli w romansach młodszego pokolenia. Hermia i Lysander, podobnie jak Valentine i

Silvia w pierwszej z omawianych sztuk decydują się uciec z ukochaną osobą.

Nie spiesząc się, pozwalają sobie na trochę lirycznej poezji, aż przeszkodzi im w tym Helena, która słucha chciwie, jak jej dobra przyjaciółka Hermia z dumą i z podnieceniem opowiada o planowanej ucieczce z ukochanym. Hermia zwierza się przyjaciółce z tego samego powodu, z którego Valentine zwierza się Proteusowi. Każdy z tych mimetycznych kochanków poszukuje mimetycznej gratyfikacji, w trakcie czego dostarcza swym naśladowcom i rywalom broni, która niezmiennie obraca się przeciw jej dostawcom.

W *Dwóch szlachcicach z Werony* Valentine opowiada Proteusowi o zamiarze ucieczki z ukochaną i ten zdradziecki przyjaciel spieszy z tą gorącą wiadomością wprost do księcia. W *Śnie nocy letniej* zdrajczynią jest Helena, która idzie prosto do Demetriusza. Demetriusz jest zakochany w Hermii i pójdzie za nią, gdziekolwiek ona się uda. Helena z kolei jest zakochana w Demetriuszu i pójdzie za nim, dokąd on skieruje swe kroki. Tak więc dwóch gderliwych zakochanych będzie towarzyszyć Lysandrowi i Hermii cały czas podczas tej nocy, gorąco pragnąc wzniecić niezgodę. Tak jak Valentine był co najmniej częściowo odpowiedzialny za wrogie interwencje, które popsuły jego romans, tak samo Hermia jest w części odpowiedzialna za zniszczenie swojego związku z Lysandrem, jak i za całe zamieszanie tej Nocy Świętojańskiej (*the midsummer night*)[21].

Na początku nocy Lysander i Demetriusz są do szaleństwa zakochani w Hermii; możliwość, że któryś z nich mógłby ją porzucić, wydaje się niedorzeczna. „Prawdziwa miłość" jest w tej sztuce oficjalną perspektywą autora; rozumie się bez słów, że wszyscy kochankowie powinni pozostać sobie wierni aż do śmierci. Prawie natychmiast wydarza się

---

[21] Wyrażenie *the midsummer night* odnosi się w języku potocznym do najkrótszej nocy letniego przesilenia. Szekspir łączył tę noc z czarami, magią i wróżkami. W polskiej tradycji ludowej noc ta jest celebrowana jako Noc Świętojańska. Twierdzi się, że trzy sztuki Szekspira mają odniesienie do czarów podczas nocy letniego przesilenia: *Sen nocy letniej*, *Macbeth* oraz *Burza*. W girardowskiej interpretacji *Snu nocy letniej* powiązanie opisywanych w sztuce wydarzeń między ludźmi z tą szczególną nocą sugerowane *implicite* w oryginalnym angielskim tytule — *A Midsummer Night's Dream* — ma kluczowe znaczenie. Tutuł ten, tradycyjnie tłumaczony na polski po prostu jako *Sen nocy letniej*, gubi ten istoty dla Girarda odnośnik. Chcąc go uwypuklić wyrażenie *the midsummer night* tłumaczymy tutaj jako Noc Świętojańska — noc szczególna i istotna dla spraw miłosnych, podczas której zgodnie z ludowymi wierzeniami występuje nasilenie działania sił magicznych, o których przychylność należy się ubiegać. [Przyp. tłum.]

jednak to, co było nie do pomyślenia. Lysander opuszcza Hermię i zakochuje się w Helenie. Hermia powierzyła właśnie swą reputację, nawet życie, temu młodemu mężczyźnie, który teraz, bez ostrzeżenia, wykorzystując bez litości jej sen, zostawia ją samą na ziemi, potencjalną zdobycz dla dzikich bestii. To bestialskie zachowanie powinno dyskwalifikować Lysandra jako „prawdziwego kochanka", chyba że, oczywiście, można by wykazać, że nie był on w normalnym stanie umysłu, grzesząc tak ciężko przeciw „prawdziwej miłości". Magiczny, miłosny napój Pucka rozwiązuje ten problem. Z Duszkami do swej dyspozycji mądry dramatopisarz może zrobić prawie wszystko.

Wypadki tej Nocy Świętojańskiej biegną szybko: zanim zdołaliśmy się otrząsnąć z szoku niewierności Lysandra, Demetriusz również zapomina o Hermii i zakochuje się w Helenie. Jeszcze chwilę przedtem obrzydliwie maltretował biedną dziewczynę, obrażając ją wrzaskliwie, a teraz, z równą krykliwością, obaj młodzieńcy sławią jej niebiańską piękność. Gdy coś, co wydawało się mało wiarygodne za pierwszym razem, prawie natychmiast wydarza po raz drugi, nasze zdziwienie wzrasta niepomiernie — dopóki, oczywiście, nie zdamy sobie sprawy, że za to powtórzenie odpowiedzialny jest mimetyzm: wtedy zdziwienie znika. Wyznawcy „prawdziwej miłości" mają ogromną zdolność wiary i nigdy nie podejrzewają możliwości mimetyzmu w dziedzinie namiętnych uczuć. Przy najmniejszej okazji zawsze skwapliwie korzystają z odwołania się gwoli wyjaśnienia do napoju miłosnego, a nie do mimetycznego pragnienia. Szekspir nie chcąc zakłócać ich wiary, aranżuje drugą rundkę "love-in-idleness".

Gdy zadamy sobie trud przeczytania tekstu, wszędzie znajdziemy ślady bardziej cynicznej interpretacji. Pierwszą rzeczą wartą uwagi jest fakt, że nawet chociaż dwaj młodzieńcy nigdy nie zakochują się w jednej dziewczynie na długo, to w danym momencie są zawsze zakochani w t e j s a m e j. Możemy również zauważyć ogromne podobieństwo ich dwóch mów, które pozostają niezmienione, chociaż dotyczą raz jednej dziewczyny, raz drugiej, za wyjątkiem rzecz jasna drobnych poprawek związanych z faktem, że Helena jest wysoką blondynką, podczas gdy Hermia jest niewysoka i ma ciemne włosy. Lysander mówi:

> Content with Hermia? No, I do repent
> The tedious minutes I with her have spent.
> Not Hermia but Helena I love.
> Who will not change a raven for a dove?
> The will of man is by his reason sway'd;

> And reason says you are the worthier maid.
> (II, ii, 111-116)

> Hermia raduje mnie! Nie, nie współczuję
> Sobie i chwil z nią nużących żałuję
> Hermia? Heleny tylko serce szuka.
> Za gołębicę któż nie odda kruka?
> Wolą człowieczą przecież rozum włada;
> A tyś godniejsza z was dwu, on powiada.
> (s. 42)[22]

Lysander i Demetriusz są silnie przekonani, że ich nowa miłość od pierwszego wejrzenia jest najbardziej dobrowolnym i rozumnym wyborem, jakiego kiedykolwiek dokonali. Ta „rozumność" jest nawet mniej przekonywująca niż napój miłosny Pucka. Demetriusz, w swym desperackim wysiłku doścignięcia Lysandra, wydaje się nawet bardziej napuszony i szablonowy, ale ta różnica nie zasługuje na specjalną uwagę:

> O Helen, goddess, nymph, perfect, divine!
> To what my love shall compare thine eyne?
> Crystal is muddy. O, how ripe in show
> These lips, those kissing cherries, tempting grow!
> That pure congealed white, high Taurus' snow
> Fann'd with the eastern wind, turns to a crow
> When thou hold'st up thy hand. O, let me kiss
> This princess of pure white, this seal of bliss!
> (III, ii, 137-144)

> Heleno, nimfo, bogini wspaniała,
> Do czego mogę boska, doskonała,
> Porównać oczy twe? Kryształ nie błyśnie
> Przy nich. A wargi twe jak świeże wiśnie,
> Do pocałunków dojrzałe, kuszące!
> Śniegi na szczycie Taurusu wiszące,
> Przewiane wiatrem wschodnim, białe, czyste,
> Są jako wrony, gdy dłonie świetliste
> Wznosisz, najczystsze, najbielsze z królewien,
> O, podaj jedną, bym szczęścia był pewien!
> (s. 63).

Krytycy nie posuwają się aż tak daleko, aby zakładać, że sam Szekspir wierzył w Duszki, ale mają poczucie, że faktycznie zbudował swoją

---

[22] Tu i dalej cytuję za: *Sen nocy letniej*, przełożył Maciej Słomczyński, Wydawnictwo Literackie, Kraków, 1982. [Przyp. tłum.]

komedię na ich osnowie, co jest prawie równie złe. Mylą oni *Sen nocy letniej* ze sztuką typu fantastycznego. Jednakże praca ta, mimo Duszków, jest jak najbardziej realistyczna; wszystko w niej ma sens z punktu widzenia mimetycznej logiki, którą można bez trudu wywnioskować z różnych wydarzeń. Zacznijmy od Demetriusza, którego przypadek jest bardziej oczywisty: naśladuje on Lysandra, bo Lysander odebrał mu Hermię i jak każdy pokonany rywal, jest strasznie prowadzony przez pośrednictwo [*mediated*] swojego zwycięskiego przeciwnika. Jego pragnienie Hermii pozostaje silne, dopóki Lysander dostarcza temu pragnieniu modelu; gdy tylko Lysander zwraca się ku Helenie, Demetriusz robi to samo. Ta całkowita papuga jest bardziej komiczną wersję Proteusa. Imituje tak kompulsywnie, że gdyby istniała trzecia dziewczyna, na pewno zakochałby się w niej, ale nie przed Lysandrem.

A co z samym Lysandrem? Gdy zwraca się ku Helenie nie ma realnego modelu, nikt nie jest bowiem w nieszczęsnej dziewczynie zakochany. Czy oznacza to, że jego pragnienie jest prawdziwie samoistne? Aby przekonać się, że tak nie jest, musimy zwrócić się ku temu, co wydarzyło się, zanim sztuka się zaczęła. Scena pierwsza podsumowuje to, co należy nazwać prehistorią tej Nocy Świętojańskiej. Jest to opowieść o erotycznych grach i zdradach podobnych do wydarzeń w samej sztuce. Informacja ta jest dostarczona zwięźle i nie ma dramatycznego gruntu; jedynym możliwym powodem umieszczenia jej w ogóle jest światło, które rzuca na systematyczny charakter wszystkich erotycznych oszustw wśród czterech kochanków.

Zrazu Helena była zakochana w Demetriuszu i Demetriusz był zakochany w niej. Ten szczęśliwy stan rzeczy nie utrzymał się długo. Łagodna Helena wyjaśnia w monologu, że jej romans został zniszczony przez Hermię:

> For ere Demetrius look'd on Hermia's eyne,
> He hail'd down oaths that he was only mine;
> And when this hail some heat from Hermia felt,
> So he dissolved, and show'rs of oaths did melt.
> (I, i, 242-245)

> Bo nim Demetriusz w oczach Hermii zginął,
> Siał gradem przysiąg, że jestem jedyną;
> Ów grad od ciepła, które z Hermii biło,
> Zniknął i tysiąc przysiąg się stopiło.
> (s. 18)

Dlaczego Hermia miałaby próbować odebrać Demetriusza swej najlepszej przyjaciółce? Hermia obecnie chce wyjść za mąż za innego młodzieńca, Lysandra, nie mogła więc być motywowana przez autentycznie „prawdziwą miłość". Cóż innego mogłoby to być? Czy trzeba pytać? Mimetyczną naturę tego przedsięwzięcia sugeruje jeszcze raz bliskie podobieństwo z *Dwoma szlachcicami z Werony*. Hermia i Helena są tym samym typem przyjaciół, co Valentine i Proteus: mieszkają razem od dzieciństwa; odebrały tę samą edukację; zawsze działają, myślą, czują i pragną podobnie.

W naszej prehistorii mamy pierwszy mimetyczny trójkąt — taki sam jak w *Dwóch szlachcicach z Werony*, tyle że płeć jest odwrócona. W tej nowej komedii Helena jest Valentinem, Hermia Proteusem, a Demetriusz bardziej perfidną Silvią. Początek jest taki sam, ale wynik jest odmienny: energiczna Hermia ma powodzenie tam, gdzie Proteus poniósł klęskę.

Demetriusz jest ciągle bardzo zakochany w Hermii, ponieważ ona jest tą, która go porzuciła, dokładnie tak jak Demetriusz sam porzucił chwilę przedtem Helenę. Przedsiębiorcza Hermia najpierw odebrała kochanka swojej najlepszej przyjaciółce, następnie straciła dla niego zainteresowanie, czyniąc w ten sposób dwie osoby zamiast jednej histerycznie nieszczęśliwymi. Gdyby Hermia żyła w naszych czasach, prawdopodobnie twierdziłaby, ze inteligentna, nowoczesna, niezależna, młoda kobieta taka jak ona potrzebuje **bardziej prowokujących przyjaciół** niż Demetriusz i Helena. Demetriusz i Helena wydają się Hermii niewystarczająco prowokujący, ponieważ zbyt łatwo było ich zdominować. Najpierw energicznie pokonała Helenę w bitwie o Demetriusza, co zniszczyło prestiż przyjaciółki jako pośrednika. Demetriusz, nie będąc już dłużej przeobrażany przez moc mimetycznej rywalizacji, również stracił swój prestiż i nie wydaje się już upragniony. Kiedy tylko imitujący szczęśliwie przywłaszczy sobie przedmiot wskazany przez model, przeobrażająca maszyna przestaje funkcjonować. Bez zagrażającego rywala w zasięgu wzroku, Hermia uznaje Demetriusza za nieinspirującego i zwraca się ku bardziej egzotycznemu Lysandrowi.

Powyższe wyjaśnienie stosuje się również do Demetriusza, naszego pierwszego przykładu niewierności. Poddaje się on pochlebstwom Hermii, ponieważ Helena była zbyt szlachetna i kochająca; nie stwarzała ukochanemu wystarczających trudności. Mimetyczne pragnienie doznając niepowodzenia, wzmaga się, odnosząc sukces, obumiera. *Sen nocy letniej* jest sztuką, w której te dwa aspekty są ostrożnie, ale systematycznie wykorzystywane. Łącznie budują dynamikę tej Nocy Świętojańskiej.

Czworo kochanków w *Śnie nocy letniej* 53

W *Dwóch szlachcicach z Werony* Szekspir podkreślał siłę i **trwałość niespełnionego pragnienia**. W *Śnie nocy letniej* akcent ten zostaje dodatkowo uzupełniony równie silnym naciskiem na **nietrwałość spełnionego pragnienia**. Możemy teraz zrozumieć, że Lysander opuścił Hermię, ponieważ każde porzucenie jest zakorzenione w rozczarowywaniu spokojnym posiadaniem. Lysander odniósł walne zwycięstwo nad swoim mimetycznym rywalem Demetriuszem. Hermia faktycznie należy do niego, więc odczuwa brak owego koniecznego bodźca — mimetycznej rywalizacji. W tym momencie atrakcyjna musi wydawać się Helena, gdyż nie daje żadnego znaku bycia zainteresowaną Lysandrem; ponadto nie ma nikogo innego.

Historia tej nocy jest kontynuacją swojej prehistorii, chociaż z innymi bohaterami w rozmaitych mimetycznych rolach. Mówiąc inaczej, ta Noc Świętojańska już się zaczęła, zanim się zaczęła. Najpierw Demetriusz był niewierny Helenie, następnie Helena była niewierna Demetriuszowi, z kolei Lysander Hermii i w końcu Demetriusz Hermii. Cztery wiarołomstwa są zaaranżowane w taki sposób, że minimum przypadków ilustruje maksimum mimetycznej teorii.

Warto zauważyć, że nie można odwołać się do napoju miłosnego jako usprawiedliwienia tych wiarołomstw, które wydarzyły się przed rozpoczęciem tej nocy letniej. Wszystko tu może i musi być wytłumaczone mimetycznie, tzn. racjonalnie. Gdybyśmy mieli do czynienia tylko z tymi wiarołomstwami, które wydarzyły się na naszych oczach, przykłady nie byłyby wystarczająco liczne, żeby niechybnie naprowadzić nas na mimetyczne prawo, ale owo dołączenie prehistorii do historii wystarczy do tego celu. W ten sposób zamiast jednego trójkątnego konfliktu, który pozostaje niezmieniony aż do punktu kulminacyjnego, *Sen nocy letniej* jest kalejdoskopem licznych kombinacji, które tworzą się nawzajem w przyspieszonym tempie. Szekspir dostarcza kolejno tym samym mimetycznym rywalom szereg przedmiotów, aby w sposób komiczny dowieść dominacji pośrednika w trójkącie mimetycznego pragnienia. *Sen nocy letniej* jest dla *Dwóch szlachciców z Werony* tym, czym ogólna teoria względności jest dla systemu Newtona.

Nieustanna nerwowość właściwa mimetycznej zasadzie powoduje nieodzownie, że pojedyncza kombinacja nigdy nie zadowala żadnego z kochanków na długo. Gdyby było dość czasu, wypróbowane zostałyby wszystkie możliwe kombinacje — i rzeczywiście tak się dzieje. Nawet jeżeli omawiana sztuka nie może traktować o wszystkich możliwościach wyczerpująco, gdyż byłoby to nudne, to wyczerpująca ich lista zostaje zasugerowana. Przychodzi mi na myśl tylko jedna sztuka w literaturze teatralnej, która dąży do i osiąga ten sam cel z taką samą elegancją jak *Sen nocy letniej* — *Wesele Figara* Beaumarchaisa.

Ponieważ w *Dwóch szlachcicach z Werony* i w *Śnie nocy letniej* występują tacy sami czterej protagoniści, wydawałoby się na pierwszy rzut oka, że to samo prawo nie może wytworzyć owej większej złożoności drugiej sztuki; różnica jednakże leży w prowadzeniu żeńskich postaci. W *Dwóch szlachcicach z Werony* kobiety są erotycznie bierne, są zwykłymi przedmiotami walki między rywalizującymi mężczyznami. Jak zauważyłem wcześniej, czasami nawet mamy wrażenie, że mimetyczne pragnienie ogranicza się tylko do samego Proteusa. W *Śnie nocy letniej* młode kobiety są tak samo mimetyczne jak młodzieńcy, a więc jest tam czworo aktywnych aktorów, a nie dwóch lub tylko jeden.

Niewierność kobiet tradycyjnie uważa się za bardziej gorszącą niż niewierność mężczyzn. U Szekspira na scenie faktycznie nie ma żadnej wiarołomnej kobiety. Pokazuje on dwóch młodzieńców walczących o tę samą kobietę, ale nie kobiety walczące o tego samego młodzieńca. Te najbardziej skandaliczne wydarzenia odkłada się do prehistorii Nocy Świętojańskiej. Nie dajmy się jednak zwieść ostrożnemu prowadzeniu ról kobiecych; omawiana sztuka potrzebuje żeńskiej kopii męskiej interakcji i ją ma. W kompletnej strukturze komedii mimetyczna rywalizacja między Heleną i Hermią, łącznie z wiarołomstwem Hermii, odgrywa dokładnie tę samą rolę, jak wydarzenia tej nocy, które wikłają przede wszystkim młodzieńców. Hermia nie jest bardziej oddana Demetriuszowi niż Demetriusz i Lysander są jej oddani. Dokładnie tak jak młodzieńcy, dziewczyny są najpierw rywalkami, później zakochanymi i dokładnie tak jak młodzieńcy, dziewczyny w końcu skaczą sobie do gardła. W gruncie rzeczy nie ma różnicy: każdy z kochanków jest lustrzanym odbiciem pozostałych trzech bez względu na płeć.

Gdybyśmy musieli wskazać na arcyintryganta sprzed rozpoczęcia się tej Nocy Świętojańskiej, byłaby nim Hermia, ale nie należy tu rozważać prehistorii oddzielnie od historii. Położenie nacisku na specyfikę którejś z postaci byłoby sprzeczne z duchem sztuki skupiającej się na paradoksalnym ujednoliceniu wyprodukowanym przez mimetyczne prawo. Szekspir w tej sztuce ani nie przedstawia satyrycznie, ani nie gloryfikuje kobiet. Jest zainteresowany opisem mimetycznego procesu; jego komedia ma niewiele wspólnego z różnicą płci, jak i z jakąkolwiek inną różnicą. Mimetyczny proces zdaje się uwydatniać różnice, ale w rzeczywistości je niszczy. Właśnie ten ukryty skutek, ten brak różnorodności nasz dramatopisarz zdecydował się udramatyzować.

Naszym mimetycznym kochankom żaden romans nie może się udać, dopóki nie dozna niepowodzenia i żaden nie może doznać niepowodzenia, zanim się nie uda. W tajemnicy czują oni odrazę do spokojnej przyjemności „prawdziwej miłości", którą ich retoryka sławi. W każdym momencie tej szeroko rozumianej Nocy Świętojańskiej, każdy z tego kwartetu pragnie tego kogoś, kto go nie chce, będąc pożądany przez tę trzecią osobę, której on nie pragnie. W każdym momencie porozumienie między tymi kochankami jest minimalne, a frustracja maksymalna.

Wszyscy są tak mimetyczni, że w pewnym momencie wszystkie mimetyczne pragnienia wykazują tendencję do scalania się i tworzą jedno potężne pragnienie jednego i tego samego przedmiotu. Na początku każdy jest zakochany w Hermii, łącznie z Heleną i nawet samą Hermią, która oczywiście czuje, że całkowicie zasługuje na te wszystkie kierujące się ku niej pragnienia. W punkcie kulminacyjnym nocy nie Hermia, lecz Helena jest w centrum grupy: wszyscy są przez nią opętani łącznie z Hermią, tak oszalałą z zazdrości, że fizycznie atakuje swoją przyjaciółkę.

Czworo kochanków czci ten sam erotyczny absolut, to samo idealne wyobrażenie powabu, które każda z dziewczyn i każdy z młodzieńców wydaje się na przemian ucieleśniać w oczach innych. Nie ma to absolutnie nic wspólnego z rzeczywistymi zaletami; jest całkowicie metafizyczne. Czterej kochankowie są jak ptaki na drucie telefonicznym, zawsze walczące i ciągle nierozłączne. Od czasu do czasu, bez oczywistego powodu, wszystkie przelatują na inny drut i znowu zaczynają walczyć. Ich pragnienie jest opętane przez ciało, a jednak oddzielone od niego. Nigdy nie jest instynktowne i samoistne, nie może polegać na czymś takim jak przyjemność oczu i innych zmysłów. Nieustannie spieszy się, żeby pragnąć, tak jak pieniądze spieszą się do pieniędzy w gospodarce spekulatywnej. Można oczywiście powiedzieć, że naszych czworo bohaterów jest „zakochanych w miłości". Nie byłoby to nieścisłe, ale nie ma czegoś takiego jak „miłość w ogóle" i takie sformułowanie zaciemnia sprawę zasadniczą, ową obecność modelu, który nieuchronnie przekształca się w rywala, ową nieuchronnie zazdrosną i konfliktotwórczą naturę mimetycznego zbiegania się na tych samych przedmiotach.

Ta erotyczna niestałość jest niewątpliwie błaha, ale jej przedstawienie jest dalekie od banalności. Materia tematu jest niczym; geniusz dramatopisarza leży w wyrafinowanej, systematycznej jej obróbce. Szekspir przedstawia satyrycznie społeczeństwo rzekomych indywidualistów całkowicie ujarzmionych przez siebie nawzajem. Wyśmiewa pragnienie, które zawsze usiłuje odznaczyć się i odróżnić poprzez naśladowanie kogoś innego i zawsze osiąga przeciwny skutek: *Sen nocy letniej* jest pierwszym triumfem unisexu i uni-wszystko-inne. Dotyczy procesu wzrastającej symetrii wszystkich postaci, jeszcze nie na tyle doskonałej, aby wykazanie jej stało się trudne.

Oberon, inaczej niż sceptyczny Puck, który wykpiwa kochanków, gdyż wszystko rozumie, jest pełen czci dla „prawdziwej miłości", ale jego język płata mu figle od czasu do czasu i sugeruje dokładne przeciwieństwo tego, co zamierzał powiedzieć. Gdy Puck wybrał niewłaściwego człowieka, rozdzielając napój miłosny, Oberon sprawiał wrażenie oburzonego, jakby różnica między „prawdziwą" i „fałszywą" miłością była tak duża, że pomylenie obu przez Pucka było niewybaczalne. Ale słowa, które naprawdę wypowiedział, sugerują coś dokładnie przeciwnego:

> What hast thou done? Thou hast mistaken quite,
> And laid the love-juice on some true-love's sight.
> Of thy misprision must perforce ensue
> Some true love turned and not a false turned true.
> (III, ii, 88-91)

> Co uczyniłeś? Wszystko pomieszałeś
> Oczy prawego kochanka spryskałeś
> Z omyłki takiej nieszczęście powstanie;
> Dobro w zło zmieniasz, zło złem pozostanie.
> (s. 60)

Kto pozna różnicę między pewną (dosłownie:) „prawdziwą miłością zepsutą" [*true love turned*] i „fałszywą zepsutą w prawdziwą" [*false turned true*]? Te sformułowania brzmią tak samo i rozróżnienie, co do którego pobożny Oberon się upiera, jest poddane w wątpliwość w sposób komiczny. Założona sprzeczność między "prawdziwą miłością" i jej mimetycznym fałszerstwem rozbrzmiewa echem gorszości k o p i i wobec o r y g i n a ł u z tradycyjnej estetyki. Problem w tym, że nie ma żadnego oryginału — wszystko jest imitacją.

Kakofoniczna kolistość „prawdziwa miłość zepsuta [*true love turned*] i „fałszywa zepsuta w prawdziwą" [*false turned true*] ironicznie przywodzi na myśl paradoksalny wkład ideologii różnicowania i ideologii indywidualistycznych na rzecz rosnącego mimetycznego ujednolicenia; d y f e r e n c j a l i z m jest ideologią mimetycznego nagabywania w jej najbardziej komicznym samopokonywaniu się. Wszystko to zabawnie przypomina świat, w którym żyjemy.

Tradycja zewnętrznych przeszkód i niemimetycznych tyranów jest tradycją komiczną *par excellence*. Dziś jest ona potężniejsza niż kiedykolwiek; jest ideologią psychoanalizy, naszej „kontrkultury", wszelkiego rodzaju „wyzwoleń", całego kultu młodości. Traktuje samą siebie bardziej serio, niż kiedykolwiek. Musimy wszyscy udawać, że wierzymy, iż młodość jest w jakiś sposób prześladowana. Każde pokolenie obwieszcza to przesłanie, jako coś całkowicie nowego, co nigdy dotychczas nie zostało sformułowane. Od czasów starożytnej Grecji teatr jest ważnym nośnikiem tej ideologii, jednakże Szekspir stanowi tu znakomity wyjątek. Jego stanowisko jest tak niecodzienne, że raczej się je ignoruje niż rozumie. Nie zdajemy sobie sprawy jak rewolucyjny jest w rzeczywistości *Sen nocy letniej*.

Mit zewnętrznych przeszkód jest tak potężny w popularnej kulturze i w teatrze, że nawet Szekspir nie umiał się go pozbyć, gdy próbował tego po raz pierwszy. *Dwaj szlachcice z Werony* to sztuka przejściowa, na poły standardowa, na poły szekspirowska hybrydalna komedia, w której niemimetyczny konflikt i niemimetyczne różnice, takie jak dychotomia bohater — łajdak zostały już co prawda zakwestionowane, ale jeszcze nie obalone.

W *Dwóch szlachcicach z Werony* Proteus, dowiedziawszy się o planowanej ucieczce Silvii z Valentinem, udaje się do księcia, który skutecznie interweniuje; Valentine musi wyjechać z Mediolanu bez Silvii. Ponieważ mimetyczny rywal tworzy nawet większą przeszkodę niż ojciec, możemy dostrzec, że ojciec jest u schyłku, chociaż jeszcze żyje i wierzga. Jednakże w *Śnie nocy letniej*, Helena nawet nie myśli o Egeuszu i Tezeuszu, gdy dowiaduje się, że Lysander i Helena zamierzają uciec z Aten; idzie prosto do mimetycznego rywala, Demetriusza. Ojcowie i książęta stali się papierowymi tygrysami.

Jedynym i wyłącznym źródłem konfliktu we wszystkich dojrzałych komediach jest krzyżowanie się mimetycznych pragnień, które bez przerwy zbiegają się na tym samym przedmiocie, ponieważ naśladują się nawzajem. Pomimo zwodniczej pierwszej sceny jest tak już w *Śnie nocy letniej*. Jedyną przeszkodą na drodze kochanków są sami kochankowie, mimetyczni rywale. Są silniejsi, młodsi i bardziej niepohamowani, niż jakikolwiek ojciec na świecie kiedykolwiek był. Namiętnie palą się, aby sprawiać kłopoty, czego z reguły ojcowie nie czynią.

Sen nocy letniej to pierwszy przykład unikalnej szekspirowskiej komedii, która żartuje z samego pragnienia, demaskując jego wieczne kłamstwo o byciu ofiarą jakiegoś rodzaju represji — represyjnych bogów, represyjnych rodziców, represyjnego dziekana, czegokolwiek. We wszystkich sztukach czysto szekspirowskich szczęście zakochanych jest zagrożone od wewnątrz ze strony grupy rówieśników, nigdy z zewnątrz. Jednakże przesądy ogółu tak się bronią, że dla stworzenia mitu, że *Sen nocy letniej* jest standardowy, wystarczyło umieszczenie starych strachów na wróble na wstępie komedii. Czterysta lat później ciągle dominują w interpretacji sztuki, która nie ma z nimi zupełnie nic wspólnego.

Pierwsza scena zwodniczo drażni nasze oczy ulubionymi stereotypami: dzieci zwracają się przeciw rodzicom; młodość przeciw starości; przystojni i szczerzy kochankowie są niesprawiedliwie pozbawionymi swojej wolności wyboru; obłudni dorośli trzymają cugle władzy. To czyste pozory. Rodzicielski autorytet umarł na dobre; nigdy więcej nie będzie odgrywał znaczącej roli gdziekolwiek w teatrze Szekspira.

Standardowe aspekty pierwszej sceny — ma ona również inne aspekty, o których będzie mowa później — mogły zostać ułożone i napisane, przynajmniej częściowo, na mniej dojrzałym etapie niż pozostała część sztuki. Być może jest to pozostałość wcześniejszej koncepcji bliższej *Dwóm szlachcicom z Werony*, być może stanowi część tego teatralnego dziedzictwa, którego Szekspir się jeszcze całkowicie nie wyzbył. Sądzę jednak, że Szekspir rozmyślnie zachował tę archaiczną scenę, gdyż pasowała do jego strategii półzatajania mimetycznej rywalizacji. Jak już wspominałem, sugeruje on zawsze dwie różne interpretacje tego, co robi. Zwodnicza pierwsza scena pasuje do tego schematu; dzięki niej *Sen nocy letniej* może uchodzić za uspakajającą komedię, gdzie triumf „prawdziwej miłości" jest tylko czasowo zawieszony z powodu koalicji ojcowskich postaci i istot nadprzyrodzonych.

Wydaje się, że Szekspir miał wystarczający powód, aby powstrzymywać się od uczynienia najbardziej nonszalanckich aspektów swojej sztuki zbyt wyraźnymi. Prawdopodobnie *Sen nocy letniej* został napisany na książęce wesele na dworze Elżbiety[23]. Niewierność nie rymuje się zbyt dobrze z uroczystym nastrojem wesela — Szekspir musiał być ostrożny. Jego komedia musiała wydać się konserwatywnym dworzanom niewinna i standardowa. Zarazem jednak Szekspir wiedział, że wśród publiczności będą pewni bardzo mądrzy ludzie i nie chciał ich rozczarować. Ludzie ci oczekiwali, że będzie niezapomniany, gorszący i dowcipny. Próbował pisać dla tych grup równocześnie w taki sposób, aby każda znalazła w jego sztuce to, co odpowiada jej gustom i temperamentowi; prawdopodobnie udało mu się to w stosunku do

---

[23] Shakespeare, *A Midsummer Night's Dream*, w: *A New Variorum Edition*, Horace Howard Furness, ed. J. B. Lippincott, Philadelphia and London 1953, s. 259-267.

bardziej wyrafinowanych współczesnych, ale doznał straszliwego niepowodzenia w przypadku późniejszych pokoleń. Komiczny wymiar sztuki jest nieodłączny od jej mimetycznej substancji i nigdy nie został ponownie uchwycony.

4
O, UCZ MNIE SPOJRZEŃ
Helena i Hermia w *Śnie nocy letniej*

Tylko jedna Helena, nie zmienia kierunku swojego pragnienia przed i podczas Nocy Świętojańskiej. Jest jedynym wyjątkiem w świecie mimetycznych nielojalności, ale jej wierność nie oznacza, że jej pragnienie jest faktycznie jej własne — wręcz przeciwnie. Przez większą część sztuki Helena wydaje się całkowicie odmienna od pewnej siebie Hermii. Jednakże w punkcie kulminacyjnym nocy nawet to słodkie dziewczę gniewnie odpowiada na zniewagi przyjaciółki: jej łagodność poddaje się chwilowo huraganowi mimetycznej rywalizacji.

Ich związek jest taki sam jak Valentina z Proteusem. Dziewczyny wychowywały się razem, a ich wzajemne naśladownictwo i jego skutki zostają opisane nawet bardziej szczegółowo niż we wcześniejszej sztuce. Można wyobrazić sobie, że Szekspir sporo o tym myślał i pisze na ten temat piękny poemat, który jest również potężnym rozmyślaniem nad mimetycznym p o d w a j a n i e m [*mimetic doubling*]:

> [*Helena*:] Is all the counsel that we two have shar'd,
> The sisters' vows, the hours that we have spent,
> When we have chid the hasty-footed time
> For parting us — O, is all forgot?
> All school-days friendship, childhood innocence?
> We, Hermia, like two artificial gods,
> Have with our needles created both one flower,
> Both on one sampler, sitting on one cushion,
> Both warbling of one song, both in one key,
> As if our hands, our sides, voices and minds
> Had been incorporate. So we grew together,
> Like to a double cherry, seeming parted,
> But yet an union in partition,
> Two lovely berries moulded on one stem;
> So with two seeming bodies, but one heart,
> Two of the first, like coats in heraldry,
> Due but to one, and crowned with one crest.

> And will you rest our ancient love asunder,
> To join with men in scorning your poor friend?
> It is not friendly, 'tis not maidenly.
> Our sex, as well as I, may chide you for it,
> Though I alone do feel the injury.
> *Hermia*: I am amazed at your passionate words.
> I scorn you not; it seems that you scorn me.
> (III, ii, 198-221)
>
> *Helena*: Czy nasze wszystkie serdeczne rozmowy,
> Wspólne godziny, siostrzane przysięgi,
> Gdy sprzeciw budził czas zbyt szybkostopy,
> Który rozdzielił nas, — czyś o tym wszystkim
> Już zapomniała? O szkolnej przyjaźni
> I niewinności dziecięcej? My, Hermio,
> Jak dwaj przemyślni bogowie igłami
> Dwiema kwiat jeden tworzyłyśmy razem
> Na jednym wzorku i siedząc na jednej
> Poduszce; nucąc wspólnie jedną nutę
> Jednakim głosem, jak gdyby jednością
> Były umysły, serca, głosy nasze,
> Rosłyśmy razem jak złączone wiśnie,
> Choć rozdzielone, będące jednością.
> Piękne jagody dwie na jednym pędzie;
> Dwa ciała, w których jedno serce biło,
> Tarcze herbowe o dwóch różnych barwach,
> Lecz herb był jeden z jednym pióropuszem.
> I ty chcesz rozbić naszą długą miłość
> Drwiąc z przyjaciółki biednej z tymi dwoma?
> Ani przyjazne to, ani dziewczęce.
> Płeć nasza cała gani ciebie ze mną,
> Choć ja jedynie krzywdę tę odczuwam.
> *Hermia*: Jestem zdumiona słów twych gwałtownością.
> Ja nie drwię z ciebie. Raczej ty drwisz ze mnie
> (s. 65-66)

Wzorki są pouczającymi próbkami, przykładami. Dziewczyny zawsze imitują te same modele i same są dla siebie nawzajem modelami. Rezultatem jest doskonała jedność, tak zgrabnie wyrażona przez metaforę o złączonych wiśniach: jak gdyby jednością były ich umysły, serca, głosy; wizerunek strukturalnej symetrii będący ulubieńcem Claude Lévi-Straussa: jak tarcze herbowe.

Wchodząca tu w grę miłość i nienawiść są również jednym i tym samym; mimetyczne pragnienie jest istotą obu. Dwie przeciwniczki opacznie tłumaczą sobie coś, co wydarza się dokładnie w taki sam sposób. Żadna z nich nie potrafi uwierzyć, że zgrzeszyła czymś przeciw przyjaźni lub przyjaciółce i faktycznie żadna z nich nie zgrzeszyła; każda czuje się przez drugą zdradzona.

Podwojenia [*doubles*][24] — oto jak w ramach mimetycznej teorii określa się ten związek, który nie jest urojony, jak twierdzi Lacan, ale całkowicie rzeczywisty, ponieważ dostarcza zasady komicznym nieporozumieniom i tragicznemu konfliktowi. Wszystko, co w pierwszym rozdziale powiedzieliśmy na temat Valentina i Proteusa, możemy powtórzyć w odniesieniu do Heleny i Hermii. Tym razem silny nacisk położono na coś, co było zaledwie zasugerowane we wcześniejszej sztuce, nieprzerwaną identyczność i równorzędność obu protagonistek podczas konfliktu. Ten nacisk oznacza lepsze uchwycenie głównego paradoksu; autor stopniowo odkrywa implikacje swojego własnego myślenia.

Wersy przypisane Helenie są często z punktu widzenia mimetycznej teorii najbardziej interesujące; stanowią istotny krok naprzód w stosunku do prac omawianych poprzednio. Na początku Hermia jest ucieleśnieniem erotycznego sukcesu; dwóch młodzieńców jest w niej zakochanych, a Helena jest zarażona ich entuzjazmem. Nie byłoby przesadą stwierdzenie, ze traktuje ona swoją przyjaciółkę z dzieciństwa tak, jakby była swego rodzaju bóstwem.

Zbieganie się pragnienia młodzieńców na Hermii, będąc czysto mimetyczne, nie ma przedmiotowego uzasadnienia. Hermia nie jest piękniejsza od swojej przyjaciółki i należy wierzyć Helenie, kiedy chwilę później mówi:

> Through Athens I am thought as fair as she.
> (I, i, 227)

> W Atenach mówią, że piękna jak ona
> Jestem.
> (s. 18)

Przypomina to stwierdzenie Proteusa, cytowane w rozdziale poświęconym *Dwóm szlachcicom z Werony*:

---

[24] Słowo *doubles* będziemy tłumaczyć jako podwojenia lub sobowtóry. [Przyp. tłum.]

> She is fair; and so is Julia that I love...
> (II, iv, 199)

> Piękna jest. Równie piękna jest i Julia,
> Ma ukochana, — ongi ukochana.
> (s. 60)

Tutaj także Szekspir mówi nam, że mimetyczne pragnienie jest obojętne na rzeczywistość. Kilka lat temu reżyser *Snu nocy letniej* w BBC zdecydował, że Hermia powinna być piękniejsza niż Helena. Było to nieporozumienie, ponieważ początkowe niepowodzenie Heleny wśród mężczyzn nie mówi nam nic o jej fizycznym uroku. Kiedy później w nocy cały mimetyczny układ odwraca się o sto osiemdziesiąt stopni na jej korzyść, to czy powinniśmy założyć, że jej wygląd w cudowny sposób się odmienił?

Helena jest tak samo piękna jak Hermia, i chociaż zdaje sobie z tego sprawę, nie podnosi jej to na duchu. Obiektywne fakty to jedno, a mimetyczne kaprysy to drugie. Nie muszą sobie wzajemnie przeczyć, nie muszą też być zgodne. W stosunkach międzyludzkich *mimesis* jest czynnikiem dominującym. Mimetyczna porażka może zniszczyć samoocenę dziewczyny bez względu na to, jak „rzeczywiście" jest piękna. Nasze psychologie i psychoanalizy niezmiennie podkreślają rolę pojedynczego podmiotu i maskują ogromną rolę zjawisk mimetycznych nie tylko w sprawach miłosnych, ale również w naszym życiu profesjonalnym, polityce, stylach literackich i artystycznych, itd. Chociaż na początku nocy Helena wydaje się bardziej „neurotyczna" niż Hermia, to nie ma solidnych podstaw, aby dać temu wiarę.

Gdy nasi pośrednicy uniemożliwiają nam posiadanie przedmiotu, który dla nas nazwali, wówczas — chociaż dotyczy to tylko pierwszej fazy — coraz bardziej cenimy go; kiedy rywalizacja wzmaga się, przedmiot ten schodzi na dalszy plan, a pośrednik budzi coraz większy niepokój. Ewolucja ta została znakomicie opisana w pierwszej mowie Heleny, gdy pojawia się ona po raz pierwszy i definiuje rolę pośrednika w swej egzystencji, zwracając się do samego bożyszcza, Hermii, swojej najlepszej przyjaciółki:

> *Hermia*: God speed, fair Helena: whither away?
> *Helena*: Call me fair? that "fair" again unsay.
> Demetrius loves your fair: O happy fair!
> Your eyes are lode-stars, and your tongue's sweet air
> More tuneable than lark to shepherd's ear,
> When wheat is green, when hawthorn buds appear.

> Sickness is catching. O, were favour so,
> Yours would I catch, fair Hermia, ere I go!
> My ear should catch your voice, my eye your eye,
> My tongue should catch your tongue's sweet melody.
> Were the world mine, Demetrius being bated,
> The rest I'd give to be to you translated.
> (I, i, 180-191)

> *Hermia*: Bóg z tobą! Dokąd to, piękna Heleno?
> *Helena*: Piękna? Demetriusz tak ciebie nazywa.
> Nie mów więc do mnie, piękności szczęśliwa!
> Są oczy twoje jak przewodnie gwiazdy,
> A głosu twego wdzięczniejszy ton każdy
> Niźli dla uszu pasterza skowronek,
> Gdy głóg zakwita i pola zielone,
> Gdyby uroda zaraźliwa była,
> Niechby się twoją, Hermio, zaraziła:
> Uchem głos chwycić, okiem twoje oko,
> Językiem złowić twą nutę wysoką,
> I słodką winnam, bo, prócz Demetriusza,
> Cały świat oddałaby ci moja dusza
> (s. 15-16).

Uzasadnienie tego języka jest oczywiste. Gdyby Helena mogła przemienić się w Hermię, mogłaby nie tylko uwieść Demetriusza, ale wszystkich innych młodzieńców, którzy są zakochani w Hermii lub mogą się w niej zakochać. Doskonale rozumiemy, dlaczego Helena chce b y ć Hermią. Demetriusz jest tym, co Helena chce p o s i a d a ć, a Hermia jest tą, którą chce b y ć. Bycie jest oczywiście ważniejsze niż posiadanie.

Studia nad pięcioma wielkimi powieściopisarzami w *Deceit, Desire and the Novel* wskazały mi jak zdefiniować ostateczny cel pragnienia:

> Przedmiot jest jedynie środkiem dotarcia do pośrednika. Omawiane pragnienie ma na celu „bycie" pośrednika. Proust porównuje to potworne pragnienie, żeby być Innym z łaknieniem: „Łaknienie — takie, którym płonie wysuszony ląd — łaknienie życia, które byłoby doskonalszym napojem dla mojej duszy, gdyby zostało pochłonięte wielkimi łykami, nawet bardziej łapczywie, ponieważ nigdy nie miała w ustach pojedynczej kropli".

... Bohater Dostojewskiego, tak jak i Prousta, marzy o pochłonięciu i przyswojeniu sobie bycia pośrednika[25].

Słowa takie jak „bycie" i „ontologiczny" wydają się zbyt filozoficzne w kontekście kapryśnej młodzieży, a jednak nie sposób ich uniknąć. B y c i e jest tym, czego mimetyczne pragnienie naprawdę szuka i Helena wyraźnie o tym mówi.

Helena pragnie być „przetłumaczona" [*translated*][26] na Hermię. Jest to słowo kluczowe w *Śnie nocy letniej*; łączy ono owo ontologiczne pragnienie czworga kochanków z mityczną metamorfozą Nocy Świętojańskiej. Dokładnie tak jak w *Dwóch szlachcicach z Werony*, pragnienie bycia idzie ręka w rękę z procesem *quasi*-ubóstwienia; jednakże we wcześniejszej sztuce proces ten jest jeszcze ukierunkowany na przedmiot, podczas gdy obecnie kieruje się na pośrednika. Możemy określić tę ewolucję jako „irracjonalną", „natrętną", nawet „patologiczną", niemniej zawsze jest ona logiczna, w sensie spełnienia się zasadniczej natury pragnienia.

Helena jest rozpaczliwie zakochana w Demetriuszu, ale o nim zaledwie wzmiankuje; gigantyczny w nieobecności Hermii, kurczy się, stając się prawie niczym w jej obecności. Ujawniają się więc autentyczne priorytety mimetycznego pragnienia: bez względu na to jak bardzo upragniony jest przedmiot, blednie w zestawieniu z modelem, który nadaje mu jego wartość.

Szczególnym aspektem naszego tekstu jest jego zmysłowość. Helena chce złapać „przychylność" Hermii, tak jak „łapie się chorobę", zarażając się przez fizyczny kontakt. Chce, żeby każda część jej ciała harmonizowała z odpowiednią częścią ciała Hermii. Chce całego ciała Hermii. Homoseksualne konotacje tego tekstu nie są „nieświadome", ale umyślne i trudno wyobrazić sobie jakiego rodzaju pomocy mogłaby tu dostarczyć psychoanaliza. Szekspir opisuje tendencję pozbawionego sukcesu pragnienia do ogniskowania się coraz bardziej na przyczynie swojej klęski i do przeobrażania pośrednika we wtórny erotyczny przedmiot — z k o n i e c z n o ś c i homoseksualny, jeżeli pierwotne pragnienie było heteroseksualne; erotyczny rywal jest osobą tej samej płci, co podmiot. Homoseksualne konotacje są nierozłączne z rosnącym uwydatnieniem pośrednika.

---

[25] Girard, *Deceit, Desire and the Novel*, The Johns Hopkins University Press, Baltimore, 1966, s. 53.
[26] Termin *translate* ma w języku angielskim szerokie znaczenie. Oznacza nie tylko przekształcenie jednego języka w drugi, ale także zmianę form, warunków, położenia. [Przyp. tłum.]

Helena zademonstruje chwilę później, że nie zapomniała o Demetriuszu; jej zachowanie wobec niego podczas tej nocy jest bardziej „masochistycznie" erotyczne niż zachowanie pozostałych postaci. Jednakże teraz jej ukochany jest zaćmiony przez pośrednika, aczkolwiek nie z powodu jakiegoś „utajonego homoseksualizmu" *à la* Freud, nieświadomego czegoś, co „zawstydza" tekst wbrew świadomemu zamiarowi autora. Zamiarem Szekspira jest zakomunikowanie nam tego właśnie istotnego sensu.

Dla Heleny Hermia jest modelem/przeszkodą/rywalem mimetycznego pragnienia; ten prowadzony przez pośrednika podmiot jest histeryczny z powodu swojej ekstremalnej frustracji w rękach zwycięskiego pośrednika. Szekspir rozmyślnie ilustruje tę logikę; uważanie go za omamioną marionetkę, której splątane nici potrafi rozplątać nasza pyszałkowata moc demistyfikacji, jest pretensjonalną niedorzecznością. Pisze on nie tyle o Helenie i jej przyjaciołach, co o samym pragnieniu. Napisał tę scenę w przełomowym momencie przyswajania sobie mimetycznego procesu. Po raz pierwszy zrozumiawszy w pełni rolę pośrednika, stara się wyrazić swoją intuicję najlepiej jak potrafi w formie dramatycznej, tzn. we własnej formie; robi to, co każdy pisarz musi uczynić, odkrywszy coś naprawdę ważnego — przemienia to w literaturę.

Pragnienie, w miarę jak jego wewnętrzne dzieje odsłaniają się, czyni mimetyczną prawdę o sobie coraz bardziej widoczną,. Ta ewolucja „zawsze już" się zaczęła; jest przeznaczeniem mimetycznego pragnienia, które wypełnia się ilekroć ma sposobność wykonania swojego galopu do końca. Powtórzmy, co już zostało powiedziane, wewnętrzne dzieje teatru Szekspira są dziejami samego pragnienia.

Scena z *Dwaj szlachcice z Werony*, w której Valentine dosłownie ofiaruje swoją ukochaną rywalowi, jest wyprzedzeniem tego, co Szekspir wyrazi pełniej w mowie Heleny: większego znaczenia modelu niż przedmiotu. W *Deceit, Desire and the Novel* homoseksualne implikacje tego przesunięcia zostały zdefiniowane następująco:

> Należy spróbować rozumieć przynajmniej pewne formy homoseksualizmu z punktu widzenia trójkąta pragnienia. Np. proustowski homoseksualizm może być zdefiniowany, jako stopniowe przemieszczanie erotycznej wartości na pośrednika, która w „normalnym" donhuanizmie pozostaje związana z samym przedmiotem. To stopniowe przemieszczanie jest nie tylko *a priori* możliwe; Jest prawdopodobne w ostrych stadiach wewnętrznego pośrednictwa, które charakteryzują się widocznym rosnącym znaczeniem pośred-

nika i stopniowym zanikaniem przedmiotu. Niektóre fragmenty *Wiecznego męża* wyraźnie ukazują początek erotycznej dewiacji w kierunku fascynującego rywala.

(s.47)

Związek Helena-Hermia wyraźnie dramatyzuje to, co powyższy tekst próbuje wyrazić pojęciowo. Dlatego Szekspir tak podkreśla zafascynowanie Heleny swym mimetycznym modelem; nie próbuje podsuwać myśli, że jest ono niezmienną częścią jej psychicznego makijażu. Koncepcja freudowska wydaje się sztywna i esencjalistyczna w porównaniu z szekspirowską.

To, na co cierpi Helena, jest częścią jej własnej „Nocy Świętojańskiej". Dorastająca młodzież często doświadcza silnej fascynacji popularnymi szkolnymi przyjaciółmi, co może, ale nie musi mieć na nią trwały wpływ. Szekspir prezentuje znakomity przykład tego, co wydaje się niemożliwe w naszych barbarzyńskich czasach — wszechstronnego i humorystycznego podejścia do pytań, obecnie tak obciążonych bagażem ideologicznym, że na jakąkolwiek wzmiankę o nich czujemy się, jakby przytłaczał nas ogromny ciężar.

Nasze mimetyczne tłumaczenie homoseksualnych konotacji mowy Heleny rzuca światło na podobny tekst w zupełnie odmiennej sztuce — *Tragedii Coriolanusa*. W oczach Aufidiusa, który zawsze na polu walki jest pokonywany przez rywala, Coriolanus wygląda jak sam bóg wojny, model wszystkiego czym on, Aufidius, mniejszy człowiek, chciałby b y ć. Helena także została pokonana, aczkolwiek w zupełnie odmiennym układzie lub wojnie, jednakże tak samo dla niej ważnych, jak walki Aufidiusa i Coriolanusa w ich kontekście. Skutki są dokładnie takie same: Aufidius jest ofiarą ontologicznego pragnienia. Wszystkie szekspirowskie postacie chcą b y ć swoimi zwycięskimi rywalami.

Kiedy Coriolanus zostaje wypędzony z Rzymu i proponuje przymierze odwiecznemu wrogowi, Aufidius odpowiada w następujący sposób:

O Martius, Martius!
Each word thou hast spoke hath weeded from my heart
A root of ancient envy. If Jupiter
Should from yond cloud speak divine things,
And say "Tis true", I'd not believe them more
than thee, all-noble Martius. Let me twine
Mine arms about that body, where against
My grained ash an hundred times hath broke,
And scarr'd the moon with splinters. Here I cleep
The anvil of my sword, and do contest

As hotly and as nobly with thy love
As ever in ambitious strength I did
Contend against thy valor. Know thou first,
I lov'd the maid I married; never man
Sigh'd truer breath; but that I see thee here,
Thou noble thing, more dances my rapt heart
Than when I first my wedded mistress saw
Bestride my threshold. Why, thou Mars, I tell thee,
We have a power on foot; and I had purpose
Once more to hew thy target from thy brawn,
Or lose mine arm for't. Thou has beat me out
Twelve several times, and I have nightly since
Dreamed of encounters 'twixt thyself and me;
We have been down together in my sleep,
Unbuckling helms, fisting each other's throat,
And wak'd half dead with nothing.
                    (IV, v, 102-126)

            Martiusie, Martiusie!
Każde twe słowo wyrywa z mej piersi
Korzeń zajadłej nienawiści. Gdyby
Nawet sam Jowisz przemówił z tej chmury
O rzeczach świętych i dodał „To prawda",
Nie bardziej mógłbym uwierzyć niż tobie,
Najszlachetniejszy Martiusie! I niechaj
Ramiona moje otoczą to ciało,
Na którym pękła stokrotnie ma włócznia
Z jesionu, sypiąc pod księżyc drzazgami.
Kowadło miecza mego obejmuję,
Współzawodnicząc szlachetnym płomieniem
Z twoją miłością, jak ongi walczyłem
Z wszystkich sił przeciw twojej waleczności.
Po pierwsze, dowiedz się, że pokochałem
Dziewicę, którą poślubiłem. Żaden
Człowiek tak szczerze nie wzdychał; lecz teraz,
Gdy widzę ciebie, szlachetna istoto,
Me zachwycone serce tańczy mocniej
Niż wówczas, kiedy po ślubnym obrzędzie
Małżonka moja próg mój przestąpiła.
Ach, Marsie! Siły nasze już pod bronią.
Chciałem twą tarczę odrąbać od ciała
Lub własne ramię w tej próbie utracić.
Tyś mnie pokonał już dwanaście razy

I co noc śniłem o spotkaniu z tobą —
We śnie tarzałem się z tobą po ziemi,
Dusząc się wzajem, odpinając hełmy,
Aby obudzić się półżywy — z niczym.
(s. 165-166)

Gdy Aufidius przywołuje obraz swojej żony, nie mamy wątpliwości, że homoseksualne konotacje są umyślne; ich sens jest oczywiście taki sam jak w *Śnie nocy letniej*. W obu sztukach Szekspir opisuje erotyzację pośrednika, która również pojawia się w takim samym stylu w pracach innych mimetycznych pisarzy, jak Dostojewski czy Proust.

Jak już mówiłem, Aufidius i Coriolanus zostają na jakiś czas bliskimi przyjaciółmi, dopóki negatywny aspekt tej ambiwalencji nie da znać o sobie i Aufidius nie zamorduje Coriolanusa. Ambiwalencja ta jest dokładnie taka sama w przypadku Heleny i Hermii, chociaż wyraża się mniej tragicznie.

Czyżby Szekspir był seksualnie zainteresowany chłopcami, którzy nie tylko grali role Aufidiusa i Coriolanusa, ale również role Heleny i Hermii? Czy wytropił seksualny dryf ku pośrednikowi, dlatego że doświadczył go w swoim własnym życiu? Być może tak, być może nie; nie ma jednoznacznej odpowiedzi na to pytanie. Nasze rozumienie procesu mimetycznego zależy od potęgi naszego mimetycznego wglądu, który nie ma nic wspólnego z seksualnymi preferencjami. Mimetyczne parametry mogą wpływać na preferencję seksualną, ale nie muszą. Istnieją natomiast poważne powody, aby sadzić, że mimetyczny wymiar naszych pragnień nie jest przekształcany przez preferencję seksualną; pozostaje taki sam w pragnieniu heteroseksualnym jak i homoseksualnym, zarówno u mężczyzn jak i u kobiet.

Trudno, oczywiście, nie czytać *Sonetów* w egzystencjalnym świetle, a wówczas sugerują one biseksualność, która świetnie harmonizuje z tym, co również zdaje się sugerować teatr. Spekulacje na temat prywatnego życia Szekspira są oczywiście nieuniknione, ale nie mogą prowadzić do żadnej pewności; nawet gdyby prowadziły, korzyści z tego byłyby niewielkie. Osobiście stwierdziłem, że zgodność szekspirowskiej koncepcji pragnienia ze współczesną mimetyczną teorią jest dużo bardziej interesująca niż rozważania biograficzne. Ta zgodność jest czymś, co można jednoznacznie udokumentować dzięki starannemu porównawczemu czytaniu jak największej liczby tekstów Szekspira. Zadanie to przynosi mi więcej zadowolenia niż odwieczne pytanie o to, jakim rodzajem człowieka był on naprawdę.

Teoria mimetyczna Szekspira została wyłożona nieomal dydaktycznie w *Śnie nocy letniej*: w swej mowie Helena zajmuje się ontologiczną naturą pragnienia modelu, po czym następuje rozmowa traktująca o środkach jego realizacji. W jaki sposób dziewczyna może być przetłumaczona na swojego pośrednika? Jej życie musi być mistycznym *imitatio* Hermii, a ponieważ bożyszcze jest w zasięgu ręki, Helena szuka rady bezpośrednio u niej:

> O teach me how you look, and with what art
> You sway the motion of Demetrius' heart.
>
> (I, i, 192-193)

> O, ucz mnie spojrzeń; spraw, niechaj odkryję,
> Czemu dla ciebie jego serce bije.
>
> (s. 16)

Jej słowa brzmią jak słowa ucznia, który prosi nauczyciela o pomoc w swojej pracy domowej. Hermia uważa siebie za niekompetentną, ale daje jak najbardziej trafną odpowiedź:

> I frown upon him, yet he loves me still.
>
> (194)

> Patrzę wzgardliwie, on jednak miłuje.
>
> (s. 16)

Dlaczego człowiek tak źle traktowany jak Demetriusz trzyma się tak kurczowo prześladowcy? W kontekście mimetycznym jest to absolutnie klarowne: uwieńczona powodzeniem rywalizacja kładzie kres pragnieniu, podczas gdy niepowodzenie wzmaga je. Pierwsze twierdzenie ilustruje stosunek Hermii do Demetriusza, a drugie, stosunek Heleny: Demetriusz kocha Hermię z powodu jej pogardliwej obojętności wobec niego; Helena kocha Demetriusza z powodu jego pogardliwej obojętności wobec niej. Hermia, jako nauczyciel erotycznej strategii, jest bardziej kompetentna, niż jej się wydaje, ale ta nauka jest nieuchwytna dla Heleny, co pokazuje jej niedorzeczna uwaga:

> O, that your frowns would teach my smiles such skill!
>
> (195)

> Ucz mnie, jak wzgarda miłość wywołuje!
>
> (s. 16)

Im bardziej jesteśmy mimetyczni, tym słabiej uświadamiamy sobie prawo mimetyczne rządzące zarówno naszym zachowaniem, jak i naszym językiem. Wszyscy ci kochankowie ciągle uczą się nawzajem lekcji, której żaden z nich nigdy nie zrozumie. Wszystkie części łamigłówki są na miejscu i pasują doskonale; kiedy dziewczęta powtarzają wymieniane obserwacje, obraz staje się coraz bardziej oczywisty, jednakże ci, którzy go malują, pozostają ślepi na jego znaczenie. A co z widzami? Szekspir, aby ich oświecić, nakazuje Hermii i Helenie brnąć jeszcze raz do końca ich skromnego rytuału:

Hermia: I give him curses, yet he gives me love.
Helena: Oh, that my prayers would such affection move!
(196-197)

Hermia: Choć go przeklinam, wciąż jest zakochany.
Helena: O, gdyby modłom mym był tak oddany.
(s. 16)

Po raz drugi Hermia sugeruje jedyną skuteczną strategię i Helena po raz drugi opacznie tę naukę rozumie. Wszyscy czterej kochankowie ścigają to samo ontologiczne marzenie za pomocą tej samej absurdalnie samoudaremniającej się [*self-defeating*] metody. Im bardziej obstają przy swoim, tym bardziej gubią się w labiryncie tej Nocy Świętojańskiej; wkrótce komiczne nieporozumienie przekształci się w koszmar przemocy. Wszyscy dzielą odpowiedzialność za to, co się wydarza, ale nigdy tego nie odkryją. Szekspir tymczasem daje nam jeszcze jedną szansę ujrzenia tego, czego oni sami nigdy nie zobaczą:

Hermia: The more I hate, the more he follows me.
Helena: The more I love, the more he hateth me.
(198-199)

Hermia: Włóczy się za mną, choć wielce mnie brzydzi.
Helena: Ja go miłuję, on mnie nienawidzi.
(s. 16)

Mimetyczne pragnienie biernie wycierpiawszy nieprzyjemne skutki swojej absurdalności, chwyta, że tak powiem, byka za rogi i poszukuje tych samych skutków czynnie; przekształca najgorsze następstwa przeszłej mimetycznej rywalizacji w warunki wstępne bieżącego i przyszłego pragnienia. Na mocy niezmiernie bolesnego i opłakanie mylnie interpretowanego doświadczenia ogniskuje się ono bezpośrednio na tej przeszkodzie, która wyda się najbardziej zniechęcająca. Każdy przyjemny i chętny przedmiot zostaje z pogardą odrzucony, a każde pragnienie, które wzgardza naszym własnym, zostaje natychmiast zaakceptowane; jedynie lekceważenie, wrogość i odrzucenie wydają się warte pragnienia. Mimetyczne pragnienie umiejętnie programuje swoje ofiary na maksimum frustracji.

Psychiatrzy i psychoanalitycy rwą na części nie mającą szwów szatę mimetycznego pragnienia, próbując pociąć ją na oderwane „symptomy", które faktycznie nie sumują się w dobrze rozróżnione psychiczne dolegliwości; należy trzymać się z dala od ich języka i nawyków myślowych. Nie zauważają owej dziwacznej natury odwróconej do góry nogami wojny, którą wszyscy ci zakochani toczą ze sobą. Pragnienia kochanków potrzebują zwycięskich przeciwników; jeżeli odwołamy się do jakiegoś urzeczowionego pojęcia „masochizmu", żeby wyjaśnić przywiązanie Heleny do Demetriusza lub równie urzeczowionego pojęcia „sadyzmu", żeby wyjaśnić obojętność Hermii w stosunku do niego lub jego własną obojętność wobec Heleny, stracimy z zasięgu wzroku mimetyczne prawo, które rządzi wszystkimi antytetycznymi postawami.

To, co niemimetycznemu obserwatorowi jawi się jako pragnienie niepowodzenia jako takiego lub cierpienia jako takiego, faktycznie jest składową wcześniej zdefiniowanego ontologicznego pragnienia — składową pragnienia Heleny, żeby być Hermią lub czyjegokolwiek pragnienia, aby być pośrednikiem przemienionym przez zwycięstwo, tj. przez porażkę pragnącego podmiotu. Porażka i niepowodzenie nie są czczone jako takie, przynajmniej na tym etapie. Są one znakami ważności modelu jako modelu. Nie należy nigdy wierzyć, że ci bohaterowie są naprawdę tacy, jak wydaje się sugerować ich zachowanie; oni zawsze reagują na pewien sygnał mimetyczny i wszystkie sytuacje mogą w każdej chwili obrócić się w ich przeciwieństwo.

Psychiatryczne etykiety tworzą wrażenie niezmiennej różnicy tam, gdzie jej nie ma. Chociaż Helena, pokonana na początku, wydaje się bardziej wewnętrznie „masochistyczna" niż jej troje towarzyszy, to jednak taka nie jest. Pozostała trójka dogoni ją podczas tej nocy.

Psychoanaliza, chociaż mniej esencjalistyczna niż stare „charakteryzacje", jest ciągle zbyt statyczna dla stale przyspieszającego kalejdoskopu *Snu nocy letniej*. Jej fałszywe zróżnicowania mogą jedynie zmącić doskonałą przezroczystość tego, co się wydarza. Jedyną drogą uchwycenia tego mechanizmu uniwersalnej frustracji jest stawienie czoła owym implikacjom mnożenia się pragnień, wszystkich z gruntu naśladujących siebie nawzajem bez jakiegoś niezmiennego i trwałego modelu gdziekolwiek.

Reguły tej gry wyjaśniają, dlaczego każdy z uczestników przechodzi przez ten sam kompletny bieg zdarzeń, zanim noc dobiegnie kresu. Kolejność, w jakiej pojawiają się te zdarzenia jest obojętna; nie wolno nam dać się zwieść przez miraż jakiejś pierwotnej różnicy, która miałaby być „prawdziwą" różnicą. Czterech kochanków trwa przy swym pragnieniu, ponieważ, za każdym razem powiększają czysto pozycyjne różnice do rozmiarów fałszywego absolutu. Powracająca iluzja transcendencji napędza cały system.

Ta noc letnia nie opisuje takiego lub innego charakteru, bardziej lub mniej trwałej „neurozy" lub „kompleksu", ale *noche oscura*, która atakuje wszystkie postaci w ten sam sposób i w tym samym stopniu — zbiorowy Sąd Boży i ostatecznie jakiś rodzaj rytualnej inicjacji, którą wszyscy pomyślnie ukańczają.

Te postacie nigdy nie słuchają ani siebie nawzajem, ani nawet samych siebie. Wszyscy wypowiadają tę samą prawdę, ale jej nie rozumieją. Nie wierzą wystarczająco w to, co faktycznie mówią. Zagęszczenie treści tej rzekomo nieistotnej sztuki jest zadziwiające, ale zarówno postacie wewnątrz sztuki jak i krytycy z zewnątrz reagują na język i wydarzenia w sztuce w ten sam błędny sposób; wszyscy szczerze ogłaszają brak spoistości tego znakomicie spójnego dzieła.

Kochankowie używają całkowicie szablonowego języka, przepełnionego kwiecistymi figurami mowy; zapożyczają ciągle z dwóch równie złowieszczych dziedzin ludzkiej działalności: czarnej magii oraz zemsty, przemocy, wojny i wojskowej zagłady. Język ten, będąc „retorycznym" w zwyczajnym sensie[27], jest ponadto używany „retorycznie", w tym sensie, że jest powtarzany bezmyślnie i mechanicznie przez bezrozumnych amatorów wyświechtanych komunałów: czterech kochanków nie słucha tego, co mówią, mówią to bowiem zbyt często:

Where is Lysander and fair Hermia?
The one I'll slay; the other slayeth me.
(II, i, 189-190)

Gdzie jest Lysander, a z nim piękna Hermia?
Jego zabiję, ona mnie zabija.
(s. 33)

---

[27] Retoryka to sztuka skutecznej ekspresji i przekonywujące używanie języka. [Przyp. tłum.]

Nasze mimetyczne tłumaczenie może wypędzić raz na zawsze owego upiora „złego gustu", który zawsze straszy krytyków tego ustępu. Szczególne upodobanie do oksymoronów nie jest sprawą stylistycznego wyboru; odzwierciedla ono ambiwalencję pragnienia skierowanego na pośrednika, równocześnie ubóstwianego jako model i przeklinanego jako przeszkoda nie do pokonania. Oto jeszcze jeden przykład mowy „retorycznej". Helena wykrzykuje:

> You draw me, you hard-hearted adamant;
> But yet you draw not iron, for my heart
> Is true as steel. Leave you your power to draw,
> And I shall have no power to follow you.
>
> (II, i, 195-198)

> Magnesie z sercem twardym; nie przyciągasz
> Żelaza, jednak przyciągasz me serce,
> Choć jest niezłomne jak stal. A więc odrzuć
> Twą przyciągania moc, a stracę siłę,
> Która mi teraz każe iść za tobą.
>
> (s. 33)

Szorstkie traktowanie Heleny przez Demetriusza jest faktycznie najkrótszą i najpewniejszą drogą do jej serca. Wszystkie retoryczne wypowiedzi stają się dosłownie prawdą w tym lub innym momencie. Każdy jest „jak magnes, równie silny jak nieczuły" [*hard-hearted adamant*] dla kogoś innego. Jesteśmy ślepi na tę prawdę, ponieważ ona nie jest ani obiektywna ani subiektywna, lecz interdywidualna [*interdividual*][28]. Każda wypowiedź jest autentycznie zależna od pozycji mówcy wewnątrz jego własnej konfiguracji pragnienia. Ponieważ liczba takich pozycji jest ograniczona i wszyscy członkowie grupy zajmują je wszystkie po kolei, omawiana retoryka jest zawsze poprawnym opisem, tego co się dzieje.

Przemoc i wojna tradycyjnej retoryki wyraża zasadniczo konfliktotwórczą i niszczycielską naturę mimetycznego pragnienia. Przemoc wydaje się czysto „metaforyczna", a język krwi i zniszczenia uchodzi za komiczne wyolbrzymienie, czysto „retoryczny efekt", zwykłą afektację, ale wszystko to staje się dosłownie prawdą w punkcie kulminacyjnym tej nocy, kiedy Lysander i Dermetiusz wyciągają miecze i naprawdę

---

[28] Słowo *interdividual* jest nieznane w języku angielskim. Autor używa tego terminu zamiennie z *intersubiektywne*. Por. rozdz. 7. [Przyp. tłum.]

próbują zabić [slay] siebie nawzajem, tym razem nie w przenośni, lecz faktycznie. U drugorzędnych pisarzy twórczy wysiłek wykonuje zwrot od rzeczywistości do metafory, podczas gdy u prawdziwych geniuszy kierunek ten jest odwrotny: od metafory wracają do rzeczywistości. Jednakże ich rzeczywistość nie jest rzeczywistością tych, którzy pragną do niej dotrzeć przez „pozbycie się retoryki". Szekspir przekracza tę kombinację lingwistycznego nihilizmu i bałwochwalstwa, która znamionuje wszystkie retoryczne epoki, zarówno jego jak i naszą. Zanurza retoryczną rozmowę czterech kochanków z powrotem w „interdywidualnym" palenisku, co usprawiedliwia jej przeraźliwe konotacje i z którego wyrywa się przekształcona. Jeżeli pozwolimy prowadzić się Szekspirowi, zobaczymy najbardziej wyświechtane komunały przemieniające się w rozpaloną do czerwoności lawę; wszystko, czego potrzeba, to usłyszeć w nich przemoc i porównać ją z tym, w jaki sposób ci młodzi ludzie faktycznie traktują siebie nawzajem. Literują oni tragiczne przeznaczenie, które nieomal pochłonie ich wszystkich w odmętach w kulminacyjnym punkcie tej nocy. Cztero kochanków z trudem ratuje się ucieczką, dzięki zwyczajnemu szczęściu, że są postaciami z komedii a nie z tragedii, na którą w pełni zasługują — tragedii, którą bardzo starali się wywołać.

5
I ICH UMYSŁY ODMIENIONE WSPÓLNIE
Geneza mitu w *Śnie nocy letniej*

Do tej pory poddawaliśmy badaniu przeważnie podwójne i trójkątne układy między czwórką zakochanych; pora przyjrzeć się ich „grupowej dynamice". Gdy nadchodzi punkt kulminacyjny wszyscy tracą tę resztkę rozumu, która im pozostała; błąkają się jak zwierzęta po lesie, wymieniając te same zniewagi, a ostatecznie również fizyczne ciosy, wszyscy tak jakby pod wpływem tej samej trucizny, ukąszeni przez tego samego węża. Krok po kroku daremność otwiera drogę tragedii.

W tym kontekście musimy zbadać frapującą osobliwość miłosnego języka w *Śnie nocy letniej*: mnożenie się zwierzęcych podobizn. Helena, aby wyrazić pogardę do samej siebie, porównuje się z rozmaitymi bestiami. Podobizny wzniosłości i boskości, w przeciwieństwie do tych metafor pokory, są szatą słowną dla niedościgłości niedostępnego przedmiotu, Demetriusza, i zwycięskiego pośrednika, Hermii.

Ta metaforyczna biegunowość pojawia się, gdy tylko czworo zakochanych odnajduje się w lesie. Helena jest strasznie niepewna. Najpierw w obecności Hermii celebruje nieporównywalną piękność tego pośrednika. Jednakże, jak tylko Hermia odchodzi, Helena zauważa, w passusie już cytowanym, że ludzie w Atenach sądzą, iż jest dokładnie tak piękna jak jej przyjaciółka. Chwilę później jednak zmienia zdanie jeszcze raz i gorzko się obwinia za swój bluźnierczy pokaz niezależności wobec Hermii:

> No, no, I am as ugly as a bear.
> For bears that meet me run away for fear.
> Therefore no marvel though Demetrius
> Do, as a monster, fly my presence thus.
> What wicked and dissembling glass of mine
> Made me compare with Hermia's sphery eyne?
> (II, ii, 94-99)

Nie, nie, jak niedźwiedź jestem brzydka srodze;
Widząc mnie, bestie uciekają w trwodze.
Nic więc dziwnego, że Demetriusz zmyka
Widząc mnie, jakby ujrzał drapieżnika.
Zwierciadło nędzne zwiodło mnie ze szkodą,
Każąc mi równać się z Hermii urodą.
(s. 41)

We wszystkich silnie mimetycznych stosunkach ujarzmiony podmiot próbuje sprzeciwiać się pogardzie do samego siebie, która nieodzownie towarzyszy przecenianiu pośrednika. Helena czci swojego pośrednika, ale również go nienawidzi jako rywala i daremnie próbuje odzyskać przewagę w związku, który został całkowicie wytrącony z równowagi. Im bardziej boska wydaje się Helenie Hermia i Demetriusz, tym bardziej sama czuje się zwierzęca. Zwierzęce podobizny są uprzywilejowanymi sposobami wyrażania owej pogardy do samego siebie, którą mimetyczne pragnienie generuje. Podmioty pragnienia zamiast wznieść się ku prawie-bóstwu, które dostrzegają w swoich modelach, spadają do poziomu zwierzęcości.

Choć kuszące jest porównanie tego związku z dialektyką pana i niewolnika, to jednak schemat heglowski niesie ze sobą otoczkę niezmienności, stałości i racjonalności, co czyni go nieodpowiednim. Wspomniany metaforyczny system *Snu nocy letniej* znaczy coś innego. Jedynym, znanym mi myślicielem, który potrafił ująć ten smaczek, był Pascal ze swoim słynnym aforyzmem: „Qui veut faire l'ange fait la bête" [„Pragnąc być aniołem, stajesz się bestią"]. Helena „fait la bête" [„staje się bestią"] nawet bardziej spektakularnie z Demetriuszem niż z Hermią:

> I am your spaniel, and Demetrius,
> The more you beat me, I will fawn on you.
> Use me but as your spaniel; spurn me, strike me,
> Neglect me, lose me; only give me leave,
> Unworthy as I am to follow you.
> What worser place can I beg in your love
> (And yet a place of high respect with me)
> Than to be used as you use your dog?
> (II, i, 203-210)

> Jestem psem twoim; im więcej mnie bijesz,
> Tym bardziej łaszę się, mój Demetriuszu.
> Daj mi twym psem być, gardź mną, bij mnie, łajaj,

> Nie dbaj i zgub mnie; lecz pozwól mi tylko,
> Niegodnej, abym za tobą iść mogła.
> Czy błagać mogę o miejsce mniej nędzne
> W twym sercu — dla mnie jednak godne chwały —
> Niż o to, które pies by w nim zajmował?
> (s. 34)

Przypomina to bardzo sposób odczuwania szacunku do Valentina i Silvii przez Proteusa, gdy zazdrościł swojemu przyjacielowi, chociaż w *Dwóch szlachcicach z Werony*, gdy związek skrajnej niższości i transcendentalnej wyższości raz się ustalił między przyjaciółmi, nie zmienia się aż do końca sztuki. W *Śnie nocy letniej* zmienia się cały czas i te zmiany kierunku stają się coraz szybsze, gdy noc zbliża się do punktu kulminacyjnego.

Pod koniec sztuki metafizyczny absolut przemieszcza się z jednej postaci w drugą i mimetyczny stosunek traci całą stabilność. Kiedy obaj młodzieńcy opuszczają Hermię i zwracają się ku Helenie, cała konfiguracja zostaje zreorganizowana według tych samych biegunowości, ale z nowym rozdziałem ról. Poprzednio pogardzany członek grupy staje się jej bożyszczem, a byłe bożyszcze traci cały prestiż; w języku naszej metaforycznej biegunowości faktycznie znaczy to, ze bestia przemienia się w boga i odwrotnie, bóg przemienia się w bestię. To co było na górze jest na dole, a co było na dole jest na górze. Kiedy Lysander i Demetriusz zakochują się w Helenie, Hermia zaczyna czuć się jak pies.

W miarę jak kryzys Nocy Świętojańskiej pogłębia się, metafory zwierzęce nie tylko się mnożą, ale zostają spektakularnie odwrócone o sto osiemdziesiąt stopni i obalone, co podkreśla sam autor:

> Run when you will, the story shall be changed.
> Apollo flies, and Daphne holds the chase;
> The dove pursues the griffin; the mild hind
> Makes speed to catch the tiger.
> (II, i, 230-233)

> Uciekaj, jeśli chcesz, bajka się zmieni, —
> Apollo zmyka, a Dafne go ściga;
> Turkawka goni gryfa, a łagodna
> Sarna tygrysa, ...
> (s. 35).

To Helena ścigająca Demetriusza. Krytycy nie wiedzą, co robić z tym językiem: skłaniają się do potępiania go lub przyklaskiwania mu, zależnie od tego, jak w ogóle reagują na „retorykę". Niektóre szkoły krytyczne chwalą, a inne potępiają to, co wszyscy uważają po prostu za swobodę stylistyczną. Jednakże ta estetyczna ocena to za mało. Należy zapytać, czy te odwrócenia o sto osiemdziesiąt stopni mają jakiś cel w całościowym procesie tej Nocy Świętojańskiej, który jest generalnym obaleniem wszystkich kulturowych hierarchii. Nie potrafimy zrozumieć, co przydarza się czworgu kochankom, dopóki nie zrozumiemy tego procesu.

Tak naprawdę ta Noc Świętojańska coraz bardziej dezintegruje czworo zakochanych, jako że destabilizuje ich stosunki; dzieje się to poprzez przyspieszenie mimetycznej rywalizacji, która jest tym samym, co ów proces destrukturalizacji lub desymbolizacji[29]. Powtarzająca się zamiana zależnych pozycji przypomina huśtawkę, z jednym pasażerem w drodze do góry, podczas gdy drugi jest w drodze w dół i *vice versa*. Każdy z kochanków najpierw czuje się bezgranicznie gorszy od drugiego kochanka, a następnie bezgranicznie lepszy; wszyscy przechodzą przez takie same doświadczenia, chociaż w różnym czasie i każdy z nich uważa swoje doświadczenie za unikalne. Gdy zbliża się punkt kulminacyjny tej Nocy Świętojańskiej, wszystkie rzeczywiste różnice zmierzają ku zeru, podczas gdy różnice urojone wydają się gigantyczne, chociaż straciły całkowicie swoją stabilność.

Ograniczone rozmiary pojedynczej sztuki zmuszają Szekspira, aby dać nam jedynie skrócony i schematyczny opis tego, co ma na myśli, chociaż rządząca zasada jest jasna i jej znaczenie stopniowo się ujawnia. Jeżeli hierarchiczne widzenie swoich stosunków przez kochanków w stale przyspieszającym tempie systematycznie unieważnia się, musi przyjść taki moment, kiedy wszystkie różnice wahają się tak gwałtownie, że wyodrębnienie i wyraźne uchwycenie tych biegunowości, które określają, staje się niemożliwe; wszystkie przeciwieństwa zanieczyszczają się nawzajem. Powyżej pewnego progu nietrwałości, zwycięża zawrót głowy i normalna zdolność widzenia osłabia się; pojawiają się halucynacje, chociaż nie całkowicie kapryśnego i urojonego typu.

Kiedy pies i bóg, bestia i anioł i wszystkie takie przeciwieństwa oscylują wystarczająco szybko, stają się jednym, ale nie w sensie jakiejś harmonijnej „syntezy" à la Hegel. Zaczynają się scalać realne istnienia, które naprawdę nigdy nie będą stanowić całości; rezultatem jest mieszanina kawałków i części zapożyczonych od wchodzących w jej

---

[29] Dla opisu tego procesu autor używa częściej terminu *undifferentiation*, tłumaczonemu tutaj jako odróżnicowanie. Warto pamiętać, że termin ten oznacza też nieodróżnialność. [Przyp. tłum.]

skład bytów. Jeżeli powstanie jakieś złudzenie jedności, to będzie ono obejmować okruchy poprzednich przeciwieństw ułożone w bezładną mozaikę. Zamiast boga i psa, stojących naprzeciw siebie jako dwie nie dające się do siebie zredukować konkretyzacje, będziemy mieć zmieniające się kombinacje i mieszaniny boga o zwierzo-podobnych cechach lub bestii, która jest podobna do boga. Proces ten jest, ściśle mówiąc f i l m o w y. Kiedy ogląda się wiele szybko zmieniających się obrazów w krótkich odstępach czasu, wywołują one złudzenie jednego poruszającego się obrazu, pojawienia się żyjącego bytu, który wydaje się mniej lub bardziej jednym, ale w tym przypadku będzie miał kształt, lub raczej bezkształtność „jakiejś potwornej formy".

Mityczne monstrum/potwór jest połączeniem cech gatunkowych należących zwykle do odmiennych stworzeń; pojawi się automatycznie jako wynik sugerowanego przez Szekspira procesu, gdy zastępowania jednej rzeczy przez drugą są wystarczająco liczne i szybkie, aby stać się niedostrzegalne jako takie. U centaura zespolone są cechy gatunkowe konia i człowieka, tak jak składniki gatunkowe osła i człowieka zostają zespolone w monstrualnej metamorfozie Dupka[30]. Ponieważ nie ma ograniczeń dla różnic, które mogą być razem zmieszane, odmiany potworów wydają się nieograniczone i robią wrażenie „poślubiania" siebie nawzajem. „Wrzący umysł" Podszewki właśnie zamierza przekształcić to metaforyczne małżeństwo w małżeństwo prawdziwe, swoje własne małżeństwo z samą królową Duszków, piękną Tytanią.

Nasz dramatopisarz nie zaprasza nas jedynie do bycia świadkami wdzięcznych i nieistotnych przekształceń czysto dekoracyjnych Duszków; proponuje nam spoisty obraz mitycznej genezy. Duszki są "monstrami" i Dupek staje się jednym z nich, gdy przemienia się w osła. Monstra są połączeniem człowieka, boga i bestii i zostają zrodzone w wyniku procesu uruchomionego przez używanie i nadużywanie zwierzęcych i transcendentalnych podobizn.

Niektóre z tych podobizn pochodzą z *Metamorfoz* Owidiusza. Są wyraźnie wskazane we wcześniejszej genezie mitu, która z całą pewnością okazała się niezwykle sugestywna dla geniuszu Szekspira. Jest on bardziej ambitny od Owidiusza, którego metamorfozy są czysto opisowe; chce pokazać, że mimetyczna rywalizacja przekraczająca pewien próg kolektywnego napięcia, staje się generującym mechanizmem tego, co nazywamy mitem; o tym naprawdę jest Noc Świętojańska i jej Duszki.

---

[30] W oryginale *Bottom*, podczas gdy osioł to *an ass*. Mamy tu do czynienia z grą słów nieczytelnych w polskim tłumaczeniu, oba mogą bowiem oznaczać siedzenie. [Przyp. tłum.]

Tekturowa głowa osła, którą Puck włożył na głowę Dupka, jest „prawdziwą metamorfozą", zarówno ze względu na swoje konsekwencje jak i genezę. Budzi strach wśród rzemieślników, którzy przypadkowo znajdują się w tym samym lesie co zakochani i wszyscy, biegając we wszystkich kierunkach, wykrzykują (dosłownie:) „Dupku...ty jesteś przetłumaczony" [Bottom ...thou art translated] (III, i, 119).

Przetłumaczony jest tym słowem, które użyła Helena, ubierając w słowa ontologiczny cel swojego mimetycznego pragnienia:

> Were the world mine, Demetrius being bated,
> The rest I'd give to be to you translated.
> (I, i, 190-191)

> ...bo, prócz Demetriusza,
> Cały świat dałaby ci moja dusza.
> (s.16)

Powtórzenie p r z e t ł u m a c z o n y [*translated*] nie jest przypadkowe; sugeruje, że dla samego Szekspira monstrualna metamorfoza Dupka jest zakorzeniona w mimetycznej interakcji *via* zwierzęce podobizny. „Nadprzyrodzone" wydarzenia w sztuce nie są dowolnym zmyślaniem autora, bez znaczenia dla intelektualnej jedności jego pracy. Mit Duszków jest wytworem ludzi pokonanych przez mimetyczne szaleństwo.

Inaczej mówiąc, mimetyczne pragnienie n a p r a w d ę s p e ł n i a s i ę; naprawdę realizuje cel osobistej metamorfozy, który samo sobie wyznaczyło, ale w sposób samoudaremniający się. Kochankowie są faktycznie przekształceni w siebie nawzajem, ale nie tak, jak tego oczekiwali; czują się otoczeni przez moralne i nawet fizyczne monstra, i sami przekształcają się w monstra. Ich życzenia, podobnie jak życzenia złych sióstr z bajek, spełniły się w taki sposób, że gdyby znali ostateczny wynik, mieliby życzenia odmienne.

Upewnijmy się, że faktycznie rozumiemy tę genezę monstrów. Gdy różnice między wszystkimi czterema protagonistami wydają się najpotężniejsze, wówczas w rzeczywistości znikają. Nigdy nie ma czegoś takiego po jednej z rywalizujących stron, co prędzej lub później nie pojawi się po drugiej stronie. Im bardziej bohaterowie zaprzeczają swojej równorzędności, tym bardziej ją wywołują, każde zaprzeczenie jest natychmiast odwzajemniane. Charaktery znikają i osobowości dezintegrują się. Rażące antynomie mnożą się i nie można utrzymać żadnego zdecydowanego sądu. Każdy z protagonistów obraca się przeciw pozostałym trzem, oskarżając ich o maskowanie swojego prawdziwego bytu za oszukańczą i zmieniającą się powierzchownością. Wszyscy uważają rywali za odpowiedzialnych za to, iż grunt osuwa im się pod nogami. Gdy Helena oskarża Hermię o bycie kukiełką — a wszyscy oni przecież są, kukiełkami mimetycznego pragnienia — Hermia odpowiada:

> Puppet? Why so? Aye, that way goes the game.
> Now I perceive that she hath made compare
> Between our statures, she has urged her height.
> And with her personage, her tall personage,
> Her height, forsooth, she hath prevailed with him.
> And are you grown so high in his esteem
> Because I am so dwarfish and so low?
> How low am I, thou painted maypole?
> How low am I? I am not yet so low
> But that my nails can reach unto thine eyes,
> (III, ii, 289-298)

> Kukiełko! Ach tak. Więc tak to rozgrywasz!
> Teraz pojmuję, że porównywała
> Wzrost nasz. Chełpiła się rosła postacią.
> I jej osoba, wysoka osoba,
> Jej wzrost, to pewne, zaważył u niego.
> Czyżbyś tak bardzo wzrosła w jego myślach,
> Że jestem niska, niemal karłowata?
> Jak niska, powiedz, malowany słupie?
> Jak niska? Jeszcze tak niska nie jestem,
> By paznokciami nie sięgnąć twych oczu.
> (s. 70)

C. L. Baber w swoim *Shakespeare's Festive Comedies* słusznie zauważa, że czterech młodych ludzi próbuje daremnie interpretować swoje konflikty przez odwołanie się do czegoś „w prosty sposób związanego z ich jednostkowymi tożsamościami":

> ...można wykazać jedynie przypadkowe różnice. Helena wysoka, Hermia niska. Chociaż mężczyźni myślą, że „rozum mówi", że teraz Hermia, a teraz Helena jest „bardziej wartościową panną", to osobowości nie mają z tym przypadkiem nic wspólnego ...Życia w partii zakochanych nie można uchwycić w ich indywidualnych mowach, lecz biorąc pod uwagę cały ruch farsy, która huśta się i

komponuje każdego po kolei według wspólnego wzoru, ewolucji, która zdaje się mieć bezosobową moc sama w sobie[31].

Rzeczywistym procesem jest wzrastanie równorzędności i ujednolicenia; należy go starannie odróżnić od urojonego procesu subiektywnych doświadczeń zakochanych, tj. doświadczenia krańcowej, chociaż chwiejnej różnicy. Oba te procesy są równie konieczne do „wytworzenia" monstrów: rzeczywiste ujednolicenie ułatwia zastępowania, których wymaga efekt filmowy.

Tytania podczas swojej wielkiej kłótni z Oberonem opisuje szczegółowo nieład w naturze, który polega na takim samym zacieraniu różnic jak to, które da się zaobserwować między ludźmi. W angielskich wioskach gwałtowna burza wymazuje znaki i wzory wyryte na ziemi przez samą angielską kulturę:

> The fold stands empty in the drowned field,
> And crows are fatted with the murrion flock;
> The nine men's morris is fill'd up with mud,
> And the quaint mazes in the wanton green,
> For lack of tread are undistinguishable.
>
> (II, i, 96-100)

> Oracz się pocił daremnie, bo zboża
> Zgniły, nim młode brody kłosów wzeszły.
> Bydło umiera wśród zalanych pastwisk,
> A wrony tuczą się na padłych stadach,
> Pod błotem pola do gry w dziewięć kołków,
> Kręte alejki w zielonej murawie
> Zniknęły, żaden ślad po nich nie został.
>
> (s. 29-30)

„Nieodróżnialne" [*undistinguishable*] to ważne słowo. Cztery pory roku przechodzą przez ten sam proces zacierania różnic jak czworo kochanków; przekształciły się w monstrualną mieszaninę tego, czym są wszystkie razem i czym powinny być jako suma, a nie każdy z osobna. Monstrum jest ostatnią fazą przed chaosem tak całkowitym, że wszystko staje się takie samo:

---

[31] C. L. Baber, *Shakespeare's Festive Comedies*, Meridian Books, Cleveland and New York, 1963, s. 128.

> ...we see
> The seasons alter: hoary-headed frosts
> Fall in the fresh lap of the crimson rose,
> And on old Hiems' thin and icy crown
> An odorous chaplet of sweet summer buds
> Is, as in mockery, set; the spring, the summer,
> The childing autumn, angry winter, change
> Their wonted liveries; and the mazed world,
> By their increase now knows not which is which.
> (II, i, 106-114)

> Ów zamęt skłócił także pory roku;
> Mróz siwą głowę kładzie na pierś róży
> Czerwonej; a łeb zimy lodowaty
> Jak na szyderstwo zdobi wieniec świeżych
> I wonnych płatków. Wiosna, lato, płodna
> Jesień i zima zła, zmieniają szaty
> Swe przyrodzone; świat oszołomiony
> Nie może poznać ich po ich owocach.
> (s.30)

Byłoby błędem sądzić, że w tym szekspirowskim schemacie przyroda ma naprawdę pierwszeństwo i musi być odpowiedzialna za to, co dzieje się ze stosunkami międzyludzkimi w świecie ludzkim. Mitologia chce, abyśmy w to wierzyli, tak jak również chcą jej badacze, którzy wierzą, że jest ona przede wszystkim interpretacją przyrody. Szekspir nie popełnia takiej pomyłki. Nakazuje Tytani, aby w trzech ostatnich wersach swojej mowy, powiedziała Oberonowi bez ogródek, że cały ten kryzys jest zakorzeniony w konflikcie między nimi:

> And this same progeny of evils comes
> From our debate, from our dissension;
> We are their parents and original.
> (II, i, 115-117)

> A zło podobne rodzi się z naszego
> Sporu i kłótni. Myśmy je spłodzili.
> (s. 30)

Szekspir nie zatrzymuje się zbyt długo przy tej bitwie Oberona z Tytanią, ale wystarczająco długo, aby ukazać w niej jeszcze jeden spektakularny przykład mimetycznej rywalizacji, oczywiście o małego giermka, którego zarówno król jak i królowa chcą dodać do swojego własnego orszaku, wyłącznie dlatego że to drugie go także pragnie. Sporne dziecko nigdy nie powiedziało ani słowa, lecz jest odbijane tam i z powrotem między Oberonem i Tytanią jak piłka tenisowa. Nacisk położono tu znowu nie na upragniony przedmiot, ale na ducha rywalizacji.

Istnieje również coś więcej niż przytyk do mimetycznej zazdrości w aluzji Tytanii do przygody, którą Oberon miał z Hipolitą i w odwzajemnionej pretensji Oberona, że Tytania miała przygodę z Tezeuszem. W każdym miejscu w tej sztuce rządzi mimetyczne pragnienie. Sądzę, że omawiane trzy wersy Tytanii o ostatecznej odpowiedzialności mimetycznego pragnienia za nieład występujący w czasie zgadzają się z szekspirowską interpretacją międzyludzkiego konfliktu i jego roli w (genezie) takich świąt jak Święto Majowe[32], czy Noc Świętojańska, która stanowi folklorystyczne tło dla wydarzeń sztuki. Nie jesteśmy jeszcze w stanie rozważyć szczegółowo tego aspektu, ale wrócimy do niego później.

Tytania, przebudziwszy się ze snu, daje wyraźnie do zrozumienia, że jej „małżeństwo" z Dupkiem było godnym pożałowania rezultatem krachu różnicowania. Nawet największa z wszystkich różnic — rozdzielenie między tym, co naturalne i tym, co nadprzyrodzone — znika na jakiś czas podczas tej Nocy Świętojańskiej:

> Tell me how it came this night
> That I sleeping there was found
> With these mortals on the ground.
> (IV, i, 100-102)

> Pójdź, a lecąc, miły panie,
> Odpowiesz mi na pytanie,
> Skąd się wzięłam tu na ziemi,
> Śpiąca z tymi śmiertelnymi.
> (s. 85)

Utrata różnicy, wrogie p o d w o j e n i e mimetycznych przeciwników jest na tyle ważne, że Szekspir powraca do niego na zakończenie Nocy Świętojańskiej: czterech kochanków wyrwawszy się z transu, spogląda wstecz pewniejszym wzrokiem na przygodę, która wydaje się w retrospekcji zupełnie odmienna od tego, czym wydawała się podczas tej nocy:

---

[32] Święto Majowe to w folklorze święto płodności; tradycja sięga korzeniami do czasów pogańskich.

> *Demetrius*: These things seem small and undistinguishable,
> Like far-off mountains turned into clouds.
> *Hermia*: Methinks I see these things with parted eye,
> When everything seems double.
> *Helena*: So methinks.
>
> (IV, i, 187-190)
>
> *Demetriusz*: Wszystko się zdaje małe, niewyraźne
> Jak góry z dala, podobne obłokom.
> *Hermia*: Jakbym patrzyła oczy otwierając
> Najszerzej. Widzę podwójnie.
> *Helena*: Ja także.
>
> (s. 88-89)

Obecnie, odzyskawszy rozsądek, Helena i Hermia potrafią dostrzec doskonałą równorzędność i identyczność wszystkich stosunków podczas tej nocy. Mgła złudnych różnic rozproszyła się i bohaterowie dostrzegają w sobie nawzajem podwojenie, którym byli przez jakiś czas, nie w sensie zgodności przeciwieństw, ale w sensie przeciwieństwa „zgodności". Ta retrospektywna wizja nie jest jeszcze jednym monstrum, ale samą prawdą, rzeczywistością doświadczenia, które kochankowie obecnie poprawnie postrzegają, chociaż są za mało refleksyjni, żeby je przemyśleć; traktują je jak pewien rodzaj optycznego złudzenia.

6
COŚ WIĘCEJ NIŻ ZŁUDZENIE
Rzemieślnicy w *Śnie nocy letniej*

Duszki ukazują się nie tylko zakochanym, ale również Dupkowi i jego towarzyszom, gdyż wszyscy uczestniczą do pewnego stopnia w tym samym przeżyciu. Dlaczego te dwa subwątki wciągnięto w to samo „nadprzyrodzone" doświadczenie? Pytanie to oczywiście nie ma sensu, jeżeli nie założymy wewnętrznej spójności, której podobno tej sztuce brakuje. Wszyscy zwykle *implicite* lub *explicite* zakładają ów brak spójności. Rzemieślnikom poświęca się mniej uwagi niż zakochanym i nawet najbardziej oczywiste podobieństwa między dwoma wątkami pozostają nie odkryte. Tymczasem błazeństwa tych ludzi równają się mimetycznemu kryzysowi, bardzo podobnemu do tego, który właśnie zaobserwowaliśmy wśród zakochanych prowadzącego do takich samych przekształceń rzeczywistości. Podobieństwo to wyjaśnia, dlaczego te same Duszki wtrącają się w czynności obu grup.

Zakochani i rzemieślnicy, są jeszcze w Atenach, gdy widzimy ich po raz pierwszy. Ci wierni poddani Tezeusza postanowili uczcić jego wesele odegraniem sztuki i zanim odbędą próbę w tym samym lesie, w którym schronili się kochankowie, chcą rozdzielić role między siebie. Sceniczna adaptacja słynnej opowieści *Pyramus i Tysbe*, nawet tak mizerna jak ona jest, jest jednak powyżej możliwości tych w połowie niepiśmiennych amatorów.

Przywódca grupy Pigwa, cieśla, kieruje rozdziałem ról. Dupek, tkacz, zostaje poproszony o odegranie głównej roli, czyli Pyramusa. Wolałby „tyrana", ale kochankiem jest i kochanka zagra. Dupek, mówiąc kompulsywnie, oświadcza, że „wywoła nawałnicę" [*move storms*] Pigwa ożywiony pragnieniem wykonania swojego zadania zwraca się do Fleta, naprawiacza miechów, z prośbą o rolę Tysbe. Mężczyzna ten jest tak bojaźliwy jak Dupek bezczelny; „broda mu się sypie" [*a bread coming*] i prosi o zwolnienie, uważając kobiecą rolę za niemiłą. Dupek natychmiast z naiwnością zgłasza się na ochotnika do tej roli, nie rezygnując z roli Pyramusa, ale dodatkowo:

> An I may hide my face, let me play Thisby too, I'll speak in a monstrous little voice. "Thisne! Thisne!" "Ah, Pyramus, my love dear! thy Thisby dear, and lady dear!"
>
> (I, ii, 51-54)

> A to ja mogę zasłonić twarz, dajcie mi zagrać także Tysbe. Będę mówił potwornie cienkim głosem — „Tysne, Tysne" — „Ach, Pyramusie, mój kochanku drogi! Twa droga Tysbe i pani najdroższa!"
>
> (s. 21)

Pigwa tego nie akceptuje; bohater i bohaterka muszą być grani przez różnych aktorów:

> No, no, you must play Pyramus, and, Flute, you Thisby.
>
> (55-56)

> Nie, nie, ty musisz zagrać Pyramusa, — a ty, Flecie, Tysbe.
>
> (s. 21)

Pigwa, obawiając się dalszych przeszkód, pospiesznie rozdziela dwie dalsze role. Wszystko idzie dobrze, aż przychodzi pora na lwa; niechęć zaproponowanego aktora Klina stanowi pokusę, której Dupek nie może się oprzeć. Ponownie błaga Pigwę o rolę:

> Let me play the lion too. I will roar, that I will do any man's heart good to hear. I will roar, that I will make the Duke say: "Let him roar again, let him roar again."
>
> (70-73)

> Dajcie i mnie zagrać lwa. — Będę ryczał tak, że każdemu słuchającemu przypadnie to do serca. Będę ryczał tak, że książę powie: „Niech zaryczy znowu, niech zaryczy znowu".
>
> (s. 22)

Pigwa, aby zniechęcić Dupka, przestrzega go przed zbyt realistycznym odtwarzaniem dzikiej bestii:

> [*Quince*:] An you should do it too terribly, you would fright the Duchess and the ladies, that they would shriek; and that were enough to hang us all.

All: That would hang us, every mother's son.

(74-77)

Pigwa: Gdybyś to uczynił zbyt straszliwie, przeraziłbyś księżnę i damy tak, że zaczęłaby wrzeszczeć; a to wystarczyłoby, żeby nas wszystkich powiesić.
Wszyscy: Tak, powiesiliby nas wszystkich, każdego z matki syna.

(s. 22-23)

Rzemieślnicy trzymają się kurczowo każdego słowa swojego przywódcy i jak najbardziej mimetycznie, religijnie, przemawiając jak jeden mąż, powtarzają perły jego mądrości. W obliczu tej jednomyślnej dezaprobaty demagogiczny Dupek nie odstępuje od pomysłu zagrania lwa, ale modyfikuje koncepcję roli:

I grant you, friends, if you should fright the ladies out of their wits, they would have no more discretion but to hang us; but I will aggravate my voice so that I will roar you as gently as any sucking dove; I will roar you an 'twere any nightingale.

(79-84)

Ręczę wam przyjaciele, że jeśli nastraszycie damy
tak że odejdą od zmysłów, nikt się nie będzie ociągał
Z wieszaniem nas; lecz stulę głos tak, że zaryczę jak
mała turkaweczka; zaryczę jak słowik.

(s. 23)

Najpierw Pyramus, potem Tysbe i dziki lew, a teraz słodki mały ptaszek. Urodzony aktor jak Dupek odmiennie od Albericha z *Pierścienia Nibelungów* nie potrzebuje magicznych wynalazków, aby przekształcić się w najrozmaitsze stworzenia. Na najdrobniejszy sygnał ze strony jego publiczności przekształci się w okrutnego smoka albo w słodkiego małego słowika.

Ptaszek musi pozostać rozpoznawalny jako lew, przeto musi zachować pewne cechy swego poprzedniego „ja"; musi być zarówno lwem jak i ptakiem. Tak więc, podobnie jak kochankowie, Dupek wymyśla sprzeczne konflacje[33] przeciwieństw, skończone monstra zgodnie definicją z poprzedniego rozdziału. Wcześniej Dupek

---

[33] Pochodzi z łacińskiego *conflare* = zbić razem; połączenie dwóch odmiennych tekstów w jedno rozumienie; wypadkowe rozumienie. [Przyp. tłum.]

utrzymywał, że będzie mówił „potwornie cienkim głosem" [*a monstrous little voice*], używając słowa, które jest zawsze istotne u Szekspira. Szalone udawania Dupka są równie skutecznym narzędziem wytwarzania monstrów, jak stale zmieniające się erotyczne tożsamości czterech zakochanych.

Z kolei powstaje pytanie, jak należy przedstawić księżyc oraz przeraźliwy, haniebny mur, który okrutnie rozdziela Pyramusa od Tysbe. Rozwiązanie jest pod ręką: niech jeden z aktorów udaje mur. Dupek chciałby być księżycem, murem. Mimo wszelkich starań, Pigwa nie znajdzie roli, która nie pasowałaby do talentów Dupka; będąc kochankiem i ukochaną, musi jeszcze być wszystkimi przeszkodami, które stoją między nimi. On i jego współtowarzysze mogą przekształcać się w przedmioty, których udawania nie brano pod uwagę w najśmielszych marzeniach; role mnożą się w zawrotnym tempie. Dupek chce wszystkich i perspektywa wyrzeczenia się nawet najmniejszej z nich daje mu poczucie ogromnej osobistej straty.

Od czasów Platona i Arystotelesa *mimesis* jest głównym pojęciem krytyki teatralnej. W czasie Renesansu mimetyczna interpretacja teatru nie była po prostu najpopularniejsza — była jedyna. Według Arystotelesa istoty ludzkie kochają teatr, ponieważ kochają imitację. W swoim teatralnym subwątku Szekspir wyraźnie ilustruje tę miłość. Rzemieślnicy nie są profesjonalnymi aktorami. Aby wypełnić swoje zobowiązania wobec księcia wcale nie muszą dawać przedstawienia jakiejś sztuki; mogliby przyjechać z czymś bardziej pasującym do ich miernych talentów. Dlaczego wybierają teatr? Ponieważ kochają imitację.

Granie w sztuce zdaje się bardziej pożądane niż zwykłe pójście na nią; wymaga głębszego pogrążenia się w *mimesis*. Ta fascynacja teatrem nie ogranicza się do „urodzonych aktorów" jak Dupek. Jego współtowarzysze są również oczarowani i wszyscy demaskują się wezwani przez Pigwę, nawet ci nieśmiali, którzy twierdzą, że nie potrafią grać. W ostateczności ociąganie się niechętnego aktora znaczy to samo, co szalony zapał Dupka.

Dlaczego udawanie miałoby być przyjemne? Arystoteles nigdy na to pytanie nie odpowiedział, lecz uczynił to Szekspir: jest ono faktycznie pragnieniem bycia modelu. Granie na scenie zawdzięcza swój tajemniczy i ambiwalentny prestiż mimetycznym tłumaczeniom [*translations*], które ono udaje. Gdy jakaś rola staje się faktycznie naszą własną, gdy jesteśmy oficjalnie i kulturowo upoważnieni do grania jej, traci swój prestiż. Role innych wydają się bardziej fascynujące niż nasze własne. Tak jak Helena i jej przyjaciele, Dupek i jego przyjaciele chcą

Rzemieślnicy w *Śnie nocy letniej* 91

być przetłumaczeni na pewne prestiżowe modele. Ich pragnienie *mimesis* ma ten sam ontologiczny cel jak mimetyczne pragnienie kochanków.

W teatralnym udawaniu jest coś erotycznego, co wzmaga się wraz z rozmiarem i entuzjazmem tłumów, dla których aktor gra. I odwrotnie, w erotycznym pragnieniu większości szekspirowskich postaci jest coś głęboko teatralnego. Teatralne aspekty erotycznego pragnienia w rozważanych pracach są równie oczywiste, jak erotyczny wymiar teatru w przypadku Dupka. Eros, począwszy od Valentina i Collatinusa, namiętnie lubi popisywać się przed jak największą liczbą pełnych podziwu widzów; namiętnie lubi być oglądany; zawsze tworzy sztukę wewnątrz sztuki.

Próba *Pyramusa i Tysbe* ma miejsce w tym samym lesie, co dzika gonitwa kochanków. W przerwie między dwiema scenami podniecenie rzemieślników wzrasta. Dupek znalazł sposób, aby przyciągnąć uwagę Pigwy:

> There are things in this comedy of Pyramus and Thisby that will never please. First, Pyramus must draw a sword to kill himself; which the ladies cannot abide. How answer you that?
>
> (III, i, 9-12)

> Są pewne rzeczy w tej komedii o Pyramusie i Tysbe, które nie mogła się spodobać. Po pierwsze, Pyramus musi obnażyć miecz, żeby się zabić, a tego damy nie mogą znieść. Co powiesz na to?
>
> (s. 46)

Wcześniej sam Pigwa wyczarował widmo przerażonych dam, ale jego prawdziwym celem było danie odprawy napaściom Dupka. Tkacz czyni z kolei tę mało wiarygodną troskę swoją własną i rozszerza ją na samobójstwo Pyramusa. Naśladując Pigwę, manipuluje grupą i ubiera się w płaszczyk natchnionego *metteur en scène*. Pigwa, ponieważ cały ten pomysł jest przede wszystkim jego pomysłem, nie może uciszyć Dupka bez zaprzeczenia sobie samemu — jego autorytet zostaje poddany w wątpliwość. Zaczyna rozwijać się chaos.

Wszelkie wybiegi planowane przeciw rzekomej panice dam są rzeczywistymi symptomami autentycznej, wiszącej w powietrzu paniki wśród samych rzemieślników. Wszyscy ukazują sobie nawzajem swoje histeryczne symptomy i imitują je jak najbardziej kompulsywnie. Projektują swój lęk na słabą płeć w sposób podobny do pierwotnych mężczyzn, którzy wymyślili nie tylko Bachusa, ale Erynie, Walkirie,

Amazonki oraz inne mityczne zgraje przerażonych i przerażających kobiet, przemieszczone metafory męskiego rozpadu:

> *Snout*: By'r lakin, a parlous fear.
> *Starveling*: I believe we must leave the killing out, when all is done.
> *Bottom*: Not a whit! I have a device to make all well. Write me a prologue, and let the prologue seem to say we will do no harm with our swords, and that Pyramus is not killed indeed: and for the more better assurance, tell them that I Pyramus am not Pyramus, but Bottom the weaver. This will put them out of fear.
>
> (III, i, 13-22)

> *Ryj*: Najświętsza Panienko, niebezpieczna sprawa.
> *Głodomór*: Myślę, że trzeba obyć się bez zabijania, aż do końca.
> *Dupek*: Ani trochę. Mam pomysł, żeby wszystko się udało. Napiszcie mi prolog i niech w tym prologu stoi, że nie czynimy sobie żadnej krzywdy tymi mieczami, a Pyramus nie ginie w rzeczywistości. Żeby się, jeszcze lepiej zabezpieczyć, powiedzcie im, że ja, Pyramus, nie jestem Pyramusem, ale tkaczem Dupkiem. To odbierze im obawy.
>
> (s. 46-47)

Prolog powinien stwierdzać: „Nazywam się Dupek i jedynie udaję, że jestem jakimś Pyramusem, którego samobójstwo jest symulowane". Dupek natomiast najpierw wymienia imię Pyramusa, mówiąc w pierwszej osobie, jakby to była jego prawdziwa tożsamość i niewątpliwie życząc sobie, aby tak było. Jego prawdziwe imię pojawia się jako drugie i wymienia je tak, jakby należało do kogoś innego lub tak jak pojawia się na tytułowej stronie *Snu nocy letniej*[34]. Daje do zrozumienia, że jego prawdziwe „ja" jest fałszywe, a fałszywe „ja" jest prawdziwe. Widzowie są podstępnie zaproszeni, aby przyłączyć się do mimetycznego zamieszania, który nasz uniwersalny aktor rozpowszechnia.

Dupek traci swoje poczucie tożsamości. W równoważnym momencie subwątku kochanków Hermia wykrzykuje:

> Am I not Hermia, are you not Lysander?
>
> (III, ii, 273)

---

[34] Autor ma na myśli wydanie dzieł Szekspira, z którego sam korzysta. [Przyp. tłum.]

Czyżbym nie była Hermią? Ty Lysandrem?

(s. 69)

W obu subwątkach mamy ten sam „kryzys tożsamości" i musimy użyć tej formuły z braku lepszej, chociaż nie jest w pełni zadowalająca. Niejasny żargon nowoczesnej psychiatrii nie oddaje atmosfery Nocy Świętojańskiej; wynaleziono go, aby opisać współczesnego neurotyka, który pozostaje latami zamrożony w tym samym punkcie, złapany przez nie kończący się dialog z tym, co nazywa swoimi „problemami", ową parę współistniejącą dopóki śmierć ich nie rozłączy. Tutaj jednakże nie mamy niczego w tym rodzaju; kryzys Dupka jest niewątpliwie ostry, ale chwilowy i nie postawi śladu. Podobnie jest z zakochanymi.

Kilka wersów dalej mamy inny ślad gwałtownego utraty kontaktu z rzeczywistością przez naszych rzemieślników. Nasz stary przyjaciel lew wraca i nawet najbardziej pogodni rzemieślnicy, jak Ryj i Głodomór, wydają się tym razem przestraszeni:

> *Snout*: Will not the ladies be afeard of the lion?
> *Starveling*: I fear it, I promise you.
> *Bottom*: Masters, you ought to consider with yourselves to bring in (God shield us!) a lion among ladies, is a most dreadful thing; for there is not a more fearful wild-fowl than your lion living; and we ought to look to 't.
> *Snout*: Therefore another prologue must tell he is not a lion
> (III, i, 27-35)

> *Ryj*: Czy damy nie przelękną się lwa?
> *Głodomór*: Wierz mi, lękam się tego.
> *Dupek*: Panowie, zastanówcie się w głębi duszy. Wprowadzić — Boże broń nas! — lwa pomiędzy damy jest to rzecz jak najbardziej przerażająca, gdyż nie ma straszliwszego drapieżnego ptaka, niż żywy lew. Musimy tego dopilnować.
> *Ryj*: Więc drugi prolog niechaj powie, że nie jest lwem.
> (s. 47)

Teraz Ryj, naśladując Dupka, domaga się jeszcze jednego prologu. Jednakże Dupek, jak każdy kompulsywny mim, nie chce być kopiowany; ceni oryginalność nade wszystko i jak tylko zauważy, że jego pomysły mają orędownika w innym, odrzuca je. Jego potrzeba zaprzeczania jest tak samo mimetyczna jak potrzeba kopiowania:

Nay; you must name his name, and half his face must be seen through the lion's neck, and he himself must speak through, saying thus, or to the same defect: "Ladies" or "Fair ladies, I would wish you," or "I would request you," or "I would entreat you not to fear, not to tremble: my life for yours. If you think I come hither as a lion, it were pity of my life. No! I am no such thing; I am a man as other men are"; and there indeed let him name his name, and tell them plainly he is Snug the joiner.

(36-46)

Nie, musicie wymienić jego imię, a pół jego twarzy musi być widziane przez lwią skórę. On także musi przemówić przez nią, mówiąc tak albo niepodobnie: — „Damy" — albo „Piękne damy — pragnę, abyście," — albo „chciałbym abyście — albo, „błagam, abyście — nie trwożyły się i nie drżały, gdyż życiem mym ręczę za wasze. Jeśli sądzicie że przyszedłem tu jako lew, będzie to dla mnie cios śmiertelny. Nie, nie jestem niczym podobnym: jestem człowiekiem jak inni" — wówczas niechaj wymieni swe imię i powie otwarcie, że jest Klinem stolarzem.

(s. 47-48)

Ta druga metamorfoza lwa ulepsza pierwszą, która była już bardziej widowiskowa niż pierwotny scenariusz. Monstrum, aby być naprawdę niesamowite, musi łączyć w sobie cechy ludzkie i zwierzęce. Na myśl o tym coraz straszniejszym monstrum rozkoszne ciarki przechodzą po plecach zdumionych twórców.

Ów fragment ludzkiej twarzy, którą otacza coś z lwa, przypomina pewien rodzaj sztuki prymitywnej, która stała się modna dopiero w dwudziestym wieku. Szekspir zapewne nigdy nie widział religijnej maski, ale jego mimetyczny geniusz nie potrzebował „pracy w terenie", aby ukonstytuować na nowo najbardziej znamienne cechy maski, jej „potworność", połączenie w niej realnych istnień lub fragmentów takich istnień, normalnie oddzielonych.

Dotarliśmy do tego momentu w naszym mimetycznym kryzysie, kiedy uczestnicy rytualnego odpowiednika tej sceny założyliby maski bardzo podobne do maski, którą wyobraził sobie Dupek: dziwaczne połączenie cech ludzkich i zwierzęcych. Inspiracja jest ta sama, ponieważ doświadczenie jest fundamentalnie to samo. Zmysł synchronizacji u naszego dramatopisarza jest doskonały.

Kompulsywne udawanie Dupka przypomina trans opętania, a chaotyczne podobizny wywołane przez jego doświadczenie przypominają prymitywne maski. Żyjemy w kulturze, która nie popiera takich zjawisk, ale kiedyś było inaczej. Święta Dnia Majowego i Nocy Świętojańskiej zdają się być zakorzenione w rytuałach podobnych do orgiastycznych rytuałów kultur starożytnych i pierwotnych. Trans opętania w takich rytuałach przypomina odgrywanie sztuki, ale nie powinien być z nim utożsamiany; „autentyczny" trans jest pogrążeniem tak całkowitym, że to udawanie staje się bezwiedne i nie może być dobrowolnie przerwane. Szekspir przedstawia w tym subwątku właśnie ten wysoki stopień w y w ł a s z c z e n i a z siebie, wyższy niż cokolwiek, co zachodni teatr kiedykolwiek potrafił lub chciał osiągnąć, tj. teatralne doświadczenie tak intensywne, że zmienia się z powrotem w trans, z którego teatr z cała pewnością oryginalnie się wyłonił.

Zwykłe granie na scenie jest tak łagodną odmianą tego transu, że nawet najlepsi aktorzy mogą przerwać go, gdy zechcą; pozostają zawsze świadomi, że grają rolę. Wszystko, co wiemy na temat pochodzenia teatru, sugeruje, że sztukę tę musiały poprzedzać osłabione odmiany rytuału, w których trans był stopniowo zastępowany przez granie na scenie, a składanie ofiary zostało stłumione. Nie jest wykluczone, że w szczególnie sprzyjających warunkach teatr mógłby przejść tę samą drogą wstecz, szczególnie w przypadku wysoce podatnych jednostek, takich jak Dupek. Właśnie to jest przez Szekspira sugerowane.

Dupek pierwszy, a następnie jego współtowarzysze-prostacy upajają się kalejdoskopem ról, które krążą coraz szybciej. Lawina udawań przypomina nam o wysoce sugestywnych mediach szalejących w rękach hipnotyzera. Jednakże tutaj nie ma innego hipnotyzera poza samymi aktorami i ich zdziczałymi wyobrażeniami o teatrze.

Dupek przypomina tych clownów, których gra wymaga tak szybkiej zmiany strojów, że zdają się nosić jedno „ubranie o wielu kolorach". Mamy tu znowu do czynienia z efektem filmowym, prawie takim samym jak w przypadku kochanków. *Crescendo* potworności dosięga punktu wrzenia. Aż do tego momentu rzemieślnicy n i e w i e r z y l i całkowicie w swoje zmyślenia; sekundę później spotkają je ucieleśnione. W jednej chwili Dupek przekształca się w osła i żeni się z Tytanią:

[*Enter Puck and Bottom with an ass's head.*]

Bottom: „If I were fair, Thisby, I were only thine."
Quince: O monstrous! O strange! We are haunted. Pray, masters, fly, masters! Help!

> [*Exeunt Quince, Snug, Flute, Snout and Starveling.*]
> ... [*Reenter Quince*] ...
>
> *Quince*: Bless thee, Bottom, bless thee! Thou art translated.
>
> (105-19)
>
> *Wchodzą Puck i Dupek z oślą głową.*
>
> *Dupek*: Gdybym był urodziwy Tysbe, to dla ciebie. —
> *Pigwa*: Ach, to potworność! Dziwy! Czar padł na nas! —
> Panowie; błagam, zmykajmy! — Pomocy!
>
> *Wychodzą Pigwa, Klin, Flet, Ryj, Głodomór.*
> ... [*Pigwa wraca*] ...
>
> *Pigwa*: Niech cię Bóg strzeże, Dupku! Niech cię strzeże!
> Odmienili cię!
>
> (s. 51-52)

Pigwa wydawał się najrozsądniejszy wśród rzemieślników, ale ośle przerywniki Dupka podkopały jego zdrowy rozsądek. Cała trupa pozbawiona mimetycznej solidarności znalazła się nagle na krawędzi. Liczne oznaki wskazują na wzrost problemów, aż szaleństwo rzemieślników przekracza ten sam krytyczny próg, co szaleństwo kochanków i wszyscy spotykają się na tej samej estradzie ze swoimi własnymi mimetycznymi halucynacjami.

Ponieważ nowe udawania tłoczą się, cały ten system zaczyna wirować i ostatecznie rozpada się na tysiąc odłamków, które organizują się na nowo w losowe drobiny i części na chybił trafił, jak mozaika z tłuczonego szkła. Dupek został przetłumaczony na iskrzącą się mieszaninę fragmentów swoich rożnych ról, z jednoczącą dominacją osobliwego osła. Pół twarzy tego osła można zobaczyć przez szyję Dupka. Ciało pozostaje w większej części ludzkie — ciało wielkiego kochanka, które niewątpliwie pasuje jedynie do królowej Duszków; stworzenie to mówi tak dowcipnie jak w czasie prologu, ale objawia szczególne upodobanie do siana, plus uparte znieruchomienie murowanej ściany — dwie dobrze znane cechy osła.

Interwencja Pucka nie jest nieumotywowanym wtargnięciem; stopniuje ona serię strukturalnych zaburzeń, które stanowią stopniowe przechodzenie od normalnego postrzegania do przypominającej trans podatności na monstrualną halucynację, ku której oba wątki niezależnie, ale równocześnie zmierzają.

Na czysto dramatycznym poziomie brak tu ciągłości między światem naturalnym i światem nadprzyrodzonym, czego nie należy rozumieć dosłownie. Powinniśmy jednak być na tyle czujni, aby dostrzec mimetyczny proces łączący wszystkie trzy subwątki; zdamy sobie wówczas sprawę, że subwątek Duszków jest dosłownie generowany przez mimetyczną rywalizację kochanków i mimetyczne udawanie rzemieślników. Tekturowa głowa, którą Puck włożył na głowę Dupka może oznaczać uspakajające rozdzielenie tych dwóch światów lub ich całkowite zlanie się i pasuje równie dobrze do obu interpretacji. Niewyszukana farsa prostaków ma te same implikacje, co kompulsywne nielojalności czterech kochanków; wzięte razem nie są ozdobnym wstępem do czysto groteskowej lawiny wydarzeń, lecz szekspirowską propozycją mimetycznej teorii mitycznej genezy.

Podsumujmy podobieństwa między dwoma subwątkami. W każdym z nich pierwsza scena jest rozdzieleniem ról. Każdy z bohaterów w zasadzie powinien grać tylko raz, ale zarówno kochankowie jak i rzemieślnicy ciągle wymyślają nowe role, zamieniając je i kradnąc je sobie nawzajem. Wtargnięcie do mowy kochanków zwierzęcych podobizn i oscylowanie między psem i bogiem odpowiada nadmiernej trosce Dupka i jego współtowarzyszy o przeraźliwego lwa i poszczególnym metamorfozom tej bestii. W obu subwątkach mnożenie się werbalnych monstrów przygotowuje grunt do tej samej ostatecznej halucynacji. W obu subwątkach fantastyczne widziadła pochodzą z włoczenia się jednego w drugi i r o z d a r c i a n a k a w a ł k i stworzeń normalnie rozróżnialnych, po czym następuje bezładne p r z y p o m i n a - n i e s o b i e, stojące w sprzeczności z kulturowo nakazanym rozróżnianiem codziennego życia.

Symetria dwóch ludzkich subwątków sugeruje, że estetyczna imitacja i mimetyczny Eros to dwie modalności tego samego prawa. Pragnienie *mimesis* przez Dupka rozprzestrzenia się tak zaraźliwie wśród rzemieślników, jak erotyczne pragnienie wśród kochanków i ma ten sam niszczący wpływ na obie grupy; wytwarza tę samą mitologię.

W swoim teatralnym subwątku Szekspir ponownie umieścił składnik, który estetycy zwykle pomijają — rywalizujące pragnienie. Do subwątku kochanków dodał składnik, którego badacze pragnienia nigdy nie biorą pod uwagę — imitację. Ten podwójny powrót do pierwotnego kształtu przemienia oba subwątki w swoje wierne lustra, dwie uzupełniające się połowy jednego sprzeciwu wobec zachodniej filozoficznej i antropologicznej tradycji.

Dupek i jego przyjaciele kończą „śniąc" ten sam „sen", co czworo kochanków. Fiasko dociekań tradycyjnych krytyków w dyskusji nad rolą imitacji, udawania i mimikry w przypadku rzemieślników jest nawet bardziej zadziwiające niż w przypadku kochanków, gdyż tutaj estetyczny aspekt *mimesis* — jedyny aspekt, który jest tradycyjnie uznawany — został wyraźnie wyeksponowany.

Wielka siła Szekspira pochodzi z jego zdolności do pozbycia się równocześnie dwóch niedobrych abstrahowań: solipcystycznego pragnienia i dobrotliwej, odcieleśnionej imitacji estetyków. Miłość *mimesis*, która żywi działalność estetyczną, jest identyczna z mimetycznym pragnieniem. Oto prawdziwe przesłanie *Snu nocy letniej*.

Zachodnia tradycja filozoficzna i naukowa jest oparta na przeciwnej zasadzie. *Mimesis* i Eros są widziane jako pojęcia rozłączne. Mit o ich wzajemnej niezależności sięga Platona, który nigdy nie połączył tych dwóch pojęć, chociaż jego szalony lęk przed mimetycznym zarażeniem i podejrzliwość wobec sztuki, zwłaszcza wobec teatru, wskazuje na jedność, której jego oficjalny system się wypiera. Estetyka i krytyka literacka, podobnie jak psychologia i inne nauki społeczne odzwierciedlają po dziś dzień owe rozdzielenie *mimesis* od pragnienia, tak w naszym oficjalnym myśleniu obwarowane, że sam Freud nie potrafił go pokonać. Według mnie jest to ogromna wada psychoanalizy.

Rozdzielenie imitacji od pragnienia jest specjalnie hołubione przez tradycyjnych estetyków i krytyków literackich, bo zabezpiecza autonomię ich dyscyplin i izoluje sztukę od nieczystości doczesnych pragnień; proklamuje ono bezstronność estetycznej troski. To filozoficzne okaleczenie *mimesis* jest faktycznie duchowym narcyzmem, za który płaci się poważną cenę.

Spektakularne połączenie *mimesis* i pragnienia przez Szekspira nadaje jedność trzem subwątkom i *Snowi nocy letniej*. Rozdzielenie *mimesis* i pragnienia jest tak potężną tradycją, że enigmatyczne wiadomości o ich burzliwym zjednoczeniu w teatrze Szekspira jeszcze do nas nie dotarły; przesłanie pozostaje nieuchwytne.

W naszym nowoczesnym świecie ogólne znużenie tradycyjną estetyką wytworzyło nareszcie uzasadniony bunt przeciw temu pojęciu imitacji, które wywodzi się od Greków, chociaż nie jest to faktyczne zerwanie z przeszłością; jest to wybieg fałszywego buntu, próbującego zaprzeczyć realności tego, czego nie potrafi się ponownie przemyśleć. Buntownicy zamiast połączyć imitację z pragnieniem, próbują wyprzeć *mimesis* z naszej sceny kulturowej; ich bunt jest buntem fałszywym, kontynuacją starego serwitutu. Nawet zubożała *mimesis* jest lepsza niż jej całkowity brak. Lepsze zrozumienie *Snu nocy letniej* może pomóc nam wyjść z tego impasu.

7
COŚ O WIELKIEJ STAŁOŚCI
Tezeusz i Hippolita w *Śnie nocy letniej*

Na początku aktu V Tezeusz i Hippolita właśnie wysłuchali, jak czwórka kochanków oddawała się wyjaśnieniom wydarzeń tej nocy. Hippolita chce wiedzieć, co Tezeusz o tym myśli:

> [*Hippolyta*:] Tis strange, my Theseus, what these lovers speak of.
> *Theseus*: More strange than true. I never may believe
> These antique fables, nor these fairy toys.
> Lovers and madmen have such seething brains,
> Such shaping fantasies, that apprehend
> More than cool reason ever comprehends.
> The lunatic, the lover, and the poet
> Are of imagination all compact.
> One sees more devils than vast Hell can hold.
> That is the madman. The lover, all as frantic,
> Sees Helen's beauty in a brow of Egypt.
> The poet's eye, in a fine frenzy rolling,
> Doth glance from heaven to earth, from earth to heaven,
> And as imagination bodies forth
> The form of things unknown, the poet's pen
> Turns them to shapes, and gives to airy nothings
> A local habitation and a name.
> Such tricks hath strong imagination
> That if it would but apprehend some joy,
> It comprehends some bringer of that joy;
> Or in the night, imagining some fear,
> How easy is a bush supposed a bear!
> (V, i, 1-22)

> *Hipolita*: Ci kochankowie mówią, Tezeuszu,
> Rzeczy niezwykłe.
> *Tezeusz*: A bardziej niezwykłe
> Niźli prawdziwe. Nie mogę uwierzyć

> W przedziwne bajki i duchów igraszki,
> Gdyż zakochani, tak jak obłąkani,
> Mają umysły rozgorączkowane,
> A wyobraźnia ich kształtuje więcej,
> Niż umysł chłodny byłby w stanie pojąć,
> Wariat, poeta, człowiek zakochany
> Są utworzeni wszyscy z wyobraźni. —
> Jeden z nich widzi więcej diabłów, niźli
> zdoła pomieścić cały obszar piekła,
> To obłąkany. Podobnie szalony
> Jest i kochanek. Dostrzega urodę
> Pięknej Heleny w obliczu Cyganki.
> Poeta okiem w natchnieniu zatacza
> Z ziemi ku niebu i z nieba ku ziemi.
> Gdy wyobraźnia nasuwa marzeniu
> Kształty nieznane, poeta swym piórem
> Je ucieleśnia, przydając nicości
> Miejsce na ziemi i nadając imię.
> Tak umie igrać wielka wyobraźnia,
> Że gdy wymyśli sobie jakąś radość,
> Dodaje do niej twórcę tej radości.
> Podobnie nocą, gdy ktoś w trwogę wpadnie
> Krzak może wydać się niedźwiedziem snadnie.
>
> (s. 96)

Tezeusz szkicuje czysto **indywidualistyczną** teorię mitu. Gdyby mówił w imieniu swojego twórcy, jego piękna, choć raczej banalna tyrada poddałaby w wątpliwość moją właśnie zakończoną interpretację Nocy Świętojańskiej, która nie jest ani indywidualistyczna, ani społeczna, ale **itersubiektywna** lub raczej w rozumieniu mimetycznej teorii **interdywidualna**[35].

Odpowiedź Hippolity dowodzi, że Tezeusz mylnie zrozumiał przytyk w jej pytaniu. Dziwaczne tłumaczenia czterech kochanków uważa ona za fascynujące i chce je przedyskutować, podczas gdy Tezeusz wziął jej intelektualną ciekawość za wyrażenie „kobiecego" niepokoju i proponuje ten sposób uspokojenia, który według niego tkwi w porządku. Z typową arogancją męskiej płci zakłada, że sam jest wystarczająco racjonalny, aby wyzbyć się wszystkich przesądów; jego krasomówcze wersy nie zawierają nic fałszywego, ale odpowiadają na

---

[35] Girard, *Things Hidden since the Foundation of the World*, Stanford University Press, Calif., 1988, s. 299-305; *Rzeczy ukryte od założenia świata*, przełożyła Mirosława Goszczyńska, „Literatura na Świecie", XII/1983.

prostsze pytanie niż to, które zadała Hippolita. Wąski racjonalizm ma potężną zdolność redukowania najbardziej interesujących pytań do kilku głośnych banałów.

Aby oszacować prawdziwą wartość wypowiedzi Tezeusza, nie należy oddzielać jej od dialogu, którego jest częścią, tak jakby była jakimś rodzajem proroctwa. Hippolita mówi zgoła zwięźle, ale po Tezeuszu; ostatnie słowo do niej należy:

> But all the story of the night told over,
> And all their minds transfigured so together,
> More witnesseth than fancy's images
> And grows to something of great constancy,
> But, howsoever, strange and admirable.
>
> (23-27)

> Lecz dzieje nocy tej, tak powtórzone,
> I ich umysły odmienione wspólnie
> Świadczą, że to coś więcej niż złudzenie
> I staje się to ogromnie prawdziwe,
> Choć jest przedziwne i godne podziwu.
>
> (s. 97)

Jeżeli pozwolimy, aby melodyjne komunały Tezeusza zdominowały nasze myślenie, wówczas te pięć wersów wyda się nieważnych i mało kto je usłyszy. Będą umacniać nasze ogólne wrażenie, że królowa Amazonek jest kobietą nieśmiałą i naiwną, próbującą usprawiedliwić istnienie Duszków. Oczywiście nie robi ona niczego w tym rodzaju. Stanowisko księcia w jakiś sposób przywodzi na myśl rzemieślników, kiedy mówią sobie nawzajem, że muszą złagodzić swoją sztukę, aby nie wystraszyć dam na widowni.

Hippolita naprawdę formułuje i zwięźle odpowiada na pytanie o mityczną genezę; gdyby zgadzała się z Tezeuszem, jej pięć wersów nie zaczynałoby się od słowa „lecz". Nauka, jaką Tezeusz wyciągnął z tej Nocy Świętojańskiej, faktycznie jej nie zadowala, wysuwa więc własny wniosek, mniej efektowny niż lekka mądrość księcia, ale o wiele głębszy, ostrożnie lecz stanowczo zaprzeczający mu w trzech punktach. Po pierwsze, mit jest zjawiskiem raczej zbiorowym niż jednostkowym; oto co „ich umysły odmienione wspólnie" [*all their minds transfigured so together*] niewątpliwie znaczy. Aby w pełni oszacować wartość „ich umysły" [*all their minds*] musimy zdać sobie sprawę, że sformułowanie to naprawdę odnosi się nie tylko do kochanków, ale do kochanków i rzemieślników łącznie. „Wspólnie" [*so together*] przywodzi na myśl rolę wzajemnej imitacji.

Po drugie, mit, choć z całą pewnością obiektywnie nieprawdziwy i zwodniczy, nie powinien być uważany za czystą fikcję, wytwór ludzkiej wyobraźni lub poetyckiego natchnienia, które działa w całkowitym odosobnieniu. Mit nie jest subiektywnym zmyśleniem. Pomimo swojej nielogiczności, niekonsekwencji i całkowitych kłamstw „dzieje tej nocy ... świadczą, że to coś więcej niż złudzenie" [*the story of the night ... more witnesseth than fancy's images*]. Jest to kapitalna wypowiedź nie do pogodzenia z głupio zarozumiałym sceptycyzmem Tezeusza.

Po trzecie, mit, pomimo swojej burzliwej genezy i dziwacznej treści, staje się tym, co „ogromnie prawdziwe" [*something of great constancy*, 26]. Inaczej mówiąc, ma stałą strukturę z wszelkiego rodzaju konsekwencjami, których czysto subiektywna teoria Tezeusza nie potrafi wziąć w rachubę.

Jestem oczywiście nadzwyczajnie zadowolony, że Hippolita sprzeciwia się Tezeuszowi w tych właśnie punktach, w których jego głośna tyrada jest sprzeczna z moją analizą Nocy Świętojańskiej. W wyjaśnieniach czworga kochanków nie widzi ona nic, co potwierdzałoby wąsko subiektywne rozumienie mitycznych początków; potajemnie odrzuca jego scapegoating poety, obłąkańca i kochanka, co jest odwróceniem o sto osiemdziesiąt stopni, a ostatecznie tym samym, co oficjalne bałwochwalstwo „czystej fikcji", zawsze triumfujące w nowoczesnej krytyce literackiej.

Wypowiedź Hippolity potwierdza słuszność mimetycznego czytania i zmusza nas do wniosku, że to Hippolita a nie Tezeusz mówi w imieniu autora. Pięć wersów Hippolity stanowi krótki krytyczny esej samego Szekspira na temat natury mitu; Noc Świętojańska jest dramatyzacją tych właśnie myśli. Nasz dramatopisarz wydaje się tutaj szukać po omacku bardziej pojęciowego środka wyrazu niż teatr. Uprawiany gatunek literacki i stan refleksji antropologicznej w jego czasach uniemożliwiły mu niestety pełniejsze rozwinięcie swych myśli; zważywszy na gatunek tej sztuki, musimy być wdzięczni za pięć bezcennych wersów Hippolity.

Hippolita jest kobietą i jej pięć wersów jest pozornie mało imponujących, pozbawionych dramatycznego osadzenia; nie jest to tworzywo dla przemówień na uroczystości akademickie. Akademicki *establishment* stawia całkowicie na *credo* Tezeusza. Większość komentatorów pisze o *Śnie nocy letniej* tak, jakby pięć wersów Hippolity nie istniało. Jednakże Szekspir musiał uważać te pięć wersów za bardzo ważne, gdyż inaczej nie wstawiłby ich do swojej sztuki i nie umieścił tak strategicznie, jak to uczynił. Zostały niewątpliwie zamierzone jako ciche, ale decydujące odrzucenie głośnych komunałów Tezeusza. W wielu wypadkach obserwacje księcia są inteligentne, ale w tym jednym przypadku, dzięki swojej narzeczonej, wydaje się wielkim frazesowiczem.

Jego krasomówstwo i prestiż tworzą złudzenie znaczenia, którego jego mowa faktycznie nie ma; wypowiada po prostu ponownie to, co już na przełomie XVI i XVII wieku większość osób przyjmowała za oczywiste i co przyjmuje za oczywiste do dziś. Tezeusz jest wielkim kapłanem optymistycznego humanizmu, który zgrabnie wygania Noc Świętojańską pod potrójną rubrykę poezji, szaleństwa i miłości. Ta zręczna operacja uwalnia cieszących się szacunkiem ludzi od całej odpowiedzialności za jakiekolwiek figle, które może płatać im ich mimetyczna wyobraźnia; umożliwia im to zapomnienie o własnych Nocach Świętojańskich.

Paradoksalnie trafne jest to, że racjonalistyczne zaniechanie mitu zostało powierzone wielkiej mitycznej postaci[36]. Gest, z którym nowoczesny humanizm wypędza diabła magicznej i mitycznej myśli — i osadza na tronie — pod uproszczoną etykietą „przesądu" lub „fantazji", jest, ściśle mówiąc, naszym nowoczesnym substytutem mitu, który stracił już swoją moc przekonywania. Wąski racjonalizm pełni tę samą funkcję, co magiczne wyjaśnienia czasów wcześniejszych; czyni on mimetyczną rywalizację całkowicie niewidoczną, nawet dla widzów *Snu nocy letniej*. Filozofia Tezeusza jest paradoksalnym spadkobiercą mitologii.

Hippolita delikatnie próbuje przyciągnąć uwagę Tezeusza, on jednak tego nie słyszy. Próbuje tak bez żadnego skutku już czterysta lat, ale jej słowa na zawsze pogrzebano pod imponującym rusztowaniem triumfującego humanizmu. Bezustannie ucisza ją ta potrzeba reasekuracji w nas, na którą najpierw odpowiada nasza wiara w mity a następnie ten typ niedowierzania, który egzemplifikuje Tezeusz.

Dlaczego obalenie teorii Tezeusza jest tak ostrożne? Dlaczego autor uczynił niepoprawne rozumienie swojej sztuki bardziej elokwentnym, prestiżowym i efektownym dramatycznie niż rozumienie poprawne? Dlaczego pełne melancholii porzucenie wszystkiego tego, co zuchwałe i oryginalne w tekście Szekspira zostało przedstawione z większymi fanfarami niż prawdziwe określenie tego, co autor robi, choć z drugiej strony pozostało jednak częścią obrazu — aczkolwiek bardzo drobną?

---

[36] Mowa o Tezeuszu. [Przyp. tłum.]

Dobry pisarz stara się z reguły uwydatnić, a nie zminimalizować własne osiągnięcia. Szekspir jest w pełni świadomy swojej wielkiej oryginalności, a mimo wszystko wielokrotnie schodzi ze swojej ścieżki, aby nadać sztuce pozory powierzchowności i frywolności. To osobliwe zachowanie stanowi inny przykład tego, na co natrafiliśmy na początku naszej analizy. Od początku do końca Szekspir stosuje tę samą strategię. Jest taki, jakim widzowie chcą go postrzegać. Tym, którzy nie chcą nic poza powierzchownym *Snem nocy letniej*, daje to, czego pragną; inni aspirujący do czegoś więcej, także nie będą rozczarowani.

Pierwszy krytyczny spór o *Sen nocy letniej* miał miejsce podczas pierwszego przedstawienia i powtarza się za każdym razem, gdy sztuka jest wystawiana, chyba że wersy Hippolity zostaną po prostu pominięte, co się często zdarza. Nawet jednak wtedy, gdy zastają włączone do przedstawienia, duże są szanse, że nikt ich nie zauważy lub że zostaną źle zinterpretowane. Nie rozumiemy, że pozorne preferowanie Tezeusza przez Szekspira jest fasadą, którą należy zignorować.

Zwodnicze rozłożenie nacisku w dialogu Tezeusza z Hippolitą jest dalszym dowodem na rzecz stwierdzenia, że ta komedia to dwie sztuki w jednej. Na początku aktu V obydwie sztuki dosłownie żyją jako osobne wyodrębnione postacie. Tezeusz ucieleśnia powierzchowną komedię, a Hippolita głębszą sztukę o mimetycznej interakcji. Ta ostatnia sztuka nie jest „głębsza" w tym sensie, że jest ukryta głęboko między wierszami, na dnie tego, co nazywałoby się „infrastrukturą". Jest ona tak samo widoczna, jak powierzchowna sztuka. Nie jest naprawdę ukryta, chociaż tak się wydaje, a powód naszego zaślepienia jest zawsze ten sam: uporczywy sprzeciw wobec mimetycznego wymiaru, który jest obecny wszędzie w teatrze Szekspira.

Narodziny mitu w *Śnie nocy letniej* rzucają światło na rolę potworkowatej i mitycznej metamorfozy w teatrze Szekspira jako całości. Retrospektywnie możemy teraz dostrzec, że w *Dwóch szlachcicach z Werony* znajdowała się pierwsza wzmianka o tym, co w *Śnie nocy letniej* znalazło pełną realizację. Jeśli zapytamy, dlaczego Szekspir nadał imię Proteus pierwszemu stworzonemu przez siebie bohaterowi, boleśnie dotkniętemu przez mimetyczne pragnienie, odpowiedź będzie oczywista: Proteusz jest greckim bogiem metamorfozy.

Szekspir od samego początku swojej kariery zakorzenił mityczną metamorfozę w mimetycznym pragnieniu — nie w niewinnej *mimesis* tradycyjnej estetyki lub w oczywistej i nieszkodliwej imitacji publicznie uznanych modeli, lecz w konfliktotwórczej *mimesis* mimetycznej rywalizacji — imitacji, która próbuje uchodzić za swoje przeciwieństwo, autonomię, niezależność. Mit jest nieodłączny od niosącej przemoc symetrii mimetycznych podwojeń, i nie byłoby przypadkowym zbiegiem okoliczności, gdyby te mimetyczne zdwojenia z całego świata były najczęstszymi zwolennikami mitu.

Mimetyczne pragnienie przekształca ludzkie istoty w moralne i fizyczne monstra. Kiedy Szekspir pisał *Dwóch szlachciców z Werony*, geneza mitu, którą znajdujemy w *Śnie nocy letniej*, szukała już szaty słownej, której nie potrafiła znaleźć. Szekspir spróbował jeszcze raz i tym razem odniósł pełen sukces.

Jedynie *a posteriori*, z perspektywy późniejszej sztuki potrafimy zrozumieć, dlaczego Szekspir nazwał swego pierwszego mimetycznego bohatera Proteusem. Proteus przemienił siebie w drugiego Valentina; jego mimetyczne pragnienie czyni go proteuszowym/zmiennym. Możemy to zrozumieć tylko wtedy, gdy patrzymy na te dwie komedie z punktu widzenia ich wspólnego mimetycznego tematu i nierównego jego rozwinięcia; imię Proteus byłoby nawet w drugiej sztuce bardziej odpowiednie niż w pierwszej, jednakże Szekspir wyraźnie nie chciał go użyć raz jeszcze. Użycie tego imienia w pierwszej komedii ujawnia, że wczesny Szekspir odkrył przekształcającą moc mimetycznego pragnienia i poszukiwał środków teatralnego wyrazu. Połączenie pragnienia i potworkowatej metamorfozy nigdy się u Szekspira nie skończy; przenika cały jego teatr. Pojawi się ponownie w arcymimetycznej sztuce *Troilus i Cressida* w związku z mimetyczną miłością protagonistów i moralnymi konotacjami wyraźniej negatywnymi niż we wcześniejszych komediach.

Nadprzyrodzone zjawy w tragediach są porównywalne z monstrami; można z łatwością wykazać, że wszystkie one są, mniej lub bardziej dyskretnie, zakorzenione w kontekście mimetycznego kryzysu i halucynacji, które się wraz z nimi pojawiają. Taka jest prawda o zjawie Cezara w *Juliuszu Cezarze*, zjawie starego Hamleta w *Hamlecie*, a także o czarownicach i innych widziadłach z *Macbetha*.

Jest to również prawda o Kalibanie z *Burzy*. Jestem w stanie uwierzyć, że ludożercy [*cannibals*] ze sławnego eseju Montaigne stanowią wyjaśnienie nazwy tego monstrum, gdyż w tej sztuce istnieją jeszcze inne echa tego francuskiego pisarza, ale główne znaczenie Kalibana nie ma, jak sądzę, nic wspólnego z tą literacką analogią. Kaliban ma niewiele, jeżeli cokolwiek, wspólnego z negatywną oceną ludzi pierwotnych. Uważam go za pewien rodzaj podsumowania wszelkich mimetycznych monstrów w teatrze Szekspira [zob. rozdz. 38].

8
MIŁOŚĆ CUDZYM OKIEM

Mimetyczne kalambury w *Śnie nocy letniej*

Dla Hermii i Lysandra modele literackie są tak samo ważne jak dla Don Kichota lub Madame Bovary, równie ważne jak pośrednictwo człowieka. W pierwszej scenie sztuki, po wyjściu Tezeusza i Egeusza, dwoje młodych ludzi opłakuje swój smutny los, wzdychając patetycznie wiele razy, ale skrycie są podnieceni, widzą bowiem ogromny walor w rodzicielskim prześladowaniu, które przybliża ich do ich własnych romantycznych herosów, którym pragną dorównać, a którzy wszyscy są przedstawiani jako ofiary autorytetu. Gdyby nasi kochankowie czuli się poważnie zagrożeni, uciekaliby przed prześladowcami; nie celebrowaliby błogo swojego pokrewieństwa z wszystkimi sławnymi kochankami w historii:

> *Lysander*: The course of true love never did run smooth,
> But either it was different in blood —
> *Hermia*: Oh, cross! Too high to be enthralled to low.
> *Lysander*: Or else misgraffed in respect of years —
> *Hermia*: Oh, spite! Too old to be engaged to young.
> *Lysander*: Or else it stood upon the choice of friends —
> *Hermia*: Oh, Hell! To choose love by another's eyes.
> (I, i, 134-40)

> *Lysander*: Miłość prawdziwa nie biegnie
> bitym gościńcem, lecz bądź krwi różnice —
> *Hermia*: Ach, sprzeczność! Góra dolinę miłuje!
> *Lysander*: Ludzie źle dobrani, gdyż różnią ich lata —
> *Hermia*: Ach wstyd! Sędziwość złączona z młodością!
> *Lysander*: Bądź padł ów wybór z namowy przyjaciół —
> *Hermia*: Ach, piekło! Miłość wybrać cudzym okiem.
> (s. 14)

Ten poetycki duet należy do dobrze znanego gatunku literackiego poświeconego rozmaitym u t r u d n i e n i o m w miłości: różnicy wieku, warunkom społecznym oraz, co równie ważne, przymusowi ze strony innych. Lista tych utrudnień nigdy się nie zmienia.

Za to, że „miłość prawdziwa nie biegnie bitym gościńcem" [*the course of true love never did run smooth*], kochankowie powinni głownie obwiniać samych siebie — swoje niewolnicze posłuszeństwo mimetycznemu prawu — ale oni o tym nie wiedzą. Niezdolni do dostrzeżenia prawdziwej przeszkody, o którą się ciągle potykają, czyli krzyżowania się ich mimetycznych pragnień, muszą znajdować przeszkody zastępcze. Szczęśliwie dla ich przeciążonej pracą wyobraźni, nie muszą niczego wymyślać na nowo; powtarzają po prostu to, co przeczytali w modnej literaturze, którą chciwie pochłaniają.

Pierwsze pięć wersów zaznacza stopniowanie, naprowadzając na dwa ostatnie, na które położono nacisk: kim są ci „przyjaciele", na których wyborze miłość nie powinna się opierać, kim są ci i n n i, których wybór może zbytnio wpływać na nasz wybór kochanka? W tym miejscu wszyscy wydawcy tej sztuki ostrzegają w przypisie czytelników, że słowo „przyjaciele" odnosi się raczej do o j c ó w i m a t e k, a nie do przyjaciół w naszym rozumieniu. W czasach elżbietańskich „przyjaciele" mogło istotnie być odniesieniem do bliskich krewnych, nawet rodziców. Ale skąd ta pewność wydawców? Nawet jeżeli „przyjaciel" sporadycznie odnosi się do rodziców, to głównie słowo to występuje w swym współczesnym znaczeniu. Jego znaczenie może zostać tak rozszerzone, aby zawierało rodziców, ale nie może nigdy być tak ograniczone, żeby w y k l u c z a ł o z w y k ł y c h p r z y j a c i ó ł.

W samym *Śnie nocy letniej* znajdujemy wielokrotnie słowa „przyjaciel" i „przyjacielski" użyte we współczesnym znaczeniu. W punkcie kulminacyjnym nocy Helena sprzecza się z Hermią:

> And will you rent our ancient love asunder,
> To join with men in scorning your poor friend?
> It is not friendly, 'tis not maidenly
> (III, ii, 215-217),

> I ty chcesz rozbić naszą długą miłość
> Drwiąc z przyjaciółki biednej z tymi dwoma?
> Ani przyjazne to, ani dziewczęce.
> (s. 66)

Dlaczego wszyscy wydawcy wykluczają to najbardziej naturalne i oczywiste znaczenie słowa „przyjaciele"? Odpowiedź narzuca się sama:

gdyby tego nie zrobili, gdyby przeczytali wspomniane dwa wersy po prostu tak, jak powinny być czytane, musieliby rozpoznać w nich dwie wspaniałe definicje tego, o czym ta sztuka naprawdę jest — mimetycznego pragnienia.

Kiedy Demetriusz z powodu Lysandra zamienia Hermię na Helenę, z całą pewnością wybiera miłość cudzym okiem. Podobnie Hermia, gdy wybiera Demetriusza z powodu swojej przyjaciółki Heleny. Dokładnie tak samo było w pracach już omawianych. Miłość Proteusa do Silvii opiera się na wyborze przyjaciela, Valentina; Tarkwiniusz nigdy nie widział Lukrecji w ł a s n y m   o k i e m, a więc z całą pewnością „wybrał miłość cudzym okiem".

Nikt nie chce stawić temu czoła. Wykluczenie mimetycznego pragnienia jest imperatywem niemym, ale niewątpliwie bardzo surowym. Wszyscy są tu ciągle jednomyślni. Biorąc pod uwagę kontekst, w którym pojawiają się te dwa wersy, milczące wyeliminowanie dosłownego tłumaczenia jest najbardziej zdumiewającym wyczynem cenzury. Masywna obecność mimetycznego pragnienia w pobliżu czyni to jeszcze bardziej godnym uwagi. Dosłowne tłumaczenie, które jest w omawianym kontekście najwłaściwsze, odrzuca się od ręki, bez słowa wyjaśnienia. Cała operacja odbywa się w milczeniu; jest zupełnie nieświadoma i automatyczna.

„Żeby się jeszcze lepiej zabezpieczyć" [*a more better certainty*], jak powiedziałby Dupek, przyjrzyjmy się bliżej tym dwóm wersom. Gdyby Szekspir faktycznie zamierzał mówić o tych ojcach, którzy zmuszają swoje dzieci do małżeństwa wbrew ich woli, to „przyjaciele" [*friends*] nie byliby najlepszym doborem słów, a „miłość" [*love*] byłaby jeszcze gorszym. W tym wypadku nie miłość, lecz małżeństwo opierałoby się na wyborze „przyjaciół". Słowa „wybór" [*the choice*] w pierwszym z omawianych wersów i „wybrać" [*to choose*] w drugim również przemawiają za bankructwem niemimetycznego tłumaczenia. Strona zmuszana w przypadku całkowitego przymusu nie ma żadnej alternatywy; niczego nie wybiera. Pragnący mimetycznie niewątpliwie zrzekają się swojej wolności wyboru, ale w y b i e r a j ą   m o d e l, którego pragnienie imitują; faktycznie jedynie o nich można sensownie powiedzieć, że „wybierają miłość cudzym okiem" [*choose love by another's eye*].

Te dwa wersy są całkowicie jasne; nie potrzebują wyjaśniającego przypisu i to jest oczywiście ta racja, dla której wydawcy go sobie życzą. Jak inaczej mogliby ochronić swoich uczniów przed niebezpiecznym zakażeniem się mimetycznym tłumaczeniem? Wydawcy ingerują wyłącznie po to, aby odrzucić prawidłowe rozumienie. Wszyscy oni, ma się rozumieć, działają w bardzo dobrej wierze; po prostu nie zauważają w tej sztuce niczego typowego dla konfliktotwórczej *mimesis*. Myśl, że „mimetyczne pragnienie" mogłoby grać główną rolę u Szekspira, wydaje się zbyt śmieszna, aby się nad tym zastanawiać.

Dzięki tym przypisom możemy spektakularnie zweryfikować u wielu z nas silny impuls do tłumienia bez reszty myśli o mimetycznej rywalizacji, gdy tylko pojawi się u Szekspira, czy też w innym miejscu. Tłumienie to należy oczywiście ostro potępić, ale trzeba przyznać, że w omawianym przypadku nie jest to całkowicie niewybaczalne. Istnieją bowiem pewne realne argumenty za niemimetycznym rozumieniem — jest rzeczą ważną, by zwrócić na nie uwagę.

Po pierwsze, Lysander i Hermia zbyt poważnie się okłamują, aby wyobrazić sobie coś tak inteligentnego jak mimetyczna interpretacja wypowiadanych przez siebie wersów. W duchowej więzi z tysiącem miernych poetów będą kontynuować wyliczanie swoich wiecznych utrudnień aż po dzień Sądu Ostatecznego. Te smętne komunały opisują sedno ich psychologii. Po pierwszych pięciu wersach można się spodziewać, że wszystko inne będzie bardzo podobne. Mimetyczne rozumienie nie może być tym, co faktycznie mają na myśli. Mogą mieć na myśli tylko to, co współcześni wydawcy uważają za jedyne możliwe znaczenie tych dwóch wersów.

W tej litanii utrudnień ojciec-tyran z całą pewnością w jakimś miejscu się pojawi: od starożytnych Greków aż do naszej wielkiej kontrkulturowej rewolucji *via* Sigmund Freud, ojciec zawsze pozostaje utrudnieniem *par excellence*, zwierzęciem ofiarnym numer jeden, główną pożywką naszej intelektualnej uczty, niezastąpionym alibi romantycznego niepowodzenia. Myślenie, że omawiane dwa wersy muszą być o nim, jest zupełnie naturalne. I są nimi naprawdę w tym sensie, że Lysander i Hermia mogą myśleć tylko o tej żałosnej osobistości. Nawet chociaż ich słowa nie pasują w pełni do wersji ojcowskiej, zbliżają się na tyle, aby zadowolić w nas wszystkich wieczny freudyzm. Poza tym, wersy te pojawiają się na samym początku sztuki, zaraz po scenie z Egeuszem i Tezeuszem, wówczas, kiedy jest jeszcze uzasadnione oczekiwanie, że ojcowskie i książęce gromy nie będą tak zupełnie nieskuteczne, jak to się faktycznie okaże.

Czy te kontekstualne argumenty są zadowalające na tyle, aby zagrozić mimetycznemu rozumieniu? Ani przez moment; mimetyczny sens, w zestawieniu z tym wszystkim, jest jasny jak słońce.

Wspomniana błędna interpretacja opiera się na dowodzeniu dalekim od rozstrzygającego, chociaż nie należy go lekceważyć, gdyż pochodzi od samego autora, a autor wie co robi. Dlaczego Szekspir umieszcza swoje dwa fantastyczne wersy w tym zwodniczym kontekście fałszywych utrudnień? Wiemy już, że — poczynając od *Snu nocy letniej* — chce on skierować większość swojej publiczności ku romantycznej wersji, oddalonej od mimetycznego pragnienia, łaskawie dając nam ją do dyspozycji. Widzieliśmy już kilka frapujących ilustracji tej podwójnej strategii, która prowadzi część publiczności w jednym, a część w zupełnie innym kierunku. Jest to szczególnie znakomity przykład tej podwójnej techniki.

Wielki dramaturg wie, że kontekst jest ważniejszy niż tekst. Bez względu na to, co jest faktycznie w tych dwóch wersach powiedziane, większość widzów nie potrafi usłyszeć nic poza własnymi stereotypowymi przewidywaniami. Szekspir nie próbuje bynajmniej uniknąć prawdopodobnego błędnego zinterpretowania tych wersów — wręcz do niego zachęca. Sprzeczność z pozostałymi wersami sprawia, że dwa ostatnie wersy są komiczne dla tych, którzy naprawdę je rozumieją; ci którzy nie rozumieją i tłumaczą je jako kontynuację wcześniejszych komunałów, nie są w najmniejszym stopniu niepokojeni; lubujący się w przypisach wydawcy nie są również niepokojeni. Wszystko to zgadza się dokładnie z tym, czego ludzie oczekują od komedii.

Nasze dwa wersy nie pasują całkowicie do niemimetycznego rozumienia, ale zbliżają się na tyle, aby nie uruchamiać w większości umysłów systemu alarmowego, który uruchomia się po osiągnięciu pewnego progu nieodpowiedniości. Poniżej tego progu nasz zmysł krytyczny pozostaje bierny. Wersy te są testem; zmuszają nas do dokonania wyboru między komedią o zewnętrznych przeszkodach, do której pierwszych pięć wersów duetu należy, i autentycznie szekspirowską komedią, zakorzenioną w mimetycznej rywalizacji. Jeżeli nie dostrzeżemy tego, że musimy wybierać, jeżeli wybieramy bez świadomości wybierania, z całą pewnością wybieramy źle.

Ten wiersz funkcjonuje niczym pierwszorzędny kalambur. Jeżeli interpretujemy go w języku ojców, książąt i Duszków, wówczas wzdychamy do niemimetycznej interpretacji i taką uzyskujemy; jeżeli interpretujemy ten kalambur mimetycznie, wówczas nie tylko zgadzamy się na mimetyczną wersję, ale również uświadamiamy sobie wersję niemimetyczną — objawia się wtedy komiczna siła sztuki. W samym środku tradycyjnych utrudnień wychodzi na jaw prawdziwa przyczyna romantycznego niepowodzenia: wspominana samorodna przeszkoda, owa wzajemna interferencja zderzających się ze sobą imitujących pragnień.

Aby kalambur był dobry, ciekawsza treść musi być trudniej dostrzegalnym, rzadko spotykanym sensem i musi zawdzięczać swoją wartość nie jakimś tanim, werbalnym trikom bez znaczenia, lecz jakiejś istotnej racji, jakiemuś głęboko w nas tkwiącemu oporowi przeciw czemuś, co jest obiektywnie oczywiste. Omawiane dwa wersy znakomicie spełniają te wymogi; chociaż nie są obiektywnie dwuznaczne, takimi się wydają naszemu upartemu, antymimetycznemu uprzedzeniu. Działają dokładnie tak, jak zjawisko, które jak najbardziej *explicite* ujawniają i które pozostaje ukryte w przezroczystości swego objawienia.

Aby kalambur był dobry, nie powinien naruszać zasad prawdopodobieństwa. Mimetyczne pragnienie nie jest bardziej siebie świadome niż naturalne oddychanie. Hermia właśnie porzuciła jednego kochanka dla innego; natomiast za kilka godzin namiętny Lysander porzuci ją w lesie. Niemniej tych dwoje to wierni wyznawcy własnych mitów — tak wierni, że nie kontrolują swego języka i od czasu do czasu wypowiadają prawdy, do których świadome by się nie przyznali. U Szekspira występują pomyłki słowne jak u Freuda, ale ich treść jest mimetyczna, a nie psychoanalityczna.

Czworo kochanków jest typowych dla przeciętnej natury ludzkiej, przypominając większość z nas w naszej skłonności do wymykania się wszystkiemu, co mogłoby poddać w wątpliwość naszą pokrzepiającą pewność, że działamy i myślimy jak autonomiczne jednostki. Większość widzów i czytelników, tak jak Lysander i Hermia, chwyta sens nie tego, co wersy faktycznie mówią, lecz tego, co bohaterowie faktycznie mają na myśli, a jest to także to, co chcą usłyszeć. Odbiór sztuki jest *mise en abîme* samej sztuki.

Szekspir rzuca wyzwanie temu oporowi publiczności wprost i z humorem, nie ryzykując wrogiej reakcji ze strony tych, którzy czuliby się urażeni tą kpiną, gdyby ją rozumieli. Wie, że nie musi się martwić; niczego nie zrozumieją. Podobny toreadorowi podejmuje wielkie ryzyko; podchodzi blisko do byka, z taką łatwością i tak elegancko, że prawie nikt nie zdaje sobie sprawy, jakim bezustannym *tour de force* jest ta sztuka.

Dla kogo Szekspir pisał te swoje najlepsze wersy? Możemy jedynie powtórzyć hipotezę o kręgu wtajemniczonych, o kilku oświeconych *aficionados* zaznajomionych z pomysłami autora, którzy z całą pewnością zrozumieli wszystko *à demi mot*. Ci ludzie nie mogli zawieść, rozpoznając sformułowania tak przejrzyste, jak „wybrać miłość cudzym okiem".

Na początku *Snu nocy letniej* jest jeszcze co najmniej jeden przykład wielce znamiennego igrania dwuznacznikami, igrania, które sięga aż do intelektualnego i duchowego sedna tej sztuki:

> Before the time I did Lysander see,

> Seemed Athens as a paradise to me.
> O then, what graces in my love do dwell,
> That he hath turned a Heaven into a Hell!
>
> (I, i, 204-207)

> Zanim mnie poznał mój Lysander miły,
> Ateny dla mnie ziemskim rajem były,
> O, cóż mnie w miłym moim tak urzekło,
> Że mi przemienił moje niebo w piekło!
>
> (s. 17)

Tutaj znowu, Hermia beztrosko wypowiada prawdę, której ona sama oficjalnie nie zakłada — czyni to z takim młodzieńczym tupetem, że w końcu nie jesteśmy pewni, czy faktycznie powiedziała to, co właśnie usłyszeliśmy.

Hermia zrównuje „uroki" [*graces*] swej miłości z samym piekłem i ustala, że najbardziej osobliwym i charakterystycznym aspektem jej namiętności jest cierpienie, które jej sprawia; cierpienie to jest świadectwem całkowicie romantycznej natury jej aktualnego romansu. Piekło z tych wersów jest według mnie tym samym piekłem, co w wersie poprzednio rozważanym: „Ach, piekło! Miłość wybrać cudzym okiem" [*Oh Hell! To choose love by another's eyes*]. Wybranie miłości cudzym okiem jest piekłem. Słowo „piekło" pojawia się ciągle na nowo w języku czterech kochanków — uważam, że odgrywa kluczową rolę. Piekło, religijna hiperbola, jest jak najbardziej odpowiednia dla tej Nocy Świętojańskiej i Hermia informuje nas, że pogrążyła się już w pewnego rodzaju piekle. Mówimy obecnie o p r e h i s t o r y c z n e j fazie tej nocy i Hermia ustala, że jest ona taka sama jak ta noc. Piekło zaczyna się, kiedy niebo dzieciństwa otwiera drogę do mimetycznej rywalizacji.

Szekspir nie podziela z nami bezgranicznej czci dla pragnienia, jaką dzisiaj żywimy, tej czci, która zawsze uchodzi za wybitnie nowoczesną, chociaż była *de rigueur* w naszej zachodniej kulturze na długo przed ostatnimi rewolucjami. Uwikłani w ten mit od wielu stuleci, zawsze spieszymy w obronie owego biednego, gnębionego pragnienia.

Elżbietańska „wytworność" żądała już tego, czego wymaga nasza własna; przyswoiła sobie tę samą stylistycznie arystokratyczną interpretację. Dogmat, że pragnienie nie grzeszy, był już modny w komedii greckiej, i automatycznie przyjmujemy, że Szekspir go uszanuje. Jednakże dla prawdziwego zrozumienia jego geniuszu założenie to jest najgorsze z możliwych. Nieświadomie projektujemy nasz pobożny rousseauizm na myśliciela z gruntu przeciwnego wielkiej literackiej celebracji pragnienia. Wszyscy, którzy podziwiają z bezpiecznej odległości tzw. szekspirowską psychologią, przeraziliby się, gdyby dostrzegli jej rzeczywiste implikacje.

Świętość pragnienia – tzn. „autentyczność" pragnienia, „prawdziwa miłość" Hermii i Heleny – zastąpiła na współczesnej skali wartości wszystkie poprzednie wartości. Mówić źle o pragnieniu to potworne bluźnierstwo. Z punktu widzenia naszych współczesnych standardów, Szekspir jest zbyt autentycznie wywrotowy, aby być łatwo zrozumiały. Zakładamy, że wszyscy wielcy pisarze — „przyzwoici faceci" w naszych oczach — toczą bój w imię słusznej sprawy; są po stronie biednego, niewinnego pragnienia gnębionego przez jego niezliczonych prześladowców. Szekspir jest jednak wiecznie nowoczesny, ujawnia bowiem niezmienne tabu naszej kultury rzekomo pozbawionej tabu. Czując niewyraźnie dystans między jego koncepcją pragnienia a naszą, ostrzegamy siebie nawzajem w sekrecie, że może on być solidnie „konserwatywny". W dziedzinie pragnienia za „wywrotowe" i „oryginalne" uważamy bowiem te wyobrażenia, które sami kochamy; jednak naprawdę są to przestarzałe komunały, które Szekspir wyszydza w swoich komediach.

Sztuka wewnątrz sztuki zostaje w końcu zagrana przed Tezeuszem, Hipolitą oraz dworem, w skład którego wchodzi obecnie czwórka kochanków, starannie uporządkowana podług reguły „prawdziwej miłości". Przystojny Pyramus i piękna Tysbe są sąsiadami zza muru – muru, który zbudowali ich ojcowie, znowu nie tak śmiertelnej przeszkody dla ich namiętnego zapału:

> And thou, O Wall, O sweet, O lovely wall,
> That stand'st between her father's ground and mine!
> Thou Wall, O Wall, O sweet and lovely wall,
> Show me thy chink, to blink through with mine eyne!
>
> [*Wall holds up his fingers*]
>
> Thanks, courteous wall. Jove shield thee well for this!
> But what see I? No Thisby do I see.
> O wicked wall, through whom I see no bliss!
> Cursed be thy stones for thus deceiving me!
>   (V, i, 174-181)

> A ty, o murze, słodki, piękny murze,
> Oddzielasz ziemię jej ojca i moją!
> Murze, o murze słodki, piękny murze,

Abym mógł zerknąć, wskaż szczelinę swoją!

[*Mur rozwiera palce.*]

Dzięki ci murze; niech cię Jowisz strzeże!
Ale co widzę? Mej Tysbe nie widzę.
O podły murze, niech cię ktoś rozbierze!
Skryłeś mą lubą, więc się tobą brzydzę!
(s. 104-105)

To błogosławienie i przeklinanie muru wydaje się nie mieć końca:

My cherry lips have often kiss'd thy stones,
Thy stones with lime and hair knit up in thee.
(190-191)

Głazy pieściły me wiśniowe wargi,
Głazy twe, kryte wapnem i zaprawą.
(s. 104)

Biedny mur jest traktowany „nader sprośnie i odważnie" [*most obscenely and couragously*], jak Dupek lubi mówić; wszystkie jego niewłaściwie stosowane wyrazy stają się właściwe w odpowiednim czasie. W elżbietańskiej Anglii „kłaków" [*hair*] używano, aby ułatwić wznoszenie murów, pomóc wiązaniu mokrego wapna[37]. (Obyczaj jest ciągle żywy w Normandii; nie wiem czy przetrwał w Anglii.)

To, co Tezeusz mówi o poplątanym prologu Pigwy, równie dobrze odnosi się do Dupka, jak i będzie prawdą o całej sztuce wewnątrz sztuki i *Śnie nocy letniej* jako całości: „Jego mowa była jak splątany łańcuch, niczego nie brakowało, ale wszystko było pogmatwane" [*His speech was like a tangled chain, nothing impaired but all disordered*, 125-126].

Kochankowie w końcu męczą się „swoją bardzo tragiczną uciechą" [*very tragical mirth*] i decydują spotkać się w mniej sztucznym otoczeniu. Pyramus pyta „Czy wnet mnie spotkasz przy Ninusi grobie?" [*Wilt thou at Ninny's tomb meet me straightway?*], a Tysbe odpowiada „Choćbym skonała. Będę tam przy tobie" [*Tide life, tide death, I come without delay*, 203-204].

---

[37] W polskiej wersji tłumaczenie wiersza *Thy stones with lime and hair knit up in thee* nie jest dosłowne: „Głazy twe, kryte wapnem i zaprawą", w związku z czym uwadze Girarda zdaje się brakować odnośnika. [Przyp. tłum.]

Gdy w murze są drzwi i ludzie po obu stronach mają dosyć zdrowego rozsądku, aby ich użyć, biedny mur ma niewiele do zrobienia. Jego teatralne możliwości wyczerpują się i ten wspaniały monument odchodzi z wielką godnością, dokładnie tak jak Egeusz i Tezeusz na początku sztuki po zwodniczych pokazach autorytetu:

> Thus have I, Wall, my part discharged so;
> And, being done, thus Wall away doth go.
>
> [*Exit*]
> (204-205)

> Ja, mur, już moją odegrałem rolę
> A ukończywszy, ja mur, odejść wolę.
>
> [*Wychodzi*]
> (s. 105)

Romantyczna sztuka, jak i filozofia, systematycznie przekształca mimetycznych rywali w przedmioty, zmyślone przeszkody, takie jak nieruchomy mur, zdumiewająco zwinny w usuwaniu się z drogi, gdy jest już niepotrzebny. Zdumiewający mur należy dodać do utrudnień wyliczanych przez Lysandra i Hermię w duecie. Wszystkie zewnętrzne przeszkody są w rzeczywistości istotami ludzkimi, które udają, że są murami. Szekspir genialnym posunięciem przemienił dziki apetyt rzemieślników na udawanie w dodatkowe źródło swojej satyry. Szukając starannie, zobaczylibyśmy, że wszystkie romantyczne prace, takie jak *Pyramus i Tysbe*, naiwnie ukazują to, co chciałyby ukryć — człowieka w murze, mimetycznego rywala za romantycznym r e s e n t y m e n t e m, który jest mitem świata z natury wrogiego wobec kochanków.

Gdyby mur był faktycznie człowiekiem, twierdzi Tezeusz, zareagowałaby jak człowiek; odwzajemniałaby zarówno przekleństwa i ciosy jak i komplementy:

> The wall, methinks, being sensible, should curse again.
> (182-183)

> Myślę, że Mur, posiadając świadomość, powinien
> mu odpowiedzieć przekleństwem.
> (s. 104)

Mury i dzikie bestie są bardziej życzliwe niż mimetyczni rywale. Nawet znieważana przez Hermię szlachetna Helena odpłaca tym samym; podobnie Lysander, gdy Demetriusz rzuca się na niego z obnażonym mieczem, wyciąga swój miecz w obronie. Istoty ludzkie nie stoją tam jedynie bez ruchu jak mur.

Lew jest tak samo niesłusznie złośliwy jak mur; Pyramus widząc szarfę Tysbe w pysku tej dzikiej bestii, zadaje siebie porywczo cios nożem; zgodnie ze scenariuszem powinien umrzeć, zanim ona wróci, co zajmie jej nie więcej niż czterdzieści pięć sekund. Widząc go już martwym, zabija się tak samo porywczo, jak on, gorliwie imitując doskonałego kochanka.

Sztuka wewnątrz sztuki, tak samo jak *Sen nocy letniej* w całości, stanowi dwie sztuki w jednej, niewybredną farsą o niedorzecznych aktorach i kontynuację wspominanej głębszej sztuki, jeszcze inną olśniewającą dekonstrukcję romantycznych komunałów.

9
MIŁOŚĆ ZASŁYSZANYM SŁOWEM

Strategie mimetyczne w *Wiele hałasu o nic*

W *Wiele hałasu o nic* najsympatyczniejszymi postaciami są Beatrice i Benedick. Chociaż żywią do siebie sympatię, toczą bezustanną walkę na słowa. Wiele nowoczesnych filmów i komedii sytuacyjnych opiera się na tej regule Beatrice–Benedick. Na zakończenie kłótliwi kochankowie padną sobie w ramiona; z góry radują się nasze serca.

Chociaż jesteśmy zaznajomieni z tą sytuacją, to jednak udzielamy odpowiedzi niejasnej i niezadowalającej, gdy próbujemy określić, co właściwie uniemożliwia Beatrice i Benedickowi powiedzenie sobie „kocham cię". Zwykle stwierdzamy, że ci młodzi ludzie „obawiają się emocjonalnego zaangażowania", jakby było ono jakimś rodzajem zewnętrznej mocy transcendentalnej. Nic takiego oczywiście nie istnieje; Beatrice i Benedick naprawdę obawiają się siebie nawzajem. Są inteligentni i wrażliwi; czego mieliby się więc obawiać? Jak się nas informuje, był taki moment w przeszłości, że Beatrice i Benedick nieomal wyznali sobie miłość, ale zatrzymali się w ostatniej chwili. Wietrzą jakieś tajemnicze niebezpieczeństwo w byciu tym pierwszym, który mówi „kocham cię".

Czy jest możliwe, aby byli niepewni uczuć drugiej strony? Chyba nie. My, widzowie, jesteśmy pewni; jakim sposobem protagoniści mogliby wiedzieć o sobie nawzajem mniej, niż my o nich wiemy? Obserwują siebie skrupulatniej, niż my ich obserwujemy. Beatrice doskonale wie, że Benedick żywi do niej sympatię i *vice versa*: świadomość ta nie przywraca jednak zaufania. Dwoje ludzi nie może wyznać sobie miłości równocześnie, a ten, kto mówi pierwszy może zmienić związek, szkodząc niejako własnym interesom.

Pragnienie ujawniające się jako pierwsze, wystawia siebie na pokaz i w rezultacie może stać się mimetycznym modelem dla pragnienia, które jeszcze nie przemówiło. Ujawnione pragnienie ryzykuje, że zostanie skopiowane, a nie odwzajemnione. Aby pragnąć kogoś, kto nas pragnie, nie wolno nam imitować zaoferowanego pragnienia, musimy je odwzajemnić, co jest czymś całkowicie odmiennym. Pozytywne odwzajemnienie wymaga wewnętrznej siły, której brak mimetycznemu pragnieniu. Aby kochać naprawdę, nie wolno nam egoistycznie zmienić pragnienia partnera w kapitał.

Gdyby Benedick mówił pierwszy, a Beatrice przyjęła jego pragnienie za model, mogłaby przeorientować swoje pragnienie na siebie samą, imitując pragnienie Benedicka; wolałaby samą siebie od niego. Elżbietanie nazywali to miłością własną [*self-love*]. Ta sama możliwość dotyczyłaby Benedicka, gdyby Beatrice mówiła pierwsza. Zarówno Beatrice jak i Benedick obawiają się znaleźć na niekorzystnym biegunie związku typu pan-niewolnik, który może być generowany przez imitację tego pragnienia, które ujawniło się jako pierwsze. Obawiają się tego prawa, które miało władzę nad kochankami w *Śnie nocy letniej*, chociaż — odmiennie od swoich poprzedników — są świadomi jego istnienia i manewrują jak najostrożniej, aby uniknąć skutków, które przewidują.

Beatrice i Benedick przypominają mi ten rodzaj wyścigów rowerowych, gdzie korzystne jest, aby nie obejmować prowadzenia; ktoś, kto potrafi zostać w tyle na starcie, prawdopodobnie będzie finiszował pierwszy, ma bowiem **kogoś do ścigania**, dostrzegalny model, który w decydującej chwili sprowokuje w nim wybuch energii współzawodnictwa, której zabraknie prowadzącemu. Dlaczego jednak przygoda miłosna miałaby być rozumiana jako wyścig, rodzaj zawodów? Dobre pytanie, niewątpliwie. Ani Beatrice ani Benedick faktycznie tego nie chcą, ale ani jedno, ani drugie nie ma pewności, czy można tego uniknąć.

Obserwator z zewnątrz wzrusza ramionami i oznajmia, że cała gra jest frywolna. I niewątpliwie jest, ale ta nasza protekcjonalność może być równie dobrze częścią zajmowania przez nas strategicznych pozycji, tak na wszelki wypadek, gdyby ta gra była grana. To przezorne „na wszelki wypadek" zwiększa prawdopodobieństwo, że w końcu będzie ona grana. Być może nawt już się zaczęła. Próbujemy zwykle przekonać innych, że my sami nigdy nie bawimy się w grę tego rodzaju, ale to zapieranie się jest z konieczności dwuznaczne; zbytnio przypomina te ruchy, które musielibyśmy wykonać, gdybyśmy już w tę grę grali.

Gdy dwójka młodych ludzi, takich jak Beatrice i Benedick, trwa w zagorzałym „żartobliwym związku" (jak to zjawisko w kulturach pierwotnych określają antropologowie), wówczas przywrócenie zaufania między nimi, konieczne do szczęśliwego zakończenia, nie może przyjść ze strony samych protagonistów, lecz ze strony wspólnoty, bez względu na to, co sugerują nowoczesne wersje tej opowieści. Wersje te bywają wypaczone przez nasz optymistyczny indywidualizm. Rozwiązanie zostaje wymyślone przez księcia Don Pedro, bohatera *Wiele hałasu o nic* o największym prestiżu, uniwersalnego Pośrednika. Postara się on, aby Benedick przypadkowo podsłuchał rozmowę, w której pada stwierdzenie, że Beatrice już wyznała swą miłość do Benedicka przed wieloma świadkami. Książę postara się również, aby Beatrice usłyszała podobną fałszywą opowieść o Benedicku. W obu przypadkach zasadnicze znaczenie mają owi liczni świadkowie: oni przekształcają pragnienie każdego z kochanków w publicznie stwierdzony fakt, fakt społeczny, którego nie może zniweczyć jakaś jednostka, nawet ta, o której pragnienie tu chodzi.

Główną osobą manipulującą Beatrice zostaje na ochotnika jej kuzynka Hero, która udziela wskazówek swojej damie dworu, Urszuli:

> Now Ursula, when Beatrice doth come,
> As we do trace this alley up and down,
> Our talk must be of Benedick.
> When I do name him, let it be thy part
> To praise him more than ever man did merit.
> My talk to thee must be how Benedick
> Is sick in love with Beatrice. Of this matter
> Is little Cupid's crafty arrow made,
> That only wounds by hearsay.
> (III, i, 5-23)

> Słuchaj, Urszulo: kiedy tu się zjawi,
> A my będziemy przechadzać się wspólnie
> Tam i na powrót, po tej tu alei,
> Benedick będzie jedynym przedmiotem
> Naszej rozmowy. Gdy tylko go wspomnę,
> Zadaniem twoim będzie wychwalanie
> Jego osoby ponad wszelką miarę.
> Będę mówiła o tym, jak Benedick
> Chory z miłości jest — do Beatrice.
> Chytrą Kupida strzałę tak się tworzy,
> Gdyż rani ona zasłyszanym słowem.
> (s. 70-71)[38]

---

[38] Tu i dalej cytuję za: *Wiele hałasu o nic*, przełożył Maciej Słomczyński, Wydawnictwo Literackie, Kraków, 1985.

Miłość zasłyszanym słowem [*hearsay*] oznacza miłość podążającą za cudzym głosem, a to sformułowanie przypomina „miłość cudzym okiem", która, jak wiemy, odgrywa wybitną rolę w *Śnie nocy letniej* (zob. rozdz. 8). Te dwa sformułowania są jak echo; kiedy Szekspir pisał miłość „zasłyszanym słowem" w jego pamięci musiały być ciągle te wersy, które wyjaśnialiśmy w poprzednim rozdziale. Przeciwstawienie oczu i uszu sugeruje dążenie autora do tego, aby się nie powtarzać i podkreślić kontrast między swoimi komediami. Jak to wkrótce zobaczymy, istotnie prawdą jest, że nie tylko w wątku o Beatrice i Benedicku, ale w tej sztuce jako całości, s ł y s z e n i e i p o d s ł u c h i - w a n i e zostało tak uwydatnione jak widzenie i szpiegowanie w *Śnie nocy letniej*.

Różnica jest niewątpliwie doniosła, chociaż nie istniałaby bez fundamentalnej identyczności — wspólnego podłoża — którym jest oczywiście mimetyczne pragnienie. M i ł o ś ć z a s ł y s z a n y m s ł o w e m i m i ł o ś ć c u d z y m o k i e m są dwiema modalnościami tego samego mimetycznego pragnienia. Nieistotny charakter różnicy między słyszeniem i widzeniem można dostrzec w skłonności wielu szekspirowskich kochanków, aby odwoływać się do tych zmysłów, gdy mówią o swoim pragnieniu. Z dumą podkreślają, że uszy i oczy, którym ufają, są ich własne, przeto pragnienia również muszą być autentyczne. My oczywiście wiemy lepiej i nie wierzymy w spontaniczność tych pragnień; aluzje do widzenia i słyszenia są zawsze ironicznym odwołaniem się do mimetycznego pragnienia.

Dobrym przykładem jest tu główny bohater *Troilusa i Cressidy*, który w następujących wersach celebruje swoją niezależność i autentyczny sąd w wyborze Cressidy, całkowicie nieświadomy, że jego miłość została zaprogramowana zręcznie przez Pandarusa:

> I take to-day a wife, and my election
> Is led on in the conduct of my will,
> My will enkindled by mine eyes and ears,
> Two traded pilots 'twixt the dangerous shores
> Of will and judgement.
> (II, ii, 61-65)

> Biorę dziś żonę, a wyborem rządzi
> Wola. Tę wolę zmusiły do czynu
> Oczy i uszy, moi przewodnicy
> W podróży między groźnymi brzegami

Woli i sądu.

(s. 65)[39]

Sonet 141 zadedykowany jest znikomemu znaczeniu pięciu zmysłów w materii miłości; należy to rozumieć zupełnie dosłownie:

> In faith, I do not love thee with mine eyes,
> For they in thee a thousand errors note:
> But 'tis my heart that loves what they despise,
> Who in despite of view is pleas'd to dote:
> Nor are mine ears with thy tongue's tune delighted,
> Nor tender feeling to base touches prone;
> Nor taste nor smell desire to be invited
> To any sensual feast with thee alone.
> But my five wits nor my five senses can
> Dissuade one foolish heart from serving thee,
> Who leaves unsway'd the likeness of a man,
> Thy proud heart's slave and vassal wretch to be:
>   Only my plague thus far I count my gain,
>   That she that makes me sin awards me pain.

> Klnę się, że oczy me cię nie kochają,
> Każde z nich tysiąc wad w tobie znajduje;
> Serce me kocha to, czym pogardzają;
> Na przekór temu, co widzą, miłuję.
> Mowy twej tony mych uszu nie cieszą,
> Dotyk nie budzi przyjemnych skłonności,
> Smak i węch wcale na ucztę nie spieszą,
> Byś nasyciła je na osobności.
> Lecz mych pięć klepek ani mych pięć zmysłów
> Serca głupiego odciągnąć nie zdoła
> Od służby tobie, która sercem pysznym
> Zmieniasz mnie w szczątek ludzki i pachoła.
> W drodze tej jedno tylko może cieszyć:
> Bólem mi płaci, gdy karze mi grzeszyć.

(s. 49)[40]

---

[39] Tu i dalej cytuję za: *Troilus i Cressida* przełożył Maciej Słomczyński, Wydawnictwo Literackie, Kraków, 1985.
[40] Tu i dalej cytuję za: *Sonety*, przełożył Maciej Słomczyński, Cassiopeia, Kraków, 1992.

Strategie mimetyczne w *Wiele hałasu o nic* 123

Claudio jest autentycznie pod urokiem Hero. Chce być jednak pewien, że jego zainteresowanie nią na stałe spotka aprobatę tych, których sąd sobie ceni. Chce, aby mu powiedziano, że dokonuje słusznego wyboru. Chciałby, aby Benedick uważał Hero za tak piękną, jak on sam sądzi, ale Benedick woli Beatrice. Claudio, rozczarowany, zwraca się ku człowiekowi, któremu ufa najbardziej i którego uwielbia, ku swojemu wojskowemu dowódcy, księciu lub inaczej Don Pedro, który potwierdza, że Hero, niezamężna spadkobierczyni Leonato, jest dla niego dobrą partią. Claudio wiedział o tym wszystkim od samego początku i nie należy myśleć, że traktuje swoje małżeństwo głownie jako sprawę interesu. Względy finansowe są najmniej kłopotliwym aspektem małżeństwa i wydają się dobrą zachętą dla tego nieśmiałego, młodego człowieka.

Claudio prosi Don Pedro, by przekonał Hero i jej ojca, aby zaakceptowali go jako jej męża. Don Pedro chwyta w lot jego intencje, zanim jeszcze zakończył krótką mowę, i z ogromną ochotą dobrowolnie zgłasza się do roli stręczyciela [*go-between*]:

> If thou dost love fair Hero, cherish it,
> And I will break with her, and with her father,
> And thou shalt have her. Was't not to this end
> That thou began'st to twist so fine a story?
>
> (I, i, 310-313)

> Gdy kochasz piękną Hero, ciesz się z tego,
> A ja przedstawię rzecz jej i jej ojcu,
> Abyś otrzymał ją. Czy nie dlatego
> Zacząłeś miotać tę śliczną opowieść?
>
> (s. 23)

Książę postanawia porozmawiać z Hero jeszcze tej samej nocy na balu maskowym. Chce od razu rozpocząć swą misję, chociaż Claudio czuje się w jakiś sposób onieśmielony i wolałby mniej pospieszną, być może bardziej okrężną drogę.

Kilka osób podsłuchuje rozmowę między Claudio i Don Pedro — wszyscy są przekonani, że książę chce Hero dla siebie. Plotka ta ostatecznie wraca do punktu wyjścia, gdy Benedick na zakończenie balu maskowego mówi do Claudio, „książę wziął twoją Hero" [*the prince has got your Hero*]. Claudio, błędnie interpretując tę niejasną wypowiedź, sądzi, że jego potężny przyjaciel go zdradził. Słysząc obietnicę księcia na własne uszy, powinien ufać Don Pedro, jednakże to, co zna jako fakt, wydaje się mu mniej wiarygodne niż niepotwierdzona plotka, którą rozpowszechniają ludzie, nie mający informacji z pierwszej ręki:

> 'Tis certain so, the Prince woos for himself.
> Friendship is constant in all other things
> Save in the office and affairs of love;
> Therefore all hearts in love use their own tongues.
> Let every eye negotiate for itself,
> And trust no agent; for beauty is a witch
> Against whose charm faith melteth into blood.
> This is an accident of hourly proof,
> Which I mistrusted not. Farewell therefore Hero!
>
> (II, i, 174-182)

> Tak jest z pewnością: książę się zaleca,
> Ale dla siebie. Przyjaźń jest niezłomna
> We wszystkich sprawach z wyjątkiem miłości;
> Dlatego każde zakochane serce
> Winno używać własnego języka.
> Niech każde oko prowadzi układy
> Samo dla siebie, nie ufając posłom.
> Gdyż czarodziejką jest piękność: jej czary
> Każą, by wierność w krwi się rozpuściła.
> To najzwyklejsze zdarzenie, którego
> Nie przewidziałem. A więc żegnaj, Hero.
>
> (s. 4-42)

Ta nuta rezygnacji nie oznacza, że Claudio jest wobec Hero obojętny; jest zbyt przygnębiony, aby zareagować agresywnie. Ten młody człowiek nawet w zwyczajnych okolicznościach zdaje się mieć niewiele pewności siebie, a co dopiero w tych niezwyczajnych warunkach. Wszystko zmawia się przeciw niemu: prestiż księcia, jego podejrzany zapał podjęcia się misji, nawet zanim mu ją powierzono, rozpowszechniona plotka o jego zainteresowaniu Hero, i przede wszystkim sam Claudio ze swą skłonnością do wiary w najgorsze, swym systematycznie samoudaremniającym nastawieniem. Claudio tak naprawdę nie potrzebował stręczyciela; zwrócił się do księcia, gdyż chciał otrzymać przyszłą żonę z rąk swojego pośrednika. Potrzebuje Don Pedra, aby nadać ważność swojemu własnemu wyborowi i obawia się, że powodzenie w tej sprawie przeszło jego oczekiwania. Sądzi, że sprawy zaszły tak daleko, ze Don Pedro obecnie pragnie Hero dla samego siebie, a nie dla Claudia.

Claudio sam jest odpowiedzialny za swojego pecha. Kiedy mówi „To jest najzwyklejsze zdarzenie ... którego nie przewidziałem" [*This is an accident ...which I mistrusted not*] jest trochę wobec siebie nieuczciwy. Nadgorliwość księcia uczyniła go niezdecydowanym od początku; wyraźnie obudziła w nim jakąś obawę, która, jak obecnie uważa, była uzasadniona. Już w tym momencie, gdy zachęcał swojego pośrednika, niewyraźnie obawiał się, że wydarzy się to, o czym obecnie jest przekonany. Niepewny Claudio zwrócił się więc do księcia z racji całkowicie podobnych do racji Valentina, Collatinusa i innych, którzy w obecności potencjalnych rywali obsypywali swoje ukochane i żony nadmiernymi pochwałami.

Mimetyczne pragnienie raz jeszcze! Żałuję, że nie potrafię mówić o kompleksie Edypa lub czymś równie uspakajającym, ale nie sposób temu zaradzić. Mimetyczne pragnienie nie jest tu w większym stopniu moją własną interpretacją niż w poprzednio rozważanych pracach; jeden z bohaterów wyraźnie o nim wzmiankuje. Benedick, ganiąc przyjaciela za powierzenie losu swojego pragnienia księciu, następująco porównuje zachowanie Claudia:

> The flat transgression of a schoolboy who, being overjoy'd with
> finding a bird's nest, shows it his companion, and he steals it.
>
> (II, i, 222-224)

> W pełni zawinił, jak uczniak, który uradowany ze znalezienia ptasiego gniazda pokazuje je koledze, a tamten je kradnie.
>
> (s. 44)

Claudio nie spiera się z tą wersją wydarzeń. Ten młody człowiek bardzo dobrze wiedział, co ryzykuje, zachęcając prestiżowego przyjaciela do solidaryzowania się ze swoim pragnieniem; chciał, aby książę zainteresował się Hero jedynie w stopniu licującym z lojalną przyjaźnią. Jednakże, jak już zauważaliśmy przy różnych okazjach, granica jest tu bardzo wąska; można z łatwością ją przekroczyć pragnąc za dużo lub za mało.

Claudio nie czuł się uprawniony lub nawet zdolny do pragnienia Hero, zanim książę nie zatwierdził jego wyboru. Nie ma wątpliwości, że musimy dodać tego bohatera do naszej wydłużającej się listy szekspirowskich postaci, które potrzebują więcej niż powierzchownej aprobaty jakiegoś prestiżowego modelu, aby nadać ważność swojemu erotycznemu wyborowi. Istnieje jednak pewna różnica. Valentine i Collatinus, Lysander i Demetriusz nie rozumieli, w co się zaplątali; byli autentycznie zaskoczeni konsekwencjami tego, co uczynili. Claudio tylko udaje, że jest równie nieświadomy; jest bardziej refleksyjną i skomplikowaną wersją tego typu, z którym jesteśmy już obeznani. Zachęcając Don Pedra, aby wtrącał się do jego romansu, bardzo dobrze zdaje sobie sprawę z tego, że kusi samego diabła i że książę może przemienić się w niezwyciężonego rywala.

Claudio zdradza właśnie tę uprzednią wiedzę, gdy tak niewiele potrzeba czasu i dowodu, aby przekonać go, że Don Pedro stara się o Hero dla samego siebie. Przyjmuje plotkę o jej małżeństwie z księciem tak samo bezkrytycznie jak ludzie z zewnątrz nic nie wiedzący o układzie, który zawarł z swoim dowódcą. Ten pesymistyczny młody człowiek jest sparaliżowany przez samoudaremniającą introspekcję, którą krytycy mylą z oziębłością i powierzchownym oportunizmem. Jest przekonany, że cokolwiek zrobi i powie, będzie miało dla niego zgubne konsekwencje — i nie bez racji.

Późniejsze sztuki Szekspira zawsze przedstawiają „bardziej dojrzałe" i bardziej „zaawansowane" pragnienie niż sztuki wcześniejsze. Późniejszy bohater wyraźnie postrzega i traktuje jako temat te aspekty pragnienia, których wcześniejszy nie pojmował. Bohater ten ma więcej doświadczenia i może przewidywać skutki mimetycznego prawa, które zaskakiwały jego poprzednika, ale owa większa wiedza nie rozwiązuje jego problemu, nie uwalnia go od pragnienia; większa świadomość nawet pogarsza jego stan, lokując się w służbie pragnienia.

Claudio, czując, że nie może z księciem współzawodniczyć, jest jak sparaliżowany. Jego orientacja w mimetycznej strukturze zamiast mu pomóc, osłabia dodatkowo jego zdolność do racjonalnego działania. Zdaje się nie pamiętać, że książę postanowił wykonać swoje zadanie stręczyciela dokładnie tak, jakby był samym Claudiem. Ta linia postępowania może być nierozważna, ale to osobna sprawa, którą zajmiemy się później.

Claudio, mimo braku niezbitego dowodu, obwinia swego pośrednika o zdradę. Don Pedro jest daleki od doskonałości, ale nie zdradził przyjaciela; przemawiał w dobrej wierze. Bez wątpienia wziął Hero, ale dla wyłącznej korzyści Claudio, dokładnie tak jak obiecywał. To Claudio poślubi Hero.

Claudio tym razem powinien prawdziwie „nie posiadać się z radości"; tymczasem wcale się nie cieszy. Według krytyków, w drugiej połowie sztuki jest nawet bardziej zagadkowy niż w pierwszej. Dlaczego z taką gotowością wierzy w oszczercze oskarżenia przeciw Hero; dlaczego traktuje ją z wielkim okrucieństwem?

Claudio, będąc w sposób naturalny pod urokiem Hero, gotów był uwierzyć, że książę jest nią również oczarowany. Kiedy uwierzył, że książę chce jej dla siebie, wydawała się bardziej pożądana niż dotychczas. Było dla niego nie do pomyślenia, aby Hero, mając wybór między porucznikiem i jego dowódcą, wahała się przez sekundę: jeżeli wybór będzie należał do niej, może ona wybrać tylko księcia. Claudio, jak wszyscy hipermimetyczni ludzie, wahając się między szeregiem możliwych interpretacji jakiegoś zdarzenia, zawsze w końcu wybiera tę z najgorszymi implikacjami dla siebie. Gdy książę schodzi ze sceny, Claudio jest tak samo gotów uwierzyć w fałszywe pogłoski o zdradzie Hero, jak wcześniej wierzył w fałszywe wiadomości o jej zaręczynach z tym potężnym człowiekiem.

Skoro on, Claudio, ma faktycznie pozwolenie, aby ożenić się z Hero, oznacza to, że książę nie jest nią osobiście zainteresowany; natychmiast wydaje się mniej interesująca niż wtedy, gdy prawda zdawała się być przeciwna. Odcięta od tego modelu, którego pragnienie przeobrażało ją, wygląda mniej pociągająco; Claudio ma poważne wątpliwości, co do jej obiektywnej wartości. Zastanawia się, czy jakaś ukryta hańba nie może wyjaśnić jej gotowości związania swojego losu z tak skromną postacią, jak on sam.

Claudio widzi wszystko, co mu się przydarza w świetle mimetycznej pogardy do samego siebie, która uniemożliwia mu samodzielne działanie i pragnienie czegokolwiek bez aprobaty pośrednika. Zanim Hero zaakceptowała jego propozycję małżeństwa, nie mógł uwierzyć, że mogłaby powiedzieć „tak"; wydawała się zbyt wysoko ponad nim, jako danie pasujące jedynie do książęcego stołu. Jak tylko Don Pedro schodzi ze sceny, Claudio popada w przeciwną skrajność. Oto dlaczego tak łatwo mu uwierzyć w oszczercze oskarżenia zmyślane przez Don Johna i Borachio. Prawie że wymyślił je sam.

Zmiana odrętwiałego bałwochwalstwa w szczerą pogardę jest wyraźnie widoczna w publicznych oskarżeniach Hero przez Claudia:

> You seem to me as Dian in her orb,
> As chaste as is the bud ere it be blown;
> But you are more intemperate in your blood
> Than Venus, or those pamp'red animals
> That rage in savage sensuality.
> (IV, i, 56-60)

> Wydajesz mi się czysta jak Diana,
> Tak nieskalana jak pąk, nim rozkwitnie;
> Lecz bardziej jest twa krew nieposkromiona
> Niźli krew Wenus lub plugawych zwierząt,
> Które szaleją w dzikiej zmysłowości.
> (s. 109)

Prawo, zgodnie z którym żaden pożądany przedmiot nie może przetrwać odcięcia swej więzi z modelem pragnienia, jest u Szekspira uniwersalne; stosuje się z całą pewnością do Claudia, ale z pewną różnicą. Kiedy Hero zostaje oddzielona od księcia, metafizyczne rozczarowanie, zwykle występujące w takich przypadkach, nie doprowadza tym razem do czystej i prostej obojętności, ale do niegodziwego fizycznego pożądania.

Claudio nigdy fizycznie nie posiadał Hero i jest to istotne, zwłaszcza w kontekście jej rzekomej zdrady. Przypuszcza, że Hero uległa ogromnej ilości anonimowych pożądań. Prześladują go obecnie liczne erotyczne wizerunki, które są faktycznie mimetycznymi modelami, zastępującymi księcia. Wizerunki te wytwarzają pragnienie całkowicie odmienne od poprzedniego „metafizycznego" pragnienia; wytwarzają nikczemne fizyczne pożądanie, które przekształca tego kochanka w innego człowieka, w swego rodzaju moralne monstrum.

Możemy dostrzec naturę tego pragnienia w impulsie Claudia, aby oczerniać kobietę, która jeszcze chwilę temu wydawała mu się boska. Ten typ człowieka nie zna niczego pośredniego między idealizowaniem a bezczeszczeniem, odczłowieczającymi przedmiot. Owo pragnienie poniżenia Hero wyraża się brutalnością Claudia podczas nieudanej małżeńskiej ceremonii, sadystyczną przemocą i bluźnierczymi oskarżeniami wygłaszanymi przeciw niej publicznie. Były bożek został już sprofanowany i chce sprofanować go jeszcze bardziej; identyfikuje się mimetycznie z tymi, którzy rzekomo używali jej jako narzędzia przyjemności.

Przecenianie Hero przez Claudia w początkowej fazie sztuki i poniżanie jej w fazie późniejszej doskonale zbiega się z dwiema kolejnymi plotkami o tej pechowej dziewczynie, rozprzestrzeniającymi się wśród całej grupy. Pierwsza plotka jest pomyślna dla Hero, gdyż wydaje się, że poślubi księcia; druga, tj. nikczemne oszczerstwo Don Johna i Borachio, jest oczywiście niepomyślna. Perfidia Don Johna jest o wiele mniej istotna, niż się wydaje. Naprawdę liczy się tu postawa księcia; to on najpierw czyni Hero modną i pożądaną przez rzekome wyróżnienie jej, a następnie powoduje utratę całego jej kobiecego powabu, gdyż wychodzi na jaw, że pierwsza pogłoska była fałszywa.

Wartość Hero gwałtownie rośnie, gdy książę zdaje się nią zainteresowany, a następnie gwałtownie spada, gdy wszyscy dowiadują się, że jej przyszłym mężem jest jedynie Claudio. Plotki, przemieszczając się z jednej osoby na drugą, wytwarzają skrajne bałwochwalstwo lub scapegoating, bardzo podobne do tego, co wytwarza szalona wyobraźnia samotnej, niepewnej jednostki, takiej jak Claudio.

Pierwsza plotka, gdy wszyscy myślą, że Hero poślubi księcia, zbiega się z odczuwaniem przez Claudia silniejszego pożądania do tej dziewczyny i z jego przekonaniem, że nigdy nie będzie do niego należała. Druga plotka zbiega się z rozczarowaniem Claudia tą dziewczyną i z odmową poślubienia jej. Ta zbieżność jest czymś więcej niż przypadkiem. Książę jest nie tylko osobistym pośrednikiem Claudia. Jest on najważniejszym gościem Leonata, o najwyższym prestiżu, na którym zatrzymują się oczy wszystkich. Jest czymś w rodzaju modelu dla całego zgromadzenia. Wyjaśniając Claudio swój tryb postępowania z Hero, jest podsłuchiwany przez dwie osoby, starego Antonia i Borachia. Ich sprawozdania wyolbrzymiają rolę księcia w tej kwestii. Są oni tak bardzo pod wrażeniem Don Pedra, że nieświadomie pomniejszają rolę Claudia. Właśnie tego potrzeba, aby wzmocnić niską ocenę samego siebie u Claudia.

Stary Antonio myśli, że książę w rozmowie z Claudiem po prostu poinformował go o swojej miłości do Hero i o zamiarze poproszenia jej o rękę na balu maskowym. Sprawozdanie Borachia, chociaż mniej mylne, powiększa również rolę księcia. Mówi on „usłyszałem, że książę uderzy w zaloty do Hero w swoim imieniu, a kiedy uzyska jej zgodę, da ją hrabiemu Claudio" [*agreed upon that the Prince should woo Hero for himself, and having obtain'd her, give her to Count Claudio*, I, iii, 59-61]. Książę nie może uczestniczyć w niczym nie zaćmiewając swoich towarzyszy. Kiedy publiczność ma kogoś na oku, wówczas nawet jeżeli jego zaangażowanie w jakąś sprawę jest nieznaczne, będzie w centrum uwagi: wszystkie pogłoski automatycznie skupią się na nim; jest wyłącznym przedmiotem plotek. Określenie Hamleta przez Ofelię jako (dosłownie:) „obserwowanego przez wszystkich obserwatorów" [*the observ'd of all observers*] pasuje bardzo dobrze do Don Pedra.

Owa polaryzacja przez tego samego pośrednika wyjaśnia zgodność płytkich reakcji tłumu z namiętnymi reakcjami skrajnie odosobnionych jednostek, jak Claudio. Myślenie niezależne od innych jest trudniejsze, niż każą nam wierzyć nasze romantyczne i indywidualistyczne mity.

Jednostkowe i kolektywne przejawy mimetycznego pragnienia wzmacniają się i potwierdzają nawzajem. *Wiele hałasu o nic* znakomicie demonstruje drogę, którą przebiega mimetyczne zarażanie się wewnątrz jakiejś małej wspólnoty, nawet i szczególnie wśród tych, którzy zdają się obojętni, a wręcz wrodzy wobec kolektywnych trendów. Ów kolektywny aspekt pragnienia jest równie istotny w *Wiele hałasu o nic* jak i w *Śnie nocy letniej*, choć w tej ostatniej mniej wyraźny i jest wprawiany w ruch wyłącznie przy pomocy pogłoski i podsłuchiwania.

Prawdziwym tematem tej komedii są zmiany w kolektywnym nastroju, a nie brutalne łajdactwo Don Johna, który pełni rolę równoważną do roli ojców i Duszków w *Śnie nocy letniej*. Bez Don Johna wielu ludzi uznałoby sztukę za denerwującą i skandaliczną; Szekspir daje im możność projektowania na kozła ofiarnego tej przemocy, która w rzeczywistości w równomiernym stopniu należy do wszystkich bohaterów.

Gdy wielu całkowicie normalnych ludzi zbierze się razem, mogą generować takie same fantazje jak hipermimetyczna jednostka, taka jak Claudio. W drugiej połowie sztuki kolektywna reakcja na fałszywe plotki o zdradzie Hero nieomal doprowadza nie tylko do zniszczenia dobrego imienia biednej dziewczyny, ale i jej życia. W jednej z najbardziej przerażających scen, jakie napisał kiedykolwiek Szekspir, ojciec przyłącza się do pastwienia się nad swą córką. Większość ludzi daje wiarę cieszącej się popularnością plotce i idzie za dominującym mimetycznym trendem, nawet jeżeli jest to wyraźnie sprzeczne z tym, co od dawna wiedzą o tego trendu ofiarach.

Mimesis jest odpowiedzialna za dziwaczne wahania Claudia wobec Hero i za ich zbieżność z powszechnym consensusem, który nie dowodzi absolutnie niczego poza nieodpartą naturą mimetycznej zarazy. W tej komedii nie tylko miłość, ale sława i szczęście, a nawet życie i śmierć wywodzą się z zasłyszanego słowa.

Istnieje jeszcze jeden powód powszechnej chwiejności opinii w *Wiele hałasu o nic*. Jest nim sam książę, wokół którego wszyscy krążą, ale który nie może dostarczyć trwałego centrum, gdyż sam jest dokładnie tak samo mimetyczny i pozbawiony centrum jak wszyscy inni. Człowiek ten, raz nazywany księciem a innym razem Don Pedrem, nie powinien być jeszcze jednym Proteuszem, gdyż polaryzuje wszystkie pragnienia. Powinien być najbardziej zrównoważonym człowiekiem w grupie, stabilnym punktem odniesienia, wokół którego wszyscy i wszystko mogłoby formować jakąś trwałą konfigurację. Jednakże jest on czymś dokładnie przeciwnym, co będąc oczywiście wybitnie szekspirowską figurą, jest także głównym powodem tego, że większość interpretatorów tej komedii uważa ją za tajemniczą.

Książę, w przeciwieństwie do Claudia, nie wydaje się zauroczony Hero w sposób naturalny, lecz imituje go w takim samym stopniu, jak Claudio jego imituje i nie może pozostać obojętnym, dowiedziawszy się, że jego porucznik jest zainteresowany tą dziewczyną. Don Pedro jest tak przesadnie skory do pośredniczenia między Claudiem i Hero i nawet do zastąpienia Claudia, gdyż postanawia udawać swojego porucznika. Nie robiłby tego, gdyby Claudio nie udzielił mu czegoś ze swojego własnego pragnienia. Należało się tego spodziewać; jak już stwierdziliśmy, początkową prośbę Claudia, aby Don Pedro działał jako jego stręczyciel motywowało jego pól-świadome pragnienie, aby to właśnie zrobić — tj. udzielić księciu części własnego pragnienia, aby ugruntować swój własny cel.

Złe przeczucia Claudia w tej sprawie są więc zrozumiałe, nawet jeżeli okazały się pomyłką. Książę jest nazbyt chętny do wypełnienia tej delikatnej misji i jego podejście jest pełne ambiwalencji. Staje się porucznikiem swojego porucznika z zapałem, który ujawnia jego język:

> I will assume thy part in some disguise
> And tell fair Hero I am Claudio,
> And in her bosom I'll unclasp my heart,
> And take her hearing prisoner with the force
> And strong encounter of my amorous tale.
> (I, i, 321-325)

> Zastąpię ciebie, przebrany stosownie,
> I pięknej Hero powiem: „Jestem Claudio".
> Serce me złożę w jej piersi, a siła
> I moc mych wyznań miłosnych uwięzi
> Jej słuch.
> (s. 23)

Książę przypomina jednego z tych greckich bogów, na przykład Jowisza z mitu o Amfitrionie, który aby zdobyć dojście do upragnionej kobiety, przybiera cechy męża lub kochanka, o których szczęście jest zazdrosny. Szczęście to jest prawdziwą boskością, którą bóg musi ukraść mężowi, przywłaszczając sobie jego miejsca przy żonie. Bóg staje się faktycznie p o d w o j e n i e m swojego rywala!

Mimetyczna uległość Don Pedra jest czasami trudna do wykrycia z powodu jego roli przywódcy, ale ujawnia się wyraźniej w drugiej połowie sztuki, kiedy Hero zostaje zniesławiona przez Don Johna. Jak tylko Claudio odwraca się przeciw Hero, książę czyni to samo, równie gwałtownie jak jego porucznik, którego wyraźnie imituje, wydając się nieświadomy tego, że co najmniej częściowo sam odpowiada za nagłą niełaskę Hero w oczach Claudia.

Kiedy Leonardo prosi go o wypowiedź, mówi:

> What should I speak?
> I stand dishonor'd, that have gone about
> To link my dear friend to a common stale.
> (IV, i, 63-65)

> Cóż mam odpowiedzieć?
> Stoję zhańbiony. Przyjaciela mego
> Chciałem połączyć ze zwykłą ladacznicą.
> (s. 109)

Książę oparł się był pokusie zalecania się do Hero we własnym imieniu, odparowując w ten sposób niebezpieczeństwo mimetycznej rywalizacji z Claudiem. Należy mu tego pogratulować, ale obecnie, zamiast być arbitrem, czego moglibyśmy oczekiwać od starszego i mądrzejszego człowieka, zaognia dalej sytuację, gorliwe emulując[41] ordynarne i obraźliwe zachowanie Claudia.

Książę i Claudio prowadzą się nawzajem przez swoje pośrednictwo i ich wzajemna imitacja sprawia, że wahania Claudia stają się jeszcze bardziej krańcowe. Żaden z mężczyzn nie zauważa tego efektu lustra, ale wszystko staje się jasne na zakończenie, kiedy książę wydaje się smutny, a Benedick radzi mu ożenić się. Małżeństwo Claudia z Hero oznacza, że mimetyczna przyjaźń księcia dobiegła końca, i że książę czuje się opuszczony i samotny. Smutek ten jest podobny do melancholii Antonia w końcowej scenie *Kupca weneckiego*. Jego przyjaźń z Bassaniem dobiegła kresu z powodu małżeństwa Bassanio z Portią, które bez jego pomocy nie byłoby możliwe.

Don Pedro jest dokładnie tak samo podatny na zmienne wiatry *mimesis* jak wszyscy inni; jego zachowanie jest wyłącznie „reagujące", ale ponieważ jest księciem, uchodzi za źródło porządku i stąd jego udział w powszechnym chaosie jest większy.

U Szekspira występują wszelkiego rodzaju stręczyciele [*go-between*], nie tylko erotyczni i matrymonialni, ale również polityczni, dyplomatyczni i społeczni. Każda dziedzina ludzkiej działalności ma swojego stręczyciela. Wielu ludzi potrzebuje stręczycieli i pośredników z prawnie uzasadnionych przyczyn. Np. król jest zbyt ważny, aby bezpośrednio inicjować kontakty ze swoimi przyszłymi partnerami w różnego rodzaju sprawach. Król zwróci się do ambasadorów, gdy będzie

---

[41] Angielskie *emulation*, *emulate* oznacza równocześnie naśladowanie i współzawodnictwo. Nie ma zadowalającego odpowiednika w języku polskim. W interpretacji Szekspira przez Girarda słowo to odgrywa ważną rolę. [Przyp. tłum.]

chciał ożenić się z księżniczką, zamieszkującą odległe ziemie lub nawet mieszkającą niedaleko, ale której nie chce złożyć wizyty osobiście. Nie wolno mu podejmować ryzyka bycia odrzuconym publicznie jako konkurent.

Takiego stręczyciela mamy w *Henryku VI*, część pierwsza; Suffolk występuje z inicjatywą zasugerowania Małgorzacie de Valois możliwości poślubienia Henryka i rozpływa się w krasomówstwie o swoim królu, ponieważ stwierdził, że jest ona niesłychanie pociągająca i ma nadzieję mieć ją dla siebie, gdyby została królową Anglii. Jego własne pragnienie przywłaszczenia sobie przedmiotu negocjacji poprzedza i motywuje jego decyzję doradzania królowi tego małżeństwa. Kiedy Suffolk wraca do króla, opisuje Małgorztę z taką namiętnością, że rozpala wyobraźnię Henryka; pobudza u słuchacza takie pragnienie, że Henryk rezygnuje z kilku bogatych francuskich prowincji na rzecz zubożałej dziewczyny, którą mógłby mieć prawie za darmo. Wskazuje to, że Szekspir od początku swojej kariery pojmował stręczyciela mimetycznie. Suffolk jest czymś więcej niż zwykłym narzędziem; staje się osobiście uwikłany w sytuację, którą powinien prowadzić wyłącznie na korzyść swojego monarchy.

Claudio obawia się ze strony księcia czegoś bardzo podobnego do tego, co wydarza się w *Wieczorze Trzech Króli*, kiedy Orsino prosi Violę o reprezentowanie go w staraniu się o rękę Olivii, i Olivia, zamiast zakochać się w księciu, zakochuje się w jego pośle. W stręczycielu tkwi pewna podstawowa chwiejność, wynikająca z ulegania mimetycznym pokusom, które ta rola bezwzględnie zakłada. Stręczyciel może stać się podmiotem pragnienia, któremu pośredniczy, i poprzez osobliwe odwrócenie ról, przemienić tę osobę, której rzekomo służy, we własnego pośrednika, tj. w swojego własnego stręczyciela.

Gdy prosimy kogoś, aby pomógł nam zaspokoić nasze pragnienie, jeżeli chcemy, aby ta osoba z d o b y ł a przedmiot, którego pragniemy, wówczas nie tylko ujawniamy nasze pragnienie, ale również prosimy naszego stręczyciela o wykonanie działań, które normalnie prowadzą do przywłaszczenia i konsumpcji przedmiotu pragnienia. Klient umieszcza swojego stręczyciela w sytuacji, która nie tylko zachęca do mimetycznego zakażania się, ale także ułatwia zaspokojenie nabytego w ten sposób pragnienia.

Temat stręczyciela rozprzestrzenia się niesłychanie u Szekspira, gdyż w ostateczności jest jednym i tym samym, co mimetyczna chwiejność stosunków międzyludzkich z jej zaraźliwością i innymi mimetycznymi „paradoksami". Obfitość p r z e d s t a w i c i e l i w tym teatrze — posłów, pośredników, stręczycieli wszelkiego rodzaju — jest częścią szeroko zakrojonych rozmyślań o tym, że pragnienie w swej istocie pochodzi z drugiej ręki. Ten w swej istocie szekspirowski temat pojawia się prawie wszędzie, łącznie z *Kumoszkami z Windsoru*, kiedy Falstaff, krótko mówiąc, postanawia zostać stręczycielem. Apoteoza tematu występuje w *Troilusie i Cressidzie*, sztuce duchowo zdominowanej przez Pandarusa, największy symbol mimetycznego pragnienia i mimetycznej manipulacji u Szekspira. W pewien sposób książę jest zapowiedzią tej zagadkowej postaci, której doniosłości nie wyczerpuje otaczająca ją aura skandalu. Stręczyciel zawsze zachęca innych do wykonania różnych ról lub odgrywa je sam. Jego wszechobecność u Szekspira dowodzi, że sztuka wewnątrz sztuki jest zrośnięta z tym teatrem. Jest on symbolem aktora, który jest zarówno *metteur en scène* jak i dramaturgiem. Nie można nie dostrzec w nim czegoś z samego Szekspira.

10
A TY GO KOCHAJ BO JA GO KOCHAM!

Gatunek sielankowy
W *Jak wam się podoba*

Czy istnieje taka praca Szekspira, do której prawo mimetycznego pragnienia nie odnosi się? Najbardziej obiecującym kandydatem wydaje się *Jak wam się podoba*, następna komedia po *Wiele hałasu o nic*. W tej pasterskiej komedii stosunki między protagonistami wydają się dokładnie tak sielankowe, jak wymaga ten gatunek.
Celia jest jedynym dzieckiem księcia Fredericka, łajdaka, który przywłaszczył sobie miejsce starszego brata, księcia Seniora, mieszkającego obecnie ze swoimi zwolennikami w Arden, ziemi pasterskiej. Rosalinda, jedyne dziecko zesłańca, pozostała na dworze z powodu swojej kuzynki Celii. Te dwie dziewczyny wychowywały się razem i są najbliższymi przyjaciółkami:

> We still have slept together;
> Rose at an instant, learned, played, eat together;
> And wheresoe'er we went, like Juno's swans,
> Still we went coupled and inseparable.
> (I, iii, 73-76)

> Sypiałyśmy razem,
> Ucząc się, wstając, bawiąc, jedząc razem,
> I jak Junony łabędzie złączone,
> Byłyśmy zawsze nierozłączną parą.
> (s. 36)[42]

---

[42] Tu i dalej cytuję za: *Jak wam się podoba*, przełożył Maciej Słomczyński, Wydawnictwo Literackie, Kraków, 1985.

Wiemy już, że ta doskonała zażyłość przyjaciół z ławy szkolnej lub bliskich krewnych jest wylęgarnią mimetycznego współzawodnictwa *par excellence*. Chociaż Celia i Rosalinda powinny być szczególnie nań podatne, ponieważ obie są jedynymi spadkobierczyniami współzawodniczących ze sobą ojców, to jednak nigdy nie stają się rywalkami. Szekspir nakazuje ojcu Celii, łajdakowi, aby próbował zarazić córkę swoją nikczemnością. Książę Frederick strofuje córkę, że nie zazdrości kuzynce tak, jak wymagałyby tego mimetyczne fakty z życia:

> She is too subtile for thee; and her smoothness,
> Her very silence and her patience,
> Speak to the people and they pity her.
> Thou art a fool. She robs thee of thy name,
> And thou wilt show more bright and seem more virtuous
> When she is gone. ...
> Thou art a fool.
>
> (I, iii, 75-85)

> Zbyt wielka jest jej przychylność dla ciebie;
> Jej powściągliwość, skromność i milczenie
> Mówią do ludu, który się lituje.
> Jesteś zbyt głupia, kradnie twoje imię
> Mądrzejsza wydasz się i cnót pełniejsza,
> Gdy jej nie będzie. Więc ust nie otwieraj,
> Nieodwracalny jest stanowczy wyrok,
> Który wydałem na nią.
> Jest wygnana. ...
> Głupia.
>
> (s. 36)

Nasi mimetyczni rywale zawsze wydają się lepsi od nas, a więc książę próbuje zaszczepić swojej córce „kompleks niższości", którego, zgodnie z jego zapatrywaniem, wymaga sytuacja. Celia powinna się zgodzić na wygnanie Rosalindy, której popularność zagraża jej politycznej przyszłości: „... Głupia" [*Thou art a fool*].

Na początku sztuki pojawia się nawet groźniejsza okazja mimetycznej rywalizacji między kuzynkami. Czarujący Orlando rzuca wyzwanie Charlesowi, niepokonanemu championowi w zapasach księcia Fredericka, groźnemu przeciwnikowi, który zdaje się być emanacją nikczemności swojego pana. Dwie kuzynki wielce się niepokoją o kruchego, młodego człowieka, ale za nic w świecie nie opuściłyby walki. Orlando wygrywa z największą łatwością i obie dziewczyny, prawie omdlałe z przerażenia, mdleją z zachwytu, szczególnie Rosalinda, która oznajmia Celii, że jest w Orlandzie zakochana.

W *Dwóch szlachcicach z Werony* i w *Lukrecji* Szekspir nakazuje bohaterowi już zakochanemu, aby usilnie nakłaniał bohatera jeszcze nie zakochanego, przyszłego rywala, do pójścia za swoim przykładem. Sukces tej mimetycznej zachęty jest główną przyczyną katastrofalnego współzawodnictwa, które następuje. Ponieważ mimetyczne współzawodnictwo zostało z góry wykluczone w *Jak wam się podoba*, nakazywanie Rosalindzie, aby próbowała wszczepić kuzynce Celii swoje pragnienie Orlanda, nie jest potrzebne. Scena mimetycznego zachęcania nie ma sensu w tej sztuce, a jednak, co zdumiewające, Szekspir taką scenę tworzy:

> [*Celia:*] Is it possible on such a sudden that you should fall into so strong a liking with old Sir Rowland's youngest son?
> *Rosalind*: The Duke my father loved his father dearly.
> *Celia*: Doth it therefore ensue that you should love his son dearly? By this kind of chase, I should hate him, for my father hated his father dearly; yet I hate not Orlando.
> *Rosalind*: No, faith, hate him not, for my sake.
> *Celia*: Why should I not? Doth he not deserve well?
> *Rosalind*: Let me love him for that, and do you love him because I do!
> (I, iii, 26-39)

> *Celia*: Czy to możliwe, żebyś tak nagle poczuła tak wielką serdeczność ku najmłodszemu synowi sir Rowlanda?
> *Rosalinda*: Książę, mój ojciec, miłował bardzo jego ojca;
> *Celia*: Czy z tego wynika, że ty masz bardzo miłować jego syna? Idąc w ślad za tym, ja powinnam go nienawidzić, gdyż ojciec mój bardzo nienawidził jego ojca. A jednak nie ma we mnie nienawiści do Orlanda.
> *Rosalinda*: Nie; zrób to dla mnie i nie miej do niego nienawiści.
> *Celia*: Czemu nie? Czy nie zasłużył na nią?
> *Rosalinda*: Daj mi go kochać, gdyż na to zasłużył, a ty go kochaj, bo ja go kocham.
> (s. 33-34)

Ostatni wers stanowi znakomitą definicję charakterystycznej cechy mimetycznego współzawodnictwa, którą jest *double bind*. Każde pragnienie, które ujawnia się w taki sposób jak pragnienie Rosalindy, transmituje dwa sprzeczne zlecenia: pierwsze, kochaj go, ponieważ ja go kocham; drugie, nie kochaj go, ponieważ ja go kocham.

Niewinna Rosalinda jest szatańską kusicielką. Jest ona większym niebezpieczeństwem dla Celii, samej siebie i ich przyjaźni niż nawet najnikczemniejszy książę lub ojciec. Analogia z pracami dotychczas rozważanymi jest uderzająca; raz jeszcze mimetyczna bohaterka próbuje zamaskować swoje pragnienie pod przykrywką szacunku, który jest winna ojcom i ta zafałszowana wiara jest ironicznie krytykowana przez spostrzegawczą Celię.

Ojcowie nigdy nie są tak ważni, jak to dzieci i psychoanalitycy utrzymują. Usiłowałem pokazać, że było to już prawdziwym przesłaniem *Snu nocy letniej*, a tym razem jest to tak wyraźne, że nie możemy wątpić, że pochodzi od Szekspira. Kiedy Rosalinda nieśmiało próbuje wyjaśnić miłość do Orlando posłuszeństwem wobec swojego ojca i ojca Orlando, Celia z humorem kwestionuje jej obłudne usprawiedliwienie.

Jeden z tych dwóch ojców nie żyje, a drugi jest nieobecny; namiętność Rosalindy nie ma nic wspólnego z żadnym z nich. Tym razem Szekspir całkiem wyraźnie wyśmiewa ulubiony mit młodzieńczego pragnienia, tzn. wszechmoc ojcowską. W okresie, w którym pisał, mit ten nie był tak absurdalnie mylący jak dzisiaj, ale był, jak się zdaje, wystarczająco absurdalny, aby umotywować szekspirowską satyrę. System paternalistyczny, jeżeli w ogóle kiedykolwiek istniał na chrześcijańskim Zachodzie, już się rozpadał.

Ta drobna scenka w zdumiewający sposób służy celowi naszej książki: Sam Szekspir znakomicie podsumowuje dwie tezy, które mu przypisałem, analizując wcześniejsze komedie, tj. tezę o ojcach i o mimetycznym konflikcie między bliskimi przyjaciółmi. Wcześniejsze prace nie są jednak wiarygodnym przewodnikiem do tego, co faktycznie wydarza się w *Jak wam się podoba*. Celia nigdy nie zakocha się w Orlandzie; przyjaźń dwóch dziewcząt pozostanie bezchmurna. W końcu mamy tu sztukę, w której mimetyczne prawo nie działa.

Czyżby Szekspir chciał zrobić z Celii prawdziwą bohaterkę, autentyczną świętą mimetycznego wyrzeczenia się? Czyżby ten dramaturg postanowił w końcu stworzyć jedną ludzką istotę prawdziwie odporną na mimetyczną zarazę? Nie sądzę. Zbytnie rozmyślania nad Celią byłoby błędem. Jej rola jest drugorzędna; jej egzystencja jest minimalna. To nie Celia jest niewrażliwa na mimetyczną pokusę: to gatunek sielankowy jest niewrażliwy na Celię.

Ponieważ Rosalinda zakochała się pierwsza, Celia uprzejmie powstrzymuje się od zrobienia tego samego. Gdyby Celia była pierwsza,

Rosalinda odpowiedziałaby taką samą uprzejmością; nie rzuciłaby nawet jednego spojrzenia w kierunku Orlanda. Bez względu na to, jak burzliwa i nieopanowana byłaby to miłość, sielankowy bohater nigdy nie ma na tyle złego smaku, aby zakochiwać się w nieodpowiednim momencie. W unikaniu mimetycznego współzawodnictwa nawet najbardziej drobiazgowe normy pokrewieństwa australijskich aborygenów nie dorównują w skuteczności sielankowej literaturze.

Sztuka ta odzwierciedla ślepotę p o w i e r z c h o w n e j literatury. Zasada gatunku sielankowego zakazuje konfliktu między dwiema sympatycznymi bohaterkami, takimi jak Rosalinda i Celia i Szekspir jak najposłuszniej dostosowuje się do tej zasady. Chce bowiem pokazać, co z takiego posłuszeństwa wynika. Aby zażartować z sielanki, stara się, aby wszystkie wskazówki nakierowywały na poważne problemy między dziewczynami, na maksimum możliwych do wyobrażenia problemów; tymczasem żadne problemy nie powstają.

Jeżeli nie gdzie indziej w *Jak wam się podoba*, to z stosunkach Celia — Rosalinda Szekspir dotrzymuje obietnicy, że będzie pisarzem sielankowym. Nic prostszego. Wymaga to jedynie powstrzymania się od robienia użytku z prawa, którego egzystencji większość ludzi i tak nigdy nie podejrzewała. Aby docenić parodiujący aspekt *Jak wam się podoba*, musimy najpierw dostrzec wspomniany potencjał problemów między Celią i Rosalindą.

„Kochaj go, bo ja go kocham!" należy do tej samej kategorii, c o m i ł o ś ć z a s ł y s z a n y m s ł o w e m i m i ł o ś ć c u d z y m o k i e m; trudno uwierzyć, że te cudownie ironiczne wersy nie zostały nigdy przez nikogo zrozumiane, zostały napisane na próżno! Przemawia to jeszcze bardziej za założeniem, że w skład pierwotnej publiczności wchodził krąg wtajemniczonych, do którego, od czasu do czasu, autor wysyłał sygnały zrozumiałe jedynie dla tego kręgu.

Szekspir, zmontowawszy dramatyczne możliwości tkwiące w jego strukturze fabularnej, zaniechał ich wykorzystania; wymazuje konflikt, ku któremu sztuka zmierzała, chociaż nie bez słowa. Gatunek sielankowy, z reguły robi to bezmyślnie, automatycznie, ponieważ nic nie wie o mimetycznym krzyżowaniu się pragnień. Szekspir chce pokazać, że on przynajmniej jest świadomy tego, co robi. Jego satyra jest ostrożna, dostrzegalna jedynie przez tych widzów, którzy na pewno nie czują się przez nią urażeni.

Z cała pewnością przed *Jak wam się podoba* kilku wykształconych ludzi musiało uważać mimetyczną interakcję za wysoce charakterystyczną dla szekspirowskiej sztuki. Bez uchwycenia mimetycznego prawa nie potrafimy odcyfrować aluzji czynionych przez autora.

Funkcjonują one jak zakodowana wiadomość, ale ten kod nie jest arbitralny. „A ty go kochaj, bo ja go kocham!" jest osobistym szekspirowskim podpisem złożonym pod tym związkiem jak najbardziej nieszekspirowskim. Szekspir sygnalizuje, że nie zapomniał, o co chodzi w rzeczywistych konfliktach.

Gdybyśmy znaleźli „A ty go kochaj (lub raczej ją), bo ja go kocham!" w *Dwóch szlachcicach z Werony, Lukrecji, Śnie nocy letniej* lub *Wiele hałasu o nic*, formułka ta dostarczyłaby potwierdzenia naszej analizie tych prac. Paradoksalnie, nie może być pomocna w *Jak wam się podoba*. Ma niewiele sensu tam, gdzie powinna mieć go najwięcej — w kontekście swojej własnej sztuki. Jej rzeczywistym kontekstem jest szekspirowska intertekstualność, która obejmuje całe dzieło.

To co wiemy o poprzednich pracach uniemożliwia przypuszczenie, aby „A ty go kochaj, bo ja go kocham !" było błahym odwróceniem powiedzonka, retorycznym w banalnym znaczeniu, bezsensowną kombinacją słów; jest zbyt trafne w odniesieniu do mimetycznej przyjaźni i współzawodnictwa, aby nie odzwierciedlać nieprzerwanego zaabsorbowania autora tym przedmiotem, chociaż nie odnosi się do *Jak wam się podoba*. Aby zobaczyć jego ogólne, pośrednie odnoszenie się, konieczne jest przejście okrężną drogą poprzez sztuki wyraźniej mimetyczne. Krytycy, którzy domagają się, aby traktować każdą sztukę jako autonomiczne dzieło, nie potrafią odkryć, o czym mówimy. Umyka im cała wielkość szekspirowskiego dowcipu.

Interpretując każdą sztukę w izolacji od tych, które z nią sąsiadują, z szacunku dla jakiejś zasady estetycznego formalizmu, nigdy nie dostrzeżemy sieci aluzji kluczowych dla prawdziwego zrozumienia nie tylko tego, co wiąże te sztuki ze sobą, ale także każdej sztuki rozważanej oddzielnie. Estetyczny formalizm gasi szekspirowską satyrę. Uciecha z satyrycznej literatury opiera się na poczuciu konspiracji czytelnika z autorem, sprzecznym z pojęciem „zamierzonego błędu" — według mnie najbardziej śmiertelnym z naszych krytycznych grzechów.

Satyryczny charakter sztuki został zasugerowany przez jej tytuł *Jak wam się podoba*. Autor zwraca się do widzów i oznajmia, że tym razem pisze sztukę nie na swój sposób, ale na ich sposób. Jak wszyscy wielcy satyrycy, Szekspir był zapewne zasypywany prośbami o to, by postrzegał ród ludzki w sposób bardziej podnoszący na duchu. Wielcy mimetyczni pisarze są zawsze proszeni o wyrzeczenie się samej istoty swej sztuki — mimetycznego konfliktu — na rzecz cklrwej, optymistycznej wizji stosunków międzyludzkich, prezentowanej zwykle jako szlachetniejsza i bardziej ludzka, podczas gdy w rzeczywistości odzwierciedla okrucieństwo faryzeizmu.

W *Jak wam się podoba* Szekspir udaje, że przyjmuje na siebie ten obowiązek i w pewnym stopniu faktycznie to czyni. „Mamy tutaj sztukę, mówi, która odmalowuje świat nie jak ja to widzę, nie jak to naprawdę jest, ale jak to tobie, moja publiczności, się podoba, bez ambiwalentnych uczuć, bez dwuznacznych konfliktów, sztukę wypełnioną postaciami jasno określonymi jako „bohaterowie" lub „łajdacy".

Dramat, z którego usunięto mimetyczną matnię, wymaga jakiegoś zastępczego źródła konfliktu, albo w ogóle nie będzie dramatem. Może jedynie przekształcić się w to, co czasami określa się mianem perspektywy „manichejskiej". Jeżeli nie przypisze się konfliktu identycznym pragnieniom przeciwników, wówczas musi się postulować jakąś wewnętrzną różnicę między nimi, różnicę dobra i zła. Zamiast stawiać czoła zawiści i zazdrości takim, jakimi są, tzn. jako obosiecznemu, ryzykownemu zjawisku, utwór sielankowy systematycznie portretuje niektóre charaktery jako wewnętrznie dobre, a inne jako wewnętrznie złe.

Konfliktom, których nie chcemy przypisać procesowi mimetycznej rywalizacji, musimy nadać jakąś przyczynę zewnętrzną wobec dobroci bohatera — mogą nią być jedynie złe skłonności jakiegoś wyraźnie określonego łajdaka. Ten oficjalny intrygant nie ma w życiu innego celu poza robieniem piekła z życia tych szlachetnych bohaterów. Będzie on nieodzownym kozłem ofiarnym, dzięki któremu ludzie o szlachetnej duszy mogą umyć ręce od wszelkich nieporozumień wymaganych przez fabułę.

Idealistyczna literatura odzwierciedla coś, co można by nazwać normalną paranoidalną strukturą stosunków międzyludzkich. Systematycznie przeobraża mimetyczne podwojenia w wyraźnie zróżnicowanych napastników [*aggressors*] i napastowanych [*aggressees*]. Struktura ta jest charakterystyczna dla samego mimetycznego współzawodnictwa; wyraża niechęć tego współzawodnictwa do przyznania się do samego siebie. Mieliśmy jej dobry przykład w scenie, w której Helena i Hermia wzajemnie projektują na siebie wyłączną odpowiedzialność za niezgodę, która paradoksalnie opiera się na zbytniej zgodzie. Sądzę, że Szekspir czyni aluzję do tego paradoksu w *Śnie nocy letniej*, kiedy po przeczytaniu ogłoszenia o *Pyramusie i Tysbe* — sztuce w zasadzie równie bałamutnej jak *Jak wam się podoba* — Tezeusz pyta niedowierzająco:

> How shall we find the concord of this discord?
> (V, i, 60)

> Jak znaleźć zgodę w takiej niezgodności?
> (s. 98)

W *Jak się wam podoba* Szekspir czyni wszystkie te stereotypowe przeciwstawienia, odzwierciedlające pośrednio mimetyczne współzawodnictwo tak ewidentnie fałszywymi, jak tylko może. Nienawiść Olivera do Orlando staje się całkowicie nieuzasadniona. W *Rosalinde* Lodge'a, skąd sztuka ta się wywodzi, występują ci sami dwaj bracia, ale ten niezadowolony ma obiektywne powody do niezadowolenia; jest wywłaszczonym bratem, podczas gdy w *Jak wam się podoba* jest odwrotnie. Szekspir systematycznie niszczy realizm swojej sztuki. Z wszystkich dostępnych możliwości wybiera zawsze tę najbardziej naciąganą, tę najbardziej zanieczyszczoną przez romantyczną iluzję.

Sztuka ta hałaśliwie ogłasza, że jest sprzeczna ze zdrowym rozsądkiem, ale nigdy nie traktuje poważnie samej siebie; na zakończenie wszyscy papierowi nikczemnicy nawracają się w jednej chwili na sielankową cnotliwość. Jest to także częścią sielankowej tradycji. Oliver, zły brat Orlanda oraz książę Frederick, wyplątawszy się ze swoich łajdackich sprawek, które i tak miały niewielkie znaczenie, postanowili osiedlić się w Arden i zostali natychmiast oczyszczeni ze wszystkich złych skłonności. Zły książę Frederick

> ...hearing now that every day
> Men of great worth resorted to the forest
> (V, iv, 154-155)

> ...słysząc, że codziennie
> Najczcigodniejsi ludzie uciekają
> do tego lasu
> (s. 155)

udaje się do Arden na czele ogromnej armii, pełen morderczych zamiarów, jednakże, gdy tam przybył

> ...meeting with an old religious man,
> After some question with him, was converted
> Both from his enterprise and from the world,
> His crown bequeathing to his banish'd brother,
> And all their lands restor'd to them again

> That were with him exil'd. This to be true,
> I do engage my life.
>
> (160-166)
>
> napotkał
> Świętego starca i wszczął z nim rozmowę,
> Po czym odrzuci zamiar swój i berło,
> Zwraca koronę wygnanemu bratu,
> A wszystkim, którzy z nim razem odeszli,
> Zwraca ich włości. Prawdziwość tych wieści
> Życiem poręczam.
>
> (s. 55)

Jedynym życzeniem nawróconego łajdaka jest „umrzeć pasterzem". Wszyscy byli wygnańcy muszą jednakże wrócić do złego, starego świata, aby ożenić się z dobrymi kobietami, których jest z całą pewnością nadmiar, ponieważ wszyscy łajdacy są płci męskiej.

Na przykład Oliver. Zasnął w lesie i Orlando obronił go przed lwicą i wężem, które zagrażały jego życiu. Oliver, ogromnie poruszony dobrocią brata, którego zawsze prześladował, także staje się dobry w jednej chwili i dlatego może być dla Celii tym rodzajem męża, na którego jej święta cierpliwość z cała pewnością zasługuje. Ostatecznie, jedynymi ludźmi pozostawionymi w sielankowym świecie jest kilku nieżonatych byłych łajdaków, którzy spędzą resztę swojego życia pokutując za swoje grzechy w ekologicznie zdrowym środowisku, podczas gdy bohaterowie i bohaterki, nie mając grzechów do odpokutowania, spieszą z powrotem do złego świata, aby przywłaszczyć sobie mienie i godności, które zreformowani łajdacy bez przykrości porzucili.

Gatunek sielankowy popuszcza cugli naszej skłonności do zaprzeczania możliwości ostrego konfliktu między bliskimi krewnymi i przyjaciółmi, który według Arystotelesa stanowi istotą tragedii. Świat sielankowy może uchodzić za świat *par excellence* antytragiczny i rozbawiony Szekspir ostrożnie podkreśla najbardziej skandaliczne cechy zawartego w nim samooszukiwania się. Cierpiący na mimetyczne pragnienie, chcieliby widzieć je zniesione rozporządzeniem. Żywią wobec niego uczucie takie samo jak wobec swoich rywali, kojarząc ich z takim pragnieniem i traktując swoją niechęć do obu jako niezaprzeczalny dowód, że nie sami mają nic wspólnego z żadnym z nich. Problem zawsze wydaje się tkwić w „nich": i n n y c h, nigdy zaś w nas samych.

Mimetyczne pragnienie będzie tylko marzyć o fizycznej ucieczce przed samym sobą, przeprowadzając się na jakiś odległy ląd nie dotknięty jeszcze plagą zaraźliwego współzawodnictwa, do bardziej pierwotnego i „naturalnego" świata, — być może jakiegoś staroświeckiego, mniej zurbanizowanego kraju, niezniszczonej przyrody, z bardziej prostodusznymi i niedoświadczonymi mieszkańcami niż nasi niepokojąco konkurencyjni sąsiedzi. Gdybyśmy się tam przeprowadzili, moglibyśmy cieszyć się towarzystwem czarujących innych bez lęku przed wplątaniem się kiedykolwiek w mimetyczną matnię starego, złego świata.

W czasach Szekspira główną literacką wersją tego odwiecznego marzenia był gatunek sielankowy. *Jak wam się podoba* dokonuje w nim iście szekspirowskiego zwrotu, który ironicznie wskazuje na mimetyczny impuls jako ukryte źródło samego marzenia. Przyjrzyjmy się głównemu wątkowi: Orlando i Rosalinda schronili się w sielankowym świecie, z dala od zawzięcie mimetycznych krewnych, którzy zmusili ich do tułaczki. Kochają się nawzajem; nie ma między nimi żadnej przeszkody — mogą się pobrać natychmiast. Jakże pięknego zakończenia by to dostarczyło! Niestety, pozostają trzy akty do przebrnięcia, a kochankowie dotarli do tej szczęśliwej chwili zbyt wcześnie. Pozostałoby im jedynie cieszenie się sobą nawzajem, zanim śmierć ich rozłączy — jak najbardziej wątpliwa perspektywa.

Należy odroczyć ostateczne spełnienie; nie chcemy stawić czoła rozczarowaniu, które może ono przynieść. Szekspir chroni nas przed tym niebezpieczeństwem poprzez trik wysoce charakterystyczny dla literatury sielankowej, wybieg tak przezroczysty w swej absurdalności, że obnaża prawdziwy *raison d'être* wszystkich takich beletrystycznych trików. Rosalinda wpada na świetny pomysł, aby stać się nierozpoznawalną dla ukochanego. Postanawia w towarzystwie Orlando pozostać w męskim przebraniu, które założyła, aby zapewnić sobie bezpieczną podróż. Pod imieniem Ganymeda przekonuje ukochanego, (który, oczywiście, ani przez chwilę nie podejrzewa jej prawdziwej tożsamości), że potrzebuje korepetycji w sztuce zalecania się do swej nieobecnej ukochanej, niejakiej Rosalindy, którą ofiaruje się udawać. Cóż bardziej naturalnego?

Ten rodzaj nonsensu jest dla sielankowej literatury typowy. Mimetyczne pragnienie zawsze tęskni za obecnością ukochanego, a jednak, na głębszym poziomie obecność ta jest przekleństwem, ze względu na rozczarowania, jakie z sobą niesie. Kochankom nie napotykającym przeszkód w dostępie do siebie, grozi niebezpieczeństwo odkochania się; ich namiętność zależy od metafizycznej transcendencji każdego w oczach drugiego, a to z kolei wymaga mniej lub bardziej stałego rozdzielenia.

Podręczniki „prawdziwej miłości" i francuski *précieux* przedstawiające rozmaite utrudnienia jako konieczną i najchętniej nie kończącą się fazę duchowości, manipulują mimetycznym pragnieniem zręczniej niż nasi adwokaci „seksualnej satysfakcji", którzy stosują swoją zasadę konsumeryzmu nawet do stosunków międzyludzkich z jak najbardziej ponurym skutkiem. Gdyby Rosalinda zgodziła się, aby zalecał się do niej otwarcie jej własny ukochany, wówczas jej stała dostępność szybko zmarnowałaby metafizyczny kapitał, który zgromadził się w fazie rozdzielenia. Rosalinda w swoim męskim przebraniu może czerpać przyjemność z obecności kochanka, nie tracąc korzyści z nieobecności. Czyniąc siebie dostępną, zbiera także owoce niedostępności. Może mieć swój mimetyczny tort i na dodatek go zjeść.

Ta sztuczna intryga jest charakterystyczna dla zamierzeń literatury sielankowej. Obecność musi być odroczona, przynajmniej do chwili zapadnięcia kurtyny. Literatura sielankowa nigdy oczywiście otwarcie nie przyzna się do tej strasznej prawdy, lecz wymyśla coraz bardziej sztuczne wybiegi, aby odroczyć spełnienie tak długo, jak to jest możliwe.

11
TO NIE ZWIERCIADŁO ALE TY JEDEN JESTEŚ JEJ POCHLEPCĄ

Miłość własna w *Jak wam się podoba*

Pragnienie mimetyczne, efektownie nieobecne w centrum *Jak wam się podoba*, mnoży się na marginesach tej sztuki, szczególnie w wątku Phebe i Silviusa. Ci młodzi ludzie nie należą do wygnanych dworzan; mieszkają w Arden całe swoje życie, i wygląda na to, że nic nie wiedzą o antymimetycznych właściwościach Arden. Sielankowe czary nie mają na nich wpływu; gdziekolwiek byłby dom, nie jest w krainie sielanki.

Silvius bardziej przypomina niewolnika niż kochanka; jego przywiązanie do Phebe jest tak potulne i nieśmiałe, że ona bezczelnie go wykorzystuje. Im bardziej staje się tyrańska, tym bardziej rośnie jego uległość. Rosalinda przypadkowo podsłuchuje, jak Phebe znęca się nad pechowym Silviusem. Jest nieco donkiszoterii w tym jej mieszaniu się w jego sprawy, gdy ostrzega go, że jego pełna szacunku postawa działa przeciw jego interesom. Phebe dzięki niemu uważa się za piękniejszą, niż faktycznie jest i dochodzi do wniosku, że zasługuje na lepszego męża niż biedny Silvius. Rosalinda zapewnia tego młodego człowieka, że jest o wiele bardziej atrakcyjny niż jego ukochana:

> You are a thousand times a properer man
> Than she a woman.
> (III, v, 51)

> Jesteś tysiąckroć bardziej urodziwym
> Mężczyzną, niźli ona jest niewiastą.
> (s. 104)

Miłość własna w *Jak wam się podoba* 147

Phebe przegląda się w Silviusie jak w krzywym zwierciadle, albowiem i m i t u j ą c jego pragnienie, widzi samą siebie w takim samym pochlebnym świetle:

> 'Tis not her glass, but you that flatter her,
> And out of your eyes, she sees herself more proper
> Than any of her lineaments can show her.
> (54-56)

> To nie zwierciadło,
> Ale ty jeden jesteś jej pochlebcą
> I dzięki tobie widzi się piękniejszą
> Niż wówczas, kiedy patrzy w lico własne.
> (s. 104)

Siłą nadającą kształt temu związkowi nie jest przedmiotowa ocena własnych zalet i wad przez obie strony, ale asymetryczność pragnienia Silviusa, które ujawnia się zbyt otwarcie i zaraża Phebe. Wchłania ona chciwie to bałwochwalcze płaszczenie się Silviusa i w rezultacie potrafi kochać tylko samą siebie.

Patetyczny Silvius nie tylko zaopatruje Phebe w pragnienie, które umożliwia jej odrzucenie go, ale sam z kolei imituje to odbite pragnienie, tj. pragnienie pierwotnie pochodzące od niego — w ten sposób jest jeszcze bardziej ujarzmiony niż dotychczas. Ta błędne koło ciągle zwiększa pychę Phebe i pogardę Silviusa do samego siebie. To współwytwarzanie się pogardy do samego siebie i miłości własnej jest mimetyczną reprodukcją pierwotnego pragnienia Phebe przez Silviusa, potencjalnie nieskończonym procesem wzajemnej imitacji. Obie strony są równocześnie modelami i naśladowcami tego samego pragnienia i wewnątrz tego zamkniętego systemu imitacji nie ma miejsca na drugie pragnienie, jak na przykład niezależne pragnienie Silviusa przez Phebe. W świecie niepohamowanej mimetycznej zarazy nie jest możliwa dobra wzajemność.

Wszystkie mimetyczne pragnienia wzdychają do przedmiotu swego modelu. Jeżeli przedmiotem pragnienia mojego modelu jestem ja sam, będę pragnąć samego siebie i będę próbować uniemożliwić mojemu modelowi (który również mnie naśladuje) zawładnięcie przedmiotem, którego oboje pragniemy, tzn. mną samym. To ciągłe wicie się pragnienia na sobie samym jest rodzajem mimetycznego współzawodnictwa, w którym wygrywający nie może wygrać bez spotęgowania pierwotnego impulsu, który na samym początku spowodował jego zwycięstwo.

System ten staje się coraz bardziej pozbawiony równowagi, robiąc fałszywe wrażenie niezmienności, naturalnej konieczności.

Skrajna miłość własna jednego kochanka i skrajna pogarda do samego siebie drugiego są zjawiskami współzależnymi, które odnawiają się i wzmacniają nawzajem bez zewnętrznej interwencji. Niewątpliwie pewne zewnętrzne czynniki — „obiektywne różnice" — przyczyniają się na początku do uruchomienia systemu w tym lub innym kierunku, ale są mniej lub bardziej losowe; najdrobniejsza różnica na starcie może wytworzyć przeciwny skutek. Właśnie dlatego w *Wiele hałasu o nic* ani Beatrice, ani Benedick nie chcą być tym pierwszym, który mówi „kocham cię". Obawiają się znalezienia po niewłaściwej stronie w tym związku, w położeniu Silviusa bynajmniej nie do pozazdroszczenia.

Gdyby konfiguracja pragnienia poruszała się w przeciwnym kierunku, wszystko byłoby takie samo, jedynie wszystkie zależne pozycje wewnątrz systemu byłyby o sto osiemdziesiąt stopni odwrócone: gwiaździstooka Phebe byłaby niewolnikiem nieznośnie pretensjonalnego Silviusa. Takie odwrócenie wydaje się nie do pomyślenia jedynie z powodu istnienia już okrzepłej sytuacji, która nadaje kształt rzeczywistości w sposób tak przekonywujący, że zdaje się posiadać cechy naturalnego zjawiska.

To, co powstało w rezultacie *mimesis* może zostać w rezultacie *mimesis* zniszczone. Rosalinda z wielką otwartością ostrzega Phebe, że nie powinna brać swojego obecnego szczęśliwego trafu za trwały skutek jakiejś deterministycznej przyczyny. Nie zawsze znajdzie się przy niej potulnie posłuszny Silvius:

> But, mistress, know yourself, down on your knees,
> And thank heaven, fasting, for a good man's love;
> For I must tell you friendly in your ear,
> Sell when you can, you are not for all markets.
> (57-60)

> Spojrzyj na siebie. Padnij na kolana
> I poszcząc dziękuj Niebiosom za miłość
> Tego dobrego mężczyzny. Bo muszę
> Po przyjacielsku szepnąć ci do ucha:
> Sprzedawaj, kiedy możesz, bo nie jesteś
> Dla wszystkich kupców.
> (s. 104)

Finansowa metafora w ostatnim wersie koresponduje zgrabnie z hipotetycznymi rozważaniami kilku ekonomistów na temat mimetycznej natury finansowych spekulacji. Jean-Pierre Dupuy, André Orléan i inni interpretują niektóre obserwacje Keynesa mimetycznie. Na wolnym rynku wartości zmieniają się nie według prawa popytu i podaży, ale stosownie do oszacowania przez każdego ze spekulantów ogólnej oceny, która uwzględnia to prawo. Daleko stąd do obiektywnego prawa, które nigdy nie może determinować tej sytuacji bezpośrednio, ponieważ jest zawsze przedmiotem interpretacji, a wszystkie interpretacje są mimetyczne i odnoszące się do siebie. Interpretatorzy ci nie są zainteresowani obiektywnymi faktami, lecz siłami, które faktycznie kształtują rynek, siłami opinii publicznej, co faktycznie oznacza dominującą interpretację[43].

Ekonomiści mają do czynienia z mimetyczną grą, którą większość z nich pomija milczeniem, wierząc fetyszystycznie w tak zwane „dane obiektywne". Matematyczne obliczenia mogą uchwycić dane obiektywne, ale nie mogą uwzględniać interpretacji; oto dlaczego żadna ilość obiektywnej informacji nie uczyni przewidywania niepodważalnym.

Mierna Phebe jedynie w rezultacie *mimesis* może znaleźć się na pierwszym miejscu w quasi-konkursie na doskonałą piękność; złudzenie to może trwać wiecznie, jeżeli dookoła będą jedynie tacy jak Silvius, albo może być krótkotrwałe jak gorączka spekulacyjna na rynku papierów wartościowych. Spirala wzajemnej imitacji, posuwając się coraz bardziej ku górze, może się odwrócić lub całkowicie zaniknąć. Jeżeli właściciel papierów wartościowych — w tym przypadku tylko Phebe — nie dokona sprzedaży, gdy sprzedaż jest korzystna, może stracić cała lokatę.

Prawie w tej samej chwili, w której Rosalinda ostrzega Phebe przed tą możliwością, jej proroctwo spełnia się. Rosalinda jest przebrana za młodego mężczyznę i Phebe błyskawicznie się w niej zakochuje:

> Sweet youth, I pray you, chide a year together,
> I had rather hear you chide than this man woo.
> (64-65)

> Słodki młodzieńcze, możesz mnie strofować
> Choćby rok cały. Tego strofowania
> Milej mi słuchać niż jego umizgów.
> (s. 104)

---

[43] J.-P. Dupuy, *Le Signe et l'envie*, w: P. Dumouchel, J.-P. Dupuy, *L'Enfer des choses*, Editions du Seuil, Paris 1979, s. 85-93; André Orléan, *Monnaie et spéculation mimétique*, w: *Violence et vérité*, Editions Grasset et Fasquelle, Paris, 1985, s. 147-158.

Cóż się dzieje? Miłość własna lub pragnienie samego siebie, aby się uwiecznić, muszą ujarzmiać wszelkie pragnienia wystawione na działanie swojego rzekomo nieodpartego czaru. Jeżeli jakieś pragnienie pozostaje obojętne i nie przyłącza się do tego jednomyślnego kultu, zagraża samemu jego istnieniu. Aktualne bożyszcze, czyli Phebe postrzega owo dysydenckie pragnienie jako bardziej pociągający model niż ona sama, jaką silniejszą miłość własną, niedosięgalną autonomię i właśnie to naprawdę znaczy miłość Phebe od pierwszego wejrzenia do Rosalindy.

Rosalinda, mówiąc właśnie tak, jak mówi, wskazuje na siebie jako na model i przedmiot pragnienia. Pragnienie Phebe odsuwa się od niej samej; ciąży nieodparcie ku potężniejszej boskości. Miłość własna nigdy nie jest u Szekspira prawdziwą koncentracją na sobie [*self-centeredness*]; jest ona naprawdę skoncentrowana na innym [*other-centered*], ale jej rzekoma nadrzędność może trwać wiecznie, przeto może nigdy nie zostać rozpoznana, jeżeli nie pojawi się ktoś, kto okaże się zdolny do oparcia się mimetycznemu pociąganiu dominującego modelu. Miłość własna Phebe jest Sylvius-centryzmem w zamaskowaniu; znika kiedy Rosalinda to demaskuje.

Dla większości ludzi epoki elżbietańskiej mówiących o miłości własnej, wyrażenie to oznaczało coś innego, niż miał na myśli Szekspir; oznaczało substancjonalną miłość własną, trwałą cechę osobowości jednostki, faktycznie wyposażoną w konieczną trwałość bytu. To złudzenie trwałej miłości własnej podzielają tradycyjni krytycy, którzy przyjmują za oczywiste, że twórczy pisarze, pisząc sztukę lub powieść, zawsze mają na celu opis trwałych c h a r a k t e r ó w.

Rozumiejąc Phebe jako charakter, opiszemy ją jako „zimną", „wyniosłą", „autorytarną", „egoistyczną" itd. Dodamy te cechy i określimy mianem sumy „charakteru" Phebe. Jednakże jej nagła namiętność do Rosalindy zadaje kłam temu tak zwanemu charakterowi. Aby ochronić naszą „psychologię", naszą wiarę w charakter, będziemy musieli założyć, że Phebe zakochując się w Rosalindzie, działa p o z a c h a r a k t e r e m. Sęk w tym, że ci którzy przyjmują tę ukrytą teorię bez świadomości, że przyjmują w ogóle jakąś teorię — z reguły postrzegają samych siebie jako odpornych na wszystkie teorie — faktycznie odrzucają jako błahe to, co w epizodzie Phebe stanowi główny punkt, szczegół prawdziwie szekspirowski: rolę i n n y c h w zapoczątkowaniu rewolucyjnej zmiany w postawie Phebe, nietrwałość i krańcową iluzoryczność tego, co uchodzi za nasz „charakter".

Słowo „narcyzm" jest dziś używane potocznie jako synonim elżbietańskiej miłości własnej. Brzmi bardziej „naukowo" niż miłość własna, ale oznacza dokładnie to samo. Słowo to nie wskazuje na jakąś naturalną własność, jak czyni to „charakter", ale jest równie zwodnicze, ponieważ nadal implikuje mniej lub bardziej stałe cechy naszego psychicznego makijażu. To pojęcie może jedynie przeszkodzić w naszym rozumieniu Szekspira.

Wiara w autentyczność i wewnętrzną trwałość narcyzmu jest cechą ujarzmionych pragnień; np. Silvius jest szczerze przekonany, że Phebe to osoba tak autonomiczna jak sam Jowisz. Jeżeli przeczytamy esej Freuda *Próba wprowadzenia pojęcia narcyzmu*[44], który rozpoczął współczesną karierę słowa „narcyzm", zobaczymy, że ta pomyłka poczciwego Silviusa jest również pomyłką poczciwego, starego Zygmunta Freuda.

W przeciwieństwie do Freuda i innych teoretyków jaźni, literaccy znawcy mimetycznego pragnienia doprowadzają iluzję miłości własnej do końca i ujawniają mimetyczną naturę tego, z czego ona się składa, jak i na co się rozkłada. We wcześniejszym eseju próbowałem pokazać, że Proust jest bardziej przenikliwy niż Freud co do mimetycznej kruchości narcyzmu[45].

Krytykowano mnie za pomijanie dalszej ewolucji narcyzmu u Freuda, gdzie bierze się pod uwagę dotkliwy brak prawdziwej niezależności, który może nagle znamionować tak zwanego narcyza. Freud był doprawdy zbyt dobrym obserwatorem, aby w końcu nie odkryć, że najbardziej skrajny narcyzm często współwystępuje z całkowicie sprzecznymi symptomami, jak krańcowa zależność od innych. Tyle uznaję. Jednakże, czytając odnośne teksty szybko zorientujemy się, że Freud nigdy nie odkrył mimetycznego ogniwa między tymi przeciwieństwami; ostatecznie nigdy zadowalająco nie wyjaśnił „paradoksu" ich współwystępowania u tej samej jednostki. Nie przestał myśleć w terminach ściśle jednostkowego pragnienia

---

[44] Przełożył Marcin Poręba, w: Z. Rosińska, *Freud*, Wiedza Powszechna, Warszawa 1993, s. 157-173. [Przyp. wyd. pol.]

[45] Girard, *Narcissism: The Freudian Myth Demythified by Proust*, w: *Psychoanalysis, Creativity and Literature*, ed. Alan Roland, Columbia University Press, New York, 1978, s. 293-311; również w: *Literature and Psychoanalysis*, ed. Edith Kurzweil i William Philips, Columbia University Press, New York, 1983, s. 363-377. Zob. również: *Things Hidden Since the Foundation of the World*, Stanford University Press, Stanford, Calif., 1988, s. 367-392; S. Kofman, *The Narcissistic Woman: Freud and Girard*, w: *Diacritics* 10:3, Fall 1980, s. 419-24; T. Moi, *The Missing Mother: the Oedipal Rivalries of René Girard*, w: "Diacritics" (Summer 1982), s. 21-31.

całkowicie zakorzenionego w historii rodziny i nie podlegającego wpływowi innych sąsiadujących pragnień. Nigdy nie rozwikłał podstawowej tajemnicy dwóch lub więcej pragnień, które gwałtownie nie zgadzają się, ponieważ zgadzają się za bardzo, bo imitują się nawzajem.

Dla interpretatora Szekspira to, czy takie zjawiska jak wewnętrzne skupienie się na sobie [self-centeredness] lub niezmienny charakter faktycznie istnieją nie jest główną kwestią; do pewnego stopnia zapewne istnieją, ale ich istnienie jest obojętne dla dramaturga zainteresowanego dramatycznymi efektami. Nie pisze on filozoficznych czy psychologicznych rozpraw, ale komedie lub tragedie o pragnieniu.

Dramaturg, zasiadając do pisania sztuki nie ma na myśli „charakterów" lub wiecznych ludzkich prawd, ale komiczne i tragiczne możliwości, które niezmiennie sprowadzają się do jakiejś opacznie rozumianej mimetycznej interakcji. Mimetyczne wzory wydają się nieuchwytne, nawet nierzeczywiste tym ludziom, którzy nie przywykli do myślenia w tym języku. Dlatego wzory te są systematycznie błędnie rozumiane; to nieporozumienie może być komiczne, albo tragiczne zależnie od jego konsekwencji lub punktu widzenia obserwatora. Istnieje wiele mimetycznych wzorów, ale wszystkie są wzajemnie powiązane, ponieważ produkują się nawzajem. Przechodzą ewolucję w każdej następnej sztuce. Początkowo, w pierwszych latach kariery Szekspira, stawały się one coraz bardziej złożone, a następnie w późniejszych komediach bardziej cierpkie, zdając się zapowiadać tragedie.

Trójkątny związek Silviusa, Phebe i Rosalindy rozważany w całości nie różni się wiele od stosunków między czterema kochankami ze *Snu nocy letniej* — zwłaszcza od ujarzmienia Heleny przez Demetriusza — chociaż płeć jest odwrócona. Tutaj Silvius gra rolę wiernego spaniela. Jednakże w *Śnie nocy letniej* mimetyczne gry prowadzą do tak gwałtownych odwróceń i zastępowań takiego rodzaju, że żaden pojedynczy moment nie trwa wystarczająco długo tak, jak epizod Phebe-Silvius w *Jak wam się podoba*, aby skupić na sobie uwagę. W retrospekcji wszystkie konfiguracje wyglądają jak krótkotrwałe momenty w procesie, który cały czas pozostaje dynamiczny i płynny. W *Jak wam się podoba* związek ujarzmienia okazuje się również nietrwały, gdyż Phebe w końcu zakochuje się w Rosalindzie. Miłość własna lub pseudonarcyzm Phebe nie są więc całkowicie nowe, chociaż coś uległo zmianie.

Wygląda na to, że w późniejszych komediach, zaczynając od *Jak wam się podoba*, proces pragnienia obecny w całości w *Śnie nocy letniej*, zaburza się i rozdrabnia. Rozpatruje się bliżej tylko jeden z fragmentów, pewne ogniwo kompletnego łańcucha, jednakże wystarczająco wyróżnione, aby stanowić względnie niezależną konfigurację o swoim własnym statusie, włączającą osobliwości, które były domniemane we wcześniejszych sztukach, ale nigdy przedtem nie były szczegółowo rozpatrywane.

Krucha niezależność fałszywego narcyzmu nie może być rozumiana ani jako obiektywna rzeczywistość, w języku przyczyny i skutku, ani jedynie jako „subiektywne" złudzenie, skoro istnieje zarówno według Phebe jak i Silviusa. To samo odnosi się do wszystkich relacji pragnienia, jednakże miłość własna ma ogromne znaczenie w późniejszych komediach Szekspira, nie tylko w erotyce, ale i w dziedzinie polityki, szczególnie, jak to wkrótce zobaczymy, w *Troilusie i Cressidzie*.

Nacisk na miłość własną i odpowiadające jej ujarzmienie jednego lub więcej pragnień jest częścią ogólniejszej ewolucji, która zostawia coraz mniej miejsca dla czegoś pośredniego między groteskowo rozdętą miłością własną i krańcową depresją pogardy do samego siebie. Szarpanina między tymi jaźniami staje się z czasem coraz ostrzejsza; przybiera coraz bardziej kształt tezy wszysko-albo-nic. Ujarzmione pragnienia „podpierające" miłość własną nie są jedynie krótkotrwałymi podporami, które podtrzymują istniejący niezależnie gmach; są one same tym gmachem i jeżeli zostaną usunięte — nic nie pozostaje.

12
O, JAKŻE PIĘKNIE MU JEST Z TĄ POGARDĄ

Miłość własna w *Wieczorze Trzech Króli*

Niekiedy u Szekspira wcześniejsza sztuka przedstawia na małą skalę jakąś mimetyczną konfigurację, która w późniejszej sztuce będzie dominować. Takim *Wieczorem Trzech Króli* na małą skalę jest epizod Phebe–Silvius w *Jak wam się podoba*. Właśnie widzieliśmy jak Phebe trzymała Silviusa na dystans i upokarzała go aż do momentu, gdy została upokorzona przez Rosalindę i w rezultacie zniewolona do zakochania się w niej. W *Wieczorze Trzech Króli* Olivia trzyma na dystans i upokarza Orsino, dopóki sama nie zostaje upokorzona przez Violę i zniewolona do zakochania się w swojej upokorzycielce. W obu sztukach triumfujący narcyzm jednej kobiety zostaje zburzony przez obojętność innej w męskim przebraniu; w obu sztukach przebrana kobieta działa jako rzecznik odrzuconego kochanka.

W *Wieczorze Trzech Króli* nie ma jednakże odpowiednika Rosalindy z jej rolą interpretatora tej mimetycznej konfiguracji. Nie ma wyraźnej demistyfikacji mechanizmu, który rządzi narodzinami i śmiercią miłości własnej, mechanizmu odpowiedzialnego za wydarzenia komedii. To milczenie — jak sądzę — wygląda na strategię dramaturgiczną. Dramaturg potrzebuje trochę tajemnicy w centrum swojego dramatu. Poza tym możemy bez trudu zrozumieć, że Szekspir nie chce, aby jego publiczność zdała sobie sprawę, że główny wątek tej nowej komedii po prostu kopiuje uboczny wątek poprzedniej. Tym razem protagoniści nie będą wieśniakami lecz wysubtelnionymi i wewnętrznie złożonymi arystokratami; wszystko, co nieistotne, będzie w *Wieczorze Trzech Króli* odmienne i dużo bardziej wypracowane. Podobieństwo do mimetycznego układu [*the mimetic predicament*] Silviusa i Phebe nie będzie więc zbyt wyraźne.

Dumna Olivia najpierw straciła ojca, a następnie jedynego brata. Ta piękna dziedziczka nie ma męskich krewnych równych jej rangą, ale nie potrzebuje opiekuna. Przy pomocy purytańskiego rządcy Malvolia i licznej służby bez trudności kieruje swoją ogromną posiadłością ziemską. Całkowicie góruje nad domownikami, w skład których, oprócz Malvolia, wchodzi drobna dama dworu Maria, hałaśliwy Sir Toby Czkawka, zabawny Sir Andrzej Chudogęba, oraz Feste, błazen. Wszyscy ci ludzie są zależni od Olivii zarówno emocjonalnie, jak ekonomicznie.

Z punktu widzenia prestiżu jej najbardziej znaczącym podbojem jest Orsino, książę Ilirii. Książę jest nie tylko przystojny i olśniewający, ale jest ponadto kawalerem i władcą prowincji. Olivia troszczy się jak o niego nawet mniej niż o skromnych wielbicieli i lenników jej własnej ziemskiej posiadłości. Drobny narybek ma pozwolenie na przypatrywanie się swojemu bożkowi w powłoce cielesnej, podczas gdy Orsino jest pozbawiony tego przywileju. Natężenie jego namiętności czyni go nieznośnym. Jego główną działalnością jest wysyłanie coraz to nowych posłów do Olivii; przywożą jej zawsze tę samą wiadomość, a ona odmawia im posłuchania. Olivia jest dla Orsino przedmiotem pragnienia, ale również jest jego pośrednikiem i nieprzejednanym rywalem, ponieważ uniemożliwia mu przywłaszczenie sobie tego przedmiotu. Współzawodnictwo toczy się o samą Olivię, która nie pozwala mu nawet zobaczyć na własne oczy tego, czego sama pragnie tak jak wszyscy inni — samej siebie.

Na początku sztuki Orsino próbuje dotrzeć do Olivii poprzez niedawno przybyła Violę, która nazywa siebie Cesario i jest przebrana za młodego mężczyznę:

> Once more, Cesario,
> Get thee to yond same sovereign cruelty.
> Tell her, my love, more noble than the world,
> Prizes no quantity of dirty lands;
> The parts that fortune hath bestow'd upon her,
> Tell her, I hold as giddily as fortune;
> But 'tis that miracle and queen of gems
> That nature pranks her in attracts my soul.
> (II, iv, 79-86)

> Cesario, raz jeszcze
> Idź do tej samej okrutnej władczyni;
> Powiedz, że miłość ma, bardziej szlachetna
> Niźli światowa, nie dba o rozległe

Połacie ziemi: o bogactwa, które
Fortuna dała jej, nie dbam tak samo
Jak o Fortunę. To ów cud królewski,
Ten klejnot, którym ją wieńczy Natura,
Duszę mą ku niej pociąga jedynie.
(s. 64)[46]

Jak zwykle, ta tak zwana „retoryka" jest bardziej oświecająca niż się powszechnie sądzi. Jest dosłownie prawdą to, że namiętność Orsino nie jest zakorzeniona ani w bogactwie Olivii, ani w jej dowcipie, ani nawet w jej piękności — a więc w niczym obiektywnym, ale w jej „władczym okrucieństwie" [*sovereign cruelty*]. Tym co przywiązuje księcia do Olivii jest jej całkowita obojętnośc.

Chociaż Phebe miała jednego czciciela, a Olivia ma ich wielu, to jednak system w całości jest taki sam. Wszyscy dookoła Olivii imitują to samo pragnienie, tj. pragnienie samej siebie przez Olivię. Świat dla Olivii jest tym ogromnym i monolitycznym pragnieniem ukierunkowanym ku niej jednej. Wielbiciele pragną „w Olivii" o tyle, o ile pragną samej Olivii. Całe to pragnienie zdaje się z niej emanować i puszczone w obieg między wiernych wraca do niej nieuszczuplone. Jest ona zarówno nonszalancką najwyższą kapłanką jak i bożkiem swojego własnego kultu, jego alfą i omegą.

W rzeczywistości Olivia może pragnąć siebie tylko dlatego, że wszyscy jej pragną. Jak się zdaje, ten stan spraw został uruchomiony przez jej pierwotną powściągliwość, co może, chociaż nie musi, być częścią zręcznej strategii z jej strony. Nie daje ona żadnego znaku bycia naprawdę przywiązaną do kogokolwiek za wyjątkiem jej świętej pamięci brata, którego opłakuje z ogromną intensywnością. Ważne jest to, że brat nie żyje: to jedyne intensywne uczucie, do którego Olivia przyznaje się, pozostaje ściśle pod jej kontrolą, bowiem jego przedmiot już nie istnieje. Owo teatralne przywiązanie do złudzenia może być ostrożnym sposobem reklamowania s w e g o b r a k u p r a g n i e n i a j a k i e g o k o l w i e k ż y j ą c e g o m ę ż c z y z n y. Jak to się często u Szekspira zdarza, przeszłe stosunki rodzinne służą jako maska dla aktualnego wzoru pragnienia, który nie ma z nimi nic wspólnego.

Przy bramie odmówiono dostępu do Olivii nowemu posłowi, ale on nie przyjmuje tego do wiadomości. Malvolio zapytany o niego, twierdzi, że jest on tyleż bezczelny i dumny, co młody i przystojny. Olivia nagle

---

[46] Tu i dalej cytuję za *Wieczór Trzech Króli lub co chcecie*, przełożył Maciej Słomczyński, Wydawnictwo Literackie, Kraków, 1983. [Przyp. tłum.]

zmienia zdanie i łamie własne prawo; przyjmie go mimo wszystko. To, czego nie mogły u niej wskórać łagodność i pokora, ustępuje bezczelności i pysze. Uruchamia się wzór, który może jedynie zniszczyć absolutne panowanie Olivii nad samą sobą i jej adoratorami. Uruchamia ona łańcuchową reakcję nieładu wśród tych, którzy biorą ją za model; chaos zbliża się mniej więcej w podobny sposób, jak podczas Nocy Świętojańskiej. To chwilowe rozplatanie się formy kulturowej przypomina nam *Sen nocy letniej*. *Wieczór Trzech Króli* sugeruje świat karnawału, zimowy odpowiednik folklorystycznych świąt, które dostarczyły tytułu wcześniejszej komedii. Sztuka jest „świąteczną komedią" w rozumieniu C. L. Barbera[47].

Viola jest zakochana w Orsino i nie chce, aby jej misja się powiodła. Gdyby Olivia wiedziała o tym, nie przejmowałaby się bezczelnością Violi, widząc je jako pośrednie pochlebstwo; nie orientuje się jednak w sytuacji i czuje się upokorzona. Bierze Violę za mężczyznę i rzeczywiście jest zdruzgotana jej lekceważeniem, szczególnie po tym, jak zdjęła swój welon i pozwoliła temu Cresariowi zobaczyć swoje piękne oblicze. Męskie przebranie Violi jest skuteczniejszą maską niż welon Olivii.

Viola przemawia do Olivii językiem miłosnym w sposób zdawkowy i bezczelny, według niej najlepiej wykalkulowany do pokrzyżowania planów własnej misji, nie przewidując magicznego skutku, jaki wywrze na Olivii jej lekceważenie. Ta wyniosła kobieta jest zniewolona przez lekceważący ton Violi, dokładnie tak jak Phebe przez ostrą reprymendę Rosalindy. Viola, mówiąc w imieniu Orsina, daje jasno do zrozumienia, że sama nie jest za tym, o czym mówi. Nie zdaje sobie sprawy, że właśnie ta obojętność jest kluczem do serca Olivii.

Wielka dama musi słuchać ognistej mowy, która faktycznie nie jest skierowana do nikogo; jest jak podglądacz i retoryka miłosna działa na nią niczym afrodyzjak. Sama anonimowość sytuacji rani jej dumę; Olivia jest wprowadzona w trans. Mimetyczną i teatralną naturę tego zauroczenia potwierdza jej jedyne pytanie do Violi: „Czy jesteś aktorem?" Viola, odmawiając Olivii daru swego zachwytu, zmusza pragnienie tej damy do przesunięcia się z niej samej ku pragnieniu, które zwycięsko opiera się jej powabowi. Kim jest Cesario, skoro oparł się takiemu magnetyzmowi?

Pojedynczy, dysonansowy głos w harmonijnym koncercie potulnych pragnień wokół Olivii wystarcza, aby zniszczyć wspaniały gmach jej miłości własnej. Viola zdaje się preferować samą siebie i stąd

---

[47] C. L. Barber, *Shakespeare's Festive Comedies*, Meridian Books, Cleveland, New York, 1963.

desygnować swoją miłość własną jako wyższy model, który Olivia jest zniewolona naśladować:

> I do I know not what, and fear to find
> Mine eye too great a flatterer for my mind.
> Fate, show thy force; ourselves we do not owe.
> (I, v, 308-310)

> Nie wiem, co czynić, i trwoga się budzi,
> Czy własne oko mnie zbyt nie łudzi.
> Nie rządząc sobą mam w Losie obronę:
> Niechaj się stanie to, co przeznaczone.
> (s. 41)

Szekspir definiuje to, co się wydarza w języku wyraźnie oznajmującym zniszczenie autonomii Olivii: „nie rządząc sobą" [*ourselves we do not owe*]. I dokładnie tak jak Rosalinda zakończyła swoją diatrybę do Phebe radą, że powinna wyjść za mąż za Silviusa, póki to zamążpójście jest korzystne, tak Viola w pożegnalnych słowach skierowanych do Olivii przewiduje, że będzie ona wkrótce cierpiała takie samo poniżenie, jakie zgotowała Orsinowi:

> Love make his heart of flint that you shall love,
> And let your fervor like my master's be
> Plac'd in contempt. Farewell, fair cruelty.
> (286-288)

> Miłość niech w krzemień zmieni serce tego,
> Którego kochać będziesz, a uczucie
> Twoje niech spotka wzgarda równie smutna
> Jak mego pana. Żegnaj mi, okrutna.
> (s.40)

Proroctwo to, dokładnie tak samo jak w *Jak wam się podoba*, natychmiast się spełnia. Wyniosła Olivia, tak jak przesadnie rozpieszczana Phebe, może zakochać się jedynie w znieważającym:

> O, what a deal of scorn looks beautiful
> In the contempt and anger of his lip!
> A murd'rous guilt shows not itself more soon
> Than love that would seem hid; love's night is noon. —
> Cesario, by the roses of the spring,

By maidhood, honor, truth, and every thing,
I love these so, that maugre thy pride,
Nor wit nor reason can my passion hide.
(III, i, 145-152)

O, jakże pięknie mu jest z tą pogardą
I gniewem, który tak rozchyla wargi!
Zbrodnia ujawnia się nie z taką mocą
Jak skryta miłość — dla niej dzień jest nocą. —
Cesario, klnę się na róże wiosenne,
Dziewictwo, honor i wszystko, co cenne,
Że kocham ciebie pomimo twej złości
I skryć nie umiem mojej namiętności.
(s. 88)

Proust, w *Poszukiwaniu straconego czasu* zauważa, że w dziedzinie pragnienia każde *malgré* (pomimo) jest jakimś *parce que* (z powodu) w przebraniu i dotyczy to także „pomimo" Olivii. Stwierdza wyraźnie, że w Cesariu piękna wydaje się jego „pogarda" [*scorn*]; tym co ona kocha jest „lekceważenie i gniew, który tak rozchyla jego wargi" [*the contempt and anger of his lip*]. Olivia zakochuje się nie pomimo przemocy Violi, ale z powodu tej przemocy. Cesario wydaje się słońcem, tak oślepiającym, że zaćmiewa nią samą.

Nie należy pozwolić, aby określenia takie jak „masochizm" i całkowicie staroświeckie psychiatryczne terminy uczyniły niezrozumiałym związek, który teoria mimetyczna czyni całkowicie jasnym. Wszystkie psychiatryczne i psychoanalityczne perspektywy pozostają ślepe na sprawę najważniejszą, że Olivia zmienia jeden mimetyczny model, samą siebie, na inny, czyli Violę — zmiana ta daje się zaobserwować, gdy tylko staje się jasne, że młody człowiek nie będzie następnym Orsinem i nie przyłączy się do przewidywanego tłumu czcicieli Olivii.

Tak naprawdę, to każdy pseudonarcyz podejrzewa, że jego wielbiciele czczą fałszywego bożka i jest zawsze z góry przygotowany na własną klęskę. Przypomina tych dyktatorów, którzy nigdy nie kładą się spać bez oczekiwania nocą rewolucji.

Silvius urodził się jako prostaczek; nawet, gdyby gra mimetyczna szła po jego myśli, prawdopodobnie nie potrafiłby traktować Phebe tak źle, jak Phebe go traktuje. W *Jak wam się podoba* są jeszcze obecne resztki różnicy charakteru lub być może pewna stereotypowa różnica płci, która całkowicie znika w trójkącie Olivia, Viola i Orsino.

Wieczór Trzech Króli sugeruje silniej niż wcześniejsza komedia odwracalność wszystkich narcystycznych konfiguracji. Już *Jak wam się podoba* sugerowało ją silniej niż wcześniejsze sztuki, jak np. *Poskromienie złośnicy*, którą moim zdaniem należy uważać za antenata całej pseudonarcystycznej linii u Szekspira. Ta bardzo wczesna sztuka zdaje się pod pewnymi względami bliższa średniowiecznej farsie niż szekspirowskiej komedii. Petrucchio jest ciągle nade wszystko tradycyjnym mężem, karzącym swoją zbuntowaną żonę, ale jest również pierwszym szkicem przebiegłego kochanka, który, chociaż udaje obojętność, wymusza zainteresowanie lekceważącego partnera, zwyciężając go w jego własnej narcystycznej grze i niszcząc w tej sposób jego fałszywą niezależność. I co jest bardziej okrutne: tradycyjna kara wymierzona przez wszechmocnego męża, czy też nowoczesna uniseksualna strategia lekceważącej obojętności?

Porównując *Poskromienie złośnicy*, *Jak wam się podoba* oraz *Wieczór Trzech Króli* odkrywamy, że sam mimetyczny proces, rozwijając się, ewoluuje ku coraz słabszemu zróżnicowaniu wszystkich postaci. Wraz z upływem czasu i gdy Szekspir pisze coraz to nowe sztuki, opisywane w nich pragnienie należy do coraz bardziej zaawansowanych faz mimetycznego procesu. Pseudonarcystyczna struktura w *Wieczorze Trzech Króli*, nawet chociaż pod pewnym względem mniej karykaturalna niż epizod Phebe-Silvius w *Jak wam się podoba*, jest bardziej radykalną, bardziej odróżnicowaną wersją tego samego wzoru.

Zasady mimetycznego współzawodnictwa są zawsze takie same. Narcystyczny „pan" i „niewolnik" widzą między sobą przepaść i im głębsza ona się wydaje, tym bardziej są w rzeczywistości wymienialni. Dlatego Olivia Szekspira jest otoczona przez dwór tak liczny jak dwór księcia. Jak dwa niezależne państwa, te dwie najwyższe potęgi kontaktują się ze sobą pośrednio, poprzez wymianę posłów. Cały ten społeczny kontekst symbolizuje fałszywą niezależność, charakteryzującą nie tylko Olivię, ale również Orsina.

Podobieństwo imion w tej sztuce sugeruje również wymienialność bohaterów. Viola, będąca Olivią Olivii, i wszystkie postacie są symbolizowane lub raczej odsymbolizowywane — proces ten nie jest bowiem produkcją, lecz destrukcją znaczenia i różnicy — przez bliźnięta nie do odróżnienia, Violę i Sebastiana.

Wieczór Trzech Króli jest tak odróżnicowany, że Szekspir wraca do starego triku z bliźniętami nie do rozróżnienia, pomysłu wykorzystanego już w *Komedii pomyłek* na wzór Plautusa *Braci i Amfitriona*. Ta wczesna sztuka daje wstępny zarys późniejszego geniuszu jej autora jako komediopisarza. Pomysł bliźniąt dostarcza mechanicznego ekwiwalentu tego typu nieporozumienia, które wytwarza między ludźmi mimetyczna interakcja. Im dojrzalszy staje się Szekspir, tym zręczniej prowadzi ten temat wyłącznie w kategoriach mimetycznej rywalizacji, o czym przede wszystkim są naprawdę wszystkie mity o sobowtórach i bliźniakach. Literacki geniusz spontanicznie rozumie mimetyczne podłoże mitologii i dostarcza autentycznego rozwiązania antropologicznym zagadkom, których tzw. naukowa antropologia nigdy nie potrafiła rozwiązać.

Znajdujemy się w świecie, gdzie nie pozostało nic poza mimetycznymi podwojeniami, łącznię z samym kozłem ofiarnym, Malvoliem, którego imię sugeruje, że on również jest podwojeniem, mniej lub bardziej arbitralnie wybranym przez swoich prześladowców. Gdy Olivia mówi do niego „O, miłość własna jest twą chorobą, Malvolio i próbujesz jeść nie mając apetytu" (s. 30) [*O you are sick of self-love, Malvolio, and taste with a distemper'd appetite*, I, v, 90-91] wskazuje na nie ulegającą wątpliwości prawdę, ale widzi ją jako dotyczącą jedynie Malvolia; nie potrafi ujrzeć w tym uniwersalnej prawdy, czym ona faktycznie w tej sztuce jest, prawdy o sobie, o księciu i o Malvoliu. Jak zobaczymy w następnym rozdziale, temat „rozstrojonego apetytu" [*distemper'd appetite*] gra ważną rolę w duszy i refleksji Orsina.

13
SKOŃCZCIE. JUŻ MI NIE UŻYCZY TAKIEJ JAK PRZEDTEM BEZMIERNEJ SŁODYCZY

Orsino i Olivia
w *Wieczorze Trzech Króli*

Orsino i Olivia są bardziej skomplikowani i wytworni niż Silvius i Phebe. Książę ma ambicje artystyczne i intelektualne; jeszcze przed odsłonięciem kurtyny po raz pierwszy, muzykanci Orsina grają utwór muzyczny, w którym znajduje on ogromną przyjemność. Gdy muzyka milknie, chce wysłuchać jej jeszcze raz. „Dajcie mi jej nadmiar" [*Give me excess of it*], mówi,

> that surfeiting,
> The appetite may sicken, and so die.
> (I, i, 2-3)

> Dajcie mi jej nadmiar
> I niech pragnienie od przesytu skona.
> (s. 8)

Muzyka daje się słyszeć ponownie, lecz Orsino, prawdę powiedziawszy, uważa ją za mniej wspaniałą niż za pierwszym razem. W jednej chwili, jak sam przewidywał, jego apetyt przesycił się i skonał:

> Enough, no more,
> Tis not so sweet now as it was before.
> (7-8)

> Skończcie. Już mi nie użyczy
> Takiej jak przedtem bezmiernej słodyczy.
> (s. 8)

„Przesycenie" [*surfeiting*] przywodzi na myśl nasze nowoczesne mdłości, kompulsywne obrzydzenie, repulsję tak krańcową i ostateczną, że słowo to jest troszkę skandaliczne w kontekście sztuki. Jednakże nie przerywając lektury, odkryjemy wkrótce, że Orsino nie jest zainteresowany wyłącznie estetyką. W doznaniu, które opisuje, życie erotyczne jest nawet bardziej niepokojące niż sztuki piękne. „Duch miłości" umiera w objęciach swych przedmiotów, bez względu na ich charakter:

> Spirit of love, how quick and fresh art thou,
> That notwithstanding thy capacity
> Receiveth as the sea, nought enters there,
> Of what validity and pitch soe'er,
> But falls into abatement and low price
> Even in a minute. So full of shapes is fancy
> That it alone is high fantastical.
>
> (9-15)

> Duchu miłości, jakiś ty porywczy
> I głodny, że tak bezwzględnie pochłaniasz
> Wszystko jak morze! Cokolwiek tam wpadnie,
> Choćby najlepsze było i najdroższe,
> Traci natychmiast swą wartość i cenę!
> Tyle obrazów ukazuje miłość,
> Że mieści w sobie całą wyobraźnię.
>
> (s. 8)

Tradycyjnie cykl pragnienia porównuje się z fizycznym apetytem i jego nasyceniem. Ciesząca się zdrowiem jednostka, nawet nie będąc głodna, nie uważa dobrego jadła za obrzydliwe, chyba że go nadużyje. Doznanie Orsina przypomina niestrawność i Anne Barton słusznie zauważa, że: „Ta miłość jest żarłokiem, który pożera smakołyki tylko po to, aby je zwymiotować"[48]. Wahania n o r m a l n e g o głodu są mniej skrajne niż te, które opisuje Orsino. Jego język przywołuje na myśl patologiczną odmianę naturalnego procesu. Punkt widzenia metafor księcia sugeruje naturę ludzką zranioną przez grzech pierworodny.

Ten mężczyzna, który twierdzi, że pragnienie nie przetrwa nigdy wejścia w posiadanie, jest pomimo tego zakochany. Zagadkowo, w jego mowie o d u c h u m i ł o ś c i Olivia nie pojawia się, chociaż w pozostałej części sztuki nie wypowie nigdy więcej niż dwóch zdań z rzędu, aby

---

[48] *The Riverside Shakespeare*, ed. G. Blakemore Evans, Houghton Mifflin, Boston, 1974, s. 408.

nie napomknąć o Olivii. Olivia jest tym jedynym stałym celem, jedynym niezmiennym punktem w jego egzystencji, która bez niej byłaby pusta i chaotyczna. Poczucie samego siebie przez Orsina wyraźnie zależy od niesłabnącej intensywności jego pragnienia Olivii. Ale to on właśnie dowodzi, nikt inny, że nie ma czegoś takiego jak niesłabnące pragnienie, gdy przedmiot pragnienia zostaje już raz zdobyty. Gdyby Olivia należała do księcia, to czy straciłaby swój urok tak szybko jak utwór muzyczny? Pytanie to nie zostaje nigdy wyraźnie sformułowane.

Curio, człowiek z orszaku księcia, przerywa mu rozmyślania nad pragnieniem:

> *Curio*: Will you go hunt my lord?
> *Duke*:   What, Curio?
> *Curio*:   The hart.
> *Duke*: Why, so I do, the noblest that I have.
>   O, when mine eyes did see Olivia first,
>   Methought she purg'd the air of pestilence!
>   That instant was I turn'd into a hart,
>   And my desires, like fell and cruel hounds,
>   E'er since pursue me.
>   (16-22)

> *Curio*: Pójdziesz na łowy, panie?
> *Książę*: Na co, Curio?
> *Curio*: Na jelenia. By go ugodzić w serce.
> *Książę*: W najszlachetniejsze. Tak, poluję przecież.
>   O, gdy me oczy padły na Olivię,
>   Było to, jakby widok jej oczyścił
>   Całe przestworze z plugawej zarazy.
>   Wówczas zmieniłem się nagle w jelenia,
>   A me pragnienia jak psy złe i wściekłe
>   Odtąd ścigają mnie.
>   (s. 9)

Gdy tylko rozmowa oddala się od pragnienia, książę przypomina sobie o Olivii. Banalny kalambur wystarczy, aby przypomnieć mu o jego ukochanej. Namiętność Orsina zdaje się czuć swobodniej wśród literackich komunałów niż w kontekście poważnej debaty o życiu i śmierci pragnienia.

Pierwsza tyrada Orsino na ten temat jest częścią muzycznego preludium do całej sztuki, ale jest czymś więcej niż ozdobną *hors d'oeuvre*; ma podstawowe znaczenie dla naszego rozumienia tej komedii. Należy ją interpretować w świetle tego, co następuje; to, co pozostawia niewypowiedziane, jest tak samo ważne jak to, co faktycznie wypowiada.

Orsino, jak wielu rozczarowanych romantyków, wypowiada się cynicznie o pragnieniu w ogóle, ale sam będzie romantycznie pragnąć aż do końca życia. Jego cynizm wobec przeszłości jest naprawdę zależny od jego aktualnej namiętności, chociaż powiązanie to jest paradoksalne i sam Orsino nigdy nie uczyni go całkowicie wyraźnym. Musimy zdać się na ślady pośrednie, które Szekspir w tym właśnie celu pozostawia; możemy i musimy zdemaskować prawdę, do której ten bohater nigdy w pełni się nie przyzna.

Jeszcze nie mieliśmy dość czasu, aby zapomnieć o pierwszej mowie Orsina, a już wygłasza on następną, pod pewnymi względami tak różną od pierwszej, że zdaje się być innego autorstwa, ale równocześnie na tyle podobną, że jej autor musi być ten sam:

> There is no woman's sides
> Can bide the beating of so strong a passion
> As love doth give my heart; no woman's heart
> So big, to hold so much; they lack retention.
> Alas, their love may be called appetite,
> No motion of the liver, but the palate,
> That suffer surfeit, cloyment, and revolt,
> But mine is all as hungry as the sea,
> And can digest as much. Make no compare
> Between that love a woman can bear me
> And what I owe Olivia.
> (II, iv, 93-103)

> Nie ma kobiety, której pierś jest zdolna
> Wytrzymać bicie takiej namiętności,
> Jaką me serce obdarzyła miłość.
> Serce kobiece tyle nie pomieści
> Gdyż jest zbyt małe. Niestety, ich miłość
> Można pragnieniem zwać; nie ma siedziby
> W wątrobie, ale w podniebieniu. Cierpi
> Na nasycenie, przesyt, wreszcie mdłości.
> Lecz w moim głód jest ogromny jak morze
> I tyleż może przełknąć. Nie chciej równać
> Miłości mojej ku Olivii z taką,
> Którą kobieta da mi.
> (s. 65)

Zgodnie z tą drugą mową, jedynie pragnienia niewieście, a pragnienia Olivii w szczególności, cierpią na ułomność określoną poprzednio przez Orsino jako j e g o w ł a s n a. Tylko kobiety „cierpią na nasycenie się, przesyt, wreszcie mdłości" [*suffer surfeit, cloyment and revolt*]. Orsino, aby uczynić antynomię jeszcze wyraźniejszą, sugeruje, że ta ułomność nie dotyczy mężczyzn, a już szczególnie jego samego. Przeciwstawia słabość i zmienność niewieściego pragnienia nieśmiertelnej sile swojego męskiego pragnienia Olivii.

Raz jeszcze pragnienie jest tak wygłodniałe jak morze i jest w stanie „przetrawić" [*digest*] wszystko, co pochłonie. Metafora ta brzmi dokładnie tak samo złowieszczo jak za pierwszym razem. W pierwszej tyradzie jednak, morski żołądek służył wysłowieniu patetycznego przeciwstawienia między p r z e d zaspokojeniem i p o zaspokojeniu wszystkich pragnień, ich pozornej niewyczerpanośći przed wejściem w posiadanie i ich gwałtownej śmierci po nim. Tym razem nie ma żadnego p o, sam Orsino nie przejada się i z łatwością możemy zrozumieć dlaczego: namiętność do Olivii jest nieśmiertelnym p r z e d.

Olivia na pewno jest pierwszą kobietą, która ma go w ręku. Orsino zdaje sobie sprawę, że poznała się na nim tak, jak on sam poznawał się na innych kobietach w swoim życiu, które, oczywiście, bezlitośnie porzucał posiadłszy je pierwej. Gdy Orsino zajmował w stosunku do kobiet to samo miejsce, które obecnie w stosunku do niego zajmuje Olivia, odczuwał ten sam „przesyt", który obecnie dostrzega u niej. Reagował w ten sam sposób, który proklamuje jako specyficznie kobiecy, gdy jest to jej o s o b i s t a reakcja na niego. Zjawisko jest to samo, przesunęły się jedynie jego etyczne konotacje z neutralnych w odniesieniu do Orsino, na negatywne w odniesieniu do Olivii i kobiet w ogóle.

Dla Olivii opowieść o miłości Orsino jest jak utwór muzyczny zbyt często powtarzany; tym razem Orsino jest kimś, kto traci „swą wartość i cenę" [*abatement and low price*]. Olivia jest szczerze znudzona jego nieśmiertelną namiętnością. Kto chce kochać się w przetrawionym już człowieku? Nieporozumieniem byłoby jednak przypuszczenie, że Orsino i Olivia znajdowali się już w fizycznie intymnej sytuacji i że rozczarował on ją jako kochanek. Orsino jest po prostu pokonaną stroną w bitwie pseudonarcyzmu. Tak się złożyło, że Olivia nie zareagowała na jego awanse, osiągając w ten sposób zwycięstwo. Jest to jedyna droga, aby kobieta mogła na długo przykuć uwagę takiego mężczyzny jak Orsino.

Gdyby Orsino był na miejscu Olivii, odczuwałby i zachowywałby się w stosunku do niej dokładnie tak samo, jak ona obecnie zachowuje się w stosunku do niego. Gdyby zrezygnowała z tego typu wyższości, której oboje łakną w swoich stosunkach z płcią przeciwną, natychmiast przestałby ją kochać. W głębi duszy Orsino zdaje sobie sprawę, jak bardzo są z Olivią do siebie podobni. Widowiskowa wręcz dysharmonia między nimi nie wynika z konfliktu osobowości lub z jakiś innych wewnętrznych różnic, ale przeciwnie z prawie doskonałej identyczności. Wraz z wkroczeniem Olivii w jego życie, Orsino po raz pierwszy przegrał mimetyczną i metafizyczną bitwę, którą dotychczas z wszystkimi innymi wygrywał.

Szekspir chce, abyśmy porównywali dwie mowy Orsino; dowodzi tego zakończenie drugiej z nich: „Nie czyń porównań ..." [*Make no compare* ...]. Słysząc ten rodzaj ostrzeżenia od takiego człowieka, orientujemy się, że porównanie jest zalecane. Nawet bardzo inteligentni ludzie bywają tak opętani myślą o swoich mimetycznych rywalach, że mówią, jak Orsino w okolicznościach, gdzie lepsze byłoby zachowanie milczenia. Chociaż zdumiewa nas zawsze ta naiwna kompulsja, która zmusza ludzi do ujawniania właśnie tej prawdy, którą próbują ukryć, to jednak sami przy pierwszej okazji zrobimy ten sam błąd.

Wszystkie jednostki nękane przez mimetyczne pragnienie dają się z łatwością zwieść przekonaniu, że cały świat dzieli z nimi ich opętanie przez aktualnego rywala. Orsino, jak wszyscy ludzie złapani w mimetyczną spiralę, chce przekonać samego siebie, że jest całkowicie odmienny od swojego „ukochanego wroga", podczas gdy w rzeczywistości różnica nie istnieje i coś w nim niejasno zdaje sobie z tego sprawę. Ta „propaganda" przeciw-Olivii w drugiej mowie jest faktycznie ekstrapolacją samo-wiedzy zademonstrowanej w pierwszej mowie.

Orsino sądzi, że rozumie pragnienie Olivii i z całą pewnością tak jest, chociaż nie z tego powodu, o którym mówi, nie dlatego że Olivia jest jeszcze jednym przykładem archetypowej kobiety, którą wszyscy sfrustrowani mężczyźni rytualnie przeklinają. Ten seksistowski komunał w rzeczywistości jest zamaskowaniem nauki o pragnieniu, która nie chce przyznać się do swojego prawdziwego źródła. Orsino rozpoznaje w Olivii wygrywającego pseudonarcyza, którym on sam był dotychczas, i którym dzięki Olivii, być przestał.

Orsino prawidłowo rozumie, że jego związek z tą szczególną kobietą jest odwróceniem jego zwykłego doświadczenia z przeciwną płcią. Jego banalny antyfeminizm jest usiłowaniem ukrycia prawdziwej natury tego odwrócenia i źródła jego wglądu w Olivię. Myśl, że typowe kobiece skoncentrowanie na sobie [*self-centeredness*] może osłabić pragnienie mężczyzn przez kobiety, była zawsze wśród mężczyzn popularna. Mężczyźni ciągle uwielbiają portretować kobiety, które odrzucają z pogardą ich seksualne awanse jako narcystyczne w bezwzględnym i niemimetycznym sensie.

Trzy rozdziały wcześniej wspominałem, że Freud przywrócił do życia ten mit, definiując „narcyzm" jako samoistne skupienie się na sobie, rzekomo przede wszystkim kobiece. Freud twierdził, że rozpoznał specyficznie „kobiecą" niezdolność do odwzajemnienia rzeczywistej „miłości przedmiotowej" [*object-love*] prawdziwie męskich mężczyzn. Jednakże, co nie jest bez znaczenia, ci prawdziwie męscy mężczyźni mają godną pożałowania skłonność do roztrwaniania swojej drogocennej przedmiotowej miłości na kobiety, które najmniej na nią zasługują — narcystyczne kobiety, oczywiście.

Takie samo złudzenie ma Orsino; jego druga mowa zdaje się wzorować na *Próbie wprowadzenia pojęcia narcyzmu* Freuda i gdy tylko te dwie mowy porównamy, ujawni się radykalna krytyka, którą Szekspir umyślił. Umieszczenie tych mów obok siebie, sugeruje dekonstrukcję elżbietańskiej miłości własnej, co faktycznie równa się dekonstrukcji *avant la lettre* freudowskiego pojęcia. Słowa zmieniają się, ale mit o specyficznie kobiecym scentrowaniu na sobie pozostaje.

Jest to w zasadzie taka sama dekonstrukcja jak ta, którą przeprowadziłem w poprzednim rozdziale, ale tym razem przeprowadza ją sam Szekspir za pośrednictwem komedii, następującej chronologicznie zaraz po *Jak wam się podoba* i zawierającej nawet więcej pseudonarcyzmu niż jej poprzedniczka. Jest to inny fascynujący przykład skłonności Szekspira do tłumaczenia swojego dramaturgicznego doświadczenia na coraz bardziej teoretyczny język.

Metaforyczna ciągłość dwóch mów wskazuje, że Orsino projektuje na Olivię własne doświadczenie zajmowania dominującej erotycznej pozycji, którą w stosunku do niego zajęła obecnie Olivia. Fakt, że jego rozumienie jest projekcją nie oznacza, że jest bezwartościowe. W takich sprawach nasza mądrość jest zawsze zakorzeniona w samokrytyce; mimetyczne pragnienie jest takie samo u wszystkich istot ludzkich, bez względu na czynniki takie, jak wiek, płeć, rasa czy kultura.

Wgląd Orsina w samego siebie (pierwsza mowa), projektowany na własną mimetyczną kopię, tworzy pewną rzeczywistą wiedzę Orsina o zachowaniu Olivii (druga mowa), jednakże książę nie może przyznać się do jej źródła, nie przyznając się jednocześnie do jej pokrewieństwa ze swoim mimetycznym sobowtórem, a więc nie kwestionując swojego oburzenia tą postawą, którą sam przyjąłby wobec Olivii, gdyby miał szansę.

Mimetyczne sobowtóry patrzą na siebie bystrym okiem, ale wizję ich fałszuje odczuwana przez nich potrzeba zlikwidowania obopólności, w której ich mądrość jest zakorzeniona. Muszą zaprzeczać z oburzeniem, że mają cokolwiek wspólnego ze swoim rywalem, a jednak jedyną możliwą bazą ich szczególnej „psychologicznej wnikliwości" jest mimetyczne pragnienie, które ich dzieli, p o n i e w a ż je podzielają:

> Therefore thou art inexcusable, O man, whosoever thou art that judgest; for wherein thou judgest another, thou condemnest thyself; for thou that judgest doest the same things.
> (Romans 2:1)
> Przeto nie ma uniewinnienia dla ciebie, człowiecze, kimkolwiek jesteś, gdy jako sędzia się narzucasz; bo potępiasz samego siebie, sądząc drugiego; czynisz przecież to samo, co osądzasz[49].

Orsino zniesławia kobiety, nie dlatego że naprawdę wierzy w męską wyższość, do której rości sobie prawo, ale ponieważ czuje się gorszy jako ten mimetyczny sobowtór, którego pragnienie zostało ujarzmione przez zwycięski narcyzm partnerki. Obojętność, której ubliża jako kobiecej próżności, jest faktycznie źródłem m e t a f i z y c z n e g o prestiżu, którym Olivia nie cieszyłaby się w jego oczach zbyt długo, gdyby uległa jego pragnieniu.

Orsino, podobnie jak wszyscy romantyczni myśliciele, widzi pragnienie wyłącznie jako związek przedmiot/podmiot; systematycznie pomija trzeci wymiar, mimetyczny model/przeszkoda/rywal, który czyni wszystko zrozumiałym. Złudzenie to jest szczególnie kuszące w przypadku pseudonarcyzmu, kiedy wszystkie role grane są przez tę samą jednostkę. Dla Orsina Olivia jest równocześnie przedmiotem, modelem, przeszkodą i rywalem.

Widzenie pragnienia jako relacji przedmiot/podmiot jest fałszywe nawet z przypadku sztuki, do której esteci lubią sprowadzać dyskusję, gdyż zdaje się dowodzić istnienia solipsystycznego pragnienia, w które oni chcą wierzyć. W rzeczywistości najpotężniejszym komponentem estetycznej emocji jest boska i n n o ś ć podziwianej pracy, jakość, którą zbytnie obeznanie może osłabić lub nawet zniszczyć, czego dowiódł eksperyment Orsina z następującymi po sobie wykonaniami tego samego utworu muzycznego.

---

[49] Przełożył Seweryn Kowalski, Instytut Wydawniczy PAX, Warszawa 1988. [Przyp. tłum.]

Piękno, jak każde bóstwo, wymyka się zanieczyszczeniu przez ludzki kontakt i złuda pragnienia bez pośrednictwa rozwiewa się. Gdyby pragnienie to obywało się naprawdę bez pośrednictwa, nie słabłoby pod wpływem nieprzerwanego delektowania się swoim przedmiotem; przetrwałoby ową ciężką próbę posiadania, i spełnione, nie przemieniałoby się w proch. Szekspir, odmiennie od romantyków, odrzuca ową teatralność estetycznego fetyszyzmu; stanowi to przyczynek do jego wielkości.

Orsino z drugiej mowy jest niezaspokojonym kochankiem zdominowanym przez głos swojego niezaspokojonego pragnienia. Sprzeczność między jego mowami potwierdza prawo, które Orsino sam najpierw formułuje: pragnienie z d a j e s i ę wieczne i niewyczerpane, dopóki pozostaje niezaspokojone, i ani minuty dłużej. Druga mowa jest logicznie sprzeczna z pierwszą, gdyż jest głosem wygłodzonego pragnienia Olivii, podczas gdy pierwsza jest głosem przesycenia.

Język i zachowanie Orsino sugerują, że jest on mniej lub więcej świadomy swojego pseudonarcyzmu i wszystkiego tego, co właśnie o nim powiedzieliśmy. Pomimo własnego zaangażowania, ma przebłyski świadomości, jak Rosalinda w *Jak wam się podoba*; naprawdę rozumie to, co we wcześniejszych komediach rozumiał jedynie obserwator z zewnątrz. Uosabia więc bardziej „zaawansowaną" wersję pseudonarcystycznej konfiguracji. Wie bardzo dobrze, że jego codzienne upokorzenia z rąk Olivii są samo-udaremnieniem się. Gdyby naprawdę chciał uwieść tę kobietę, uciekłby się do strategii naszkicowanej przez Rosalindę, tzn. symulowanej obojętności, czego on nigdy nie robi. Jaki jest powód owego teatralnie „romantycznego" zachowania Orsino?

Książę wie, że każdy upragniony przedmiot, który wpadnie w jego ręce nie zachowa na długo swojego uroku. Tylko zwycięski rywal może dodać animuszu pragnieniu; pragnienie nieuchronnie samo-udaremnia się. Jedyną radykalną drogą likwidacji jego niekończącej się tyranii jest totalne wyrzeczenie. Jest to taktyka, którą zalecają wszystkie wielkie religie, wszystkie wielkie systemy etyczne, cała tradycyjna mądrość. Hamlet doradza ją Ofelii: „i d ź d o k l a s z t o r u" [*get thee to a nunnery*]. Gdyby tego posłuchała, nie umarłaby tą nieszczęsną śmiercią, jak to się stało.

Szczęśliwie dla pragnienia, istnieje racjonalny wykręt, który upoważnia chytrego d u c h a m i ł o ś c i, aby nie wyciągał prawidłowego wniosku ze swojej nieustannej klęski. Doświadczenie poucza nas o niezadowalającej naturze tych wszystkich przedmiotów, które można posiadać; nie ma nic do powiedzenia, mówiąc ściśle, o przedmiotach, które nie mogą być posiadane. Będąc pedantycznymi empirykami w tej sprawie, możemy zawsze twierdzić, że dopóki tych przedmiotów nie posiadamy, nie mamy dość informacji, aby odsuwać je od siebie.

Na gruncie krótkowzrocznie interpretowanego doświadczenia nie można nigdy wykazać w sposób zadowalający absurdalności pragnienia. Sofistyczne nadużywanie metodologicznego powątpiewania pozwala pragnieniu rozumować następująco: „Ponieważ wszystkie przedmioty, które mogą być posiadane okazują się bezwartościowe, przeto wyrzeknę się ich raz na zawsze na rzecz tych przedmiotów, które posiadane być nie mogą".

W *Wieczorze Trzech Króli* rozwiązanie to nazywa się „Olivia". Wydaje się tak bardzo nie do zdobycia, że książę może szczerze opłakiwać kruchość pragnień w ogóle i pozostawać nadal w najwyższym stopniu przeświadczonym o wieczności trwania swojego pragnienia. Orsino sądzi, że ocean obojętności, który pochłania wszystkie inne pragnienia, nigdy tego szczególnego pragnienia nie zniszczy, dlatego właśnie, że nigdy nie będzie zaspokojone. Olivia będzie zawsze niedostępna nie tylko dla Orsino, ale dla wszystkich mężczyzn. To *credo* kieruje jego życiem, chociaż pozostaje nie wyrażone i Orsino unika stawienia mu czoła i sformułowania go *explicite*. Ten mężczyzna, który obwieszcza bankructwo wszystkich pragnień, ciągle widzi sens w pragnieniu Olivii. Orsino wydaje się „irracjonalny", dopóki jego faktyczny priorytet pozostaje niewidoczny. Jego prawdziwym priorytetem nie jest przyjemność, ale pragnienie za wszelką cenę.

Błędem byłoby zakładanie, że pragnienie we wszystkich fazach swoich dziejów pragnie pozytywnych nagród. Być może było tak w początkowych fazach opisywanych we wcześniejszych komediach. Orsino osiągnął jednak stadium, w którym pragnienie pod naciskiem ciągłego rozczarowywania się samo przemieszcza się poza zasadę rozkoszy. Pragnienie rezygnuje z rozkoszy, aby zachować siebie jako pragnienie. Orsino jest pierwszym, ale nie ostatnim przykładem tej desperackiej strategii.

Pragnienie Olivii przez księcia pochodzi z głębi, a nie pomimo tego rozczarowania. Istniejące „racjonalne" powiązanie, jest takiej natury, że Orsino nigdy nie uczyni go wyraźnym nawet przed samym sobą; musimy je wydedukować, porównując dwie mowy. Orsino, pomimo swojego cynizmu, jest człowiekiem o ogromnej zdolności do samookłamywania się.

Powiedzenie, że pragnienie nie może przetrwać klęski swego modelu, jest tym samym, co stwierdzenie, że nie może ono przetrwać swego zwycięstwa. Kontury tego prawa zostały już zarysowane. Im więcej pragnienie dowiaduje się o swoim funkcjonowaniu, tym trudniejszy staje się ów dylemat. Pragnienie umiera wraz ze swoim spełnieniem, a więc jedyną drogą do unieśmiertelnienia pragnienia może być tylko wybór wiecznie niedostępnego przedmiotu.

Orsino ucieleśnia takie pragnienie. Mimetyczny proces potrzebuje czasu, aby się rozwinąć i na tej „historycznej" trajektorii Orsino należy do fazy późniejszej niż poprzedni szekspirowscy bohaterowie. Chronologiczny porządek tych komedii odpowiada diachronicznemu rozwojowi pragnienia od złego do gorszego. Orsino nie znajduje się na końcowym miejscu tego procesu, ale nie jest od niego daleko.

Jego „beznadziejna" namiętność, jak sugerowałem, jest desperackim ruchem ku strategii samego pragnienia, strategii przetrwania. Powyższe stwierdzenie, chociaż prawdziwe, jest jednak trochę zwodnicze, gdyż strategia ta nie wymaga kalkulowania, planowania w jakiś sposób, a więc w pewnym sensie nie zasługuje nawet na taką nazwę; wynika z normalnego dryfu pragnienia. Aby tu się znaleźć, wystarczy nadmiar powodzenia u kobiet i następnie nagła porażka — traf spotkania Olivii. Pogoń za czystą namiętnością jest z trudem rozróżnialna od tego, co zdarza się zdegustowanemu obrońcy konsumenta, jeżeli natknie się w końcu na danie nie do strawienia, przedmiot nie do zdobycia, jedyną zdobycz, do której może się na stałe przywiązać.

Olivia, odmawiając miłości, wyświadcza księciu wielką przysługę; dostarcza jego życiu stabilności. Głęboko przegrany książę czuje się całkiem szczęśliwy; gorąco pragnie uwiecznić swój sentymentalny impas z Olivią. Kiedy w końcu w akcie V, ci osobliwi współwinni spotkają się twarzą w twarz, jedyne słowa, które wymieniają, brzmią jak ostrożne przyznanie się do swojego negatywnego partnerstwa:

> *Duke*: Still so cruel?
> *Olivia*: Still so constant, lord?
> (V, i, 110-111)

> *Książę*: Nadal okrutna tak?
> *Olivia*: Niezmienna, panie.
> (s. 143)

Orsino jest przeświadczony, że potrafi utrzymać Olivię w okrucieństwie na zawsze. Ponieważ jego pragnienie jest modelem dla jej miłości własnej, sądzi, że wystarczy pragnąć jej dalej, aby zamrozić tę korzystną dla siebie sytuację na stałe: będzie nadal odrzucać nie tylko jego, ale wszystkich możliwych kochanków; będzie wiecznym więźniem swojej monumentalnej miłości własnej, osobistego prezentu od Orsina. Orsino czuje, że nawet chociaż „traci ... swą wartość i cenę", to jednak jego prestiż przystojnego, młodego mężczyzny i księcia daje mu przewagę nad wszystkimi potencjalnymi konkurentami, a więc Olivia będzie zmuszona dotrzymać układu; to, czego mu odmawia nigdy nie podaruje innemu mężczyźnie.

Orsino popełnia zwykłą pomyłkę ujarzmionego narcyza; za bardzo wierzy w obiektywną moc swego bożka. Jest to fatalna pomyłka. Dowiedziawszy się, że Olivia już go zdradziła, wpada w straszną furię. Olivia jest zakochana i to w kim! W jego własnym pośle. Paradoksalne jest to, że poza narcyzmem Olivii za jej zakochanie się jest odpowiedzialne zachowanie Orsina. Wysłał on Cesaria do ukochanej z powodu osobistego uroku młodzieńca, pełen nadziei, że poruszy Olivią tak jak nim i faktycznie poruszył; spełnienie oczekiwań księcia przekroczyło jego najśmielsze marzenia.

Fabuła jest oczywiście jeszcze jedną odmianą wielkiego szekspirowskiego tematu samo udaremniania się przez mimetycznego kochanka — mężczyznę lub kobietę, którzy reklamują urok ukochanego przed swoim rywalem i urok owego rywala przed ukochanym. Wysubtelniony i wyrafinowany Orsino należy do tej samej mimetycznej rodziny, co Valentine i Collatinus. Gdy dowiaduje się, co się zdarzyło, wystarczy sekunda, aby przemienić się w oszalałego maniaka. Olivia zakochała się dzięki jego pośrednictwu.

14
SMĘTNA CRESSIDA WŚRÓD WESOŁYCH GREKÓW
Romans w *Troilusie i Cressidzie*

Jestem przekonany i stanowi to główną myśl tej monografii — że Szekspir nie tylko ilustruje mimetyczne pragnienie przy pomocy dramatu, lecz że jest jego teoretykiem. Gdyby tezy tej trzeba było bronić na podstawie jednej sztuki, mój wybór padłby na *Troilusa i Cressidę*. Żadna ze sztuk nie została równie wyraźnie zaprojektowana jako wyjaśnienie całego szeregu zjawisk mimetycznych, w którym wykorzystuje się nie tylko interakcję między kilkoma protagonistami, ale szerszy kontekst dwóch społeczeństw podczas wojny.

W *Śnie nocy letniej*, komedii tak doniosłej z punktu widzenia tej teorii, mechanizmy pragnienia i współzawodnictwo działają tak gładko, że ich ślady są ledwo widoczne, zawsze podporządkowane spójnemu przedsięwzięciu teatralnemu. Inaczej jest w *Troilusie i Cressidzie*; sztuka ta zamiast przekształcić się w uspakajający rytuał i zachwycający mit, kończy się w sposób jak najbardziej negatywny i niszczycielski.

Mimetyczny chaos, gdy nie służy już zamysłowi przywrócenia na końcu porządku, staje się — przynajmniej z dramaturgicznego punktu widzenia — zakończeniem samym w sobie; rozmaite tematy i wątki nie mają innego *raison d'étre* w *Troilusie i Cressidzie* poza ujawnianiem coraz liczniejszych faset tego rozkruszenia się. Sztukę tę można zdefiniować jako rozprawę o mimetycznym rozkładzie. Mimetyczna manipulacja zawsze odgrywała u Szekspira pewną rolę, ale głównie w stosunkach prywatnych. W *Troilusie i Cressidzie* przekształca się w prawdziwą technikę polityki i rządzenia, co jest, być może, najbardziej zdumiewającym wyczynem tej zdumiewającej sztuki.

W sztuce tej mamy do czynienia z polityką erotycznego pragnienia, ale również z problemem politycznym w ścisłym sensie, problemem braku autorytetu Agamemnona, który Ulisses próbuje rozwiązać przy pomocy mimetycznych chwytów podobnych do chwytów Pandarusa w dziedzinie erotycznej. Spójność tej sztuki tkwi w pokazaniu, że mimetyczna strategia odgrywa analogiczną rolę we wszystkich sferach ludzkiej działalności. Symbolem tej jedności jest Pandarus, erotyczny stręczyciel, którego znaczenia nie sposób przecenić nie tylko w tej szczególnej sztuce, ale w całym teatrze Szekspira.

Oglądając Pandarusa chociażby przez sekundę, trudno nie rozpoznać, że w to nim została zawarta cała złożoność pragnienia. Jedynym sposobem mówienia o *Troilusie i Cressidzie* bez napomykania o mimetycznym pragnieniu, jest całkowite pominięcie Pandarusa, co należy wręcz do krytycznej tradycji. Nigdy nie rozważa się, co ta postać znaczy; dotychczas nie rozpoznano jej symbolicznego znaczenia dla całej sztuki.

W akcie III Pandarus namawia Troilusa i Cressidę, aby poszli razem do łóżka; odgrywa więc rolę zwykłego rajfura, ale nie można tak go określić. Jako dżentelmen nie poszukuje materialnego zysku, chociaż nie jest bezinteresowny. Jego rozpustne żarty są płaskie i niekiedy sam wydaje się wielce zażenowany, ale wykazuje ogromną zręczność w prowadzeniu swojego osobliwego rzemiosła.

Jak można by je nazwać? Już pierwsze sceny sztuki powinny nas oświecić. Pandarus chce, aby jego bratanica Cressida i młody Troilus mieli romans i próbuje wpoić w każdego z nich oddzielnie palące pragnienie drugiego. Najpierw pracuje nad Troilusem, zasypując go pompatycznym i przesadnym wychwalaniem Cressidy, a następnie nad Cressidą, którą zasypuje podobnie pompatycznym i przesadnym wychwalaniem Troilusa. Pandarus, podczas tej łatwej do przewidzenia rozmowy, ucieka się od czasu do czasu do banalnego, ale wielce skutecznego wybiegu. Pośrednikiem pragnienia, które chce pobudzić, próbuje zrobić sławną Helenę.

Na scenę z Cressidą składają się głownie plotki o dworze Trojan, o Parysie, Troilusie i przede wszystkim Helenie. Pandarus jest snobem; jak się zdaje, nie pozostaje w tak zażyłych stosunkach z dworem, jak twierdzi, a tym bardziej dotyczy to jego bratanicy. Ona także jest snobką; snobizm jest częścią mimetycznego pejzażu. Oczarowanie Cressidy potężnymi i sławnymi jest ogromne i Pandarus wykorzystuje to w realizacji swojego szatańskiego celu.

Od czasu do czasu w obliczu całej elity Trojan w centrum zainteresowania był rzekomo Troilus. Szczególnie Helena zwracała uwagę wyłącznie na niego. Szczypiąc go w policzki, wychwalała jego cerę, posuwając się aż do liczenia rzadkiego owłosienia na jego podbródku. Wywiązała się dowcipna wymiana słów, z której Troilus wyszedł zwycięsko. Ta pełna melancholii opowieść ma w sobie wiele z tego, co znajdujemy w naszych współczesnych massmediach. Konsumenci twierdzą, że nie wierzą ani słowu, ale są zawsze gotowi wysłuchać ich więcej. Naprawdę chodzi tu o zainteresowanie Heleny Troilusem, o którym wyraźnie mówi się w konkluzji i które zostaje wzmocnione przez powtórzenie: „Przysięgam ci, że Helena kocha go bardziej niż Parysa... Żeby ci dowieść, że Helena kocha go ..." (s. 23, 24) [*I swear to you, I think Helen loves him better than Paris ... But, to prove to you that Helen loves him ...* I, ii, 107-8, 118]. To że Helena rzekomo go pragnie jest prawdziwą podnietą i ani Pandarus, ani Cressida nie zwracają najmniejszej uwagi na prawdziwe zalety Troilusa, które mogłyby same w sobie uczynić go wartym miłości, niezależnie od tego kto mógłby się w nim zakochać.

Chociaż pragnienie Troilusa sięga już szczytu rozgorączkowania, Pandarus próbuje pobudzać je dalej, w czym również odgrywa pewną rolę Helena. Pandarus montuje trójkąt pragnienia, który później będzie płodzić inne trójkąty, gdy Cressida przeniesiona do obozu Greków postanowi użyć podstępu z Diomedesem. Pandarus jest akuszerką i projektantem pragnienia, jego Aleksandrem i Napoleonem, pośrednikiem wszystkich pośredników. Jak Bóg Kartezjusza, jego wstępne pchnięcie wprowadza całe światy w ruch.

Pandarus dostarcza dwójce swoich protegowanych najbardziej nieodpartego modelu pragnienia w całej Troi i gdziekolwiek indziej — Piękną Helenę. Nic nie zachęca do pragnienia bardziej od samego pragnienia. Jako magnes dla niezliczonych pragnień Helena nie ma sobie równej; cała wojna trojańska toczy się ze względu na nią; kto mógłby być szczęśliwiej od niej dobrany? Wszystko czego zapragnie Helena — zwłaszcza w dziedzinie erotycznej, szczególnie jej bliskiej — będzie zapewne chciwie naśladowane przez wszystkie kobiety, które chcą być pożądane. Niezliczone Cressidy chcą b y ć Heleną w owym sensie metafizycznego pragnienia, w sensie bycia p r z e t ł u m a c z o n y m i jak Helena w *Śnie nocy letniej* na mającą większe powodzenie Hermię.

Dalekie od bycia nowym chwytom zrodzonym wraz z telewizją, kuszenie *per prokura*[50] jest tak stare jak sama ludzkość. Sięga pierwotnej religii i nigdy nie wyszło z mody. W naszym świecie jest oczywiście ważniejsze niż kiedykolwiek. Nowoczesna technologia przyspiesza mimetyczne skutki; powtarza je aż do obrzydzenia i rozciąga ich zasięg na cały świat, ale nie zmienia ich natury.

---

[50] Chodzi tu o zachęcanie do pragnienia pewnych przedmiotów przez wskazanie, że inni atrakcyjni ludzie już ich pragną, czyli zakładając, że będziemy chcieli ich imitować. [Przyp. tłum.]

Przekształca je również w wielce szanowany przemysł, zwany reklamą. Przedsiębiorstwo próbujące zwiększyć sprzedaż jakiegoś produktu, ucieka się do reklamy. Specjaliści od reklamy, aby rozpalić nasze pragnienie, próbują przekonać nas, że wspaniali ludzie na całym świecie już uwielbiają ich produkt. Gdyby ten przemysł potrzebował świętego patrona, powinien wybrać Pandarusa. Szekspir jest prorokiem nowoczesnej reklamy. Jego Pandarus drażni oczy swych przyszłych konsumentów prestiżowym pragnieniem, które pobudzi ich własne. Najpotężniejszym narkotykiem, farmakonem numer jeden, jest mimetyczne kuszenie, owa potężna wiadomość o ponętności i elegancji, której dostarczyła Helena.

W dzisiejszych czasach seks został wprzęgnięty w sprzedawanie nawet tak aseksualnych towarów jak aspiryna czy kawa rozpuszczalna. Nie chodzi tu o piękność; wystarczy jak najbardziej zniszczona aktorka — byleby miała liczne bohaterskie trofea na wojowniczych piersiach, pół tuzina porzuconych mężów i setki kochanków. Helena jest mistrzynią świata we wszystkich kategoriach. Tysiące mężczyzn już umarło wyłącznie dla niej. W biznesie tego typu króluje duch przemocy.

Nieśmiertelna międzynarodowa sława Heleny jako symbolu seksu ma źródło w procesie podobnym do tego, który zainicjował Pandarus. Jedynym powodem, dla którego Grecy chcą jej z powrotem jest to, że Trojańczycy chcą ją zatrzymać. Jedynym powodem, dla którego Trojańczycy chcą ją zatrzymać, jest to, że Grecy chcą ją odzyskać. Wszystkie mimetyczne koła są błędnymi kołami — to jedno zostaje wyraźnie zdefiniowane jako takie przez Hektora w scenie drugiej, aktu pierwszego, podczas debaty Trojańczyków nad słusznością kontynuowania tej straszliwie niszczycielskiej i kompletnie absurdalnej wojny.

Szekspirowska Cressida jest *mise en abîme* (zdyskredytowaniem) opowiadania o Helenie i to, czy postać ta jest średniowiecznym, czy greckim pomysłem, faktycznie nie ma znaczenia. Średniowieczna Cressida jest kopią prawdziwie homeryckiego opowiadania, które obok współzawodnictwa Greków i Trojan, pełne jest współzawodnictwa między Grekami — mianowicie, współzawodnictwa Agamemnona i Achillesa o pięknego jeńca Briseisa.

Wojna Trojańska u Szekspira przypomina pewien rodzaj niekończącego się turnieju toczonego głównie z pychy i dla osobistego prestiżu. Na zakończenie drugiej sceny trojańscy wojownicy wkraczają do miasta po codziennej utarczce z armią grecką. Paradują przed damami, które obserwują to wielkie wydarzenie ze szczytu wieży na murach obronnych Troi:

> *Cressida*: Who were those went by?
> *Alexander*: Queen Hecuba and Helen.
> *Cressida*: And whither go they?
> *Alexander*: Up to the eastern tower,
> Whose height commands as subject all the vale,
> To see the battle.
> (I, ii, 1-4)

> *Cressida*: Kto to?
> *Aleksander*: Królowa Hekuba z Heleną.
> *Cressida*: W jakim kierunku szły?
> *Aleksander*: Ku wschodniej wieży
> Która góruje nad całą doliną;
> Chcą na bój patrzeć.
> (s. 17)

Scena, która następuje, przywodzi na myśl prestiżowych futbolistów, wracających do szatni po zawzięcie spornej grze. Maszerują jak herosi, wyglądając jak najbardziej zagorzale, wielbiciele szaleją, a Pandarus, zrazu z lekkim roztargnieniem, robi zręczne uwagi do ucha swojej bratanicy na temat ich indywidualnych zasług; rozgląda się za Troilusem, który idzie dopiero na końcu procesji. Pandarus nieprzerwanie przypomina bratanicy, „zapamiętaj Troilusa lepiej niż pozostałych" [*mark Troilus above the rest*].

W oczach tego stręczyciela nieznany Troilus zaćmiewa wszystkich swoich słynnych towarzyszy. Cressida żartuje z jego braku doświadczenia i młodości; aby okpić stryja, który się temu nie poddaje, z pełnym szacunkiem dopytuje się o wojowników, którzy przechodzą. Pandarus lekceważąco macha na nich ręką i gdy pojawia się Troilus, żaden chwyt nie jest dla niego zakazany: cały aplauz jest dla Troilusa, twierdzi Pandarus. W rzeczywistości Troilus ma tylko jednego wodzireja, samego Pandarusa. Cressida, lękając się ośmieszenia, chce uciszyć stryja, ale nie może się powstrzymać, aby się z nim trochę nie podrażnić:

> *Cressida*: What sneaking fellow comes yonder?
> ....
> *Pandarus*: Mark him; note him. O brave Troilus! Look well upon
> him, niece; look you how his sword is bloodied, and his

> helm more hacked than Hector's; and how he looks, and
> how he goes! Go thy way, Troilus, go thy way! Had I a
> sister were a grace, or a daughter a goddess, he should take
> his choice. O admirable man! Paris? Paris is dirt to him;
> and, I warrant, Helen, to change, would give money to boot.
> (I, i, 226-239)
>
> *Cressida*: Co za człowieczyna przekrada się chyłkiem?
> ....
> *Pandarus*: Oceń go, zapamiętaj go. O mężny Troilusie! Przyjrzyj
> mu się dobrze, bratanico. Spójrz, jak pokryty
> krwią jest jego miecz, a hełm bardziej poszczerbiony
> niż Hektora. A jak spogląda, jak kroczy! O, podziwu
> godny młodzieniec; a nie minęły mu jeszcze dwadzieścia
> trzy lata. Niech ci się szczęści, Troilusie;
> niech ci się szczęści! Gdyby siostra moja była Gracją,
> a córka królową, pozwoliłbym mu wybrać, którą
> zechce. O godny podziwu człowiek! Parys? Parys
> jest pyłem w porównaniu z nim, i ręczę ci, że
> Helena oddałaby źrenicę oka w zamian za niego.
> (s. 30-31)

Hałaśliwe upieranie się Pandarusa jest tak nudne jak współczesna reklama, ale Szekspir chce pokazać znaczenie powtarzania. Powtarzanie bez końca tego samego zapoczątkuje imitację bardziej lub mniej automatycznie.

Litania ta, chociaż ważna, jest jedynie dodatkiem i służy odwróceniu uwagi, jest maską, za którą stręczyciel ukrywa swój główny handlowy chwyt, którym, raz jeszcze, jest odniesienie do Heleny. W passusie poprzednio cytowanym odniesienie to pojawia się na końcu i z punktu widzenia głównego tematu wydaje się marginesowe; w rzeczywistości jest tą bronią, na którą przebiegły Pandarus liczy, bronią ukrytą w masie mniej ważnej materii. Nawet jeżeli Cressida nie uwierzy, że Helena chce Troilusa, to wizerunek ten uparcie rozpościerany przez Pandarusa przed jej oczami dostarcza niezbędnej trzeciej partii, modelu dla jej pragnienia. W doświadczeniu Cressidy wszystko to jest odwiecznym cudem samoistnego zakochania się w Troilusie.

Zarówno Troilus jak i Cressida są mocno przekonani, że Pandarus nie ma nic wspólnego z ich wzajemną miłością; z całym zaufaniem przyjmują, że intensywność ich pragnienia gwarantuje jego „autentyczność". Odbiega to daleko od Proteusa z *Dwóch szlachciców z Werony*. Bohater ten, jak pamiętamy, przyznaje się wyraźnie do mimetycznej natury swojego pragnienia. Wczesny Szekspir musiał się dopiero uczyć wyszukanej techniki, jaką prezentuje w późniejszych sztukach. Cressida jest dobrym przykładem tego wyrafinowania.

W obecności Pandarusa Cressida nie mówi ani słowa o swojej miłości do głośno reklamowanego Troilusa. Jednakże jak tylko Pandarus odchodzi, mówi o nim w monologu, który warto zapamiętać; jest on bowiem kluczem do zrozumienia całego romansu:

> But more in Troilus thousandfold I see
> Than in the glass of Pandar's praise may be;
> Yet hold I off. Women are angels, wooing:
> Things won are done; joy's soul lies in the doing.
> That she belov'd knows nought that knows not this:
> Men prize the thing ungain'd more than it is:
> That she was never yet that ever knew
> Love got so sweet as when desire did sue.
> Therefore this maxim out of love I teach:
> Achievement is command; ungain'd, beseech;
> Then though my heart's content firm love doth bear,
> Nothing of that shall from mine eyes appear.
> (I, ii, 289-300)

> Lecz choć go Pandar chwali najgoręcej,
> Dla mnie jest Troilus wart tysiąckroć więcej.
> A jednak czekam. Aniołami będą
> Dla nich kobiety, nim ich nie zdobędą.
> Lecz rzecz zdobyta nie ma już wartości;
> Gdyż w zdobywaniu tkwi dusza radości,
> Niczego nie wie ta, którą kochają,
> Gdy tego nie wie. Mężczyźni nadają
> Wartość nadmierną rzeczom pożądanym,
> Lecz nie zdobytym. Niewiastom kochanym
> Jest to nieobce. Rzecz to dobrze znana
> Że miłość mężczyzn bywa żądzą gnana.
> Uczę maksymy takiej, która głosi:
> Kto zdobył, każe; kto nie zdobył prosi.
> Więc choć jest serce me pełne miłości,
> Uczucie w oczach moich nie zagości.
> (s. 14)

Cressida nic nie mówi stryjowi o swoim pragnieniu, gdyż mądrze zadecydowała, aby nie ulegać pokusie. Brak jej doświadczenia, ale jest inteligentna i instynktownie rozumie podstawowe prawo, którego żadna z kobiet nie powinna lekceważyć, jeżeli chce przetrwać w dżungli erotycznej strategii. Ze względów strategicznych mądra kobieta nie oddaje się swojemu kochankowi; bierze mądrze pod uwagę mimetyczną naturę jego pragnienia. Cressida z rozmysłem czyni to, co w *Wieczorze Trzech Króli* Olivia czyni spontanicznie, jedynie ze znudzenia namiętnością Orsina. Oświadczając publicznie, że nie pragnie Troilusa, rozpala dodatkowo jego pragnienie; wskazuje na samą siebie zamiast na niego jako na przedmiot pragnienia.

W scenie trzeciej aktu drugiego, Troilus i Cressida łączą się w końcu, dzięki wspaniałym usługom Pandarusa i uginają się pod ciężarem swoich emocji. „Uniesienie" Cressidy uniemożliwia jej dotrzymanie własnego postanowienia. Pogarsza jeszcze sprawę, ujawniając przed kochankiem swoją nieudaną strategię. Rzuca na wiatr cała roztropność. Szekspir wyraźnie chce przedstawić ją w tym miejscu jako kobietę zakochaną, ożywioną pragnieniem zaniechania wszystkich swoich podstępów.

Co ciekawe, obecna Cressida przypomina Julię, szekspirowską bohaterkę o wiele lepszej reputacji niż ta wiarołomna kochanka Troilusa. Julia, w scenie podobnej do tej, którą cytujemy, daje Romeo do zrozumienia, że mogłaby odgrywać „niedostępną", aby wzmocnić pragnienie swojego kochanka. Fakt, że bez ogródek dyskutuje tę strategiczną opcję z jej ewentualną ofiarą, wyklucza wszelkie skuteczne uciekanie się do niej; Szekspir traktuje całą sprawę jako oznakę całkowitego poddania się ze strony Julii. To samo dotyczy Cressidy:

> *Cressida*: Boldness comes to me now, and brings me heart.
> Prince Troilus, I have lov'd you night and day
> For many weary months.
> *Troilus*: Why was my Cressid then so hard to win?
> *Cressida*: Hard to seem won; but I was won, my lord,
> With the first glance that ever — pardon me —
> If I confess much, you will play the tyrant.
> I love you now, but not, till now, so much
> But I might master it. In faith I lie,
> My thoughts were like unbridled children, grown
> Too headstrong for their mother. See, we fools!
> Why have I blabb'd? Who shall be true to us,
> When we are so unsecret to ourselves?
> But though I lov'd you well, I woo'd you not,
> And yet, good faith, I wish'd myself a man,
> Or that we women had men's privilege
> Of speaking first. Sweet, bid me hold my tongue,

> For in this rapture I shall surely speak
> The thing I shall repent. See, see, your silence,
> Cunning in dumbness, from my weakness draws
> My very soul of counsel. Stop my mouth.
> (III, ii, 112-131)

> *Cressida*: Zuchwałość nagła dodaje mi serca.
> Książę Troilusie, za dnia i wśród nocy
> Kochałam ciebie przez wiele dręczących
> Miesięcy.
> *Troilus*: Czemu więc było tak trudno
> Zdobyć Cressidę?
> *Cressida*: Trudno z pozoru, lecz jednak zdobyto
> Pierwszym spojrzeniem, które — chciej wybaczyć —
> Będzie tyranem, gdy zdradzę zbyt wiele.
> Kocham cię dzisiaj; a przecież do dzisiaj
> Umiałam miłość moją opanować.
> Cóż, kłamię; myśli moje rozbrykane
> Były jak dzieci zanadto uparte
> Wobec swej matki. Spójrzcie, o my głupie!
> Po cóż tak paplę? Któż będzie nam wierny,
> Jeśli my same będziemy się zdradzać?
> Nie uwodziłam cię, chociaż kochałam,
> Lecz jak pragnęłam wówczas być mężczyzną
> Lub dać niewiastom męskie przywileje,
> By mogły pierwsze przemówić. Mój słodki,
> Każ, bym trzymała język za zębami,
> Gdyż w uniesieniu powiem tu z pewnością
> Coś, czego będę żałowała. Spójrz, spójrz!
> Milczysz przemyślnie jak niemowa, po to,
> By słabość moja mogła ci ujawnić
> Tajniki duszy mej. Zamknij mi usta.
> (s. 105-106)

Aby zrozumieć dalszą ewolucję tego związku, musimy zapamiętać owo totalne obdarzenie sobą przez Cressidę. Nazajutrz, wczesnym rankiem, po nocy spędzonej razem, dwoje młodych ludzi pojawia się znowu w scenie drugiej aktu czwartego. Cressida, bardziej niż dotychczas, rozpływa się z miłości do Troilusa. Ale Troilus się zmienił; mówi ciągle słowa miłości, ale nie zachowuje się już jak zakochany. Chce natychmiast wyjść:

> *Troilus*: Dear, trouble not yourself; the morn is cold.

> *Cressida*: Then, sweet my lord, I'll call mine uncle down;
> He shall unlock the gates.
> *Troilus*: Trouble him not;
> To bed, to bed! Sleep kill those pretty eyes,
> And give as soft attachment to thy senses
> As infants' empty of all thought.
> *Cressida*: Good morrow, then.
> *Troilus*: I prithee, now, to bed.
> (IV, ii, 1-7)
>
> *Troilus*: Nie trudź się, miła; poranek jest chłodny.
> *Cressida*: Więc, słodki panie, wezwę na dół stryja;
> Otworzy bramę.
> *Troilus*: Nie kłopocz go, proszę.
> Wracaj do łoża, do łoża i niechaj
> Sen zgładzi oczu tych ślicznych spojrzenie,
> Dając twym zmysłom tak cichą kryjówkę,
> Jak niemowlętom pozbawionym myśli!
> *Cressida*: Więc ci dobrego ranka życzę.
> *Troilus*: Proszę
> Idź już do łoża.
> (s. 133)

Ten niepokój o jej zdrowie nie zwiedzie Cressidy. Troilus chce posłać ją do łóżka — samą. Jest teraz złakniony pola walki; chce być z innymi młodymi mężczyznami. Troilus jest niewątpliwie dumny z pięknej ukochanej, ale co warta jest duma, skoro inni mężczyźni nic o niej nie wiedzą? Ten erotyczny triumf potrzebuje świadków, aby w pełni sprawić przyjemność. Troilus tęskni trochę za chełpieniem się przed swoimi dziewięćdziesięcioma dziewięcioma braćmi.

Cressida, przeczuwając to wszystko, pyta: „Jesteś mną znużony?" [*Are you aweary of me?*]. Troilus ukrywa zakłopotanie pod przykrywką jak najbardziej banalnej retoryki:

> O Cressida, but that the busy day,
> Wak'd by the lark, hath rous'd the ribald crows,
> And dreaming night will hide our joy no longer,
> I would not from thee.
> (8-11)

> Cressido! Gdyby dzień służący pracy,
> I przez skowronka zbudzony, nie zerwał
> Także plugawych wron, aby noc senna

Nie mogła dłużej kryć naszych radości,
Nie odszedłbym stąd.
(s. 133-134)

U Szekspira są dwa rodzaje retoryki; odmiana znacząca, która jest szatą słowną mimetycznego pragnienia oraz retoryka taka jak wyżej, która jest naprawdę sztuczna i zwodnicza. Bohater mówiący do kochanki tak, jak Troilus właśnie mówi, oszukuje ją. Cressida wzdycha „Noc była za krótka" [*Night hath been too brief*]. Troilus jeszcze raz próbuje się wymknąć: „Będziesz kląć mnie, Gdy się przeziębisz" [*You will catch cold and curse me*]. Gdy kobieta zbyt łatwo ulega kochankowi, traci on szybko całe zainteresowanie dla niej. Cressida mówi:

> Prithee tarry;
> You men will never tarry.
> O foolish Cressida, I might have still held off,
> And then you would have tarried.
> (15-18)

> Proszę cię, pozostań.
> Nie chcecie nigdy zostać, wy mężczyźni.
> Głupia Cressido! Mogłam wytrwać dłużej,
> Zostałbyś wówczas.
> (s. 134)

Jest to odwołanie się do własnego ostrzeżenia Cressidy z zakończenia aktu I, „a jednak czekam" [*yet hold I off*]. Jest oczywiste, że obojętność Troilusa należy rozumieć w świetle tego monologu. Naszkicowana tam strategia była słuszna; Cressida rezygnując z niej, popełniła błąd. Wierność kochanka jest odwrotnie proporcjonalna do gotowości zaspokojenia jego pragnienia przez kochankę. Kobiety lekceważące to mimetyczne prawo, są same sobie winne.

Prawie natychmiast pojawia się Pandarus, czyniąc niegustowne żarty kosztem bratanicy. Troilus, zamiast uciszyć go, jak powinien, staje się *de facto* współsprawcą. Wówczas rozlega się pukanie do drzwi. Cressida, zachęcając Pandarusa do otwarcia, prosi Troilusa, aby schronił się razem z nią w jej sypialni. Nie chce, aby zobaczono tego młodego mężczyznę w jej apartamencie o tak wczesnej porze:

> Who's that at door? Good uncle, go and see.
> My lord, come you again into my chamber.
> You smile and mock me, as if I meant naughtily.
> (IV, ii, 36-38)

> Kto jest przed drzwiami? Wyjrzyj, dobry stryju.
> Panie mój, powróć do mojej komnaty.
> Z drwiącym uśmiechem patrzysz teraz na mnie,
> Jak gdybym złego coś miała na myśli.
>
> (s. 135)

Cressida obawia się o swoje dobre imię, ale Troilus rozumie jej słowa jako zaproszenie do dalszych amorów. Nie dość, że nie zganił Pandarusa, ale jeszcze go naśladuje; pali się do seksistowskiej emulacji. Noc spędzona z Cressidą czyni go niewrażliwym i nieokrzesanym.

Niedostrzeganie haniebnego zachowania Troilusa tego wczesnego poranka należy wręcz do tradycji. Krytycy pamiętają średniowieczną opowieść o Troilusie i Cressidzie i nie mogą sobie wyobrazić, aby Szekspir mógł odwrócić sprytnie jej przesłanie; tylko kobieta musi być winna; ma ona niewierność wypisaną na twarzy; jej kochanek ucieleśnia wierność. Możliwość, że Szekspir może ironicznie zakwestionować ten stary schemat, nie jest brana pod uwagę.

Krytycy nie biorą pod uwagę opisanej wyżej chwilowej niewrażliwości Troilusa. Jeżeli o nim wspominają, wynajdują dla niego różnego rodzaju usprawiedliwienia. Sympatyczny młody człowiek, w zgodzie ze swoimi zmysłami, nie powinien być obwiniany za to, że zdaje się być trochę roztargniony tego wczesnego ranka. Uważają, że jego serce jest po właściwej stronie, że jego zasadnicza postawa nie zmieniła się. Zakończenie tej opowieści dowodzi jego głębokiej i trwałej miłości do Cressidy.

Krytycy ci nie wyjaśniają, dlaczego Szekspir pieczołowicie zgromadził górę dowodów przeciw Troilusowi. Dobry dramatopisarz nie czyni tego bez powodu. Przyjmują oni *implicite*, że wściekła zazdrość nie mogłaby ujawnić się w scenie szóstej, gdyby skłaniająca do niej „miłość" nie była pod zewnętrzną powłoką przez cały czas tak samo silna.

Krytycy ci są oślepieni przez dziewiętnastowieczny mit psychicznej ciągłości. Wierzą, że późniejsza zazdrość Troilusa musi być zakorzeniona w jego pierwotnym pragnieniu Cressidy, ale są w błędzie. Owego fatalnego poranka to „pierwotne" pragnienie było całkowicie martwe, umierając śmiercią przepowiedzianą przez inteligentną Cressidę. Krytycy powinni bardziej zwrócić na nią uwagę; jej najgorsze obawy spełniają się dokładnie z tego powodu, który przewidziała. Nie da się złapać po raz drugi; od tej chwili będzie działać zgodnie z prawami, w których prawdziwość nigdy nie wątpiła, ale których skutecznie nie wykorzystała, z powodu swojej miłości do Troilusa.

Profesorowie traktują Troilusa jak studentów, którym systematycznie dają dobre oceny, bojąc się ich stracić. Dramatopisarz nie wysyłałby sygnałów, które wyśledziliśmy, gdyby nie chciał trafić komuś do przekonania. Takie sygnały mogłyby nie mieć znaczenia w rzeczywistym życiu, ale nie w sztuce. Warto przypomnieć sobie, że dramatyczna fabuła jest od początku do końca zamierzona. Jaki skutek Szekspir usiłuje osiągnąć?

Ta niezmiernie ważna obojętność Troilusa jest jedynie krótką fazą; zobaczmy jak się ona kończy. Przybywa posłaniec z wiadomością, że Cressida musi natychmiast opuścić Troję i dołączyć do ojca, który znajduje się już w obozie Greków. Zostanie wymieniona na trojańskiego wojownika wziętego do niewoli przez Greków.

Wyjazd dziewczyny może okazać się zgubny dla jej spraw miłosnych z Troilusem. Jedynie Pandarus wygląda autentycznie strapiony. Szalony smutek Cressidy jest zbyt widowiskowy, aby być w pełni przekonywujący. Troilus przyjmuje wiadomość spokojnie, nawet filozoficznie. Zwracając się do swojej rozhisteryzowanej kochanki, wygłasza kazanie o cnocie rezygnacji. Życzenie jej ojca ma aprobatę wszystkich przywódców w każdym z obozów, musi więc okazać posłuszeństwo. Troilus obiecuje, że potajemnie przekroczy linię bitwy, aby ją odwiedzić.

Wiadomość o przeniesieniu Cressidy do obozu Greków odpowiada oczywiście skrytemu życzeniu Troilusa. Stworzy właściwy dystans między nim i kobietą, której przesadne przywiązanie uważa za pochlebne, naturalne, uzasadnione, ale niewygodne. Linia bitwy jest idealną, jednokierunkową przeszkodą. Troilus będzie w stanie przekroczyć ją bez trudności, gdy tylko zechce cieszyć się swoją wielce zdobiącą ukochaną, podczas gdy Cressida, kobieta, będzie musiała pozostać po swojej stronie ogrodzenia. Inaczej mówiąc, odstęp między wizytami będzie tak długi, jak to postanowi Troilus, a nie Cressida. To niewątpliwie znakomite rozwiązanie, jak wszystko inne w życiu Troilusa, łącznie z samą Cressidą, zostaje mu podane na srebrnym półmisku. Fortuna z cała pewnością uśmiecha się do tego zacnego, młodego szlachcica. Bardziej niż kiedykolwiek czuje, że zdobył szczyt świata.

Aż do tego momentu Troilus *implicite* zakłada, że jego ukochana, nawet gdyby próbowała, nie potrafiłaby być niewierna; za bardzo jest w nim zakochana. Pozostaje więc jedynie troska o jego drogocenną wolność. Więzień, nawet więzień miłości, ma tylko jedno pragnienie:

uciec. Naiwna pewność siebie czyni Troilusa całkowicie bezbronnym na ciosy.

Cressida jest zbyt inteligentna, aby nie przejrzeć na wylot kalkulacji swojego kochanka i zapewne bardziej niż kiedykolwiek żałuje, że jednak „nie czekała". Na tę strategię jest za późno, ale sprytna kobieta, która jest do tego ślicznotką, nigdy nie jest całkowicie bezradna. Wydaje się, że prawie z roztargnieniem wypowiada słowa, które zasługują na większą uwagę, niż otrzymały:

> A woeful Cressid 'mongst the merry Greeks:
> When shall we see again?
> (IV, iv, 55-56)

> Smętna Cressida wśród wesołych Greków!
> Kiedy się znowu zobaczymy?
> (s. 144)

Określenie „weseli Grecy" w elżbietańskiej Anglii było wręcz przysłowiową nazwą dla goniących za przyjemnością. Troilus, uchwyciwszy sens tego powiedzonka, natychmiast zmienia ton:

> Hear me, my love: be thou but true of heart —
> (IV, iv, 57)

> Posłuchaj, miła. Jeśli będziesz wierna —
> (s. 144)

Cressida reaguje gniewnie na nutę podejrzliwości, którą dostrzegła w tych słowach:

> I, true? How now, what wicked deem is this?
> (59)

> Jeśli! Ja! Jak to! Cóż za myśl paskudna?
> (s. 144)

On odpowiada:

> *Troilus*: I speak not "Be thou true," as fearing thee —
> For I will throw my glove to Death himself
> That there's no maculation in thy heart —
> But "Be thou true" say I to fashion in
> My sequent protestation: be thou true,

> And I will see thee.
> *Cressida*: You will be expos'd, my Lord, to dangers
> As infinite as imminent! But I'll be true,
> *Troilus*: And I'll grow friend with danger: wear this sleeve.
> *Cressida*: And you this glove: when shall I see you?
> *Troilus*: I will corrupt the Grecian sentinels
> To give to thee nightly visitation.
> But yet be true.
> (62-74)

> *Troilus*: Nie mówię „jeśli będziesz wierna" w trwodze
> O ciebie. Śmierci rzucę rękawicę
> W zakład, że nie ma zmazy na twym sercu;
> Lecz mówię „jeśli będziesz wierna" pragnąc
> Dokończyć „Jeśli będziesz wierna, przyjdę.
> *Cressida*: Ach! Lecz wystawisz się na nieuchronne
> I nieskończone wprost niebezpieczeństwa.
> Lecz będę wierna.
> *Troilus*: A ja zawrę przyjaźń
> Z niebezpieczeństwem. Weź z sobą ten rękaw.
> *Cressida*: Tę rękawiczkę weź. Kiedy cię ujrzę?
> *Troilus*: Przekupię greckie straże, aby nocą
> Przybyć do ciebie. A jednak bądź wierna.
> (s. 144-5)

Gdy Troilus powtarza swoje „bądź wierna, bądź wierna", tak jak wcześniejsze „przeziębisz się", możemy zorientować się, że na próżno stara się przełknąć „wesołych Greków" Cressidy. Jego umysł nie jest tak bystry jak jej, ale implikacje tej formułki wsiąkają weń dość szybko. Ona z kolei z każdym „bądź wierna, bądź wierna", staje się coraz bardziej zniecierpliwiona:

> *Cressida*: O heavens — 'Be true' again?'
> *Troilus*: Hear why I speak it, love:
> The Grecian youths are full of quality,
> They're loving, well compos'd with gifts of nature
> Flowing and swelling o'er with arts and exercise:
> How novelty may move, and parts, with person,
> Alas, a kind of godly jealousy —
> Which, I beseech you, call a virtuous sin —
> Makes me afeard.
> (74-82)

> *Cressida*: O nieba! Znowu „wierna"!
> *Troilus*: Zechciej, miła,
> Wysłuchać, czemu tak mówię do ciebie.
> Pełni przymiotów są młodzieńcy greccy.
> Kochają, wiele w nich darów Natury,
> Niezmiernie lubią sztukę i ćwiczenia.
> Owe nowości i zalety ludzi
> Mogą niestety wzbudzić świętą zazdrość;
> Proszę, byś zwała ją cnotliwym grzechem.
> Trwoży mnie ona.
> (s. 145)

Sama możliwość utraty Cressidy na rzecz Greków nadaje jej w oczach Troilusa na nowo wartość. Czym mogłaby być ta zdumiewająca metamorfoza Troilusa, jeżeli nie przypiszemy jej mimetycznemu pragnieniu? Zajście to jest punktem zwrotnym całego epizodu, odrodzeniem się pragnienia Troilusa; jak najbardziej ma związek z tematem tego studium.

Bądźmy pedantycznie dokładni: drugie pragnienie Troilusa nie może być zakorzenione w nim, podmiocie, ponieważ jeszcze minutę temu, pragnienie takie nie istniało. Nie może być również zakorzenione w przedmiocie; jego kochanka nie zmieniła się, a jeszcze sekundę temu nie wydawała się wcale godna pożądania. Uczyniła siebie znowu upragnioną, przypominając Troilusowi o erotycznej reputacji Greków. Czy można wyraźniej pokazać, że w swej istocie pragnienie Troilusa pochodzi z drugiej ręki?

Cressida nie może co prawda stać się znowu „niedostępną" jak poprzednio, ale można ją stracić na rzecz kogoś innego, a ten rodzaj utraty stanowi drugi cenny przepis na to, jak zmienić coś bezwartościowego w przedmiot, który według słów Cressidy mężczyźni „cenią bardziej ...niż jest wart" [*men prize ... more than it is*]. Zasiała w sercu kochanka lęk, który przekształca czarujące wspomnienie właśnie zakończonej nocy w obrzydliwą torturę. Los Troilusa ma szansę być gorszy, niż gdyby Cressida nigdy do niego nie należała.

Nowa miłość Troilusa do Cressidy jest nierozwiązalnie splątana z jego zazdrością o Greków. Pechowo dla niego, Cressida wszystko rozumie. Gdyby była mniej inteligentna, uspokoiłaby się całkowicie i pomyślała: „Hura! On ciągle mnie kocha". Ona jednak wie więcej; nowe pragnienie Troilusa nie ma nic wspólnego z prawdziwą miłością:

> *Cressida*: O heavens, you love me not.
> *Troilus*: Die I a villain then!

> In this I do not call your faith in question
> So mainly as my merit. I cannot sing,
> Nor heel the high lavolt, not sweeten talk.
> Nor play at subtle games — fair virtues all,
> To which the Grecians are most prompt and pregnant —
> But I can tell that in each grace of these
> There lurks a still and dumb-discoursive devil
> That tempts most cunningly; but be not tempted.
> *Cressida*: Do you think I will?
> *Troilus*: No,
> But something may be done that we will not.
> And sometimes we are devils to ourselves,
> When we will tempt the frailty of our powers,
> Presuming on their changeful potency.
> (IV, iv, 82-97)

> *Cressida*: O Niebo! Nie kochasz!
> *Troilus*: Więc niech umrę łotrem!
> Mówiąc to, nie chcę wątpić w twoją wierność,
> Lecz w me przymioty, gdyż nie umiem śpiewać
> Ani zatańczyć w wysokich podskokach,
> Nie znam słów słodkich ani gier przemyślnych.
> Do wszystkich cnót tych pięknych Grecy mają
> Wrodzoną skłonność. Mogę jednak stwierdzić,
> Że w każdej z owych zalet drzemie diabeł
> Niemo-wymowny i kusi przebiegle,
> Nie daj się skusić.
> *Cressida*: Myślisz, że mnie skusi?
> *Troilus*: Nie.
> Lecz może stać się coś, czego nie chcemy,
> Czasami jesteśmy diabłami dla siebie,
> Chcąc wypróbować nasze kruche siły,
> Bez myśli o tym, jak bardzo są zmienione.
> (s. 145-146)

W sercu Troilusa paniczny lęk zajął miejsce samozadowolenia. Jeszcze kilka minut temu bóg miłości, teraz — niezręcznym prostak; boska jest w nim jedynie jego zazdrość. Prawdziwymi bogami są Grecy.

Nasz młody trojański prostak czuje się gorszy od swoich rywali z dwóch powodów. Nie dość, że brak mu tych przymiotów Greków, które tak nierozważnie wylicza przed Cressidą, to jeszcze wkrótce Grecy ci będą mieli łatwy i stały dostęp do niej, który on sam wkrótce straci. Jeszcze minutę temu Cressida była zbyt zaborczą kochanką, a linia bitewna oferowała mile widzianą obronę przed nią; obecnie staje się jednak szatańską przeszkodą w służbie zdradzieckich demonów, udaremniających „prawdziwą miłość".

Każdy szczegół w jego wychwalaniu Greków zdradza gotowość do imitowania ich. Któż z młodych zakochanych ludzi nie chciałby „zatańczyć w wysokich podskokach" [*heel the high lavolt*]? Troilus jest niestety za stary, aby wyszkolić się na Greka. Jedną cechą Greków, którą może z łatwością kopiować, jest ich namiętność do pięknych kobiet, a więc ich możliwa namiętność do Cressidy. Namiętność ta jest bez wątpienia jeszcze ciągle wyimaginowana, ale nie potrwa to długo; Troilus sam zapoczątkuje mimetyczny proces jej narodzin, odprowadzając Cressidę do Diomedesa.

Nieszczęsny Troilus! Godzina jego triumfu była krótka. A Cressida, czy swój znakomicie wykonany manewr starannie zaplanowała, czy też po prostu poszła za tym, co nasi ojcowie nazywali „kobiecą intuicją"? Cokolwiek by to było, uzyskany wynik jest w pełni zadowalający. Przy pomocy kilku słów („Smętna Cressida wśród wesołych Greków" [*A woeful Cressid 'mongst the merry Greeks*]) spowodowała drugą rewolucyjną zmianę w swoim związku z Troilusem.

Strategia Cressidy, aby „jednak czekać", była skuteczna, dopóki była w użyciu, ale nie trwało to wystarczająco długo; straciwszy kontrolę, zmuszona była spróbować czegoś innego. Jej druga strategia jest skuteczniejsza i zabawniejsza od poprzedniej i Cressida przypomina sobie o niej przybywszy do obozu Greków. Tak więc szybko uczy się lekcji, której Helena w *Śnie nocy letniej* zupełnie nie potrafiła wchłonąć, chociaż instrukcji udzielała jej odnosząca większe sukcesy Hermia:

> *Helena*: O teach me how you look, and with what art
> You sway the motion of Demetrius' heart.
> *Hermia*: I frown upon him, yet he gives me love.
>
> (192-194)

> *Helena*: O, ucz mnie spojrzeń; spraw niechaj odkryję
> czemu dla Ciebie jego serce bije.
> *Hermia*: Patrzę wzgardliwie, on jednak miłuje.
>
> (s. 16)

Drugie pragnienie Troilusa nie jest ani kontynuacją jego pierwszego pragnienia, ani kontynuacją jego obojętności w międzyczasie. Matką tego drugiego pragnienia jest Cressida, a ojcem — weseli Grecy. Matką pierwszego pragnienia był Pandarus, a ojcem strategia Cressidy, aby

„trzymać się z dala". Moment obojętności, który rozdziela te dwa pragnienia, umożliwia zrozumienie całej sztuki. Troilus doprowadziwszy Cressidę do Diomedesa i widząc na własne oczy druzgocące serce początki jej nowego romansu, rozpoczyna rozmowę wystarczająco szaloną, aby skłonić Ulissesa do zapytania z wielkim zdziwieniem:

> May worthy Troilus be half attached
> With that which here his passion doth express?
> (V, ii, 161-162)

> Czy to możliwe, by czcigodny Troilus
> Choćby w połowie odczuwał to wszystko,
> Co tu namiętność jego chce wyrazić?
> (s. 198)

Troilus odpowiada:

> Ay, Greek, and that shall be divulged well
> In characters as red as Mars his heart
> Inflam'd with Venus: never did young man fancy
> With so eternal and so fix'd a soul.
> Hark Greek: as much as I do Cressid love,
> So much by weight hate I her Diomed.
> (163-168)

> Tak, Greku. Pięknie się tę rzecz obwieści
> Pismem czerwonym tak jak serce Marsa
> Rozpłomienione przez Venus. Gdyż nigdy
> Żaden młodzieniec nie łączył z miłością
> Tak wiekuiście niewzruszonej duszy.
> Posłuchaj Greku: jak kocham Cressidę,
> Tak nienawidzę jej Diomedesa.
> (s. 189)

Jak zawsze naiwny Troilus mówi nam szczerze, że jego miłość do Cressidy równa się jego nienawiści do jej greckiego kochanka. I tak z całą pewnością jest; jest to fundamentalna prawda o mimetycznym współzawodnictwie, która właśnie została tu sformułowana. Troilus nie jest jednak wystarczająco inteligentny, aby zrozumieć samooskarżenie zawarte w jego słowach. Wcześniej, tego samego dnia był obłudnikiem, przysięgając Cressidzie wieczną miłość, ale tym razem mówi cała prawdę. Niewierność Cressidy gwarantuje stałość jego namiętności. Troilus zdążył już zapomnieć o swojej chwilowej obojętności w stosunku do Cressidy i czuje się głęboko przekonany o swojej słuszności. On sam, podobnie jak krytycy tej sztuki, postrzega swoje dwa odrębne pragnienia Cressidy jako jedno i to samo i wbrew temu, co sam mówi, ani przez chwilę nie wątpi w chronologiczne pierwszeństwo i duchową niezależność swego rzekomo monolitycznego pragnienia. Gdybyśmy mogli wytłumaczyć mu mimetyczną naturę wszystkich jego reakcji, prawdopodobnie rzuciłby się nam natychmiast do gardła z czystego oburzenia.

Nie pamięta ulgi, jaką czuł, gdy dowiedział się, ze Cressida zostanie odesłana do Greków; nie pamięta swojego samolubstwa, swojej gburowatości, swojego egoistycznego sposobu postępowania, ordynarnej solidarności z Pandarusem, swojego niewolniczego szacunku dla godnych zazdrości Greków. Nie pamięta śmierci swojego pragnienia owego fatalnego poranka. Nigdy nie odkryje prawdziwego autora swojego nieszczęścia: samego siebie.

Troilus odprowadziwszy Cressidę do konwojującego ją Greka, Diomedesa, nie może powstrzymać się od „wychwalania" jej zalet w jak najbardziej wyzywający sposób. Jego krótka mowa wydaje się mieć na celu przekonanie swojego jedynego słuchacza, że nadskakiwanie Cressidzie jest znakomitą myślą, co Diomedes, będąc oczywiście mimetycznie zainspirowany przez Troilusa, czyni prawie natychmiast:

> I will tell thee, Lord of Greece,
> She is as far high-soaring o'er thy praises
> As thou unworthy to be call'd her servant.
> I charge thee use her well, even for my charge;
> For by the dreadful Pluto, if thou does not,
> Though the great bulk of Achilles be thy guard,
> I'll cut thy throat.
> (IV, iv, 123-129)

> Greku, nie jesteś dla mnie zbyt uprzejmy,
> Gdy wychwalając ją szydzisz z mej prośby.
> Mowię ci, Greku, że wznosi się ona
> Równie wysoko nad tym wychwalaniem,
> Jak ty niegodny jesteś być jej sługą.
> Każę ci, abyś dobrze się z nią obszedł,
> Choćby dlatego, że każę. Bo jeśli
> Nie zechcesz, klnę się tu na straszliwego

Plutona, że ci poderżnę twą gardziel,
choćby potężne ciało Achillesa
Było twą tarczą.

(s. 147-148)

W każdym razie pycha Troilusa i jego skupienie się na sobie/innym niezawodnie przemienią go w poszukiwacza sromotnej klęski, którym z całą pewnością jest, ale czego nigdy w samym sobie nie odkryje. Należy on do znajomej rodziny Valentina, Collatinusa, Silviusa i innych, chociaż z wszystkich tych bohaterów jest najmniej refleksyjny. Pod tym względem znajduje się na przeciwnym biegunie niż Claudio w *Wiele hałasu o nic*.

Troilus należy do tych ludzi, którzy pragnąc, potrzebują towarzystwa; obecnie ma cała armię „wesołych Greków" do współzawodnictwa. Jest jeszcze jednym przykładem czegoś kwintesencjonalnie szekspirowskiego: postacią, która, nierozważnie zachęcając do przyprawienia sobie rogów, musi ogłaszać publicznie i reklamować swój szczęśliwy los, w celu spotęgowania niepewnej namiętności. Ta słabość jednostkowego pragnienia — samotnego i nie popartego pragnienia, pragnienia w celibacie — pojawia się ciągle na nowo u Szekspira, chociaż w osobie Troilusa temat ten został lepiej rozwinięty i wyartykułowany niż w postaciach wcześniejszych, dzięki tym licznym scenom, w których inteligencja Cressidy stanowi niezawodny drogowskaz wskazujący, gdzie naprawdę leży pragnienie Troilusa.

Te wahania w pragnieniu Troilusa znakomicie ilustrują podstawową różnicę między Szekspirem i Freudem. Wierząc w psychoanalizę, zakładamy, że prawdziwym źródłem naszych pragnień jest prawo kulturowe wobec nas zewnętrzne. *Homo psychoanalyticus*, odmiennie od człowieka Szekspira, nie potrzebuje, aby wskazano mu, czego pragnąć; pragnie po prostu przedmiotów zakazanych przez prawo zewnętrzne.

Ponieważ matka jest najbardziej zakazanym przedmiotem, zakłada się, że wszyscy będziemy rzekomo pragnąć naszych matek lub przynajmniej czegoś, co je zastępuje. W dzisiejszej literackiej atmosferze nawet niezależni krytycy nigdy nie są na tyle niezależni, aby sugerować coś, co mogłoby zaprzeczać temu uświęconemu prawu. Szekspir pokazuje nam jednak, jak oczywistym jest ono nonsensem.

Cressida nigdy nie jest naprawdę „matczyna", a z wszystkich następujących po sobie i z wszystkich odnoszących sukces Cressid już najmniej matczyna jest ta, którą Troilus kocha najbardziej zawzięcie, czyli Cressida Diomedesa. Równie prawdziwa jest odwrotność: łotr ten najmniej pragnie Cressidy najbardziej nieegoistycznie mu oddanej, Cressidy szczerze w nim zakochanej; chce pierzchnąć, ponieważ ona zdaje się być zbyt godna zaufania. Jeżeli istnieje jakaś matczyna Cressida, jest nią z cała pewnością właśnie ona.

Cressida ilustruje absurdalność przypisywania naszym pragnieniom instynktownej orientacji na matczyność i macierzyństwo w ogóle. Kobieta niezdolna do nieczystej gry nigdy nie zainteresowałaby Troilusa na bardzo długo. Większość matek postępuje uczciwie ze swoimi dziećmi. Większość dzieci nie interesuje się swoimi matkami jako obiektami seksualnymi. Troilus jest krańcowym przykładem tego, jacy są w większości mężczyźni.

Błędem byłoby przekonanie, że zewnętrzny zakaz czyni przedmioty niedostępnymi w tym sensie, którego wymaga pragnienie; czynią tak jednak mimetyczni pośrednicy, stając się przeszkodami z racji bycia modelami dla naszych pragnień. Gdy model zostaje nam wskazany przez zewnętrzne prawo, wówczas zawsze zostaje wybrany ktoś, kto zajmuje w relacji do nas taką pozycję, że normalnie nie powinien stać się naszym rywalem.

Najbardziej kluczową różnicą między Szekspirem i Freudem jest nie to, że „stosunki rówieśnicze" są dla Szekspira ważniejsze niż stosunki rodzicielskie (co nie zawsze jest prawdą, np. w *Coriolanusie*), ale że wszystkie niezmienne pozycje, wszyscy kulturowo zdeterminowani rywale, zostali zastąpieni przez potężniejszą myśl o samorodnej przeszkodzie, owym owocu imitacji uderzającym w imitatora, czyli myśl o mimetycznej rywalizacji.

15
ROZPUSTA I WOJNA

Przekręcenia w średniowiecznej opowieści o Troilusie i Cressidzie

Szekspir odrzuca asymetryczne przeciwstawianie absolutnie wiernego Troilusa absolutnie niewiernej Cressidzie. Nie zastępuje jednak doskonałego bohatera doskonałą bohaterką; przekręca średniowieczną opowieść w stylu jeszcze bardziej radykalnym. Jego Cressida wciąż należy mimetycznego piekła sztuki; nie potrafi oprzeć się czarowi; jej kolejne fascynacje i drobne wyrachowania są wybitnie *bovarique*, chociaż jej początkowa nieudolność w obłudzie czyni z niej postać sympatyczniejszą od Troilusa.

Cressidę zepsuli dwaj mężczyźni jej życia: najpierw Pandarus, później Troilus. Oddaje siebie bez zastrzeżeń i prawdziwym grzechem jej kochanka jest wzgardzenie tym darem. Uważanie go za niewinną ofiarę oznacza całkowite niezrozumienie szekspirowskiego *Troilusa i Cressidy*.

Większość ludzi jest zachowawcza, jeśli chodzi o stare opowieści, wroga wobec wszelkich innowacji. Znają wszystko na pamięć, jak dzieci słuchające bajek przed zaśnięciem. Dać im zaledwie zarys opowiadania, a wypełnią luki; automatycznie zakładają, że chodzi tu znowu o całe opowiadanie. W czasach Szekspira ta średniowieczna opowieść była tak dobrze znana, że najdrobniejsza aluzja do niej automatycznie wywoływała reakcję przeciw Cressidzie. Szekspir nie mógł mieć nadziei, że niewybredny widz da się namówić na jego rewizjonistyczną interpretację tego, co wydarzyło się tym kochankom.

Zapewne większa część publiczności od pierwszego przedstawienia źle rozumiała tę sztukę, a nasz dramatopisarz nie miał absolutnie nic przeciwko temu. Wszystko było zgodnie z planem: komedia została w taki sposób napisana, aby zachęcić do dwóch, z gruntu rozbieżnych interpretacji tego samego tekstu. Dramatopisarze w siedemnastowiecznym Londynie musieli mieć być w takiej samej sytuacji jak filmowcy lub producenci telewizyjni w naszych czasach. Nie mogli sobie pozwolić na zirytowanie przeważającej części publiczności; była to po prostu i wyłącznie kwestia przetrwania. Należało przynajmniej pozornie uszanować mocno ugruntowane uprzedzenia. Dobry pisarz skrępowany w taki sposób, często próbuje pisać równocześnie dla mas i dla „kilku wybranych". Wymyśla dwuznaczniki, dzięki którym jego praca jest mile widziana równocześnie przez obydwa odłamy publiczności.

Próbowałem wykazać, ze *Sen nocy letniej* jest zapewne rezultatem takiego posługiwania się dwuznacznikami; *Troilus i Cressida* to sztuka zarazem podobna i odmienna. Szekspir nie musiał w tym czasie rywalizować o względy uraźliwych arystokratów. Sztuka jest wyjątkowo bezkompromisowa, ale stereotyp dobrego Troilusa i złej Cressidy rodzi problem podobny do wcześniejszego dylematu, który zapewne został rozwiązany w podobny sposób. Szekspir nie chciał zostać zwolennikiem starych seksistowskich komunałów, jednakże zaniechanie ich lub jawne zmodyfikowanie było niemożliwe. Musiał prowadzić temat w sposób wystarczająco konwencjonalny, aby był do przyjęcia dla pospólstwa i równocześnie na tyle zuchwały, impertynencki i dowcipny, aby podobał się niewielkiemu, ale bardzo ważnemu kręgowi wyrafinowanych przyjaciół.

Jeżeli odczytamy *Troilusa i Cressidę* jako dowcipne rozwiązanie tego wysoce wiarygodnego dylematu, potrafimy wówczas wyjaśnić te aspekty sztuki, które zawsze intrygowały krytyków. Pewne osobliwości mają niewielki sens lub w ogóle go nie mają, jeżeli zakładamy, że *Troilus i Cressida* to sztuka dla jednego tylko umysłu, ale okazują się mieć sens, gdy założymy dwa sprzeczne sposoby sygnalizowania, trafiające do dwóch różnych rodzajów publiczności oglądających równocześnie tę samą sztukę.

Na początku aktu trzeciego znajdujemy krótki epizod, który jawnie zaprzecza mojej interpretacji tego romansu, którą przedstawiłem w poprzednim rozdziale. Jest on głośnym, ale mało znaczącym powtórzeniem seksistowskiego komunału. Pandarus, zanim dwójka młodych ludzi uda się do łóżka, rzuca na nich uroczyste przekleństwo:

> *Pandarus*: Here, I hold your hand, here my cousin's. If ever you prove false one to another, since I have taken such pains to bring you together, let all pitiful goers-between be called to the world's end under my name: call them all Pandars: let all constant men be Truiluses, all false women Cressids. ...
> Say "Amen".
> *Troilus*: Amen.
> *Cressida*: Amen.
>
> (III, ii, 197-205)

> *Pandarus*: Biorę twoją rękę, a to ręka mej bratannicy. Jeśli kiedykolwiek jedno z was okaże fałsz drugiemu — Zważywszy wielkie trudy, na jakie naraziłem się, by was zbliżyć — niechaj wszyscy godni litości pośrednicy nazywają się do końca świata moim imieniem; nazywajcie ich wszystkich Pandarami. Niechaj wszyscy niewierni ludzie zwą się Troilusami, wszystkie fałszywe kobiety Cressidami, a wszyscy stręczyciele Pandarami! Powiedzcie „Amen".
> *Troilus*: Amen.
> *Cressida*: Amen.
>
> (s. 109-110)

To dziwaczne przekleństwo jest częścią strategii zasilającej wielkimi fanfarami zamiast istotną treścią dokładnie ten sam stereotyp, który mimetyczna interakcja między dwójką kochanków poddaje w wątpliwość. Tę głupio zarozumiałą *jeu de scéne* można porównać z kolorowym sztandarem, na którym wypisano ogromnymi literami popularne, lecz puste slogany. Pandarus wymachuje dziko tą chorągiewką, tak że widzowie zażenowani tym, co wydaje im się niepotrzebną komplikacją, mogą naigrywać się z tego bez ogródek i odczuwać uspokojenie. Nie można powiedzieć, aby „wierny Troilus" i „niewierna Cressida" [*the constant Troilus ... the false Cressida*] byli nieobecni; widzowie o tradycyjnym nastawieniu mają wreszcie coś niedwuznacznego, czego mogą się trzymać i mogą spać spokojnie, nie kłopocząc się dłużej o zagadkowe aspekty tej zagmatwanej sztuki.

Warto zauważyć, że jeden z pierwszych wydawców, Hanmer, zmienił wyrażenie „niechaj wszyscy wierni ludzie zwą się Troilusami" [*let all constant men to be called Troiluses*] na „niechaj wszyscy niewierni ludzie ..." [*let all inconstant men ...*], co bardziej odpowiada treści sztuki Szekspira w całości, jak i słowom, które bezpośrednio poprzedzają przysięgę[51]. Benjamin Heath w swoim *Revisal of Shakespeare's Text* (1865) zareagował w następujący sposób:

> Stare rozumienie ... jest z całą pewnością tym poprawnym. Jest wyraźnie intencją poety, aby to przekleństwo było takie, jak zostało zweryfikowane przez wydarzenia i jak po części jest do dnia dzisiejszego potwierdzane. Imię Troilusa nie było nigdy używane do oznaczania niewiernego kochanka, ani — jeżeli damy wiarę

---

[51] W polskim tłumaczeniu znalazła odzwierciedlenie edytorska poprawka „wiernego Troilusa" na niewiernego, o którym wspomina Girard. [Przyp. tłum.]

opowiadaniu w tej sztuce — nigdy nie zasłużył on na tę reputację, podczas gdy pozostali faktycznie zasługują na przekleństwo rzucane na nich[52].

Współcześni wydawcy zgadzają się, że „wierny" brzmi lepiej. William Empson wyjaśnia dlaczego:

> Poprawka na „niewierny" jest zła, ponieważ jest to wypowiadane otwarcie dokładnie na froncie proscenium w mowie skierowanej wprost do widzów, odwołującej się do tego, o czym wiedzieli, że będzie opowiadane; wskazuje każdemu po kolei na zakończenie tej sceny „wiesz czego my kukiełki jesteśmy zwolennikami, jest to przekonywująca, prosta sytuacja".

Zgadzam się z tym poglądem, chociaż z przyczyn odmiennych niż te, na które się zwykle powoływano. Tekst sztuki wyśmiewa „wiernego Troilusa", ale Szekspir umyślnie wprowadza w błąd tych, którzy nie chcą lub nie potrafią wchłonąć jego mimetycznej interpretacji tego romansu.

Przekleństwo rzucone przez Pandarusa jest niewątpliwie prostackim pomysłem i niczego doń podobnego nie ma nigdzie indziej w tej sztuce. W kontekście wszechogarniającej strategii uszczęśliwiania konwencjonalnego tłumu, główny zabieg Szekspira a jest o wiele bardziej interesujący. Polega on na pedantycznym uszanowaniu dosłownych faktów starej opowieści. Moi czytelnicy niewątpliwie zauważyli już, że mimetyczne tłumaczenie w najmniejszym stopniu nie zmienia tych faktów; wszystkie fakty są zachowane. Na zakończenie opowieści szekspirowski Troilus, tak jak Troilus tradycyjny, jest jeszcze bardziej zakochany w swej ukochanej, niż był na początku; ten nowy Troilus zawsze pozostaje cieleśnie wierny swojej kochance, podczas gdy Cressida jest fizycznie niewierna. Tak rozumiem „fakty" tej opowieści. Jest faktem, że Troilus jest wierny, a Cressida niewierna, dokładnie tak jak wymaga tradycja. Troilus jest tak pewien własnej racji, gdyż wszystkie fakty przemawiają za nim. Gdyby mógł procesować się z Cressidą, niewątpliwie wygrałby sprawę.

Litera opowieści pozostaje nietknięta, ale duch jest zmieniony. Krytycy nigdy naprawdę tego nie zrozumieli. Szekspir dokonuje tego wyłącznie dzięki mimetycznej interakcji. Nie wydarza się nic, co

---

[52] Cytowane w: Harold N. Hillebrand, red., *Troilus and Cressida*, Lippincott, Philadelphia, 1953, s. 164.

zewnętrznie zaprzeczałoby sloganom na transparencie „wiernego Troilusa" i „niewiernej Cressidy", a mimo to mimetyczna interakcja zmienia znaczenie wszystkiego. Cielesna niewierność Cressidy przekształca się w pewien rodzaj odwetu za duchową niewierność Troilusa, którą należy widzieć jako poważniejszy grzech, gdyż pojawia się pierwszy nie będąc absolutnie niczym sprowokowany.

Powodem niepohamowanego gniewu Troilusa na zakończenie nie jest jego wierność, ale porażka w wojnie pseudonarcyzmu. Zawzięta zazdrość nie wybawi naszego bohatera, ponieważ powstała wyłącznie z powodu „wesołych Greków"; nie dowodzi „głębokiej i stałej miłości do Cressidy". Cressida wyrządza Troilussowi krzywdę, którą sam Troilus wyrządziłby jej prędzej lub później, gdyby dała mu możliwość, gdyby nie była tą pierwszą, która krzywdę wyrządza. Po pierwszej spędzonej z nią nocy sądził, że będzie ona zawsze na jego łasce, tymczasem złapała go w pułapkę, z której tym razem sam nie potrafi się wyzwolić.

Autor z taką zręcznością wplata swoją mimetyczną interakcję w starą fabułę, że większość ludzi nie zdoła nigdy uchwycić szekspirowskiego sensu tej sztuki; pozostają całkowicie ślepi na sygnały, które zmieniają znaczenie niezmienionych danych. Znajdując się poniżej progu spostrzegawczości, który byłby konieczny do zrozumienia zreinterpretowanego romansu, szukają oparcia w tradycyjnej opowieści i automatycznie wypełniają pustą skorupkę tradycyjną zawartością.

Nasz antymimetyczny humanizm nigdy nie był zbytnio zadowolony z *Troilusa i Cressidy* Szekspira; krytycy odnosili się do tej sztuki ze zrozumiałą podejrzliwością, jakby przeczuwając, że nie odczytują jej poprawnie. Dla nich jest to „sztuka problemowa", zawierająca dużą ilość nierozwiązalnych zagadek. Ostatecznie traktują ją jako dobrą rzecz; dowodzi ona, że dzieła sztuki są bez dna, tak jak tego żąda romantyczny dogmat. Tradycyjni krytycy są w końcu ludźmi wyrozumiałymi, całkiem zadowolonymi z wykonanej naprędce wersji *adaequatio rei et intellectus*.

Stara opowieść pozostaje zewnętrznie nietknięta i pojawia się silna pokusa, aby założyć, że duch pozostał nietknięty. Mimetyczne wzajemne oddziaływanie jest jak dynamit, który wysadziłby w powietrze seksistowskie komunały, gdyby Szekspir nie umieścił go tak zręcznie w szczelinach klasycznej fabuły, że albo go znajdziemy i spowodujemy bezpieczną detonację, albo nie znajdziemy i nie będzie żadnego wybuchu, który zakłóciłby nasz spokój. *Troilus i Cressida* zostanie uznana za sztukę względnie nudną, nie całkiem wartą swojego autora.

Ci, którzy nie rozumieją mimetycznego materiału, traktują go jako zbyteczne upiększanie, retoryczną pogawędkę, „literacką psychologię", wymienny „suplement", który można wyeliminować ze sztuki z niewielkim lub żadnym kosztem. Jeżeli nasza osobista alergia jest na tyle silna, aby uniemożliwić uchwycenie wyrafinowanej intuicji autora, nasza interpretacja tej sztuki będzie się w przybliżeniu zgadzać z interpretacją Troilusa; będziemy dzielić z nim złudzenie niemimetycznej z a z d r o ś c i, przekonanie że zademonstrował „głęboką i stałą miłość do Cressidy". Będzie to jedyna kara dla nas, zupełnie bezbolesna; nawet nie zauważymy, że zostaliśmy ukarani.

Stary „męski szowinizm" wkracza w rozważania dokładnie na tym obszarze, gdzie rozstrzygające passusy, na których skupialiśmy uwagę, pozostają nieodczytane. Traktując ten „szowinizm" jako obiekt badań, odkrylibyśmy, że swoją niechęć do wchłonięcia poprawnej interpretacji romansu zawdzięcza on swojej własnej mimetycznej naturze, dokładnie tak jak w przypadku samego Troilusa.

Szekspir w zasadzie podsuwa nam mimetyczną i niemimetyczną wersję tej samej opowieści; musimy wybierać między dwiema możliwymi interpretacjami. Jeżeli nie mamy świadomości dokonywania wyboru, to podobnie jak w przypadku *Snu nocy letniej* niechybnie wybierzemy niewłaściwą, standardową, nieszekspirowską sztukę. Będąc świadomi wybierania, zdajemy sobie również sprawę z tego, że Szekspir lansuje dwa odrębne, nierówne i nieporównywalne rozumienia swojej sztuki i tak zwane „problemy" tej „problematycznej sztuki" zostają raz na zawsze rozwiązane.

Szekspir, zamiast sprzeciwiać się otwarcie i stawiać bezpośrednio opór rozmaitym uprzedzeniom, które sama materia tematu jego komedii niechybnie rozpali, uprzejmie dostarcza pożywki naszym uprzedzeniom — pożywki, za którym tęsknią — nie wdając się jednak w kompromisy i nie łagodząc swojego objawienia w żaden sposób. Nie jest to konieczne i on o tym wie; zdaje sobie sprawę, że nasza mimetyczna alergia dokona cudu uczynienia nas głuchymi na to, co on naprawdę mówi.

Nic w tej sztuce na temat mimetycznej teorii nie jest ani ukryte ani oszukańcze. Technika Pandarusa jest opisana tak drobiazgowo i rozwlekle, że wręcz można oskarżyć Szekspira o zbytnie uwydatnianie sprawy dość drobnej, o niezręczność. To samo dotyczy tego, co wydarza się między Troilusem i Cressidą. Śmierć pragnienia Troilusa nie tylko została przedstawiona z wielkimi szczegółami, ale Cressida ją zapowiadała i przypomina nam się o tym, gdy faktycznie ma miejsce, gdy następuje — i wszystko to na próżno. To samo dotyczy „wesołych Greków". Konsekwencje tego s k r o m n e g o s f o r m u ł o w a n i a zostały wykazane z taką drobiazgowością, jakby były napisane przez Marcela Prousta. Cała sztuka jest przepełniona obserwacjami tak niedwuznacznymi, że nie jest potrzebna żadna specjalna przenikliwość. Wszystko jest całkowicie bez niedomówień.

Sztuka jest zabawnym testem naszej mimetycznej przenikliwości, pieczołowicie wykutym mieczem obosiecznym, oświecającym już oświeconych i mylącym już zagubionych, chociaż nie możemy oskarżać Szekspira, że gra z nami nieczysto. Niczego przed nami nie ukrywa; dwuznaczność nie jest obiektywną cechą tego tekstu, ale wyłącznie wytworem naszej własnej alergii na mimetyczne pragnienie. Krytykowanie tej sztuki przez stulecia wystawia godny uwagi pomnik potędze tej alergii. Pokonawszy tę przeszkodę, będziemy mieć uczucie ogromnego współudziału w autorstwie, co zwiększy naszą uciechę z tej jak najbardziej złośliwej sztuki.

Tradycyjni krytycy, zawsze złaknieni „pozytywnych bohaterów" mylą bezustannie przekonanie Troilusa o swojej słuszności z prawdziwą cnotą; wskazują na tego zacnego, młodego człowieka jako na jedyną „moralną" postać w tej skądinąd niepokojąco cynicznej sztuce.

Aby pokazać, jak bezkrytyczne było piśmiennictwo na temat *Troilusa i Cressidy* przez stulecia, warto zacytować fragment pióra Coleridge'a, który umieszczono na zakończenie pierwszego wydania tego dzieła:

> Żadna ze sztuk Szekspira nie jest trudniejsza do scharakteryzowania. Imiona i pamięć z nimi związana, przygotowują nas na przedstawienie więzi wiernej i gorącej ze strony młodego mężczyzny i nagłej i bezwstydnej niewierności ze strony kobiety. I faktycznie jest to nić przewodnia, według której sceny są uporządkowane ...
> Szekspir przeciwstawia to głębokiemu uczuciu, reprezentowanemu przez Troilusa, jedynemu godnemu nazwy miłości — uczuciu naprawdę namiętnemu, nabrzmiałemu dzięki zlaniu się młodzieńczych instynktów z młodzieńczą fantazją, dojrzewającemu w blasku na nowo wzbudzonej nadziei i, mówiąc krótko, powiększone przez gromadną życzliwość przyrody — jednakże mające głębię bardziej opanowanego elementu w woli, silniejszej niż pragnienie, głębią elementu bardziej opanowanego, kompletniejszego niż wybór, który daje stałość jego własnemu działaniu, przemieniając je w wiarę i obowiązek. Odtąd z doskonałym sądem i doskonałością większą niż może dać zwykły sąd, na zakończenie sztuki, kiedy Cressida grzęźnie w hańbie nie do naprawienia i bez nadziei, ta sama wola, która była substancją i podstawą jego miłości, gdy niespokojne przyjemności i ogniste tęsknoty, jak fale morskie kołysały pomimo to jej powierzchnią — ta sama moralna energia jest przedstawiona jako wyrywająca go z bliskości jej hańby, gdy pędzi z nim do innych

i szlachetniejszych obowiązków i pogłębia koryto rzeki, które głębia jego heroicznego brata pozostawiła pustym dla jej ujarzmionego wylewu[53].

---

[53] *The Globe Illustrated Shakespeare*, Greenwich House, New York, 1983, s. 1850.

16
WEJRZENIA TYCH LUDZI
Gry władzy w *Troilusie i Cressidzie*

Porównując gry erotyczne z grami politycznymi w *Troilusie i Cressidzie* uzyskamy dodatkowy dowód na rzecz rozprzestrzeniającej się i ujednolicającej obecności mimetycznego pragnienia, tak dojrzałego i zepsutego, tak świadomego innych pragnień dookoła siebie, że ustawicznie manipuluje tymi pragnieniami na rzecz własnych mimetycznych celów.

Scena druga aktu pierwszego przedstawia wielkie spotkanie greckich generałów, do którego jeszcze wrócimy. Ulisses stawia diagnozę, że grecka armia cierpi na utratę mocy rozkazu, spowodowaną przez rywalizację między dowódcami. Achilles jest tak popularny, że nie chce już okazywać posłuszeństwa Agamemnonowi; chce sam b y ć najwyższym dowódcą. Tak jak Achilles chce b y ć Agamemnonem, Ajax, bohater następny w szeregu, rozpaczliwie pragnie b y ć Achillesem. To niszczycielskie pragnienie rozprzestrzenia się zaraźliwie wszystkimi drogami w dół hierarchii. Pod wpływem rywalizacji posłuch załamuje się na wszystkich poziomach.

Należy więc przywrócić posłuch. Według Ulissesa, kłopot jest tego rodzaju, że jedynym wystarczająco potężnym lekarstwem jest s a m a c h o r o b a. Aby podziałać kojąco na państwo, należy jeszcze bardziej zaogniać mimetyczne współzawodnictwo między starannie wybranymi antagonistami. Jedynie *mimesis* może skutecznie zwalczyć *mimesis*. Ulisses, aby utrzeć nosa Achillesowi sugeruje swoim greckim współwodzom pewien strategiczny manewr; wywiązuje się wysoce oświecająca dyskusja.

Ulisses proponuje dać Achillesowi rywala o większym prestiżu. Jego aktualny rywal Ajax nie jest wystarczająco zasłużony; należy więc podnieść jego status w wojsku. W odpowiedzi na wyzwanie Hektora, armia grecka powinna wybrać mistrza — Ajaxa. Nestor najpierw sugeruje Achillesa, ale Ulisses pokazuje mu błąd w jego podejściu. Jeżeli Achilles przegra, Grecy będą poważnie wyniszczeni, pozbawieni swojego najlepszego człowieka. Jeżeli wygra, będzie jeszcze bardziej butny niż dotychczas. Ajax to lepszy wybór, ponieważ jest drugim najlepszym. Jeżeli przegra, strata nie będzie wielka, jeśli jednak Ajax wygra, będzie to wielkie zwycięstwo nie tylko nad Trojańczykami, ale i nad Achillesem, którego prestiż ucierpi:

> ... among ourselves
> Give him [Ajax] allowance for the better man;
> For that will physic the great Myrmidon
> Who broils in loud applause ...
> ....
> Ajax employ'd plucks down Achilles' plumes.
> (I, iii, 376-386)

> Wówczas uznajemy, że jest najgodniejszy;
> Zdrowo to wstrząśnie wielkim Myrmidonem,
> Który wciąż stąpa w blasku głównych pochwał ...
> ....
> Piór z Achillesa Ajax dość wyskubie.
> (s. 51)

Polityczny manewr Ulissesa opiera się na tym samym mechanizmie, co zemsta Cressidy na jej kochanku. Gdy Cressida zrozumiała, że Troilus stał się wobec niej obojętny, postanowiła stworzyć mu jakąś poważną konkurencję i wpadła na wspaniały pomysł napomknięcia o „wesołych Grekach". Polityczna strategia jest taka sama, lecz uzyskany wynik odmienny. Cressida odniosła sukces, podczas gdy Ulisses poniósł porażkę, jednakże z przyczyn nie mających nic wspólnego z właściwą tej metodzie skutecznością. Ajax i Hektor po drobnej potyczce odkrywają, że są dalekimi kuzynami i postanawiają zażądać przerwania jej. Nic istotnego się więc nie wydarza i Achilles nie jest pokorniejszy. Jedynym rezultatem tego pierwszego przedsięwzięcia jest uczynienie Ajaxa równie „nieznośnie dumnym" jak jego rywal. Należy więc na nowo podjąć próbę rozwiązania problemu, który zrodził Achilles.

W scenie trzeciej aktu drugiego Ulisses ma inny pomysł. Wielki wojownik znowu odmówił wzięcia udziału w walce, nie troszcząc się nawet o usprawiedliwienie. Agamemnon boleśnie zaskoczony pyta:

> Why will he not, upon our fair request,
> Untent his person, and share the air with us?
> (II, iii, 167-168)

> Czemu na prośbę naszą piękną nie chce

Osoby swojej uwolnić z namiotu
I być wraz z nami na świeżym powietrzu?
(s. 82)

Ulisses relacjonuje, że Achilles stał się tak nadęty z pychy, że nie będzie nikogo słuchał. Agamemnon wówczas proponuje:

Let Ajax go to him.
Dear Lord, go you and greet him in his tent:
Tis said he holds you well, and will be led
At your request a little from himself.
(178-181)

Więc idź tam, Ajaxie.
Idź, miły panie, pozdrów go w namiocie.
Mówią, że lubi cię i na twą prośbę
Zechce na krótko odejść sam od siebie.
(s. 82)

Jest to dokładnie to, czego w tych warunkach nie należy robić. Poprzednio niedorzeczny Nestor sugerował, aby Achilles był mistrzem Greków i myśl ta została inteligentnie odrzucona przez Ulissesa; tym razem Szekspir ponownie rozpoczyna od niemądrej propozycji, aby usprawiedliwić następujące po niej pouczenie o mimetycznej strategii. Agamemnon, tak jak poprzednio Nestor, źle rozumie sytuację i Ulisses wyprowadza go z błędu:

O Agamemnon, let it not be so!
We'll consecrate the steps that Ajax makes
When they go from Achilles. Shall the proud lord
That bastes his arrogance with his own seam,
And never suffers matter of the world
Enter his thoughts, save such as do revolve
And ruminate himself, shall he be worshipp'd?
Of that we hold an idol more than he.
....
By going to Achilles.
That were to enlard his fat-already pride,
And add more coals to Cancer when he burns
With entertaining great Hyperion.
This lord go to him! Jupiter forbid,
And say in thunder "Achilles go to him".
(182-199)

> Agamemnonie! Niech się tak nie stanie!
> Kroki Ajaxa będą święte dla nas,
> Jeśli odwiodą go od Achillesa.
> Czy ów pan pyszny, który swoją wzgardę
> Smaruje własnym tłuszczem i nie daje
> Miejsca w swych myślach żadnej sprawie świata,
> Prócz takich, które krążą wokół niego
> Lub może przeżuć je swoim umysłem —
> Ma cześć odbierać od kogoś, kto dla nas
> Jest większym bóstwem niż jego osoba?
> ....
> Idąc do Achillesa.
> Tym jego dumę tłustą by natłuścił
> Do znaku Raka dorzucając węgli,
> Gdy ów już płonie na cześć Hyperiona.
> Miałby do niego iść! Niech Jowisz wzbroni
> Grzmiąc: „Ty do niego ruszaj, Achillesie!"
> (s. 82-83)

To w jaki sposób Ulisses rozumie Achillesa jest polityczną i militarną wersją tego, co Rosalinda mówi o pseudonarcyzmie Phebe w *Jak wam się podoba*. Miłość własna Achillesa funkcjonuje na mocy tego samego prawa mimetycznego nadymania, a więc musi być możliwe wypuszczenie z niej powietrza poprzez manifestowanie obojętności.

Wielka pewność siebie Achillesa trwała tak długo, że wydaje się stałą cechą jego osobowości, podstawowym wyposażeniem, którego nie można człowieka pozbawić. Ulisses nie zgadza się z tym „esencjalistycznym" rozumieniem imponującego sukcesu Achillesa. Zdaje sobie sprawę, że nawet i zwłaszcza jak najbardziej gigantyczna pycha nie ma „obiektywnej" podstawy, samoistnego bytu; jest owocem powszechnego schlebiania. Achilles jest zdolny do tak kolosalnego samouwielbienia nie dlatego, że jest obiektywnie silniejszy, wspanialszy itd. — obiektywne wartości w tym hipermimetycznym świecie nie istnieją — ale dlatego że mimetyczne pragnienie nieprzerwanie płynie ku niemu w kolosalnej obfitości, dostarczając jego miłości własnej potężnych modeli. Achilles czci samego siebie dzięki temu samemu zamkniętemu i samo-zasilającemu się procesowi, jak nasze poprzednie przykłady pseudonarcyzmu. Gdy nadyma się z pychy coraz bardziej, wszyscy łatwowierni wojskowi czczą go jeszcze bardziej i *vice versa*. To „dodawanie tłuszczu" [*enlarding*] pysze jest zadawnionym procesem sprzężenia zwrotnego, który tak bardzo narastał przez lata, że wydaje się nieodwracalny. Ulisses chce wykazać, że odwrócenie go jest możliwe. Kult Achillesa można porównać do tego, co astronomowie nazywają czarną dziurą. Wchłonie natychmiast wszystko, co grawituje w jego kierunku, poczynając od samego Achillesa, ale ta ludzka czarna dziura jest bardziej krucha, niż się wydaje; jej trwałość zależy od mimetycznej podatności widzów, od łatwowierności tłumu. System ten można pozbawić stabilności, zmieniając bieg tego wielkiego strumienia pragnienia, który ku Achillesowi płynie.

Ulisses, aby zmienić bieg tego procesu, najpierw wymyślił Ajaxa, ale to nie poskutkowało. Obecnie zaleca rozmyślne demonstrowanie obojętności wobec tego wielkiego człowieka, obwieszczenie jemu i światu, że jego siła przyciągania wyczerpała się. Należy mu pokazać, że wyszedł z mody, że już nie jest dłużej mimetycznym magnesem tak jak dawnej.

Ta druga metoda jest równie znajoma jak pierwsza; jest politycznym odpowiednikiem strategii Cressidy, aby „jednak czekać":

> Achilles stands i' the entrance of his tent:
> Please it our general pass strangely by him,
> As if he were forgot; and, princes all,
> Lay negligent and loose regard upon him.
> I will come last. 'Tis like he'll question me
> Why such unplausive eyes are bent on him:
> If so, I have derision medicinable,
> To use between your strangeness and his pride.
> Which his own will shall have to desire to drink.
> It may do good: pride hath no other glass
> To show itself but pride, for supple knees
> Feed arrogance and are the proud man's fees.
>   (III, iii, 38-49)

> Achilles stoi przed swoim namiotem.
> Proszę, by wódz nasz minął go nie widząc,
> Jak gdyby już go nie poznawał. Także
> Wy wszyscy, moi książęta, zechciejcie
> Przesunąć po nim przelotnym spojrzeniem.
> Pójdą za wami. Z pewnością mnie spyta,
> Czemu spotyka go wzrok tak niechętny.
> Jeśli tak będzie, uleczę go wzgardą,
> By obcość wasza znikła z jego pychą,
> A on mógł wypić ten lek z własnej woli.

> Pychy jedynym zwierciadłem jest pycha,
> A widok kolan zgiętych ją bogaci,
> Gdyż ludzi pysznych najlepiej opłaci.
> (s. 112-113)

Teraz nawet Agamemnon rozumie mądrość tej taktyki i obiecuje, że wszyscy będą się w odpowiedni sposób zachowywać:

> We'll execute your purpose and put on
> A form of strangeness as we pass along,
> So do each lord, and either greet him not
> Or else disdainfully, which shall shake him more
> Than if not look'd on. I will lead the way.
> (50-54)

> To, co zamyślasz, będzie wykonane.
> Przejdziemy mimo niego obojętnie;
> Niech każdy z was tak uczyni, panowie,
> I nic pozdrawia go wcale, a jeśli
> Już to uczyni, niech okaże wzgardę.
> Musi to bardziej nim wstrząsnąć, niż gdyby
> Nie dostrzeżono go. Ja pójdę pierwszy.
> (s. 113)

Achilles przekonany, że wodzowie przyszli ponownie błagać go o pomoc, odchodzi wyniośle. Jest zaskoczony widząc, że odpłacają hardością za jego hardość; nie przywykł do odwetu. Zauważywszy, że sam Menelaus nie zwraca na niego uwagi wykrzykuje: „Co? Czy ten rogacz szydzi ze mnie?" [*What, does the cuckold scorn me?* III, iii, 64]. Jeżeli na lekceważenie go stać nawet człowieka, którego ambicja powinna ulec nieodwracalnie zniszczeniu, to jego sprawy muszą faktycznie być w żałosnym stanie!

Kiedy Troilus usłyszał po raz pierwszy o „wesołych Grekach" z własnych ust Cressidy, dobry nastrój natychmiast go opuścił i zaczął się o siebie martwić. To samo z podobnego powodu przytrafia się Achillesowi:

> What, am I poor of late?
> 'Tis certain, greatness, once fall'n out with fortune,
> Must fall out with men too: what the declined is,
> He shall as soon read in the eyes of others
> As feel in his own fall:
> (III, iii, 74-78)

> Co? Czyżbym popadł ostatnio w ubóstwo?
> To pewne, wielkość tracąc łaskę losu
> Musi utracić także łaski ludzi.
> Ten, który pada, ujrzy swój upadek
> W oczach patrzących, zanim zdąży upaść;
> (s. 115)

Achilles staje się „depresyjny" i próbuje zwalczyć swój niebezpieczny nastrój, przekonując samego siebie, że wszystko jest ciągle takie samo, że niczego konkretnego nie stracił:

> But 'tis not so with me:
> Fortune and I are friends: I do enjoy
> At ample point all that I did possess,
> Save these men's looks; who do, methinks, find out
> Something not worth in me such rich beholding
> As they have often given.
> (III, iii, 87-92)

> Inaczej jednak ma się sprawa ze mną:
> Ja i fortuna to para przyjaciół.
> Cieszę się wszystkim, co dotąd posiadłem,
> Prócz przyjaznego wejrzenia tych ludzi,
> Którzy, jak sądzę, zobaczyli we mnie
> Coś niegodnego objawów szacunku,
> Jakim mnie dotąd hojnie obdarzali.
> (s. 115)

Achilles ciągle posiada wszystko to, co dotychczas — prócz przyjaznego wejrzenia tych ludzi [*save these men's looks*, 90]. Pech w tym, że w hipermimetycznym świecie opisywanym przez Szekspira, jak i w naszym zwariowanym świecie mediów, wartość istot ludzkich mierzy się głównie ich tak zwaną „widocznością". Szekspir właśnie to ma na myśli, gdy mówi o „wejrzeniu tych ludzi". Człowiek sukcesu przygląda się innym, którzy jemu się przyglądają; gdyby nie skupiał na sobie pragnień tych innych, gdyby „wejrzenia tych ludzi" zostały wycofane, jego własnemu pragnieniu brakowałoby strawy, której potrzebuje, aby do niego wrócić. Achilles nie posiada już dłużej tej strawy, którą jego miłość własna pobiera, aby zapobiec jej śmierci głodowej. Miłość własna i nienawiść do samego siebie, jak i wszelkie inne formy uczuć do samego siebie zależą od innych.

Zamiast pragnień, które „dodałyby tłuszczu" [*enlard*] jego pysze, Achilles widzi obecnie w oczach innych ludzi obojętność, która go zdumiewa. Ta obojętność jest mimetycznym sygnałem, prawdopodobnym ogniskowaniem się masowej imitacji, dokładnie tak jak wcześniej jej przeciwieństwo. Producenci mody odwrócili się obojętnie od Achillesa. Bohater ten, gdy już raz zaczął odpychać pragnienia, będzie odpychał je coraz bardziej, dzięki temu samemu błędnemu kołu, które najpierw te pragnienia przyciągało, lecz teraz działa w odwrotnym kierunku. Tłum bardzo szybko przestanie czcić swojego bożka i Achilles będzie naprawdę nieszczęśliwy.

Wszyscy ludzie wystawieni na widok publiczny — popularni politycy, sławni artyści, szczególnie dramaturdzy, wszyscy ci, którzy na co dzień stykają się z publicznością — mogą z łatwością z pełnego zachwytu pochlebiania sobie popaść w bezdenną samopogardę. Im bardziej nadęty jest balon ich pychy, tym słabsze ukłucie wystarczy do wypuszczenia zeń powietrza. Szekspir mówi o zjawisku, które on, jako dramatopisarz, zapewne znał z pierwszej ręki.

Ulisses miał rację: Achilles nigdy nie b y ł niezwyciężonym bohaterem, co zdawało się być mu na zawsze przypisane, co najmniej w sensie stałego b y t u. Czerpał zysk z mimetycznej fali przypływu, tak potężnej, że każdy, łącznie z nim samym, został przez nią wprowadzony w błąd.

Pierwsza mimetyczna strategia Ulissesa odpowiada drugiej strategii Cressidy, a druga pierwszej: jest politycznym odpowiednikiem tego, co Cressida ma na myśli, gdy mówi w swoim monologu „a jednak czekam" [*yet hold I off*]. Cressida uzyskiwała doskonałe rezultaty dzięki temu wybiegowi, dopóki się go trzymała, zanim sentymenty nie zniszczyły jej mądrej polityki. Dlatego musiała uciec się do drugiej strategii, dostarczając Troilusowi hordy zagrażających rywali. Te same dwie strategie zostaną użyte zarówno w dziedzinie politycznej, jak i erotycznej, ale w odwrotnej kolejności, ponieważ w każdym przypadku zawodzi ta, która zostaje użyta jako pierwsza, po czym próbuje się drugiej i odnosi sukces.

Szekspir powoduje, że każda z tych strategii nie udaje się w jednym subwątku, ale udaje się w drugim. Chce pokazać, że strategie te mają uniwersalne zastosowanie, chociaż nie zawsze są skuteczne; każda z nich może udać się lub nie, zależnie od tego jak zręcznie i konsekwentnie jest stosowana i w jakich warunkach. Przedstawia on dramatycznie wszystkie istotne odmiany, potrzebne do zrozumienia całego procesu. Celem jest zniszczenie nadmiernej pewności siebie „narcyza" przez doprowadzenie go do wiary, że pragnienie, które uważa za model dla swojej miłości własnej, zostało wycofane. Nie ma znaczenia, jaki przedmiot pragnienie zmieniające przedmiot wybierze; może zogniskować się na kimś innym — jakimś rywalu — lub może zostać zgromadzone jako źródło przez silniejszą miłość własną. Ważne jest to, że pseudonarcyz zostaje pozbawiony swojej powszedniej nagrody.

Szekspir wyjaśnia wszystko to, co dramatyzuje i dramatyzuje wszystko to, co wyjaśnia. Powtórzenie dwóch tych samych chwytów, prowadzonych za każdym razem w ten sam sposób z przeciwnymi rezultatami, z cała pewnością ma na celu zademonstrowanie stosowalności tych samych mimetycznych zabiegów w całkowicie odmiennych rejonach działalności ludzkiej. Strategie są zawsze te same, ponieważ pseudonarcyzm jest ten sam, niezależnie od swojej treści. Różnica przedmiotów pragnienia jest bez znaczenia. Znaczenie mają wyłącznie same mimetyczne konsekwencje; one określają, jaki przedmiot będzie pożądany i w jakiej dziedzinie. Polityka w dziedzinie erotycznej i polityka w dziedzinie władzy są jednym i tym samym.

Gdy Achilles próbuje daremnie uodpornić się na obojętność greckich wodzów, przebiegły Ulisses zagaduje go, udając bezstronnego obserwatora. Robi wrażenie psychiatry-amatora, który widząc „problemy" jednego z kolegów po fachu, proponuje mu ich przedyskutowanie. W rzeczywistości tak jak obiecywał, stara się, jak tylko potrafi, aby rozdrapać starą ranę Achillesa i poddać jeszcze bardziej w wątpliwość jego pewność siebie.

Najważniejszą sprawą jest tu dominowanie innych w życiu ludzi najbardziej popularnych, których sukces nie stałby się rzeczywisty, gdyby nie mogli zobaczyć go odbitego w oczach tych, którzy ich obserwują. Ulisses mówi do Achillesa:

> ... Man, how dearly ever parted,
> How much in having, or without or in,
> Cannot make boast to have that which he hath.
> Nor feels not what he owes, but by reflection;
> As when his virtues, shining upon others,
> Heat them, and they retort that heat again
> To the first giver.
>   (III, iii, 96-102)

> Człowiek, choćby nie wiem jak bogato
> Obdarowany dobrami, urodą
> I przymiotami ducha, nie jest w stanie
> Chełpić się tym, co ma, ani odczuwać

Bogactw inaczej, jak tylko w odbiciu,
Gdy blask cnót jego padając na innych
Grzeje ich, oni zaś oddają ciepło
Pierwszemu dawcy.
(s. 116)

Jest to jak najbardziej wyraźna definicja mechanizmu interdywidualnego, który Szekspir ilustruje na nieliczenie wiele różnych sposobów, zaczynając od Valentine w *Dwaj szlachcice z Werony*. Zainfekowane postacie, szczególnie mężczyźni, nie potrafią cieszyć się tym, co posiadają inaczej niż w odbiciu [*by reflection*], bez względu na to, czy jest to kochanka, sława wojenna, czy władza polityczna. Ich pasja „chełpienia się" jest usiłowaniem przemienienia swoich rozmówców w lepsze lustra, wyraźniejsze reflektory dla szczęścia, które — gdy jest jedynie ich własnym — natychmiast traci całą swoją rzeczywistość. Tylko zazdrość może tchnąć w nie nowe życie. B y c i a dostarczają inni; i na tym polega owo kłopotliwe położenie [*predicament*], w którym znalazł się Troilusa po nocy spędzonej z Cressidą.

Jeżeli blask cnót Achillesa nie „grzeje innych" [*heat others*] — tzn. nie czyni ich zazdrosnymi — i jeżeli nie „oddają oni ciepła pierwszemu dawcy" [*they retort that heat again to the first giver*], tzn. samemu Achillesowi, nie może on „chełpić się tym, co ma" [*feels not what he owes*]. Jego sława nie ma realności, jeżeli nie wytwarza zawziętej zazdrości potężnych rywali. Achilles, doświadczając właśnie prawdy słów Ulissesa, zgadza się z ochotą:

> This is not strange, Ulysses,
> The beauty that is borne here in the face
> The bearer knows not, but commends itself
> To others' eyes, nor doth the eye itself,
> That most pure spirit of sense, behold itself,
> Nor going from itself; but eye to eye opposed,
> Salutes each other with each other's form;
> For speculation turns not to itself,
> Till it halh travel'd and is mirror'd there
> Where it may see itself. This is not strange at all.
> (102-111)

Nie jest to rzecz dziwna,
Mój Ulissesie. Piękno, które zdobi
Lico człowieka, nie będzie mu znane,

> Jeśli się w cudzych oczach nie odbije;
> Podobnie oko, ten najbardziej z wszystkich
> Uduchowiony organ naszych zmysłów,
> Nie może widzieć siebie, będąc sobą,
> Lecz w cudzym oku, które na nie patrzy,
> Kształt swój dostrzega, podobnie jak ono.
> Gdyż spostrzeganie nie może się zwrócić
> Samo ku sobie, lecz musi wędrować,
> Póki nie znajdzie zwierciadła, gdzie może
> Spojrzeć na siebie. I nic w tym dziwnego.
>
> (s. 116)

Jest to paradoks ludzkiej jaźni, tajemnicza jedność skoncentrowania na samym sobie [*self-centredness*] i na innym [*other-centredness*] u wszystkich ludzkich istnień. Chociaż te dwa napędy biegną w przeciwnych kierunkach i nigdy nie mogą stać się komplementarne, zawsze są zjednoczone i ich zjednoczenie nierozerwalnie wiąże jednego człowieka z drugim, nawet gdy oddziela ich od siebie, zarówno wewnętrznie jak i zewnętrznie. Staje się ono bezustannym źródłem konfliktu zarówno wewnątrz niepodzielnych społeczności, jak i wewnątrz każdej jednostki. Im bardziej chcemy być bosko samowystarczalni, tym bardziej przekształcamy samych siebie w swojego własnego bożka, tym pełniej zrzekamy się na rzecz innych tego skromnego stopnia autonomii, który mógłby być nasz, tym bardziej oddajemy samych siebie w ręce niezliczonych tyranów.

Sprawa jest tak podstawowa, że nasz dramatopisarz wykorzystuje Ulissesa do sformułowania tego po raz drugi rzekomo po to, aby upewnić się, czy Achilles nie szacuje zbyt nisko swojej zależności od tłumu. Z punktu widzenia dramatu jest to niepotrzebne, ale Szekspir chce zatrzymać się trochę dłużej na swojej relacjonalnej koncepcji ludzkiej jaźni:

> I do not strain at the position —
> It is familiar — but at the author's drift,
> Who in his circumstance expressly proves
> That no man is the lord of any thing,
> Though in and of him there be much consisting,
> Till he communicate his parts to others;
> Nor doth he of himself know them for aught,
> Till he behold them formed in th' applause
> Where thy're extended; who like an arch reverb'rates
> The voice again, or like a gate of steel,

> Fronting the sun, receives and renders back
> His figure and his heat.
>
> (112-123)

> Nie spieram się z tym poglądem, jest znany;
> Lecz z tym, do czego zmierza autor, który
> Wywodem swoim jasno udowadnia,
> Że żaden z ludzi, choćby był wart wiele
> I wiele bogactw miał, nie będzie panem
> Rzeczy najmniejszej, dopóki z innymi
> Nie zechce dzielić się swoimi dobrami;
> Ani nie dowie się, że je posiada,
> Póki nie ujrzy ich ucieleśnionych
> Przez poklask świata; jest on jak kopuła
> Odbijająca głos, lub brama z kruszcu,
> Która zwrócona licem swym ku słońcu
> Chwyta i zwraca kształt jego i ciepło.
>
> (s. 115-117)

Następnie Ulisses daje do zrozumienia, że Ajax będzie tym nowym dziedzicem greckiego bałwochwalczego kultu, pozbawionym obecnie przedmiotu z powodu upadku Achillesa. Przypomina „doradców w mass mediach", którzy radzi sławnemu politykowi, aby częściej pokazywał się publicznie. Jeżeli Achilles będzie spędzał cały czas w swoim namiocie, jego *image* niewątpliwie ucierpi:

> *Ulysses*: How one man eats into another's pride,
> While pride is fasting in his wantonness!
> To see these Grecian lords! why, even already
> They clap the lubber Ajax on the shoulder,
> As if his foot were on brave Hector's breast
> And great Troy shrieking.
> *Achilles*: I do believe it, for they pass'd by me
> As misers do beggars, neither gave to me
> Good word nor look. What, are my deeds forgot?
>
> (136-144)

> *Ulisses*: Jak jeden umie żreć dumę drugiego,
> Gdy duma pości, głodna w swej pysze!
> Widzieć tych panów greckich! Ach, juz dzisiaj
> Gbura Ajaxa klepią po ramieniu,
> Jak gdyby oparł już stopę na piersi
> Najmężniejszego Hektora, a Troja

Wrzask żalu wzniosła.
Achilles: Wierzę w to. Przeszli obok mnie jak skąpcy
Obok żebraka, bez dobrego słowa
Albo spojrzenia. Cóż to? Czyżby moje
Czyny zostały zapomniane?
(s. 117)

Panowie greccy są „skąpcami" [*misers*], gdyż odmawiają Achillesowi mimetycznego schlebiania, którym uprzednio go obrzucali, przemieniając swojego byłego bohatera w żebraka. Schlebianie jest jedną z tych rzeczy, której nie można uzyskać, gdy trzeba o nią błagać.

Ulisses odpowiada na ostatnie pytanie Achillesa osobliwą uwagą o tyrańskiej roli mody w świecie opanowanym przez mimetyczne współzawodnictwo. Gdy mimetyczne współzawodnictwo rozmnaża się, moda przyspiesza kroku; bożyszcza są ustanawiane i obalane w coraz szybszym tempie. Jest to świat głęboko historyczny, świat, gdzie historia jest „gorąca", jak powiedziałby Lévi-Strauss i może stać się tak gorący, że traci cała istotnośc. Tutaj znowu, świat opisany przez Szekspira jest zadziwiająco podobny do naszego:

> Time has, my lord, a wallet at his back,
> Wherein he puts alms for oblivion,
> A great siz'd monster of ingratitudes.
> Those scraps are good deeds past, which are devour'd
> As fast as they are made, forgot as soon
> As done. Perseverance, dear my lord,
> Keeps honor bright; to have done is to hang
> Quite out of fashion, like a rusty mail
> In monumental mock'ry.
> ....
> For emulation hath a thousand sons
> That one by one pursue.
> ....
> For Time is like a fashionable host
> That slightly shakes his parting guest by th' hand,
> And with his arms outstretch'd, as he would fly,
> Grasps in the comer.
> (145-168)

> Czas ma na grzbiecie torbę; w niej jałmużnę
> Dla zapomnienia. Jest z niego potężny,
> Niewdzięczny potwór, a owe okruchy
> To piękne czyny przemienione, które

Są pożerane, zaledwie nastąpią,
I zapomniane, zaledwie się spełnią.
Tylko wytrwałość, mój najmilszy panie,
Może powstrzymać jasny blask honoru.
Spocząć to tyle, co wyjść całkiem z mody
I tak zawisnąć, jakby stara zbroja,
Drwina czcigodna.
....
Gdyż współzawodnictwo
Ma tysiąc synów, z których każdy ściga
Innych,
....
gdyż czas jest podobny
Do gospodarza młodego; zaledwie
Dotyka dłonią odchodzących gości,
Lecz rozpościera szeroko ramiona,
Jakby chciał wzlecieć, i chwyta wchodzących.

(s. 118)

Tych kilka ostatnich wersów przypomina mi sposób, w jaki popularne osobowości telewizyjne traktują gości swoich telewizyjnych *show*. Szekspir jest jak najbardziej wnikliwym obserwatorem wielu zjawisk, które nasza historyczna krótkowzroczność często ogranicza do ostatniej dekady, podczas gdy w rzeczywistości są one nowoczesne w szerszym sensie obejmującym ostatnie cztery lub pięć wieków. Szekspir jest wielkim satyrykiem nowoczesnego świata, który faktycznie rozpoczął się w późnym Renesansie.

Strategia Ulissesa powiodła się na tyle, że Achilles wraca na pole bitwy i Hektor zostaje zabity, ale wojna trojańska nie kończy się i mimetyczny chwyt faktycznie nie likwiduje powszechnego kryzysu u Greków i Trojan. Ulisses jest przedstawiony niewątpliwie jako znakomita umysłowość, ale tak zafascynowana polityką pragnienia, tj. samą chorobą, z którą walczy, że ostatecznie jego chwyt skutkuje za wcześnie i pozostawia go z pustymi rękami, jak wszystkich innych. Ulisses ma te same ambicje, co jego rywale; jest tak samo mimetyczny jak oni i zostanie sprawiedliwie ukarany dziesięcioma latami błądzenia po morzu.

Każda strategia jest niczym więcej, jak tylko skomplikowaną formą samooszukiwania. Uczeń czarnoksiężnika zostaje zwykle pochłonięty przez zaraźliwe siły, które sam rozpętuje. W końcu dzięki pokrętnym sztuczkom osiąga jedynie przyspieszenie powszechnej choroby. Odróżnicowanie i chaos triumfuje wszędzie.

Podczas mimetycznego kryzysu metoda Pandarusa zanieczyszcza wszystkie dziedziny ludzkich usiłowań. Faza, w której wszyscy stają się stręczycielami, zdaje się poprzedzać bezpośrednio fazę końcową, tj. fazę totalnej przemocy. „Stręczycielskie" metody zdają się poprawiać chwilowo sytuację, ale ostatecznie ją pogarszają; rozmnażają nieporozumienie i niesnaski tak nieuchronnie, jak gorące błota rozmnażają komary. Troilus jest znakomitą ilustracją tego prawa. Gdy przekształca się w nowego Pandarusa Cressidy, jego frustracja pogłębia się, a jego pragnienie staje się jeszcze bardziej intensywne; z kolei to bardziej intensywne pragnienie staje się pragnieniem zniszczenia tych przeszkód, którym zawdzięcza swoją intensywność — tj. Cressidy, Diomedesa, całej greckiej armii.

Troilus i Cressida pokazują nieustanne współsprawstwo Wenus i Marsa. Nie jest hasłem sztuki „Czyń miłość, a nie wojnę", gdyż Szekspir widzi wieczne przymierze tych dwóch bogów. Ilustruje to ewolucja Troilusa. Na samym początku sztuki, zanim zdołał pokonać opór stawiany jego pragnieniu przez Cressidę, wydawał się pacyfistą. Reasumuje on cała Wojnę Trojańską w dwóch wspaniałych wersach:

> Fools on both sides: Helen must needs be fair,
> When with your blood you daily paint her thus.
> (I, i, 93-94)

> Głupcy stron obu! Jak piękna być musi
> Helena, skoro co dnia malujecie
> ją tak krwią swoją.
> (s. 14)

Wojna robi takich samych głupców z Greków jak i z Trojan, ponieważ wytwarza w nich wszystkich taką samą szaleńczo rozdmuchaną wizję Heleny. Helena zawdzięcza swą sztuczną piękność krwi, którą wojownicy wspólnie przelewają dla niej w tajemniczej kolaboracji nienawiści. Jej wspaniała metamorfoza wynika z przemocy, która potrzebuje niezmienności obu stron, aby osiągnąć potrzebną intensywność; jest doskonałą obopólnością, symetrią, identycznością totalnego odwetu, najwyższym stadium w rozległej mimetycznej eskalacji. Tę wojnę można porównać do tajemniczego, ofiarniczego braterstwa dwóch obozów. Istnieją pierwotne kulty, w których bożek jest faktycznie malowany krwią. Zapewne takie właśnie kulty ukrywały się za oryginalnym mitem o konflikcie trojańskim.

Troilus staje się propagatorem wojny, gdy tylko jego sprawy miłosne z Cressidą zmieniają się na lepsze: walka na śmierć i życie w imię pięknej kobiety wydaje mu się godziwym przedsięwzięciem. Obłąkanie zazdrosny Troilus z zakończenia jest jednak nawet gorszy; jest pełen morderczych myśli, nie tylko przeciw Diomedesowi, ale przeciw wszystkim Grekom bez różnicy. Skoro nie może zabić kochanka Cressidy, wystarczą inni greccy wojownicy, prawie że ktokolwiek w zasięgu wzroku: zostaje pobudzony duch niekończącej się zemsty. Takie samo bliźniacze pragnienie ma również Diomedes. Wzajemność przemocy wszędzie daje o sobie znać.

Jeżeli jest prawdą, że romans Troilusa przekształcił się w nienawiść, prawdziwa musi być również odwrotność: nienawiść wojowników do siebie nawzajem jest zabarwiona erotyzmem, co staje się wyraźne podczas społecznego spotkania greckich i trojańskich wojowników w akcie czwartym. Rozpoczyna się to wszystko w akcie trzecim pragnieniem Achillesa, aby zorganizować takie spotkanie:

> Go call Thersites hither, sweet Patroclus.
> I'll send the fool to Ajax and desire him
> T' invite the Trojan lords after combat
> To see us here unarm'd. I have a woman's longing,
> An appetite that I am sick withal,
> To see great Hector in his weeds of peace,
> To talk with him, and to behold his visage,
> Even to my full of view.
> (III, iii, 234-241)

> Idź i przywołaj tutaj Tersytesa,
> Mój Patroklesie słodki; wyślij błazna
> I niechaj się zwróci do Ajaxa, aby
> Zechciał zaprosić tu wodzów trojańskich
> Bez broni. Naszła mnie niewieścia chętka,
> Aby wielkiego Hektora zobaczyć
> W szacie pokoju, mówić z nim i patrzeć
> Mu w twarz, aż oczy nasycę.
> (s. 121)

Tekst ten mówi wyraźnie, że Wenus i Mars tworzą jedność. Spotkanie ma miejsce zaraz po przybyciu Cressidy do obozu Greków, gdzie wszyscy wojownicy po kolei całują ją. I tutaj znowu bóg wojny i bogini seksu odnoszą razem zwycięstwo:

Achilles: Now, Hector, I have fed mine eyes on thee;
  I have with exact view perus'd thee, Hector,
  And quoted joint by joint.
Hector: Is this Achilles?
Achilles: I am Achilles.
Hector: Stand fair, I pray thee, let me look on thee.
Achilles: Behold thy fill.
Hector: Nay, I have done already.
Achilles: Thou art too brief. I will the second time,
  As I would buy thee, view thee limb by limb.
  ....
  Tell me, you heavens, in which part of his body
  Shall I destroy him — whether there, or there, or there?
  That I may give the local wound a name
  And make distinct the very breach whereout
  Hector's great spirit flew.
                (IV, v, 231-246)

Achilles: Hektorze, oczy me pasły się tobą;
  Przyjrzałem ci się dokładnie, Hektorze.
Hektor: Czy to Achilles?
Achilles: Jestem Achillesem.
Hector: Proszę cię, zwróć się ku mnie. Chcę cię widzieć.
Achilles: Napatrz się, proszę.
Hector: Już to uczyniłem.
Achilles: Zbyt szybko. Ja cię obejrzę ponownie,
  Jakbym cię kupić chciał, członek po członku.
  ....
  Powiedz mi, Niebo, gdzie na jego ciele
  Jest miejsce, w które ugodzę śmiertelnie?
  Tam, czy tam może, a może tam, abym
  Mógł nadać imię tej osobnej ranie,
  Miejscu, przez które uszedł duch wielkiego
  Hektora.
                (s. 164-165)

Mimo, że Achilles jest bardziej urzeczony Hektorem niż Hektor Achillesem, jest bardziej opętany przez ducha przemocy, pomyłką byłoby zbytnie podkreślanie tej różnicy i myślenie, że sztuka wyraża preferencję dla spokojnych Trojan. W tej sztuce nie ma bowiem ani bohaterów ani łajdaków tylko jedynie mimetyczne podwojenia.

To prawda, oczywiście, że Hektor w scenie drugiej aktu drugiego wygłasza wspaniałą mowę na rzecz pokoju, ale na jej zakończenie wydarza się coś wielce zagadkowego. Zamiast dać podsumowanie, do którego nawoływało całe jego dowodzenie, mówca zdradza swoją własną rację i w kilku porywczych słowach nawołuje do kontynuowania wojny. Ten obrót o sto osiemdziesiąt stopni nie ma sensu, chyba że jako jeszcze jedno mimetyczne zjawisko; krasomówczy obrońca pokoju staje się ofiarą z a r a ż e n i a, które przenikliwie zdemaskował kilka wersów przedtem. Dokładnie to samo przytrafiło się Troilusowi troszkę wcześniej. Przeciwnicy wojny, jeden po drugim, ulegają jej zaraźliwej mocy. Ironia jest gorzka i sztuka *Troilus i Cressida* jest tą goryczą.

Od początku do końca sztuki podkreśla się, jak p o d o b n y jest nie tylko Troilus i Diomedes, ale również wszyscy wodzowie w obu obozach, obie armie i wszyscy ludzie rozdzieleni i zjednoczeni przez niezgodę niosącego przemoc konfliktu. Na dłuższą metę Ulisses i Nestor żartują sobie z Ajaxa, który uważa siebie za całkowicie różnego od Achillesa, człowieka o skromnym sercu, podczas gdy w rzeczywistości jest taki sam jak ten fałszywy bohater, którego próżność demaskuje (III, iii, 203-257).

Powtórzenia Tersytesa o rozpuście i wojnie są faktycznie ostatecznym przesłaniem tej sztuki, mniej eleganckim odpowiednikiem odwołania się Troilusa do Marsa rozpalonego przez Wenus. Gdy kryzys na zakończenie *Troilusa i Cressidy* pogarsza się, Mars i Wenus tak się nawzajem rozpalają, że przywracają ważność zawsze kłopotliwemu, ale nierozerwalnemu małżeństwu przemocy i seksu. Stanowi ono główny temat zarówno tej sztuki jak i *Iliady*. Szekspirowska parodia greckiej epiki jest w swym duchu bliższa zasłużenie sławnemu esejowi Simone Weil o ujednoliceniu przemocy u Homera niż *La Guerre de Troie n'aura pas lieu* Giraudoux'a.

17
O PANDARUSIE!

Troilus i Cressida
oraz uniwersalny stręczyciel

Nie ma takiego tematu w *Troilusie i Cressidzie*, łącznie z cała intrygą polityczną, który nie sprowadzałby się do jakiejś mimetycznej manipulacji podobnej w typie do tej, którą ilustruje Pandarus. Ten dziwaczny impresario ma znaczenie symboliczne dla całej sztuki, ponieważ ucieleśnia mimetyczną zasadę.

Cressida, na zakończenie pierwszej sceny, wysłuchawszy do końca Pandarusa mówi, „Stryju, ty jesteś rajfurem" [*Uncle, you are a bawd*]. Ma rację, chociaż jej wypowiedź może być zwodnicza, jeżeli jest rozumiana zbyt dosłownie. Gdy już raz nazwano Pandarusa „rajfurem", cała jego osobowość zdaje się zdefiniowana przez tę „funkcję" i nasze wątpliwości mniej lub bardziej się rozpraszają; już więcej o niego nie pytamy. Skłaniamy się do stwierdzenia: „aha, jest to jakiś rodzaj stręczyciela". Jednakże on jest i nie jest stręczycielem.

Już w czasach Szekspira seksualny stręczyciel miał długą historię literacką. W farsie średniowiecznej i mieszczańskiej literaturze satyrycznej taki stręczyciel jest wulgarnym rajfurem, dość prostą postacią o szablonowych cechach i Szekspir ciągle ma sporo takich postaci w swoim teatrze. Dostarczają oni mężczyznom kobiet lekkich obyczajów, kierując się materialnym zyskiem; wszystko to czynią, aby zaspokoić pragnienia, które już istnieją.

Postać Pandarusa to gigantyczny krok poza tego prostackiego rzemieślnika. Zamiast czekać na klientów, sam ich stwarza dzięki reklamie, tj. tworzy własnych nabywców. Gdyby z jakiegoś powodu czyjeś pragnienie osłabło, Pandarus potrafi je ożywić lub dać całkiem nowe dzięki rozumnemu stosowaniu erotycznego pobudzania. Manipuluje nie tylko twoim mimetycznym pragnieniem, ale równocześnie pragnieniem kogoś innego, owego partnera, którego sam dla ciebie wybrał, wyżłabiając jego pragnienie w twoim kierunku. Następnie, w odpowiednim momencie, postara się, abyście znaleźli się w tym samym łóżku w miejscu, które również sam wybrał. Każdy z was będzie cały czas pod jego czujnym przewodnictwem. Rozwiązuje wszystkie problemy, troszczy się o wszystko. Pandarus wynalazł nowoczesny sposób prowadzenia interesów.

Wszystko sam, bez niczyjej pomocy, sam jest całym konglomeratem rzemiosł; jego agencja reklamowa jest powiązana z domem schadzek, a także agencją prasową, która wykorzystuje aspekt erotyczny i przemoc Wojny Trojańskiej do rozweselenia pospólstwa. Industrializacja mimetycznego pragnienia jest w drodze. Pandarus to zadziwiająca przepowiednia świata, w którym żyjemy.

Jeżeli Pandarus nie jest zainteresowany pieniędzmi, to czym się może motywować? Odpowiedź jest zarówno prosta, jak paradoksalna: jest zakochany w Cressidzie i być może także w Troilusie. Jak już zaznaczałem, tylko on jeden jest szczerze zasmucony, gdy przychodzi wiadomość, że Cressida musi opuścić Troilusa i wrócić do Greków.

Pandarus nigdy nie ujawnia otwarcie swojej miłości do „bratanicy", ale pewne jego reakcje czynią ją w pełni oczywistą. Najlepszym przykładem jest tu scena pierwsza aktu trzeciego. Pandarus znajduje się w pałacu Priama i ciągle gorliwie pracuje nad romansem Cressidy z Troilusa. Próbuje uwolnić Troilusa od jego dworskich obowiązków, byle tylko Cressida mogła spędzić z nim noc. Parys mógłby wstawić się za swoim młodszym bratem, więc Pandarus pyta służącego, gdzie można znaleźć tego sławnego kochanka. Służący odpowiada, „a z nim śmiertelna Wenus, piękność z krwi i kości, nieśmiertelna dusza miłości" [*the mortal Venus, the heartblood of beauty, love's invisible soul*, III, i, 34]. Służący ma na myśli Helenę, chociaż nie wymienia jej z imienia, ale Pandarus nie rozumie; służący jest zdumiony tą „ignorancją". Ma prawo być zdziwiony, gdyż prawie każdy w Troi lub w Grecji rozpozna odruchowo Helenę, gdy zostają wypowiedziane takie szablonowe frazesy, jak właśnie wyrecytował; wizerunek rzeczywistej Heleny automatycznie przychodzi im na myśl.

Inaczej mówiąc, aby uczynić Helenę łatwą do rozpoznania, wystarczy zebrać razem wiązkę dworskich miłosnych komunałów; większość Greków i Trojan reaguje na ten bodziec jak dobrze wytrenowany pies Pawłowa. Za wyjątkiem Pandarusa. On myśli, że służący mówi o Cressidzie:

> *Pandarus*: Who, my cousin Cressida?
> *Servant*: No, sir, Helen: could not you find out that
> by her attributes?
> (34-36)

Pandarus: Kto taki? Moja bratanica Cressida?

Sługa: Nie, panie, Helena. Czy nie odkryłeś tego z jej przymiotów?

(s. 92)

Pandarus jest dokładnie tak samo „prowadzony przez pośrednictwo" jak nasz przeciętny frajer w każdej z dwóch armii, ale przez inną kobietę; jest trochę innym rodzajem psa Pawłowa: „Jak się wydaje, człowieku, nie widziałeś dotąd pani Cressidy" [*It should seem, fellow, that thou hast not seen the Lady Cressida*, 37] Pandarus tak długo wchłaniał swoje przesadne wychwalanie Cressidy, że uwierzył w nie tak samo silnie, jak inni wierzą w Helenę. Upił się nie tyle własnymi słowami — słowa same w sobie nie mają takiej mocy — co ich odbiciem w oczach Troilusa i Cressidy, gdy zwrócili mu to pragnienie, które sam w nich stworzył.

Pandarus zaraża innych swym pragnieniem, następnie zaś zaraża sam siebie tą przenoszącą się infekcją. Im bardziej jest chory, tym bardziej entuzjastycznie rozsiewa zarazę dookoła, początkowo mimowolnie a później rozmyślnie, na coraz to większą skalę, jak narkoman, który przekształca się stopniowo w sprzedającego i kupującego, aby podtrzymać swój nałóg.

Pandarus jest jeszcze jedną konfiguracją pragnienia w szekspirowskiej mimetycznej trajektorii, która chociaż przekracza to, co widzieliśmy dotychczas, jest ściśle związana z wszystkimi innymi konfiguracjami. Jest on jedną z wielu wariacji na temat przenikający cały teatr Szekspira, chociaż bardzo specjalną — jest najbardziej ekstremalną odmianą mimetycznej choroby, która zdaje się pogarszać, zanim osiągnie stadium *Troilusa i Cressidy, Hamleta, Miarki za miarkę*.

Choroba nie rozwija się łagodnie, w jednostajnie przyspieszony sposób od sztuki do sztuki, ale ów trend jest niewątpliwy. Aby zrozumieć, dlaczego szekspirowskie mimetyczne pragnienie prowadzi nieuchronnie do Pandarusa lub, mówiąc inaczej, dlaczego nieświadomy rajfur musi stać się świadomym, należy jeszcze raz wrócić do podstawowych wymogów mimetycznego pragnienia.

Wiemy już, że mimetyczne pragnienie przeciwnie niż pragnienie freudowskie, uczy się przez doświadczenie i uczy się prawdy. Samo pragnienie przekręca prawdę o sobie, czego następstwa pogarszają się w miarę wzrostu sumy prawdy; cena, jaką musi ono płacić za wcielenie tej prawdy do systemu również rośnie. Pragnienie, zamiast zamknąć interes w konsekwencji swojego niepowodzenia, naglone przez prawdę pogrąża się coraz bardziej w otchłań; na każdym zakręcie drogi musi przekształcać przeraźliwy chaos, do którego ostatnio doprowadziło, w nowy model i nowy punkt wyjścia, coraz bardziej chwiejne oparcie dla rozpoczynania coraz bardziej szalonych przedsięwzięć. Orsino zaczyna tam, gdzie jego poprzednicy zaprzestali, a Pandarus zaczyna tam, gdzie skończył Orsino. Orsino wie więcej niż Valentine i jego pragnienie bardziej samoudaremnia się. Pandarus wie jeszcze więcej od nich wszystkich, i jego pragnienie jeszcze bardziej samoudaremnia się. Sam jest jego groteskowym spełnieniem.

Mimetyczny *double bind* powoduje, że preferujemy te pragnienia, które nasze modele udaremniają; a więc nasze pragnienie idzie na skróty, ogniskując się bezpośrednio na tych modelach, które wydają się najbardziej frustrujące. Nasze pragnienia coraz bardziej wzorują się na samym *double bind*, którego najgorsze skutki stanowią zawsze kolejną definicją tego, co pożądane.

Orsino „wykarmia" wielką miłość do Olivii wyłącznie dlatego, że wie, iż nie będzie nigdy do niego należała. Wcześniejsi bohaterowie ciągle jeszcze usiłowali aktywnie zdobyć kobietę według „własnego wyboru"; Orsino już dłużej nie podejmuje takich prób. Upraszczając, możemy powiedzieć, że jego pragnienie nie jest już dłużej pragnieniem posiadania. Orsino jest bliżej Pandarusa niż wcześniejsze postacie.

Orsino pogodził się z faktem, że Olivii nie wolno nigdy do niego należeć, ale nie wolno jej też należeć do kogokolwiek innego; musi poświęcić się wyłącznie jego romantycznemu niekonsumowaniu jej. Jego wściekłość jest zupełnie autentyczna, kiedy dowiaduje się, że przystojny Cesario (Viola) okazał się bardziej powabny, niż się spodziewał.

Orsino należy do licznego towarzystwa nieświadomych rajfurów; jak Pandarus, powstrzymuje się ascetycznie od przyjemności, która — gdyby jej faktycznie doznał — przestałaby wydawać się godna pragnienia, ale ciągle stanowczo nalega, aby odmawiano jej innym mężczyznom.

Pandarus doprowadza tę logikę do ostateczności. Nie zadowala go jedynie pozbawienie się przyjemności posiadania; musi te przyjemność udostępnić komuś innemu, najlepiej przystojnym młodym rywalom, takim jak Troilus. Odrzucając największe „uprzedzenie" o wyłącznym posiadaniu, pobudza pragnienie jeszcze bardziej i czyni je bardziej zaciekłym niż przedtem. W tym szaleństwie jest metoda: gdy pragnienie nie ma już na celu posiadania swego przedmiotu, wyłączność posiadania traci sens; Pandarus odrzuca ten relikt przeszłości.

Pandarus, aby czuć się naprawdę pobudzonym, potrzebuje czegoś więcej niż powabnych gońców Orsina, czy też zazdrosnego rywala

Valentina, czegoś więcej od zwykłej możliwości bycia rogaczem, czy przygodnego gwałciciela *à la* Tarkwiniusz; potrzebuje realności tego wszystkiego i potrzebuje tego tak dotkliwie, że nie może pozostawić urzeczywistnienia tego hazardowi tego świata. Troszczy się o wszystko sam; planuje własne poniżenie metodycznie, aż do najmniejszego szczegółu.

Już wszyscy poprzedni bohaterowie sami udaremniali swoje plany, ale nigdy celowo. Gdy ich żony lub kochanki kończyły w ramionach innych mężczyzn, byli nie tylko nieszczęśliwi, ale szczerze zdziwieni. Byli nieświadomi tego, czego Pandarus jest świadomy i co czyni z premedytacją.

„Podglądacz" jest dobrą nazwą dla Pandarusa, zakładając, że nie będzie ona interpretowana w taki sposób, aby zaciemnić element zazdrosnej udręki w jego zachowaniu. Podglądactwo nie jest radosną rozrywką, w co nasza, z gruntu „stręczycielska" kultura nakazuje nam wierzyć. Pandarus nie „cieszyłby" się naprawdę romansem Troilusa i Cressidy, gdyby równocześnie nie cierpiał w najwyższym stopniu. Popychając Troilusa i Cressidę, aby padli sobie w ramiona, ma cały czas wbrew rozpaczy nadzieję, że ona będzie wolała jego, Pandarusa a nie kogokolwiek innego. Ten „żałosny" stręczyciel jest krańcowym wcieleniem erotycznego histerycznego „altruizmu", który jest tożsamy z „egoizmem" mimetycznego pragnienia. Najbardziej perwersyjni kochankowie są również najbardziej romantyczni. Ich haniebne zachowanie jest odwrotną stroną ich bałwochwalstwa. „Qui fait l'ange fait la béte".

Im więcej pragnienie się uczy, tym bardziej oczekuje i uważa za pozytywne negatywne sygnały transmitowane przez udaremniającą rywalizację i tym bardziej imituje i planuje te samoudaremniające konsekwencje, które w fazach wcześniejszych występowały naturalnie i nieoczekiwanie. Pragnienie przemienia się we własną karykaturę; rezultatem jest Pandarus.

Pandarus pogarsza jeszcze wcześniejsze niepowodzenia pragnienia, gdyż je jak najwierniej kopiuje. Ta patologia mimetycznego pragnienia jest kontynuacją tych faz, które jeszcze mogły być widziane jako „normalne", a cała trajektoria została z góry zaprogramowana na samym początku mimetycznego współzawodnictwa. Gdyby można wszystkich samoudaremniających się bohaterów stworzonych przez Szekspira potraktować jako jednego i tego samego bohatera, ewoluującego w czasie, zawarłby on w sobie wszystkie konfiguracje pragnienia, które produkują siebie nawzajem, gdy pragnienie modyfikuje i imituje samo siebie w odpowiedzi na własne porażki, które próbuje przemienić w coraz bardziej nieosiągalne zwycięstwo.

Aby zorientować się w szekspirowskim bohaterze, musimy zapytać: którą część tego programu on odtwarza? Jak daleko to indywidualne pragnienie pójdzie w z góry zdeterminowanym kierunku swej patologicznej ewolucji? Większość bohaterów nie idzie tą przeraźliwą drogą do końca; zatrzymują się gdzieś w jakimś stadium pośrednim; gdyby się nie zatrzymali, osiągnęliby stadium Pandarusa, w którym maksimum pożąliwości staje się tożsame z maksimum poniżenia, niepowodzenia i cierpienia.

Zaprzeczając temu, że Pandarus jest kontynuacją poprzednio omawianych szekspirowskich bohaterów, będziemy musieli przypisać jego działalność jakiejś odmianie odrębnej esencji, która jest rzekomo esencją rajfura. Esencje są doskonale autonomiczne, wyraźne i oddzielone od siebie nawzajem; esencja rajfura powinna więc być całkowicie oddzielona od esencji kochanka. Czyż kochanek nie jest biegunowym przeciwieństwem rajfura w relacji do kobiet? Ta rozłączność kochanka i rajfura ma pewne potwierdzenie u samego Szekspira w fakcie, że Pandarus i Valentine, jak na to wcześniej wskazywałem, nie są całkowicie tym samym człowiekiem.

Jeżeli w postaci takiej jak Valentine nie dostrzeżemy niczego poza kochankiem i jeżeli nie rozumiemy, że ten pleciuga „zawsze jest już" rajfurem, to zapewne nie zdołamy pójść tą samą drogą w odwrotnym kierunku z przeciwną skrajnością, Pandarusem, i nie zobaczymy w nim nic poza rajfurem. Jeżeli mówi się nam, że ten rodzaj rajfura „zawsze jest już" kochankiem, wzruszymy mężnie ramionami i odwołujemy się do zdrowego rozsądku.

Większość z nas chce, aby bohaterowie należeli do dobrze odróżnionych, nie powiązanych ze sobą gatunków; gdy są ze sobą pomieszani, staje się to zbyt mylące i wszystko zmienia się w monstrualne. Mimo tego, sam Szekspir pokazuje, że ta przemiana w monstrualne „zawsze ma już" miejsce. Jego fascynacja monstrami jest połączona z „dekonstrukcją" wyodrębnionych esencji, które giną w świetle mimetycznej interakcji. W samym *Troilusie i Cressidzie* miłość w sensie erotycznym zostaje przez Troilusa zdefiniowana jako monstrum, a Pandarus określa jej początek jako „płodzenie żmij" — adnotacja niewątpliwie biblijna (III, i, 132; Mateusz XXIII 33).

W prostoduszności Valentina oferującego Silvię Proteusowi możemy już dostrzec coś z Pandarusa, a w podłości Pandarusa możemy ciągle rozpoznać coś z Valentina. Ten nędzny stręczyciel zrobiony jest z tych samych składników, co postacie wcześniejsze, chociaż proporcje zostały odwrócone o sto osiemdziesiąt stopni. Pandarus jest „żywym" dowodem na to, że nasza intuicja co do wcześniejszych postaci była słuszna. Podczas gdy można jeszcze kwestionować sens traktowania Valentina jako rajfura, Pandarus rozprasza wszelkie wątpliwości. Aby odczytać poprawnie tę oczywistość, musimy rozumieć szekspirowskie pragnienie jako dynamiczny proces *mimesis*, naśladującej samą siebie. Na mapie erotycznego pragnienia wszystkie drogi prowadzą do Pandarusa. Pokrewieństwo między wcześniejszym i późniejszym wzorem pojawia się w samym *Troilusie i Cressidzie* jako pokrewieństwo Pandarusa z Troilusem. Troilus jest stającym się Pandarusem. Najpierw „sławił" Greków przed Cressidą w sposób, który okazał się katastrofalny dla jego własnych interesów jako kochanka. Następnie, pogarszając jeszcze sytuację, „sławił" Cressidę przed greckim wojownikiem, sprawującym nad nią opiekę, gdy już przekroczyła linię bitewną. Jak to już poprzednio stwierdziłem, nie mógłby uczynić więcej, gdyby faktycznie chciał, aby Cressida go zdradziła z Diomedesem.

Szekspir nie mógł nie myśleć o Pandarusie na tym połączeniu dróg. Chce pokazać, że jego młodszy bohater wywiązuje się ze „sprzedawania" Greków swojej kochance i swojej kochanki Grekom równie dobrze jak poprzednio Pandarus, kiedy „sprzedawał" Cressidę Troilusowi i Troilusa Cressidzie. Nieświadomie Troilus emuluje (idzie w zawody z) Pandarusa; rzeczy, które robimy nieświadomie są tymi, które robimy najlepiej — i najgorzej. To ironiczne zestawienie Pandarusa z Troilusem staje się doskonałe, gdy docieramy do końca sztuki. Późniejszy Troilus musi obserwować początki romansu Cressidy z Diomedesem. Cierpi niewątpliwie głęboko, ale nie może się oderwać; prostoduszny bohater z pierwszego aktu przemienia się w zboczonego podglądacza. W akcie piątym możemy zobaczyć, jak daleką drogę przebył Troilus od mimowolnego do rozmyślnego rajfura.

Jeżeli Troilus jest tworzącym się Pandarusem, to Pandarus jest pozbawionym złudzeń Troilusem lub raczej Troilusem próbującym przywrócić sobie złudzenia poprzez przeżywanie ciągle na nowo sceny swojej uprzedniej utraty złudzeń, z niejasną nadzieją na odmienne zakończenie.

Obserwujemy „pandaryzację" Troilusa. Mimo wszystko nic w tym dziwnego, że dwie istoty ludzkie, imitujące siebie nawzajem, stają się coraz bardziej do siebie podobne. Widzieliśmy już przykłady tego osobliwego zjawiska i zobaczymy ich jeszcze więcej. U Szekspira, w miarę jak pragnienie „dojrzewa", niepokój budzi coraz większe odróżnicowanie; jest ono zarówno tym, o czym Szekspir mówi, jak i co faktycznie dramatycznie się wydarza w każdej sztuce i w jego całym teatrze traktowanym jako jedna sztuka. Cressida jest innym przykładem pandaryzacji. Zastanawiając się nad jej strategią, zobaczymy, że dochodzi ona do większej zręczności w manipulowaniu pragnieniem Troilusa niż Pandarus na początku; całkowicie zastępuje Pandarusa. Jej prosta wzmianka o „wesołych Grekach" jest skuteczniejsza i bardziej elegancka niż wszystkie nudne plotki jej stryja o Helenie w pierwszym akcie. Gdyby była nagroda Nobla w naukowej pandaryzacji, powinna zostać przyznana Cressidzie.

Zarówno Troilus jak i Cressida, pomimo ogromnej różnicy między nimi, przekształcają się w tego samego Pandarusa. Na zakończenie sztuki wszyscy przekształcają się w Pandarusa; każdy próbuje dzięki tym samym mimetycznym strategiom, kontrolować zakaźne moce, które rządzą światem wojny, polityki i seksu.

Przekształcenie przywódców greckich w manipulatorów pragnieniem przebiega analogicznie jak ewolucja Troilusa i Cressidy. Cała dynamika sztuki idzie w kierunku uniwersalnej pandaryzacji. Musimy to zrozumieć, aby docenić symboliczne znaczenie Pandarusa; reprezentuje on najbardziej krańcowe stadium zdeprawowania, co stanowi prawdziwy temat tej sztuki.

Pandarus jest wielce oczarowany teatrem. Ciągle od nowa reżyseruje sztuki własnego pomysłu, w których gra jedynie drobną i raczej komiczną rolę, jak niektórzy reżyserzy filmowi, którzy pojawiają się przelotnie w swoich własnych dziełach. Nic nie umknie śledzącemu wzrokowi tego przedniego *metteur en scène*. Jest on całym teatrem dla samego sobie, reżyserując rozległy dramat uniwersalnego pośrednictwa dla własnej, nędznej uciechy.

Pragnienie, przekroczywszy pewne stadium, nie może już wrócić do życia i mocy, chyba że przekształci się w *mise en abîme* (przedstawienie piekła) swojego poprzedniego wcielenia. Ta sztuka teatralna bez sztuki, którą Pandarus bezustannie reżyseruje, nie może być wystawiana na scenie bez przekształcenia się w wieczną sztukę w e w n ą t r z sztuki, tak charakterystyczną dla rzemiosła Szekspira. Jeżeli każdy Pandarus jest pewnym rodzajem dramatopisarza, przeto wszyscy dramatopisarze są stręczycielami w zamaskowaniu. *Troilus i Cressida* jest napisana i inscenizowana przez Pandarusa.

Dzięki Pandarusowi dwa tematy towarzyszące dotychczas wszędzie Szekspirowi stają się jednym; tj. z jednej strony, samoudaremnianie się pragnienia, którego teatralność cały czas wzrasta; z drugiej strony, teatr, który staje się bardziej samoświadomie mimetyczny.

Dobrze zostało obmyślone, że ostatnie słowo sztuki należy do Pandarusa i traktuje o mimetycznym zakażeniu teatru, symbolizowanym przez chorobę weneryczną. Dotychczas nie było mowy o tym, że Pandarus ma syfilis, chociaż nie jesteśmy tym bardziej zaskoczeni niż w przypadku Panurga Rabelaisa:

> Good traders in the flesh, set this
> in your painted cloths:
> As many as be here of pandar's hall,
> Your eyes, half out, weep out at Pandar's fall;
> Or if you cannot weep, yet give some groans,
> Though not for me, yet for your aching bones.
> Brethren and sisters of the hold-door trade,
> Some two months hence my will shall here be made.
> It should be now, but that my fear is this,
> Some galled goose of Winchester would hiss.
> Till then I'll sweat and seek about for eases,
> And at that time bequeath you my diseases.
>
> [Exit.]
> (V, x, 46-56)

> Mili kupczący ciałem, umieśćcie
> to na waszych kobiercach.
> Rajfurzy wszyscy, jacy tu jesteście,
> Kaprawe oczy załzawione wznieście.
> Pandar dziś upadł, więc go pożałujcie,
> Lub własnych kości ból tu opłakujcie.
> Bracia i siostry, fach nasz miłujące,
> Spiszę testament tu za dwa miesiące.
> Mógłbym już teraz, ale się nie ważę,
> Bo francowatą jakąś gęś obrażę.
> Muszę więc cierpieć tu, pełen żałości,
> Nim wam zapiszę moje przypadłości.
>
> [Wychodzą]
> (s. 215)

Pandarus zapisuje swoją chorobę w testamencie publiczności utworzonej wyłącznie z ludzi o tym samym co on powołaniu, inaczej mówiąc z rajfurów, jego własnych sobowtórów i duplikatów, ludzi w tym samym stadium mimetycznej choroby, zmuszonych do inscenizowania własnych pragnień lub, gdy jest to niewykonalne, do obserwowania zainscenizowania ich przez kogoś innego. Gdy teatr wystawia na scenie mimetyczną chorobę, może to skończyć się jedynie jeszcze większą zarazą. Dramatopisarz jest w porozumieniu z siłami chaosu. Pandarus jest symbolem teatru i tych, co żyją dzięki teatrowi. Publiczność nie poszłaby do teatru, nie chodziłaby na ten rodzaj sztuki, gdyby nie miała predyspozycji do mimetycznej choroby, tak jak sam Pandarus. Teatr dostarcza podglądackiej gratyfikacji i frustracji podobnej do tej, za którą tęsknił Pandarus. Spektakl, którym najbardziej się rozkoszujemy, jest spektaklem o niosącym przemoc pragnieniu, szerzącym spustoszenie w życiu naszych towarzyszy. Literacki stręczyciel przemienia widzów w niewolników mimetycznego przedstawienia. Opuszczą to miejsce w ostrzejszym stanie choroby, niż gdy wchodzili.

Troilus i Cressida wyśmiewa rozumienie teatru jako *catharsis*. Ironii tej nie należy z lekceważeniem odrzucać. Jej pesymizm koresponduje z czymś głęboko szekspirowskim, czymś niewątpliwie pokrewnym podejrzliwości Platona wobec mimetycznego zachowania w ogóle, a teatru w szczególności.

Wszyscy wielcy dramatopisarze, łącznie z Molierem i Racinem, w swej najbardziej radykalnej i pesymistycznej twórczości są bardziej skoligaceni z wrogami teatru niż jego pobożnymi przyjaciółmi. Ich nieprzejednany geniusz odrzuca samo obsługujące się banały kulturowego bałwochwalstwa. Wielki teatr nigdy nie rozrasta się bujnie za wyjątkiem okresów, gdy mu się nie ufa i skazuje się go na wygnanie. Troilus i Cressida jest zawzięcie antyarystotelowska. Do pewnego stopnia można ją określić mianem p r a w d z i w e g o teatru okrucieństwa, o którym Artaud zawsze marzył, ale którego nigdy nie uprawiał.

18
EMULACJI BLADEJ, BEZKRWISTEJ

Kryzys Kolejności w *Troilusie i Cressidzie*

W scenie trzeciej aktu pierwszego przywódcy greccy dyskutują o upadku morale w armii. Głównodowodzący widzi tę krytyczną sytuację jako zbawienny Sąd Boży, który automatycznie oddzieli ziarno od plew. Widzi ją jako

>   ...nought else
> But the protractive trials of great Jove
> To find persistive constancy in men.
> The fineness of which metal is not found
> In fortune's love; for then the bold and coward,
> The wise and fool, the artist and unread,
> The hard and soft, seem all affin'd and kin;
> But in the wind and tempest of her frown,
> Distinction, with a broad and powerful fan,
> Puffing at all, winnows the light away,
> And what has mass or matter, by itself
> Lies rich in virtue and unmingled.
>   (I, iii, 19-30)

> Próby przewlekłe wielkiego Jowisza,
> Który chce w ludziach odnaleźć niezłomną
> Wytrwałość? Metal ów w całej świadomości
> Nie da się ujrzeć tam, gdzie szczęście sprzyja.
> Gdyż wówczas człowiek mężny i tchórzliwy,
> Mędrzec i głupiec, nieuk i uczony,
> Twardy i miękki, zdają się jednacy
> I spokrewnieni. Lecz pośród wichury
> I nawałnicy, gdy los marszczy czoło,
> Odrębność wielkim, potężnym wachlarzem

Dmuchnie na wszystkich i odwieje lekkich;
A to, co wagę ma albo znaczenie,
Samo zostanie czyste, nie skażone.
(s. 35-36)

Ta próba oddzieli silnych od słabych. Stanowisko Ulissesa jest przeciwne: kryzys przyniesie raczej katastrofalne o d r ó ż n i c o w a n i e zamiast zróżnicowania. Agamemnon jest kiepskim dowódcą, maskującym niezdolność działania za pomocą obiegowych komunałów. Jego zastępca szybko mu przypomina, że cały kryzys wywodzi się z jego braku autorytetu:

> The specialty of rule has been neglected,
> And look how many Grecian tents do stand
> Hollow upon this plain, so many hollow factions.
> When that the general is not like the hive
> To whom the foragers shall all repair,
> What honey is expected? Degree being vizarded,
> Th' unworthiest shows as fairly in the mask.
> (78-84)

> Władza i rozkaz poszły w zapomnienie;
> Spójrzcie, jak wiele stoi tutaj próżnych
> Namiotów greckich; — tyleż próżnych stronnictw.
> Tam gdzie wódz nie jest ulem, do którego
> Wszystkie wysłane pszczoły powracają,
> Skąd można miodu oczekiwać? Jeśli
> Najwyższy stanem okryje się maską,
> Najlichszy w masce wyda mu się równy.
> (s. 38)

„Pięknym jest brzydkie, brzydkim piękne" [*Fair is foul and foul is*[54] *fair*", Macbeth, I, i, 11]. Chaos i gmatwanina są na porządku dnia, ale po tym pierwszym i zagadkowym napomknięciu o „Kolejności" [*Degree*][55], mówca odbiega od tematu, rozpoczynając widowiskową, ale zmieniającą temat tyradę o chaosie nie na tej ziemi, ale ... w sferze niebieskiej. Ulisses, opisawszy planety krążące wokół swego centrum,

---

[54] Tu i dalej cytuję za: *Tragedia Mackbetha*, przełożył Maciej Słomczyński, Cassiopeia, Kraków, 1980, s. 9.
[55] Termin *Degree* nie znalazł dosłownego tłumaczenia w tym miejscu w przekładzie polskim. [Przyp. tłum.]

„planety jaśniejącej, Słońca", wyobraża sobie okresowe zakłócenia w tym pięknym porządku:

> But when the planets
> In evil mixture to disorder wander,
> What plagues and what portents, what mutiny,
> What raging of the sea, shaking of earth!
> Commotion in the winds! frights, changes, horrors
> Divert and crack, rend and deracinate
> The unity and married calm of states
> Quite from their fixture.
>
> (93-100)

> Lecz gdy planety zmieszane złowrogo
> Wpadają w nieład, jakie plagi, jakie
> Starcia złowróżbne, jaka wściekłość morza,
> Trzęsienia ziemi i wichrów szaleństwo,
> Lęk, zmiany, groza — gniotą, rozszarpują,
> Wstrząsają, aby wyrwać z korzeniami
> Jedność i pokój zaślubione w państwach!
>
> (s. 38)

Ten burzliwy wstęp jest jak uwertura operowa, muzycznie związana z tym, co następuje, ale nieważna z punktu widzenia głównego tematu.

Zupełnie nagle, w samym środku wersu, Ulisses wraca na ziemię i zaczyna się główna część jego mowy. W rzeczywistości jest ona ogólnym rozmyślaniem nad gwałtownym załamywaniem się ludzkiej społeczności w ogóle, nad ruiną kulturowego porządku. Armia grecka jest tylko jednym z wielu możliwych przykładów:

> O when Degree is shaked
> Which is the ladder to all high designs,
> The enterprise is sick! How could communities,
> Degrees in schools, and brotherhoods in cities,
> Peaceful commerce from dividable shores,
> The primogenitive and due of birth,
> Prerogative of age, crowns, sceptres, laurels,
> But by degree, stand in authentic place?
> Take but degree away, untune that string,
> And hark, what discord follows! Each thing meets
> In mere oppugnancy: the bounded waters
> Should lift their bosoms higher than the shores,
> And make a sop of all this solid globe:
> Strength should be the lord of imbecility,

And the rude son should strike his father dead:
Force should be right; or rather right and wrong
Between whose endless jar justice resides,
Should lose their names, and so should justice too.
(101-18)

O, jeśli zachwiać rzeczy kolejnością,
Ową drabiną najwyższych zamysłów,
Choroba stoczy osiągnięcia! Jakże
Społeczność, stopnie w szkole, bractwa w miastach,
Handel spokojny od odległych brzegów;
Jak pierworództwo i prawo starszeństwa,
Korony, berła i wieńce zwycięstwa
Mogłyby miejsce uzyskać właściwe,
Gdyby nie owe stopnie kolejności?
Zniszczcie kolejność, zwolnijcie tę strunę
I posłuchajcie, jaki rozdźwięk wzrośnie!
Rzecz każda zaraz na inne uderzy:
Wzburzone wody urosną nad brzegi
I w papkę zmienią cały ten glob twardy.
Słabość zostanie niewolnicą siły
I syn nikczemny zamorduje ojca.
Siła ma dobrą być, inaczej dobro
I zło, wśród których wiekuistej kłótni
Tkwi sprawiedliwość, utracą swe imię —
A z nimi zniknie także sprawiedliwość.
(s. 38-9)

Angielskie *Degree* [„Kolejność" w polskim tłumaczeniu Macieja Słomczyńskiego], pochodzące od łacińskiego *gradus*, oznacza stopień schodów lub drabiny, niehoryzontalne spacjowanie między dwoma istnieniami, ogólniej rangę, wyróżnik, rozróżnienie, hierarchię, r ó ż n i c ę. Jest to również „wiekuista kłótnia" [*endless jar*] sprawiedliwości z niesprawiedliwością, raz jeszcze ta sama pusta przestrzeń, która zapobiega pomieszaniu dobra i zła. Sprawiedliwość nie jest spełnieniem doskonałej bezstronności, nie jest doskonała równowagą, ale usztywnioną modalnością nierównowagi, jak wszystko co kulturowe.

Rozróżnienie stopni [*degrees*] w liczbie mnogiej — takich jak stopnie w szkole — i Kolejności [*Degree*] w liczbie pojedynczej oznacza, że w danej kulturze wszystkie specyficznie stopnie lub różnice mają ze sobą coś wspólnego, rodzimą atmosferę, że tak powiem; wszystkie są specyfikacjami jednej różnicującej zasady, Kolejności, z dużym „K", od integralności której zależy trwałość a nawet istnienie systemów kulturowych.

Ta leżąca u podstaw zasada porządku, urzeczywistnia się najpierw w jakiejś odmianie suwerennego autorytetu, „planecie jaśniejącej, Słońcu" w sferze niebieskiej, króla na tej ziemi, Agamemnona w armii greckiej. Ale tak jak generał może przestać być „ulem, do którego wszystkie wysłane pszczoły powracają" [*the hive to whom the foragers shall all repair*], tak istnieją również czasy, kiedy planety „wpadają w nieład" [*in disorder wander*] — i takie są koleje losu wszelkich organizacji ludzkich.

Metafora muzycznej struny sugeruje identyczne z nowoczesnym rozumienie s t r u k t u r y. Dopóki różnice między nutami są zachowane, dopóty melodia jest rozpoznawalna, bez względu na to jak jest grana, w jakiej tonacji, na jakim instrumencie, bez względu na dodatki, wariacje, rozwinięcia itd. Kiedy struktura traci centrum, zastępowania i permutacje przyspieszają, ale jej dezintegracja zaledwie się zaczęła; możemy założyć, że *Troilus i Cressida* dzieje się w takim momencie. Odmiennie od naszych strukturalistów i poststrukturalistów, którzy domagają się filozoficznego wyboru między strukturami ześrodkowanymi [*centred*] i pozbawionymi centrum [*decentered*], szekspirowskie pojęcie widzi diachroniczne przesunięcie od pierwszych ku drugim, serię kroków na drodze ku coraz radykalniejszemu odstrukturowieniu. Cały ludzki porządek jest lokalny, specyficzny i łatwo się psuje.

Mowa Ulissesa nie jest banalną wariacją na temat „Wielkiego Łańcucha Bytu", który musi być zasadniczo niezmienny i wieczny, w przeciwnym bowiem razie nie pasuje dłużej do definicji B y t u w metafizycznym lub średniowiecznym sensie. Ludzki porządek, jako fragment tego łańcucha, byłby również z gruntu niezmienny. Z powodu ludzkiej grzeszności, należy wziąć wprawdzie pod uwagę pewne lokalne zakłócenia, ale nie takie, jak to zdumiewające przetopienie, które opisuje Ulisses.

Szekspirowskie użycie słowa „Kolejność" jest, jak sądzę, bezprecedensowe. Pojęcia w jakiś sposób podobnego musimy szukać raczej w przyszłości niż w przeszłości, być może u późnego Heideggera, który zrównał pytanie o Byt z pytaniem o *Differenz als Differenz*.

Szekspir jednakże ma własne wyobrażenie o tym, co wydarza się kiedy Kolejność „wycofuje się": „...zwolnijcie tę strunę / I posłuchajcie, jaki rozdźwięk wzrośnie" [...*untune that string,/And hark what discord follows*!]. Wszystkie skojarzeniowe formy stają się wojującymi konflacjami[56] przeciwieństw. Duchowe i rzeczowe wartości, będące niczym oprócz różnicy, tracą całą rzeczywistość — tak jak dzieje się ze stopniami naukowymi, tą specyfikacją Kolejności.

„Rzecz każda zaraz w inną uderzy" [*Each thing meets / In mere oppugnancy...*", 110-111]. Poprzednio zróżnicowane realne istnienia przekształcają się w odróżnicowane podwojenia, ciągle zderzające się bez dostrzegalnego celu, jak obluzowany ładunek na pokładzie miotanego burzami statku. Ich zwalczanie się [*oppugnancy*] niszczy każdy przedmiot, który wspólnie pragną, pozbawiając ich walkę jej sensu. Zderzające się realne istnienia nie są wystarczająco znaczące, aby być nazwane przeciwieństwami, więc Szekspir ucieka się do słowa w języku najbardziej nieokreślonego, „rzecz". Znaczenie samo zależy od różnicującej zasady, która przestała funkcjonować. Kolejność sama jest symbolizowaniem.

„...I syn nikczemny zamorduje ojca" [*...the rude son should strike his father dead...*]. Kryzys czyni nawet ojcobójstwo realną możliwością, jednym wśród wielu możliwych przestępstw. Dorośli synowie lepiej nadają się do zabijania ojców niż odwrotnie z prostego powodu: dorośli synowie są młodsi i silniejsi niż ich ojcowie. Jednakże odmiennie do freudowskiego ojcobójstwa, nie ma ono specjalnej doniosłości. Poddając badaniu wszystkie przykłady niezgody z wyżej cytowanej mowy, rozpoznamy z łatwością ten sam typ konfliktu, który obserwowaliśmy dotychczas wszędzie u Szekspira, zakorzeniony nie w intelektualnych, duchowych, czy innych różnicach, w których antagoniści na próżno poszukują jakiegoś racjonalnego i etycznego usprawiedliwienia, ale we wzajemnej imitacji pragnienia.

Zniszczenie Kolejności jest napływem mimetycznego współzawodnictwa tak masywnym, że przypomina plagi, które bezwarunkowo pojawiają się w tego rodzaju apokaliptycznym obrazie. Te społeczne i zdrowotne plagi same są odróżnicowane. Zasada różnicowania zdaje się tłumić mimetyczne współzawodnictwo; teraz uległa ona złośliwemu atakowi choroby, której miała zapobiegać.

Sam Ulisses potwierdza powyższą interpretację w dziesięciu wersach wniosku, który przedstawia raz jeszcze w języku czysto mimetycznym — swoiście scenicznym i szekspirowskim języku — to, co zostało właśnie sformułowane w bardziej filozoficznym i abstrakcyjnym żargonie:

---

[56] Zob. przypis 33.

> Great Agamemnon,
> This chaos, when Degree is suffocate
> Follows the choking.
> And this neglection of Degree it is
> That by a pace goes backward with a purpose
> It has to climb. The general's disdained
> By him one step below, he by the next,
> The next by him beneath, so every step
> That is exampled by the first pace that is sick
> Of its superior, grows to an envious fever
> Of pale and bloodless emulation.
>
> (124-134)

> Wielki
> Agamemnonie, ten chaos powstaje,
> Kiedy kolejność zostaje zdławiona.
> Gdy się zaniedba kolejności, wówczas
> Cofa się człowiek i schodzi krok niżej,
> Choć pragnie wspiąć się. Wodzem swoim gardzi
> Ten, który stoi szczebel niżej; a nim
> Ten, który stoi pod nim; i tak każdy
> Ze szczebli bierze przykład z najwyższego,
> Który pogardził swoim przełożonym,
> I wszystkich zżera gorączka zawiści
> Bladej, bezkrwistej.
>
> (s. 39)

Ostatnie i najważniejsze słowo w całej mowie, emulacja (iść w zawody) oznacza czysto i po prostu mimetyczną rywalizację; jest to szekspirowskie określenie jej. Włączając formę przymiotnikową [angielskie *emulous*], pojawia się ono w *Troilusie i Cressidzie* siedem razy. Czytając je jako mimetyczną rywalizację, zrozumiemy dlaczego jest ona przedstawiana jako „blada i bezkrwista"; pożera zdradziecko sens wszystkiego, co tylko wyróżni, zostawiając jedynie pustą skorupkę. Najpierw zdaje się wzmagać wartość spornych przedmiotów. Jej „zazdrosna gorączka" zarumienia policzki wszystkich Helen i Cressid tego świata, ale jest to wyniszczająca gorączka, która w końcu niszczy wszystko, zarówno przedmioty jak i antagonistów; zdaje się ożywiać ludzkiego ducha, ale w rzeczywistości zabija go. Emulacja jest kwintesencją tej kwintesencjonalnej mowy i pojawia się zaraz po innym mimetycznym określeniu, brać przykład, które odnosi się do całej armii, potwierdzając raz jeszcze mimetyczną naturę kryzysu.

Naczelny wódz przestaje uosabiać Kolejność, gdy Achilles, Ajax i inni wodzowie próbują przywłaszczyć sobie jego autorytet i staje się po prostu śmieszny. Jest doprawdy chaplinowską ambicją, gdy „cofa się człowiek i schodzi krok niżej, / choć pragnie wspiąć się" [*that by a pace goes backward with a purpose/It has to climb*"]; widzę kompletnie unieruchomionego człowieka, spieszącego na górę ruchomych schodów, które uparcie pędzą w dół. Pogwałcona hierarchia ostatecznie runie z trzaskiem na głowę jej gwałcicieli.

Kolejność, tj. porządek kulturowy, jest transcendentna, ale w osobliwie ograniczonym i kruchym sensie, co czyni ją wysoce nieodporną nie na gwiazdy lecz na ludzki konflikt. Nie ma ona innej realności poza szacunkiem, który wzbudza. Jeżeli ten szacunek przekształci się na szczycie w lekceważenie, z całą pewnością nastąpi zaraza i Kolejność szybko rozpuści się w odróżnicowaniu mimetycznej rywalizacji. Kolejność nie jest realnym bogiem, Kolejność jest nie tylko bezsilna; ona nie istnieje ani w tym świecie, ani poza nim. Działa jednak jak boskość, nagradzając tych, którzy ją szanują dobrodziejstwami porządku i karząc buntowników udzielającą się przemocą nieładu, poruszającym się ruchem spiralnym odwetem współzawodnictwa, które przekształca się w śmiertelną zemstę.

Mowa Ulissesa daleka jest od bycia interesującą, lecz nieistotną dygresją, oderwaną od tematu sztuki, w której się pojawia; stanowi ona jak gdyby esencję *Troilusa i Cressidy*. Zweryfikowaliśmy już, że wszystkie epizody są dramatyzacją tego, co opisuje Ulisses, tj. procesu odróżnicowania napędzanego przez mimetyczne współzawodnictwo; chodzi tu nie tylko wojnę trojańską traktowaną jako całość, ale i o Trojan, o Greków, kochanków, polityków, o każdego w tej sztuce.

Kolejność jest czymś więcej niż źródłem wszystkich trwałych znaczeń, czymś więcej niż mechanizmem różnicowania w rozumieniu nowoczesnej teorii; jest ona paradoksalną zasadą jedności między ludźmi. Określam ją jako paradoksalną, ponieważ jest ona rozłączeniem, rozdzieleniem, oddaleniem, hierarchią. Dlaczego zasada rozdzielania jest zasadą jednoczenia? Kiedy to rozdzielenie znika, kiedy ludzie podchodzą do siebie zbyt blisko, wracają do punktu wyjścia, za czym idzie niezgoda. Zdaje się to nie mieć sensu: czy Szekspir dostarcza jakiegoś wyjaśnienia?

Gdy zabraknie Kolejności, rozmnaża się współzawodnictwo. Współzawodnictwo jest również obecne, gdy Kolejności nie brakuje, ale jest mniej niszczące. Dlaczego tak się dzieje? Czy oznacza to, że dzięki Kolejności pragnienie staje się niemimetyczne i spontaniczne? Przykład wojska dowodzi, że tak nie jest. W karnym i wyszkolonym oddziale każdy żołnierz spogląda w nadziei na awans ku randze tuż powyżej swojej własnej. Każdy żołnierz bierze swojego rozkazującego dowódcę za model i doradcę. Te aspiracje są jedną z modalności mimetycznego pragnienia. Nie tylko się ich nie tłumi, ale jeszcze dodaje się im odwagi; nie ma bez nich wojskowej doskonałości.

Te same ambicje, ta sama imitacja stają się niszczycielskie i żądne [*emulous*], gdy próbują zawładnąć stanowiskiem, rangą lub władzą niezależnie od wojskowych reguł i wojskowej tradycji. Jeżeli nieposłuszeństwo pojawi się na szczycie, niższe rangi będą je kopiować tak posłusznie, jak poprzednio kopiowały posłuszeństwo; porządek składa się z łańcucha posłusznej imitacji tak powszechnej, że ułatwia ona zarażanie się nieporządkiem, gdy on się pojawi. Każdy z nich zapożycza te same kanały i funkcjonuje w taki sam sposób. Kiedy każdy krok ma za przykład ów pierwszy krok, może to być albo „dobra" albo „zła" imitacja, która szerzy się w dół drabiny Kolejności. Różnica wywodzi się nie z dwóch rodzajów imitacji, ale z samej Kolejności: imitacja jest „dobra", kiedy potwierdza reguły Kolejności i szanuje rozłączność i odróżnialność każdej rangi.

Gdy po raz pierwszy rozmyślałem nad mimetycznym pragnieniem we współczesnej beletrystyce, potrzebując jakiegoś pojęciowego schematu do odróżnienia mimetycznego pragnienia, które wytwarza i które nie wytwarza rywalizacji, odwołałem się do metafory przestrzennej:

> O zewnętrznym pośrednictwie będziemy mówić wówczas, gdy ten dystans wystarczy do wyeliminowania jakiejkolwiek styczności między dwiema sferami możliwości, w których pośrednik i podmiot zajmują odpowiednie centra. O wewnętrznym pośrednictwie będziemy mówić wówczas, gdy ten sam dystans jest na tyle zredukowany, aby pozwolić tym dwóm sferom na przenikanie się nawzajem mniej lub bardziej całkowicie[57].

Dopóki modele i naśladowcy żyją w oddzielnych światach, dopóty nie mogą stać się rywalami, ponieważ nie mogą wybrać tych samych przedmiotów; gdy światy te coraz bardziej się pokrywają, wówczas nie tylko mogą, ale i faktycznie wybierają te same przedmioty i mimetyczne współzawodnictwo z cała pewnością nastąpi.

Stopnie Kolejności nie są do wspinania się; każdy z nich jest równoznaczny z małym światem wewnątrz dużego; wszystkie stopnie są

---

[57] Girard, *Deceit, Desire, and the Novel*, The Johns Hopkins University Press, Baltimore, 1966, s. 9.

połączone od wierzchołka w dół, ale nie komunikują się swobodnie w drodze do góry. Ludzie z niższych szczebli spoglądają ku ludziom powyżej i prawdopodobnie wybiorą ich za modele, ale w czysto idealnym sensie. Muszą wybrać własne, konkretne przedmioty pragnienia wewnątrz swoich własnych światów i współzawodnictwo jest niemożliwe. Naśladujący woleliby wybrać przedmioty swoich modeli, ale Kolejność im to uniemożliwia. Dopóki jest ona silna, przekroczenie jej norm wydaje się niemożliwe, nawet nie do pomyślenia.

Na drodze w dół ów zakaz jest mniej surowy, prawnie nie istnieje, ale ludzie zajmujący wyższe stopnie są nauczani, aby niższe stopnie uważać za mniej godne pożądania niż własne. Modele nie odczuwają pokusy, aby stać się naśladowcami i rywalami swoich naśladowców.

Odstępy w Kolejności dostarczają zapory nie dla mimetycznego pragnienia — mogą nawet być dlań podnietą — ale dla jego konfliktotwórczych konsekwencji. Miejscem najbardziej podatnym na mimetyczne współzawodnictwo jest zawsze wierzchołek; wszystkie systemy Kolejności są skłonne dezintegrować się od szczytu w dół, tak jak w przypadku greckiej armii. Z wszystkich możliwych społeczeństw armia jest najkonsekwentniej hierarchiczna, najwyraźniej mimetyczna w swoim posłuchu i stąd najodpowiedniejsza dla zilustrowania zmiany zewnętrznego pośrednictwa na wewnętrzne. Oto dlaczego Szekspir wybrał armię za przykład w swojej najbardziej teoretycznej sztuce, *Troilusie i Cressidzie*.

Zdrowa Kolejność oznacza wcale niemało zewnętrznego pośrednictwa w systemie, któremu nadaje strukturę i stąd niewiele wewnętrznego konfliktu. Jak tylko Kolejność osłabnie, pośrednictwo to przekształca się w wewnętrzne, a mimetyczne współzawodnictwo w ten sposób wywołane przyspiesza rodzącą się kulturową dezintegrację, która najpierw je wytworzyła. Załamanie się tradycyjnych instytucji niszczy ich zdolność do pośredniczenia w nadawaniu pragnieniu kierunków niekonkurencyjnych, co zapobiegałoby mimetycznej rywalizacji; otwiera więc ono drogę ku temu rodzajowi konfliktu, który Szekspir i wszyscy wielcy dramatopisarze chcą portretować.

Szekspirowskie pojęcie Kolejności zawiera w sobie tę przestrzenną metaforę, która tkwi u podstaw rozróżnienia zewnętrznego i wewnętrznego pośrednictwa. Ma ono inne i nawet szersze implikacje, ale ta wymieniona jest najbardziej podstawowa i całkowicie mylnie rozumiana. Sądzę, ze Kolejność jest głównym tematem mowy Ulissesa, najwyraźniej widocznym w ośmiu nieporównywalnych wersach o greckiej armii zniszczonej przez e m u l a c j ę, jak i we wszystkich późniejszych przykładach — Achillesie i Patroklesie, Ajaxie i Thersitesie i tak dalej.

Owa szekspirowska Kolejność nie ma oczywiście nic wspólnego ze staroświecką średniowieczną myślą, którą Szekspir mógłby zapożyczyć dla celów czysto dekoracyjnych. Jest to główny komponent jego mimetycznej teorii. Bez względu na to, co myślimy o tym schemacie jako teorii społecznej, nie możemy traktować go jako błahej dygresji.

19
OJCIEC TWÓJ BOGIEM WINIEN BYĆ DLA CIEBIE

Kryzys Kolejności w *Śnie nocy letniej*

Nieład, jeżeli nie ma jakiegoś częściowo zdezintegrowanego porządku w tle, jest pojęciem bezsensownym. Aby perspektywy wyjaśnione przez Ulissesa mogły nam być pomocne przy rozważaniu komedii, należy przyjąć, że proces dramatyczny niewątpliwie również rozwija się w ruinach jakiejś instytucji należącej do tradycji, niezdolnej już do utrzymywania owego zewnętrznego pośrednictwa, do którego została pierwotnie stworzona. Instytucją tą jest rodzina. W końcu szesnastego stulecia rodzina była w zasadzie ciągle jeszcze patriarchalna. Szekspirowskie pojęcie Kolejności oznaczałoby wiec, że: 1. od ojca oczekuje się ciągle, aby kierował swoją rodziną jako model zewnętrznego pośrednictwa, a nie jawny tyran, jak to sobie w retrospekcji wyobrażamy; 2. model ów nie jest już jednak naśladowany.

Oba te założenia są całkiem wyraźne w *Śnie nocy letniej*. W pierwszej scenie Tezeusz, książę Aten mówi do Hermii, że córka powinna wzorować swoje pragnienia na pragnieniach ojca tak, jakby był on boskością:

> To you your father should be as a god;
> One that compos'd your beauties; yea, and one
> To whom you are but as a form in wax,
> By him imprinted, and within his power,
> To leave the figure, or to disfigure it.
> (I, i, 47-51)

> Ojciec twój bogiem winien być dla ciebie,
> Kimś, kto urodę twą stworzył; tak właśnie,
> Jak gdybyś była figurką woskową,
> I kształt jej nadał. Jest więc w jego mocy

Zostawić kształt ten lub zniszczyć figurkę
(s. 10)

Ojciec „wdrukował się" [*imprinted*] w Hermię, gdy była jeszcze niezdolna wybierać sama, a obecnie kiedy to potrafi, musi pragnąć tego, czego on dla niej pragnie. Córka nie tyko powinna być ojcu posłuszna; musi zakochać się w mężczyźnie przez niego wybranym.

Język „wdrukowania" z cała pewnością jest ważny, skoro pojawia się znowu prawie natychmiast; ojciec Hermii narzeka, że Lysander (dosłownie:) „ukradł odcisk [wdruk] jej wyobraźni" [*stole the impression of her fantasy*]. Egeusz widzi Lysandra nie jako potencjalnego męża dla swojej córki, lecz jako uzurpatora własnej roli, zręcznego manipulatora jej wyobraźnią, bezprawnego pośrednika jej pragnienia.

Nowocześni etnologowie używają słowa w d r u k o w a n i e, aby określić silną, właściwie nierozerwalną więź między młodymi zwierzętami i ich dorosłymi modelami we wczesnym etapie życia. Język Szekspira pasuje do tego schematu całkiem zgrabnie, jeżeli tylko założymy, że odmiennie od zwierząt, istoty ludzkie nie są zaprogramowane na całe życie; gdy dorosną mogą odrzucić pierwotne wdrukowanie lub dowolnie je przeformułować. W przypadku rodziny, jak i w przypadku greckiej armii, tradycyjny porządek, Kolejność, nie oznacza więc braku mimetycznego pragnienia, lecz wyżłabianie go w kierunku określonym przez wyższy autorytet.

W sztuce tej nie istnieje nic takiego jak pragnienie bez modelu. Jeżeli młodzi ludzie nie wybierają modelu zastrzeżonego przez Kolejność, to podążają za kaprysami mody w swoim społecznym otoczeniu, naśladują przyjaciół i znajomych — Demetriusza wczoraj, Lysandra dzisiaj, kogoś innego jutro. Hermia odrzuca tyranię zewnętrznego pośrednictwa na rzecz czegoś, co uważa za całkowity brak tyranii, na rzecz swojej własnej autonomii i spontanicznego wyboru. Na drodze ku niezależnemu szczęściu nie widzi żadnej przeszkody poza ojcami i postaciami ojcowskimi. W rzeczywistości jest zdominowana przez coś, co większość ludzi nazwałaby dzisiaj „naciskiem równych"; zmieniła jedną modalność alienacji na inną. Jeden, zwykle łagodny bóg zewnętrznego pośrednictwa przekształca się w tłum złośliwych, małych demonów.

Hermia stawia Kolejność na głowie: nie chce imitować Egeusza, lecz chce żeby on imitował jej pragnienie:

I would my father look'd but with my eyes.
(I, i, 56)

Oby chciał ojciec spojrzeć moim okiem.
(s. 10)

Nie oczekuje się od ojca, aby wybierał córki okiem, ale ten tutaj zdaje się tak właśnie czynić. To Hermia najpierw ukradła Helenie Demetriusza i to także Hermia przekonała starego człowieka, aby zatwierdził jej pierwszy wybór; teraz chce, aby zatwierdził drugi.

Dlaczego Egeusz odmawia? Mówi się nam, że z rodzinnego punktu widzenia Lysander jest tak samo dobrą partią jak Demetriusz; dlaczego normalnie ustępliwy ojciec buntuje się w takim stylu? Czy jest to starczy upór? Czy jest to owo dobrze znane represyjne naleganie ojców? Czy jest to perwersyjny pociąg, jaki córki niezawodnie wzbudzają w swoich ojcach?

Szekspir nie jest awangardowym guru, nie ma więc na myśli takich arkanów. Sądzę, iż chytrze sugeruje, że Hermia pobudziła gniew swojego ojca, robiąc z niego kłamcę. Staromodny szlachcic uważa dotrzymanie słowa danego Demetriuszowi za sprawę honoru. Hermia tym razem posunęła się zbyt daleko i jej normalnie niewymagający ojciec zdecydował się na sprzeciw.

Lysander doradza Demetriuszowi poślubienie Egeusza, skoro oboje tak bardzo się o siebie nawzajem troszczą. Ci młodzi ludzie są równie zuchwali jak ich duplikaty z XX wieku. Im dokładniej badamy te zeznania, tym mniej Hermia wygląda na ofiarę rodzicielskiej tyranii; jeżeli w tym romansie jest jakiś tyran, to na pewno nie jest nim Egeusz, którego kiepski pokaz autorytetu od samego początku był skazany na niepowodzenie.

Nasze myślenie jest zbyt podobne do myślenia Hermii, aby docenić ironię *Snu nocy letniej*. Nie możemy sobie wyobrazić, że nasz autor nie zwiera automatycznie szeregów, jak dobry młody żołnierz przed rozwiniętym transparentem niezależnego pragnienia, prawdziwej miłości, romantycznego pragnienia. Szekspir zrozumiałby znakomicie tę reakcję. Wbrew naszemu przekonaniu konwencjonalny żargon w jego czasach był dokładnie taki sam jak dziś. Pragnienie nie mogło czynić niewłaściwie; pragnienie było niezmiennie niewinne, czyste i kochające pokój; szekspirowska satyra jest tyleż ostrożna, co nieubłagana.

Gdyby Hermia żyła w roku 1960, z całą pewnością mówiłaby o „robieniu po swojemu". W rzeczywistości wszystko powtarza za kimś innym; bez względu na to czy jest posłuszna ojcu, zawsze w y b i e r a m i ł o ś ć c u d z y m o k i e m. Zdecydowanie doradza się nam skupienie uwagi na tym wersie, który faktycznie podsumowuje wszystko, odnosi się bowiem do obu wspomnianych rodzajów mimetycznego pragnienia, tj. do zewnętrznego i wewnętrznego pośrednictwa. Jeżeli nie potrafimy ich odróżnić w rzeczywistym życiu, nie rozróżnimy ich również w wersach Szekspira i mylnie zinterpretujemy cała sztukę. Inne fragmenty tej sztuki nabierają sensu jedynie w świetle przeciwstawienia między zewnętrznym i wewnętrznym pośrednictwem. Rozważmy np. osobliwe wersy Hermii o jej życiu w Atenach, które zawsze było r a j e m, dopóki nie stało się p i e k ł e m w wyniku jej rzekomo szczęśliwej miłości z Lysandrem:

> O what graces in my love do dwell
> That he hath turned a heaven into a hell!
> (206-207)
>
> O, cóż mnie w miłym moim tak urzekło,
> Że mi przemienił moje niebo w piekło!
> (s. 17)

Hermia mówi faktycznie o zmianie pośrednictwa zewnętrznego na wewnętrzne i naprawdę chce przedstawić ją jako coś rozkosznego i wspaniałego, ale cierpienie, które zmiana ta za sobą pociąga, tak obciąża jej umysł, że prawda, której próbuje zaprzeczyć, wyrywa sie z ust wbrew niej samej.

Szekspirowi udaje się przekazać różnicę między pośrednictwem zewnętrznym i wewnętrznym prawie tak wyraźnie, jak gdyby pisał krytyczny esej, ale objawienie to pozostaje całkowicie niezauważalne dla krytyków głuchych na jego przesłanie. Pomyłka językowa Hermii staje się pomyłką ich pióra; słyszą jedynie to, co ona z a m i e r z a ł a powiedzieć, co jest zwodnicze i ma niewiele wspólnego z tym, co faktycznie mówi.

Co osobliwe, właśnie ci krytycy, którzy nie czytają w tym miejscu tego, co zostało faktycznie napisane, najgłośniej krzyczą, że nie robią nic poza tym. Zawsze podkreślają, że prawdziwym zadaniem krytyka jest odczytanie tekstu, tylko tekstu i niczego poza tekstem; sami jednakże, czemu nie sposób zaprzeczyć, projektują swoje uprzedzenia na tą sztukę, swoją „nowoczesną" i modną przychylność w stosunku do pragnienia, która zbiega się z przychylnością samych bohaterów.

Niezwykle istotne, jak sądzę, jest to, ze Szekspir tak wyraźnie definiuje pośrednictwo zewnętrzne i przeciwstawia je wewnętrznemu właśnie w *Śnie nocy letniej*, tj. w sztuce, która stanowi pierwsze wielkie *exposé* na temat mimetycznego współzawodnictwa. Jak stwierdziliśmy, *Dwaj szlachcice z Werony* to już komedia o mimetycznym współzawodnictwie, ale jest to ciągle przede wszystkim i głownie komedia o córce, której ojciec n a p r a w d ę uniemożliwił poślubienie człowieka, którego kocha. Ta wczesna komedia kłóci się więc jeszcze z samą sobą; mimetyczny geniusz Szekspira już się ujawnia, ale wpływy literackie są jeszcze na tyle ważne, jeżeli chodzi o formę i treść, że przeszkadzają mu w odrzuceniu ojca, jako rzeczywistej przeszkody w szczęściu „prawdziwych kochanków".

Ten włoski model jest faktycznie wariantem najbanalniejszego komicznego wzoru w świecie zachodnim, poczynając od Greków aż po czasy obecne. Wiele komedii zajmuje się konfliktem rodziców z dziećmi. Problem przedstawia się zawsze jako prosty dylemat między rodzicielską tyranią i wolnością wyboru. Myśl, że wewnętrzne pośrednictwo mogłoby zepsuć tę wolność wyboru nie potrzebuje cenzury; możliwość ta nigdy nie przyszła nigdy nikomu do głowy.

Tradycja ta jest tak potężna, że nawet w sztuce, gdzie mimetyczna rywalizacja jest tak skrajna jak w *Dwóch szlachcicach z Werony*, Szekspir nie może się z niej wyrwać. Jego geniusz polega na czym innym, ale potoczne zapatrywanie jest tak zakorzenione, że Szekspir musi walczyć z nim w sobie przez pewien czas, aby jego głos mógł zabrzmieć tak twórczo jak w *Śnie nocy letniej*.

Ten przełom jest zarówno wyczynem intelektualnym jak i estetycznym. Szekspir nie mógł go dokonać, zanim nie odkrył zarówno mimetycznego pragnienia, jak i rozróżnienia między pośrednictwem zewnętrznym i wewnętrznym. Odkrycia tego dowodzi fakt, że sztuka zaczyna się od definicji ojcowskiego zewnętrznego pośrednictwa; po czym nie tylko ukazuje, co się wydarza, gdy zewnętrzne pośrednictwo zostaje zastąpione przez pośrednictwo wewnętrzne, ale ciągle złośliwie napomyka o utajonym zastępowaniu jednego przez drugie i spustoszeniu, jakie wytwarza w życiu kochanków.

Sen nocy letniej zawiera więc, lub raczej jest tym samym dramatycznym procesem co *Troilus i Cressida* i kończy się takim samym o d r ó ż n i c o w a n i e m. Czworo kochanków nieprzerwanie szuka jednostkowości, ale używając środków mimetycznych, za co zapłatą jest konfliktotwórcze ujednolicenie. Wszelka oryginalność, którą zrazu posiadali, szybko rozwiewa się i ich osobowości coraz bardziej dezintegrują się. W punkcie kulminacyjnym nocy wszyscy czterej bezskutecznie szukają swoich poprzednich jaźni. Hermia pyta:

> Am I not Hermia; are not you Lysander?
> (III, ii, 273)

> Czyżbym nie była Hermią? Ty Lysandrem?
> (s.69)

Gdyby odróżnicowanie to wynikało z artystycznej słabości Szekspira, braku zdolności stworzenia gładkich i malowniczych bohaterów, których wymagała dziewiętnasto- i dwudziestowieczna tradycja indywidualizmu, dramatopisarz ten próbowałby ukryć tę wadę. Nie kierowałby naszej uwagi prosto na nią; nie manifestowałby tak otwarcie owego odróżnicowania; nie uważałby go za znakomity figiel, jaki płata czterem kochankom ich mimetyczna próżność.

Dowodem na to, że *Sen nocy letniej* faktycznie przebiega analogicznie do *Troilusa i Cressidy* — z wyjątkiem zakończenia — jest duplikat mowy Ulissesa (zobacz rozdział V), pojawiającej się dokładnie wtedy, gdy machina odróżnicowania przyspiesza biegu, w tym samym miejscu co w *Troilusie i Cressidzie*. Owa wielka scena Titanii z Oberonem (akt drugi, scena pierwsza) odpowiada dokładnie temu, czego podobieństwa i różnice między tymi dwiema sztukami każą nam oczekiwać. Titania nie rozpoczyna od słońca i gwiazd, ale od tego, co jest ich odpowiednikiem w omawianej sztuce, tzn. księżyca, „który nad wodami włada" i od wyjątkowo zimnej i deszczowej pogody w okresie poprzedzającym któreś z tych dwóch ludowch świąt, które obchodzimy, Dzień Majowy lub Noc Świętojańska (święto nocy letniego przesilenia) — pierwsze wspomniane raz w tekście, a drugie jedynie w tytule (*The Midsummer Night's Dream*).

Ta zła pogoda mogła być faktem; w dokumentach z tamtych czasów stwierdza się, że wiosna 1596 była wyjątkowo brzydka, nawet jak na Anglię — dobry argument za tym, że sztuka została napisana w 1596. Chcemy oczywiście być o tym poinformowani, ale również chcemy wiedzieć, jak Szekspir wykorzystuje tą złą pogodę. Przekształca ją w zwierciadło tego, co wydarza się między czworgiem kochanków, jak i wśród tych wszystkich, którzy pozwalają swemu mimetycznemu duchowi pychy i współzawodnictwa, aby zdominował ich interakcję.

W zbyt dużej ilości wody jest coś, co zdaje się odpowiadać ludzkiej pysze w jej najgorszym wydaniu, coś z *hybris*:

> Therefore the winds, piping to us in vain,
> As in revenge, have suck'd up from the sea
> Contagious fogs; which, falling in the land,
> Have every pelting river made so proud
> That they have overborne their continents.
> (II, i, 88-92)

> Dlatego wiatry, grając nam daremnie,
> Jakby w odwecie wzniosły z mórz powierzchni
> Opar trujący, który opadając

Na ziemię, wzburzył wszystkie drobne rzeczki,
By pełne pychy wystąpiły z brzegów.
(s. 29)

Rzeki stają się tak zarozumiałe, tak rozdyma je pycha, że tracą wszelką prawdziwą autonomię, którą się normalnie cieszą. W swojej gorliwości, aby się nawzajem prześcignąć, równocześnie opuszczają koryta w doskonałym, mimetycznym unisono i znikają w bezmiernej „złej mieszaninie" swej szkodliwej wspólności; przekształcają się w jedno jezioro, niszcząc w ten sposób oddzielne tożsamości, których spotęgowania poszukiwały.

Ten wodny odpowiednik „emulacji bladej i bezkrwistej" odpowiada doskonale temu, co robią Achilles i Ajax lub Troilus i Cressida, jak i czworo kochanków, którzy postępują tak jak te niemądre rzeki w tym właśnie momencie, gdy Titania mówi.

We wioskach tego rejonu gwałtowny sztorm wymazał oznaczenia i wzory, które wpisała w ląd sama angielska kultura:

The fold stands empty in the drowned field,
And crows are fatted with the murrion flock;
The nine men's morris is fill'd up with mud,
And the quaint mazes in the wanton green,
For lack of tread are undistinguishable.
(96-100)

Bydło umiera wśród zalanych pastwisk
A wrony tuczą się na padłych stadach.
Pod błotem pola do gry w dziewięć kołków;
Kręte alejki w zielonej murawie
Zniknęły, żaden ślad po nich nie został
(s. 29-30)

Szekspir znalazł znakomity sposób „symbolizowania" utraty symboliczności, wymazywania kulturowych różnic. Jest to bardziej obrazowa i poetycka interpretacja tego, co Ulisses mówi o Kolejności „okrytej maską", zlekceważonej, wymazanej. Tutaj Kolejność jest zatopiona w biblijnym potopie. Powodzie są uprzywilejowanym tematem mitologii, podobnie jak ich przeciwieństwo, posuchy; wiele dobrze rozróżnionych przedmiotów rozpuści się w nich lub utraci cechy, które czynią je rozróżnialnymi; jeżeli tak się nie stanie, to znikną pod płaskością nieruchomej wody i żadnej różnicy nie można przez jakiś czas dostrzec.

W mowie Ulissesa woda także odgrywa pewną, chociaż mniejszą rolę; jak to ma często miejsce w późniejszej sztuce, gdy temat pojawia się już według poety wystarczająco często, podsumowuje wszystko, co w tej sprawie wcześniej powiedział:

> The bounded waters
> Should lift their bosoms higher than the shores
> And make a sop of all this solid globe.
> (I, iii, 111-113)

> Wzburzone wody urosną nad brzegi
> I w papkę zmienia cały ten glob twardy.
> (s. 39)

Szekspir ma niezwykły talent rozpisywania ludzkich uczuć na naturalne zjawiska. Jego ulubione metafory są prawie zawsze tematami mitologicznymi, nie tylko z greckich i klasycznych mitów, ale z angielskiego folkloru, a także światowej mitologii, którą zapewne mógłby ponownie wymyśleć, gdyby jej nie znał. Ta estetyczna moc jest nierozerwalnie związana z jego nieporównywalną intuicją co do człowieczego i konfliktotwórczego znaczenia przyrody w micie. Czuje się tak swojsko z mitycznymi symbolami konfliktu i człowieczego kryzysu, jakby sam napisał oryginalne opowieści.

Jak to już mogliśmy stwierdzić, odróżnicowanie jest czymś więcej niż abstrakcyjną myślą, streszczającą zarówno *Sen nocy letniej* jak i w *Troilusa i Cressidę*. Triumfuje ono na wszystkich poziomach, od struktury fabuły aż po najdrobniejsze incydenty, zwykłe opisy, które najpierw wydają się czysto dekoracyjne. Odróżnicowanie jest treścią tego dramatu lub, jeżeli ktoś woli, jego brakiem treści i jest również tym, co autor sam wyabstrahowuje ze swojej sztuki i rozpościera przed naszymi oczami jako przedmiot wart naszych rozważań. Ta zbieżność tematu i struktury ponownie niezbicie pokazuje, że Szekspir ma nadzwyczajnie zdolności do wyjaśniania tego, co robi, używając środków znakomitych zarówno z racji ich teoretycznej jedności jak i ich poetyckiej różnorodności.

Noc Świętojańska jest mniej ponurą wersją tego, co opisuje Ulisses, kryzysem Kolejności na mała skalę, łagodniejszym i spokojniejszym, głownie dzięki jego szczęśliwemu zakończeniu. Atmosfera tych dwóch sztuk jest całkowicie odmienna, ale ich dramatyczna sprężyna jest ta sama; są one tą samą odróżnicowującą machiną. Skoro tylko Kolejność słabnie, pośrednictwo staje się wewnętrzne i zaczyna wirować współzawodnictwo, przyspieszając dezintegrację kulturową, która najpierw je wytworzyła.

Powstaje pytanie, czy ta dramaturgiczna jedność ogranicza się jedynie do *Snu nocy letniej* oraz *Troilusa i Cressidy*, czy jest także charakterystyczna dla innych sztuk? Następny rozdział jest próbą odpowiedzi na to pytanie.

20
ŻENUJĄCE SPRZECZNOŚCI

Kryzys Kolejności
w *Żywocie Timona z Aten*
i innych sztukach

„Kryzys Kolejności" niezależnie od tego, czy stanowi odrębny temat, czy nie, przeniknął do wszystkich sztuk Szekspira — nie trudno zrozumieć dlaczego. Dramat wymaga silnego ludzkiego konfliktu; konflikt ten u Szekspira przybiera postać mimetycznego współzawodnictwa; jest ono wytworem wewnętrznego pośrednictwa; pośrednictwo wewnętrzne normalnie nie pojawi się, zanim społeczeństwo „nie odróżnicuje się". Komiczny i tragiczny proces jest *par excellence* niczym innym, tylko tym błędnym kołem „odstrukturowienia" i „odsymbolizowania", który, jak wiemy, Ulisses nazywał „okryciem maską", „zdławieniem" i „zaniedbaniem" Kolejności. My sami nazywamy to obecnie mianem „kryzysu Kolejności".

Doszliśmy do tego wniosku na gruncie czysto tekstualnym. Można założyć, że zapatrywania Szekspira były zakorzenione po części w jego „temperamencie", w jego otoczeniu kulturowym, w jego znajomości tekstów starożytnych i również w otaczającym go społeczeństwie. Aby zrozumieć jego pojęcie kryzysu Kolejności, nie musimy jednak wiedzieć, co sądził osobiście o tych wielkich zmianach, które dokonywały się w społeczeństwie angielskim za jego życia. Nie chcę sugerować, że to ostatnie pytanie jest nieistotne i że sztuka Szekspira nie ma z nim nic wspólnego; z cała pewnością ma. Istnieje jednak wewnętrzna logika w tym dziele, która może i z cała pewnością powinna być rozwikłana niezależnie od wszelkich rozważań historycznych, społecznych, politycznych i nawet psychologicznych.

O ile Szekspir jest zawsze tym samym myślicielem, możemy spodziewać się w innych sztukach wielu mów analogicznych do mowy Ulissesa i Titanii; i faktycznie, nie rozczarujemy się. Z wszystkich wersji mowy o Kolejności, mowę Ulissesa najbardziej przypomina, zarówno pod względem treści, jak i długości, monolog, w którym

Timon, opuszczając miasto, aby żyć jak pustelnik z dala od swoich towarzyszy rodaków, wściekle przeklina Ateny:

> Let me look back upon thee. O thou wall,
> That girdlest in those wolves, dive in the earth,
> And fence not Athens! Matrons, turn incontinent!
> Obedience fail in children! Slaves and fools,
> Pluck the grave wrinkled Senate from the bench,
> And minister in their steads! To general filths
> Convert o' th' instant, green virginity!
> Do't in your parents' eyes! Bankrupts, hold fast;
> Rather than render back, out with your knives,
> And cut your trusters' throats! Bound servants, steal;
> Large-handed robbers your grave masters are,
> And pill by law. Maid, to thy master's bed,
> Thy mistress is o' th' brothel! Son of sixteen,
> Pluck the lin'd crutch from thy old limping sire,
> With it beat out his brains! Piety, and fear,
> Religion to the gods, peace, justice, truth,
> Domestic awe, night-rest, and neighborhood,
> Instruction, manners, mysteries and trades,
> Degrees, observances, customs, and laws,
> Decline to your confounding contraries;
> And let confusion live! Plagues, incident to men,
> Your potent and infectious fevers heap
> On Athens, ripe for stroke! Thou cold sciatica,
> Cripple our senators, that their limbs may halt
> As lamely as their manners! Lust, and liberty,
> Creep in the minds and marrows of our youth,
> That 'gainst the stream of virtue they may strive
> And drown themselves in riots! Itches, blains,
> Sow all th' Athenian bosoms, and their crop
> Be general leprosy! Breath, infect breath,
> That their society (as their friendship) may
> Be merely poison!
>   (IV, i, 1-32)

Niech się odwrócę i spojrzę na ciebie.
O murze, który otaczasz te wilki,
W ziemię zapadnij się i nie strzeż Aten!
Matrony, stańcie się niepowściągliwe!
Niech w dzieciach zginie całe posłuszeństwo!
Wy, niewolnicy i błazny, wyrwijcie

Z krzeseł ten stary, pomarszczony senat
I w jego miejsce obejmijcie rządy!
Niechaj plugawa rozwiązłość ogarnie
Czyste dziewictwo! A nich się to dzieje
Tak, aby na to patrzyli rodzice!
Bankruci, bądźcie dzielni, chwyćcie noże
I poderżnijcie gardła wierzycieli!
Słudzy niewolni, kradnijcie, gdyż wasi
Godni panowie to wielcy rabusie,
Którzy garściami kradną w imię prawa.
Służebna panno, idź do łoża pana,
Gdyż pani twoja poszła do burdelu!
Szesnastolatku, kulawemu ojcu
Wyrwij spod ramion kule i roztrzaskaj
Nimi mózg jego! Niech lęk i pobożność,
Cześć dla bóstw, pokój, sprawiedliwość, prawda,
Spokój domowy, nocny wypoczynek,
Przyjaźń sąsiedzka, roztropność, rzemiosło,
Hierarchia, obrzęd, powołanie, prawa
I obyczaje — zmieniają się we własną
Przeciwność, która przyniesie ruinę!
I niech zniszczenie, pomimo zniszczenia,
Nadal rozkwita! Niech plagi człowiecze,
Owe potężne, zaraźliwe febry,
Nad Atenami spiętrzą się, gotowe
Do uderzenia! Pogarda i dreszcze niech
poskręcają naszych senatorów,
Aby ich członki były tak ułomne,
Jak obyczaje! Żądzo i rozpusto,
Wejdźcie do mózgów i szpiku młodzieży,
By mogła żwawo płynąć pod prąd cnoty
I zatonęła w rui! świerzbie, wrzody!
Wsiejcie się w piersi wszystkich Ateńczyków
I niech powszechny trąd będzie ich plonem!
Niech się zakażą oddech od oddechu,
By towarzystwo ich, tak jak ich przyjaźń,
Trucizną stało się i niczym więcej!

(s. 98-99)[58]

---

[58] *Żywot Timona z Aten*, przełożył Maciej Słomczyński, Wydawnictwo Literackie, Kraków 1986. [Przyp. tłum.]

Tutaj raz jeszcze indywidualny charakter i różnice, które definiują wszelkie ludzkie instytucje, zostają sprowadzone do żenujących sprzeczności [*confounding contraries*, IV, i, 20] i całe życie etyczne, religijne, społeczne, kulturowe i polityczne dobiega kresu. Nawet zdrowie jest zaatakowane. Niepohamowany chaos triumfuje. Jest coś groteskowego w tym, że oskarżenie Timona poniekąd zgadza się bardziej z całościowym nastrojem *Troilusa i Cressidy*, niż z bardziej majestatycznym i brzmiącym epicko Ulissesem. Mowa ta znakomicie pasowałaby do wcześniejszej sztuki, gdyby została umieszczona w ustach Terystesa.

W mowie Timona jest coś, co niewyraźnie przypomina również *Sen nocy letniej* — nie jego język wprawdzie, ale myśl o porzuceniu w pojedynkę ojczystych Aten w stanie ogromnego pośpiechu. Timon tęskni za rozległą, dziką przestrzenią, w której, być może, jego szaleństwo wyczerpie się względnie nieszkodliwie, tak jak szaleństwo czworga kochanków.

Ta wielka tyrada, chociaż tak widowiskowa, nie jest jednak najlepszym przykładem tego, czego poszukujemy. W sztuce tej nie spotykamy owej doskonałej odpowiedniości (przynajmniej nie w takim stopniu), którą stwierdziliśmy między dwiema pierwszymi omawianymi mowami i sztukami, w których występowały. *Żywot Timona z Aten* nie jest dramatyzacją mimetycznego odróżnicowania i konfliktotwórczego odsymbolizowania w takim sensie, jak to czyniły wcześniejsze arcydzieła. Z kilkoma znakomitymi wyjątkami, zawiłość mimetycznych paradoksów otwiera w tej sztuce drogę do bardziej prostolinijnej i banalnej ekspresji etycznej satyry.

Cytowana mowa nie jest integralną częścią własnej sztuki w tym sensie, w jakim były mowy Ulissesa i Titanii. Z jednej strony, brakuje jej teoretycznej głębi tamtych dwóch mów i z drugiej zaś nie jest równie trafna dramatycznie. Wady te warunkują się nawzajem. Timon jest człowiekiem zagniewanym nie bez powodu, ale jego mowa odzwierciedla raczej jego odosobniony stan umysłu niż stan społeczeństwa, który wszystkie wydarzenia w tej sztuce efektownie sugerują. Nieobecna jest więc główna myśl mowy o Kolejności, wybitnie oryginalny temat pojedynczej, transcendentalnej, ale dobiegającej kresu zasady kulturowego porządku, która może roztopić się w pewnym typie społecznego kryzysu. Słowo „*degree*" pojawia się, ale jedynie w gramatycznej formie liczby mnogiej, a nie w owej pojedynczej i transcendentalnej funkcji, jak w *Troilusie i Cressidzie*.

Mowa ta, gdy rozważamy ją w całości, nieomal urzeczywistnia ten rodzaj niepotrzebnej dygresji, za którą wielu krytyków mylnie bierze niezwykle ważną mowę Ulissesa w *Troilusie i Cressidzie*. Dlatego też mowa ta pomimo swego potężnego krasomówstwa, wydaje się jakoś rozwlekła, podczas gdy mowy Ulissesa i Tytanii, będąc w rzeczywistości dłuższe, nie robią takiego wrażenia. Wygląda na to, że *Żywot Timona z Aten* nie został skończony; jest to prawdopodobnie ostatnia tragedia Szekspira. Odzwierciedla pewne zmęczenie gatunkiem. Istnieją lepsze przykłady tego, czego szukamy, ale w każdym przypadku sytuacja jest odmienna — weźmiemy pod uwagę tylko kilka z nich.

Kaska w *Juliuszu Cezarze* wygłasza mowę, która właściwie nie kwalifikuje się jako odmiana mowy o Kolejności, ponieważ zajmuje się jedynie nadprzyrodzonymi znakami i cudami, nie ma w niej nic o tym, co naprawdę się liczy: kulturowego odróżnicowania. Kulturowy wymiar kryzysu jest jednak zaznaczony w tej sztuce i to w sposób rzucający się w oczy, gdyż pojawia się na samym początku, gdy dwóch trybunów karci pospólstwo, że pojawia się na Forum bez znaków swoich zawodów, przekształcając się w nierozróżnialny motłoch:

> Hence! home, you idle creatures, get you home!
> Is this a holiday? What! know you not,
> Being mechanical, you ought not walk
> Upon a labouring day without the sign
> Of your profession?
>
> (I, i 1-5)

> Rozejść się! Wracać do domów, nieroby!
> A cóż to, święto? Nie wiecie, że w dzień
> Powszedni takim jak wy rzemieślnikom
> Wypada nosić robocze odzienie
> Stosowne do ich fachu?
>
> (s. 9)[59]

Ludzie pracy powinni nosić robocze ubrania; tymczasem oni są wystrojeni. Świętują, aby zobaczyć Cezara, oklaskiwać jego triumf, podczas gdy według trybunów powinni być w żałobie. Znajdują się w złym miejscu, w złym czasie, dla złych racji, robiąc to, czego nie powinni. Ci Rzymianie nie są wojownikami, ale ich zawodowe zorganizowanie przypomina wojsko, ich odejście od tradycji przypomina o koncepcji Ulissesa na temat chaosu w armii greckiej. Jest to świat na opak, z

---

[59] Podaję za: *Juliusz Cezar*, przełożył Stanisław Barańczak, W drodze, Poznań, 1993. [Przyp. tłum.]

którego usunięto Kolejność — możemy doskonale zrozumieć dlaczego, jesteśmy bowiem świadkami załamania się republikańskich instytucji, które trwały przez wieki.

W *Troilusie i Cressidzie* Szekspir wyodrębnia i definiuje społeczne i instytucjonalne aspekty kryzysu, nie odwołując się do konkretnego przykładu; inaczej jest w *Juliuszu Cesarze*. Wydarzenia są tu historyczne i pochodzą od Plutarcha; zakłada się, że postawy będą „rzymskie". Możemy jednak dostrzec, że Szekspir odczytuje już wszystko w świetle tej wizji, którą najpełniej wysłowi Ulisses.

Hamlet oferuje nam jeszcze inne szekspirowskie podejście do tej samej podstawowej wizji. Także w tej sztuce kulturowy porządek rozplata się i to w jak najbardziej niesamowity sposób; odróżnicowanie odgrywa fundamentalną rolę, chociaż tym razem nie mamy drobiazgowej dysertacji, traktującej bezpośrednio o ludzkich lub nadprzyrodzonych aspektach kryzysu. Nie znaczy to, że ich brakuje (daleko do tego), ale traktuje się je tak gładko i z takim wyrafinowaniem, że giną, by tak rzec, w tekście: doskonale weń wplecione, stają się samą tragedią.

Nawet nadprzyrodzone aspekty pojawiają się ożywione w epizodzie z duchem; Szekspir zamiast jedynie wyliczać ślady i cuda, jak najefektowniej je dramatyzuje. To samo dotyczy aspektów instytucjonalnych i relacjonalnych; one także stają się częścią akcji w podobnym stylu jak w *Juliuszu Cezarze*, ale z jeszcze większą głębią.

W pierwszej scenie Marcellus zasięga informacji o gorączkowym przygotowaniu Danii do wojny:

...tell me, he that knows,
Why this same strict and observant watch
So nightly toils the subject of this land,
And why such daily cast of brazen cannon,
And foreign mart for implements of war,
Why such impress of shipwrights, whose sore task
Does not divide the
Sunday from the week,
What might be toward, that this sweaty haste,
Doth make the night joint
laborer with the day.
(I, i, 70-78; wyróżnienie Girarda)

... niechaj ów, który
Wie, powie, czemu tak czujne i pilne
Conocne straże trudzą poddanego
Krainy naszej i czemu to, co dnia,

> W formach odlewa się działa spiżowe
> I oręż różny skupuje u obcych;
> Czemu spędzono cieśli okrętowych,
> *Których mozolny trud*
> *już nie odróżnia*
> *Reszty tygodnia od*
> *świętej niedzieli?*
> (s.15; wyróżnienie za Girardem)[60]

W tak wielkim pośpiechu Duńczycy są zmuszeni do pracy na zmianę przez siedem dni tygodnia i przez cała dobę. Nigdy więc cała wspólnota nie pracuje razem, nie odpoczywa i nie modli się razem, nawet w niedzielę. Fundamentalne prawo ludzkiej kultury zostaje zlekceważone.

Naprzemienne następowanie po sobie czasu uroczystego i zwykłego, okresu pracy i odpoczynku znamionuje wszystkie społeczeństwa ludzkie; Waśń Danii z Norwegią znosi nawet najbardziej uświęcone czasowe różnice. W *Juliuszu Cezarze* czas przeznaczony na pracę przekształca się w święto; tutaj, chociaż wydarza się coś odwrotnego, jest to faktycznie bardziej radykalna i nowoczesna wersja tego samego tematu. Nasze własne przemysłowe, polityczne i wojskowe rewolucje zgeneralizowały zjawisko, które opisał Marcellus; Szekspir ujawnia tajemniczą stronę praktyki na tyle nawykowej, że nie zwracamy na nią już dłużej uwagi.

Skąd ta wojenna histeria w Danii? Według Horatia, zbliżający się konflikt ma bezpośrednio źródło w epizodzie z przeszłości, kiedy zarówno stary Hamlet jak i zmarły król Norwegii (dosłownie:) „zostali ukłuci przez jak największą pychę emulacji" [*pricked by a most emulate pride*]. Inaczej mówiąc, „mieli atak" mimetycznego współzawodnictwa i obecnie plaga ta zaraża ich dwóch następców: młodego Fortinbrasa w Norwegii i Claudiusa w Danii.

Najpierw wydaje się dziwne, że Claudius tak gorąco i w jednej chwili staje się obrońcą tych złych waśni swojego świeżo zamordowanego brata. Ma pilniejsze sprawy na głowie. Po namyśle możemy jednakże dostrzec, że wszystko jest w porządku, lub raczej w jak najbardziej przewidywalnym nieporządku. Należało się spodziewać, że Claudius poślubiwszy żonę brata i całe jego królestwo z mimetycznych powodów może „poślubić" również rywalizacje swojego rywala. W jego całym życiu nie ma niczego innego; prawdziwy polityk, czuje się w mimetycznym współzawodnictwie jak ryba w wodzie.

---

[60] Tu i dalej podają za: *Hamlet*, przełożył Maciej Słomczyński, Wydawnictwo Literackie, Kraków,1978. [Przyp. tłum.]

W *Hamlecie* więc, dokładnie tak jak wszędzie, zwycięża odróżnicowanie, którego ojcem jest pycha, a matką współzawodnictwo. Kryzys w Danii narasta na wiele różnych zdumiewających sposobów, z których niektóre omówię w rozdziale poświęconym tej sztuce; jednakże nie jest on tak wyraźny jak w *Śnie nocy letniej* i *Troilusie i Cressidzie*. Kryzysu owego nie sposób nazwać i ten lingwistyczny defekt powoduje, że wydaje się on podstępny i niesamowity, w sposób czasami zapowiadający Kafkę. Jak już to odkryliśmy w *Wieczorze Trzech Króli*, Szekspir zachowa milczenie tam, gdzie milczenie opłaca się i milczenie to, które Ingmar Bargmann próbował w niektórych swoich filmach skopiować, dodaje wymiaru *angoisse* (udręki), który nie występował w *Śnie nocy letniej*, a nawet w *Troilusie i Cressidzie*.

Szekspirowski kryzys jest zawsze ten sam, chociaż w różnych sztukach kładzie się nacisk na co innego; w przypadku *Hamleta* nacisk położono głownie na czas. Jedyną teoretyczną wypowiedzią na ten temat jest słynne wyrażenie Hamleta (dosłownie:) „Czas załamał się (wypadł ze stawu)" [*The time is out of joint*][61]. Wyrażenie to nie jest mglistą zbitką słów, napisaną wyłącznie po to, aby wywołać niezapomniany dreszcz, lecz jest wyraźną definicją tego, o co w tej sztuce chodzi, powszechnego zaniechania szacunku należytego zatrzymania spraw ludzkich, braku znośnego odstępu np. między śmiercią starego króla i małżeństwem jego żony z jego następcą. „Stawy" czasu zniknęły. Takiego przedstawienia spraw nie należy określać jako „wyłącznie szekspirowskie poczucie czasu" w rozumieniu Georges Poulet i innych[62]. Powtórzmy, że oznacza ono po prostu, że należące do tradycji różnice zostały zignorowane; jest to dotyczący czasu kryzys Kolejności.

Chociaż prawo to jest proste, jego konsekwencje są złożone. Gdy czas jest rozchwiany, raz może wydać się niezmiernie przyspieszony, podczas gdy innym razem zdaje się trwać wiecznie; są takie chwile, kiedy wydaje się ciągły jak u Bergsona i inne, gdy wydaje się pocięty w odseparowane fragmenty, jak u Kartezjusza.

Całe to doświadczenie czasu wydaje się jedyne w swoim rodzaju, nawet wyjątkowe, ale musimy tę wyjątkowość potraktować z ostrożnością. Mimetyczne szaleństwo niczego nie lubi bardziej niż „wyjątkowości" i nasze osobiste doświadczenie czasu staje się jednym rezerwuarem prowizorycznych jednostkowości, z których chciwie korzystają nowo-

---

[61] Tradycyjnie cytowane wyrażenie Hamleta tłumaczy się „Świat wywrócił się do góry nogami" Girard w swej interpretacji rozumie je bardziej dosłownie jako załamanie się zwykłego czasu-porządku; czas nie biegnie swym zwykłym torem. [Przyp. tłum.]

[62] G. Poulet, *Études sur le temps humain*, Plon, Paris 1950.

czesne podwojenia w swoim rozpaczliwym usiłowaniu wypełnienia pustki własnego nie kończącego się konfliktu. Każdy pisarz z osobna musi mieć swój indywidualny czas, aby wyróżnić się wśród innych. Szekspir demistyfikuje tę wyjątkowość pokazując Hamleta doświadczającego wielu tych różnych czasów, następujących szybko po sobie.

Kryzys Kolejności jest u Szekspira wszędzie i myśl o nim sugeruje się na niezliczenie wiele sposobów. Dotyk poety może być tak lekki i wartki, że ledwo zauważamy, że różnicująca struna jest rozstrojona, albo słyszymy coś innego; dysharmonia, jak w sztuce współczesnej, może stać się nadrzędną harmonią i umyślnym poetyckim efektem w stylu naszych nowoczesnych szkól estetycznych. U Szekspira jest zawsze aluzją do oddziaływania na siebie mimetycznych sobowtórów i załamania się jakiegoś indywidualnego charakteru spowodowane usiłowaniem uczynienia go wyraźniejszym.

Najczęstszym znakiem tego odróżnicowania jest u Szekspira quasi-impresjonistyczne zlanie się morza z niebem, dosłowne roztopienie się jednego w drugim, jak w *Othellu* (dosłownie:) „w środku nieba i oceanu" ['*twixt the heaven and the main*, II, i, 3]; „zleje się nam morze w jedno z błękitem nieba" [*the main and aerial blue / An indistinct regard*, II, i, 39-40]. I w najbardziej krytycznym momencie w *Opowieści zimowej*, kiedy śmierć jest ciągle panią, zanim przekształci się z powrotem w życie, Wesołek mówi:

> I have seen two such sights, by sea and by land! But I am not to say it is asea, for it is now the sky; betwixt the firmament and it you cannot thrust abodkin's point
>
> (III, iii, 83-85)

> Widziałem dwa takie widoki, na morzu i na lądzie!
> Ale nie mówię, że to morze, bo stało się niebem;
> między nie a sklepienie niebios nie wcisnąłbyś
> końca szpilki.
>
> (s. 82)[63]

Na łamach tej książki niemożliwe jest oddanie sprawiedliwości wszystkim aspektom szekspirowskiego odróżnicowania. Jednakże, zanim odejdę od tego tematu, zatrzymam się przy jednej z ostatnich medytacji nad Kolejnością i jej kryzysem, tą z *Króla Leara*. Jest to

---

[63] Tu i dalej podają za: *Zimowa opowieść*, przełożył Maciej Słomczyński, Wydawnictwo Literackie, Kraków, 1981. [Przyp. tłum.]

Kryzys Kolejności w *Żywocie Timona z Aten i...* 261

jeszcze jedna mowa o kryzysie jako takim, a więc bardziej drobiazgowa niż cokolwiek w *Hamlecie* i innych sztukach nie zawierających takiej mowy, chociaż krótsza niż mowa Ulissesa, Titanii i Timona. Jej akcent etyczny oraz fakt, że została napisana prozą, czynią ją w jakimś sensie wyjątkową, ale łatwo natychmiast zauważyć, że należy ona do tej samej kategorii, którą się najpierw zajmowaliśmy, mów naturalnej długości napisanych wierszem. W jej astrologicznym początku jest coś prawie rytualistycznego i wszystkie ważniejsze cechy rzeczywistego kryzysu zostały tam znakomicie streszczone. Gloucester mówi:

> These late eclipses of the sun and moon portend no good to us. Though the wisdom of nature can reason it thus and thus, yet nature finds itself scourg'd by sequent effects. Love cools, friendship falls off, brothers divide: in cities, mutinies; in countries, discord; in palaces, treason; and the bond crack'd 'twixt son and father; ...there's son against father; the king falls from bias of nature; there's father against child. We have seen the best of our time. Machinations, hollowness, treachery, and all ruinous dis-orders follow us disquietly to our graves.
>
> (I, ii, 103-114)

> Owe niedawne zaćmienia słońca i księżyca nie wróżą nam niczego dobrego. Choć znajomość Natury może tłumaczyć je tak lub inaczej, jednak skutki ich chłoszczą samą Naturę. Miłość ostyga, przyjaźń w gniew się zmienia, bracia są poróżnieni, w miastach rozruchy, narody w niezgodzie, zdrada w pałacach, rozerwane więzy krwi między ojcem a synem. Owa przepowiednia sprawdza się na mym nędzniku: oto syn przeciw ojcu; król powstał przeciw prawu przyrodzonemu: oto ojciec przeciw dziecku. Minęły już nasze najlepsze lata, a spiski, fałsz, zdrada i całe to ruinę niosące wzburzenie odprowadzą nas do niespokojnego grobu.
>
> (s. 29)[64]

Gloucester ma dwóch synów, Edgara, z prawego łoża i Edmunda, z nieprawego łoża; ten ostatni poinformował go właśnie, że Edgar jest zdrajcą i on w to uwierzył, mimo że jedynym nikczemnikiem jest sam Edmund. Gloucester nie jest świadomy, że on sam, tak jak Lear, jest równie doskonałą ilustracją własnych słów. Tak jak większość proroków, paradoksalnie łączy w sobie okłamywanie samego siebie z prze-

---

[64] Tu i dalej podają za: *Król Lear*, przełożył Maciej Słomczyński, Wydawnictwo Literackie, Kraków, 1979. [Przyp. tłum.]

błyskami świadomości, podobnie jak jego rozmówca Edmund, który potrafi dostrzec, że ojciec oszukuje samego siebie w wielu sprawach, a mimo tego nie potrafi dostrzec prawdy w tym, co mówi ojciec, prawdy o sztuce jako całości. Na przeszkodzie stoi jego własna nikczemność — czyli jego mimetyczne pragnienie, które jest źródłem zarówno przebłysków świadomości, jak i ślepoty tych dwóch osób. Edmund mówi:

> This is the excellent foppery of the world, that, when we are sick of fortune — often the surfeits of our own behavior — we make guilty of our disaster the sun, the moon, and stars, as if we were villains on necessity, fools by heavenly compulsion, knaves, thieves and treachers by spherical predominance; drunkards, liars and adulterers by enforc'd obedience of planetary influence; and all that we are evil in, by a divine thrusting on. An admirable evasion of whoremaster man, to lay his goatish disposition on the charge of a star!
>
> (I, ii, 118-128)

> W tym leży doskonałość głupoty świata, że gdy los nasz niedomaga, często, skutkiem naszego własnego postępowania, winimy za nasze klęski słońce, księżyc i gwiazdy, jak gdybyśmy byli nędznikami z konieczności, głupcami za sprawą Nieba, łotrami, złodziejami i zdrajcami dzięki władzy gwiazd, a pijakami, kłamcami i cudzołożnikami: zmuszeni do tego wpływem planet. I tak, całą naszą nikczemność składamy na karb mocy nadprzyrodzonych. Godny podziwu wybieg człowieka-kurwipanka, który za swe lubieżne skłonności zrzuca odpowiedzialność na gwiazdę!
>
> (s.29)

Ta znakomita krytyka astrologicznej zabobonności zgadza się zapewne z tym, co Szekspir faktycznie myśli o astrologii. Podobna krytyka następuje po podobnym wyznaniu astrologicznej wiary w *Juliuszu Cezarze* i w *Śnie nocy letniej*. *Troilus i Cressida* to główny, ale zrozumiały wyjątek; Ulisses demaskuje otwarcie i analizuje ze szczegółami prawdziwą przyczynę tego kryzysu, mimetyczne współzawodnictwo, zatem jego dziwaczna astronomia nie może być brana za rzeczywiste wyjaśnienie.

Szekspir chce zakwestionować magiczne wyjaśnienie, ale nie sam kryzys; wierzy weń i czyni go treścią swoich najlepszych sztuk: jest nią rozpadanie się różnic we wszystkich związkach międzyludzkich. Ci, którzy wierzą, że Szekspir był równie zabobonny, jak jego najbardziej zabobonni bohaterzy, nie potrafią rozróżnić aspektów astrologicznych od samego kryzysu. Połączenie astrologii i kryzysu biorą mylnie za jeden i ten sam mit. Przyczyną ich pomyłki jest ślepota na mimetyczne współzawodnictwo i mimetyczne podwajanie.

Król Lear może nam w tym momencie pomóc; jego fabuła na tyle wyostrza najważniejsze cechy głównej wizji Szekspira, że czasami wydaje się uproszczeniem, jednakże jak najbardziej użytecznym dla naszego obecnego celu, którym jest zebranie razem najważniejszych elementów naszej dotychczasowej analizy i uzyskanie całościowego oglądu tej mimetycznej wizji.

Lear jest zwykle interpretowany jako zaślepiony ojciec à la Goriot Balzaka, nadmiernie kochający mężczyzna, który nie widzi jak niemądre jest powierzanie zarządzania królestwem egoistycznie zachłannym córkom. Jednakże jego szorstki stosunek do Kordelii zaprzecza tej psychologicznej interpretacji.

Interpretacja Leara ogniskująca się wyłącznie na samym „bohaterze", rozumianym jako jednostkowy charakter — w pełni „rozróżniony", oczywiście, doskonały przedmiot psychologicznych i psychoanalitycznych badań — nie może oddać sprawiedliwości temu, co się naprawdę w tej sztuce wydarza. Zanim spróbujemy uchwycić niuanse jednostkowego charakteru, o ile one w ogóle istnieją, musimy najpierw poradzić sobie z ogólniejszymi zagadnieniami w tej sztuce; musimy dostrzec katastrofalną zamianę pośrednictwa zewnętrznego na wewnętrzne, która niesie ze sobą kryzys Kolejności, opisany tak zręcznie i zarazem niedorzecznie przez Gloucestera.

Król zachęca po kolei swoje trzy córki, aby dały dowody miłości do niego; zamiast zapobiec wszelkiemu mimetycznemu współzawodnictwu między nimi, jak wymaga tego jego rola, niemądrze namawia do niego; proponuje samego siebie jako przedmiot współzawodniczącego pragnienia. Dlaczego to robi? Zwykle odpowiada się, że z pychy. Lear jest niewątpliwie pełen pychy, ale w specyficznie szekspirowski sposób, gdyż pragnie mimetycznego pragnienia swoich najbliższych nawet za cenę rozpętania jak najbardziej niszczycielskiej rywalizacji.

Lear przypomina Valentina, tęskniącego za pragnieniem swojego najbliższego przyjaciela i wszystkich innych bohaterów tego typu u Szekspira, ale jego przypadek jest gorszy; tęskni za mimetycznym pragnieniem swoich dzieci. Jako ojciec może szczerze i publicznie żądać tego, co wcześniejsze postacie mogły jedynie okrężnie sugerować; zaspokojenie własnego ohydnego apetytu przeformułowuje w obowiązek własnych córek, a uroczystość, którą w tym celu organizuje, nie może nie zbiec się a jego abdykacją. Wielka pierwsza scena z córkami jest wielce symboliczna dla tego całościowo desymbolizującego procesu.

Człowiek, ryzykujący wszystkim dla próżnej mimetycznej gratyfikacji, zasługuje nie tylko na utratę królestwa, ale także na utratę własnych córek, a zapał Goneryli i Regany, aby grać w jego mimetyczną grę, skazuje je na ten sam los, co Leara. One także poświęcają swoje polityczne interesy dla mimetycznej histerii, którą rozpoczął ich ojciec.

Lear jest ojcem i królem, który w obydwóch tych godnościach przestaje być modelem zewnętrznego pośrednictwa, jakim powinien być dla swoich dzieci i poddanych. Król Lear łączy więc w sobie dwie domeny mimetycznego kryzysu, które uważamy za nierozdzielne, chociaż w dotychczas zaprezentowanych przykładach były dramatyzowane oddzielnie, tj. wymiar rodzinny w *Śnie nocy letniej* i wymiar polityczny w *Troilusie i Cressidzie*.

Mimetyczne pragnienie sióstr początkowo przybiera postać zalecaną przez Leara, ale ponieważ Lear nie może już nakazywać szacunku, współzawodnictwo o jego przychylność przekształca się szybko w rywalizację o redukcję tych praw i przywilejów, które stary król zastrzegł dla siebie. Te dwa sobowtóry nawzajem zachęcają się mimetycznie do dobicia Kolejności, wydarzenia, które musi zbiec się z początkiem eskalacji przemocy między nimi.

Dopóki Lear jest w pobliżu, chociażby jedynie jako kozioł ofiarny, pozostają zjednoczone z nim i w nim lub przeciw niemu. Dopóki Kolejność utrzymuje się przy życiu, pośrednictwo pozostaje zewnętrzne, ale później, stając się wewnętrzne, przekształca siostry w monstrualne sobowtóry zdecydowane na zniszczenie siebie nawzajem.

Od samego początku do końca, wszystko w nich jest współzawodnictwem, łącznie z ich wyborem Edmunda jako kochanka. Walczą na śmierć i życie o bezwartościowego bękarta dokładnie tak samo, jak o spadek po swoim ojcu, nie przez wzgląd na niego, ale przez wzgląd na siebie nawzajem.

Obie pragną królewskiego autorytetu, który coraz bardziej niszczą, gdy ich własna przemoc rozprzestrzenia się zaraźliwie na cały kraj. Ich zbrodnicze „zaniedbanie" Kolejności „schodzi krok niżej, choć pragnie wspiąć się" [*neglection ... by a pace goes backward with a purpose it hath to climb*]. Piękno tego procesu tkwi w jego doskonałej symetrii, a jego zbawcza łaska jest w jego doskonałej sprawiedliwości; przekształca te dwa monstra w bosko bezstronne mścicielki własnych zbrodni. Jednakże, jak królestwo długie i szerokie, tak daje się zaobserwować powszechne odwrócenie wszystkich wartości, systematyczne wychwalanie łajdaków jak Edmund zamiast ich bardziej zasłużonych braci.

Możemy więc obserwować że „Jeśli najwyższy stanem okryje się maską, / najlichszy w masce wyda mu się równy" [*Degree being vizarded, / Th' unworthiest shows as worthy in the face*].

Prawo to, oczywiście, zadziałało najpierw we własnej rodzinie Leara. Kordelia umiera niesprawiedliwie, ponieważ odrzuca mimetyczną przynętę, podczas gdy jej siostry umierają sprawiedliwie, gdyż jej nie odrzucają; kryzys Kolejności nie oszczędza nikogo.

Kordelia prawdopodobnie nie odmówiłaby powiedzenia, że kocha ojca, gdyby nie została o to poproszona tuż po swoich dwóch siostrach, mając je za wzór, zatem w mimetycznym współzawodnictwie z nimi. Będąc najmłodszą, mówi ostatnia, czyli z pozycji tak spektakularnie konkurencyjnej i mimetycznej, że nie potrafi wypowiedzieć jednego słowa miłości. Jej odrzucenie mimetycznego współzawodnictwa ma aspekt „pozycyjny", który choć nie wyczerpując jego sensu, jest jednak ważny.

Z dramatycznego punktu widzenia nie sposób nakazać Kordelii, aby mówiła wcześniej. Jednakże w tym miejscu, jak i wszędzie w tej sztuce d r a m a t y c z n y z n a c z y dokładnie tyle co m i m e t y c z n y. W całym wielkim teatrze, te dwa pojęcia zmierzają ku temu, by być synonimami. Można powiedzieć, że w *Królu Learze* Szekspir dramatyzuje swój własny proces dramatyczny, co jest innym sposobem powiedzenia, że dramatyzuje samo mimetyczne pragnienie. Zamiast jeszcze jednej realistycznej dramatyzacji kryzysu Kolejności, pisze niejako alegorię własnego teatru, która będąc wielkim dziełem sztuki, równocześnie może być interpretowana jako karykatura i wczesny symptom znużenia, które doprowadzi go do zarzucenia tragedii.

Patrząc na wcześniejsze sztuki w świetle *Króla Leara*, możemy dostrzec rysy Leara w wielu z nich, chociaż wcześniej nie udało nam się ich dostrzec lub jedynie je nieśmiało podejrzewaliśmy. Zniszczenie lub podanie w wątpliwość wszelkiego prawomocnego autorytetu jest powracającym motywem u Szekspira i zwykle wydarza się dzięki biernej lub czynnej współpracy samego tego autorytetu. Aby kryzys Kolejności dał się zaobserwować, ojcowie i królowie muszą zostać zniszczeni lub zobojętnieć na samym początku każdej komedii i tragedii; wydarzenie to otwiera pole wewnętrznemu pośrednictwu, dramatycznemu polu *par excellence*.

Ojcowie i przywódcy, żyjąc jeszcze na początku sztuki, gotowi są do odejścia: Egeus, Theseus, Ryszard II, Henryk IV, Ryszard III, Duncan, Lear. Począwszy od *Komedii pomyłek* znikają całkowicie lub zostają zredukowani do postaci całkiem nieudolnych. W sztuce tej ojciec w pierwszej scenie skazany na śmierć, unika egzekucji dzięki wydarzeniom, nad którymi nie ma kontroli. Jeżeli w jakimś kraju pojawia się silny władca, to z całą pewnością jest uzurpatorem, tak jak ojciec Celii w *Jak wam się podoba* lub Antonio w *Burzy*. Jeżeli dobry władca może rządzić bez przeszkód, jak w przypadku Cymbelina, ten dobry wpływ unieważnia zły wpływ żony. Wszędzie Kolejność ledwo powłóczy nogami. Każda sztuka jest gwałtownym bezkrólewiem.

Mamy również książąt i innych przywódców, którzy chętnie zrzekają się władzy na pewien czas, jak książę w *Miarka za miarkę*, albo na zawsze, jak Lear. Wielu szekspirowskich ojców, królów i innych przedstawicieli władzy jest pozbawionych stanowiska przez bezprawnych rywali, którym nie stawiają żadnego lub jedynie słaby opór, jak książę Frederick w *Jak wam się podoba*. Prospero w *Burzy* naprawdę zachęca swego zdradzieckiego brata i ułatwia mu jego przedsięwzięcie.

Król Lear wydaje się czasami skandalicznym podsumowaniem i streszczeniem tego wszystkiego, co Szekspir powiedział dotychczas na temat opłakanego losu królów i ojców; każda dojrzała szekspirowska sztuka ku temu prowadzi. Ta słabość legalnej władzy jest u Szekspira wszędzie, zakorzeniona zawsze w najbardziej fascynującym aspekcie Leara, jego mimetycznym pożądaniu mimetycznego pragnienia własnych córek.

Na samym początku odkryliśmy, że temat ten odgrywa istotną rolę w specyficznie szekspirowskiej modalności mimetycznego pragnienia. Obecnie możemy dostrzec, że ma on również sens na innym poziomie, tzn. na poziomie samej Kolejności. Jeżeli za klęskę Leara odpowiedzialne jest pożądanie pragnień innych, to musi ono odgrywać również główną rolę w kryzysie samej Kolejności, który nie jest spowodowany przez kogoś w szczególności, ale przez skłonność do samozniszczenia tożsamą z tym pragnieniem. Na ten właśnie temat jest *Król Lear*.

Sam Lear niczego nie rozumie; jego błazen wie więcej od niego o przyczynie jego klęski. Nie jest faktycznie zainteresowany prawdą i jego pompatyczna rozmowa z nawałnicą jest niczym więcej tylko ekwiwalentem świętojańskich wydziwiań starszego rangą obywatela.

Owo samoniszczenie się Kolejności jest faktycznie innym spojrzeniem na niewiarygodną łatwość, z jaką „złe" wewnętrzne pośrednictwo może zastąpić „dobre" pośrednictwo zewnętrzne i to zastąpić prawie na poczekaniu, bez ostrzeżenia. Ostatecznym wyjaśnieniem, które rzecz jasna nie jest w ogóle wyjaśnieniem, jest to, że dobre i złe pośrednictwa są faktycznie jedną i tą samą *mimesis*, działającą w prawie identyczny sposób. Jedyną różnicą między nimi jest obecność samej różnicy: Kolejności.

Samoniszczenie się Kolejności, ów najgłębszy i najbardziej tajemniczy aspekt Leara, ma swoją zapowiedź we wcześniejszych ojcach i królach — w *Ryszardzie II*, ale również w Brabantiu z *Otella*. Ponieważ pierwszy przykład sam się tłumaczy, powiem kilka słów o drugim. Desdemona zakochuje się w Otellu z powodu jego ekscytującego opisu własnych egzotycznych przygód. Jej ojciec gwałtownie potępia jej b o v a r y z m, ale oczywistym jest to, że sam nie jest od niego wolny.

Brabantio chce, aby jego córka wybrała męża według jego, a nie własnego pragnienia, co ona paradoksalnie czyni. To on pierwszy, a nie ona, zaprosił Otella do domu, dokładnie z tego samego powodu, który ostatecznie doprowadza ją do małżeństwa z Maurem. Brabantio, wcześniej od Desdemony zainteresował się opowiadaniami Otella; ów zamknięty w klasztorze stary Wenecjanin na długo przed swoją córką smakował w heroicznej literaturze, z którą jego własne życie było całkowicie sprzeczne. Brabantio jest faktycznie rozdwojony: rozum mówi mu, że Desdemona nie powinna poślubić Otella, ale jego rzeczywiste pragnienie, skłaniające go do przyprowadzenia tego mężczyzny do własnego domu, sugeruje coś przeciwnego.

I ta ostatnia sugestia ma wyraźny wpływ na Desdemonę. Brabantio z całą pewnością nigdy nie wypowiedział do niej ani słowa na temat swojej egzotycznej namiętności do tego, co reprezentuje dla niego Otello, niemniej jednak przekazuje to jak najskuteczniej. Słowo nie było konieczne; dla pragnienia język może być wszystkim lub niczym. W przypadku Desdemony jest on wszystkim i niczym równocześnie — wszystkim, jeśli chodzi o Otella, niczym w przypadku Brabantio, którego wpływ jest nawet ważniejszy. Pragnienie, bez jednego słowa, może krążyć od ojca do córki i *vice versa*. Rozum może sięgać do tysiąca książek i milionów słów, a i tak nie wytworzy żadnego pragnienia, jak to ilustruje *Wszystko dobre co się dobrze kończy*. Dla Desdemony byłoby lepiej, gdyby powiedziała do Otella to, co Lysander mówi do Demetriusza:

> You have her father's love, Demetrius,
> ... do you marry him.
> (I, i, 93-94)

> Jej ojciec kocha ciebie, Demetriuszu:
> ... a sam się z nim ożeń.
> (s. 12)

Mimetyczne pragnienie na samym szczycie oznacza, że autorytet ludzki w całości jest niepewny, nietrwały i tymczasowy. Większość współczesnych pisarzy zakłada z góry, że władza ma niewyczerpane źródła do dyspozycji i nieskończenie demoniczną i inteligentną wolę przetrwania, Szekspir sądzi dokładnie odwrotnie. Władza, ilekroć tylko zaistnieje, jest ustawicznie zagrożona, zawsze na progu załamania się, oczarowana swoim własnym zniszczeniem.

Freud, Marks, Nietzsche nie potrafili nawet wyobrazić sobie takiej możliwości — ich współcześni spadkobiercy mają katastrofalny wpływ na interpretację Szekspira, dramatopisarza, dla którego ojciec nie liczył się wcale. Najważniejsi filozofowie nowoczesności zdominowali nas na tyle, że nawet odrzucając ich tezy, i tak czerpiemy soki z podglebia, na którym oni wyrośli i nie potrafimy rozpoznać fundamentalnego prawa, na którym opiera się jest cały teatr Szekspira, tj. samoniszczenia się autorytetu we wszystkich jego formach. Najgłębszą tęsknotą władzy jest to, aby abdykować.

21
O SPISKU!

Mimetyczne uwodzenie w *Juliuszu Cezarze*

Juliusz Cezar został napisany zarówno przed *Troilusem i Cressidą*, jak i przed większością innych sztuk, które poddawaliśmy badaniu w dwóch ostatnich rozdziałach. A jednak z mimetycznego punktu widzenia jest to praca zasadnicza i niezastąpiona, nie ze względu na kryzys Kolejności, ale ze względu na to, co ten kryzys kończy: tzn. ze względu na kozła ofiarnego lub mechanizm victimage'u. Dlatego też odłożyłem omówienie jej aż do zakończenia badań nad kryzysem w *Troilusie i Cressidzie*, czy gdziekolwiek indziej. Po raz pierwszy musimy zrobić krok wstecz i zrezygnować z chronologicznego porządku.

Juliusz Cezar dzieje się w burzliwym okresie przejściowym między republikańskim Rzymem i Cesarstwem Rzymskim. Jak już wzmiankowaliśmy, Szekspir rozumie ten okres jako kryzys Kolejności. Temat ten jest tak ważny, że pojawia się na samym początku tej tragedii, zaraz w pierwszych wersach, które cytowałem w poprzednim rozdziale. Próżnujący ludzie pracy na Forum sygnalizują odróżnicowanie dotychczas dobrze zróżnicowanego gminu. Republika Rzymska rozplata się.

W sztuce tej mamy dużo mimetycznej interakcji, tak dużo jak w komediach; jednakże zamiast dotyczyć wyboru przedmiotów pragnienia, dotyczy ona wyboru antagonistów. Przyczyną jest zaawansowane stadium kryzysu w tej sztuce; rywale nie są już wzajemnie zainteresowani swoimi przedmiotami, gdyż są tak opętanymi przez przeszkodę i rywala, czym są dla siebie nawzajem, że ich główną troską staje się morderstwo.

Gdy mimetyczna rywalizacja przekracza pewien próg krytyczny, rywale angażują się w nie kończący się konflikt, który coraz bardziej ich odróżnicowuje; wszyscy stają nawzajem swoimi podwojeniami. Proces ten jest nam już znany, ale nie jego gwałtowne konsekwencje. Zrazu sobowtóry te łączą się jeszcze w pary w konformizmie do mimetycznej historii, która jest im wspólna; walczyli o te same przedmioty i w tym sensie naprawdę do siebie nawzajem należą. Konflikty są jeszcze

„racjonalne", przynajmniej o tyle, o ile każde z podwojeń ma prawo nazywać swojego antagonistę „nim", gdy wyszczególnia go jako człowieka odpowiedzialnego za wszystkie swoje kłopoty. Ten ostatni element racjonalności niedługo zniknie. Ponieważ mimetyczne skutki systematycznie wzmagają się, przeto nie mogąc już wpływać na wybór przedmiotów, muszą wpłynąć na wybór jedynych istnień, które pozostały wewnątrz systemu, samych sobowtórów. Mimetyczne skażenie będzie teraz decydować coraz bardziej o wyborze antagonistów.

Ewolucja ta oznacza, że ludzie będą wymieniać swe sobowtóry, swych mimetycznych rywali na sobowtóry kogoś innego. Ten ktoś inny powinien być nazwany pośrednikiem nienawiści, a nie jak dotychczas pośrednikiem pragnienia. Jest to nowe stadium w procesie gwałtownego odróżnicowania. Im „doskonalsze" są te sobowtóry, tym łatwiej je pomylić i dobrowolnie lub bezwolnie wymienić lub zastąpić jeden przez drugi lub przez wiele innych.

Dotarliśmy do miejsca, gdzie rozdwojone konflikty [*dual conflicts*] otwierają drogę zjednaczaniu się kilku ludzi przeciw jednemu, zwykle wyraźnie widocznemu, popularnemu mężowi stanu, jak np. Juliusz Cezar. Jest to moment krytyczny. Gdy niewielka liczba ludzi potajemnie zbiera się w celu zabicia jednego ze swoich współobywateli, ich zjednoczenie się nazywamy s p i s k i e m, tak jak Szekspir. Zarówno rzecz jak i słowo są wyraźnie wyróżnione w *Juliuszu Cezarze*.

Spisek jest częściowo „przypadkowym" zjednoczeniem się morderców, w tym sensie, że chociaż zostaje zawiązany mimetycznie, może pojawić się jedynie w pewnym historycznym stadium mimetycznego kryzysu. Szekspir poświęca pierwsze dwa akty sztuki genezie spisku przeciw Cezarowi i traktuje ten przedmiot tak, jak wymaga tego teoria mimetyczna.

O spisku mówi się, że ma potworne oblicze — niewątpliwie tak jest w zwykłym szekspirowskim sensie jednoczenia sprzecznych cech, czegoś co ma miejsce jedynie w najbardziej zaawansowanym stadium mimetycznego kryzysu. To potworne oblicze przypomina nam monstra z Nocy Świętojańskiej, szczególnie monstrum łączące w sobie połowę twarzy człowieka z pyskiem lwa:

> *Brutus*: Do you know them?
> *Lucius*: No, sir, their hats are pluck'd about their ears
>   And half their faces buried in their cloaks
>   That by no means I may discover them
>   By any mark of favor
> *Brutus*: Let 'em enter.

> They are the faction.
> (II, i, 72-77)
>
> *Brutus*: Znasz ich?
> *Lucjusz*: Nie, kapelusze wcisnęli na uszy,
> Połowę twarzy ukrywszy w opończach;
> Poznać nie mogłem ich.
> *Brutus*: Niechaj tu wejdą
> Są oni w zmowie.
> (s. 39)[65]

Mimesis pragnienia oznacza rozbicie jedności tych, którzy nie mogą razem posiadać tego samego przedmiotu, podczas gdy *mimesis* konfliktu oznacza większą solidarność tych, którzy mogą razem zwalczać tego samego wroga i którzy to sobie nawzajem obiecują. Nic tak nie jednoczy ludzi jak wspólny wróg, ale w obecnie omawianej fazie tylko kilku ludzi jest w ten sposób zjednoczonych i to w celu zburzenia pokoju wspólnoty jako całości. Stadium spiskowe jest więc jeszcze bardziej destrukcyjne dla społecznego porządku niż poprzedzająca je mimetyczna konfiguracja.

Mimetyczna istota spisku staje się widoczna podczas werbunku spiskowców. Akt pierwszy jest prawie wyłącznie poświęcony temu tematowi. Pierwszym i głównym zwerbowanym jest Brutus; drugim, Kaska; trzecim, człowiek, który nazywał się Ligariusz. Werbunek jest pozytywną reakcją na pewien rodzaj mimetycznej zachęty podobnej do tej, którą mamy w komediach, za wyjątkiem faktu, że zwerbowani są mimetycznie zachęcani do wyboru nie tego samego erotycznego obiektu, co ich pośrednik, lecz tej samej ofiary, wspólnego obiektu mordu.

Pierwsze sceny *Juliusza Cezara* ukazują jednolitość mimetycznego procesu u Szekspira. To samo mimetyczne współzawodnictwo, które wytwarza Noc Świętojańską w komediach, staje się wylęgarnią przemocy i kolektywnego victimage'u w tragediach. Już w punkcie kulminacyjnym *Nocy Świętojańskiej* Lysander i Demetriusz, gdy zostają sprytnie uśpieni przez Pucka, osiągają właśnie próg fizycznej przemocy. Tragedia zaczyna się tam, gdzie komedia się kończy, w miejscu w którym mimetyczne współzawodnictwo staje się śmiercionośne.

Pośrednikiem nienawiści jest Kasjusz, którego manewry są szczegółowo udramatyzowane. Gdy już raz spisek stał się rzeczywistością,

---

[65] Tu i dalej podaję za: *Juliusz Cezar*, przełożył Maciej Słomczyński, Wydawnictwo Literackie, Kraków. [Przyp. tłum.]

Brutus zgadza się na pokierowanie nim, ale jego prawdziwym ojcem jest Kasjusz; i dlatego właśnie Kasjusz, a nie Brutus, jest zrazu postacią dominującą. *Mutatis mutandis*, Kasjusz odgrywa tę samą rolę, co Pandarus na początku *Troilusa i Cressidy*.

Spisek wylęga się w zazdrosnej duszy Kasjusza. Zazdrość tę potwierdza sam Cezar, który opisuje tego człowieka jako zadręczonego intelektualistę niezdolnego do czerpania zmysłowej przyjemności. Odmiennie od swojego nowoczesnego potomka, ten wczesny prototyp r e s e n t y m e n t u — określenie Nietzschego dla mimetycznej zazdrości — jeszcze nie stracił zupełnie zdolności do zuchwałego działania, chociaż smakuje jedynie w jego potajemnym i terrorystycznym typie, jak na przykład spisek.

Kasjusz dowodzi zazdrości każdym swoim słowem. Niezdolny do współzawodnictwa z Cezarem na gruncie Cezara, przypisuje sobie wyższość w małych sprawach, takich jak zawody pływackie, w których bał raz udział z tym wielkim człowiekiem. Czyż Cezar nie utonąłby bez niego, Kasjusza, rywala Cesara, który pomógł Cezarowi przepłynąć Tybr? Kasjusz odmawia czci boskiej bogu, który zawdzięcza mu samo życie. W ten sposób Szekspir przekształca anegdotę, która u Plutarcha ilustruje głównie fizyczną odwagę Cezara, w dowód mimetycznej zazdrości. Słowo „rywal", nawiasem mówiąc, pochodzi od łacińskiego słowa *ripuarios*, „mieszkaniec okolic nadrzecznych", które czyni aluzję do dwóch lub więcej jednostek, stających twarzą do siebie po przeciwnej stronie rzeki.

Zazdrość uwielbia ukrywać się, ale również kocha towarzystwo, ponieważ chce produkować sprzymierzeńców — aby ich zakazić, musi paradować. Nienawistne porównania Kasjusza, jego złośliwe anegdoty i jego nieustanne schlebianie Brutusowi są warte Pandarusa, a także Ulissesa, politycznego odpowiednika „rajfura" z *Troilusa i Cressidy*:

> Brutus and Caesar: what should be in that „Caesar"?
> Why should that name be sounded more than yours?
> Write them together, yours is as fair a name;
> Sound them, it doth become the mouth as well;
> Weigh them, it is as heavy; conjure with 'em,
> „Brutus" will start a spirit as soon as „Caesar."
> Now in the names of all the gods at once,
> Upon what meat doth this our Caesar feed
> That he is grown so great?
> (I, ii, 142-150)

Brutus i Cezar. Cóż jest w tym imieniu?

Czemu donośniej brzmi ono niż moje?
Nakreśl je — twoje będzie równie piękne;
Wymów — podobnie przez gardło przechodzi;
Zważ — równie ciężkie także się okaże;
Użyj do zaklęć, a „Brutus wywoła
Ducha nie gorzej, niż sprawi to Cezar".
Klnę się na wszystkich bogów równocześnie:
Jakim to jadłem posila się Cezar
że tak wysoko wzrósł?
(s. 18)

Chwilę później Kasjusz ucieka się do tego samego języka lustrzaności, co Ulisses z Achillesem, gdy również życzył sobie pobudzenia ducha mimetycznej rywalizacji w człowieku, którego aspiracje stały się niepewne:

Cassius: Tell me, good Brutus, can you see your face?
Brutus: No, Cassius; for the eye sees not itself
But by reflection, by some other things.
Cassius: 'Tis just,
And it is very much lamented, Brutus,
That you have no such mirrors as will turn
Your hidden worthiness into your eye,
That you might see your shadow
....
And since you know that you cannot see yourself
So well as by reflection, I, your glass,
Will modestly discover to yourself
That of yourself which you yet know not of.
(I, ii, 51-70)

Kasjusz: Brutusie, czyżbyś mógł w twarz własną spojrzeć?
Brutus: Nie, gdyż, Kasjuszu, oko ujrzeć może
Siebie jedynie w odbiciu zewnętrznym.
Kasjusz: To prawda.
Rzecz to, Brutusie, wielce opłakana,
że nie masz takich zwierciadeł, mogących
Twą skrytą wartość ukazać twym oczom,
Byś mógł odbicie swe ujrzeć.
(s. 16)

Jest to wcześniejsza wersja starań Ulissesa, aby zwiększyć rozpacz Achillesa, gdy myślał, że jego popularność jest u schyłku (*Troilus i*

Cressida, III, iii, 94-215, rozdział 16). Brutus słuchając Kasjusza, zdaje się zagubiony we własnych myślach, ale jego uwaga skupia się na hałaśliwie entuzjastycznym tłumie otaczającym Cezara. Kasjusz rozmyśla nad takimi błahostkami jak jego zawody pływackie, podczas gdy Brutus jest zazdrosny o sam Rzym.

Kasjusz wiedząc, że opinia publiczna jest ważna dla jego przyjaciela, zmyśla anonimowe listy od rzekomo zaniepokojonych obywateli, ostrzegające Brutusa przed aspiracjami Cezara i ponaglające go do działania. Słowo pisane jako narzędzie mimetycznego usidlania może być nawet skuteczniejsze niż słowo mówione i nasz spiskujący Pandarus rozumie to bardzo dobrze. Listy te odgrywają rolę analogiczną do roli romantycznej literatury w przypadku „prawdziwych kochanków" z komedii.

Brutus nienawidzi potencjalnego tyrana w Cezarze, ale z całego serca kocha człowieka. Gdy Brutus tak mówi, możemy mu wierzyć, bo Brutus nigdy nie kłamie. Ambiwalencja ta nie wyklucza jednak mimetycznego komponentu, lecz jest jego urzeczywistnieniem: polityczny język Rzymu jest doskonałym nośnikiem mimetycznego współzawodnictwa; jest tym, czym tak czy owak jest cała Republika: wolność utrzymuje się przy życiu, dopóki rywalizujące ambicje trzymają się nawzajem w szachu.

Miłość/nienawiść Brutusa do Cezara jest podobna do miłości/nienawiści Aufidiusa do Coriolanusa, Antoniusza do Oktawiusza, Ajaxa do Achillesa. Jest to trochę dalszy kuzyn tego, co Proteus czuje do Valentina, Helena do Hermii itd. Wiemy już, że polityczna wersja tej ambiwalencji działa dokładnie tak samo, jak mimetyczny Eros. W *Troilusie i Cressidzie* Szekspir uczynił tę równoważność nawet wyraźniejszą niż w *Juliuszu Cezarze*.

Dla Rzymian z ambicjami politycznymi — a ambicje Brutusa są wielkie, gdyż są wzorowane na ambicjach Cezara — Cezar staje się przeszkodą nie do pokonania, skandalonem[66] mimetycznego współzawodnictwa. Jest zarówno znienawidzonym rywalem, jak i ukochanym modelem, niezrównanym przewodnikiem, nieprześcignionym nauczycielem. Im bardziej Brutus czci Cezara, tym bardziej go nienawidzi; jego polityczne żale i jego mimetyczne współzawodnictwo, jak najbardziej logicznie są jednym i tym samym. Brutus jako przywódca swojej partii coraz bardziej przypomina swój model; staje się coraz

---

[66] Girard używa terminu *skandalon* w sensie ewangelickim dla wskazania, że przyjaciel jest zarówno mimetycznym kusicielem, jak i przeszkodą w realizacji mimetycznego pragnienia. W *Ewangeliach* słowo *skandalon* opisuje grzeszność, kuszenie, zawadę, przeszkodę na drodze do zbawienia. [Przyp. tłum.]

bardziej majestatyczny i władczy; przed i po morderstwie odrzuca wszelkie sugestie i decyduje o wszystkim sam. Do Kasjusza, człowieka równego sobie, który go zwerbował do spisku, mówi: „Dam ci posłuchanie" [*I will give you audience*, IV, ii, 47]. Psychiczne podniecenie Brutusa po śmierci Cezara sugeruje, że Brutus tak bardzo identyfikuje się ze swoją ofiarą, że staje się dosłownie przez nią opętany; jest w zażyłych stosunkach za swoim fantomem i jego przemawianie do tłumu, jego lapidarny styl może być bezwiednym pastiszem słynnej prozy Cezara. Okrzyk, który wzbiera w tłumie, „Niech on będzie Cezarem" [Let him be Caesar], jest trafniejszy niż się zdaje. Duch republikański jest słabiej w Brutusie osadzony niż zdawała się wskazywać jego wrogość do Cezara.

Wróćmy jednak do Kaska. Jest on skrajnie zabobonny; w jego świecie prawie wszystko może stać się sygnałem czegoś innego. W scenie trzeciej aktu pierwszego opisuje on gwałtowną, ale banalną nawałnicę zrównania dnia z nocą wyłącznie w języku nadprzyrodzonych sygnałów i cudów. Szekspir, aby wykazać błędność tego nonsensu ucieka się ostrożnie, ale autorytatywnie do samego Cycerona, który poddaje w wątpliwość słuszność interpretacji Kaska. Jest to jedyne wtrącenie się tego filozofa w całej sztuce.

Kasjusz raz jeszcze jest mimetycznym uwodzicielem. Jego słynna przemowa do Brutusa wskazuje, ze nie jest bardziej zabobonny od Cicerona:

> The fault, dear Brutus, is not in our stars,
> But in ourselves, that we are underlings.
>
> (I, ii, 140-141)
>
> Wina, Brutusie drogi, jest nie w gwiazdach
> Lecz w nas; to ona zmienia nas w służalców.
>
> (s. 18)

Kasjusz nie wierzy w astrologię, ale potrafi mówić jej językiem, aby zwerbować do spisku jeszcze jednego człowieka. Zamiast wyśmiewać irracjonalność swojego rozmówcy, próbuje ukierunkować ją na Cezara. W Kasce potępia to, że nie obwinia Cezara o „tę przeraźliwą noc". Kasjusz, aby skłonić ofiarę swego oszustwa do wypowiedzenia nienawistnego imienia, mówi:

> You are dull, Casca; and those sparks of life
> That should be in a Roman you do want,

Or else you use not. You look pale, and gaze,
And put on fear, and cast yourself in wonder,
To see the strange impatience of the heavens:
But if you would consider the true cause
Why all these fires, why all these gliding ghosts,
Why birds and beasts from quality and kind,
Why old men fool and children calculate,
Why all these things change from their ordinance,
Their natures, and preformed faculties,
To monstrous quality — why, you shall find
That heaven hath infus'd them with these spirits,
To make them instruments of fear and warning
Unto some monstrous state.
Now could I, Casca, name to thee a man
Most like this dreadful night,
That thunders, lightens, opens graves, and roars
As doth the lion in the Capitol —
A man no mightier than thyself, or me,
In personal action, yet prodigious grown,
And fearful, as these strange eruptions are.
(I, iii, 57-76)

Jesteś zbyt gnuśny, Kasko; brak ci owej
Iskry żywotnej, godnej Rzymianina,
A może każesz jej drzemać. Pobladłeś,
Przygasły oczy twe, lęk cię ogarnął
I w zadziwienie popadłeś na widok
Niecierpliwości tak niezwykłej niebios.
Lecz gdy rozważysz prawdziwą przyczynę,
Skąd owe ognie się wzięły i zjawy,
Ptaki i bestie, niezgodne z naturą,
Skąd te proroctwa głupców, starców, dzieci,
Skąd taka wielka, ogólna odmiana
W ich przyrodzonych i odwiecznych cechach
Ku potworności; cóż, wówczas odkryjesz,
że tego ducha tchnęły w nich niebiosa,
By je przemienić w instrumenty trwogi
Ostrzegające przed potworną groźbą.
Mógłbym ci, Kasko, wymienić człowieka,
Który, podobny do tej strasznej nocy
Grzmi, błyska, groby otwiera i ryczy
Głosem owego lwa na Kapitolu;
Człowiek ów ciebie lub mnie nie przerasta

> Mocą cielesną, lecz wyrósł złowieszczo,
> Straszliwy jak te wybryki natury.
> (s. 29-30)

Kasjusz nigdy nie wymienia imienia swojego kozła ofiarnego, gdyż chce, aby Kaska nazwał go pierwszy; ten naiwny człowiek uwierzy, że odkrył fatalne oddziaływanie Cezara zupełnie sam. Kaska, jak większość łatwo ulegających wpływom ludzi, wydaje się sam sobie całkowicie spontaniczny; w końcu natrafia na właściwe imię:

> 'Tis Caesar that you mean; is it not, Cassius?
> (I. iii, 79)
>
> Czy masz na myśli Cezara, Kasjuszu?
> (s. 30)

Kaska nigdy nie otrzymuje potwierdzenia, o które prosi, ale to już nie ma znaczenia. Proces mimetycznej sugestii może wypełnić się sam bez wielu słów, czasami bez jednego słowa. Spanikowanym istotom ludzkim wystarczy spojrzenie sobie nawzajem w oczy, aby przekazać sobie wzajemnie pewność, której jeszcze chwilę przedtem żaden z nich nie miał.

Kasjusz dosłownie wymusił wiarę Kaska, że Cezar jest odpowiedzialny za zła pogodę. Jeżeli ktoś musi być „niemal jak ta straszna noc" [*most like this dreadful night*], to dlaczego nie ma nim być najbardziej władcza osoba w Rzymie? Kaska widząc, ze Kasjusz zdaje sie być bardziej rozgniewany niż przerażony, uspokaja się i w swoim pożądaniu jeszcze większej pewności, gniew innego człowieka czyni własnym; skwapliwie zostaje orędownikiem swojej zwady z Cezarem. Kaska, w przeciwieństwie do Brutusa, nie traci czasu na polityczne i etyczne subtelności. Jest tyleż bojaźliwy, co zarozumiały. Nie chce wyjść na głupca i będzie myślał o Cezarze dokładnie tak, jak myślą mądrzy i władczy ludzie, którzy zaszczycają go przyjaźnią. Będąc nie tylko tchórzem, jest jeszcze spiskującym snobem.

Jego decyzję przyłączenia się do morderców uczyniono nawet bardziej denerwującą przez to, że — inaczej niż Brutus — jest służalczy wobec Cezara i całkowicie obojętny wobec możliwego nadużycia przez niego władzy. Jest mało ważny i zawistny, ale nie dość utalentowany, aby czuć zazdrość o tak niebotyczną postać jak Cezar. Jego rzeczywiści mimetyczni rywale należą do niższego gatunku. Gdyby Kasjusz ukierunkował swoje mimetyczne przekonywanie ku komuś innemu, Kaska wybrałby tego kogoś. Jego udział w spisku nie ma nic wspólnego z tym, czym Cezar jest lub czym może się stać; opiera się ono wyłącznie na jego własnej mimetycznej sugestywności, pobudzonej przez lęk.

Jak już wcześniej zauważyłem, w *Juliuszu Cezarze* obserwujemy trzy osoby w procesie łączenia się w spisek; z każdą z nich schodzimy jeden lub więcej stopni niżej, jeśli chodzi o ich zdolność do myślenia za siebie, do używania własnego rozumu i zachowania się w odpowiedzialny sposób. Jest to nie tyle sprawa jednostkowej psychologii, co szybkiego marszu samego mimetycznego pragnienia. W miarę jak spisek rośnie, przyciąganie nowych członków staje się łatwiejsze. Kolektywny mimetyczny wpływ tych już zwerbowanych, czyni wybrany cel coraz bardziej mimetycznie atrakcyjnym. W miarę jak kryzys przyspiesza, *mimesis* nabiera większego znaczenia niż racjonalność.

Trzeci mężczyzna, Ligariusz, jest tak podatny na mimetyczny nacisk, tak gotowy do spiskowej intrygi, że chociaż ciężko chory, skoro tylko zrozumie, że gromadzenie się wokół Brutusa ma na celu przemoc, zrywa bandaże i idzie za przywódcą. Można go uważać za pierwsze cudowne uzdrowienie, spowodowane przez ofiarę, która wkrótce stanie się bogiem — przez Juliusza Cezara.

Ligariusz nie zna imienia wybranej ofiary i nie pyta o nic. Ufa Brutusowi bez zastrzeżeń i nie jest zainteresowany byciem poinformowanym. Brutus nie daje znaku, aby uważał to zachowanie za szokujące; jego spokój umysłu jest tak denerwujący, jak lekkomyślność Ligariusza. Ten cnotliwy republikanin, jak się zdaje, nie widzi nic złego w obywatelu rzymskim oddającym ślepo własną wolność wyboru w ręce kogoś innego, a przyczyną jest oczywiście to, że ten drugi człowiek jest nim samym:

> *Ligarius*: Set on your foot
> And with a heart new fir'd I follow you
> To do I know not what; but it sufficeth
> That Brutus lead me on.
> *Brutus*: Follow me then.
>
> (II, i, 331-334)

> *Ligariusz*: Za śladem stóp twoich
> Podążę z sercem znów rozpłomienionym,
> By to uczynić. o czym nie wiem. Dość mi,
> że mnie prowadzi Brutus.
> *Brutus*: Więc pójdź za mną.
>
> (s. 51)

Zwykle prawomyślni Rzymianie są coraz bardziej przychylni morderstwu, coraz mniej selekcyjni jeśli chodzi o wybór ofiar. Powstanie spisku, będąc częścią kryzysu, jest samo dynamicznym procesem, segmentem eskalacji, za którą idzie morderstwo Cezara, później morderstwo Cinna i ostatecznie wciąż rosnąca przemoc, która prowadzi do Filippi. Morderstwo Cezara zamiast położyć kres kryzysowi, przyspiesza go. Wszystko, co przedstawiono w tej sztuce, może być dokładnie usytuowane na trajektorii tego kryzysu.

Przemoc, zmieniając się z jednostkowej na kolektywną, nie likwiduje kryzysu Kolejności, lecz sprawia, że sytuacja staje się jeszcze gorsza niż dotychczas; właśnie dlatego Brutus, wielki obrońca republikańskich instytucji, chociaż odczuwa, że musi uczestniczyć w spisku, jest przerażony historycznym znakiem, który konstytuuje samo jego istnienie:

> O conspiracy!
> Sham'st thou to show thy dang'rous brown by night,
> When evils are most free? O then, by day
> Where wilt thou find a cavern dark enough
> To mask thy monstrous visage? Seek none, conspiracy!
> Hide it in smiles and affability;
> For if thou path, thy native semblance on,
> Not Erebus itself were dim enough
> To hide thee from prevention.
> (II, i, 77-85)

> O spisku, więc wstyd ci
> Odsłonić groźne lico nocą, kiedy
> Zło jawnie żyje? Więc gdzie za dnia znajdziesz
> Jaskinię ciemną tak, by ukryć mogła
> Oblicze twoje potworne? Nie szukaj,
> Lecz je w uśmiechu skryj i serdeczności:
> Bo gdy prawdziwą postać swą ukażesz,
> Nawet Erebus nie będzie tak mroczny,
> Aby cię umiał ukryć i ochronić.
> (s. 39-40)

Tworzenie spisku to złowieszczy wstęp do wojny cywilnej, ważny na tyle, aby domagać się namaszczonego ostrzeżenia, które autor paradoksalnie wkłada w usta wahającego się przywódcy spisku, Brutusa. W tym paradoksie tkwi jednak pewna logika, ponieważ celem Brutusa jest obrona zagrożonych republikańskich instytucji. Sam Brutus zdaje sobie sprawę z tego, że jego lekarstwo może być tak złe jak choroba, a nawet gorsze, jeżeli połączy siły ze swoimi wrogami, sprawiając, iż powrót pacjenta do zdrowia stanie się jeszcze bardziej niemożliwy niż dotychczas.

22
FURIA DOMOWA I WŚCIEKŁY BÓJ W PAŃSTWIE

Stosująca przemoc polaryzacja w *Juliuszu Cezarze*

Brutus ma większe ambicje od Kasjusza, czy innych spiskowców, jednakże w miarę rozwoju wydarzeń różnica ta staje się coraz mniej ważna. Brutus w swoim monologu w scenie pierwszej aktu trzeciego ujawnia w samym sobie to samo mimetyczne podniecenie, którego obawia się u wspólników. Możemy znakomicie zrozumieć niepokój Brutusa o rezultat spisku; jeżeli on sam, najsilniejszy wśród wszystkich Rzymian, jedyny szczery republikanin, ma problem z kontrolowaniem swoich własnych reakcji, to czego może się spodziewać po słabszych uczestnikach spisku?

> Since Cassius did first whet me against Caesar,
> I have not slept.
> Between the acting of a dreadful thing
> And the first motion, all the interim is
> Like a phantasma or a hideous dream:
> The Genius and moral instruments
> Are then in council; and the state of man,
> Like to a little kingdom, suffers then
> The nature of insurrection.
>   (II, i, 61-69)

> Od chwili gdy mnie przeciw Cezarowi
> Kasjusz rozjątrzył, nie usnąłem.
> Wszystko, co leży pomiędzy spełnieniem
> Strasznego czynu a pierwszym zamysłem.
> Jest nocną zmorą i snem przeraźliwym
> Geniusz człowieczy i śmiertelne zmysły

Stoją skłócone; człowiek przypomina
Małe królestwo, którego istotą
Wstrząsa wewnętrzny bunt.
(s. 39)

Dowolna jednostka złapana w szpony kryzysu Kolejności, staje się „małym królestwem" [*a little kingdom*] Brutusa, miniaturową kopią większego kryzysu. Geniusz człowieczy i zmysły moralne[67] [*The Genius and moral instruments*] są podwojeniami w konflikcie. U Szekspira związek makrokosmos-mikrokosmos ma często mimetyczne znaczenie.

Brutus nie jest pogodzony z samym sobą, mówi „od chwili, gdy mnie przeciw Cezarowi / Kasjusz rozjątrzył" [*Since Cassius did first whet me against Caesar*]. Ma na myśli tę inicjatywę uwiedzenia, która doprowadziła go do spisku i potwierdza jej skuteczność. Brutus, *mutatis mutandis*, doświadcza tego samego, co Hermia w *Śnie nocy letniej*, gdy zamieniła niebo na piekło, poddając się mimetycznemu pragnieniu. Szekspir nigdy nie zmusza nas do redagowania naprawdę ważnych mimetycznych twierdzeń; robi to zawsze za nas, formułując nasz własny wniosek. Pragnienie zabijania nie jest przyrodzone niedoszłemu mordercy; jest mimetycznie sprowokowaną namiętnością.

Brutus chce, aby to morderstwo było tak ostrożne, precyzyjne i „bez gwałtu" jak to tylko możliwe. Niefortunnie dla spisku, sam dowodzi niezdolności do trzymania się własnej zasady. Wiedząc, jak jest wstrząśnięty pod zewnętrzną przykrywką spokoju, nie jesteśmy tym przesadnie zdziwieni. Brutus straciwszy zimną krew w gorącej krwi ofiary, daje się ponieść uczuciom w sposób najbardziej niebezpieczny, w najbardziej decydującej chwili, tj. zaraz po morderstwie. Sugeruje spiskowcom, że powinni wszyscy zanurzyć ręce w krwi Cezara aż po ł o k c i e i pomazać miecze krwią:

> Then walk we forth, even to the market-place
> And waving our red weapons o'er our heads,
> Let's all cry: „Peace, freedom and liberty!"
> (III, i, 108-110)

> a później wyruszamy
> Na rynek, oręż nasz krwawy unosząc,

---

[67] Cytowany fragment angielski nie zgadza się z polskim tłumaczeniem. W znanych mi wydaniach angielskich jest faktycznie *mortal*, czyli *śmiertelne*, a nie *moral*, czyli *moralne*. [Przyp. tłum.]

Wołając, „Pokój, swoboda i wolność!"
(s. 70)

Nie trzeba dodawać, że obryzgani krwią spiskowcy nie robią dobrego wrażenia, dostarczają jednak i tak rozchwianemu już pospólstwu potężnego mimetycznego modelu, który wielu obywateli będzie naśladować, mimo że odrzucają go z wielką gwałtownością. Późniejsze wydarzenia mówią same za siebie. Tłum, wysłuchawszy najpierw Brutusa, a następnie Marka Antoniusza, reaguje kolektywnym zabójstwem Cinna, pechowego widza, w groteskowej parodii czynu spiskowców. Tłum staje się zwierciadłem, w którym mordercy mogą kontemplować prawdę o swoim swoim czynie. Chcieli stać się mimetycznymi modelami dla ludu — oto właśnie nimi są, chociaż nie takimi modelami, jak zamierzali być.

Zabijając Cinna, lud naśladował morderstwo Cezara, ale w duchu odwetu, a nie w duchu ofiarniczej pobożności i cnoty republikańskiej. Mordercy są raczej modelami w e w n ę t r z n e g o niż z e w n ę t r z n e g o pośrednictwa. *Mimesis* jest spostrzegawcza, natychmiast wyśledzi niezgodność między słowami i czynami swoich pośredników; będzie zawsze wzorować się na tym, co model robi, a nie co mówi.

Sama potrzeba uwiedzenia tłumu po morderstwie źle Brutusowi wróży. Problem nie leży w jego krasomówstwie, które może być znakomite, ale w anormalnym zachowaniu w konsekwencji morderstwa. Po ataku zachwytu popada w inną skrajność, wydaje się zbyt prozaiczny i praktyczny. Jak to już wcześniej sugerowałem, możemy również sądzić, że Brutus w swojej mowie do tłumu imituje wojskową prozę Cezara lub że jego zawstydzony republikanizm zabrania mu uciekania się do demagogii, którą trochę później z wielkim powodzeniem wykorzysta Marek Antoniusz. Wyjaśnienia te dadzą się ze sobą pogodzić.

Brutus chciał ocalić Republikę, ale Republika nie chce być ocalona. Jak pamiętamy, w tłumie, który jeszcze go słucha, narasta krzyk „Niech on będzie Cezarem" [*Let him be Caesar*]. Od tej chwili ten, kto zwycięża Cezara musi być innym Cezarem. „Niech on będzie Cezarem" ujawnia równocześnie prawdę o Brutusie, prawdę o tłumie i o samym Cezarze. W sztuce tak gruntownie mimetycznej jak *Juliusz Cezar* prawie każde słowo, wypowiedziane chociażby przez najmniej istotną postać, może równocześnie być prawdą o wszystkich wchodzących w grę stronach — o podmiotach, przedmiotach i pośrednikach. Wolność umarła i ostatecznie to, czy ludzie pójdą za Brutusem czy Markiem Antoniuszem, nie robi różnicy. Mając wybór, wybrali tego, kto najlepiej podnieca motłoch, lecz gdy go zabraknie, pójdą prawie za każdym. Stają się mimetyczną gawiedzią poszukującą modeli. Prawdziwym modelem jest morderca Cezara. Pragnienie pomszczenia tego przywódcy jest naśladowaniem spisku. Cinna to pierwsza, całkowicie niezamieszana i doskonale niewinna ofiara. Jest on poetą, nie ma nic wspólnego ze spiskowcem o nazwisku Cinna i grzecznie informuje o tym tłum. Jego jedynym odniesieniem do mordercy Cezara jest owa przypadkowa zgodność nazwisk. Tak się składa, że jest nawet przyjacielem Cezara i wspomina o tym fakcie, ale to nie pomaga; jeden anonimowy wrzask wydobywa się z tłumu: „Rozszarpać go na kawałki" [*Tear him to pieces*].

Motłochowi nigdy nie brakuje powodów, aby rozszarpać swe ofiary na kawałki. Im więcej wydaje się być tych powodów, tym bardziej są one faktycznie nieistotne. Dowiedziawszy się, że Cinna jest kawalerem, żonaci mężczyźni z motłochu czują się obrażeni. Innych obraża poeta w tej bezbronnej jednostce i jeszcze raz daje się słyszeć okrzyk: „Rozszarpać go za jego złe wiersze!" [*Tear him for his bad verses.*] Posłusznie, mimetycznie, motłoch rozszarpuje złego Cinnę na kawałki.

Zrazu, gdy spisek przeciw Cezarowi dopiero się organizował, było to jeszcze przedsięwzięcie niecodzienne, wymagające długiego okresu inkubacji. Gdy Cezar już został zamordowany, spiski wyrastają wszędzie i zawarta w nich przemoc jest tak gwałtowna i przypadkowa, że samo słowo „spisek", nie wydaje się już pasować do tej spontanicznej potworności zamieszek. Imitująca przemoc jest odpowiedzialna za to jak i za wszystko inne, co wprawia w ruch jako pojedynczy ciągły proces — a nie jako serię nieciągłych, synchronicznych wzorów, które chcą wszędzie odkrywać strukturaliści, nierozważnie zaprzeczając historii. Ściśle mówiąc, odrębne konfiguracje nie mają odrębnego istnienia, ale są wygodnym sposobem identyfikowania i opisu najbardziej widocznych momentów w nieustannej metamorfozie, którą *mimesis* sama przez się wywołuje.

Ogólny trend jest jasny: aby polaryzować przeciw coraz liczniejszym ofiarom z coraz błahszych powodów, potrzeba coraz mniej czasu i coraz większej liczby ludzi. Trochę wcześniej obojętność Ligariusza wobec tożsamości ofiary była wyjątkowym zjawiskiem; po zamordowaniu Cezara obojętność ta staje się rzeczą codzienną, zacierają się wcześniejsze kryteria wyboru ofiar. *Mimesis* uczy się szybko i spróbowawszy raz, będzie czynić rutynowo i automatycznie to, co jeszcze przed chwilą wydawało się nie do pomyślenia.

Zaraza jest taka, że cała wspólnota dzieli się ostatecznie na dwa rozległe „spiski", które potrafią tylko jedno: prowadzić ze sobą wojnę.

Mają tę samą strukturę, co jednostkowe podwojenia; jednemu przewodzi Brutus i Kasjusz, a drugiemu cezar Oktawiusz i Marek Antoniusz. Szekspir widzi ten cywilny konflikt nie jako zwykłą wojnę, ale jako motłoch spuszczony ze smyczy. Antoniusz mowi:

> Domestic fury and fierce civil strife
> Shall cumber all the parts of Italy;
> Blood and destruction shall be so in use,
> And dreadful objects so familiar,
> That mother shall but smile when they behold
> Their infants quartered with the hand of war;
> All pity chok'd with custom of fell deeds;
> And Caesar's spirit, ranging for revenge,
> With Ate by his side, come hot from hell,
> Shall in these confines with a monarch's voice
> Cry „Havoc!" and let slip the dogs of war,
> That this foul deed shall smell above the earth
> With carrion men, groaning for burial.
> (III, i. 263-275)

> Furia domowa i wściekły bój w państwie
> Przytłoczą wszystkie krainy Italii;
> Tak spustoszenie i krew spowszednieją,
> I wszelkie inne straszliwe widoki,
> że matki będą patrzyły z uśmiechem
> Na dzieci dłońmi wojny ćwiartowane;
> Nadmiar złych czynów zdławi wszelką litość,
> A duch Cezara, szukający zemsty,
> Z Ate u boku, tchnącą żarem piekła,
> Głosem monarszym nakaże zniszczenie
> Tego obszaru i spuści psy wojny,
> By czyn nikczemny cuchnął ponad ziemią
> Ścierwem człowieczym jęczącym o pogrzeb.
> (s. 77)

Jak Brutus w akcie drugim uroczyście obwieścił nadejście przeraźliwego spisku, tak Marek Antoniusz informuje nas w tym monologu, że nadeszła jeszcze gorsza faza kryzysu; określa ją jako „furię domową" [*domestic fury*] lub „wściekły bój w państwie" [*fierce civil strife*]. Gdy przychodzi kolej na jakąś nową mimetyczną konfigurację, Szekspir wkłada w czyjeś usta formalną i bezosobową mowę na jej temat. Mowy te nie mówią faktycznie nic o postaciach, które je wygłaszają, ani o rozwijającej się intrydze; są to mowy na temat ujętej całościowo mimetycznej sytuacji.

„Furia domowa i wściekły bój w państwie" [*Domestic fury and fierce civil strife*] osiągają szczyt w bitwie o Filippii, której Szekspir nie traktuje jako zwykłej wojskowej potyczki, ale i jako szczytowe objawienie się mimetycznego kryzysu, ostateczny wybuch motłochu, który gromadził się po zabójstwie Cezara, gdy spisek miał przerzuty jak nowotwór. Peter S. Anderson słusznie zauważa, że w tej bitwie nikt faktycznie nie jest tam, gdzie powinien być; wszystko jest poprzemieszczane; śmierć jest jedynym wspólnym mianownikiem[68]. To już nie kilka ofiar zabitych przez względnie nieliczną gawiedź, lecz tysiące ludzi zabitych przez tysiące innych, którzy faktycznie są ich braćmi i nie mają zielonego pojęcia dlaczego oni lub ich ofiary powinny umrzeć.

Nie należy pochopnie wyciągać wniosku, że Szekspir czuje zapewne polityczną sympatię do Cezara, gdyż cierpko przedstawia spisek. Na pierwszy rzut oka Cezar wydaje się niewątpliwie bardziej wielkoduszny i życzliwy niż jego przeciwnicy; Brutus nienawidzi Cezara tak silnie, jak go kocha, podczas gdy miłość Cezara jest wolna od nienawiści. Cezara stać jednak na wielkoduszność; ani Brutus, ani żaden inny Rzymianin nie może już być dla niego przeszkodą. Nie wystarczy to jednak, aby dowieść, że Cezar stoi ponad mimetycznym prawem.

Rankiem w dniu morderstwa Cezar początkowo jest posłuszny sugestii żony, która śniła o jego gwałtownej śmierci — postanawia nie iść do Senatu; jednakże później Decjusz reinterpretuje ten sen i Cezar mimo wszystko idzie do Senatu. Wystarcza kilka dwuznacznych słów pochlebstwa ze strony jednego ze spiskowców, aby zmienić zamiar Cezara. Jest on mimetyczną chorągiewką.

Im bardziej ten dyktator wyrasta ponad innych, tym bardziej czuje się subiektywnie autonomiczny, lecz faktycznie jest tym mniej autonomiczny. W krytycznym momencie, zanim upadnie pod uderzeniami spiskowców, w dziwnym napadzie egzaltacji porównuje siebie hybrystycznie do Gwiazdy Północnej, jedynego nieruchomego światła na firmamencie. Jego niezależność jest równie złudna jak jej erotyczny odpowiednik w komediach — pseudonarcyzm.

Im bardziej intensywna jest nasza mimetyczna pycha, tym bardziej staje się łamliwa, nawet w sensie fizycznym. Cezar, podobnie jak tłum i sami konspiratorzy, stanowi przykład tego, co przytrafia się ludziom

---

[68] P. S. Anderson, *Shakespeare's Caesar: The Language of Sacrifice*, *Comparative Drama* 3 (1969), s. 5-6.

usidlonym przez kryzys Kolejności. Zdrowy rozsądek go opuścił, tak jak opuści chwilę później Brutusa. Z powodu owego kryzysu, jakość wszystkich pragnień pogarsza się. Cezar, zamiast czuć się neurotycznie gorszy, jak jego przegrywający rywale, czuje się neurotycznie lepszy. Jego symptomy wyglądają tak odmiennie wyłącznie z powodu jego pozycji wewnątrz kruchej mimetycznej struktury; u podstaw choroba jest ta sama. Gdyby sytuacja Cezara i Brutusa była taka sama, byliby nie tylko sobowtórami duchowymi, ale faktycznymi. Gdyby Cezar znalazł się w tym samym położeniu w stosunku do jakiegoś człowieka, jak Brutus w stosunku do niego, przyłączyłby się również do spisku przeciw niemu.

Proces dramatyczny, który opisuję, stoi w jawnej sprzeczności z wszystkimi politycznymi interpretacjami *Juliusza Cezara*. Wszystkie polityczne pytania mają ten sam różnicujący charakter: po której stronie w tej cywilnej wojnie jest faktycznie Szekspir — republikanów czy monarchistów? Który z przywódców podoba mu się bardziej — Cezar czy Brutus? Którą z klas społecznych faktycznie szanuje, a którą pogardza — arystokratami czy ludem? Pytania te pozostają bez odpowiedzi. Szekspir, jak sądzę, odczuwał ludzką sympatię dla wszystkich swoich bohaterów i antypatię do mimetycznego procesu, który przekształca ich w zastępowalne sobowtóry.

Polityczne odpowiedzi są jednym ze sposobów zaspakajania naszego nienasyconego apetytu na różnice. Zarówno dyferencjalizm, jak i prestrukturaliści, strukturaliści i poststrukturaliści są równie niezdolni do uchwycenia najbardziej fundamentalnego aspektu dramaturgii Szekspira, tj. konfliktotwórczego odróżnicowania. Można dostrzec je w fakcie, że jak najbardziej przeciwnych poglądów można bronić z równymi pozorami słuszności. Dowodzenie szekspirowskiej życzliwości dla Republiki i wrogości do Cezara jest tak samo przekonywujące jak dowodzenie przeciwnego politycznego zapatrywania. Brak zdecydowanych odpowiedzi jest u Szekspira regułą, podobnie jak u wszystkich wielkich mimetycznych pisarzy, choć nie wynika z jakiejś transcendentalnej własności *écriture* lub „niewyczerpanego bogactwa" wielkiej sztuki; niewątpliwie jest to wielka sztuka, ale troskliwie wyhodowana przez samego pisarza, który traktuje ludzkie sytuacje mimetycznie.

Jednym z błędów zrodzonych z dwudziestowiecznego romansu z polityką jest szeroko rozpowszechnione przekonanie, że skłonności tłumu w *Juliuszu Cezarze* do bycia gawiedzią odzwierciedlają pogardę Szekspira dla gminu, niepokojąco „konserwatywne" nastawienie samego Szekspira. Jego żarty o zgniłym, cuchnącym oddechu pospólstwa wydają się naszej demokratycznej pruderii godne pożałowania, ale takie uczucie około 1600 roku nie zostało jeszcze wymyślone. Te rzekome skłonności plebejuszy do bycia gawiedzią są jeszcze mniej ważne, gdyż wszystkie klasy społeczne są w podobny sposób zaatakowane, nie tylko w *Juliuszu Cezarze*, ale i w innych sztukach, a właściwie w każdym kryzysie Kolejności. Ligariusz i Kaska, dwaj arystokraci, są równie skłonni do irracjonalnej przemocy jak próżnujący robotnicy na początku sztuki.

Kryzys przemienia w gawiedź nie tylko klasy niższe, ale również arystokratów, *via* spisek lub *via* ich upadlające bałwochwalstwo Cezara. Nasze zaabsorbowanie walką klasową negatywnie wpływa na ocenę nie tylko Szekspira, ale literatury tragicznej w ogóle. Odróżnicowanie występuje w całej greckiej tragedii, szczególnie u Eurypidesa. Nasi cnotliwi obrońcy proletariatu widzą jedynie symptomy, które dotykają ich protegowanych.

Marksizm myli tragiczne odróżnicowanie z daremnymi staraniami o polityczną neutralność. Rozumuje się, że jeżeli Szekspir nie skłania się w jednym kierunku, to zapewne skłania się w innym, nawet jeżeli pozoruje, że tak nie jest. Zgodnie z tym poglądem, polityka w swej istocie jest tak pasjonująca — nawet polityka sprzed tysiąca pięciuset lat — że Szekspir nie może być wobec niej bezstronny; jego pozorna bezstronność jest jedynie okrężną drogą uprawiania polityki.

Szekspir nie próbuje być bezstronny. Nie powinniśmy traktować faktycznej równoważności wszystkich stron w konflikcie jako z trudem zdobytego zwycięstwa bezstronności nad „uprzedzeniem", jako heroicznego triumfu „obiektywności" nad „subiektywnością", czy też jakiegoś innego wyczynu epistemologicznej ascezy, który historycy wszelkiej rangi powinni emulować albo demaskować jako mistyfikację. Mimetyczna równoważność jest strukturą stosunków międzyludzkich u Szekspira i dramatyzacja jej nie jest żmudnym obowiązkiem, ale jego intelektualną i estetyczną radością. W swoim podejściu do wielkich waśni historycznych, jest mniej zainteresowany przedmiotami, które nam wydają się doniosłe, niż mimetycznym współzawodnictwem i jego odróżnicowującym skutkiem. Polityka w *Juliuszu Cezarze*, jak „prawdziwa miłość" w komediach, jest zawsze bezpośrednio lub pośrednio odzwierciedleniem czegoś, co dzieje się na jakiejś mimetycznej szachownicy. Ruchem na tej szachownicy jest zarówno polityka cesarskiej rekoncyliacji Cezara, jak i obrona republikanizmu przez Brutusa.

Nie chcę sugerować wniosku, że pytania polityczne są u Szekspira zawsze nie na miejscu. Są one po prostu przedwczesne, jeżeli nie ustali się mimetycznej logiki, która wymazuje różnice; po ustaleniu tej logiki, dopytywanie się o polityczne znaczenie tej logiki jest nie tylko uzasadnione, ale konieczne.

Odpowiedź na to pytanie będzie zabarwiona naszą własną postawą wobec tragicznej wyobraźni, która, oględnie mówiąc, jest uboga; niewielu ludzi ma jakieś prawdziwe z nią koligacje. Prawdopodobnie dlatego mamy tak niewielu prawdziwie tragicznych pisarzy. Dojrzały Szekspir zna tę niepopularność mimetyczno-tragicznej wyobraźni i nie ujawnia jej bez podjęcia specjalnych środków ostrożności.

Wieczna „zaraza dla obu domów" [*plague on both your houses*] u Szekspira zapewne nie jest pozbawiona politycznego znaczenia. Czytając *Juliusza Cezara*, wyobrażam sobie człowieka czującego większy wstręt do arystokratycznej polityki swoich czasów, niż krytycy zwykle sądzą. Dostrzegam apolityczne stanowisko Szekspira, które sugeruje raczej sardoniczne widzenie historii. Jeśli chodzi o kwestie polityczne przypomina mi on dwóch wielkich myślicieli francuskich, Montaigne'a i Pascala. Liczne aluzje do *Juliusza Cezara* w *Troilusie i Cressidzie* wzmacniają moje przekonanie, że element satyryczny w tym teatrze jest w ogromnej mierze niedoceniany i rozciąga się na tragedie rzekomo wolne od satyrycznej intencji.

23
WIELKI RZYM BĘDZIE SSAŁ TWOJĄ PRZYWRACAJĄCĄ ŻYCIE KREW

Mord założycielski w *Juliuszu Cesarze*

> For murder, though it have no tongue, shall speak
> With most miraculous organ.
> (Hamlet II, ii. 593-594)
>
> Morderstwo bowiem, choć nie ma języka,
> Przemawiać umie sposobem cudownym.
> (s. 129)[69]

Pod Filippii rozpętuje się totalna przemoc; zdaje się, że osiągnięto punkt, od którego nie ma odwrotu. Nie pozostaje żadnej nadziei, a jednak w ostatnich wersach sztuki zupełnie nagle powraca pokój. Nie jest to zwykłe zwycięstwo, zwykłe pokonanie słabego przez silnego. Ów ostateczny wynik jest odrodzeniem Kolejności; sam kryzys mimetyczny dobiega końca.

Powrót pokoju zdaje się być zakorzeniony w jednostkowej śmierci, samobójstwie Brutusa. Jak to jest możliwe? Marek Antoniusz i Oktawiusz Cezar, dwaj zwycięzcy wychwalają Brutusa w dwóch krótkich, ale majestatycznych mowach. Marek Antoniusz mówi pierwszy:

> This was the noblest Roman of them all:
> All the conspirators save only he,
> Did what they did in envy of great Caesar;
> He only, in a general honest thought

---

[69] Tu i dalej podaję za: *Tragiczna historia Hamleta księcia Danii*, przełożył Maciej Słomczyński, Wydawnictwo Literackie, Kraków, 1978. [Przyp. tłum.]

> And common good to all, made one of them.
> His life was gentle, and the elements
> So mix'd in him that Nature might stand up
> And say to all the world: "This was a man!"
> (V, v, 68-73)

> Najszlachetniejszym był z nich Rzymianinem,
> Gdyż w sprzysiężonych wszystkich oprócz niego
> Wielkość Cezara budziła nienawiść
> On jeden myślał uczciwie i sądził,
> Że to uczyni dla dobra ogółu;
> Życie wiódł prawe, a wszystkie żywioły
> Tak przemieszane w nim były, że może
> Natura światu rzec: „Oto był człowiek".
> (s. 144)

Ten sławny hołd nie jest całkowicie zgodny z prawdą; Brutus był wolny jedynie od najbardziej nikczemnego rodzaju zazdrości. Myśl, że wszystkie żywioły [*elements*] jego osobowości były przemieszane w nim [*mix'd*] może być ukrytym sposobem skorygowania perspektywy, dowcipną wskazówką, że żywy Brutus był bardziej złożony od owego zabalsamowanego bohatera, ale ten niuans jest ledwo dostrzegalny; nie osłabia on spektakularnego wpływu słów Marka Antoniusza. Rozkwita nowy nastrój, nastrój pojednania.

Oktawiusz Cezar, zrozumiawszy polityczne mistrzostwo posunięcia, uświęca nowego Brutusa, przyznając mu wszelkie wojskowe zaszczyty:

> According to his virtue let us use him,
> With all respect and rites of burial.
> Within my tent his bones to-night shall lie,
> Most like a soldier, ordered honorably.
> (V, v, 81-84)

> Stosownie do cnót jego z nim postąpmy
> I cześć oddajmy, grzebiąc go najgodniej.
> Niech z honorami wojskowymi złożą
> Tej nocy ciało jego w mym namiocie.
> (s. 145)

Są to ostatnie słowa w sztuce. Zanim zostały wypowiedziane, wszyscy spiskowcy byli tak samo winni. Marek Antoniusz i Oktawiusz Cezar rozgrzeszając zazdrość Brutusa, uświęcają jego polityczne motywy.

Widoczna pozostaje jedynie kochająca strona jego ambiwalentnego stosunku do Cezara; pamiętamy go mówiącego po zabiciu Cezara: „zabiłem swojego największego ukochanego". Pamiętamy również jego słowa, zanim sam się zabił:

> Caesar, now be still,
> I kill'd not thee with half so good a will.
> (V, v, 50-51)
>
> Znajdź spokój, Cezarze;
> Chętniej niż w ciebie, miecz ten w siebie wraże.
> (s. 143)

Zarówno Cezar jak i Brutus zdają się dobrowolnie poświęcać życie dla tej samej sprawy w tajemniczym spełnieniu aktu, który umożliwia osiągnięcie Pax Romana. Przemoc kryzysu nie jest już złem, o które strony czują się zmuszone obwiniać się nawzajem i za które usiłują wziąć odwet; staje się ona tajemnicą mieszkającą wewnątrz samej świętości, tajemnicą czystej miłości między Cezarem i Brutusem. Aż do tego momentu jednomyślność wymykała się obu partiom; ani republikanie, ani ich przeciwnicy nie potrafili jej osiągnąć. Śmierć Cezara dokonała podziału: jedna grupa ludzi zjednoczona przeciw Cezarowi wokół Brutusa, druga zjednoczona przeciw Brutusowi wokół Cezara. Gdy Brutus i Cezar stają się w śmierci jednym, wszyscy ludzie mogą zjednoczyć się przeciw i wokół tego samego dwugłowego boga.

Owa pośmiertna apoteoza wydałaby się Brutusowi krańcową drwiną, najwyższą zdradą. Czyni z niego młodszego rangą wspólnika przedsięwzięcia, któremu próbował rozpaczliwie zapobiec, tj. utworzenia nowego cesarstwa. Ale nie chodzi już dłużej o rzeczywistego Brutusa; wewnątrz nowo powstałej struktury znaczenia został on zastąpiony przez postać mityczną. Według tej nowej wizji, cesarz rzymski jest zarówno monarchą absolutnym jak i formalnym obrońcą Republiki, jej jedynym prawowitym spadkobiercą. Morderstwo Cezara staje się założycielską przemocą [*foundational violence*] Imperium Rzymskiego.

Omawiane wyżej zakończenie nie jest jedynym powodem przypomnienia tego dziwacznego wyrażenia, którego właśnie użyłem, założycielska przemoc lub mord założycielski. Istotny jest tu inny tekst, o którym już wspominałem — sen Kalpurnii. Gdy do niego powrócimy i do jego reinterpretacji przez Decjusza, natychmiast dostrzeżemy, że jest czymś więcej niż przepowiednią morderstwa Cezara, jest on dosłowną definicją założycielskiego statusu tego morderstwa wbrew gwałtownym zamieszkom, które początkowo generuje.

Najpierw zacytujmy osobliwe sprawozdanie Cezara:

> She dreamt to-night she saw my statua,
> Which, like a fountain with a hundred spouts,
> Did run pure blood; and many lusty Romans
> Came smiling and did bathe their hands in it.
> And these does she apply for warnings and portents
> And evil imminent, and on her knee
> Hath begg'd that I will stay at home to-day.
> (II, ii, 76-82)

> Tej nocy posąg mój widziała we śnie
> Krwią tryskający czystą ze stu źródeł
> Niby wodotrysk, a liczni Rzymianie
> Z uśmiechem ręce w krwi tej obmywali.
> Sądzę, że widok ów był ostrzeżeniem
> I wróżbą nieszczęść mogących wnet nadejść,
> Więc na kolanach wybłagała, abym
> Dziś nie wychodził z domu przez dzień cały.
> (s. 55)

Jednakże Decjusz natychmiast reinterpretuje sen:

> This dream is all amiss interpreted,
> It was a vision fair and fortunate.
> Your statue spouting blood in many pipes,
> In which so many smiling Romans bath'd,
> Signifies that from you great Rome shall suck
> Reviving blood, and that great men shall press
> For tinctures, stains, relics, and cognizance.
> This by Calphurnia's dream is signified.
> (83-90)

> Ten sen na opak został wyłożony;
> Jest to widzenie szczęśliwe i piękne:
> Posąg ten z źródeł stu krwią tryskający,
> W której się pławił tłum wesołych Rzymian
> świadczy, że wielki Rzym będzie ssał twoją
> Przywracającą życie krew, a wielcy
> Ludzie ubiegać się będą o strzępki

Szaty twej, krwi ślad, relikwie i godła.
Tak sen Kalpurnii winno się pojmować.

(s. 56)

Autor znalazł zarówno sen jak i reakcję Kalpurnii u Plutarcha, ale o ile mi wiadomo, reinterpretacja snu przez Decjusza jest oryginalnie szekspirowska i z teoretycznego punktu widzenia jest to najbardziej interesująca część w tej zmianie.

Mowa Decjusza z punktu widzenia fabuły jest pochlebstwem nie mającym znaczenia, czystym podstępem, którego celem jest posłanie Cezara do Senatu; z punktu widzenia tragedii jako całości znaczy ona jednak coś innego — znaczenie to ma ogromną wagę. Gdyby główną troską Szekspira był ten drobny szczegół fabuły, wymyśliłby bardziej przekonywujący sposób uspokojenia Cezara: Decjusz mógłby zbagatelizować proroczą wartość marzeń i powiedzieć, że Cezar nie umrze. Jednakże nie robi on niczego w tym rodzaju.

Owe dwa teksty łącznie są jak najbardziej kompletną definicją założycielskiego mordu, definicją, która bierze pod uwagę jego mimetyczną ambiwalencję. Te dwie interpretacje zdają się sobie przeczyć, ale w rzeczywistości obie są prawdziwe. Pierwsza odpowiada temu, czym morderstwo Cezara j e s t podczas sztuki, tj. źródłem ekstremalnego nieładu, a druga temu, czym morderstwo to stanie się w wyniku ostatecznym, tj. źródłem nowego cesarskiego porządku. Śmierć Brutusa rozpoczyna to przeobrażenie, ale jej rola jest drugorzędna; zamordowanie Cezara jest najważniejszym wydarzeniem — osią, wokół której powoli obraca się przemoc kryzysu, aby stworzyć nowy Rzym i uniwersalną Kolejność.

Cóż może znaczyć u Szekspira owa założycielska przemoc? Aby to odkryć sformułujmy jeszcze jedną rację, dla której wyrażenie to jest tak istotne w celu poprawnego zinterpretowania *Juliusza Cezara*. Na początku sztuki zarówno Kasjusz jak i Brutus odwołują się do zbiorowej przemocy, którą nawet ludzie widzący historię rzymską jak najbardziej konwencjonalnie, muszą postrzegać jako w jakimś sensie „założycielską", do wygnania Tarkwiniusza, ostatniego króla Rzymu.

Zarówno Kasjusz jak i Brutus odwołują się do wygnania Tarkwiniusza jako precedensu i mimetycznego modelu morderstwa, które planują. Oto co mówi Brutus w monologu:

Shall Rome stand under one man's awe? What, Rome?
My ancestors did from the streets of Rome

The Tarquin drive when he was call'd a King.
(II, i, 52-54)

Czy Rzym drżeć będzie przed jedynym człowiekiem?
Co, Rzym? Gdy królem nazywał się Tarkwiniusz,
Przodkowie moi z Rzymu go przegnali.
(s. 38)

Początkowo przemoc przeciw Tarkwiniuszowi była aktem bezprawnym, jeszcze jednym użyciem siły w eskalacji przemocy, tak jak morderstwo Cezara, gdy zostało popełniane. Wygnanie Tarkwiniusza spotkało się jednak z jednomyślną aprobatą ludu i zakończyło kryzys Kolejności; zamiast dzielić ludzi wzdłuż linii frakcyjnych, zjednoczyło ich, i z niego narodziły się nowe instytucje. Jest ono faktycznie fundamentem Republiki.

Chociaż przedmiotu tego nie dyskutuje się, jest jednakże niewątpliwie ważny. Szekspir musiał mieć coś na myśli, decydując się przedstawić te dwa symetryczne wydarzenia obok siebie w jednej sztuce. Mimetyczna teoria raz jeszcze dostarcza klucza do tego problemu; jeszcze raz jest w zgodzie z tym, co robi Szekspir. Mimetyczna antropologia zakłada, że mimetyczne kryzysy opisywane przez Szekspira są rzeczywiste; na podstawie ich natury, jak i wielu innych śladów wysnuwa wniosek, że kryzysy te w społecznościach „pierwotnych" z całą pewnością kończyły się jednomyślnymi mimetycznymi polaryzacjami przeciw pojedynczym lub nielicznym ofiarom; owo hipotetyczne zakończenie nazywa się m o r d e m   z a ł o ż y c i e l s k i m, z a ł o ż y c i e l s k ą   p r z e m o c ą[70].

Szekspir mógł wspomnieć o jeszcze jednym takim mechanizmie, chronologicznie pierwszym w historii Rzymu, związanym z założeniem samego Rzymu. Legenda o Romulusie i Remusie jest również opowiadaniem o sobowtórach, identycznych wrogich bliźniakach; jeden z nich staje się ofiarą, której śmierć jest wyraźnie przedstawiona jako inicjująca założenie Rzymu. W jednym z wyjaśnień Liwiusza zabójstwo to jest zbiorowe. O Remusie mówi się: *In turba cecidit* [*he fell into the mob* „rozpadł się w gawiedzi"], dokładnie tak samo jak Tarkwiniusz, Cezar, Cinna.

Gdyby w *Juliuszu Cezarze* zostały wspomniane wszystkie trzy mordy założycielskie, teoretyczny obraz byłby jeszcze bardziej wyraźny, chociaż jest wystarczająco jasny w tej sztuce, którą Szekspir

---

[70] Girard, *Violence and the Sacred*, dz. cyt., rozdz. 3 i 4; *Thing Hidden since the Foundation of the World*, dz. cyt., księga 1, rozdz. 1.

napisał. Jaki jest związek między przemocą skierowaną przeciw Tarkwiniuszowi i Cezarowi? Nawet mimo że te dwie założycielskie postacie — Tarkwiniusz i Cezar — odgrywają odmienną rolę we własnych mitach (Tarkwiniusz głównie negatywną, Cezar głównie pozytywną), to zbiorowa przemoc odgrywa tę samą rozstrzygającą rolę zarówno w genezie Republiki, jak i Imperium. Czy jest to zbieg okoliczności? Zgodnie z teorią mimetyczną, wspólnoty ludzkie jednoczą się wokół swych przekształconych ofiar, ponieważ najpierw jednoczą się przeciw nim. Zarówno w wypadku Tarkwiniusza jak i Cezara występują co prawda niezgodności z tym schematem, ale jedynie mało ważne.

Gdy ów kozioł ofiarny zostaje już raz jednomyślnie usunięty, lud zostaje bez wroga i duch zemsty, pozbawiony paliwa, zostaje stłumiony. Po tak wielkiej biedzie wydaje się to cudem; wspólnota, najpierw sterroryzowana przez niepohamowany konflikt, a następnie przez jego zakończenie, zakłada, że oba wydarzenia muszą mieć tę samą przyczynę — ową nieszczęsną ofiarę, która teraz uchodzi zarówno za wszechpotężnego pojednawcę jak i podżegacza. Ta założycielska ofiara staje się transcendentalnym bytem, który czasami nagradza, czasami karze. Taka jest mimetyczna geneza boskich przodków, świętych prawodawców, jak i w pełni dojrzałej boskości.

W przypadku Cezara koniunkcja przeciw i wokół pojawia się z opóźnieniem jako rezultat braku różnicy, którą wytworzyło uzupełniające pośrednictwo samobójstwa Brutusa. Bez względu na to, czy obywatele zrazu byli spolaryzowani przeciw Cezarowi i wokół Brutusa, czy przeciw Brutusowi wokół Cezara, obecnie, gdy ci dwaj zmarli herosi stali się jednym, przeciw i wokół staje się także jednym i zostaje zrekonstruowane ochronne *sacrum*.

W mordzie założycielskim nie ma nic autentycznie transcendentalnego i metafizycznego. Jest on podobny do mimetycznych polaryzacji typu spiskowego, z jedną różnicą, kluczową niewątpliwie ze społecznego punktu widzenia, chociaż samą w sobie drobną: jest on jednomyślny. Ta jednomyślność jest końcowym produktem mimetycznej eskalacji; można ją prawie przewidzieć na podstawie stale rosnącego rozmiaru mimetycznej polaryzacji, która ją poprzedza. Oznacza to, że im kryzys jest bliższy zakończenia, tym bardziej powszechna i intensywna staje się jego przemoc. Szekspir podąża za tym schematem z niesamowitą precyzją. Jego sztuka pokazuje, że ta sama zbiorowa przemoc może rozpocząć swój galop jako niejednomyślna i podzielona, aby później stać się jednomyślna i niepodzielna. To przekształcenie ukazuje naturę mordu założycielskiego.

Ów proces zbiorowej przemocy, jednomyślnej lub nie, jest zawsze jakąś wersją tego, co nazywamy s c a p e g o a t i n g i e m. Obrządek z Księgi Kapłańskiej jest jedynie pośrednio związany ze współczesnym użyciem tego słowa. Ma się tam na myśli proces zastępczego victimage'u, który mimetyczna antropologia tłumaczy mimetycznie i uważa za fundamentalny dla rzeczywistego zrozumienia pierwotnych instytucji. Zgodnie ze słownikami ofiara [*the victim*] zastępuje r z e c z y w i s t e g o w i n o w a j c ę, ale w wielu wypadkach niedorzeczna jest sama myśl o winowajcy. Kto jest odpowiedzialny za burzę Kaska? Kto jest odpowiedzialny za plagę w Tebach? Mit odpowiada, że niewątpliwie Edyp; ten mit rozumuje tak jak Kaska; jest czysto kozło-ofiarniczym opisem, ciągle wprowadzającym w błąd naszych nowoczesnych klasycystów, chociaż nie Szekspira.

Scapegoating jest tym samym mimetycznym zastępowaniem antagonistów, jakie rozważaliśmy w odniesieniu do spisku; jest to ten sam proces widziany z punktu widzenia ofiary. U Szekspira słowo „kozioł ofiarny" nie pojawia się, ale z całą pewnością pojawia się sam proces. Cinna jest karykaturalnym przykładem. Czy Cezar jest również kozłem ofiarnym? Czyż nie jest on naprawdę odpowiedzialny za zniszczenie republikańskich instytucji; czyż nie jest on tyranem, a więc rzeczywistym winowajcą?

Nie wolno nam przypisywać naszych własnych myśli Szekspirowi. Jeżeli chcemy poznać, jak sam Szekspir widzi ten mord, musimy jedynie wskazać na te cechy Cezara, które czynią z niego typowego kozła ofiarnego, nieświadomie wybranego ze względu na tę typowość, a nie ze względu na to, co jest w nim faktycznie osobliwe, zarówno jako u męża stanu i jak i jednostki.

Scapegoating uważamy za zjawisko kolektywne i morderstwo Cezara spełnia ten wymóg. Uważamy, że scapegoating może wydarzyć się w dowolnym czasie, ale najbardziej oczekiwany jest w czasach kryzysu; morderstwo Cezara spełnia ten drugi wymóg.

Sformułowanie „kozioł ofiarny" przywodzi na myśl fizyczne skazy, szkaradną ułomność i widowiskowe potworności. W Średniowieczu można się było spodziewać, że jako czarownice, czarnoksiężnicy, sprowadzający plagi będą prześladowani raczej ludzie chorzy i fizycznie ułomni, a nie zdrowi. Cezar należy do niedołężnych; miał kiepskie ucho i cierpiał na epilepsję, która przypomina trans opętania — zapewne z tej racji społeczeństwa starożytne i prymitywne zawsze uważały tę u p a d a j ą c ą c h o r o b ę (I, ii, 254) za znak osobistych koligacji ze świętością zarówno w jej złej, jak i dobrej postaci.

Wszystko, co Cezar robi, wszystko czego się o nim dowiadujemy jako o publicznej i prywatnej jednostce łącznie z bezpłodnością jego żony — którą mentalność ludowa z łatwością przypisze urokowi rzuconemu przez męża — nadaje mu wygląd człowieka przeznaczonego do gnębienia. W jednym momencie proponuje on tłumowi własne gardło w geście, przypominającym jakiegoś świętego króla dobrowolnie zgłaszającego się do roli ofiary sakralnej. Jest również ważne, że Cezar będzie skojarzony z świętami Luperkaliów jak i z Idami Marcowymi, dwoma rzymskimi świętami, które, jak wszystkie takie święta, są zakorzenione w tak zwanych rytuałach kozło-ofiarnych.

Można oponować, że wiele z tego jest już u Plutarcha; Szekspir po prostu powtarza za swoim źródłem. Jest on niewątpliwie bliższy Plutarchowi niż wielu krytyków chce to przyznać, być może z lęku przed pomniejszeniem jego oryginalności. Ten lęk jest bezpodstawny. Geniusz Szekspira przejawia się najpierw i przede wszystkim w jego mimetycznym czytaniu Plutarcha.

Cezar Plutarcha ma wszystkie owe zdradzieckie znamiona z wyjątkiem kiepskiego ucha. Nawet gdyby to niedołęstwo nie było własnym pomysłem Szekspira, nawet gdyby ta cecha także pochodziła ze starożytnych źródeł, owo dodatkowe kozło-ofiarne znamię jest istotne. Gorszy pisarz mógłby uznać wszystkie znamiona za zbyteczne jako poniżające, niegodne wielkiego bohatera, bezużytecznie zabobonne. W „klasycznej" Francji kiepskie ucho i „upadająca choroba" mogłyby zostać potępione w imię „dobrego smaku". Za pokazanie Atylli umierającego na krwawienie z nosa stary Corneille był ustawicznie wyśmiewany. Szekspir, nie będąc pod takim naciskiem, pieczołowicie odtworzył wszystko, co znalazł u Plutarcha i trochę dodał od siebie.

Kasjusz i Kaska mówiąc o Cezarze, ustawicznie używają takich słów jak „monstrum" i „monstrualny" w tak dwuznaczny sposób, że całe rozróżnienie między tym, co cielesne i duchowe, ulega zniesieniu. Ta procedura dodaje odwagi pastwieniu się nad fizycznie upośledzonymi. Kiedy świat wydaje się monstrualny, tacy ludzie jak Kaska poszukują ludzkiego wcielenia tej monstrualności. Pogardliwie odrzucają racjonalne wyjaśnienia na rzecz takich magicznych formułek jak „ten człowiek najbardziej przypomina tę straszną noc". Gdyby Kaska żył podczas wielkich średniowiecznych plag, prześladowałby Żydów, trędowatych i ludzi fizycznie upośledzonych. W świecie Szekspira istnieli jeszcze łowcy czarownic i Kaska, a nawet Kasjusz, stworzeni są na ich wzór.

Kasjusz, chociaż odrzuca astrologię, nie jest odporny na irracjonalny wpływ typowych znamion kozła ofiarnego; jego opowiadanie o przepłynięciu przez Tybr dowodzi obsesyjnego zainteresowania fizycznymi ułomnościami Cezara. Tak więc dla Kaska i nawet dla Kasjusza Cezar jest z cała pewnością kozłem ofiarnym; czy jest nim również dla Brutusa? Gdyby tylko jeden spiskowiec miał być uważany za racjonalnego, musiałby nim być Brutus. Jego zafascynowanie Cezarem nie ma nic wspólnego z epilepsją lub niepogodą. Brutus może być nadmiernie ambitny, ale jego przywiązanie do Republiki jest szczere. Jest on obsesyjnie zazdrosny, lecz jego zazdrość jest faktycznie jego własna — jest oryginalnym mimetycznym pragnieniem, że tak powiem, a nie kopią kopii, jak w przypadku Kaska.

Tradycyjna krytyka zawsze traktuje *Juliusza Cezara* tak, jakby Szekspir był dziewiętnastowiecznym historykiem piszącym z punktu widzenia post-oświeceniowego racjonalizmu. Mordercza gra polityczna sztuki jest traktowana jako działalność doskonale racjonalna. Można zakwestionować tę interpretację jedynie w ten sposób, że pokaże się, iż nawet dla Brutusa Cezar nie jest racjonalnym celem zamachu. Gdyby bowiem kozło-ofiarna interpretacja morderstwa dała się zastosować jedynie do postaci marginesowych, takich jak Kaska, wówczas jej trafność byłaby również marginalna i istniałoby w tej sztuce rdzeń racjonalny, któremu mimetyczne tłumaczenie nie mogłoby zaszkodzić.

Zarzut ten został już odparowany przez wykazanie roli *mimesis* w decyzji Brutusa, aby dołączyć się do spisku, ale sprawa ta jest tak zasadnicza, że należy jeszcze bardziej uwypuklić tę kwestię. Jeśli chodzi o Brutusa, Cezar nie jest faktycznie zapożyczonym rywalem, ale jest zapożyczony j a k o c e l z a m a c h u. Wyraźnie mówi o tym wspomniana scena z Kasjuszem i zostaje to potwierdzone w monologu Brutusa; popadł w bezsenność dopiero, „gdy (go) przeciw Cezarowi rozjątrzył" [*first did whet (him) against Caesar*]. Myśl o morderstwie nie pojawiła się samoistnie w jego godziwej i prawej duszy.

Nawet dla Brutusa Cezar jest kozłem ofiarnym. Szekspir, aby dopowiedzieć to do końca, czyni polityczne oskarżenie Cezara przez Brutusa krańcowo słabym i nieprzekonywującym. Brutus uczciwie wyznaje, ze Cezar jeszcze nie nadużył swojej władzy; nie zasługuje na śmierć (akt drugi, scena pierwsza).

Ważna jest tu nie historyczna dokładność tej interpretacji (sztuka nie czyni aluzji do bezprawnego przekroczenia Rubikonu przez Cezara), ale ważne jest to, co z niej wynika na temat tego, jakim typem ofiary ma być Cezar, zgodnie z wolą Szekspira. Dramaturg chce, aby morderstwo Cezara było nieuzasadnione nawet ze skrajnie republikańskiego punktu widzenia. Jego racją, aby pozbawić morderstwo zasadniczej sensowności nie jest osobiste preferowanie Cezara lub monarszej zasady, lecz jego wszechogarniająca mimetyczna wizja stosunków międzyludzkich, cała podstawa jego rozumienia tragedii.

Tak czy owak, jakże Cezar mógłby nie być kozłem ofiarnym, skoro jego mordercy chcą, aby był odpowiedzialny za cały kryzys Kolejności? Za odpowiedzialnych za taki kryzys można uważać jedynie wszystkich obywateli lub nikogo, ponieważ korzenie kryzysu sięgają praktycznie daleko w przeszłość — ściśle mówiąc do samego początku. W żadnym wypadku za kryzys ten nie może odpowiadać jednostka, bez względu na to jak byłaby władcza. Rozumowanie Brutusa jest mniej dziwaczną wersją „człowieka najbardziej przypominającego tę straszliwą noc" [*the man most like this dreadful night*], wersją polityczną, a nie magiczno-kosmologiczną. Ostatecznie, wszystkie morderstwa są równie irracjonalne i nieodróżnialne.

Uważam, że u Szekspira nie ma śladu współczesnego przesądu w stylu Jamesa I. Głębia satyry zaprzecza jego osobistemu zaangażowaniu. Jedynie błędne rozumienie Szekspira pozwala sądzić inaczej. Szekspir wydaje się irracjonalny tym, którzy nie doceniają rozmiaru, w jakim aspekty mimetyczne i „kozło-ofiarne" wkraczają w decyzje i myśli, których sami nie potrafią skrytykować.

Rozważmy przykład fizycznych znamion scapegoatingu. Dlaczego Szekspir je uwydatnia? Czy dlatego, że sam w nie wierzy? Czy sam jest zabobonny? Szekspir często ilustruje ludzką skłonność do wyposażania tego, co przypadkowe i nieistotne w całkowicie nieuzasadniony, negatywny sens w celu napiętnowania i scapegoatingu. W wielu przypadkach czyni to w taki sposób, że nie ma wątpliwości, co do jego orientacji we wchodzącym tu w grę mechanizmie.

Nie daje się zwieść Kleopatrze, obwiniającej za złe wieści posłańca, który je przyniósł. Istnieją jeszcze bardziej przekonywujące przykłady. W *Śnie nocy letniej* owa czwórka młodych ludzi w punkcie kulminacyjnym swojego nocnego kryzysu o włos unika losu Cinny z własnych rąk; będąc mimetycznymi podwojeniami, doskonałymi, całkowicie nieodróżnialnymi bliźniakami, spierają się o jedyną różnicę, którą jest fizyczny wzrost. Hermia mówi:

> Now I can see that she hath made compare
> Between our statures; she hath urg'd her height,
> And with her personage, her tall personage,
> Her height forsooth, she hath prevail'd with him.

And are you grown so high in his esteem,
Because I am so dwarfish and so low?
How low am I, thou painted maypole? Speak!
(III, ii, 290-296)

Teraz pojmuję, że porównywała
Wzrost nasz. Chełpiła się rosłą postacią.
I jej osoba, wysoka osoba,
Jej wzrost, to pewne, zaważył u niego.
Czyżbyś tak bardzo wzrosła w jego myślach,
Że jestem niska, niemal karłowata?
Jak niska, powiedz, malowany słupie?
(s. 70)

Gdy impuls do scapegoatingu nie ma nic lepszego do dyspozycji, będzie chwytać się nawet fizycznych różnic, które nie są ani niezwykłe, ani nieprzyjemne. Tekst ten pokazuje wyraźnie, że Szekspir nie daje się oszukać przez ten proces. Potrafi dostrzec, że podczas mimetycznego kryzysu apetyt na ofiary rośnie równolegle z tym procesem pozbawiającym ludzi różnic, na które liczą. Na tle wzrastającego ujednolicenia jedynie najogólniejsze różnice rzucają się w oczy, zwłaszcza zaś różnice fizyczne. Gdy całe znaczenie rozpada się, tylko one pozostają widoczne; przyszli „kozło-ofiarnicy" skupiają się na nich w desperackiej próbie wskrzeszenia istotności.

Nasze myślenie determinują modele racjonalności, które dla Szekspira nie są wystarczająco potężne. Współczesny racjonalizm, pomimo swojego krzykliwie profesjonalnego szacunku dla „wszystkich kulturowych różnic", pogardliwie odrzuca pierwotną religię, jako całkowicie pozbawioną znaczenia, „czysty zabobon", niezrozumiały fetysz. Dlatego nie potrafi zrozumieć *Juliusza Cezara*; nie potrafi zrozumieć zjawiska kozła ofiarnego tak jak rozumie je tragiczny autor i jego roli w starożytnej religii.

Czytając Szekspira z punktu widzenia tego niedostatecznego rozumu, nie zrozumiemy, jaką rolę w jego pracy odgrywają znamiona scapegoatingu. Niemimetyczni krytycy błędnie zakładają, że jedynym możliwym powodem tego, aby Szekspir chciał włączyć owe rozważane już mimetyczne elementy do swojej tragedii, jest to, że sam był skłonny w nie wierzyć. Nie powinniśmy pozwolić na to, aby nasza ignorancja pastwiła się nad potężnym umysłem Szekspira.

Gdyby ci krytycy mieli rację, Szekspir nie potrafiłby przedstawić mimetycznych zjawisk z taką potęgą, jak to uczynił. Gdy tłumaczymy Szekspira z punktu widzenia racjonalności pośledniejszej od jego własnej, mamy wówczas jedynie dwie możliwości. Po pierwsze, możemy pobożnie pozorować, że nie dostrzegamy tego, co nie pasuje do naszej ciasnej racjonalności i celebrować naszą okaleczoną interpretację jego geniuszu; redukujemy wówczas kozło-ofiarne aspekty Cezara do malowniczej dekoracji bez decydującego wpływu na całościowe znaczenie sztuki. Albo stawiamy czoła tym irracjonalnym aspektom i nie możemy zrozumieć, dlaczego znalazły się one w tej wąsko „historycznej" sztuce, czym według nas jest *Juliusz Cezar*; musimy oskarżyć samego Szekspira o brak rozsądku. Podejrzewamy, że był on czymś w rodzaju super Kaski, człowiekiem o niewątpliwie wielkim darze poetyckim, ale prymitywnym jako myśliciel, człowiekiem wierzącym w irracjonalne znaki.

Cały nowoczesny dogmat o całkowitym oddzieleniu wielkiej poezji od rozumu jest jednym ze skutków niedostrzegania roli mimetycznego pragnienia i victimage'u w wielkiej literaturze. Podstawowe implikacje *Juliusza Cezara* wydają się niemal zbyt groźne, aby je tropić. Nasza racjonalność nie potrafi uchwycić założycielskiej roli mimetycznego victimage'u, ponieważ pozostaje nim splamiona. Zarówno ciasna racjonalność jak i victimage tracą swoją skuteczność.

Sam rozum jest dzieckiem mordu założycielskiego. W miarę jak nasz mimetyczny kryzys pogłębia się, pogrążamy się w nihilizmie i obłąkaniu, nie stać nas na ignorowanie tych myślicieli, którzy pierwsi poszli tą drogą; bardziej potrzebujemy prawdziwego Szekspira niż jakiegoś nowoczesnego filozofa.

Możemy dostrzec, jak w miarę pogarszania się kryzysu, sens spraw ludzkich rozpada się. Jakkolwiek Kaska ciągle łączy irracjonalnie Cezara z czymś postrzeganym jako niebezpieczna, „straszna noc", to Ligariusz obywa się już bez jakichkolwiek skojarzeń, nawet magicznych; wystarcza mu jedynie słowo od zaufanego modelu, Brutusa. W przypadku Cinny zniknęła ta ostatnia rękojmia; uczestnicy są nawzajem prowadzeni przez swoje pośrednictwo z wielką szybkością. A jednak ciągle wahają się kilka sekund, zanim zamordują nieszczęsnego Cinnę, podczas gdy pod Filippii wszelka zwłoka, jak i wszystkie różnice znikają. Istoty ludzkie zgładzają się nawzajem błyskawicznie i na masową skalę. Gdy kryzys jeszcze bardziej się pogłębia, wszystkie znaczenia ulatniają się. Samo słowo „kozioł ofiarny", dokładnie tak jak termin „spisek" traci po jakimś czasie cały swój sens. Odnosi się ono bowiem do działań, które zdają się być zbyt skomplikowane i złożone w porównaniu z działaniami tego ostatniego paroksyzmu szału. Ale to tylko złudzenie.

Szekspir ma jak najbardziej wyostrzone oko na skłonność człowieka do arbitralnego scapegoatingu, a także na to, w jaki sposób, roztapianie się znaczenia w mimetycznej przemocy niesie ze sobą zniszczenie wszystkiego. Szekspir na pewno czuł pokusę nihilizmu i był zagrożony szaleństwem, jednakże, w przeciwieństwie do Nietzschego przetrwał wielki kryzys osobisty, z którym — jak sądzę — niewątpliwie koresponduje faza tragedii. Jego praca jest dekonstrukcją naszego ciasnego rozumu metafizycznego, która wychodzi poza nietzscheańsko-heideggerowskie ograniczenia, które ciągle nas dotyczą. Ze swoją świadomością mechanizmu victimage'u i jego religijnych konsekwencji, osiąga antropologiczną zdolność widzenia, która do dziś pozostała nie rozszyfrowaną, zrozumiałą jednak w końcu dzięki tej samej teorii mimetycznej, która umożliwiła nam rozwikłanie sensu komedii.

Ciągła trafność teorii mimetycznej jest godna uwagi, dlatego kontynuowałem streszczanie różnych faz mimetycznego procesu, zanim przedstawiłem ich szekspirowskie ilustracje. Schemat mimetyczny powinien być wyraźny zwłaszcza w miejscu najbardziej wątpliwym, jeśli zaś okazuje się wielokrotnie trafny, wówczas jego słuszność jest najbardziej uderzająca. Nie podkreślam tej trafności dla racji polemicznych, ale dlatego że jest to aspekt niniejszego studium prawdziwie wart uwagi, najbardziej brzemienny w konsekwencje wszelkiego rodzaju, które rozciągają się nawet poza geniusz Szekspira, bez względu na to jak był on wielki.

24
MY OFIARNIKAMI, NIE RZEŹNIKAMI MUSIMY BYĆ, KASJUSZU

Składanie ofiary w *Juliuszu Cezarze*

Brutus dowiedziawszy się, że Cezarowi trzy razy proponowano koronę, rozmyśla nad ostatnim królem Rzymu, Tarkwiniuszem i kolektywnym wygnaniem go przez jednomyślnych Rzymian, owym chlubnym przedsięwzięciu, w którym poprzedni Brutus, jego domniemany przodek odegrał znaczącą rolę. Cezar odmawiał za każdym razem, gdy proponowano mu koronę, ale — jak się zdaje — coraz bardziej się ociągając. Zabicie tego człowieka jest więc tak jakby królobójstwem, jeżeli nie faktycznym to intencjonalnym; dla republikanina wszelkiego rodzaju królobójstwo jest pobożnym odtwarzaniem kolektywnej przemocy, która leży u fundamentów Republiki.

Aluzja Brutusa do Tarkwiniusza jest zrozumiała w kontekście czysto politycznym. Ten konserwatywny polityk chce powstrzymać upadek republikańskich instytucji; nie chce niepewnej przyszłości; nie chce nowego mordu założycielskiego, lecz wprost przeciwnie: chce zakorzenić morderstwo Cezara w wielkiej republikańskiej tradycji. Nadaje mu sens w języku historii rzymskiej, i ostatecznym odniesieniem może tu być jedynie wygnanie Tarkwiniusza.

Powiedzenie, że morderstwo Cezara powinno być s p e ł n i e n i e m o f i a r y, jest powtórzeniem tego, co wyżej powiedziałem w innym języku, tj. w języku religijnym. Ta ofiarnicza definicja zakłada, że morderstwo Cezara powinno powtórzyć wygnanie Tarkwiniusza; powinno wzorować się na panującej przemocy założycielskiej. Jak świat długi i szeroki, gdy pyta się ofiarników, dlaczego spełniają ofiary, ich usprawiedliwienie jest takie samo jak Brutusa; muszą ponownie uczynić to, co ich przodkowie, gdy została założona ich wspólnota; muszą powtórzyć tę samą założycielską przemoc, używając ofiar zastępczych [*substitute victims*]. Dokładnie jak Brutus, odwołują się do jakiejś starożytnej narracji, która kończy się *explicite* lub *implicite* kolektywnym wygnaniem lub morderstwem. Narracje te określamy mianem m i t ó w i większość antropologów, w przeciwieństwie do samych ofiarników, traktuje je jako fikcję. Ofiarnicy uważają je za przekaz dotyczący rzeczywistych historycznych początków, które należy pobożnie ponownie odegrać.

Szekspir nie nakazuje Brutusowi mówić o „składaniu ofiary" po to, aby wydać się malowniczym i rzymskim, jak Victor Hugo lub inni romantycy. Szekspir rozumie składanie ofiary w kontekście mordu założycielskiego, co naprawdę oznacza aluzja do Tarkwiniusza.

Fakt, że Rzym nie ma tradycji składania ofiary z człowieka, nie unieważnia mojej interpretacji. W społecznościach bez skutecznego systemu sądowego, jakaś jednostka uważana za niebezpieczną zostaje z reguły zabita lub wypędzona przez cała wspólnotę, a nie przez kilku ludzi. Istnieje bowiem obawa, że jej śmierć może rozpocząć łańcuchową reakcję morderczej zemsty. Aby zapobiec tej ewentualności, społeczeństwa te uciekają się do zbiorowych metod zadawania śmierci, zapraszających do jednomyślnego uczestnictwa takich jak ukamienowanie przez wspólnotę, zepchnięcie ze skały lub ukrzyżowanie. Aktywnie lub biernie — przez nieinterweniowanie w celu uratowania tej ofiary [*the victim*] — wszyscy członkowie społeczeństwa łączą się w zabijaniu. W rezultacie żadna jednostka lub grupa nie może interpretować jej śmierci jako obrazy, która powinna zostać pomszczona.

Praktyki te ani nie pochodziły z nieba, ani nie zostały wymyślone *ex nihilo*. Z cała pewnością wzorowały się na jakimś przypadkowym linczu, który samoistnie pojednał skłóconą wspólnotę, toteż specyficzne warunki (modalności) tego linczu są starannie przechowywane w pamięci i powtarzane. Wspólnota pogodziła się, gdyż ten ktoś, kto rzucił pierwszy kamień, kto zaczął spychać ofiarę z tarpejskiej skały, rozpoczął jednomyślne mimetyczne zakażanie. Mord założycielski nie jest niczym innym. Szeroko rozprzestrzeniony zwyczaj *quasi*-instytucjonalnego linczu lub przypominającej lincz sprawiedliwości jest doniosłym śladem potencjału jednomyślnej przemocy w ludzkiej kulturze.

Metody zbiorowej egzekucji są często nazywane o f i a r n i c z y m i przez tych, którzy je praktykują, co zrozumiałe; odpowiadają one ogólnej definicji spełnienia ofiary [*sacrifice*]. Nawet w społeczeństwach o wysoce rozwiniętych instytucjach sądowych, takich jak republikański Rzym, udręczeni obywatele mogą odczuwać potrzebę powrotu do tej o f i a r n i c z e j sprawiedliwości zawsze wtedy, gdy formalne instytucje zdają się być niezdolne do zwalczenia nieładu.

Brutus uważa śmierć Cezara za wyjątkowe spełnienie ofiary, konieczne w warunkach tak krytycznych, że wszelkie polityczne i prawne próby ratunku stały się niemożliwe. Oczywiście zdaje sobie sprawę, że próbując złożyć ofiarę tego typu, on sam i jego wspólnicy podejmują ryzyko. Jeżeli ich ofiarnicza koncepcja zostanie z powodzeniem zakwestionowana, jeżeli ludzie nie zjednoczą się przeciw Cezarowi, jak to zrobili kiedyś przeciw Tarkwiniuszowi, spiskowców spotka prawdopodobnie ten sam los, jaki przypadł w udziale człowiekowi, którego wybrali do „oczyszczenia" wspólnoty. I to faktycznie wydarza się w *Juliuszu Cezarze*.

Za ideologią składania ofiary ukrywa się jedna masywna rzeczywistość, którą jest mimetyczny *consensus* całego ludu lub jego brak, ostateczna przyczyna skuteczności złożenia ofiary. Brutus doznaje niepowodzenia, ponieważ nie potrafił zjednoczyć ludzi wokół swojego „spełniania ofiary". W scenie, w której Brutus i Marek Antoniusz konkurują o rozstrzygające wszystko posłuszeństwo rzymskiego ludu, wymowa składania ofiary i mordu założycielskiego jest tak wyraźna, że moim zdaniem unikalna w całej literaturze.

Brutus jest cały czas świadomy tego niebezpieczeństwa. Gdy spiskowcy chcą uczcić swoją spiskową umowę melodramatyczną przysięgą, Brutus odmawia — daje się słyszeć jego ofiarniczy instynkt. Nie chce, aby morderstwo robiło wrażenie potajemnego i bezprawnego czynu kilku niezadowolonych polityków:

> What need we any spur but our own cause
> To prick us to redress? what other bond
> than secret Romans, that have spoke the word
> And will not palter? and what other oath
> Than honesty to honesty engag'd
> That this shall be, or we will fall for it?
> (II, i, 123-128)

> Po cóż rękojmia inna, prócz tajemnej
> Ugody Rzymian, którzy rzekli słowo
> I nie zawiodą? Po cóż nam przysięga
> Inna niż godne godnych zapewnienie,
> że to spełnimy lub zginiemy przy tym?
> (s. 42)

Brutus żywi nadzieję, że natychmiast po morderstwie spisek roztopi się w odbudowanej jednomyślności ludu rzymskiego, jego ofiarniczej jednomyślności.

W scenie pierwszej aktu drugiego *Juliusza Cezara* spiskowcy zbierają się, aby przygotować morderstwo. Jeden z nich, Decjusz, chce wiedzieć czy oprócz Cezara należy zabić także innych; Kasjusz wspomina o Marku Antoniuszu, ale Brutus uważa tę propozycję za sprzeczną ze swoim ofiarniczym rozumieniem morderstwa. Nie należy pozwolić przemocy rozprzestrzeniać się na oślep; jedynie Cezar powinien umrzeć.

Odpowiedź, jakiej Brutus udziela Kajusowi Kasjuszowi i Decjuszowi dowodzi, ze Szekspir interpretuje składanie ofiary zgodnie w wyżej naszkicowanym mimetycznym modelem:

> Our course will seem too bloody, Caius Cassius,
> To cut the head off, and then hack the limbs —
> Like wrath in death and envy afterwards;
> For Antony is but a limb of Caesar.
> Let's be sacrificers but not butchers, Caius.
> We all stand up against the spirit of Caesar,
> And in the spirit of men there is no blood;
> O that we then could come by Caesar's spirit,
> And not dismember Caesar! But, alas,
> Caesar must bleed for it! And, gentle friends,
> Let's kill him boldly but not wrathfully;
> Let's carve him as a dish fit for the gods,
> Not hew him as a carcass fit for hounds;
> And let our hearts, as subtle masters do,
> Stir up their servants to an act of rage,
> And after seem to chide'em. This shall make
> Our purpose necessary, and not envious;
> Which so appearing to the common eyes,
> We shall be call'd purgers, not murders.
> (II, i, 162-180)

> Nasze uczynki, Kajusie Kasjuszu
> Zbyt krwawe mogą okazać się, jeśli
> Głowę uciąwszy, posiekamy członki,
> Po śmierci pastwiąc się wściekle nad zmarłym,
> Bo jest Antoniusz przecież tylko jednym
> Z członków Cezara. My ofiarnikami,
> Nie rzeźnikami musimy być, Kasjuszu,
> Stajemy przeciw duchowi Cezara,
> A nie ma wcale krwi w duchu człowieczym.
> O, gdyby można było pojmać ducha
> Cezara tak, by Cezara nie przebić!
> Lecz musi Cezar krwią spłynąć, niestety.

A więc, szlachetni przyjaciele, trzeba
Zabić go mężnie, jednak bez wściekłości;
Trzeba go pociąć, jak gdyby stanowił
Strawę dla bogów, a nie siekać, jakby
Był ścierwem, które psom pragniemy rzucić.
A serca nasze, panowie roztropni,
Niechaj przynaglą sługi do uczynku
Strasznego, aby je okiełzać później.
To czyn gwałtowny przemieni w konieczność.
Wówczas pospólstwo ujrzy w nas lekarzy,
A nie morderców.

(s. 44)

W tekście tym dominuje pojedyncze przeciwstawienie; z jednej strony istnieje moralne i estetyczne piękno złożenia ofiary, a z drugiej strony krwawy zamęt mimetycznej zazdrości. To pierwsze jest określane przy pomocy słów takich jak „ofiarnicy" [*sacrificers*], „duch" [*spirit*], „mężnie" [*boldly*], „pociąć" [dosłownie: rzeźbić=*carve*], „strawa dla bogów" [*fit for the gods*], „panowie roztropni" [dosłownie: „wyrafinowani mistrzowie"=*subtle masters*], „konieczne" [*necessary*] i „lekarze" [dosłownie: „oczyściciele"=*purgers*]. Drugie jest określane jako „krwawe" [*bloody*], „posiekać członki" [*hack the limbs*], „wściekle" [*wrath*], „gniewnie" [*wrathfully*], „zazdrość" [*envy*], „rzeźnicy" [*butchers*], „siekać" [*hew*], „ścierwo" [*carcass*], „psy gończe" [*hounds*], „sługi" [*servant*], „wściekłość" [*range*], „zazdrosny" [*envious*] i „mordercy" [*murderers*].

Rzeźbienie/cięcie [*carve*] zakorzenione w praktyce ofiarniczej, to potężna metafora i faktycznie coś więcej niż metafora. Gdy po złożeniu ofiary z jadalnego zwierzęcia następuje komunijny posiłek, cięcia dokonuje się z wielką ostrożnością, zgodnie z tradycyjnymi regułami. Cięcie/rzeźbienie oznacza rozbieranie uważnie na części, delikatnie i artystycznie. Nóż rzeźbiarza, dochodząc do stawów bez wysiłku oddziela kości bez wyraźnych uszkodzeń. Mistrzowskie cięcie cieszy oczy; nie rozszarpuje i nie miażdży żadnej części ciała; nie tworzy sztucznych przerw. Jego duchowe i estetyczne piękno polega na ujawnianiu istniejących różnic.

Zazdrość i wściekłość nie wiedzą jak rzeźbić/ciąć; ich chciwość i brutalność może jedynie pokaleczyć ofiary. Za przeciwstawieniem rzeźbienia/cięcia i posiekania rozpoznajemy znajomy temat: mimetyczna przemoc to zasada błędnego różnicowania, które ostatecznie przekształca się w zupełne odróżnicowanie w gwałtownym roztapianiu się wspólnoty. W metaforze cięcia/rzeźbienia wszystkie aspekty kultury zdają się harmonijnie zlane w jedno, różnicujące i duchowe, przestrzenne, etyczne i estetyczne. Metafora ta ilustruje coś, co można by nazwać „klasycznym momentem" [*the classical moment*] składania ofiary. Pierwotne pojęcie składania ofiary z jego zróżnicowaniem przestrzennym jest podstawowe dla metafory rzeźbienia/cięcia, ale nie tylko ono; zlewa się w jedno z tymi moralnymi i estetycznymi wartościami, które stają się coraz ważniejsze w miarę jak instytucja ta rozwija się. Dobre i złe zróżnicowanie samo jest zróżnicowane według kryteriów etycznych i estetycznych.

Istotą klasycznej formy jest zlanie się duchowego, naturalnego i kulturowego piękna; poza swymi zastosowaniami bezpośrednio ofiarniczymi i kulinarnymi — „strawa dla bogów" — wielka metafora Szekspira przywołuje na myśl inne godne podziwu formy ludzkiej sztuki, rzeźbienie w kamieniu i rzeźbienie posągów, które musi również mieć początek w składaniu ofiary, jak wszystkie specyficznie ludzkie formy zachowania.

Głęboki wgląd w uniwersalne ojcostwo składania ofiary ożywia nasz tekst, wyczarowując między słowami usłyszanymi wcześniej bogatą sieć odsyłaczy, które ofiarnicza logika może rozwikłać i wyjaśnić. Poetycka intensywność tego tekstu jest zakorzeniona w intuicji tak potężnej, że sięga wstecz do źródła wszelkich metafor, tj. do składania ofiary i założycielskiej przemocy.

W wersach tych spełnianie ofiary milcząco podejmuje na nowo swoją funkcję zapoczątkowywania i odnawiania kultury, funkcję, którą pełni w hinduskich *Brahmanach*[71], największej medytacji nad tym przedmiotem,ześrodkowanej na Pradżapatim, tzn. kimś kto jest faktycznie bogiem zarówno założycielskiej przemocy jak i rytualnego składania ofiary. Poeta nie może być wielki w temacie składania ofiary, jeżeli widzi w niej tylko to, co widział w niej oświeceniowy racjonalizm, tzn. nędzny przesąd i pasożytniczy s u p l e m e n t, nie mający prawdziwego znaczenia dla ludzkiej kultury.

Gdy systemy religijne są jeszcze w zaczątku, ofiarnicy nie są w stanie zrozumieć, dlaczego jeden szczególny akt przemocy, zamiast pogorszać chaos, jak liczne poprzednie akty, kładzie mu kres i stąd staje się założycielski. Pierwotne wspólnoty, nawet jeżeli uda im się uchwycić sens znaczenia jednomyślności (co często ma miejsce, sądząc na podstawie ich starań, aby odtworzyć ją w rytuale), nawet jeżeli

---

[71] W *Brahmanach* większość legend, które gdzie indziej odnosi się do różnych boskości, przypisuje się Prajapatiemu, najwyższemu lub nawet jedynemu bogu w całym okresie następującym po *Wedach*. [Przyp. tłum.]

zrozumieją mimetyczną naturę tej jednomyślności (co niekiedy ma miejsce, wnioskując z pomysłowych środków, które wymyślają, aby reaktywować „kozło-ofiarne" zakażanie), to jednak widzą cały przebieg kryzysu i jego zakończenie jako rezultat transcendentalnych odwiedzin, bosko zainspirowanego posłannictwa, którego nie wolno „demistyfikować", lecz należy pobożnie odtwarzać dzięki ofiarniczym obrządkom i zakazom.

Wiara w uzdrawiające własności składania ofiary nie jest „racjonalna", ale jest dobrze ugruntowana. Dopóki bowiem składanie ofiary jest młode i pełne wigoru, dopóty faktycznie polaryzuje mimetyczną przemoc na ofiarach zastępczych [*vicarious victims*] i ożywia na nowo kulturowe symbole jedności i tożsamości. Składanie ofiary jest tym pierwotnym oczyszczeniem i uleczeniem wspólnot ludzkich.

Rytuał jest mimetycznym zachowaniem niekonfliktotwórczego typu, z e w n ę t r z n y m pośrednictwem. Praktykujący rytuał sądzą, że powodzenie zależy od sumienności imitacji mordu założycielskiego — i faktycznie do pewnej chwili rzeczywiście od tego zależy. Oczekuje się, że coś, dzięki czemu jednomyślność była możliwa za pierwszym razem, uda się znowu.

Zgodnie z prymitywnym widzeniem rytuału, składanie ofiary zwalcza przemoc nie za pomocą zwykłej przemocy, co spowodowałaby eskalację kryzysu, ale za pomocą d o b r e j przemocy, która wydaje się i stąd j e s t tajemniczo odmienna od z ł e j przemocy kryzysu, gdyż ma swoje fundamenty w jednomyślności, którą r e l i g i a — ta łącząca ludzi — chce unieśmiertelnić. Jeżeli ta dobra przemoc jest stosowana mądrze i pobożnie, może powstrzymać tę złą od rozprzestrzeniania się, gdy nieuchronnie pojawi się ona znowu. Składanie ofiary jest przemocą, która uzdrawia, jednoczy i godzi, w przeciwieństwie do złej przemocy, która zanieczyszcza, dzieli, dezintegruje, odróżnicowuje.

Owo widzenie ofiarniczej przemocy jako substancji drogocennej, ale niebezpiecznie nietrwałej, obdarzonej paradoksalnymi własnościami ma podstawowe znaczenie dla kultury ludzkiej. Kolejność jest pierwotnie właśnie tą Różnicą między ofiarami [*victims*] i bogami, ową różnicą między złą i dobrą przemocą. Tendencje ludzkiej kultury do rozmieszczania w przestrzeni i różnicowania pochodzą z lęku przed złą m i e s z a n i n ą [*evil mixture*], (*Troilus i Cressida*, I, ii, 95). W miarę jak złożenie ofiary i zakazy obsiewają swoimi wpływami całą kulturę, wszystkie życiowe czynności zostają ponownie zróżnicowane, podobnie jak i sami ludzie i wszystko to, co mimetyczny kryzys pomieszał, zostaje przeistoczone z powrotem w znaczące terminy względnie pokojowej wymiany.

Ofiarnicy zawsze są świadomi, że w ich słabych dłoniach różnica między tymi dwoma rodzajami przemocy może łatwo zaniknąć. Gdy tylko różnica ta gubi się, składanie ofiary staje się znowu złą przemocą kryzysu, z którego przede wszystkim się wywodzi; czyni ona kryzys gorszym niż wówczas, gdyby nie próbowano składać ofiary. I to właśnie wydarza się ze „składaniem w ofierze" Cezara.

W późniejszej fazie ofiarnicy uświadamiają sobie, że zdolność utrzymania pokoju dzięki spełnieniu ofiary zależy bardziej od nich samych, niż od zewnętrznych środków ostrożności i fizycznego zróżnicowania. Spełnienie ofiary „działa", jeżeli jest wykonane z czystym sercem, w duchu solidarności nie tylko z założycielskimi przodkami, lecz ze wszystkimi żyjącymi członkami wspólnoty. Zawodzi, jeżeli jest skażone przez mimetyczną rywalizację.

„Klasyczni" teoretycy składania ofiary, np. w Indiach, kładą nacisk zarówno na owe wewnętrzne dyspozycje ofiarników jak i na zewnętrzne środki ostrożności przeciw fizycznemu skażeniu. Wierzą jeszcze w fizyczne i materialne aspekty składania ofiary, chociaż instytucja ta staje się przesiąknięta duchowymi i estetycznymi wartościami nieobecnymi w stadium wcześniejszym.

Metafora rzeźbienia/cięcia jest wyspą klasycznej zgody obleganej ze wszystkich stron przez odgłosy i szał pastwienia się i zazdrości, z n a c z ą c y m   n i c z y m [*signifying nothing*]. Jeżeli ofiarnicy uczestniczą w zewnętrznym chaosie, jeżeli poddają się burzliwym emocjom mimetycznej rywalizacji, ich spełnienie ofiary z cała pewnością nie uda się. Jedynie czyste serce może przekształcić straszliwe morderstwo Cezara w spokojne piękno autentycznego spełnienia ofiary. Spokój nie może być jednak nakazany odgórnie; Brutus może tylko namawiać swoich towarzyszy, aby starali się o ofiarniczą perfekcję, każdy w zaciszu swojego sumienia. Dlatego nie mówi on „jesteśmy ofiarnikami", lecz „bądźmy ofiarnikami".

Brutus wzruszająco, choć paradoksalnie błaga towarzyszy spiskowców, aby opanowali żądzę krwi; prośba ta brzmi nieomal komicznie wśród ludzi, których jedynym celem jest morderstwo. Brutus zdaje się gorąco pragnąć, aby przemienić barbarzyńską przemoc w mieszaninę sztuki i duchowego ascetyzmu. Gdyby spiskowcy potraktowali serio jego słowa, gdyby poszli zbyt daleko w kierunku, którego broni, straciliby ochotę na morderstwo.

Czyżby Brutus zmienił swój zamiar? Czyżby w jego umyśle powstała wątpliwość, co do słuszności całego przedsięwzięcia? Czy dręczy go myśl, że chodzi tu o zamordowanie uwielbianego protektora i dobroczyńcy? Na te pytania należy odpowiedzieć twierdząco, gdyż sam Brutus tak mówi: żałuje, że musiał „przebić" [dosłownie: „rozczłonkować" (*dismember*)] Cezara; jednakże należy także odpowiedzieć przecząco, decyzja Brutusa pozostaje bowiem niewzruszona. Nie ma w nim najmniejszej bojaźliwości, najmniejszego pragnienia, aby oszczędzić Cezara, czy nawet Marka Antoniusza. Brutus nie próbuje nieświadomie zniszczyć ducha swoich towarzyszy. W jego osobliwej mowie istnieje niewątpliwie prywatny, „psychologiczny" punkt widzenia, ale także głębsze znaczenie, wymykające się zwykle tym, którzy pozostają ślepi na dominującą siłę tego tekstu, jego intelektualną i poetycką zasadę jedności, którą jest spełnianie ofiary.

Jeżeli spełnianie ofiary ma być dobrą przemocą, która unicestwia złą, wówczas obie muszą być od siebie różne, jak noc od dnia; Brutus przemawiając, dochodzi jednakże do przekonania, że nie mogą być takimi. Nie tylko dla większości ludzi, ale nawet dla samego Brutusa, zamordowanie bezbronnego Cezara z cała pewnością wygląda na ohydne przestępstwo, a nie cnotliwe i godne podziwu działanie. Brutus prosząc towarzyszy o wyrzeczenie się wszystkich tych uczuć, które normalnie doprowadzają do morderstwa, podejmuje wielkie ryzyko w celu uniknięcia ryzyka jeszcze większego. Jeżeli to morderstwo będzie zbytnio przypominało otaczającą przemoc, nie usunie złej fali, lecz jeszcze ją wzmoże. Niechybnie nastąpi odwet i nieudana ofiara przekształci się w coraz bardziej wezbrane rzeki wielkiej powodzi Titanii.

Późniejsze wydarzenia pokażą, że obawy Brutusa były uzasadnione. Zewnętrzny widok jest tak okropny, że aby go zneutralizować, mordercy muszą zrobić wszystko, co tylko można, aby wydać się szlachetnymi i bezinteresownymi. Muszą wydać się nadludźmi, bo inaczej nikt nie będzie uważał ich za cnotliwych mężów, robiących tylko to, co konieczne wyłącznie z miłości do Republiki.

Jeżeli morderstwo będzie wyglądało na tyle szkaradnie, że ludzie poczują odrazę, wówczas to, co miało być złożeniem ofiary, przekształci się w krwawy chaos. Brutus chce, aby jego „spełnienie ofiary" było na tyle piękne, że jakakolwiek pomyłka nie będzie możliwa; będzie ono absolutną n e g a c j ą kryzysu. Problem w tym, że przemoc ma tylko jedną absolutną n e g a c j ę, którą jest brak przemocy, całkowite powstrzymanie się od wszelkiej przemocy. Składanie w ofierze nie może stać się doskonałą n e g a c j ą zazdrości i wściekłości bez wyrzeczenia się swoich specyficznych środków działania, bez zaprzeczenia swojej własnej naturze. Brutus nie może pójść do końca: jego prawdziwym priorytetem pozostaje morderstwo; chce po prostu uczynić je jak najbardziej skutecznym. Posuwa się tak daleko, jak może w kierunku braku przemocy, której stronnikiem być nie może. Brutus poszukuje niemożliwego złotego środka między przemocą, która nie jest na tyle nieczysta, aby wzmagać kryzys i przemocą na tyle czystą, że nie jest już przemocą. Szekspir ironicznie daje do zrozumienia, że taka doskonała przemoc nie istnieje.

Dylemat Brutusa został zaostrzony przez specyficzne warunki sztuki: wielkość wybranej ofiary [*victim*], jej popularność wśród plebejuszy i przez zdradziecką intrygę przeciw niej; ale problem ten ma również religijny sens i przekracza szczególny przypadek Cezara. To, co mówi Brutus odnosi się do ewolucji wielu wielkich ofiarniczych systemów, kiedy zmierzają ku duchowej dojrzałości.

Im bardziej składanie w ofierze jest refleksyjne, tym bardziej skłania się do negowania swej istoty i zwraca się przeciw własnej przemocy, przeciw samemu sobie, i to nie ze względów, by tak rzec humanitarnych, lecz ze względu na ofiarniczą skuteczność. Możemy obserwować, jak ów *double bind* działa w wielkich tekstach *Brahmanów* i w dążności do *nonviolence* charakteryzującej wielkie mistyczne doktryny następnej epoki. Ważne jest to, że doktryny *nonviolence* są formułowane w języku, który jest ciągle ofiarniczy i ten paradoks sugeruje, że stanowią kontinuum: nawet *nonviolence* może być dzieckiem Pradżapatiego.

Wszystkie fazy są ze sobą ściśle zespolone. Mowa Brutusa wskazuje na ową jedyną siłę ukrytą za przekształceniami prowadzącymi najpierw ku moralizacji i estetyzacji spełniania ofiary, a następnie ku całkowitemu wyrzeczeniu wedantyjskiego mistycyzmu. Chociaż Szekspir nie czytał tych tekstów traktujących o tym samym przedmiocie, wystarczyła jego ograniczona znajomość literatury starożytnej; reszty dokonała jego potężna inteligencja. Najwyższym osiągnięciem jego mimetycznej wyobraźni jest zrozumienie ofiarniczej religii.

Ponieważ Brutus nie może być całkowicie poważny w sprawie nieużywania przemocy, przeto jego etyczna emfaza szybko traci moc i w drugiej połowie mowy staje się kłamliwa. Na początku Brutus faktycznie prosi towarzyszy o wyzbycie się zazdrości i wściekłości, ale pod koniec zdaje się porzucać ten wzniosły cel jako nierealistyczny, jego myślenie zmienia bieg. Jak zauważyłem wcześniej, gdyby spiskowcom udało się stłumić wszystkie impulsy, które normalnie doprowadzają do morderstwa, wówczas zniknęłoby to, co pobudziło ich do zabicia Cezara. Tego Brutus nie chce i w ostatnich wersach swojej mowy wycofuje się z prawdziwej wiary w udawanie; pozory zastępują rzeczywistość.

Lekko karykaturalna przypowieść o „wyrafinowanych panach" [*subtle masters*] i „służących" [*servants*] uderzająco przypomina ofiarnicze fortele zalecane przez pewne ofiarnicze systemy, np. braminizm, którego Szekspir z cała pewnością nie znał. Celem tych rytualnych zabiegów jest przesunięcie winy za ofiarniczą przemoc z ofiarników na jakąś straconą trzecią stronę, np. żebraka, któremu oferuje się niewielką sumę pieniędzy za wykonanie niebezpiecznej, stosującej przemoc roli, której żaden rytuał słabo świadomy własnego początku nie może całkowicie ukryć.

Te przebiegłe manewry przemawiają za realnością ofiarniczego *double bind'u*. Jeżeli jedynym rozwiązaniem jest tu całkowity brak przemocy, wszelkie uciekanie się do składania ofiary wplątuje ofiarników w dwuznaczne postępowanie podobnego typu, jak sugeruje przypowieść. Roztropni panowie [*subtle masters*] strofują służących za wykonanie dokładnie tego aktu przemocy, który najpierw chytrze im zasugerowali. Sługa jest alegorią niższych namiętności, które roztropni panowie muszą w sobie rozbudzać wbrew skłonnościom własnych wyższych jaźni w celu spełnienia swojej ofiary.

Zrazu w długiej historii składania ofiary granica między dobrą i złą przemocą zdaje się leżeć w świecie zewnętrznym, ale później przesuwa się coraz bardziej do świadomości ofiarników. Brutus faktycznie zaleca swoim towarzyszom spiskowcom, aby podzielili się przeciw sobie. Mogą pozwolić sobie na trochę wściekłości i zazdrości, pod warunkiem, że te szkaradne uczucia pozostaną ukryte i nie zachęcą ludzi złym przykładem. Faktycznie mówi, że nawet jeżeli nie możemy b y ć tym wszystkim, czym powinniśmy być, przynajmniej wydajmy się spokojni i cnotliwi i ludzie będą mogli ciągle skupiać się wokół nas. Spełnienie ofiary przez Brutusa przekształca się w obłudne przedstawienie, zwykłą komedię:

> This shall make
> Our purpose necessary, and not envious;
> Which so appearing to the common eyes,
> We shall be call'd purgers, not murderers.
> (II, i, 177-180)

> To czyn gwałtowny przemieni w konieczność.
> Wówczas pospólstwo ujrzy w nas lekarzy,
> A nie morderców.
> (s. 44)

Ważnym słowem jest „wydać się" [*appearing*, 179]. Jeżeli spiskowcy potrafią zainscenizować wspaniałe przedstawienie, Rzymianie będą uważać ich za prawdziwych obrońców Rzymu.

Gdy ofiarnicza kultura zrozumie zbyt dobrze swe rytuały, nie potrafi dłużej praktykować ich równie prostodusznie, jak to robili przodkowie — instytucja ta musi przekształcić się w mistycyzm *nonviolence* z jednej strony i w polityczną manipulację z drugiej.

Gdy spełnienie ofiary traci swoją świętą moc, kilku świętych mężów ucieka na pustynię, pozostawiając ofiarniczy ołtarz licznym ambitnym przywódcom, którzy przekształcają go w scenę polityczną, na której Cezarowie, Brutusi i Markowie Antoniusze z tego świata uprawiają ofiarniczą politykę, próbując sprzedać swoją pochodnię „dobrej przemocy" motłochowi.

Ofiarnicza różnica działa, dopóty pozostaje ukryta za rytualną sztywnością, religijnym formalizmem. Era ta musi jednak się skończyć. Możemy dostrzec pierwszy ślad tej prawdy w dwuznacznych słowach Brutusa pod koniec jego mowy; chwilę później, ta sama prawda wychodzi na światło dzienne, gdy Brutus i Marek Antoniusz jawnie współzawodniczą o wierność ludu. W tej walce o opinię publiczną nie powinniśmy widzieć jedynie banalnej prawdy politycznej, lecz ową prawdę o składaniu ofiary i o mordzie założycielskim.

Przekształcenie rytuału w teatralną politykę przebiega równolegle z jego przekształceniem się w teatr w ścisłym znaczeniu tego słowa. Teatr także jest dzieckiem Pradżapatiego. Jest to coś, co sami mordercy wyraźnie przeczuwają; gdy tylko Cezar umiera, ich wyobraźnia przemienia się nagle w dramatyczną sztukę!

Również w *Troilusie i Cressidzie* widzimy, jak trojańscy herosi czekają z utęsknieniem na *Iliadę* i gromadzą mimetyczne środki na myśl o swojej przyszłej literackiej sławie (II, ii, 202). Ta zwodnicza wizja zachęca ich do kontynuowania owej katastrofalnej wojny aż do gorzkiego końca. Podobnie Brutus i Kasjusz widzą morderstwo, którego się dopuścili, jako potężny temat dla przyszłych dramaturgów; myśl o ogromnym tłumie będącym pod wrażeniem ich czynu, ma zaraźliwy wpływ na nich samych. Kasjusz mówi:

> How many ages hence
> Shall this our lofty scene be acted over
> In states unborn and accents yet unknown.
> (III, i, 111-113)

> Przez ile wieków odtąd, w ilu państwach
> Nie narodzonych jeszcze, w ilu mowach,

Nie znanych dotąd, będzie odgrywana
Ta nasza scena, tak pełna wzniosłości!
(s. 70)

Podobnie jak kochankowie z komedii, aby czuć się doskonałymi kochankami, którymi chcą być, potrzebują pełnych podziwu spojrzeń swoich przyjaciół, tak historyczni herosi potrzebują mimetycznego poparcia potomności, aby czuć się jak historyczni herosi. Sam Szekspir powtórzy tę myśl w *Troilusie i Cressidzie*, nie tylko w ironicznym odwołaniu się do *Iliady*, ale także w uwadze Ulissesa, że nawet kiedy człowiekowi uda się osiągnąć swój ontologiczny cel, nie potrafi cieszyć się tym b y c i e m, który słusznie nazywa własnym i n a c z e j n i ż p r z e z o d z w i e r c i e d l e n i e [*but by reflection*].

W retrospekcji oszczędzenie Marka Antoniusza było złą decyzją, nie oszczędza on bowiem konspiratorów. W świetle tego, co wydarza się po morderstwie, cała ofiarnicza koncepcja zdaje się być formalistyczna i nierealistyczna, ale ten rodzaj krytyki jest powierzchowny, zainspirowany przez ducha odwetu. Jest oczywiście prawdą, że ten właśnie duch zatriumfował i w jego świetle ta ofiarnicza strategia okazała się niefortunna. Nie zmienia to jednak faktu, że jej ostatecznym celem było zapobieżenie triumfowi totalnego odwetu poprzez narzucenie innej logiki, która przez kontrast wydaje się prawieże logiką niestosowania przemocy.

Gdy spełnienie ofiary udaje się, jest ostanim słowem przemocy — podobnie jak założycielska przemoc, chociaż w mniej doniosły sposób. Nakazuje milczenie duchowi odwetu dzięki skombinowaniu miłości do bogów z lękiem przed nimi, ze względu na ich rzekomą moc karania przemocą i nagradzania pokojem. Gdy ofiarnicza logika już raz przegra, odwet odżywa ze wzmożoną siłą. Zwolennicy Cezara stają się wewnętrznie silniejsi; Brutus i jego przyjaciele muszą więc robić wszystko, co mogą, aby uniknąć decydującej konfrontacji. Republikańska tradycja jest niewątpliwie osłabiona, ale jej powolny wpływ na motłoch jest jedynym cennym politycznym nabytkiem spisku; jedynym narzędziem wykorzystania tego cennego nabytku jest ofiarnicza koncepcja, którą naszkicował Brutus.

W śmiertelnej walce politycznej słabsza strona powinna za wszelką cenę uniknąć przemocy; gdy przemoc zdaje się nie do uniknięcia, niech będzie tak ograniczona, wybiórcza i określona przez warunki, jak tylko można, tak legalna i prawowita, jak tylko przemoc może być, zakorzeniona w czymś, co jest jeszcze święte w oczach ludu.

Ofiarnicze reguły nie są niedorzecznie natrętne, jak to sądził Freud, lecz sprytne; systematycznie unieważniają konfliktotwórcze postawy dominujące podczas tego kryzysu, z którego pochodzą i stąd reguły te automatycznie biorą w rachubę mimetyczną naturę stosunków międzyludzkich. Ich sztywny formalizm ma większy sens, niż nowoczesny umysł może sobie wyobrazić.

Ofiarnicza strategia Brutusa jest znakomita, ale wprowadzenie jej w czyn jest katastrofą. W sprawie tak ryzykownej jak zamordowanie popularnego przywódcy, istnieje szereg rzeczy, które mordercy mogą uczynić w celu zwiększenia swoich szans, i inne, których muszą unikać za wszelką cenę. Gdybyśmy zrobili listę wszystkich tych pozytywnych i negatywnych środków ostrożności, zbiegałoby się to z nakazami i zakazami rytualnego składania ofiary.

Jednym z przykładów jest dobrze znana rytualna zasada, zgodnie z którą ofiarnicy powinni unikać niepotrzebnego kontaktu z krwią ofiary. Krew sama jest świętą przemocą i jeżeli płynie bez kontroli, przemienia się z dobrej w złą; cel spełnienia ofiary zostaje udaremniony przez samą realizację. Krwawy nieład wymyślony przez Brutusa gwałci tę regułę w równym stopniu, co dodatkowe morderstwa — przeciw którym Brutus słusznie zgłaszał veto.

Fakt, że ofiarnicy nie mogą wykonać swojej pracy spokojnie i czysto mówi coś o stanie ich duszy; obwieszcza, że mądra, ofiarnicza mistyka Brutusa próbowała ocenzurować morderstwo. Dzięki Szekspirowi rozumiemy, dlaczego niechlujne składanie ofiary jest złym znakiem; wygląda ono na morderstwo i ustanawia zły przykład; staje się zachętą do dalszej przemocy. Aby rozpętać przemoc w mimetycznym motłochu, wystarczy zasugerować, że już się ona rozpętała. Sugestia i rozpętanie są jednym i tym samym.

Niezbadana głębia *Juliusza Cezara* leży w owej nieprzerwanej ciągłości między zwyczajem składania ofiary, który większość naszych społecznych uczonych widzi jako „irracjonalny" i „przesądny", i ową rzekomo jasną racjonalnością tego, co nazywamy polityką. Aby zrewolucjonizować naszą wiedzę o człowieku wystarczy, aby antropologowie religii i politolodzy zrozumieli, jak i dlaczego ich dyscypliny są w tej tragedii faktycznie jednym i tym samym.

25
TRZEBA GO POCIĄĆ JAK GDYBY STANOWIŁ STRAWĘ DLA BOGÓW

Cykle ofiarnicze w *Juliuszu Cezarze*

Tak jak Klaudiusz w *Hamlecie*, Brutus mógłby powiedzieć:

> Diseases desperately grown
> By desperate appliance are relieved,
> Or not at all.
> (IV, iii, 9-11)
>
> W chorobach
> Gwałtownych ulgę dają tylko leki
> Równie gwałtowne albo żadne.
> (s. 209)

Przedstawianie przemocy i składania ofiary za pomocą medycznych wizerunków należy do tradycji, a ich trafność ma swe korzenie w ofiarniczym początku medycyny. Nauki medyczne, tak jak wszystko inne w kulturze ludzkiej, jest dzieckiem Pradżapatiego. Tradycyjna medycyna jest ofiarnicza w tym sensie, że jest tej samej natury, co choroba; jest ściśle kontrolowanym i mierzonym zainfekowaniem samą chorobą. Morderstwo Cezara jest „środkiem" tak desperackim, że albo natychmiast uleczy ciało polityczne, albo całkowicie zawiedzie. W tym ostatnim przypadku oznacza przyspieszenia śmierci Republiki, co faktycznie się wydarza.

Ze składaniem ofiary jest ten kłopot, że gdy naprawdę jest potrzebne, jest już niedostępne. Ofiarnicza różnica, którą Brutus próbuje wskrzesić — czyli sama Kolejność — już przepadła i nie może zostać przywrócona do życia. Nieudana ofiara Brutusa ujawnia i przyspiesza śmierć założycielskiej przemocy, która się za nią ukrywa i dobija Republikę Rzymską w ekstremalnej przemocy wojny cywilnej. Centrum nie może już się utrzymać i potrzebny jest jakiś nowy fundament, który może zostać założony jedynie za straszliwą cenę przemocy i zamieszek.

Paradoks polega na tym, że to samo morderstwo może odgrywać szereg sprzecznych ról; paradoks ten jest głęboko, choć niespecyficznie szekspirowski w sensie indywidualnego natchnienia. Jedynie najwięksi tragiczni poeci piszą o tym paradoksie tkwiącym w samym morderstwie, które jest zarówno najwyższym nieładem kryzysu i odrodzeniem porządku.

Nowe morderstwo, aby być autentycznie założycielskie, musi być również źródłem i modelem jakiegoś ofiarniczego kultu. Jak dla Brutusa złożenie ofiary było przywracaniem mocy wygnaniu Tarkwiniusza, tak składanie ofiary w nowym cesarskim świecie musi być przywracaniem mocy morderstwu Cezara, oferowanym samemu Cezarowi.

W Cesarstwie Rzymskim faktycznie składano ofiary każdemu imperatorowi po kolei, ale ponieważ wszyscy nosili imię Cezara, były one faktycznie składane samemu wiecznie żywemu Cezarowi, który odradzał się w każdym ze swoich następców. Każdy nowy imperator był reinkarnacją boskości złożonej początkowo w ofierze. Jak we wszystkich uświęconych monarchiach założycielska ofiara [*victim*] była zawsze równocześnie żywa i umarła.

Największą ironią jest to, że w nowym porządku rzeczy, samobójstwo Brutusa poprzedzone inwokacją do Cezara, jest interpretowane jako pierwsze wykonanie ofiary w nowym kulcie. Właśnie ten ofiarniczy sens zawarli w swoich pogrzebowych pochwałach Marek Antoniusz oraz Oktawiusz. Oktawiusz będzie pierwszym rzymskim imperatorem, jest więc właściwe, że to on powinien odegrać rolę wysokiego kapłana w tym pierwszym uświęceniu cesarstwa. Rozpoczął się nowy ofiarniczy cykl i dzięki paradoksalnemu zwrotowi losu, właśnie Brutus będzie zawsze odgrywał w nim tę rolę, której w poprzednim cyklu chciał dla Cezara. Ktoś musiał zostać pocięty, jakby stanowił strawę dla bogów i tym kimś jest Brutus, złożony w ofierze bogowi, któremu czci odmówił.

Mit jest pamięcią określonego kryzysu Kolejności, wspomnieniem czegoś, co jest systematycznie zniekształcane przez udany kozło-ofiarny skutek, który go zakończył. Ofiarnicze rytuały są powtórzeniem tego przebiegu wydarzeń; składane są zastępcze ofiary [*substitute victim*] w celu odzyskania owego uspakajającego skutku pierwotnego victimage'u i aby zapobiec powrotowi mimetycznego kryzysu.

Ofiarnicze rytuały są pobożnym naśladowaniem (zewnętrznym pośrednictwem) procesu, który uciszył mimetyczne współzawodnictwo i stworzył kult religijny wspólnoty. Rytualne składanie ofiary jest złagodzeniem i uśmierzeniem pierwotnego victimage'u w tym sensie, że wybierane ofiary nie są członkami wspólnoty i z reguły nie są w ogóle ludźmi.

Teatr z kolei jest złagodzeniem i uśmierzeniem rytualnej ofiary w tym sensie, że w ogóle się ofiar [*victims*] faktycznie nie zabija. Ich śmierć jest jedynie upozorowaną śmiercią i nawet przedstawienie tej pozornej śmierci nie jest na scenie dozwolone. Ten ostatni zakaz uwydatnia odejście od rzeczywistego użycia przemocy. Prawie wszystko może być w tym teatrze przedstawione za wyjątkiem śmierci protagonisty, która nie powinna być widziana, nawet jeżeli czasami można o niej usłyszeć, jak w przypadku zamordowania króla na zakończenie *Agamemnona* Ajschylosa.

Nie należy z tych przekształceń wnioskować, że w instytucjach postrytualnych takich jak teatr pierwotne morderstwo traci swoje znaczenie i przestaje być założycielskie. Bezkrwawość tragedii zasadniczo nie zmienia natury i celu tego odtwarzania, który pozostaje ten sam, jak w przypadku rytuału; zdefiniowanie tego celu przez Arystotelesa jako *katharsis* lub oczyszczenia (uleczenia) bardzo to uwidacznia. Medyczny sens tego słowa sięga wstecz do sensu religijnego, gdzie jest ono nazwą dla uspokojenia osiąganego poprzez złożenie ofiary.

Dziewiętnasto- i dwudziestowieczni uczeni podjęli wiele starań, aby dowieść, że *katharsis* teatru i *katharsis* składania ofiary są całkowicie odmienne, co pośrednio sugeruje ich większą świadomość tego, czym faktycznie jest składanie ofiary, niż ci uczeni pozorują. Tragedia, owa dionizyjska oda do kozła, nie może być tak obca, jak nam się mówi, temu najbardziej niesmacznemu aspektowi ludzkiej religii i kultury jako całości, tzn. owemu kolektywnemu jednoczeniu się przeciw jakiejś samotnej ofierze, które było wyraźnie widoczne jeszcze w klasycznej Grecji w słynnym rytuale farmakosa lub kozła ofiarnego. Aby zdać sobie sprawę, że te dwa *katharsis* są faktycznie jednym i tym samym, wystarczy zauważyć, że to samo słowo w tych dwóch przypadkach odnosi się do tego samego odtwarzania założycielskiego morderstwa. Charakterystyczną odmiennością teatru jest to, że częściowe udawanie typowe dla ofiarniczych rytuałów zastępuje całkowitym udawaniem.

Katharsis odbudowuje zgodę wśród obywateli dzięki uleczeniu lub oczyszczeniu z mimetycznych rywalizacji, które ciągle zagrażają ludzkiej wspólnocie, czy — inaczej mówiąc — dzięki ożywieniu na nowo pierwotnych skutków założycielskiego morderstwa. Definicja arystotelesowska właśnie to stwierdza, chociaż bez wzmiankowania o mordzie założycielskim. Aby zrozumieć *katharsis*, nie powinniśmy sądzić, że „smutek i lęk" zostają uleczone w tym sensie, że zostają usunięte; są one tymi dobrymi uczuciami, które gwarantują powodzenie procesowi *katharsis*. Jeszcze przed śmiercią bohatera, przedstawiciele ludu, czyli chóry, wypowiadają słowa litości dla bohatera i niepokój o jego przeznaczenie, które właśnie go dogania; chóry porównują swoje skromne, ale względnie bezpieczne życie z cierpieniem, którego doświadczają ludzie sławni i władczy. Dopóki obywatele litują się nad bohaterem, dopóty nie zazdroszczą mu jego wielkości. Dopóki obawiają się, że mogą doznać tego samego co on cierpienia, dopóty nie odczuwają pokusy, aby brać go za mimetyczny model i będą rozważnie wycofywać się z przepełnionego *hybris* zachowania, które zapoczątkowałoby nowy kryzys mimetyczny. Definicja nie tylko dotyczy teatru i ofiarniczych rytuałów, ale również w bardziej skrajnej i transcendentalnej formie samego mordu założycielskiego.

Świadomie lub nie, Arystoteles napomyka o pojednawczym skutku „kołzo-ofiarnego" mechanizmu, który wszystkie rytualne i postrytualne instytucje próbują powtórzyć w jakiś mroczny [*obscure*] sposób. Jednakże chociaż w tej szczególnej kwestii filozof ów objaśnia więcej niż ktokolwiek inny, nie rozprasza całkowicie mroczności, która jest składową fundamentów kultury. Nigdy nie skupił on uwagi bezpośrednio na źródle wszystkiego, czyli na mordzie założycielskim. *Katharsis* zdaje się wypływać z niczego; Arystoteles nie odwołuje się do jego religijnej przeszłości.

Mroczność [*obscurity*] jest dla kultury ludzkiej fundamentalna. Jest jednym z nieprzeranym oddaniem się filozofii tej ofiarniczej przestrzeni otwartej przez mord założycielski oraz z ową nieprzerwaną katarktyczną mocą wszystkich instytucji wywodzących się z rytuału.

Instytucje poofiarnicze nie są religijne w wąskim sensie wymagania jakiejś formy rytualnego składania ofiary, ale pozostają rytualistyczne ze względu na wyobrażeniowe zakończenie zakorzenione w pierwotnym „kozło-ofiarnym" skutku, owej podstawie wszelkiego różnicowania. Niechęć do przemyślenia tego „kozło-ofiarnego" początku wyjaśnia nie tylko starania współczesnych krytyków, aby rozdzielić teatralne *katharsis* od greckiej religii, ale również uiwersalne wyrzucanie mimetycznego pragnienia i wszystkich mimetycznych skutków z teatru Szekspira.

Paradoksalnie w kulturze europejskiej pierwszymi zbuntowanymi dziećmi Pradżapatiego, ojca składania ofiary, byli wielcy tragiczni poeci Grecji, którzy rozmrażali zamrożone różnice mitu we wzajemnej przemocy mimetycznej rywalizacji. Ich tragiczne rozumienie odróżnicowania wyjaśnia „kozło-ofiarne" skutki, którym mityczne wyobrażenia zawdzięczają samą swoją egzystencję. W *Violence and the Sacred* próbowałem pokazać to na dwóch wielkich przykładach *Króla Edypa* Sofoklesa i *Bachantek* Eurypidesa[72].

Bunt ten odbywa się jednak w wąskich granicach, co ujawnia się w tym, co łączy filozofię i tragedię grecką, tj. w ich niezdolności do skupienia uwagi na samym mordzie założycielskim. Nawet najzuchwalsza z wszystkich greckich tragedii, *Bachantki*, wyrzuca wydarzenie rządzące całą sztuką, na sam koniec i oczywiście nie pokazuje go na scenie; słyszymy jedynie o nim od naocznych świadków.

Tragedia ta, jakkolwiek potężna i złowieszcza, nie łamie podstawowego zakazu definiującego ten gatunek. Kolektywne wygnanie zawsze już się wydarzyło — tragedia grecka nie potrafi stawić mu czoła, tak jak my nie możemy spojrzeć w słońce. Ów teatr, rozważany jako instytucja, odgrywa rolę przypisaną mu przez Arystotelesa. Zamaskowuje i tłumi swoją mimetyczno-ofiarniczą infrastrukturę.

Gdy rozważamy *Juliusza Cezara* w świetle historycznym, rozumiemy natychmiast, dlaczego sztuka ta, niewątpliwie tragiczna w jak najbardziej tradycyjnym sensie, jest równocześnie absolutnie unikalna; zmierza wprost ku sercu tragedii, ku założycielskiemu morderstwu. Jest to pierwsza i jedyna tragedia, która skupia się na samym tym morderstwie i na niczym innym.

To ześrodkowanie sugeruje prawdziwą odpowiedź na pytanie o estetyczną jedność tej sztuki: dlaczego morderstwo zostało przez Szekspira umieszczone w środku trzeciego aktu, prawie w samym centrum tej sztuki, a nie na końcu, co zrobiłby „normalny" dramatopisarz? Krytycy oczywiście poszukują czysto estetycznej odpowiedzi. Czy sztuka, w której bohater umiera w „złym" miejscu, może być naprawdę tragedią — inaczej mówiąc czy może być odpowiednią rozrywką? Czyż nie jest raczej zestawieniem dwóch sztuk, tj. tragedii o morderstwie Cezara i tragedii o mordercach?

Odpowiedź jest jasna: *Juliusz Cezar* nie jest ześrodkowany ani na Cezarze, ani na jego mordercach; nie jest to sztuka o historii Rzymu ale o samej zbiorowej przemocy. Aby uchwycić jej jedność, musimy

---

[72] Girard, *Violence and the Sacred*, dz. cyt. Fragmenty w polskim tłumaczeniu pt. Sacrum i przemoc, Brama, Poznań, 1993.

zrozumieć, że jej faktycznym przedmiotem jest ów wściekły tłum. *Juliusz Cezar* jest sztuką, która ujawnia, że w swej istocie teatr jak i ludzka kultura w ogóle są związane z tą przemocą. Szekspir jest pierwszym tragicznym poetą i myślicielem, który bezlitośnie skoncentrował się na mordzie założycielskim. Przeniesienie morderstwa z zakończenia do środka tej sztuki znaczy mniej więcej tyle samo, co dla astronoma znaczy zogniskowanie teleskopu na niezwykle dużym i nieskończenie odległym przedmiocie badań. Szekspir nie jest wyłącznie zainteresowany ani Cezarem, ani Brutusem. Wyraźnie urzeka go przykładowa natura ich gwałtownych śmierci — przykładowa nie w sensie heroicznym, lecz w antropologicznym. Jest wyraźnie świadomy, że kolektywna przemoc ma podstawowe znaczenie dla tragedii tylko dlatego, że była i jest podstawowa dla ludzkiej kultury jako takiej. Pyta, dlaczego to samo morderstwo, które nie może w danym momencie dokonać swojego dzieła, dokonuje go w innym; jak morderstwo Cezara może być najpierw źródłem nieporządku, a następnie źródłem porządku; jak ta nieudana ofiara Brutusa może stać się podstawą nowego ofiarniczego porządku.

Krytyka estetyczna, nawet zmodyfikowana i poprawiona przez Freuda, Marksa, Nietzschego, Saussure'a, Heideggera i innych, nie potrafi nawet sformułować tego, jak najbardziej stosownego pytania, które dominuje w *Juliuszu Cezarze*, nie dlatego że Szekspir jest szczególnie „twórczy" i „innowacyjny", lecz wręcz przeciwnie. Wraca on do tego, co było zawsze ukrytą treścią wszystkich tragedii i stawia temu czoła po raz pierwszy.

Gdy weźmiemy pod uwagę ilość kolektywnej przemocy w tej sztuce, nawet w czysto ilościowych kategoriach, zobaczymy, że to o czym mówię, jest oczywiste. Nie biorąc pod uwagę Filippi, trzy przypadki kolektywnej przemocy są albo wprost pokazane na scenie, albo wyraźnie wspomniane: morderstwo Cezara, lincz nieszczęsnego Cinna oraz wygnanie Tarkwiniusza.

Najważniejsze z nich jest oczywiście morderstwo Cezara, jak i trzy jego interpretacje, które odgrywają istotną rolę w tej tragedii. Zanim doszło do morderstwa, mamy składanie ofiary przez Brutusa w obronie republiki; następnie to samo morderstwo jest przedstawione jako przynoszące wszechogarniający nieporządek; w końcu staje się ono symbolem porządku, pierwotnym wzorem ofiary, z której wielki Rzym będzie wysysać przywracającą do życia krew. W tej sztuce nie ma ani niczego, co nie prowadziłaby do tego morderstwa lub nie wynikałaby z niego. Morderstwo stanowi centrum, wokół którego wszystko się obraca. Kto powiedział, że tej sztuce brak harmonii?

Za każdym ofiarniczym kultem kryje się założycielska przemoc. Po pewnym czasie mord założycielski traci moc wiążącą i rozpala się mimetyczny kryzys, którego składanie ofiar nie może złagodzić; ostatecznie, kryzys ten generuje nowy mord założycielski. Każda nowa założycielska przemoc rozpoczyna nowy ofiarniczy cykl, który będzie trwał, dopóki święta moc owego fundamentu nie ulotni się. Cykle ofiarnicze są główną składową ludzkiej kultury i odróżnialnych okresów historycznych w tej kulturze. Aby dowieść, że ofiarnicza kultura jest z natury cykliczna, sztuka ta musi nam pokazać zarówno koniec jednego cyklu (Republiki Rzymskiej) i początek nowego (Cesarstwo).

Historyczny przykład wybrany przez Szekspira szczególnie sprzyja temu ujawnieniu, gdyż właśnie wypełnił się czas, który upływa przed mimetyczną przemianą kolektywnej przemocy. (Trwa ona dłużej niż to sugeruje *Juliusz Cezar*, gdyż wojna domowa zakończy się dopiero po klęsce Marka Antoniusza, ale to nie ma znaczenia.) Powolne przekształcanie się się sensu tego morderstwa czyni je szczególnie atrakcyjnym dla dramatopisarza, którego celem jest dramatyczne pokazanie każdej fazy tego procesu.

W świecie zachodnim teatr jest czystą rozrywką; uważa się za oczywiste, że umieszczenie śmierci bohatera powinno być wyznaczone przez tę funkcję. Gdyby bohater nie czekał aż do końca sztuki, widzowie nie byliby należycie rozbawieni. Bohater musi umrzeć wtedy, gdy nadszedł czas, że widzowie idą do domu; umieranie powinno być ostatnią i prawdopodobnie najbardziej zabawną sztuczką tego bohatera. Nikt nie jest świadomy, że bohater umiera na końcu, dlatego że ów proces, który się za tym ukrywa, tj. owo przedstawienie śmierci, jest „kozło-ofiarną" przemianą, która skutecznie kładzie kres mimetycznemu kryzysowi.

Cała krytyka estetyczna jest ostatecznie oparta na pojęciu „ludzkiego interesu", które jest tak samo ofiarnicze jak rzymska arena, z tą jedną (ważną) różnicą, że rozlew krwi jest zabroniony. Rzymska arena, jak nowoczesny teatr, była czysto rozrywkowym wykorzystywaniem składania ofiary. Nasz teatr jest ofiarniczy w swej ślepocie na ofiarnicze zakończenie, w którym zakorzenione są wszystkie jego pojęcia.

Nie jest przyjemnie dowiedzieć się, że duchowe sanktuarium ludzkiej kultury jest faktycznie zgniłym jajkiem. Ten opór sam jest złożeniem ofiary, chroniącej przed świadomością, która uczyniłaby wszelkie *katharsis* niemożliwym. Szekspir jest zarówno bliższy, jak i dalszy Grekom niż poeci, którzy jedynie powtarzają to, co było. Idzie ku samemu sercu tragedii, demaskując znaczenie tego, co tragedia zawsze czyniła.

Oczyszczenie Brutusa z zazdrości przez Marka Antoniusza tworzy *katharsis*. Sztuka nie byłaby głęboko katarktyczna, gdyby zapoczątkowywała sama w sobie zbyt wiele myślenia o mimetycznej interakcji. *Mimesis* jest tak zaraźliwa, że samo jej przedstawienie jest potencjalnie niszczycielskie dla widzów. Pochwała wygłoszona przez Marka Antoniusza ma na celu całkowite wymazanie tej wiedzy, o której mówiliśmy w ostatnich pięciu rozdziałach lub co najmniej obniżenie poziomu naszej świadomości, spowodowanie przynajmniej częściowej amnezji jeśli chodzi o *mimesis*, zachęcenie do wyidealizowanej wizji tego, co się w tej sztuce wydarza.

W świetle tego zakończenia, cała treść sztuki nabiera pogodnej i monumentalnej jakości, której wyraźnie brakowało w naszych dotychczasowych rozważaniach, faktycznie skupiających się na samym tekście. Standardowe widzenie tej sztuki jest rezultatem mylnego interpretowania, do którego zachęca finałowe *katharsis*.

Uspakajający efekt generowany przez słowa tego zakończenia oddziałuje na nas mimetycznie — powtarzamy za Markiem Antoniuszem: „inni spiskowcy działali z zazdrości, ale nie Brutus", co — jak dobrze wiemy — nie jest całkiem prawdą. Jesteśmy jednak upoważnieni przez s a m e g o a u t o r a do minimalizowania lub całkowitego stłumienia wszystkiego, co zaprzeczałoby uczuciu ulgi, szlachetności i spokoju emanującemu z tego zakończenia. Zakończenie to retrospekcyjnie przekształca bieg wydarzeń dramatyzowanych w tej sztuce.

Jaki powinien być nasz wniosek? Czy sztuka ta jest faktycznie katarktyczna, czy też jej zakończenie jest zaledwie katarktycznym cieniem? Czyżby nie było w niej prawdziwego *katharsis*? Czy *Juliusz Cezar* jest sztuką katarktyczną, czy też jest to jedynie urojenie, parodia *katharsis*, zwyczajne udawanie?

Widzowie *Juliusza Cezara* otrzymują wybór interpretowania tej sztuki z katarktycznego i niekatarktytcznego punktu widzenia. *Katharsis* jest teatralną rzeczywistością, ale gdy potraktujemy ją zbyt poważnie, wówczas bardziej radykalny sens tej sztuki zniknie. Katarktyczne czytanie polega na odejściu od tego wszystkiego, o czym mówiliśmy, i powróceniu do krytyki tradycyjnej. Konwencjonalne interpretacje Szekspira nie są w całości mylne. Nigdy nie są bezpodstawne, mając podstawę w owym kwintesencjonalnym fundamencie każdej kultury, owym ofiarniczo-katarktycznym skutku wywodzącym się z mordu założycielskiego.

Zadziwiające, jak Szekspir potrafił łączyć całkowite ujawnienie mordu założycielskiego z wytwarzaniem katarktyczno-ofiarniczych skutków, które powinny to ujawnienie wykluczać, gdy tymczasem stają się ostatecznie bardziej skuteczne, będąc rozmyślnie zmontowane. Szekspir rozszerza możliwości tragedii we wszystkich kierunkach poza granice tego, co jakikolwiek dramatopisarz uczynił kiedykolwiek przed nim czy po nim. Interpretacja katarktyczna lub ofiarnicza koresponduje z tym, co nazwałem s z t u k ą p o w i e r z c h o w n ą, podczas gdy ujawnienie mimetycznego współzawodnictwa i strukturalnego scapegoatingu odpowiada g ł ę b s z e j s z t u c e. Spróbuję odkryć tę samą podwójną strukturę i interpretacyjną dwuznaczność, które ona wytwarza w jeszcze jednej sztuce, *Kupcu Weneckim*. Zanim jednakże do tego przystąpię spróbuje dowieść szekspirowskiej świadomości założycielskiego scapegoatingu przez pokazanie jego oczywistej obecności w już rozważanych dwóch komediach: najpierw w *Troilusie i Cressidzie*, następnie w *Śnie nocy letniej*.

26
WILK TEN WSZECHOGARNIAJĄCY I WSZYSTKO JAKO ZDOBYCZ

Mord założycielski
w *Troilusie i Cressidzie*

Mowa Ulissesa na temat Kolejności jest bardziej pokrewna Hobbesowi niż Wielkiemu Łańcuchowi Bytu. Można ją uznać za wcześniejszą i bardziej radykalną wersję „wojny wszystkich przeciw wszystkim" Hobbesa. Hobbes musiał znosić męki ogromnej niepopularności tej idei, ale nie Szekspir. Na nieszczęście lub być może na szczęście dla ich sławy, twórcy literatury nie są traktowani tak serio jak filozofowie.

Filozofowie mający radykalną wizją społeczeństwa są oskarżani o anarchizm lub o reakcjonizm, zależnie od tego, która z tych postaw jest niemodna. Resentyment, jaki wzbudzają, nie wynika z ich społecznych i politycznych poglądów, ale z ich zrozumienia niepokojącej, mimetycznej i tragicznej wizji, która jest nie do przyjęcia, jeżeli nie jest interpretowana estetycznie i pozbawiona intelektualnego znaczenia.

Bez mimetycznej świadomości zdolność istot ludzkich do życia razem we względnej zgodzie jest traktowana jako oczywista. Początki społeczeństwa stanowią rzeczywisty problem jedynie dla tych, którzy są świadomi owej możliwości rozpuszczenia się kulturowego zróżnicowania w mimetycznej rywalizacji, w jej ż e n u j ą c y c h s p r z e c z n o ś c i a c h [*confounding contraries*], których nie należy mylić ze spokojnym *coincidentia oppositorum*. Jeżeli mimetyczne kryzysy są możliwe, to nieład jest mniej wątpliwy niż ład. Każdy ludzki porządek musi ostatecznie wrócić do chaosu, z którego niewątpliwie najpierw się wyłonił.

Już w mitologii kulturowe zróżnicowanie pojawia się jako tajemniczy podbój odróżnicowanego chaosu. Czy oznacza to, że mimetyczni filozofowie, tacy jak Szekspir, są mityczni? Niemimetyczni filozofowie prawie machinalnie to zakładają. W rezultacie Szekspir jest często postrzegany jako wielki twórca mitów, czasami nawet jako osobiście zabobonny; i tu właśnie krytyka Szekspira się myli, uwięziona w ciasnocie własnego racjonalizmu.

Mimetycznym filozofom i tragikom zwykle się nie ufa jako zbyt pesymistycznym i przygnębiającym, nawet psychologicznie niezrównoważonym. Najwyższej miary artyści są często apokaliptycznymi filozofami, zawsze skłonnymi do wyolbrzymiania nagłości kryzysu, w którym, zgodnie z ich odczuciem, pogrążyło się zarówno społeczeństwo jak i oni sami. Istnieje coś więcej niż ziarno prawdy w tym braku zaufania, ale staje się ono usprawiedliwieniem dla wielkiego zafałszowania, gdy prowadzi do zawoalowanego zaniechania fundamentalnej intuicji, której dostarczają ci filozofowie.

Intuicją tą jest zrozumienie, że odwzajemnienie przemocy i mimetyczne podwojenia są głównym źródłem ludzkiego konfliktu. Wizja ta jest potężniejsza od jakiejkolwiek innej, ale ta potęga jest niczym duch uwięziony w skale, jest prawdą c z y s t o   a r t y s t y c z n ą, lekceważoną nawet przez tych krytyków literackich, którzy głoszą w teorii nadrzędność tekstu literackiego, ale zawsze czerpią wskazówkę z jakichś mód filozoficznych lub chwilowych mód antyfilozoficznych.

Wystarczy jedynie powierzchowna wiedza o mimetycznej świadomości, aby zrozumieć, jak rozpoczyna się kryzys Kolejności; trzeba jej jednak o wiele więcej, aby zrozumieć, jak się on kończy — prawdę powiedziawszy aż tak wiele, że nawet najbardziej mimetyczny (w naszym sensie) z systematycznych filozofów nie potrafił nigdy rozwiązać tej zagadki. Gdy gwałtowną eskalację ofiarniczego kryzysu tropi się wystarczająco przenikliwie, zagraża całkowitym unicestwieniem i prędzej lub później, mimetyczni filozofowie są sami na tyle przestraszeni, że poszukują azylu w jakimś typie u m o w y   s p o ł e c z n e j. Nawet Hobbes tak kończy, a także Freud w *Totem i Tabu*.

Idea umowy społecznej jest wielkim humanistycznym wybielaniem mimetycznego współzawodnictwa, typowym wybiegiem i osłoną dla tych, którzy nie potrafią ścigać mimetycznej logiki wystarczająco daleko; szczególna forma, którą ten piękny dokument ostatecznie przyjmie, nie ma w ogóle znaczenia, przynajmniej z naszego punktu widzenia. Niedorzeczność tej idei rośnie wprost proporcjonalnie do wielkości mimetycznej intuicji popychającej naprzód filozofa. Umowa społeczna musi pojawić się w najbardziej gwałtownym punkcie kulminacyjnym mimetycznego kryzysu, pomiędzy monstrami Nocy Świętojańskiej i Kolejności w ogniu, dokładnie w tych okolicznościach, które sprawiają, że racjonalne rozwiązanie jeszcze trudniejszym do pomyślenia niż kiedykolwiek. Myśl, że w chwili największej nienawiści, histeryczne sobowtóry zasiądą spokojnie razem w celu sympatycznej, legalistycznej pogawędki jest tak naciągana, że jej rzecznicy zawsze mówią o niej jako o czysto teoretycznym pomyśle.

Szekspir w *Juliuszu Cezarze* ściga mimetyczną logikę aż po gorzki kres i znajduje tam nie umowę społeczną, ale jednomyślną przemoc mordu założycielskiego. Jeżeli jest myślicielem konsekwentnym, to rozwiązanie to z całą pewnością pojawi się nie w jednej, ale w wielu sztukach, być może nie zawsze tak wyraźnie jak w *Juliuszu Cezarze*, ale co najmniej *implicite*, w krótkich wskazówkach i aluzjach, nietrudnych obecnie do rozszyfrowania, posiedliśmy już bowiem podstawową wiedzę o mordzie założycielskim dzięki *Juliuszowi Cezarowi*, owej tragedii, która najbardziej gruntownie bada i tłumaczy ten temat.

Ponieważ *Troilus i Cressida* zawiera najbardziej szczegółowy teoretyczny szkic Szekspira na temat kryzysu Kolejności, musimy przyjrzeć się tej sztuce jeszcze raz z punktu widzenia *Juliusza Cezara*. Czy na zakończenie występuje tu kolektywne morderstwo? Czy Ulisses napomyka o ofiarniczym początku ludzkiego społeczeństwa? Spróbujmy odpowiedzieć najpierw na drugie z tych pytań.

Ów mówca nie próbuje rozpraszać wątpliwości swoich słuchaczy, lecz pobudzić ich niepokój. Nie zechce zatrzymać się szczegółowo na zakończeniu kryzysu, musi jednakże doprowadzić jego straszną eskalację do jakiegoś końca. Duch lampy Aladyna musi ostatecznie wrócić do butelki — stanie się to nieuchronnie nie na zakończenie całej mowy, ale tej jej części, która jest poświęcona kryzysowi. Oto sześć wersów z tej części, których jeszcze nie cytowałem:

> Then everything includes itself in power,
> Power into will, will into appetite,
> And appetite, an universal wolf,
> So doubly seconded with will and power,
> Must make perforce an universal prey
> And last eat up himself.
> (I, iii, 119-24)

> Wówczas rzecz każda przemieni się w siłę,
> Siła w pragnienie, a pragnienie w żądzę;
> A żądza, wilk ten wszechogarniający

Wsparty podwójnie siłą i pragnieniem,
Musi zagarnąć wszystko jako zdobycz
I wreszcie pożre sama siebie.

(s. 39)

Gdy kryzys zaostrza się, siły odśrodkowe stają się znowu dośrodkowe; zdaje się występować szereg globalnych zmian, które nie są faktycznie wyszczególnione i cała przemoc nagle osiąga kres. W momencie najbardziej kulminacyjnym każdy staje się zarówno drapieżcą jak i zdobyczą. „Z konieczności" [*perforce*] wyraża nieuchronność tej zbieżności, doskonałe odwzajemnienie przemocy. Trudno oczekiwać bardziej wyraźnej definicji tego, co Hobbes nazywa „wojną wszystkich przeciw wszystkim" i wyrażenie to daje oczywiście do zrozumienia to, co już podkreślaliśmy, tj. przekształcenie się wszystkich członków wspólnoty, a nie jedynie niektórych (co najmniej „w sensie idealnym"), w mimetyczne podwojenia.

Jeżeli przyjrzymy się kryzysowi w całości, włączając ostatnio cytowane sześć wersów, cały ów dynamiczny proces skłoni nas do myślenia o tym, co wydarza się, gdy składniki sufletu wrzucone razem są gwałtownie potrząsane przez kucharza lub elektryczny mikser. Uzyskana mieszanka staje się coraz gładsza, przechodząc szereg faz, aż do wystąpienia bardziej radykalnej transformacji, która w całym tym procesie jest celem.

Mimetycznym odpowiednikiem miksera jest odwzajemniana przemoc sobowtórów, która staje się coraz bardziej intensywna, gdy rozprzestrzenia się na coraz większą ilość członków wspólnoty. Aby osiągnąć wymaganą gładkość, wpada w coraz silniejszy wir najbardziej zaciętego współzawodnictwa. Jedynie całkowite rozplątanie się starego porządku, całkowite odróżnicowanie może uczynić zarazę powszechną [dosłownie: „jednomyślną" = *unanimous*]. Aby doprowadzić ów proces do końca, konieczna jest doskonała jednorodność.

Gdyby przemoc trwała bez przeszkód, zniszczenie byłoby totalne, tymczasem nagle, w połowie wersu, w pięciu słowach jedynie, przemoc kończy się „I wreszcie pożre sama siebie" [*And last eat up himself*]. Jest coś tajemnego, nieokreślonego, a jednak ostatecznie rozstrzygającego w tym sformułowaniu, co sugeruje szatańską sztuczkę. Jasne, że wszechogarniające wilki nie zjadają siebie aż do ostatniego, ale także nie przekształcają się w jakiś uniwersytecki komitet do przeformułowania ich umowy społecznej. Jednakże ma się tu na myśli jakąś pojedynczą akcję; może nią być jedynie śmierć pojedynczej ofiary.

Słowa „wilk" [*wolf*] i „zdobycz" [*prey*], chociaż użyte w liczbie pojedynczej, desygnują wszystkich członków wspólnoty; o znaczeniu tym upewnia „wszechogarniający" [*universal*], określając je oba. Jednakże w połączeniu z rzeczownikiem w liczbie pojedynczej „wszechogarniający" może znaczyć coś innego: pojedynczy wilk lub zdobycz byłyby wszechogarniające w sensie wymienialności na każdego innego, bycia jednostkowym substytutem całej wspólnoty.

Gdy „żądza" [*appetite*] jest podmiotem, rodzaj męski[73] i liczba pojedyncza są gramatycznie poprawne, jednakże wydają się dziwne, odnosząc się, jak to się dzieje, nie tylko do „żądzy" [„appetite"], ale i do dwóch kolektywnych rzeczowników „wszechogarniającego wilka" i [*universal wolf*] i „wszechogarniającej zdobyczy" [*universal prey*]. Zastąpienie liczby mnogiej pojedynczą to zastąpienie wszystkich przez jedną ofiarę [*victim*], to tekstowy równoważnik ofiarniczego zastępowania — piruet słowny, niewątpliwie, ale za to o najwyższym znaczeniu.

Olbrzymia bestia o wyraźnie nienasyconym apetycie zdaje się być gotowa do pożarcia wszystkiego w zasięgu wzroku — nagle bestia znika. Bestia była niczym poza swoją żądzą, tj. dokładnie tym, o czym nasz tekst mówi: „A żądza, wilk ten wszechogarniający..." [*And appetite, an universal wolf...*]. Jeden kęs wystarczy, ale musi to być kęs właściwy i we właściwym momencie. Musi to być świeże mięso, nie na skalę, której wielkość kryzysu zdaje się wymagać, ale same z n a k i nie wystarczą. Nasz wszechogarniający wilk nie jest bowiem owym strukturalistycznym zwierzęciem, zredukowanym do zwyczajnego szkieletu i nic dziwnego: zakładano, że znakomicie rozwija się na diecie czystych symboli.

Owa ofiarnicza bestia da się z łatwością wystrychnąć na dudka, biorąc mylnie pojedynczą ofiarę [*victim*] za cała wspólnotą, ale — jak diabeł z chrześcijańskich legend — musi mieć tę jedną ofiarę [*victim*]. Legendy owe mówią o ofiarniczym zastępowaniu, które w Ewangeliach należy do „mocy tego świata" [*the powers of this world*] nazywanych również szatanem lub diabłem, panem tego świata — inaczej mówiąc mimetyczną zasadą. Prosi się wielkiego olbrzyma, aby zmienił się w małą mysz i jak najbardziej idiotycznie, ze zwykłej próżności, niedorzeczne monstrum spełnia prośbę, redukując się do jednego kęsa, który „Kot w butach" pożera w jednej chwili. Wiele motywów przewodnich z bajek i legend to przezroczysta metafora tego mechanizmu victimage'u.

---

[73] Por. poprzednio cytowany (I, ii, 119-124) oryginalny tekst angielski, gdzie w wierszu 124 mamy *himself* (rodzaj męski, liczba pojedyncza) odnoszący się do *appetite*, ale także do *universal wolf* i *universal prey*. Cytowane polskie tłumaczenie nie odpowiada w pełni girardowskiej interpretacji tego cytatu. [Przyp. tłum.]

Jednym z najbardziej zagadkowych i najmniej zbadanych problemów naszej tzw. „problemowej sztuki", czyli *Troilusa i Cressidy*, jest jej godna uwagi sprzeczność z Homerem w wyjaśnianiu śmierci Hektora. W *Iliadzie* Hektor podejmuje w pojedynkę walkę z Achillesem i zostaje zabity. W *Troilusie i Cressidzie* ta piękna walka zostaje zastąpiona przez podłe zbiorowe morderstwo, dokonane przez zwolenników Achillesa — Myrmidonów.

Nie ma lepiej znanej sceny w *Iliadzie* niż walka między ową dwójką największych herosów tej wojny. Trudno sobie wyobrazić, aby Szekspir tej sceny nie pamiętał. *Troilus i Cressida* zawiera faktycznie dowód, że o niej pamiętał. Szekspir nakazując Achillesowi, aby zachęcił swoich Myrmidonów do rozpowszechniania plotki, że ich przywódca w pojedynkę zabił Hektora, *implicite* powołuje się na wersję homerowską, przedstawiając ją ironicznie jako propagandowe kłamstwo, zaplanowane przez głównego obdarowanego, tj. Achillesa, a z nim wszystkich Greków. Szekspir sugeruje, że homerycka epika została sztucznie oczyszczona ze zbiorowej przemocy, aby uczynić greckiego mistrza większym niż faktycznie był.

Scena, w której Achilles daje „krwawe pouczenia" swoim wiernym podwładnym, może i powinna być odczytana jak parodia spisku z *Juliusza Cezara*, parodia Brutusa doradzającego spiskowcom jak zabić Cezara:

> Come here about me, you my Myrmidons,
> Mark what I say. Attend me where I wheel;
> Strike not a stroke, but keep yourselves in breath,
> And when I have the bloody Hector found,
> Empale him with your weapons round about,
> In fellest manner, execute your arms.
> (V, vii, 1-6)

> Stańcie dokoła, moi Myrmidoni.
> Słuchajcie. Idąc przy moim rydwanie
> Nie walczcie wcale, bądźcie wypoczęci.
> A gdy odnajdę krwawego Hektora,
> Niechaj wasz oręż otoczy go kręgiem
> I najokrutniej spełnijcie powinność.
> (s. 208)

W obu przypadkach ofiara jest bezbronna. Cezar w Senacie nie nosi broni; Hektor jest zaskoczony w odludnym miejscu pola bitwy, bez swojej zbroi, którą, jak sądzę, zdjął ze zwykłej próżności, aby zmienić ją na piękniejsze uzbrojenie zwycięskiego wojownika. Zabicie Hektora w takim stanie jest niehonorowe, ale Achilles nie waha się:

> *Hector*: I am unarm'd, forgo this vantage, Greek.
> *Achilles*: Strike, fellows, strike, this is the man I seek.
>
> [*Hector falls*]
>
> So, Ilion, fall thou next! Come, Troy, sink down!
> Here lies thy heart, thy sinews, and thy bone.
> On Myrmidons, and cry you all amain,
> „Achilles has the mighty Hector slain!"
> (V, viii, 9-14)
>
> *Hektor*: Z mej bezbronności nie korzystaj, Greku.
> *Achilles*: Uderzcie! O tym mówiłem człowieku.
>
> [*Hektor pada*]
>
> Padniesz, Ilionie; tak zatoniesz, Trojo!
> Straciłeś serce, mięsnie, duszę twoją.
> Precz, Myrmidoni! Wznieście krzyk potężny;
> Padł z Achillesa ręki Hektor mężny.
> (s. 210)

Z wszystkich podobieństw między *Juliuszem Cezarem* i *Troilusem i Cressidą*, owo wyżej wspomniane jest najważniejsze. Nie możemy go w pełni wytłumaczyć szekspirowskim pragnieniem napiętnowania spiskowców lub przedstawienia Achillesa jako łajdaka, co zdaje się sprawiać mu przyjemność. Potrzeba ważniejszego celu, aby usprawiedliwić tę niewierność Homerowi; może nim jedynie być koncepcja ludzkiej kultury, która skrajnie uwydatnia kolektywną przemoc, koncepcja wyjaśniana w *Juliuszu Cezarze*.

Gdy patrzymy na śmierć Hektora w kontekście całej Wojny Trojańskiej, kiedy widzimy ją „historycznie", zdaje się być punktem zwrotnym, początkiem końca Troi, doniosłym punktem kulminacyjnym, poza którym kryzys Kolejności trwa jeszcze przez jakiś czas i nawet pogarsza się, ale później dobiega kresu i ostatecznie przynosi korzyść Grekom. Zamordowanie Cezara jest takim samym momentem w ostatecznym kryzysie Republiki Rzymskiej. Sądzę, że wszystkie te analogie są powodem, dla którego Szekspir przedstawił morderstwo

Hektora w taki właśnie, a nie inny sposób. Styl jest inny niż w *Juliuszu Cezarze*, ale całościowa idea jest ta sama. Za potężnym realizmem tej tragedii możemy już wyczuć coś z satyrycznego oburzenia, jakie bez ogródek znajdzie upust w *Troilusie i Cressidzie*.

Teksty sugerowane przez Harolda Hillebranda jako możliwe źródło tej sceny w jego *New Variorum Edition of Shakespeare*[74], nie dostarczają prawdziwego precedensu kolektywnego morderstwa i nie pomniejszają oryginalności i znaczenia tego, co zrobił Szekspir. Niewątpliwie to prawda, że temat rozbrojonego Hektora nie jest wyłącznie szekspirowski, ale w pracach, w których się pojawia, mordercą jest sam Achilles i również Achilles zabija Troilusa w tekście Lydgate'a, który pokazuje tego wojownika najpierw otoczonego i zaatakowanego przez Myrmidonów. Teksty te mogły w jakiś sposób pomóc Szekspirowi w całościowej koncepcji sceny, ale nie zawierają tego, co najbardziej uderzające i oryginalne, czysto szekspirowskie, tj. tego, czym jest kolektywne zamordowanie Hektora.

Nie zgadzam się z poglądem, że Szekspir nie jest autorem tych wersów. Usunięcie ich ze sztuki to zbyt łatwe rozwiązanie interpretacyjnego problemu zrodzonego przez kolektywne morderstwo Hektora. Morderstwo to pozostaje w sprzeczności z rozumieniem tej sztuki jako nośnika „heroicznych wartości" i dlatego niektórzy tradycyjni krytycy chcą się go pozbyć. Gdybysmy usunęli z tej sztuki wszystkie fragmenty, które zaprzeczają heroicznemu rozumieniu *Troilusa i Cressidy*, nie pozostałoby z niej ani jedno słowo.

Szekspir chce zakończyć swoją sztukę zbiorowym morderstwem i ignoruje wszystko, co stoi na drodze do tego zakończenia, łącznie z samym Homerem. Cała ta sprawa ma być bardziej oburzająca, niż budząca strach i została potraktowana szkicowo, ale nie może zostać wyrzucona ze sztuki, która jest wyraźnie na wskroś szekspirowska. Moim zdaniem, owo wymyślenie zbiorowego morderstwa na zakończenie *Troilusa i Cressidy* to silny argument na rzecz tezy, której bronię. Szekspir zrozumiał, jaką rolę musi odgrywać w mimetycznej teorii kolektywna przemoc; widzi ją jako klucz do tajemniczego następowania po sobie porządku i nieporządku oddziałującego na społeczeństwo ludzkie.

Święci mordercy obojga płci występowali w mitologii greckiej w wielkiej obfitości i mogli tworzyć zorganizowane bandy, takie jak

---

[74] *Troilus and Cressida* w: *A New Variorum Edition of Shakespeare*, ed. Harold N. Hillebrand, J. B. Lippincott, Philadelphia, 1953, s. 424-447.

Kureci, Korybanci, Bachantki. Odnajduje się ich również w innych mitologicznych tradycjach; sławnym przykładem są oczywiście nordyckie Walkirie. Samo istnienie i znaczenie tych morderców sugeruje, podobnie jak inne niezliczone ślady, zasadniczą funkcję zbiorowej przemocy w mitologii. Szekspir, z charakterystyczną dla siebie smykałką do mitologii, traktuje Mirmidonów jako właśnie taką bandę świętych zabójców. Jeżeli przyjrzymy się dokładnie Achillesowi i jego ludziom, zobaczymy, że każdy szczegół potwierdza potęgę tej intuicji, owego godnego uwagi faktu, że słowo *Myrmidon* znaczy „mrówka".

W wielu prymitywnych mitach, wspólnota zabójców jest wyobrażana jako sfora zwierząt, zbiorowo polujących lub gromadzących się w dużej liczbie wokół padliny, takich jak wilki, psy, sępy i inne zwierzęta prerii. Wiele mitów ucieka się również do zwierząt udomowionych, które zwracają się przeciw swojemu panu i zabijają go. Na przykład konie Hipolita lub psy Akteona — o tym ostatnim micie wspomina *Sen nocy letniej*.

Owady gromadzące się w ogromnej liczbie przy zwłokach również odgrywają taką samą metaforyczną rolę w wielu mitach świata. Są aluzją do zbiorowej przemocy. W jednym z południowoamerykańskich mitów, badanych przez Claude'a Lévi-Straussa w jego *Mythologiques*, „muchy" wyraźnie odgrywają rolę linczujących[75]. W „Czerwonym psie", jednym z krótkich opowiadań Rudyarda Kiplinga w *Drugiej księdze dżungli*, taką samą rolę odgrywają pszczoły.

Mrówki, tak jak inne owady, przypominają grupę morderców, atakujących wspólnie swoje ofiary — w tym przypadku Hektora — i to zapewne pierwotnie zadecydowało o tym, że ludzie Achillesa zostali nazywani Myrmidonami. Szekspirowska poprawka do Hektora nie jest niczym nie uzasadnioną poetycką inwencją; jest to składowa całościowego mimetycznego podejścia rzucającego światło na niezliczone mityczne tematy; traktuje ono grecką epikę jako jedną całość, z jej „kryzysem Kolejności" i jego kolektywnym „kozło-ofiarnym" zakończeniem.

Troilus i Cressida jako całość egzemplifikuje kryzys teoretycznie opisany przez Ulissesa. Kolektywne zabójstwo Hektora na samym końcu groteskowo ilustruje haniebne zakończenie tej sprawy, kiedy w i l k w s z e c h o g a r n i a j ą c y [*universal wolf*] tajemniczo (dosłownie:) p o ż e r a s a m s i e b i e [*eat up himself*]. W naszym mimetycznym i ofiarniczym świetle dziwne słowa Ulissesa na zakończenie jego

---

[75] Sam Lévi-Strauss oczywiście nie dostrzega w tych mitach żadnej aluzji do „kozłoofiarniczego" mechanizmu. Zob. tegoż *Mythologiques*: *Le Cru et le cuit*, Paris: Plon 1964, s. 152, 154.

mowy i dziwne przekręcenie Homera na zakończenie sztuki powtarzają się jak echo i po raz pierwszy stają się zrozumiałe.

Jeżeli *katharsis* jest faktycznie osłabioną wersją zgody, jaką wśród morderców wytwarza morderstwo, nic nie może sprzyjać mu mniej niż owo brutalne i wstrętne ujawnienie tego, co faktycznie leży u jego podstaw. *Troilus i Cressida* należy do nierozpoznanego teatralnego gatunku, lub być może jest tym, co Francuz nazwałby *Iliade travestie* — parodią tej epiki, ale tak całkowitą, że kwestionuje samą istotę teatru. O ile w ogóle jakaś sztuka Szekspira faktycznie pasuje do definicji antyteatru, to jest nią z całą pewnością *Troilus i Cressida*.

27
SŁODKI PUCK!

Ofiarnicze zakończenie
w *Śnie nocy letniej*

Noc Świętojańska jest kryzysem Kolejności; powinna więc być posłuszna tej samej ofiarniczej logice, co *Juliusz Cezar* i *Troilus i Cressida*. Te dwie sztuki nauczyły nas, że jedynym możliwym zakończeniem wszechogarniającej przemocy jest mechanizm jednomyślnego victimage'u[76]. Czy reguła ta stosuje się także do *Snu nocy letniej*? W komedii nikt nie umiera; prawo gatunku zakazuje przedstawiania przemocy. Brak ofiary [*victim*] oznacza, że Szekspir stosuje się do tych reguł gatunku. Czy uświadomił już sobie jednak, że ta zasada (gatunku) jest z konieczności oszukańcza? Zwłaszcza owo szczęśliwe zakończenie mimetycznego kryzysu wymaga ukrytego gdzieś składania ofiary. Czy sztuka ta została napisana, zanim Szekspir zdał sobie sprawę z tego faktu, czy też istnieje w niej jakaś dyskretna wskazówka, że był już tego świadomy? Właśnie na to pytanie szukamy obecnie odpowiedzi. Jeżeli Szekspir opanował już sekret składania ofiary tworząc *Sen nocy letniej*, wówczas zapewne już tam umieścił identyfikowalne sygnały jej działania, tak jak w *Troilusie i Cressidzie*.

Lysander i Demetriusz, gdy widzieliśmy ich po raz ostatni, poszukiwali się nawzajem, mając w sercu jak zawsze takie samo pragnienie, tym razem mordercze chęci. Ich miecze były obnażone i prędzej lub później, jeszcze przed brzaskiem, zapewne by się odnaleźli. Jednakże nie odnajdują się; spokojnie idą spać i następnego ranka budzą się jako przyjaciele. To szczęśliwe zakończenie, typowe dla komedii, nie wydarza się samo z siebie; jest zaaranżowane przez Pucka, działającego zgodnie z instrukcją Oberona:

> Thou see'st these lovers seek a place to fight;

---

[76] W książce *Things hiddden since the Foundation of the World*, dz. cyt., Girard używa terminu „mechanizm victimage'u" zamiennie z określeniami „ofiarnicze zakończenie" i „mechanizm sacrum". [Przyp. tłum.]

> Hie therefore, Robin, overcast the night;
> The starry welkin cover thou anon
> With drooping fog as black as Acheron,
> And lead these testy rivals so astray
> As one come not within another's way.
> Like to Lysander sometime frame thy tongue;
> Then sir Demetrius up with bitter wrong;
> And sometime rail thou like Demetrius;
> And from each other look thou lead them thus,
> Till o'er their brows death-counterfeiting sleep
> With leaden legs and batty wings doth creep.
>
> (III, ii, 354-365)

> Pragną do boju stanąć zakochani,
> Pędź tam, Robinie, i noc opuść na nich,
> Niebo gwieździste niech mroki ogarną
> I mgła je spowij jak Acheron czarną.
> A połącz ścieżki wzburzonych rywali
> Każąc im błądzić, by się nie spotkali.
> Miej głos Lysandra na końcu języka,
> Miotaj obelgi wciąż na przeciwnika,
> To znów Demetriusz niech mówi wzburzony,
> I tak ich prowadź w dwie przeciwne strony,
> Póki sen, jak śmierć, stopą ołowianą
> Do głów nie wkroczy i nie pozostaną
> Pod nietoperzym jego skrzydłem.
>
> (s. 73)

Tym razem Puck wykonuje swą misję niezwykle dokładnie. Przed Demetriuszem udaje Lysandra, a przed Lysandrem Demetriusza, zręcznie zachęcając każdego z nich, aby polowali na niego zamiast na siebie. Nadludzki torero unika rogów nie jednego, lecz dwóch rozjuszonych byków i wodzi młodzieńców za nos tak długo, aż zupełnie wyczerpani usypiają na ziemi.

W tym samym czasie zasypiają na ziemi również dziewczyny, chociaż bez jakieś zewnętrznej interwencji. Wydaje się, że ich żądza przemocy nie jest na tyle intensywna, aby narażały życie. W tej sztuce po raz pierwszy Szekspir robi istotną różnicę między przedstawicielami odmiennej płci. Mógł wybrać odmienne zakończenie: mógł nakazać młodzieńcom, aby byli tak samo wyczerpani jak dziewczęta i również zasnęli sami z siebie. Autor musi mieć powód, wymyślając taką dziwną technikę „zakończenia konfliktu".

Chochlik bierze na siebie przemoc, którą dwaj młodzieńcy kierują przeciw sobie. Bez tej zastępczej tarczy strzelniczej krew na pewno by się polała. Przy braku ofiary słowa takie jak „victimage" lub „składanie w ofierze" są, ściśle mówiąc, nie na miejscu, ale manewr Pucka jest ofiarniczym zastępstwem — równie skutecznym, jak zastępowane przez nie składanie ofiary.

Lysander i Demetriusz przekształcili się w doskonałe sobowtóry, równie zdecydowane, aby zniszczyć siebie nawzajem. Znajdujemy się w miejscu, kiedy „wilk ten wszechogarniający ... Musi zagarnąć wszystko jako zdobycz" [*an universal wolf ... Must make perforce an universal prey*]. Scena ta jest nieznacznie, lecz zdecydowanie zniekształconym przedstawieniem tego, co wydarza się w owym krytycznym momencie: możemy dostrzec mechanizm victimage'u; możemy dostrzec funkcję, jaką on spełnia, chociaż nikt nie umiera — przemoc znika. Ofiarniczy mechanizm nie jest przedstawiony jako owa automatyczna konsekwencja mimetycznego kryzysu, którą faktycznie jest, ale jako własna inicjatywa kozła ofiarnego, lub raczej inicjatywa jakiegoś innego bóstwa, w tym przypadku Oberona nadzorującego działania Pucka.

Przy dwóch sobowtórach, ofiarnicze zastępowanie można poddać sensownie w wątpliwość, ale sobowtóry są faktycznie trzy. Dzięki mimetycznie udawanej identyczności z Demetriuszem i Lysandrem, Puck staje się sobowtórem tych sobowtórów. Szekspir wprawia w ruch nie tyle trzech graczy, co powiedzmy dwóch i pół — absolutne minimum, niewątpliwie, ale z trzema setkami graczy lub trzystoma tysiącami nic zasadniczo nie zmieniłoby się.

Prawdziwy kozioł ofiarny jest bezbronną ofiarą, a nie zręcznym chochlikiem, zabawiającym się grami jedynie po to, aby ochronić swych prześladowców przed ich własną przemocą. Występujące tu oszukiwanie polega na przekształceniu owej biernej ofiary w transcendentalny czynnik udawania ofiarniczego procesu. Niewątpliwie zostało to wymyślone przez samego Szekspira, ale nie *ex nihilo*; w tym, co wymyślił, zaraz rozpoznajemy istotną cechę mitu, ów specyficzny sposób zniekształcania przez mit faktycznych wydarzeń, w których jest zakorzeniony.

Gdy kozły ofiarne wydają się godne czci boskiej, może być tak jedynie z tego samego powodu, z jakiego wydają się godne nienawiści. Dostarczając jednego, wspólnego obiektu dla przemocy generowanej przez ludzką interakcję chronią wspólnotę przed tą przemocą. Z dawien dawna, jak świat długi i szeroki, kozły ofiarne deifikowano z tego samego powodu: ze względu na to, że zauważono, iż ich moc uspakajania antagonistów jest ich własnym łaskawym czynem. Mit jest fałszywym wyjaśnieniem czegoś całkiem rzeczywistego, co przychodzi gnębicielom do głowy w retrospekcji, z powodu dobroczynnych konsekwencji ich pastwienia się nad kimś.

Puck jest klasycznie mityczny; najpierw uważa się go za odpowiedzialnego za spowodowanie konfliktu między kochankami przez umyślne pomyłki w rozlewaniu napoju miłosnego, a następnie odpowiedzialnego za zgodę między nimi, nie po prostu dlatego, że w końcu wlewa swój sok do „właściwych" oczu, ale dlatego, że — co ważniejsze — uniemożliwia on Lysandrowi i Demetriuszowi zabicie się nawzajem; Puck czyni to wystawiając się samemu na ciosy.

Sen nocy letniej jest zdumiewającą rozprawą na temat prawdziwej natury mitologii. Dzięki odwróceniu rzeczywistej perspektywy, które jest *implicite* obecne już we wstępnym „kozło-ofiarnym" przeniesieniu, pojednane sobowtóry przypisują swoje pojednanie nie mimetycznemu skutkowi, któremu faktycznie je zawdzięczają, a którego nawet nie dostrzegają, lecz samej ofierze [*victim*], którą przekształcają w byt zdolny zarówno do ratowania ich, jak i do wyrządzenia im szkody. Taka jest geneza duszków kojarzonych z Nocą Świętojańską; sprawozdanie z tej nocy, które kochankowie oferują Tezeuszowi i Hipolicie jest zniekształceniem w ściśle mitologicznym sensie. Mimetyczne pragnienie całkowicie znika, zamiast niego mamy podwójne działanie Pucka, najpierw jako kogoś, kto sieje niezgodę, a następnie jako kogoś, kto zbawia.

Jak już mówiłem, Szekspir mógł zakończyć swoje opowiadanie o tej nocy letniego przesilenia w inny sposób. Zakończenie, jakie napisał, jest najbliższym z możliwych przybliżeń mechanizmu victimage'u, który daje się pogodzić z *nonviolence* komedii i będąc najbliższe zakończeniu tragicznemu jest ciągle takie, że nie zmienia komedii w tragedię.

Dla jakich widzów zostały zredagowane te dziwy, które mamy w tej sztuce, wciąż po czterech stuleciach całkowicie źle rozumiane i lekceważone? Raz jeszcze musimy wyobrazić sobie kilku wtajemniczonych, z którymi autor miał prywatne kontakty. I bez wahania wyciągamy wniosek, że Szekspir pisząc *Sen nocy letniej*, tj. co najmniej trzy lata przed *Juliuszem Cezarem*, odkrył mechanizm victimage'u i nabył biegłości w pełnym opisie mimetycznego cyklu.

Istnieje ścisła odpowiedniość między dwukrotną interwencją Pucka w komedii i podwójną naturą innego mitycznego bytu, Robina Dobroduszka [Robin Goodfellow], którego Szekspir po raz pierwszy przedstawia na początku aktu drugiego. Domyślając się, że Puck może "faktycznie" być angielskim hobgoblinem, jeden z duszków charakteryzuje tego ostatniego w następujący sposób:

> Are you not he
> That frights the maidens of the villagery,
> Skim milk, and sometimes labor in the quern,
> And bootless make the breathless huswife churn,
> And sometime make the drink to bear no barm.
> Mislead night-wanderers, laughing at their harm?
> Those that Hobgoblin call you, and sweet Puck,
> You do their work, and they shall have good luck.
> Are you not he?
>
> (II, i, 34-42)

> Po wsiach dziewczęta straszysz i kobiety,
> Zbierasz śmietanę, kręcisz puste żarna
> Lub zamiast masła maź powstaje marna
> Choć tak się trudzi gosposia półżywa.
> A czasem drożdże odcedzasz od piwa;
> Lub wiedziesz ludzi nocą na manowce
> Drwiąc z nich i szydząc, że błądzą jak owce?
> Lecz Puckiem słodkim lub Hobgoblinem
> Gdy kto cię nazwie, wnet wspierasz go czynem
> I szczęście zyska on z twoją pomocą.
> Czy to ty?
>
> (s 26-27)

Chochlik [*goblin*] należy do drobnych bóstw, nazywanych przez antropologów „psotnikami". Są one równocześnie złe i dobre. Dobry psotnik zawsze wynagradza szkody, które wyrządził jako zły psotnik. Dokładnie tak jak w portrecie szekspirowskim, dobry psotnik ukazuje się tylko w ostateczności. Cały sekwens dostosowuje się oczywiście do prawa narracyjnej zawieszenia, ale narracyjne zawieszenie samo w sobie się nie tłumaczy; jak wszystko inne w ludzkiej kulturze, jest dzieckiem składania ofiary. Jest jak psotnik, który jest wyrazem przedstawieniowych zniekształceń zakorzenionych w *katharsis* drobnego scapegoatingu.

Dlaczego skromny Robin Dobroduszek ukazuje się nagle między tym, co miało być bardziej wyszukaną mitologią. Czyżby Szekspir był zbyt naiwny i nieświadomy, aby rozróżnić jedną mitologię od innej? Oczywiście, że nie; gdyby stracił orientację, nie upierałby się tak przy pomyśle, aby pomocnik Oberona i Robin mogli być postrzegani jako jedna i ta sama osoba. Dla niego owo stopienie się tej dwójki, chociaż słuszne, nie obywa się bez słowa. Kosmopolita Puck, okrążający świat w niespełna godzinę, jest bardziej egzotyczną i światową postacią niż prowincjonalny hobgoblin. Szekspir wskazuje na analogię ukrytą za tymi różnicami. Rola Pucka w jego Nocy Świętojańskiej jest podobna do ambiwalentnej mocy przypisywanej Robinowi nie przez Szekspira, ale przez ludową tradycję wiernie odzwierciedloną w opisie, który właśnie cytowaliśmy. Autor skierowuje naszą uwagę na fakt, że folklor i mitologia mają taki sam *modus operandi*, tę samą podwójną funkcję, zakorzenioną w tej samej *mimesis*. De facto porównuje identyczność mitycznego procesu w różnych tradycjach kulturowych.

Zarówno Robin jak i Puck personifikują cykl mimetyczny. Dlatego Szekspir tak silnie podkreśla mimesis. Chochlik odpowiadając duszkowi, który właśnie go przedstawił, z ochotą uznaje przypisaną mu tożsamość, a następnie opisuje kilka swoich ulubionych trików, z których każdy jest czysto mimetyczny:

> I am that merry wanderer of the night.
> I jest to Oberon and make him smile
> When I a fat and bean-fed horse beguile,
> Neighing in likeness of a filly foal;
> And sometimes lurk in a gossip's bowl,
> In very likeness of a roasted crab,
> And when she drinks, against her lips I bob,
> And on her withered dewlap pour the ale.
> The wisest aunt, telling the saddest tale,
> Sometime for three-foot stool mistaketh me;
> Then slip I from her bum, down topples she,
> And „tailor" cries, and falls into a cough.
> (II, i. 43-54)

> Tak, ja, który błądzę nocą
> I Oberona śmieszę moją psotą
> Gdy tłusty ogier pomyka z ochotą,
> A ja go łudzę rżeniem jurnej klaczy,
> Czasem kumoszka mnie w kubku zobaczy,
> W kształcie pieczonej ulęgałki. żywo
> W wargę ją trącam i rozlewa piwo
> Na piersi wyschłe. Czasem mądra ciotka,
> Paplącąc żałośnie, myli się i spotka
> Mnie zamiast stołka trójnogiego. Siada,
> Ja się spod stołka usuwam i pada.
> „Mój zadek" wrzeszczy i niemal się krztusi,

Reszta kumoszek ze śmiechu się dusi.
(s. 27-28)

Robin jest nawet lepszy od Dupka jeśli chodzi o odtwarzanie ożywionych i nieożywionych bytów; zawsze ukazuje się na podobieństwo czegoś lub kogoś innego — na „podobieństwo" [*likeness*] jurnej klaczy [*filly foal*] lub „na samo podobieństwo" [*the very likeness*] pieczonej ulęgałki [*a roasted crab*] lub trójnogiego stołka [*a three-foot stool*]. Mówienie o nim w języku trwałej tożsamości nie ma w ogóle sensu. Jego jedyną tożsamością jest ów tożsamościowy kryzys, który w tej sztuce nazywamy Nocą Świętojańską, a gdzie indziej kryzysem Kolejności. Jak możemy zobaczyć w nim podobieństwo do Pucka, tak ukazuje się on również pod postacią Robina Dobroduszka — może to być trzecia, czwarta lub piąta mityczna tożsamość. Niewątpliwie doskonałym wyborem byłby Proteusz. Jego strategia ratowania zagrożonych kochanków również zależy wyłącznie od *mimesis*: gdy urąga Demetriuszowi musi „przybrać głos Lysandra" [*frame (his) tongue like to Lysander*], a gdy urąga Lysandrowi będzie pomstował „jak Demetriusz" [*like Demetruis*].

Następny dowód, że Puck jest cyklem mimetycznym, leży w dwóch typach ruchów z nim skojarzonych. Prowadzi ludzi zarówno w górę i dół, jak i w kółko, w dzikim wirowaniu, które wkrótce powoduje u jego ofiar zawrót głowy. W świetle rozdziałów piątego i szóstego niniejszej pracy związek z mimetycznym kryzysem jest oczywisty. Ruch krążenia odzwierciedla wzajemność mimetycznego współzawodnictwa; ruch w górę i w dół odpowiada owym maniakalno-depresyjnym wahaniom, huśtawce fałszywego różnicowania. Wirowanie w kółko i fizyczny zawrót głowy, który idzie z nim w parze, są wyraźnym odpowiednikiem powszechnej destabilizacji, którą przyniósł ze sobą upadek Kolejności. Ten sam ruch w kółko pojawia się ponownie w ratunkowym pomyśle Pucka na zakończenie; po doprowadzeniu młodzieńców do szaleństwa, jego karuzela w końcu ich usypia. Jak to pokazuje wiele prymitywnych rytuałów, ofiarniczy powrót porządku jest kontynuacją mimetycznego nieporządku, który go zapoczątkował.

Ta doskonała odpowiedniość ludzkiej i „nadprzyrodzonej" *mimesis* dowodzi ich identyczności. Dopóki *mimesis* ta skupia się na obiektach pragnienia — najpierw Hermii, później Helenie — pozostaje umiarkowanie konflikotwórcza i generuje mit psotnego Pucka. Gdy intensyfikuje się i przerzuca się na samych rywali — kiedy wybucha walka między Heleną i Hermią oraz Lysanderem i Demetriuszem — rozpoczyna się faza „monstrów" i Puck staje się źródłem przerażenia:

> I'll be, sometime a hound,
> A hog, a headless bear, sometime a fire,
> And neigh, and bark, and grunt, and roar, and burn,
> Like horse, hound, hog, bear, fire, at every turn.
> (III, i, 108-111)

> Psem, koniem, to znów dzikiem się okaże
> Bez łba niedźwiedziem, ogniem, który błyska.
> Rżeć, szczekać, chrząkać, ryczeć, płonąc mogę
> Jak pies, koń, niedźwiedź, dzik, plącząc wam drogę.
> (s. 51)

Następnie pojawia się jeszcze inny Puck, dobry psotnik, ratujący swe ofiary przed przemocą, jaką między nimi rozniecił. Chochlik jest projekcją nie tyle osobistych halucynacji, które występowały porzednio — zwierzęcych wizerunków czterech kochanków, czy lwa Dupka, który jest niby-ptakiem niby-człowiekiem — ale kompletnego mimetycznego procesu łącznie z kolektywną ofiarniczą przemianą, która zakańcza kryzys.

Gdy badaliśmy tę noc po raz pierwszy, nie wiedzieliśmy jeszcze nic o składaniu ofiary. Użyłem słowa „projekcja" w sposób nieodróżnialny od słabego i pozbawionego struktury użycia psychologicznego. Bohaterowie z całą pewnością „projektują" swoje mimetyczne pragnienie na Pucka, jednakże bez mechanizmu victimage'u projekcja ta pozostawałaby bezkształtna i efemeryczna; nie skrystalizowałaby się w mityczny byt.

Wszyscy uczestnicy kryzysu mają mniejszy lub większy udział w owej *mimesis* konfliktu i scapegoatingu ale, dzięki jednomyślności scapegoatingu, *mimesis* ta wydaje się zmonopolizowana przez samego kozła ofiarnego, który wykorzystuje ją dla swoich własnych tajemniczych celów jako transcendentalny intrygant i dobroczyńca. Puck zostaje wyprodukowany nie przez samą halucynację, ale przez całkowity proces mimetyczny, którego jest zniekształconą, ale prawdziwą pamięcią. To właśnie ma na myśli Hippolita, odrzucając trywialną teorię mitu, zaproponowaną przez Tezeusza. Warto przeczytać jeszcze raz w świetle mechanizmu victimage'u jej wspaniały kontratak przeciw jego sławnej mowie:

> But all the story of the night told over,
> And all their minds transfigur'd so together,
> More witnesseth than fancy's images
> And grows to something of great constancy:

> But, howsoever, strange and admirable.
> (V, i, 23-27)

> Lecz dzieje nocy tej, tak powtórzone,
> I ich umysły odmienione wspólnie
> Świadczą, że to coś więcej niż złudzenie
> I staje się ogromnie prawdziwe,
> Choć jest przedziwne i godne podziwu.
> (s.97)

Puck naprawdę nie umiera, gdyż jest już martwy. Jego bycie jest przekształconym obrazem jakieś gwałtownej śmierci. Chociaż śmierć w tej sztuce na zakończenie Nocy Świętojańskiej nie jest oficjalnie obecna, występują liczne symptomy jej bliskości. Najpierw Oberon robi aluzję do Acherona, symbolu piekła, a następnie ten sam Oberon definiuje senność, która pokona kochanków jako „naśladowanie śmierci" [*death counterfeiting*]; będzie się ona skradać ku nim „na ołowianych nogach i nietoperzych skrzydłach" [*with leaden legs and batty wings*].

W scenie następującej bezpośrednio po zakończeniu kryzysu jeszcze słyszymy owo pohukiwanie stosującego przemoc zakończenia, którego nigdy oficjalnie nie było, ale które powinno było tam się znaleźć: wspomina się w tym momencie o różnych tekstach i zajściach — mitycznych, literackich i historycznych — niby bez wyraźnego celu, tyle że wszystkie one kończą się victimage'em lub śmiercią. Tezeusz musi dokonać wyboru rozrywki, proponowanej na ten wieczór. Jego Mistrz Zabaw dostarcza mu wykazu możliwych spektakli; zanim dociera do *Pyramusa i Tysbe*, ostatnich na liście, czyta krótki opis trzech innych ofert, z których każda, według jego odczuć, nie pasuje do szczęśliwej uroczystości:

> "The battle with the Centaurs, to be sung
> By an Athenian eunuch to the harp."
> We'll none of that: that I have told my love,
> In glory of my kinsman Hercules.
> "The riot of the tipsy Bacchanals,
> Tearing the Thracian singer in their rage."
> That is an old device; and it was play'd
> When I from Thebes came last a conqueror.
> "The thrice three Muses mourning for the death
> Of Learning, late deceas'd in beggary."
> That is some satire, keen and critical,

Not sorting with a nuptial ceremony.
(V, i, 44-55)

"Eunuch ateński, wtórując na harfie,
Odśpiewa cała bitwę z Centaurami."
Nie chcemy tego. Sam to miłej mojej
Opowiedziałem, aby Herkulesa,
Krewnego mego, uczcić. —

[*Czyta*]

"Szał pijanych
Bachantek, które trackiego śpiewaka
Rozdarły na strzępy". Nie. To rzecz przebrzmiała.
Grano ją zresztą, gdy ostatnim razem
z Teb powracałem po wielkim podboju.
"Trzykroć trzy Muzy, które opłakują
Wiedzę, niedawno umarła w ubóstwie."
Jakaś satyra, ostra i krytyczna,
Na uroczystość ślubną niestosowna.

(s. 98)

Dlaczego Szekspir wspomina o tych trzech odrzuconych spektaklach, poprzedzających czwarty również z trudem do przyjęcia? Wszystkie trzy robią aluzję do tego, co bezskutecznie próbuje utorować sobie drogę w *Śnie nocy letniej*, do tego czegoś, co jest zawsze odrzucane i wykluczane, ponieważ „nie licuje ze ślubną ceremonią", tzn. do kolektywnego zabójstwa jakiejś ofiary [*victim*]. Victimage nie może być w centrum *Snu nocy letniej*, jest jednak wszędzie na peryferiach, marginesowy, wykluczony, prześladowany, ale niewątpliwie obecny. Pojawi się znowu w *Pyramusie i Tysbe*, ale nie w tak straszliwej graficznej formie jak „Szał pijanych / Bachanek, które trackiego śpiewaka / Rozdarły na strzępy." [*tipsy Bacchanals, / Tearing the Thracian singer in their rage.*]

Ostatnio wspomniane zbiorowe morderstwo byłoby bardziej odpowiednim zakończeniem dla tej Nocy Świętojańskiej. Jest ono pierwotnym wydarzeniem, którego nieznacznie ocenzurowaną kopię daje Puck, przemieniając je w spektakl odpowiedni dla dam. W tym miejscu widzimy w przelocie to, o czym Szekspir z całą pewnością myślał, kiedy tworzył tę sztukę. W kontekście mimetycznego kryzysu, owo odniesienie do zbiorowego mordu Orfeusza sugeruje linię myślenia, która prowadzi wprost do wielkiego objawienia *Juliusza Cezara*.

Ofiarnicze zakończenie w *Śnie nocy letniej*

Dziwnym zbiegiem okoliczności we wszystkich trzech zaproponowanych opowiadaniach ofiarą jest poeta. W pierwszym z nich zostaje wykastrowany; w drugim zlinczowany; w trzecim umiera samotnie, ofiara powszechnej obojętności — chociaż nie został fizycznie rozszarpany na kawałki, jego szczątki rozsypują się po okolicy, przez wszystkich opuszczone. Jest to nowoczesny sposób załatwiania spraw, ostateczna faza uwiecznienia najstarszej ludzkiej instytucji i matki ich wszystkich — jednomyślnej przemocy. Uczeni widzą w tym współczesną aluzję do śmierci poety Greene'a.

Ta fiksacja na poecie przypomina o innym zlinczowanym poecie, o którym czytamy w *Juliuszu Cezarze*. Przypadek Cinny pochodzi z Plutarcha, ale wrzask narastający w motłochu należy wyłącznie do Szekspira: „Rozszarpmy go za jego zły wiersz!" [*Tear him for his bad verse*].

We wszystkich tych gnębionych poetach dostrzegam nie tyle romantyczne litowanie się nad sobą, co ironiczną aluzję autora do jego strategii samomaskowania się, którą rozpoczął w *Śnie nocy letniej*. Cytowałem już ponownie odpowiedź Hipolity Tezeuszowi, owe pięć nieefektownych wersów, do których Szekspir wygnał swoje widzenie tej sztuki, równocześnie gloryfikując ponad miarę zwodnicze banały krasomówcy, który obwinia za Noc Świętojańską kilka niegodziwych jednostek z poetą na czele.

Poznaliśmy już jeden ze zwiastunów *Snu nocy letniej*, tj. *Dwóch szlachciców z Werony* (rozdział 1); powiedzmy choć słowo o innym, o *Serc staraniach*. Ta urocza komedia ma ośmiu a nie czworo kochanków, równie retorycznych i literackich jaki ci ze *Snu nocy letniej*. Jednakże mimo podwojenia liczby kochanków, tej wcześniejszej sztuce brak owego prawa nietrwałości, którego *Sen nocy letniej* dostarcza swoim zadziwiającym przebiegiem i ironiczną głębią.

Pragnienia w tej komedii są niewątpliwie mimetyczne, ale nie na tyle, aby systematycznie krzyżować się ze sobą i rozpocząć wir erotycznych zastępowań, które generują kryzys Kolejności. Ta wczesna praca nie komunikuje niekończonej nerwowości pragnienia w taki sam nieskończenie zręczny, komiczny i subtelny sposób, jak późniejsza sztuka. W porównaniu ze swoją następczynią — nie wierzę, aby *Sen nocy letniej* mógł być sztuką wcześniejszą — *Serc starania* nie rozwinęły w pełni skrzydeł.

Nawet jednak w tej sztuce pragnienie wywołuje pewien rodzaj kryzysu, zakończony nagle przez moc śmierci. Śmierć ta, nie będąc zamaskowana czy też niewidoczna, interweniuje pod postacią posłańca ze smutną wiadomością: król Francji właśnie umarł; księżniczka — jego córka — musi wyjechać; inne damy muszą jej towarzyszyć. Wesołe zgromadzenie rozpada się; komedia dobiega końca.

Ta interwencja śmierci w *Serc staraniach* pojawia się w tych samych krytycznych okolicznościach, co ostatnia interwencja Pucka w *Śnie nocy letniej*; skutek jest równie rozstrzygający w obu sztukach. Moc śmierci jest nawet w tej ostatniej sztuce bardziej widoczna niż w *Śnie nocy letniej*, gdyż pojawia się w klasycznej postaci o p ł a k i w a n i a u m a r ł e g o, co z całą pewnością jest ważne, ale mało ważne w tym teatrze, chyba że, tak jak tutaj, ma zastosowanie jako owa jedyna siła, która może naprawdę sztukę zakończyć, tj. jako mechanizm ofiarniczy.

Dla psychoanalityka wydarzeniem najważniejszym jest zawsze śmierć królów, do której wszystkie inne zakończenia muszą się potajemnie odnosić. Drobny manewr Pucka wydaje się w porównaniu z tym raczej mało ważny. Prawda jest dokładnie przeciwna. Prawdziwą mocą śmierci jest s k ł a d a n i e o f i a r y. Sama żałoba wywodzi się ze składania ofiary; jak wszystko inne w kulturze, jest ona dzieckiem składania ofiary. Większość pisarzy ucieka się do tej ofiarniczej mocy nawet nie odkrywszy jej pochodzenia. Dotyczyło to początkowo również Szekspira. Gdy pisał *Serc starania*, jak się zdaje, nie odkrył jeszcze prawdy; odkrył ją z cała pewnością, gdy pisał *Sen nocy letniej*.

Cała magia obecna w *Śnie nocy letniej* jest oczywiście zakorzeniona w czysto ludzkim działaniu *mimesis*, które komedia ta systematycznie ujawnia łącznie z ukazaniem jej mitycznej przemiany. Żałuję, że nie mogłem również podjąć tych dwóch tematów równolegle. O mimetycznych interakcjach kochanków i aktorów mówią rozdziały od trzeciego do szóstego, do których czytelnik musi powrócić.

Sen nocy letniej jest sztuką najbardziej „wrącą" z wszystkich sztuk, które Szekspir napisał, najbardziej zainspirowaną przez liczne aspekty mimetycznego procesu. Ale ze względu na gatunek i być może również ze względu na swe wczesne powstanie, sztuka ta nie daje *explicite* opisu mimetycznego cyklu i mechanizmu victimage'u, jaki znaleźliśmy w *Juliuszu Cezarze*. Dlatego też rozważając wstępnie te fundamentalne tematy, musiałem najpierw skupić się na *Juliuszu Cezarze*, aby następnie powrócić do *Troilusa i Cressidy* i *Snu nocy letniej* w celu pokazania, że ofiarnicza śmierć występuje już w tych dwóch sztukach, chociaż nie w równie pełnej i oczywistej formie.

Po lekturze *Juliusza Cezara* ofiarnicze zastępowania i aluzje do mechanizmu victimage'u zawarte w *Troilusie i Cressidzie* oraz w *Śnie nocy letniej* stają się łatwe do odszyfrowania. Hektor i Puck nie byliby satysfakcjonujący jako pierwsze zbliżenie się do tego samego mechanizmu; ich ofiarnicza rola pozostałaby wątpliwa, podczas gdy w kontekście śmierci Cezara, staje się ona bardziej widoczna.

Wolałbym przedstawić analizę każdej ze sztuk w nieprzerywanym pełnym biegu, aby jednak uczynić ją bardziej zrozumiałą, zdecydowałem się podzielić *Troilusa i Cressidę* na dwie, a *Sen nocy letniej* na trzy części.

28
USIDLENIE NAJMĄDRZEJSZEGO

Ofiarnicza ambiwalencja
W *Kupcu Weneckim* i *Ryszardzie III*

Krytyka *Kupca Weneckiego* została zdominowana dwa wizerunki Shylocka, które zdają się sprzeczne. Moim zdaniem oba wizerunki należą do sztuki; połączenie ich nie tylko nie czyni jej niezrozumiałą, lecz dodatkowo pomaga w rozumienia dramatycznej praktyki Szekspira.

Pierwszy wizerunek to żydowski lichwiarz z późnośredniowiecznej i współczesnej antysemickiej książki. Samo przywoływanie ducha tego żydowskiego stereotypu przywodzi na myśl potężny system dwuczłonowych przeciwieństw, których nie trzeba doprowadzać do końca, aby przesiąknęły całą sztukę. Są to przeciwstawienie żydowskiej chciwości chrześcijańskiej szczodrobliwości, odwetu współczuciu, kapryśnego usposobienia starości czarowi młodości, ciemności jasności, piękna brzydocie, delikatności opryskliwości, muzykalności niemuzykalności itd.

Drugi wizerunek, jaki pojawia się jedynie w następstwie wyżej wspomnianego stereotypu, jest mocno wszczepiony w nasz umysł: początkowo nie wywiera tak silnego piętna jak pierwszy, ale później nabiera siły, ponieważ język i zachowanie Chrześcijan potwierdzają zwięzłe, ale istotne oświadczenie samego Shylocka, na którym on się głównie opiera.

>   ... if you tickle us,
> Do we not laugh? If you poison us, do we not
> Die? and if you wrong us, shall we not revenge?
> If we are like you in the rest, we will resemble
> You in that. If a Jew wrong a Christian, what
> Is his humility? Revenge. If a Christian wrong
> A Jew, what should his sufferance be by Christian
> Example? Why, revenge. The villainy

You teach me, I will execute; and it shall go
Hard but I will better the instruction.
(III, i, 67-76)

Jeżeli łaskoczecie nas, czy nie śmiejemy się?
Jeśli trujecie nas, czy nie giniemy? — więc jeśli
przypominamy was we wszystkim pozostałym, będziemy
podobni do was także i w tym. Jeśli Żyd
pokrzywdzi Chrześcijanina, jakże pokorę ów okaże?
Zemści się! Jeśli Chrześcijanin pokrzywdzi Żyda,
jakże winien on to znieść, biorąc przykład z Chrześcijanina?
— Jak to? Zemścić się! Popełnię łotrostwo,
którego mnie wyuczyliście. a choć niełatwo to pójdzie,
prześcignę nauczycieli.

(s. 73)[77]

Tekst ten domaga się przede wszystkim od Shylocka osobistego zobowiązania się do zemsty. Nie popiera tego typu „rehabilitacji", której domagają się pewni rewizjoniści. Definiuje natomiast niedwuznacznie symetrię i równoważność, która rządzi stosunkami między Chrześcijanami i Shylockiem.

Symetria jawnego przekupstwa Shylocka i niejawnego przekupstwa pozostałych Wenecjan z całą pewnością jest przez dramatopisarza zamierzona. Zalecanie się Bassania do Porcji zostało przedstawione głównie jako operacja finansowa. Bassanio prosząc Antonia o finansowe poparcie, najpierw wspomina o majątku młodej dziedziczki, następnie o jej pięknie i w końcu o jej zaletach duchowych. Krytycy idealizujący Wenecjan piszą tak, jakby ślady pozostawione w tekście, zaprzeczające ich poglądowi nie zostały tam podrzucone przez samego autora, jakby ich obecność w tej sztuce była sprawą czystego przypadku, podobnie jak rachunek w porannej poczcie, gdy naprawdę oczekiwało się listu miłosnego. Przy każdej możliwej okazji Szekspir tropi analogię między miłosną transakcją Bassania a typowym weneckim interesem Antonia, jego handlem na pełnym morzu. Zauważmy na przykład, w jaki sposób Gratiano, który właśnie wrócił z Belmont, tryskając jeszcze sukcesem tej wyprawy, zwraca się do Saleria:

[*Gratiano*:] Your hand, Salerio. What's the news from Venice?

---

[77] Tu i dalej podaję za: *Najwyborniejsza opowieść o kupcu weneckim*, przełożył Maciej Słomczyński, Wydawnictwo Literackie, Kraków, 1979. [Przyp. tłum.]

How doth that royal merchant, good Antonio?
I know he will be glad of our success.
We are the Jasons, we have won the fleece.
Salerio: I would you had won the fleece that he hath lost.
(III, ii, 238-42)

Gratiano: Twa dłoń. Salerio, — co słychać w Wenecji?
Jakże się miewa król kupców, Antonio?
Wiem, że go szczęście nasze uraduje:
Jak Jazonowie zdobyliśmy runo.
Salerio: Wyście zdobyli runo, a on runął.
(s. 87)

Prawdą jest, że Bassanio i przyjaciele właśnie to zrobili[78]. Nawet gdyby Antonio naprawdę poniósł straty, podbój Porcji więcej niż zrekompensuje finansowo statki Antonia.

Co się tyczy symetrii Shylocka i Wenecjan, zostawiono wiele ważnych wskazówek. Wspomnę tylko o jednej, wyłącznie dlatego, że nie stwierdziłem, aby wzmiankowano o niej w krytycznej literaturze na temat tej sztuki. Z góry przepraszam, jeżeli nie mam racji.

W scenie drugiej aktu trzeciego Bassanio chce wynagrodzić porucznika za jego usługi; mówi do Gratiano i Nerissy, że wezmą ślub równocześnie z nim i Porcją, w podwójnej ślubnej uroczystości — na koszt Porcji, możemy założyć. Mówi: „Małżeństwo wasze wielce uświetni nasze zaślubiny" [*Our feast, shall be much honored in your marriage.*]. Na to podniecony Gratiano zwraca się do swej narzeczonej: „Załóżmy się z nimi o tysiąc dukatów, czyj będzie pierwszy chłopiec" [s. 85; *We'll play with them the first boy for a thousand ducats*, III, ii. 212-13].

Ci młodzi ludzie mają aż za dużo powodów do radości, obecnie ich przyszłość jest bezpieczna dzięki zręcznemu potrząśnięciu kiesą przez Bossania, ten zakład brzmi dość niewinnie, ale Szekspir nie zajmuje się płytką towarzyską pogawędką, musi mieć jakiś cel. Dziecko Gratiana będzie dwa tysiące dukatów tańsze niż funt ciała Antonia. Ludzkie ciało i pieniądze w Wenecji są stale wymieniane jedne na drugie. Ludzie są przekształceni w przedmioty finansowej spekulacji. Ludzkość staje się towarem, wartością wymienną — jak wszystko inne. Nie mogę

---

[78] „ ...to zrobili" odnosi się do ostatniego zdania powyższego cytatu, które w cytowanej wersji angielskiej brzmi dosłownie: „Życzyłem wam zdobycia runa, które on stracił" (*I would you had won the fleece that he hath lost*). Girardowska interpretacja tego cytatu nie koresponduje z polskim przekładem. [Przyp. tłum.]

uwierzyć, że Szekspir nie dostrzegał analogii między zakładem Gratiana i funtem ciała Shylocka. Funt ciała Shylocka symbolizuje weneckie zachowanie. Wenecjanie prezentują się odmiennie od Shylocka, ale tylko do pewnego stopnia. Rozważania finansowe stają się dla nich tak naturalne, tak osadzone w ich psychice, że stają się prawie niezauważalne; nie można ich uznać za oddzielny aspekt zachowania. Na przykład udzielenie pożyczki Bassaniowi przez Antonia jest traktowane jako akt miłości, a nie sprawa handlowa.

Shylock nienawidzi Antonia za pożyczanie pieniędzy bez zysku. W jego oczach kupiec ten szkodzi interesowi. W kontekście pierwszego z wymienionych wizerunków możemy odczytać to jako resentyment wstrętnej chciwości w obliczu szlachetnej szczodrości, ale możemy preferować inne odczytanie, które wspiera drugi wizerunek. Szczodrość Antonia może być większą sprzedajnością niż karykaturalna chciwość Shylocka. Gdy Shylock pożycza pieniądze, z reguły oczekuje zwrotu większej sumy i nic poza tym. Kapitał powinien mnożyć kapitał. Shylock nie myli swoich operacji finansowych z chrześcijańskim miłosierdziem, toteż — inaczej niż Wenecjanie — może wyglądać jak uosobienie chciwości.

Wenecja jest światem, gdzie prezentowanie się i rzeczywistość nie odpowiadają sobie nawzajem. Z wszystkich starających się o rękę Porcji jedynie Bassanio dokonuje prawidłowego wyboru wśród trzech kies, gdyż ten przenikliwy Wenecjanin dobrze wie, jak zwodnicza może być wspaniała powierzchowność. Odmiennie od swoich zagranicznych konkurentów, którzy w sposób rzucający się w oczy pochodzą z krajów, gdzie rzeczy są ciągle mniej więcej takie, jakimi się wydają — słabiej rozwiniętych krajów, można by rzec — instynktownie czuje, że bezcenny skarb, którego szuka, ukrywa się zapewne pod najbardziej nieprawdopodobną powierzchownością.

Symboliczne znaczenie wyboru ołowiu zamiast złota i srebra, które wybrali dwaj cudzoziemcy, dokładnie kopiuje w całości ów stosunek między prawdziwymi Wenecjanami i cudzoziemskim Shylockiem. Gdy dwóch cudzoziemskich zalotników sięga chciwie po owe dwa szlachetne kruszce, dokładnie tak jak Shylock, wyglądają jak uosobienie chciwości; w rzeczywistości to oni są naiwni, a nie Bassanio. Cecha charakterystyczna Wenecjan polega na tym, że wyglądają jak samo uosobienie bezinteresowności właśnie wtedy, gdy ich przebiegłe kalkulacje powodują, że wpada im w ręce sakiewka pełna złota.

Szczodrość Wenecjan nie jest udawana. Prawdziwa szczodrość czyni obdarowanego bardziej zależnym od szczodrego przyjaciela niż zwykła pożyczka. W Wenecji zwycięża nowa forma lenna, które nie opiera się już na granicach czysto terytorialnych, ale na mglistych ugodach finansowych. Brak dokładnego rozliczenia sprawia, że zadłużenie osobiste staje się nieskończone. Sztuki tej Shylock jeszcze nie opanował, ponieważ jego córka czuła się całkowicie zdolna do obrabowania go i porzucenia bez najmniejszych skrupułów. Elegancja dekoracji i harmonia muzyki nie powinna prowadzić nas do przekonania, że wszystko w weneckim świecie jest w porządku. Nie sposób jednakże dokładnie określić, co jest złe. Antonio jest smutny, ale nie potrafi wyjaśnić dlaczego — ten niewyjaśniony smutek wydaje się charakteryzować nie tylko Antonia, ale cała wenecką kupiecką arystokrację.

Jednakże w końcu nawet w życiu Shylocka pieniądze i sprawy ludzkie mieszają się. W tym pomieszaniu jest jednak coś komicznego, ponieważ nawet gdy pieniądze i sentyment stają się jednym, zachowują pewien stopień odrębności, pozostają od siebie nawzajem rozróżnialne. Słyszymy na przykład (dosłownie:) „O, moja córka! O, moje dukaty! Z Chrześcijaninem uciec! O, moje chrześcijańskie dukaty! [*My daughter! Oh, my ducats! Oh, my daughter! / Fled with a Christian! Oh, my Christian ducats!*" II, viii, 15-16] i inne równie śmieszne wypowiedzi, na których nigdy nie przyłapiesz Wenecjanina.

Przy jeszcze innej okazji Shylock, sprowokowany przez swoich weneckich wrogów, miesza sprawy finansowe z innymi namiętnościami i jest to sprawa jego pożyczki dla Antonio. Shylock, szukając odwetu, nie żąda procentu od swoich pieniędzy, czy zdecydowanej gwarancji na wypadek niewywiązania się z płatności, tylko owego słynnego funta ciała. W mitycznej dziwaczności tej prośby mamy widowiskowy przykład owego całkowitego wzajemnego przenikania się tego, co finansowe i co ludzkie będące mniej charakterystyczne dla Shylocka niż dla innych Wenecjan. Stąd Shylock wydaje się Wenecjanom i widzom najbardziej skandaliczny wówczas, gdy przestaje być podobny do samego siebie, przypominając coraz bardziej Wenecjan. Duch odwetu skłania go do jeszcze dokładniejszego naśladowania Wenecjan; Shylock usiłując dać nauczkę Antonio, staje się jego groteskowym sobowtórem.

Antonio i Shylock są przedstawieni jako długoletni rywale. O takich ludziach mówimy często, że coś ich poróżniło, ale wyrażenie to jest zwodnicze. Tragiczny konflikt — jak i komiczny — równa się zanikaniu różnic, co jest paradoksalne, gdyż jest ono następstwem dokładnie przeciwnego zamiaru. Wszyscy ludzie uwikłani w ów proces chcą podkreślić i doprowadzić do skrajności to, co ich różni między sobą. Stwierdziliśmy, że w Wenecji chciwość i szczodrość, pycha i uniżoność, pieniądze i ludzkie ciało stają się jednym i tym samym. Owo odróżnicowanie uniemożliwia dokładne zdefiniowanie czegokolwiek, przypisanie jakiejś jednej szczególnej przyczyny jednemu określonemu wydarzeniu. A jednak ze wszystkich stron mamy tę samą obsesję ukazywania i wyostrzania jakiejś różnicy, która jest coraz mniej rzeczywista. Na przykład Shylock w scenie piątej aktu drugiego mówi „Sam się przekonasz; twe oczy osądzą, / Czym się Bassanio różni od Shylocka;" [s. 50; *Well thou shalt see, thy eyes shall be thy judge, / The difference of Old Shylock and Bassanio*, II, v, 1-2]. Także Chrześcijanie gorąco pragną wykazać, że różnią się od Żydów. Podczas sceny procesowej książę mówi do Shylocka: „Abyś mógł ujrzeć, jak inny jest duch nasz," [s. 121; *Thou shalt see the difference of our spirits*, IV, i, 368]. Nawet użyte słowa są te same. Wszędzie zaostrza się ta sama nonsensowna obsesja różnic, która coraz bardziej się samoudaremnia.

W jednym ze sławnych wersów tej sztuki zawarta jest, jak sądzę, aluzja do owego odróżnicowania. Porcja stanąwszy przed sądem pyta: „Który z nich jest kupcem, a który Żydem?" [s. 111; *Which is the merchant here and which the Jew?*, IV, i, 174]. Nawet gdyby Porcja nigdy nie spotkała ani Antonia, ani Shylocka, mamy prawo być zdziwieni, że w obliczu owej rzekomej olbrzymiej różnicy, widocznej dla wszystkich, która odróżnia go od miłosiernych Wenecjan, nie potrafi zidentyfikować żydowskiego lichwiarza na pierwszy rzut oka. Wers ten byłby rzecz jasna bardziej uderzający, gdyby następował po a nie przed idącym za nim wersem: „Antonio i ty, Shylocku, wystąpcie" [s. 111; *Antonio and old Shylock, both stand forth*, IV, i 175]. Gdyby Porcja nadal nie potrafiła odróżnić Shylocka od Antonia po wystąpieniu tych mężczyzn, wówczas scena ta wyraźnie zaprzeczałaby pierwotnemu wizerunkowi Shylocka, owemu stereotypowi żydowskiego lichwiarza. Ta sprzeczność zagrażałaby wiarygodności sztuki, więc Szekspir się z niej wycofał, ale sądzę, że posunął się tak daleko, jak mógł w tym, jak i w innym miejscu, aby poddawać w wątpliwość realność różnicy, którą oczywiście najpierw sam do tej sztuki wprowadził.

To, co właśnie powiedzieliśmy w języku psychologii, można wyrazić w terminach religijnych. Związek między zachowaniem Shylocka i jego słowami nigdy nie jest dwuznaczny. Jego interpretacja prawa może być wąska i negatywna, ale możemy liczyć na to, że zachowa się w zgodzie z nią i że to, co powie będzie w zgodzie ze jego zachowaniem. We fragmencie o odwecie tylko on mówi prawdę, której Chrześcijanie obłudnie zaprzeczają. Ową prawdą w tej sztuce jest odwet i zemsta. Chrześcijanom udaje się ukryć tę prawdę nawet przed sobą. Nie żyją zgodnie z prawem miłosierdzia, ale owego prawa miłosierdzia jest na tyle dużo w ich mowie, że popędza prawo odwetowego podziemia, czyniąc ten odwet prawie niewidocznym. W rezultacie odwet ów staje się bardziej wyrafinowany, zręczniejszy i bardziej podstępny niż odwet Shylocka. Chrześcijanie bez trudu zniszczą Shylocka, ale będą dalej żyć w świecie, który nie wiedzieć czemu jest smutny, w świecie, gdzie zniesiono nawet różnicę między odwetem i miłosierdziem.

Ostatecznie nie musimy wcale wybierać między przychylnym i nieprzychylnym wizerunkiem Shylocka. Wspomniani na początku starzy krytycy myślą o Shylocku jako o wyodrębnionym istnieniu, indywidualnej substancji [*substance*], którą można zwyczajnie zestawiać z innymi indywidualnymi substancjami i która pozostanie przez te substancje nie zmieniona. Ironiczna głębia *Kupca weneckiego* wynika nie z napięcia między dwoma statycznymi wizerunkami Shylocka, ale z napięcia między tymi tekstualnymi uwydatnieniami [*features*], które wzmacniają i tymi, które poddają w wątpliwość popularną koncepcję nieprzezwyciężonej różnicy między Chrześcijanami i Żydami.

Nie jest przesadą stwierdzenie, że w tej sztuce analizowane jest to, czy samo charakteryzowanie jest rzeczywistym dramatycznym problemem, czy całkowitą złudą. Z jednej strony Shylock został sportretowany jako wyraźnie odróżnialny łajdak. Z drugiej strony sam nam mówi, że nie ma ani łajdaków ani bohaterów; wszyscy ludzie są tacy sami, zwłaszcza gdy biorą na sobie zemstę. Wszelkie różnice, jakie mogły istnieć między nimi, zanim rozpoczął się ów cykl odwetu, rozpadają się w odwzajemnianiu akcji odwetowych i zemsty. Jakie jest w tej sprawie stanowisko Szekspira? Solidne dowody w *Kupcu Weneckim* i w innych sztukach nie pozostawiają wątpliwości. Głównym przedmiotem satyry nie jest Shylock-Żyd. Jednakże Shylock zostaje zrehabilitowany tylko w tym stopniu, w którym Chrześcijanie są jeszcze gorsi od niego, w jakim owa „uczciwość" jego występków czyni z niego postać prawie pokrzepiającą w porównaniu ze świętoszkowatym okrucieństwem innych Wenecjan.

Wspomniana scena procesowa dowodzi, jak nieprzejednani i zręczni mogą być Chrześcijanie, gdy biorą odwet. W tym wysoce osobliwym przedstawieniu Antonio zaczyna jako oskarżony a Shylock jako powód. Pod koniec jednego posiedzenia role odwracają się i Shylock zostaje skazanym przestępcą. Człowiek ów nie wyrządził nikomu faktycznej szkody. Bez jego pieniędzy obydwa małżeństwa, owe dwa szczęśliwe wydarzenia w tej sztuce, nie mogłyby zostać zrealizowane. Tymczasem jego triumfujący wrogowie wracają do Belmont obsypani finansowymi i ludzkimi łupami, łącznie z córką Shylocka, czując się ciągle litościwymi i szlachetnymi dzięki kontrastowi z nikczemnym przeciwnikiem.

Odczuwając niesprawiedliwość w potraktowaniu Shylocka, mówimy zwykle: Shylock jest kozłem ofiarnym. Wyrażenie to jest jednak dwuznaczne. Moje stwierdzenie, że jakiś bohater sztuki jest kozłem ofiarnym, może oznaczać dwie różne rzeczy. Po pierwsze, może znaczyć, że zdaniem samego autora ów bohater jest niesprawiedliwie potępiany i że skazanie go przez tłum jest przedstawione przez tego pisarza jako irracjonalne. W tym przypadku mówimy, że sztuka zawiera temat lub motyw kozła ofiarnego.

Istnieje drugie rozumienie wyrażenia, że jakiś bohater jest kozłem ofiarnym. Może ono znaczyć, że choć zdaniem samego autora bohater jest potępiony sprawiedliwie, w oczach krytyka owo potępienie jest niesprawiedliwe. Zdaniem krytyka tłum potępiający ofiarę jest przedstawiany jako racjonalny przez autora, który faktycznie sam należy do tego tłumu; zarówno ów tłum, jak i autor są więc w oczach tego krytyka irracjonalni i niesprawiedliwi.

Kozioł ofiarny tym razem nie jest tematem lub motywem sztuki; nie został on ujawniony przez samego autora, jeśli jednak zarzuty krytyka są słuszne, to niewątpliwie u źródeł tej sztuki leży jego wpływ, który prawdopodobnie ma charakter zbiorowy i oddziałuje na samego autora. Na przykład krytyk może sądzić, że ktoś, kto stworzył bohatera takiego jak Shylock, wzorując go na stereotypie Żyda-lichwiarza, uczynił tak zapewne dlatego, że osobiście jest równie antysemicki jako społeczeństwo, w którym ten stereotyp istnieje.

Stwierdzenie, że Shylock jest kozłem ofiarnym pozostaje więc niejasne i krytycznie bezużyteczne, dopóki nie sprecyzujemy, czy myślimy o koźle ofiarnym jako o temacie, czy jako o strukturze, tzn. o koźle ofiarnym jako przedmiocie oburzenia i satyry, czy koźle ofiarnym jako biernie akceptowanej iluzji.

Aby udało nam się zlikwidować ów krytyczny impas, do którego odwoływałem się na początku rozdziału, musimy przedstawić go w języku niedostrzeganego jeszcze wówczas wyboru między kozłem ofiarnym jako strukturą i jako tematem. Wszyscy zgodzimy się, że Shylock jest kozłem ofiarnym, ale czy jest on kozłem ofiarnym wyłącznie szekspirowskiego społeczeństwa, czy również Szekspira.

Krytyczni rewizjoniści utrzymują, że scapegoating Shylocka nie jest siłą tworzącą strukturę, lecz satyrycznym tematem. Tradycjonaliści natomiast twierdzą odwrotnie. Według nich, bez względu na to, czy nam się to podoba czy nie, sztuka ta podziela kulturowy antysemityzm społeczeństwa. Nie powinniśmy pozwolić, aby nasza literacka pobożność, uczyniła nas na ten fakt ślepymi.

Osobiście uważam, że kozioł ofiarny jest zarówno strukturą jak i tematem w *Kupcu Weneckim* i że sztuka ta, przynajmniej pod tym istotnym względem jest tym, czym czytelnik chce, nie dlatego że Szekspir gubi się tak jak my, gdy słowo „kozioł ofiarny" zostaje użyte nieostro, lecz wprost przeciwnie: jest zbyt świadomy i zażenowany różnorodnością wymogów, jakie nakłada na niego różnorodność kulturowa jego słuchaczy; jest tak zaznajomiony z paradoksami mimetycznych reakcji i zachowaniem grupowym, że potrafi zachęcić do scapegoatingu Shylocka tych, którzy chcą być zachęceni i równocześnie poddać ten proces w wątpliwość poprzez ironiczne wtrącenia, które dotrą tylko do tych, którzy potrafią je odczytać. Był więc w stanie zadowolić widzów najpospolitszych jak i najbardziej wyrafinowanych. Tym, którzy nie chcą rzucać wyzwania antysemickiemu mitowi i rzekomej szekspirowskiej obronie tego mitu, *Kupiec Wenecki* będzie zawsze wydawał się umacnianiem tego mitu. Szekspirowski sprzeciw stanie się natomiast widoczny dla tych, którzy rzucą wyzwanie tym przekonaniom. Sztuka ta jest podobna do wirującego przedmiotu, który dzięki jakimś tajemniczym środkom, zawsze prezentuje się przed widzem w postaci, która najbardziej pasuje do jego subiektywnej perspektywy.

Skąd nasza niechęć do rozważenia tej możliwości? Zarówno intelektualnie jak i etycznie zakładamy, że scapegoating nie może i nie powinien być równocześnie tematem satyry i siłą nadającą strukturę. Albo autor uczestniczy w zbiorowym victimage'u i nie potrafi uważać go za niesprawiedliwy, albo jest w stanie dostrzec jego niesprawiedliwość i nie powinien pobłażać mu nawet ironicznie. Większość dzieł sztuki faktycznie znajduje się po jednej lub po drugiej stronie tej szczególnej bariery. *Kupiec Wenecki* napisany przez Arthura Millera, Jeana-Paula Sartre lub Bertolta Brechta wyglądałby z cała pewnością inaczej. Jednakże tak samo byłoby z *Kupcem Weneckim*, który odzwierciedlałby po prostu antysemityzm swojego społeczeństwa, jak to ujawnia natychmiast porównanie z *Jew of Malta* Marlowe'a.

Gdy przyjrzymy się dokładnie wspomnianej scenie sądowej, nie pozostanie cienia wątpliwości, że Szekspir równie zręcznie podkopuje skutki kozła ofiarnego, jak je wytwarza. Jest coś strasznego w tej zręczności. Sztuka ta wymaga fałszowania, a zatem orientacji w zjawiskach mimetycznych, która przekracza nie tylko nieświadomą niemoralność tych, którzy poddają się biernie mechanizmom victimage'u, ale również przekracza moralność, która się przeciw nim buntuje, nie dostrzegając ironii, którą wytwarza podwójna rola tego autora. Szekspir musi najpierw sam stworzyć na poziomie rażąco teatralnym owe skutki, które później poddaje w wątpliwość na poziomie aluzji.

Przyjrzyjmy się, w jaki sposób Szekspir potrafi poruszać się w tych dwóch kierunkach równocześnie. Dlaczego trudno nie doznać uczucia ulgi i nawet triumfu z klęski Shylocka? Przede wszystkim dlatego, że życie Antonio jest rzekomo bezpośrednio zagrożone. Zagrożenie to wynika z roszczeń Shylocka do należącego mu się funta ciała.

Obecnie ów funt ciała jest motywem mitycznym. Odkryliśmy wcześniej, że jest on wielce znaczącą alegorią świata, w którym istoty ludzkie i pieniądze są ustawicznie wymieniane jedne na drugie, ale niczym więcej. Możemy wyobrazić sobie czysto mityczny kontekst, w którym Shylock mógłby faktycznie wyciąć ów funt ciała, a Antonio odszedłby upokorzony i słaby, ale żywy. W *Kupcu Weneckim* temu mitycznemu kontekstowi przywrócono kontekst realistyczny. Mówi się nam, że Antonio nie mógłby poddać się tej chirurgicznej operacji bez ryzyka dla życia. Z całą pewnością w realistycznym kontekście jest to prawda, ale również w tym samym kontekście prawdą jest, że szczególnie w obecności całego weneckiego establishmentu, stary Shylock byłby niezdolny do wykonania tej operacji. Mit został więc jedynie częściowo zdemitologizowany, Shylock jest rzekomo zdolny do pocięcia ciała Antonio z zimną krwią, jako Żyd i lichwiarz uchodzi bowiem za wielkiego okrutnika. Właśnie to rzekome okrucieństwo uzasadnia nasze kulturowe uprzedzenie.

Szekspir wie, że victimage, aby być skuteczny, musi być jednomyślny — i faktycznie nikt nie przemawia w obronie Shylocka. Obecność milczących Patrycjuszy, elity wspólnoty, przekształca ten proces w rytuał społecznej jednomyślności. Fizycznie nieobecna jest jedynie córka Shylocka i jej służący, ale są tej samej myśli, co faktyczni „kozło-ofiarnicy", gdyż sami pierwsi opuścili Shylocka, zabierając jego pieniądze. Shylock, jak ofiara [*victim*] autentycznie biblijna, został zdradzony „nawet przez swoich domowników".

Gdy scapegoting zaraża coraz większą liczbę ludzi i zmierza ku jednomyślności, zaraza staje się nie do opanowania. Scena procesowa, pomimo swojej sądowej i logicznej nonsensowności, nadaje się znakomicie do odegrania i jest wybitnie teatralna. Widzowie i czytelnicy sztuki z całą pewnością zostaną zarażeni, nie będą mogli powstrzymać się, aby nie doznać klęski Shylocka jako własnego zwycięstwa. Tłum w teatrze i tłum na scenie staje się jednym. Zaraźliwy wpływ scapegoatingu rozszerza się na widzów.

Książę, jako uosobienie weneckiej sprawiedliwości, powinien być bezstronny, ale już na samym początku postępowania sądowego współczuje pozwanemu i angażuje się w diatrybę przeciw Shylockowi:

> I am sorry for thee. Thou art come to answer
> A stony adversary, an inhuman wretch,
> Uncapable of pity, void and empty
> From any dram of mercy.
> (IV, i, 3-6)

> Żal mi cię, — staniesz tu naprzeciw łotra
> Jak głaz twardego; nie zna miłosierdzia,
> A tak nieludzki jest, że w nim nie znajdziesz
> Drachmy litości.
> (s. 103)

Słowa te nadają ton całej scenie. Miłosierdzie, chrześcijańska cnota *par excellence*, jest bronią, którą Shylock zostaje ogłuszony. Chrześcijanie używają słowa „miłosierdzie" tak przewrotnie, że potrafią za jego pomocą usprawiedliwić własny odwet, uprawomocnić własną chciwość i ciągle mieć czyste sumienie. Wierzą, że wywiązali się z obowiązku miłosierdzia dzięki stałemu powtarzaniu samego słowa. Wysoka klasa ich miłosierdzia jest niewymuszona, delikatnie mówiąc. Jest nadzwyczajnie doraźna i łatwa. Gdy książę pyta surowo, „Na jaką litość liczysz, gdy jej nie masz?" [s. 107; *How shalt thou hope for mercy, rendering none?*, IV, i, 88] Shylock odpowiada z nieskazitelną logiką: „Czy mam wyroku bać się, źle nie czyniąc" [s.108; *What judgment shall I dread, doing no wrong?*, 89].

Shylock za bardzo ufa prawu. Jakże prawo Wenecji może opierać się na miłosierdziu, jak może równać się Złotej Regule, skoro daje Wenecjanom prawo do posiadania niewolników, a niewolnikom nie daje prawa do posiadania Wenecjan? Skąd nasza pewność, że Szekspir, konstruując tak zręcznie skutek „kozło-ofiarny", nie został sam wystrychnięty przezeń na dudka? Nasza pewność jest całkowita, bez trudu może być czymś więcej niż pewnością „subiektywną", jak to powiedzieliby niektórzy krytycy. Może bez trudu być całkowicie „obiektywna" w tym sensie, że prawidłowo chwyta intencje autora, a jednak pozostaje nieczytelna dla pewnego typu odbiorcy. Gdyby ironii można dowieść, przestałaby być ironią. Ironia nie może być zbyt wyraźna, aby nie zniszczyć skuteczności „kozło-ofiarnej" machiny w umysłach tych, dla których przede wszystkim została stworzona. Ironia nie może przestać być mniej namacalna niż przedmiot, którego dotyczy.

Ktoś mi zarzuci, że moje odczytywanie tekstu jest „paradoksalne". Być może jest, ale dlaczego należy z góry wykluczyć, że Szekspir mógł napisać paradoksalną sztukę? Tym bardziej, że ów paradoks, na którym sztuka została zbudowana, został sformułowany najbardziej *explicite* w samym jej centrum. Sądzę, że Szekspir nie pisze bez celu, że powierzchowność, szczególnie piękny język „to pozór prawdy, narzuconej / Przez czas przemyślny, by schwytać w pułapkę / Najroztropniejszych" [s. 81; *The seeming truth which cunning times put on / To entrap the wisest*, III, ii, 100-101]. Szekspir nie bez celu pisze, że najgorsza sofistyka destylowana czarującym głosem może decydować o wyniku procesu, i że najbardziej bezbożne zachowanie może wydać się religijne, jeżeli posługuje się właściwymi słowami. Posłuchajmy argumentów, których używa Bassanio, aby wyjaśnić większe zaufanie do ołowiu niż srebra i złota; zobaczymy, że odnoszą się one — słowo w słowo — do samej sztuki:

> The world is still deceived with ornament.
> In law, what plea so tainted and corrupt
> But being seasoned with a gracious voice,
> Obscures the show of evil? In religion,
> What damned error but some sober brow
> Will bless it, and approve it with a text,
> Hiding the grossness with fair ornament?
> There is no vice so simple but assumes
> Some mark of virtue on his outward parts.
> (III, ii, 74-82)

> Cóż, przepych jawny może najmniej znaczyć, —
> Świat zawsze daje się zwodzić ozdobom —
> W sądzie nikczemna i zbrukana sprawa
> Traci zły wygląd, jeśli ją przyprawić
> Wdzięczną wymową. Także w sprawach wiary,
> Czy znajdziesz błąd tak przeklęty, by jakiś
> Umysł poważny go nie błogosławił
> I nie zalecił w uczonej rozprawie,
> Pod ozdobami ukrywszy głupotę?
> A nie ma takich występków, by z zewnątrz
> Nie ozdabiały się pozorem cnoty.
> (s. 80)

Zwięzłe wtrącenie się Bassania podczas sceny procesowej uważam za jeszcze inną oznakę szekspirowskiego ironicznego dystansu. Gdy tylko Shylock zaczyna ustępować pod wpływem zręczności Porcji, Bassanio deklaruje swoją gotowość do zwrotu pieniędzy, co Shylock z kolei jest obecnie gotów zaakceptować. Bassanio, w swym usilnym dążeniu do zakończenia całej tej nieprzyjemnej sprawy, ujawnia w pewnym stopniu miłosierdzie, ale Porcja pozostaje nieugięta. Czując pazurki w ciele Shylocka wbija je jeszcze głębiej, aby wyegzekwować swój funt ciała. Sugestia Bassania nie przynosi skutku, ale sformułowanie jej w tym krytycznym momencie nie może być bez znaczenia. Jest ona jedynym rozsądnym rozwiązaniem całej sprawy, ale dramatycznie nie może zwyciężyć, gdyż jest nieteatralna. Szekspir jest zbyt dobrym dramataturgiem, aby nie rozumieć, że z teatralnego punktu widzenia jedynym dobrym rozwiązaniem jest scapegoating Shylocka. Z drugiej strony chce wskazać na niesprawiedliwą naturę „katarktycznego" zakończenia, ku któremu popychają go wymogi własnej sztuki. Chce, aby rozsądne rozwiązanie zostało gdzieś w sztuce wypowiedziane.

Czyż byłoby przesadą powiedzenie, że scapegoating jest rozpoznawalnym motywem w *Kupcu Weneckim*? W sztuce tej istnieje całkowicie wyraźna aluzja do kozła ofiarnego. Pojawia się na początku procesu Shylocka.

> I am a tainted wether of the flock,
> Meetest for death. The weakest kind of fruit
> Drops earliest to the ground, and so let me.
> You cannot better be employed, Bassanio,
> Than to live still and write mine epitaph.
> (IV, i, 114-118)

> Jestem baranem najsłabszym ze stada,
> Na rzeź skazanym, — gdyż najlichszy owoc
> Najwcześniej spada; niech i ja tak spadnę.
> Nie możesz lepiej uczynić, Bassanio:
> żyj, by nakreślić moje epitafium.
> (s. 109)

Czy zagraża mojej tezie to, że owe wersy wypowiada Antonio a nie Shylock? Ani trochę, ponieważ wzajemna nienawiść przemieniła Antonio i Shylocka w sobowtóry. Wzajemna nienawiść uniemożliwia wszelkie pojednanie — tych antagonistów nie rozdziela nic konkretnego, żadna prawdziwie namacalna kwestia, która mogłaby być rozstrzygnięta i uregulowana — jednakże generowane przez tę nienawiść odróżnicowanie toruje drogę ku owemu jedynemu rodzajowi zakończenia, które może przerwać ów absolutny konflikt, tzn. zakończeniu „kozło-ofiarnemu".

Antonio wypowiada cytowane wersy w odpowiedzi Bassanio, który właśnie zapewniał, że nigdy nie pozwoliłby, aby jego przyjaciel i dobroczyńca umarł w jego posiadłości. Sam by raczej umarł. Oczywiście żaden z nich nie umrze ani nawet nie poniesie najmniejszego uszczerbku. W Wenecji ani Antonio, ani Bassanio nie ucierpią, dopóki mają Shylocka, aby cierpiał za nich.

Chociaż nie ma poważnego zagrożenia dla życia Antonia, w tym momencie może on faktycznie uważać się za potencjalnego kozła ofiarnego. Szekspir może odwoływać się *explicite* do scapegoatingu bez wskazywania wprost na Shylocka. Wielka ironia tkwi oczywiście nie tylko w fakcie, że właśnie ta metafora jest przeniesiona, bo kozioł ofiarny jest tu treścią metaforycznego przeniesienia, ale również w prawie romantycznym samozadowoleniu Antonia, w jego imitacji masochistycznego zadowolenia. Antonio, prawdziwy Wenecjanin, ów człowiek smutny bez powodu, może być widziany jako ilustracja nowoczesnej subiektywności, którą charakteryzuje silna skłonność do pastwienia się nad samym sobą, czyli coraz większa interioryzacja „kozło-ofiarnego" procesu, który jest zbyt dobrze rozumiany, aby być odtwarzany jako rzeczywiste wydarzenie w rzeczywistym świecie. Mimetyczna plątanina nie może być skutecznie projektowana na wszystkich Shylocków tego świata i „kozło-ofiarny" proces ma tendencję zawrócenia ku samemu siebie, staje się refleksyjny. W rezultacie otrzymujemy masochistyczne i teatralne rozczulanie się nad samym sobą, które zapowiada romantyczną subiektywność. Antonio właśnie dlatego tak gorąco pragnie zostać „złożonym w ofierze" w obecności Bassania.

Powtórzmy, ironii nie da się i nie powinno się dowodzić, w przeciwnym bowiem razie przeszkodzi się w *katharsis* tych, którzy czerpią z tej sztuki przyjemność jedynie na poziomie katarktycznym. Ironii doświadcza się jedynie w błysku współudziału w największym wyrafinowaniu autora, jedynie przeciw większości widzów, którzy pozostają ślepi na te subtelności. Ironia jest zastępczym odwetem [*vicarious revenge*] pisarza za ów odwet, który musi on zastępczo wykonać. Gdyby ironia była zbyt oczywista, gdyby była zrozumiała dla wszystkich, wówczas sama uniemożliwiłaby sobie realizację swoich celów, gdyż nie byłoby już przedmiotu ironii.

Interpretację, którą proponuję można poprzeć porównanując omawianą sztukę z innymi, w szczególności z *Ryszardem III*. Gdy Szekspir napisał tę sztukę, utożsamienie tego króla z łajdakiem było dobrze zakorzenione. Nasz dramatopisarz pozostaje w zgodzie z popularnym poglądem, szczególnie na początku. W pierwszej scenie Ryszard przedstawia się jako monstrualny łajdak. Jego zdeformowane ciało jest zwierciadłem ohydy jego duszy, do której sam się przyznaje. Mamy tu także do czynienia ze stereotypem, mianowicie stereotypem złego króla, który, powiedzmy, jest tworzony lub wskrzeszany przez jednomyślne odrzucanie tego „kozło-ofiarnego" króla, czyli przez sam ów proces, który zostaje powtórzony w ostatnim akcie, nabierając siły rozpędu od początku sztuki.

Jeżeli zapomnimy na chwilę o wprowadzeniu i zakończeniu, żeby skupić się na samym dramacie, wyłoni się inny wizerunek Ryszarda. Znajdziemy się w świecie krwawych walk politycznych. Każdy z dorosłych bohaterów popełnił co najmniej jedno polityczne morderstwo lub czerpał z niego zysk. Wojna Róż, jak to podkreślają krytycy, tacy jak Murray Krieger i Jan Kott, funkcjonuje jak system politycznej rywalizacji i odwetu, w którym każdy uczestnik jest na przemian tyranem lub ofiarą, zachowując się i mówiąc w zgodzie ze stałymi różnicami charakteru, ale w zgodzie z pozycją, jaką w danym momencie w całym tym dynamicznym systemie zajmuje. Ryszard, będąc ostatnim zwojem w tej piekielnej spirali, może zabić bardziej cynicznie więcej ludzi niż jego poprzednicy, ale nie jest jakoś zasadniczo odmienny. Szekspir, aby włączyć do dramatu owe przeszłe dzieje odwzajemnionej przemocy, ucieka się do techniki klątwy. Wszyscy się nawzajem przeklinają tak porywczo i potężnie, że totalny skutek jest tragiczny lub prawie komiczny, zależnie od nastroju widza; wszystkie te klątwy nawzajem się unieważnią tuż przed zakończeniem, gdy wszystkie one zbiegną się na Ryszardzie i doprowadzą do jego ostatecznej zguby, która jest również przywróceniem pokoju.

Pojawia się tendencja do występowania na przemian dwóch wizerunków tego samego bohatera: jednego wyraźnie rozróżnialnego i jeden odróżnicowanego. W przypadku *Kupca Weneckiego* i *Ryszarda III* można powołać się na całkowicie oczywiste powody; obie sztuki dotyczą delikatnego tematu, obwarowanego społecznymi i politycznymi imperatywami, co do których Szekspir był wyraźnie sceptyczny, ale których nie był w stanie otwarcie zaatakować. Metoda, jaką wynalazł, pozwala na pośrednią satyrę, wielce efektowną dla garstki wtajemniczonych i całkowicie niewidoczną dla nieświadomego pospólstwa, pożądającego jedynie owego niewyszukanego *katharsis*, którego Szekspir zawsze niezawodnie dostarcza.

Wielki teatr musi być grą różnicowania i odróżnicowywania. Bohaterowie nie zdobędą zainteresowania widzów, jeżeli widz nie będzie mógł im współczuć lub odmówić współczucia. Inaczej mówiąc, bohaterowie muszą być silnie zróżnicowani, ale każdy schemat różnicowania jest synchroniczny i statyczny. Sztuka natomiast, aby być dobra, musi być dynamiczna. Dynamiką teatru jest dynamika ludzkiego konfliktu, odwzajemnianie zemsty i odwet; im intensywniejszy jest ów proces, im więcej ogólnie symetrii, tym bardziej wszystko zmierza ku byciu takim samym po obu stronach antagonizmu.

Sztuka, aby być dobra, musi zawierać jak najwięcej równorzędności i odróżnicowania, ale musi być również wysoce różnicująca, w przeciwnym razie widzowie nie będą zainteresowani wynikiem konfliktu. Te dwa wymogi są sprzeczne, ale dramatopisarz nie potrafiący spełnić obu równocześnie, nie będzie wielkim dramaturgiem; będzie pisał sztuki zbyt zróżnicowane, które będą klasyfikowane jako *pièces à thèse*, gdyż będą doświadczane jako niedostatecznie dynamiczne, albo zbyt odróżnicowane, aby mieć, dużo tzw. akcji lub zawieszenia, ale ów suspens wyda się płytki i będzie obwiniany za brak intelektualnej i etycznej treści.

Popularny dramatopisarz potrafi spełnić te dwa sprzeczne wymogi równocześnie, mimo ich sprzeczności. Jak mu się to udaje? W wielu wypadkach wydaje się on nie w pełni świadomy tego, co robi; robi to zapewne tak instynktownie, jak ci widzowie, którzy żarliwie identyfikują się z jednym z antagonistów. Nawet chociaż rzekome różnice między tą dwójką zawsze sprowadzają się do odwzajemnionego i odróżnicowanego zachowania, nasze widzenie konfliktu ma tendencję do bycia statycznym i różnicującym.

Sądzę, że z cała pewnością nie jest to przypadek Szekspira. Szekspir jest świadomy przepaści między ową różnicą statycznej struktury i brakiem różnicy tragicznej akcji. Wypełnia swoją sztukę ironicznymi aluzjami do tej przepaści i śmiało ją pogłębia, jakby wiedział, że może czynić to bezkarnie, że według wszelkiego prawdopodobieństwa otrzyma za to nagrodę; nie niszcząc swojej wiarogodności jako twórcy „charakterów", zwiększy całościowy dramatyczny wpływ swego teatru i przemieni swoje sztuki w owe dynamiczne przedmioty bez dna, które krytycy ciągle komentują, nie dotykając nawet rzeczywistego źródła ich dwuznaczności.

W *Ryszardzie III* mamy równie uderzające przykłady owej praktyki, jak w *Kupcu Weneckim*. Anna i Elżbieta, które najbardziej ucierpiały z rąk Ryszarda, nie potrafią oprzeć się pokusie władzy, gdy Ryszard diabolicznie pokazuje im tę zabawkę, nawet za cenę skoligacenia się z nim. Anna rzuciwszy na Ryszarda szereg klątw i uwolniwszy się w ten sposób z wszystkich swych moralnych obowiązków, dosłownie krocząc po trupie ojca, oddaje rękę Ryszardowi. Niedługo później Elżbieta krocząc po trupach dwójki własnych dzieci, przynajmniej symbolicznie, oddaje trzecie nowo narodzone w krwawe ręce mordercy. Te dwie sceny są strukturalnie podobne i generują wzrost odrazy, co musi mieć swój cel. Dwie kobiety są jeszcze bardziej nikczemne niż Ryszard; jedynym bohaterem, który może wykazać tę nikczemność, przeto stać się w jakimś sensie jedynym etycznym głosem w całej sztuce, jest właśnie Ryszard, którego rola, *mutatis mutandis*, da się porównać z rolą Shylocka w *Kupcu Weneckim*.

Na tej umiejętności polega geniusz Szekspira, który robi to nie tylko dla ironii, ale w imię dramatycznej sprawności. Wie, że wprowadza w ten sposób widza w zakłopotanie, nakłada na nań moralny ciężar, z którym widz nie może sobie poradzić w kategoriach przedstawionych na początku „kozło-ofiarnych" wartości. Żądanie, aby wygnać kozła ofiarnego jest paradoksalnie wzmacniane przez dokładnie te same czynniki, które sprawiają, że jest ono arbitralne.

Zgadzam się całkowicie, że jeśli chodzi o sztuki takie jak *Ryszard III* i *Kupiec Wenecki*, możliwa jest nieskończona liczba interpretacji; nieskończoność jest zdeterminowana przez „ową sztukę znaczącego" [*the play of the signifier*]. Nie zgadzam się jednak, że ta sztuka jest całkowicie tym, co kto chce i że jest w naturze wszystkich znaczących [*signifiers*] jako znaczących [*signifiers*] wytwarzać taką nieskończoną sztukę. Ów literacki znaczący zawsze staje się ofiarą. Jest ofiarą znaczonego [*signified*] przynajmniej metaforycznie, w tym sensie, że jego sztuka, jego *différance*, lub co chcecie, jest prawie nieuchronnie złożona w ofierze jednostronności uproszczonej struktury *à la* Lévi-Strauss. Złożony w ofierze znaczący [*signifier*] znika za znaczonym [*signified*]. Czy ów victimage znaczącego jest wyłącznie metaforą, czy też jest tajemniczo powiązany z kozłem ofiarnym jako takim, tzn. zakorzeniony w owej rytualnej przestrzeni, gdzie główny znaczący jest również ofiarą, tym razem nie w jedynie semiotycznym sensie, ale w sensie Shylocka lub Ryszarda III? Owa sztuka znaczącego, z jej arbitralnym przerwaniem w imię różnicującej struktury, dokonuje dokładnie tych samych operacji, co proces teatralny i rytualny, tzn. jej konfliktotwórcze odróżnicowanie nagle kończy się i wraca statyczne różnicowanie dzięki eliminacji ofiary. Wszystko co powiedziałem sugeruje, że co najmniej dla Szekspira wszystkie te rzeczy są jednym i tym samym. Ów proces nadawania znaczenia jest jednym i tym samym z „kozło-ofiarnym" zakończeniem tego kryzysu, podczas którego wszystkie znaczenia unieważniają się, odradzając się następnie: tj. „kryzysu Kolejności".

29
CZY WIERZY PAN W SWOJĄ TEORIĘ?

„Francuskie trójkąty" w Szekspirze Jamesa Joyce'a

W wielkim milczeniu późniejszych pokoleń na temat roli mimetycznego pragnienia u Szekspira jest jeden zadziwiający wyjątek — James Joyce i jego *Ulisses*. Wykład Stefana Dedalusa w Bibliotece Narodowej w Dublinie jest zatytułowany *Życie Williama Szekspira*, ale naprawdę jest mimetyczną interpretacją jego teatru. W pewnym momencie Stefan twierdzi, że żona Szekspira przyprawiła mu rogi nie z jednym z jego braci, lecz z dwoma. Jaki jest cel tej dziwacznej fantazji? Zgodnie z wykładem Stefana, Anna Hathaway traciła władzę nad Szekspirem i zdradziła go, aby wzmocnić swoją dominację.

Joyce'owska Anna Hathaway uciekła się do tej samej strategii co Cressida, gdy odzyskała swoją władzę nad zmiennym Troilusem; dostarcza mężowi mimetycznych rywali. Bracia najlepiej pasują do tej roli; Joyce podkreśla ich znaczenie w mitologii i w literaturze. Wykład Stefana obfituje w ten rodzaj mimetycznej interakcji, który znajdowaliśmy wszędzie u Szekspira. Dlatego też została w nim następująca anegdota:

> Czy znacie opowiadanie Manninghama o żonie rajcy, która gdy ujrzała Dicka Burbage'a w *Ryszardzie III*, zaprosiła go do swego łoża, i o tym jak Szekspir podsłuchawszy to, nie czyniąc wiele hałasu o nic, wziął krowę za rogi, i gdy Burbage zapukał do bramy, odpowiedział z pościeli rogacza: W i l l i a m   Z d o b y w c a   p r z y b y ł   p r z e d   R y s z a r d e m   I I I (s. 155).[79]

---

[79] Tu i dalej podaję za: *Ulisses*, przełożył Maciej Słomczyński, wydanie IV, Pomorze, Bydgoszcz, 1992. [Przyp. tłum.]

Żona rajcy ulega swojej mimetycznej fascynacji aktorem, który poddaje się *mimesis*. Cressida, Bovary, Desdemona zrobią wszystko, aby być królową jednej nocy, tak jak kobiety w *Ryszardzie III*. Szekspir rzekomo zastępuje nie rajcę w łóżku rajcy, ale jego pierwsze zastępstwo, bardziej interesującego rywala, czyli odnoszącego sukces Burbage'a. W jaki sposób często zdobywany William może stać się Williamem Zdobywcą? Musi posiąść kobietę, której pragnie jego model. *Podsłuchiwanie*, tak jak w *Wiele hałasu o nic*, generuje szereg sztuk wewnątrz sztuki.

Ta wątpliwa anegdota pasuje znakomicie do celu Joyce'a, którym nie jest zinterpretowanie (dzieła) Szekspira w świetle jego niezdrowego życiorysu, ale modelowanie jego fikcyjnego życiorysu na jego mimetycznych pracach. Joyce nie traktuje tego życiorysu poważnie — jako życiorysu — ale na serio sugeruje, że mimetyczna obsesja Szekspira musiała wywodzić się z życia pełnego mimetycznych zagmatwań.

Ta fikcyjna biografia gorszy pedantów wewnątrz i na zewnątrz *Ulissesa*; wszyscy oni z namaszczeniem potępiają ów wspaniały wykład jako budzący grozę przykład b i o g r a f i c z n e g o k r y t y c y z m u. W powieści rytualne potrząsanie tym biograficznym skaraniem boskim powierzone zostało pompatycznemu Russellowi; on i jego przyjaciele bombardują Stefana wszystkimi poprawnymi literacki opiniami:

— Ale to jest wtrącanie się do rodzinnego życia wielkiego człowieka, zaczął niecierpliwie Russell.
Więc jesteś tu, poczciwcze?
— Interesujące tylko dla skryby parafialnego. Chcę powiedzieć, my mamy sztuki. Chcę powiedzieć, kiedy czytamy poezję *Króla Leara*, cóż nas obchodzi, jak żył poeta? Jeśli chodzi o życie, może to za nas zrobić służba, powiedział Villiers de l'Isle. Podglądanie i podsłuchiwanie codziennych plotek zakulisowych, pijaństwo poety, długi poety. Mamy *Króla Leara*: i jest on nieśmiertelny. (s. 145)

Podejrzewanie Joyce'a o krytyczną naiwność byłoby naiwne. Prawdziwa zagadka wykładu jest bardziej interesująca. Dlaczego Joyce przekształcił Szekspira w bohatera swojej własnej beletrystyki? Co „beletrystyczny" oznacza w przypadku *Ulissesa*?

Joyce wybiera pewne reprezentatywne wydarzenia i tematy z pracy, życia, legend, dobrej i złej krytyki Szekspira; łączy to wszystko z dużą dozą całkowitej i niczym nie uzasadnionej fantazji. Jego pozornie banalny *bricolage* systematycznie wskazuje na dynamiczną jedność procesu, który w czasie gdy postawał *Ulisses*, nie miał jeszcze nazwy: mimetycznego pragnienia.

Najczęściej analizowaną częścią omawianego wykładu jest ta, która dotyczy *Hamleta*, i której wydźwięk jest głownie negatywny; odgrywa ona strategiczną rolę w Joyce'owskim rozprawianiu się z freudowską psychoanalizą, której nie chce mieszać z własną koncepcją mimetyczną. Stefan w pewnym momencie robi aluzję do „pewnej wiedeńskiej szkoły", której rozumienie kazirodztwa odrzuca. Joyce'owskie utożsamianie Szekspira z ojcem z *Hamleta* a nie z synem jest odrzuceniem nie nadającej się do użycia edypowskiej mitologii:

> Jeśli sądzicie, że ów siwiejący człowiek ... mający pięćdziesiąt lat doświadczenia, jest owym bezbrodym studentem z Wittenbergi, musicie wówczas sądzić, że jego siedemdziesięcioletnia matka jest ową lubieżną królową. (s. 160)

Najważniejsza i najtrudniejsza część wykładu opisuje trajektorię frustracji i niepowodzenia w życiu Szekspira, rzekomo rozpoczętą przez pierwszy seksualny kontakt dramatopisarza z przyszłą żoną. O Annie Hathaway wiemy jedynie, że była od Szekspira starsza. Stefan, uzbrojony w tę cenną informację, utrzymuje zuchwale, że pełniła ona rolę agresywnego samca w swoim związku z przyszłym mężem. Zapewnia nas, że młody Szekspir został „zgwałcony w łanie pszenicy". To rzekome zajście jest mechanizmem rozpoczynającym mimetyczne życie William Szekspira. Anna, „szarooka bogini" pochyla się żarłocznie nad niechętnym Adonisem i niszczy pewność siebie ofiary. Odtąd Szekspir będzie daremnie próbował odzyskać inicjatywę, straconą w łanie pszenicy. Jego życie seksualne przemienia się w nieskuteczną i m i t a c j ę zuchwalstwa Anny.

Joyce próbuje wyjaśnić owo nieustępliwe skupienie się na mimetycznej frustracji w pracach Szekspira. Jego hipoteza byłaby uzasadniona, gdyby mógł ją przedstawić jako taką, ale nie chce tego robić w powieści, mimo że ta powieść ma być w tutaj krytycznym wykładem. Joyce musi wymyśleć coś aż zbyt specyficznego z krytycznego punktu widzenia, a my, czytelnicy musimy ten fakt rozważyć. Gwałt „w łanie pszenicy" jest zbyt specyficzny komicznie, aby nie był humorystycznym ostrzeżeniem dla rozumujących dosłownie czytelników.

W Joyce'owskim schemacie *Venus i Adonis* pełni tę samą rolę, co *Gwałt Lukrecji* i *Dwóch szlachciców z Werony* w moim. Gdybym musiał wybrać własną „pierwotną traumę", wybrałbym model męski, najlepszego przyjaciela Szekspira ze szkoły, w której nauczył się trochę łaciny, a jeszcze mniej greki — jego mimetycznego bliźniaka. Założyłbym, że któregoś piękneego dnia, w związku z jakąś dziewczyną, ów zaufany towarzysz przemienił się w zawziętego mimetycznego rywala — którym Proteus stał się dla Valentina, Tarkwiniusz dla Collatina, Hermia dla Heleny, Cassio dla Otella, Poliksenes dla Leontesa — i że ten młody William został zdruzgotany. Moim zdaniem, hipoteza ta pasuje bardziej do tekstualnego świadectwa niż hipoteza Joyce'a. Czytelnicy nie powinni brać żadnej z tych hipotez zbyt poważnie. Tak jak Joyce, jestem przekonany, że musi istnieć jakiś egzystencjalny odpowiednik tego, o czym Szekspir pisze, ale nie wiemy wystarczająco dużo, aby uzasadnić którąkolwiek hipotezę; w związku z tym nie sugeruję żadnej. Nasza ignorancja nie osłabia naszego zrozumienia tych dzieł.

Koncepcja pierwotnej traumy oznacza, że pierwszy model/przeszkoda/rywal był ważniejszy od wszystkich późniejszych, gdyż zdeterminował pewne uporczywe własności szekspirowskiej mimetycznej obsesji. Czy dramatopisarz został „zgorszony" przez żonę, przyjaciela, czy też jednego ze swoich braci? Nigdy się tego nie dowiemy i nie w tym rzecz; nie jestem nawet pewien czy pierwotna trauma jest konieczna. Wybór Joyce'a zdaje się wynikać z roli kobiet w jego własnym życiu.

Naprawdę nie jest ważna szczególna tożsamość pierwotnego pośrednika, ale to, że został przedstawiony w autentycznie mimetyczny sposób jako model/przeszkoda/rywal. Najważniejszy fragment w całym wykładzie sugeruje, że Joyce wyobraża sobie Annę właśnie w ten sposób:

> Wiara w siebie została w nim zbyt wcześnie zabita. Po raz pierwszy został zwyciężony w łanie pszenicy ... i nigdy później już nie będzie zwyciężać w swych własnych oczach, ani nie rozegra zwycięsko owej zabawy śmiechu i pokładzin. Przybrany dongiovannizm nie zbawi go. Żadne późniejsze przekreślenie nie przekreśli pierwszego przekreślenia. Kieł dzika zranił go tam, gdzie miłość krwawiąca spoczywa. Choć złośnica będzie pokonana, pozostanie jej jednak niewidzialny oręż kobiecy. Jest, wyczuwam to w słowach, jakiś bodziec cielesny, który popycha go ku nowej namiętności, ciemniejszemu cieniowi pierwszej, zaciemniającemu nawet jego rozumienie samego siebie. Podobny los znów go spotyka i z obu furii tworzy się jeden wir. (s. 151)

Uważam ten tekst za streszczenie i egzystencjalną projekcję tego, co próbowałem zrobić z mimetycznym pragnieniem w komediach.

Odkryliśmy, że Szekspir, zaczynając od jeszcze względnie prostej formy mimetycznego pragnienia w *Dwóch Szlachcicach z Werony*, dokonuje stopniowego przejścia ku coraz bardziej złożonym formom w późniejszych sztukach. Egzystencjalna trajektoria Joyce'a odzwierciedla drogę wiodącą od Valentina do Pandarusa i poza nich, tj. drogę, którą podróżuje samo dzieło. Joyce opisuje dynamikę dzieła w języku egzystencjalnego doświadczenia autora.

„Przybrany dongiovannizm" oznacza, że Szekspir próbuje traktować kobiety w taki sam sposób, jak Anna potraktowała go w łanie pszenicy. Aby zwyciężyć we własnych oczach, musi pokonać Annę jej własną bronią. Musi wygrać według jej reguł, to znaczy czyniąc zwycięstwo niemożliwym. W świecie doskonałej imitacji, są szanse, że przegrywający będzie przegrywał dalej. W przeciwieństwie do tego, czego domaga się teoria masochizmu, upokorzenie i przegrana są zaledwie indywidualną konsekwencją mimetycznego double bindu, a nie jego bezpośrednimi celami, ale jedynie w pierwszej fazie. W drugiej fazie, imitacja przemienia owe konsekwencje w bezpośredni cel. Wszystkie karykaturalne powtórzenia są równoznaczne z pragnieniem pozbycia się powtórzenia.

Mimetyczne pragnienie ciągle przybiera coraz bardziej złożone i „paradoksalne" formy, ponieważ zawsze reaguje na własne nieuniknione klęski w taki sam sposób. Ponawiając wysiłek wyprowadzenia w pole swojej absurdalności, pragnienie to staje się coraz bardziej absurdalne i samo-udaremniające się. Jako pierwszą Joyce postuluje fazę heteroseksualną („przybrany dongiovannizm"), następnie fazę homoseksualną (nowa namiętność), która jest interpretowana nie jako całkowicie niezależne pragnienie, ale jako najbardziej zaawansowana konfiguracja w eskalacji niepowodzeń, zawsze powtarzających poprzednie niepowodzenia, przeciw którym poszukują przeciwuderzenia („ciemniejszy cień").

Każda próba przerwania tego zamkniętego układu uaktywnia go na nowo. Wszystkie usiłowania naprawienia pierwszej ruiny kończą się jeszcze gorszą ruiną. Ostatnie zdanie w powyższym cytacie sugeruje takie samo niepowodzenie w fazie heteroseksualnej jak i homoseksualnej: „Podobny los znów go spotka i z obu furii tworzy się jeden wir". Dopóki modelem/przeszkodą jest Anna Hathaway, dopóty najbardziej radykalne pragnienie skupia się na niej i jej substytutach. W „przybranym dongiovannizmie" drugiej fazy homoseksualny dryf wywodzi się logicznie z faktu, że model/rywal jest mężczyzną.

Bez względu na to, jak ściśle to schodzenie do piekła wzoruje się na stopniowym zasępianiu się komedii, nie jest ono banalnie biograficzne, jego powieściowa prawda przekracza romantyczną estetykę niemimetycznej krytyki z jej fetystycznym rozdzieleniem „życia" od „pracy". Wymiar egzystencjalny i intelektualny doskonale idą w parze.

Pełny schemat naszkicowany w ostatnim cytacie jest uzupełniony przez krótkie, ale mimetycznie zrozumiałe obserwacje na temat poszczególnych sztuk:

> W *Cymbelinie*, w *Othellu* jest on (Szekspir) rajfurem i rogaczem, Działa i działają na niego. Zakochany w ideale lub w perwersji, jak Jose zabija prawdziwą Carmen. Jego niestrudzony intelekt jest jak rogato rozjuszony Jago, nieustannie pragnący, aby Maur w nim cierpiał (s. 164)

W *Cymbeline* „rajfurem i rogaczem" jest wygnany Posthumus, Szkot, który ukierunkowuje pragnienie włoskiego fircyka ku swojej żonie poprzez wychwalanie jej i wszystkich szkockich kobiet równie niepohamowanie jak Valentine, Collatine i inni wychwalali swoje. Stefan wspomina również wyraźnie o *Dwóch Szlachcicach z Werony* i *Lukrecji*.

Otello jest oczywiście „rajfurem i rogaczem" w relacji z Cassiem. Interpretacja Joyce'a zbiega się z interpretacją przedstawioną w tej monografii. Kiedy Otello zdaje sobie sprawę, że to jego fascynacja wszystkim, co weneckie spowodowała, że awansował przystojnego Cassia na stanowisko zarówno seksualnego jak i wojskowego zastępcy, dochodzi natychmiast do wniosku, że Desdemona jest zdradziecka. Nie potrzebuje żadnego łajdaka, żeby go przekonał. Jego niestrudzony intelekt jest „rozwścieczonym Jago" w nim samym — dokładnie tak, jak to jest u Joyce'a (zob. rozdz. 31).

Ta gra nie znajduje się wyłącznie w tekście; „rzeczywista Carmen" faktycznie zostaje zabita i upodobnienie Desdemony do bohaterki Mérimée'go pokazuje, że Joyce widzi ją i jej pragnienie śmierci w tym samym mimetycznym i samobójczym świetle jak ja; jest ona poszukiwaczką przygód, a nie dobrotliwą bohaterką romantyczną, zapisaną nam w testamencie przez XIX wiek.

Stefan zastanawia się, czy ci rajfurzy i rogacze są zakochani „w ideale czy w perwersji". Dawno temu wraz z *Dwoma szlachcicami z Werony* odkryliśmy, że to pytanie jest nie do rozstrzygnięcia. Czy wciągamy przyjaciela w swój romans niewinnie, w imię wzajemnej przyjaźni, czy też potrzebujemy jego zazdrosnego pragnienia, aby dodało pokarmu i animuszu naszemu własnemu pragnieniu? W którym miejscu nasze impulsywne chełpienie się przemieni się w niezdrowy apetyt na zawiść sąsiada? Jak pragnienie heteroseksualne wymaga pośrednika tej samej płci, tak pragnienie homoseksualne wymaga pośrednika przeciwnej płci, „utajonej heteroseksualności", która interesuje Joyce'a dokładnie tak samo jak jej odwrotność, tj. „utajona homoseksualność" Freuda. Pojęcie utajenia traci sens. *Volens nolens*, „rajfur i rogacz" sam popycha swojego męskiego rywala w ramiona kobiety, której pragnie i następnie popycha swoje żeńskie rywalki w ramiona swoich męskich przyjaciół. Seksualne różnice są mobilne, zmienne i nieistotne, podczas gdy stała i istotna jest owa trójkątna struktura.

Gdy Stefan robi aluzję do męskiego przyjaciela z *Sonetów*, Eglinton niepokojąco sugeruje, że „on kochał lorda" i Stefan odpowiada: „Tak się wydaje, gdy chce on wykonać dla niego oraz dla każdego z osobna i wszystkich razem niewykłoszonych lędźwi ową najświętszą posługę, którą stajenny wykonuje dla ogiera" (s. 156). Ta metafora może wynikać z krótkiego dialogu między Touchstone'em i Corinem, pastuchem w *Jak Wam się Podoba* — zwykły żart, ale bardzo ważny w szekspirowskim kontekście, w jakim występuje. Ponownie formułuje cała teorię szekspirowskiego stręczyciela, rajfura-i-rogacza w schemacie Joyce'a, byłby też całkiem na miejscu w *Troilusie i Cressidzie*:

> *Corin*: Sir, I am true laborer: I earn that I eat, get that I wear,
> Owe no man hate, envy no man's happiness, glad of
> other men's good, content with my harm, and the
> greatest of my pride is to see my ewes graze and
> my lambs suck.
> *Touchstone*: That is another simple sin in you, to bring the ewes and
> rams together, and to offer to get your living by the
> copulation of cattle; to be bawd to a bell-wether, and to
> betray a she-lamb of a twelve-month to a crooked-pated
> old cuckoldly ram, out of all reasonable match. If thou
> beest not damn'd for this, the devil himself will have no
> shepherds; I cannot see else how thou shouldst scape.
> (III, ii, 73-85)

> *Corin*: Panie, jestem uczciwym wyrobnikiem, pracuję na to, co
> jem; kupuję to, czym się okrywam, nie żywię do nikogo
> nienawiści i nie zazdroszczę nikomu jego radości; cieszę
> się szczęściem innych i zadowalam własną niedolą; a
> największą mą dumą jest spoglądanie na me pasące się
> owce i ssące jagnięta.

Probierek: To tylko jeden zwykły grzech twój, łączenie owiec i baranów po to, aby żyć z parzenia się trzody, być rajfurem przewodnika stada i rzucać dwunastomiesięczne jagniątko na pastwę krzywobłego, starego barana rogacza, ze wzgardą dla rozumnego stadła. Jeśli nie jesteś potępiony za to, sam diabeł nie pragnie chyba pastuchów u siebie. Nie widzę dla ciebie innej drogi ratunku.

Słuchacze Stefana próbują się wymknąć mimetycznej intuicji wykładowcy, więc kontratakują zaporowym ogniem krytycznego nonsensu. Przeczytali wszystko i cytują każdego, od „znakomitych" artykułów Franka Harrisa w „Saturday Review" do Aleksandra Dumasa syna (a może Dumasa ojca), który powiedział, że „po Bogu Szekspir stworzył najwięcej" (s. 164). Nie brakuje żadnego banału o „bardzie". „Z wszystkich wielkich ludzi, zauważa Eglinton, on był najbardziej enigmatyczny" (s. 149). Jego brak pompatyczności jest pompatycznie dyskutowany (s. 153). Czwórka — Russell, Lyster, Mulligan i Eglinton — odwołują się do Hamleta, granego przez kobietę w Dublinie, również do człowieka, który sądzi, że tajemnica tego wszystkiego musi ukrywać się w stratfordzkim grobowcu.

Rzeczywista myśl wykładu prześwieca jedynie sporadycznie, drobne perełki prawie niewidoczne w zadeptanym błocie świńskiej zagrody. Czyż to nie dzięki Stefanowi ci irlandzcy Bouvardzi i Pécucheci mieli spędzić wspaniałe chwile, tymczasem wykładowca zepsuł im zabawę, więc stopniowo łączą się w zgraję przeciw niemu. Nawet ich najbardziej niewinne uwagi są zatrutymi strzałami. Oto Lyster:

Niezwykle pouczająca dyskusja. Pan Mulligan, gotów jestem za to ręczyć, także ma swoją teorię na temat sztuki Szekspira. Wszystkie kierunki poglądów na życie powinny być reprezentowane. Uśmiechnął się sprawiedliwie we wszystkich kierunkach. (s. 152)

Ta ekumeniczna wielkoduszność jest faktycznie przypomnieniem Stefanowi, że „obiecujący młodzi ludzie" nie są grosza warci. Ekstatyczne celebrowanie łaskawego pluralizmu występuje na przemian z jak najbardziej represyjną cenzurą wszystkich nowych myśli: „Rodacy barda są może trochę znużeni naszym błyskotliwym teoretyzowaniem" (s. 153). Kolonialny umysł Eglintona widzi krew angielską w roli ostatecznego arbitra w sprawach szekspirowskich. W osobliwym prorokowaniu naszych akademickich autostrad, wychwala również to, co nazywa „gościńcem krytyki": one „są monotonne, lecz prowadzą do miasta" (s. 150).

Stefan nie może dostarczyć zadowalających argumentów na rzecz swojej tezy; nie ma wspólnego języka ze słuchaczami. Wydają mu się tak powierzchowni i banalni, jak on sam wydaje się im megalomanem. Co więcej, może dostrzec tysiące książek na półkach, ogromną kulturową tradycję, równie głuchą na to co mówi, jak otaczające go istoty ludzkie. Jak powiada, ta masywna marność przytłacza go i rekompensuje to sobie w *quasi*-mistyczny sposób. Jego poczucie bliskości z Szekspirem wzmaga się; wydaje się coraz bardziej nieobliczalny i niesolidny, aż do momentu, gdy Eglinton zatrzymuje wszystko: „Zwodzi nas pan... Zaprowadził nas pan tak daleko, żeby nam pokazać francuski trójkąt" (s. 165).

Francuski trójkąt! Stefan zdegradował Szekspira do poziomu paryskiej łóżkowej farsy. Jego przedsięwzięcie nie jest nawet złowieszcze, jest śmieszne! Stefan jest zniweczony. Nasze współczucie dla niego nie powinno porzucić *bon mot* Eglintona jako oderwanego od tematu; ten krytyk patrzy przez niewłaściwy okular swego teleskopu, ale dostrzega coś istotnego, mianowicie „w Trójcy Jedyną" strukturę mimetycznego pragnienia. Podsumowuje cały wykład.

Aż do tej chwili Stefan czuł się całkowicie niewrażliwy na ciosy, chroniony przez głupotę wrogów. Jednakże teraz stanął w obliczu faktycznego rozumienia, zimnego, pogardliwego, a jednak nie do zakwestionowania, w obliczu unieważnienia tego, czym rozumienie powinno być. Jego zaufanie do siebie jest zniszczone; składający go w ofierze, czując swoją przewagę, zamierza się, żeby zabić:

...Czy wierzy pan w swoją teorię?
— Nie, odpowiedział Stefan zdecydowanie.
(s. 165)

O ile mi wiadomo, wszyscy krytycy tekstu uważają to n i e za ostateczne. Czyż można ich winić za odmowę traktowania wykładu Stefana poważnie? Stefan sam wypiera się swojego własnego dziecka. Mimetyczny Szekspir jest obecnie martwy i pogrzebany; Stefan próbował być figlarny, ale jego żart nie wypalił.

Jest to gigantyczne nieporozumienie. Owo n i e to ostatnie słowo, które Stefan wypowiada g ł o ś n o, ale nie jest prawdziwym zakończeniem całej sprawy. Gdyby krytycy Joyce'a byli tak dociekliwi, jak się od nich oczekuje, przeczytaliby następne dwanaście linijek i natrafiliby na krótki monolog wewnętrzny, w którym Stefan wypiera się swojego pierwszego wyparcia się. Nie ulega wątpliwości, że fragment ten należy czytać w świetle poprzedniego „n i e, n i e w i e r z ę w m o j ą t e o r i ę".

„Wierzę, o Boże, wspomóż mą niewiarę. Czy to znaczy, pomóż mi wierzyć czy nie wierzyć? Kto pomaga wierzyć? Egomen. Kto nie wierzyć? Inny facet" (s. 165) To drugie zakończenie potwierdza, że wiara Stefana we własną mimetyczną teorię faktycznie umarła, ale się odrodziła; te kilka słów równa się mimetycznej interpretacji niepowodzenia wykładowcy, jeśli chodzi o obronę własnego widzenia. W trudnych intersubiektywnych sytuacjach „Egomen" może być zmuszony do wiary w to, w co wierzy „inny facet". Przez kilka sekund Stefan był dosłownie opętany przez Eglintona i jego kohortę w tym samym sensie, jak w trzech synoptycznych Ewangeliach szaleniec z Gerazy jest opętany przez demona o imieniu Legion. Stefan chwilowo poddaje się zbiorowemu naciskowi. Dołącza się do mimetycznej jednomyślności swoich oskarżycieli; jego kapitulacja jest momentem skrajnej alienacji, która jest pokonywana w samotności Jaźni. Szybkość jego zgody na panowanie Eglintona jest charakterystyczna dla ludzi znajdujących się pod wpływem hipnotycznej sugestii. Przez kilka sekund ów mimetyczny Szekspir stał się dla swojego mimetycznego wynalazcy tym, co jednomyślnie widzą w nim jego słuchacze, tzn. jedną z nieskończenie wielu zdyskredytowanych teorii, sięgającą dalej i bardziej absurdalną niż większość pozostałych.

Stefan staje się współpodróżnikiem po gościńcu krytyki; gościniec ów jest nieznośnie ponury i nawet nie doprowadza do Dublina. Silnie mimetyczny temperament Stefana odpowiada za to haniebne załamanie się; ta sama cecha, która czyni artystę twórczym i silnym w samotności swej Jaźni, może być źródłem prawie nieskończonej słabości w obecności innych.

Stefan w okresie między swoją śmiercią i zmartwychwstaniem czuje się jak Judasz. I rzeczywicie zachowuje się jak zdrajca — zdrajca samego siebie, oczywiście, Egomena. Pokornie błaga Eglintona, arcykapłana, o trzydzieści srebrników, do których wszyscy czujemy się uprawnieni, gdy tylko dołączamy się do odpowiedniego motłochu w odpowiednim czasie. Stefan nic nie otrzymuje; po kapitulacji wydaje się zbyt mało ważny, nawet dla łapówki. Po aresztowaniu Jezusa, nie tylko Judasz ale również Piotr i wszyscy apostołowie ulegają mimetycznemu naciskowi prześladowczego tłumu i opuszczają nauczyciela.

„Wierzę, o Boże, wspomóż mą niewiarę". Słowa te są cytatem z Marka IX:24. Są wypowiadane przez ojca opętanego syna, gdy dziecko to zostaje uleczone przez Jezusa, po tym, jak uczniowie okazali się niezdolni do udzielenia mu pomocy. Nasz *monologue intérieur* odtwarza Joyce'owską i czysto egotystyczną wersję tego cudu.

Gdy tylko mimetyczny nacisk znika, do życia powraca Egomen; podstawowa jaźń leży poza zasięgiem linczujących; odgrywa rolę Ojca w egoistycznym [*egoistic*] odpowiedniku chrześcijańskiej Trójcy. Złowieszcze trójkąty mimetycznej rywalizacji są wypaczonym wizerunkiem tej w Trójcy Jedynej jaźni, złem, nad którym jej zbawienna moc ostatecznie odnosi walne zwycięstwo.

Po zmartwychwstaniu Syna, Ojciec posyła mu swojego Ducha, umożliwiając mu przekształcenie własnego strasznego przeżycia w dzieło sztuki zatytułowane *Ulisses*. Egomen wynagradza sobie swoje ziemskie straty w wyższej domenie swej kreacji. Ów epizod w Bibliotece Narodowej jest powieścią wewnątrz powieści, z własnym dramatem śmierci i zmartwychwstania, prawie całkowicie umieszczonym wewnątrz Egomena. „Inni" interweniują jedynie w roli prześladującego tłumu.

Kim jest Egomen? Aby odpowiedzieć na to pytanie, powinniśmy zbadać mimetyczne pragnienie, wychodząc poza wykład o Szekspirze, w *Ulissesie* jako całości, a także w życiu jego autora, Jamesa Joyce'a. Leopold Bloom, bohater *Ulissesa*, tak jak sam Stefan jest ciężkim przypadkiem francuskiej trójkątności; nienawidzi bycia oszukiwanym, ale zachowuje się tak, jakby to uwielbiał, dręcząc Stefana sugestywnym obrazem Molly i zapraszając przyszłego rywala do swego domu. Wstydząc się bycia przedmiotem działania, chce sam działać, ale osiąga jedynie współautorstwo w *magnum opus* przyprawienia sobie samemu rogów.

W życiu Joyce'a występują porażające mimetyczne katastrofy. Ich podobieństwo do tego, o czym Joyce mówi w *Ulissesie*, nie może być przypadkowe, nie tylko jeśli chodzi o przypadek Blooma i Stefana, ale również samego Szekspira. Nora, przyszła żona Joyce'a, zanim go spotkała, miała krótkotrwały sentymentalny związek z młodym mężczyzną o nazwisku Michael Bodkin, który umarł młodo. Śmierć ta nie tylko nie osłabiła zazdrości jej męża, lecz zaostrzyła ją do najwyższego stopnia; uniemożliwiło to Joyce'owi całkowicie porównanie swojego wpływu na Norę ze swoim wpływem na przypuszczalnego rywala.

Inny epizod dotyczy dziennikarza w Trieście, którego towarzystwo zdaje się sprawiać Norze radość; Joyce zaprasza go do swego domu i traktuje go jak przyjaciela, nie pomimo, ale z powodu swojej silnej zazdrości. Cała ta sprawa uderzająco przypomina trójkąt Bloom/Molly/Stefan w *Ulissesie*.

Joyce wyraźnie daje do zrozumienia, że fakty te mają znaczenie dla jego interpretacji Szekspira. Najważniejszym punktem w wykładzie jest połączenie mimetycznego geniuszu i życia w neurotycznej niedoli, zbyt wyraźnie zainspirowane przez takie samo połączenie w życiu i pracy Jamesa Joyce'a, aby nie zachęcać do systematycznych porównań. Inaczej od wczesnego Joyce'a z *Wygnańców*, który jeszcze przekształcał mimetyczne współzawodnictwo w i d e a ł, aby nie widzieć w nim perwersji, dojrzały Joyce ma jasność co do samego siebie; wie, że często zachowywał się w sposób, który jedynie na „normalnych" obserwatorach mógł robić wrażenie śmiesznego i obłąkanego. Wyraźnie widział swój własny syndrom rajfur-i-rogacz jako cenę, którą musiał zapłacić za swoją przenikliwość co do mimetycznych związków. Ów szekspirowski wykład sugeruje, że w oczach samego Joyce'a literacki geniusz idzie w parze z mimetyczną matnią.

Każdy, kto wie coś o życiu Joyce'a, rozumie, że w *Ulissesie* robi on do niego aluzję, ale tego przedmiotu nigdy się na poważnie nie dyskutuje. Któż chciałby wydać się „krytykiem biograficznym"? Joyce sam lekceważy to tabu — nie w jakimś pisarstwie autobiograficznym, ale w swojej największej pracy literackiej. Zlekceważmy je również; pójdźmy za naszym autorem, dokądkolwiek nas zaprowadzi.

Joyce używa Williama Szekspira jako substytutu E g o m e n a. W jego portrecie mimetycznego dramatopisarza, piszącego wysoce mimetyczne sztuki możemy rozpoznać męża Nory, wysoce mimetycznego powieściopisarza, piszącego wysoce mimetyczne powieści. Nie możemy uznać za nieważną plotkę o tym, co sam Joyce prowokująco sugeruje w swojej pracy literackiej. Mimetyczne pragnienie Szekspira jest tożsame z pragnieniem Stefana, które równa się pragnieniu samego Joyce. E g o m e n jest samym Jamesem Joyce'em. Przeciwnie do tego, co zwykle słyszymy, Stefan jest głosem swojego twórcy.

E g o m e n zawsze pisze o sobie. Szekspir jest jednym z jego substytutów, ale nie możemy powiedzieć, że jest n i c z y m i n n y m, j a k s u b s t y t u t e m. Wszystko, czego dowiedzieliśmy się o Szekspirze w tym studium, potwierdza unikalną mądrość wykładu Stefana. Zgodnie z naszymi ciągle formalistycznymi lub formalno-dekonstrukcyjnymi prawami, które w prostej linii wywodzą się od Russella, szekspirowski wykład nie może odnosić się do Szekspira, skoro odnosi się do Joyce'a i nie może odnosić się do Joyce'a, jeżeli odnosi się do Szekspira. Jednakże E g o m e n lekceważy te prawa.

Obecnie możemy schematycznie odtworzyć rozumowanie E g o - m e n a: Ponieważ Szekspir wie wszystko o mimetycznym pragnieniu, tak jak i ja sam wiem, ponieważ za wyjątkiem kilku doskonałych mistrzów nikt inny nie wie, muszę sam być doskonałym mistrzem. O tyle, o ile możemy stwierdzić, życie doskonałych mistrzów jest dotknięte tym rodzajem mimetycznej histerii, na którą sam cierpię. To samo prawdopodobnie dotyczyło Szekspira, którego życia nie znamy. Jako powieściopisarz mam prawo wymyślać historycznie fałszywe, ale mimetycznie prawdziwe życie Williama Szekspira. O tym są właśnie wielkie powieści. *Honni soit qui mal y pense.*

Jeżeli ośmielimy się uznać, że James Joyce podpisuje się pod wszystkimi tymi koncentrycznymi kołami *mimesis* wokół mimetycznego Szekspira, wówczas musimy również rozpoznać w tym wykładzie własny mimetyczny dramat autora jako młodego pisarza, opowiadanie o jego wygnaniu z Irlandii. Doktryna E g o m e n a ma implikacje przyprawiające o zawrót głowy.

Podczas krótkiej dyskusji o Arystotelesie i Platonie Stefan pyta „Który z nich wygnałby mnie ze swej republiki?" (s. 143). Zaledwie po kilku minutach wykładu słynny Russell decyduje się wyjść i wychodząc zaprasza swoich pomocników na pewne literackie zebranie; tylko Stefan nie zostaje zaproszony. Młody Joyce, dokładnie tak jak Stefan, czuł się w Dublinie niezrozumiany, lekceważony, wykluczany z towarzystwa; wykład ten jest „tragedią" intelektualnej dyskryminacji, wykluczania, banicji, scapegoatingu i ciągle wskazuje na samego Jamesa Joyce'a.

Jak Francuzi nazywają francuski trójkąt? Oczywiście, *triangle français* nie ma sensu; nawet Eglinton mógłby to zrozumieć. *Triangle de vaudeville* brzmi zbyt akademicko; Valery Larbaud, francuski tłumacz przetłumaczył to jako *Monsieur, Madame, et l'autre*, co byłoby doskonałe, gdyby nie zaciemniało francuskich konotacji, które powinny być zachowane, gdyż zdają się pełnić istotną rolą na początku i na końcu wykładu. W oczach Eglintona, intelektualne życie Stefana nie jest wystarczająco angielskie, jak na krytyka Szekspira. Eglinton jest tym, kto chwilę wcześniej powiedział: „Rodacy barda są może trochę znużeni naszym błyskotliwym teoretyzowaniem" (s.153).

Cały szekspirowski epizod ma francuskie wprowadzenie, strategicznie symetryczne do francuskiego trójkąta w zakończeniu. Pisarzem odpowiedzialnym za te odniesienia do francuskiej kultury jest nie Stefan, ale sam Joyce, lub jeżeli wolimy, E g o m e n. Na wstępie Lyster wspomina o tekście, w którym Mallarmé przypomina o przedstawieniu *Hamleta* w pewnym francuskim prowincjonalnym mieście. Został wydrukowany afisz:

Wolną dłonią nakreślił z wdziękiem maleńkie znaki w powietrzu.

HAMLET
ou
LE DISTRAIT
Pièce de Shakespeare

Powtórzył ponownie zachmurzonemu Johnowi Eglintonowi:
— *Pièce de Shakespeare*, wie pan. To takie francuskie, francuski punkt widzenia. *Hamlet ou* ...
— Roztargniony włóczęga, dokończył Stefan.
John Eglinton roześmiał się.
— Tak, przypuszczam, że mogło tak być, powiedział. Wspaniali ludzie, bez wątpienia, ale beznadziejnie krótkowzroczni w niektórych sprawach. (s. 144)

Jednym z celów tego wprowadzenia jest intronizowanie Mallarmé'ego jako świętego patronującego śmiałemu esejowi literackiemu Stefana. Jednakże przy takich szturmujących kulturowych kawalerzystach, jak Eglinton, patronat — choćby największego — francuskiego poety to prowokowanie katastrofy. To, co wydarza się w tym miejscu, proroczo zapowiada późniejsze rozgromienie Stefana. Powyższy cytat sprawia, że prowincjonalizm Eglintona we francuskim literackim kontekście staje się oczywisty. Krytyk ten jest głuchy na ironię Mallarmé'ego. Joyce montuje scenę dla swojego francuskiego trójkąta.

Gdy po raz pierwszy wiele lat temu przeczytałem *Ulissesa* w tłumaczeniu Larbauda, nic nie rozumiałem. Później przeczytałem angielski oryginał — francuski trójkąt był iluminacją. W międzyczasie skierowałem się ku mimetycznemu pragnieniu i wykładałem na ten temat dla anglojęzycznych słuchaczy. Doświadczenie to było zawsze przyjemne, chociaż przy pewnych okazjach przypominające na tyle doświadczenie Stefana, że ułatwiło mi zrozumienie tekstu Joyce'a. Podczas dyskusji ostrzegano mnie, że moje mimetyczne trójkąty, właśnie dlatego, że są tak rozkosznie francuskie, nie mogą naprawdę stosować się do pisarzy angielskich lub amerykańskich — a już najmniej do największego z nich, Williama Szekspira.

Poza Francją mimetyczne pragnienie często wyda się specyficznie francuskie z tych samych powodów, dla których nie może być francuskie we Francji. Nigdzie na świecie mimetyczne pragnienie nie jest u siebie, jak zaraza w Średniowieczu czy syfilis w szesnastym wieku. Ten n i e b e z p i e c z n y   s u p l e m e n t jest zawsze postrzegany jako import z zagranicy.

Mimetyczna jednomyślność scapegoatingu fałszuje swój sens kosztem ofiary. Ofiara, chociaż arbitralnie skazana, wydaje się winna. Stefan zostaje intelektualnie złożony w ofierze przez ofiarników, którzy nawet nie zdają sobie sprawy ze swego udziału w składaniu ofiary. Czy jest w tym tekście prześladowanie? Czytelnicy spoza książki nie mogą go dostrzec, dopóki pozostają ślepi na zawartą w tekście mimetyczną treść. Nie widzą, że wykład Stefana przyspiesza kryzys mimetyczny, który ich samych pochłania. Nie widzą pastwienia się nad Stefanem, bo staje się ono ich własną „założycielską przemocą". Zawsze powołują się na to nie Stefana, aby umotywować swoje przekonanie, że zarówno z szekspirowskiego i joyce'owskiego punktu widzenia wykład Stefana jest nieistotny.

Owa założycielska przemoc przekonuje wszystkich spoza książki — czytelników Ulissesa — i wszystkich wewnątrz książki, łącznie z samym Stefanem, chociaż jego samego tylko przez kilka sekund. Stefan dołączając się do zaprzyjaźnionego linczującego go tłumu przekształca błędną interpretację swego wykładu w prawie niepodważalne *credo*.

O, piekło! Krytykować cudzym okiem! Niektórzy z wcześniejszych krytyków nie mieli zahamowań w praktykowaniu tej sztuki. Pamiętam co najmniej jednego, który otwarcie winił Stefana za lekceważenie mądrego ostrzeżenia Russella przed krytyką biograficzną[80]. Teraz jednakże, ponieważ James Joyce stał się wielkim Jamesem Joyce'em, *tel qu'en lui-même l'éternité le change*, nikt nie chce zbyt pochopnie wyrzucać pięćdziesięciu stron z *Ulissesa*; współcześni krytycy przekonują nas, chociaż jakoś bez zapału, że należy uznać tę lekturę za „interesującą" i nawet „zabawną". Kiedy eksperci definiują ją jako „mieszaninę", lub nawet „mieszaninę pomyłek", prawie otwarcie przyznają się do niepowodzenia w znalezieniu w niej jakiegoś realnego sensu[81].

O ile mi wiadomo, nigdy nie zidentyfikowano głównych tematów omawianego epizodu. Są to: 1. mimetyczna intuicja Stefana co do Szekspira; 2. flaubertyńskie banały czterech krytyków; 3. mimetyczne łączenie się krytyków w gang przeciw Stefanowi; 4. wspaniała trafność i nietrafność francuskiego trójkąta; 5. „śmierć" bohatera i jego egoistyczne „zmartwychwstanie".

Ulisses jest źle rozumiany, ale jego autor częściowo ponosi odpowiedzialność za to załamanie się krytyki. Wyraźnie starł się,

---

[80] W. M. Schutte, *Joyce and Shakespeare: A Study in the Meaning of Ulysses*, Yale University Press, New Haven, s.1957.
[81] H. Kenner, *Ulysses*, The Johns Hopkins University Press, Baltimore 1980, s.114; John O'Hara w: *The Nation*, marzec 15, 1982, s. 312.

najlepiej jak potrafił, aby wprowadzić w błąd tych, którzy uważają się za „poważnych krytyków". Stefan proszony o wyjaśnienie, nic nie wyjaśnia, a jego sceniczny szept nie wykazuje owej spokojnej obojętności, którą uważamy za warunek wstępny „zdrowej krytyki": „Wiem. Zamknij się. Odwal się. Mam powody" (s. 160). Czy możemy ufać badaczowi, tak wyraźnie pobudzanemu przez namiętność?

Któż mógłby ufać badaczowi, który nawet nie ma szacunku dla faktów? Stefan rozciąga na kilka lat życie „firedrake'a"[82], dostrzegalnego na angielskim niebie, gdy Szekspir był małym dzieckiem, przemieniając go w cudowny znak narodzin wielkiego człowieka. Następnie, w pewnym momencie, bezczelnie twierdzi, że jego wnioski stosują się do „do wszystkich sztuk, których [on] n i e p r z e c z y t a ł" W ten sposób jeszcze zanim Stefan sam wyparł się swoich poglądów, nasza wiara w niego zostaje podważona. Gdy to wyparcie w końcu się pojawia, zdaje się rozstrzygać przeciw niemu. Nasza uwaga gubi się, większość z nas w ogóle kończy czytanie. W ten sposób tracimy ostatnią szansę odkrycia tej prawdy, którą Joyce przewrotnie ukrył w pewnej odległości od wykładu, w głębokim gąszczu słów, tak jak pies zrobiłby ze ulubionną kością, wyłącznie w celu udaremniania jej odkrycia.

Zawsze zdumiewający James Joyce powierzchownie, ale systematycznie poddaje w wątpliwość wiarygodność właśnie tego bohatera, który wyraża jego pogląd. Wyraźnie przewiduje i systematycznie zachęca do błędnego interpretowania całego epizodu. Krytyk nigdy nie powinien oszukiwać swoich słuchaczy, ale nie możemy obwiniać Stefana za poddanie się tej szczególnej pokusie. Z wszystkich kwestii, które porusza, tą jedyną, która rozpala wyobraźnię słuchaczy, jest niedorzeczny *firedrake*. Mechanicznie potępiają „krytykę biograficzną", ale nie widzą nic złego w najgorszym typie apokryfów.

Joyce umieszcza w swoim tekście wiele dwuznacznych sygnałów. Dopóki nie dostrzeżemy, że wszystko ma mimetyczny wymiar, sugerują one coś dokładnie przeciwnego niż naprawdę znaczą. Stefan jest bardziej serio, niż się zdaje, ale jego powaga jest tym rodzajem powagi, którego przeciwnik nigdy nie uzna.

Stefan jest dziecinnie prowokacyjny, ale jego twierdzenia są mniej bezapelacyjne, niż się wydaje. Jego intuicja nie zależy w zwykły sposób od jego wiedzy. Jedna osoba uchwyci ją w lot po przeczytaniu jednej

---

[82] Ognisty wąż, błędny ognik ogromnych rozmiarów, który zgodnie z przesądną wiarą jest latającym smokiem, strzegącym ukrytych skarbów, wspominany przez Szekspira w *Królu Henryku VIII*, V, iii. [Przyp. tłum.]

sztuki, podczas gdy inna, pamiętająca cały teatr, nie uchwyci jej nigdy. Nie chodzi tu o ilość informacji, ale o to co z nią robimy.

Stefan nigdy nie wspomina o *Troilusie i Cressidzie*; zapewne jest to jedna z tych sztuk, której lekturą nigdy nie zawracał sobie głowy. Pandarus zasługuje na jakieś miejsce w joyce'owskim schemacie, a jednak go nie ma. Żaden bohater nie potwierdza bardziej spektakularnie koncepcji rajfura-i-rogacza niż on. Albo Joyce nie znał tej archetypowej postaci, albo uznał Pandarusa za zbyt oczywistego w swojej grze w kotka i myszkę i celowo go unikał.

Bez względu na przyczynę tego pominięcia, w końcu nie o to chodzi. Więcej można nauczyć się o Pandarusie z tekstu, który całkowicie go ignoruje niż od pedantycznych uczonych, którzy wszystko o nim wiedzą, ale nie potrafią umieścić go w szerszym obrazie szekspirowskiego pragnienia. Praca owych pedantów nie jest bezużyteczna, ale jej użyteczność jest odmiennego gatunku niż użyteczność Joyce'a.

Nikt inny, tylko sam Joyce, pozostawił ślady kompromitujące Stefana; nikt inny, tylko sam Joyce, co krok sugeruje błędną interpretację, nadając jej dość pozorów prawdopodobieństwa, aby przekonać krytyków, że zapewne mają rację. Joyce chytrze przymila się do mimetycznie ociemniałych z pomocą tej błędnej interpretacji, do której mają zawsze skłonności.

Joyce przemienił swój tekst w werbalną maszynę podobną do tej, którą odkryliśmy u Szekspira. Fiasko francuskiego trójkąta jest powieściowym odpowiednikiem tragicznego zakończenia. Ten gwałtowny punkt kulminacyjny może być odczytany na dwa różne sposoby. Jeżeli potępiamy mimetycznego Szekspira, przemoc punktu kulminacyjnego wyda się uzasadniona i jego niesprawiedliwość zniknie. Werdykt Eglintona potwierdza całe nasze negatywne wrażenia o Stefanie i staje się ostoją tego mitu interpretacyjnego, który wciąż dominuje w krytyce *Ulissesa*, owej koncepcji wykładu jako „mieszaniny".

Ta ambiwalencja ma charakter ofiarniczy i w tym przypomina niektóre szekspirowskie sztuki, na przykład *Kupca Weneckiego*. Jak stwierdziliśmy, nasza interpretacja tej sztuki zależy od tego, jak odczytamy końcowy wyrok. Uczestniczymy w scapegoatingu Shylocka o tyle, o ile nie dostrzegamy jego arbitralności. Podobnie uczestniczy w scapegoatingu Stefana o tyle, o ile nie rozumiemy poprawnie sensu jego wykładu.

Po co ta ofiarnicza manipulacja? W przypadku Szekspira spekulowaliśmy, że owa ambiwalencja umożliwia dramatopisarzowi wyjście naprzeciw uprzedzeniom i intelektualnym zdolnościom dwóch całkowicie odmiennych publiczności. Wielorakość interpretacji nie jest wewnętrzną cechą pracy literackiej, ale czymś, co autor skonstruował w określonym celu. Jednakże ten cel nie może wchodzić w grę u Joyce'a, lub w każdym razie nie w tym samym sensie. Pisarz „awangardowy" nie pisze dla masy naiwnych czytelników. Jaki mógł być jego motyw?

Po pierwsze, Joyce mógł zrozumieć nie tylko mimetyczne pragnienie u Szekspira, ale i ofiarniczą ambiwalencję, która z nim idzie w parze i rozmyślnie kopiuje tę szczególną cechę w swoim własnym tekście. Zdecydował, aby w wielkim hołdzie dla Szekspira być tak szekspirowskim, jak to możliwe, i nie tylko ujawnić, ale też naśladować ofiarniczą strategię pisarza.

Ofiarnicza ambiwalencja czyni perspektywę Joyce'a prawie niewidoczną. Autor wycisza swój głos, oddając go swoim antagonistom, i staje się ekwiwalentem swego własnego bohatera — rajfura-i-rogacza. Ma gorącą nadzieję, jak sądzę, że niektórzy z nas odkryją tę prawdę, ale mnoży przeszkody na drodze do tego odkrycia. Inaczej mówiąc: działa wbrew swym interesom i jego zachowanie jako pisarza jest analogiczne do zachowania Blooma jako kochanka.

Coś podobnego stwierdziliśmy u Szekspira. W *Śnie nocy letniej* poeta ten najbardziej uwypukla punkt widzenia Tezeusza, który nie jest faktycznie jego własnym; swój sposób widzenia prawie — chociaż nie całkowicie — ukrywa poza zasięgiem wzroku, gdyż pisze owych pięć drogocennych wersów Hipolity, które szczegółowo objaśniałem.

Tak samo, jak Joyce mówi o swoim wygnaniu, ukrywając się za maską Stefana, tak też — jak sądzę — ironia Szekspira daje się zauważyć w powracającym temacie poety, który staje się priorytetowym kozłem ofiarnym w światowym ataku na jego sztukę. I znowu w *Śnie nocy letniej* każda z rozrywek oferowanych Tezeuszowi w akcie piątym dotyczy poety prześladowanego przez swoich współczesnych (por. rozdział 27). Podobnie w tekście Joyce'a zbiorową ofiarą jest jedyny w całej grupie prawdziwy poeta.

Szekspir jest tajemniczo charakteryzowany przez Stefana jako „Chrystolis w skórzanych portkach, kryjący się, uciekający pośród uschniętych, rozwidlonych drzew przed nagonką" (s. 149). On i Stefan/Joyce ustawicznie są dla siebie lustrem, a ich życie wydaje się ustawicznym kolektywnym polowaniem, w którym oni zawsze pełnią rolę zwierzyny łownej.

Kompletne rozważania nad tym, dlaczego Joyce intencjonalnie zaciemnia swój własny punkt widzenia w omawianym epizodzie, sprowadziłyby nas zbytnio z drogi, ale należy wspomnieć o jego najbardziej oczywistym celu; można go określić jako satyrę z opóźnionym działaniem. Joyce czuł intensywną niechęć do establishmentu swoich czasów. Prawdopodobnie czuł, jak sądzę, że prędzej lub później będzie kanonizowany przez ludzi podobnych do tych, którzy za życia wykluczyli go z towarzystwa i przemienił swój tekst w prawdziwe pole minowe, ciesząc się myślą, że długo po jego śmierci któraś z jego min będzie od czasu do czasu eksplodować czyniąc niewielką szkodę w literackim krajobrazie.

Gdy Joyce po raz pierwszy stał się publicznym skandalem, przeto i sławą, krążyła pogłoska, że jego praca to kolosalna mistyfikacja. Później, w miarę jak rósł ciało rozpraw akademickich mu poświęconych, taki niepoważny cel został milcząco uznany za niezgodny z powagą jego literackiego wysiłku. Jest to niebezpieczne złudzenie. Podobnie i ja, trzymam radośnie otwarte te Joyce'owskie pułapki, które widzę, chociaż zapewne wpadam w te, których nie mogę dostrzec. Nie sposób, jak sadzę, przesadzić, jeśli chodzi o zdolność tego pisarza do figlowania.

30
OSPAŁY ODWET HAMLETA
Zemsta w *Hamlecie*

Ów prawie święty status, jaki zdobyło to dzieło Szekspira, wiąże się zawsze z różnymi przestarzałymi hasłami współczesnej krytyki — np. „umyślny sofizmat" — zabójczymi, jeśli chodzi o dostrzeżenie ironii, przeszkadzając nam we właściwym reagowaniu na najcenniejsze zaproszenie Szekspira, tj. zaproszenie do stania się z nim współsprawcą i dzielenia się owocami jego fantastycznej świadomości procesu dramatycznego, który zawsze zawiera w sobie jakąś formę victimage'u lub składania ofiary, procesu tak głęboko w nas zakorzenionego, o skutkach tak paradoksalnych i ukrytych, że może być jednocześnie podsycany i wykpiwany. Malvolio w *Wieczorze Trzech Króli* jest dobrym przykładem tej ambiwalencji.

Wielki artysta jest jak magnetyzer; może żłobić kanały dla naszych mimetycznych impulsów, tak by płynęły w wybranym przezeń kierunku. W niektórych swoich sztukach Szekspir robi wyraźnie aluzję do tego, jak niewiele trzeba do wywołania oburzenia zamiast sympatii, do zmiany tragedii w komedię, czy też na odwrót. Na przykład w *Śnie nocy letniej* sztuka wewnątrz sztuki, komiczny *Pyramus i Tysbe*, jest parodystycznym odwróceniem *Romea i Julii*. I poeta, ów człowiek, który przemienia herosów w łajdaków i łajdaków w herosów, jest faktycznie uczniem czarownika. W każdej chwili może się stać ofiarą swojej gry. Jeżeli widzowie nie zaakceptują tej podsuwanej im ofiary, wówczas obrócą się przeciw niemu, wybiorą go jako zastępczą ofiarę; poeta stanie się rzeczywistym kozłem ofiarnym we własnym teatrze.

Pigwa recytując prolog do *Pyramusa i Tysbe* stawia kilka przecinków w niewłaściwym miejscu — zamierzone komplementy brzmią jak zniewagi. Niewiele potrzeba, aby *captatio benevolentiae* zmienić w *captatio malevolentiae*. Szczęśliwie dla Pigwy i jego przyjaciół, Tezeusz jest mądrym władcą, który widzi za zwodniczą mową dobrą intencję. Wyczuwamy tutaj ekstremalną wrażliwość dramatycznego twórcy na hazardową naturę jego kunsztu. Martwi się nie tylko przepaścią między swoimi intencjami i słowami, ale także tym, w jaki sposób słowa te będą wypowiadane przez aktorów i oczywiście przede wszystkim, odbiorem widzów. Poeta dramatyczny jest zbyt zależny od tłumu, aby nie wiedzieć, że jego podstawową cechą jest zmienność. Sukces lub niepowodzenie może wynikać nie tyle z wewnętrznej wartości pracy, co z reakcji zbiorowych, które są nieprzewidywalne, ponieważ są w swej istocie mimetyczne; między tym i następnym przedstawieniem reakcje mogą niespodziewanie i bez oczywistego powodu przerzucać się z jednej krańcowości w drugą. Są one, oczywiście, tożsame z mechanizmem kozła ofiarnego, na którym cały teatr — a bardziej pierwotnie cały rytuał — się opiera. Ta zależność dramatopisarza od mimetycznego impulsu tłumu z całą pewnością nie może wyjaśnić jego ogromnej intuicji, co do roli arbitralnego victimage'u w sprawach ludzkich, ale zapewne musi wyostrzać jego wrodzoną wrażliwość; musi zwiększyć wpływ jego osobistego doświadczenia podobnego zjawiska, które pierwotnie w jego dotychczasowej historii mogło przyczynić się do jego późniejszego „uzdolnienia" dramaturgicznego.

Poeta musi być pod wrażeniem swej mocy prowadzenia tłumu tam, gdzie zechce. Prawdę powiedziawszy, pewne aluzje, które Szekspir czyni do tej mocy we wcześniejszych sztukach, sugerują za sprawą swej niewiarogodnej jasności i dowcipu jakiś rodzaj triumfu. Jednakże musi istnieć jakiś inny, bardziej negatywny aspekt tej władzy. Poeta rozumie *katharsis* zbyt dobrze, żeby czerpać z niego tak spokojne zadowolenie jak krytycy literaccy. Koncepcja Szekspira na temat własnej roli jako twórcy jest mniej podniosła niż nasza. Nawet jeżeli w pewnych jego wzmiankach o poetach represjonowanych przez społeczeństwo da się czasami słyszeć nuta współczucia i powagi, całościowe potraktowanie tematu nie ma nic wspólnego z pompatycznym litowaniem się nad sobą, które oddziedziczyliśmy po wieku Romantyzmu. Dramatopisarstwo jest iganiem z ogniem — jeżeli ktoś spłonie, nie można za to winić nikogo poza sobą samym.

Dlaczego poeta miałby czuć się dumny, że dostarcza tłumowi zastępczych ofiar [*vicarious victim*]? Fakt, że sam nie jest naiwny, że z dystansu manipuluje nieświadomymi widzami i jeszcze pragnie, aby owi najmądrzejsi doceniali ten dystans, nie sprawia, że manipulacja ta staje się bardziej chwalebna. Ową elitę zaprasza się do udziału w bardziej wyrafinowanej i misternej przyjemności niż *katharsis* tego niższego poziomu, ale ciągle w swej istocie zasadniczo katarktycznej. Jedyną różnicą jest to, że zadowolenie kilku osiąga się kosztem wielu. Prawdziwym kozłem ofiarnym jest obecnie masowy odbiorca, w odwróceniu, które stało się regułą w nowoczesnej literaturze. Nie wydaje się jednak, aby Szekspir czerpał z tego odwróconego *katharsis* ów rodzaj osobistego uspokojenia, które odtąd karmiło i nadal karmi „ja" niezliczonej liczby intelektualistów i artystów w nowoczesnym świecie.

Powyższe uwagi są rzecz jasna hipotetyczne i faktycznie nie byłyby w ogóle interesujące, gdyby nie sugerowały nowego podejścia do pewnych sztuk, które dotychczas przemilczałem, szczególnie do tej jednej, która po dziś dzień pozostaje najbardziej tajemnicza, pomimo że otrzymała prawie niewiarygodną ilość analiz krytycznych.

Hamlet należy do gatunku tragedii odwetowej, w czasach szekspirowskich tak oklepanego i trudnego dla dramatopisarza do uniknięcia, jak w naszych czasach „thriller" dla telewizyjnego scenarzysty. Szekspir w *Hamlecie* przekształcił ów obowiązek dramatopisarza, aby pisać te same, stare, odwetowe tragedie w możliwość prawie otwartego dyskutowania pytań, których kontury próbowałem określić. Zmęczenie odwetem i *katharsis*, jakie — jak sądzę — daje się odczytać na marginesach wcześniejszych sztuk, z cała pewnością naprawdę istnieje, ponieważ w *Hamlecie* pojawia się ono w centrum sceny i zostaje wyraźnie sformułowane.

Mówi się nam, że pewni nienajgorsi pisarze mieli trudności z zrozumieniem odraczania na zakończenie tej elżbietańskiej sztuki tej akcji, co do której nie było wątpliwości, że nastąpi i która była zawsze taka sama. Nie widzą, że Szekspir potrafił przemienić to nudne zadanie w najbardziej olśniewający wyczyn teatralnego *double entendre*, ponieważ nuda odwetu jest faktycznie tym, o czym chce mówić czyniąc to w swój zwykły szekspirowski sposób; będzie bezwzględnie demaskował teatr odwetu i wszystkie jego dzieła, nie pozbawiając jednocześnie masowego widza *katharsis*, którego się domaga, a samego siebie dramatycznego sukcesu, potrzebnego dla własnej dramaturgicznej kariery.

Zakładając, że Szekspir faktycznie miał w zamiarze ten podwójny cel, stwierdzimy, że niektóre, nie wyjaśnione dotychczas szczegóły sztuki staną się zrozumiałe, a funkcja wielu niejasnych scen — oczywista.

Aby dokonać odwetu z przekonaniem, trzeba wierzyć w słuszność własnej racji. Zauważyliśmy już wcześniej, iż poszukujący odwetu nie uwierzy w swoją rację, jeżeli nie uwierzy w winę swojej zamierzonej ofiary. Z kolei owa wina ofiary wymaga niewinności ofiary ofiary. Jeżeli ofiara ofiary jest już zabójcą, jeżeli poszukujący odwetu rozmyśla trochę za dużo nad zamkniętym kołem odwetu, jego wiara w zemstę musi upaść.

Właśnie z tym mamy do czynienia w *Hamlecie*. Z cała pewnością sugestia Szekspira, że stary Hamlet, zamordowany król, sam był mordercą, nie jest bezcelowa. Bez względu na to, jak wstrętnie wygląda Claudius, nie może wyglądać wystarczająco wstrętnie, skoro pojawia się w kontekście poprzedniego odwetu; jako łajdak nie potrafi generować tej absolutnej namiętności i poświęcenia, którego żąda się od Hamleta. Kłopot z Hamletem polega na tym, że nie może zapomnieć o tym kontekście. W rezultacie przestępstwo Claudiusa wygląda w jego oczach na jeszcze jedno ogniwo w i tak długim już łańcuchu i jego własny odwet będzie wyglądać jak następne ogniwo, doskonale identyczne z wszystkimi innymi.

W świecie, w którym każde widmo, martwe lub żywe, potrafi wykonać wyłącznie ten sam czyn, tzn. odwet, lub mniej więcej tak samo krzyczeć zza grobu, wszystkie głosy są zamienne. Nigdy nie wiadomo na pewno, które widmo do kogo się zwraca. Dla Hamleta pytanie o własną tożsamość jest jednym i tym samym, co pytanie o tożsamość widma i jego pełnomocnictwo.

Poszukiwanie niezwykłości w odwecie jest przedsięwzięciem daremnym, ale wzbranianie się przed nim w świecie, który patrzy nań jak na „święty obowiązek", oznacza wykluczenie się ze społeczeństwa, powrót do nicości. Hamlet nie ma wyjścia; miota się bez końca od jednego impasu do drugiego, niezdolny do podjęcia decyzji, ponieważ żaden wybór nie ma sensu.

Jeżeli wszyscy bohaterowie są uwikłani w cykl odwetu, który rozszerza się we wszystkich kierunkach, przekraczając granice swojego ruchu, wówczas *Hamlet* nie ma ani początku, ani końca. Sztuka załamuje się. Kłopot z tym bohaterem polega na tym, że nie wierzy we własną sztukę nawet w połowie tak mocno jak krytycy. Rozumie odwet i teatr zbyt dobrze, aby przyjąć dobrowolnie rolę wybraną dla niego przez innych. Inaczej mówiąc, jego uczucia są tymi, których domyślaliśmy się u samego Szekspira. To, co bohater ten czuje w stosunku do wiadomego aktu odwetu, twórca ów czuje w stosunku do odwetu w formie teatru. Ale publiczność chce zastępczych ofiar [*vicarious victims*] i dramatopisarz musi wyświadczyć jej tę uprzejmość. Tragedia to odwet. Szekspir jest zmęczony odwetem, a jednak nie może z niego zrezygnować bez zrezygnowania ze swoich widzów i swojej tożsamości jako dramatopisarza. Przekształca on typowy temat odwetu w *Hamlecie* w rozmyślania nad swym kłopotliwym położeniem, w którym się znalazł będąc dramatopisarzem.

Claudius i stary Hamlet nie są najpierw braćmi krwi, a potem wrogami; są braćmi w morderstwie i w odwecie. W mitach i legendach, z których wywodzi się większość tragedii, braterstwo jest prawie niezmiennie związane ze wzajemnością odwetu. Bliższe badanie ujawnia, że braterstwo, prawdopodobnie najczęściej pojawiający się mitologiczny temat, reprezentuje raczej ową wzajemność niż specyficzny rodzinny związek, który desygnuje. Status brata, będąc w większości systemów pokrewieństwa stosunkiem najmniej zróżnicowanym, może stać się śladem odróżnicowania, symbolem gwałtownego odsymbolizowania, paradoksalnie znakiem tego, że nie ma już więcej znaków i zwalczająca się gmatwanina sobowtórów zmierza ku całkowitemu triumfowi.

Interpretację tę potwierdza ogromna liczba mitycznych antagonistów, którzy nie tylko są braćmi, ale identycznymi bliźniakami, na przykład Jakub i Ezaw, Eteokles i Polynejkes, czy Romulus i Remus. Bliźniacy posiadają w najwyższym stopniu tę cechę, która jest istotna dla mitycznego braterstwa: są nierozróżnialni; całkowicie brakuje im owego zróżnicowania wszystkich pierwotnych i tradycyjnych wspólnot, które uważa się za konieczne dla utrzymania pokoju i porządku.

Łagodnie mówiąc, jest co najmniej dziwne, że współczesna antropologia nie odkryła dotychczas znaczenia bliźniąt w mitologii i religii pierwotnej. Wyłącznie różnicujący nacisk strukturalizmu i jego kontynuatorów nie tylko nie wskazuje nowego kierunku, lecz stanowi ostateczne spełnienie starej, najpotężniejszej tradycji nie tylko naszych nauk społecznych i naszej filozofii, ale również samej religii. Tendencja ta w najlepszym przypadku minimalizuje, a w najgorszym całkowicie tłumi wszystko to, co istotne dla zrozumienia takiego pisarza jak Szekspir, tzn. dla zrozumienia mimetycznej natury ludzkiego konfliktu i wynikającej z niej tendencji antagonistów do zachowywania się coraz bardziej jednakowo i równocześnie fałszywego postrzegania coraz większej różnicy między sobą.

Gdyby Szekspir był takim samym ignorantem w sprawie mitologicznych bliźniąt i braci jak nasze nauki społeczne i krytycy literaccy, nie napisałby nigdy *Komedii Omyłek*. Najbardziej uderzającą cechą tej sztuki jest to, że dzięki tematowi niewykrywalnych bliźniąt wiele skutków, które faktycznie są podobne do niedostrzegalnych wyrównujących skutków tragicznego konfliktu, mogło zostać przedstawionych w duchu komicznych nieporozumień.

Musimy pamiętać o owym znaczeniu bliźniaków i braci w mitologii oraz tradycji scenicznej, do której oczywiście należą *Bracia* Plautusa, aby zinterpretować poprawnie scenę, w której Hamlet, trzymając w dłoniach portrety ojca i wuja, czy też wskazując na nie na ścianie, próbuje przekonać matkę, że istnieją między nimi ogromne różnice. Nie byłoby „problemu" Hamleta, gdyby ten bohater naprawdę wierzył w to, co mówi. Tymczasem on również próbuje przekonać samego siebie. Gniew w jego głosie i przesada w mowie wraz z owymi na zimno wymyślonymi metaforami sugeruje, że boryka się ona próżno:

> Look here upon this picture, and on this
> The counterfeith presentment of two brothers.
> See what a grace was seated on this brow.
> Hyperion's curls, the front of Jove himself,
> An eye like Mars, to threaten and command,
> ....
> A combination and a form indeed
> Where every god did seem to set his seal
> To give the world assurance of a man.
> This was your husband. Look you now what follows.
> Here is your husband, like a mildewed ear,
> Blasting his wholesome brother. Have you eyes?
> (III, iv, 53-65)

> Spójrz na te obrazy,
> Na ten i ten, oddano na obu
> Rysy dwóch braci. Spójrz, jak na tym czole
> Wdzięk zasiadł, pukle Hyperiona, lico
> Jowisza, oko Marsa, w którym rozkaz
> I groźba razem mieszkają.
> ....
> Doprawdy
> Wdzięczne to było kształtów połączenie,
> Gdzie każdy z bogów przyłożył swą pieczęć,
> Jakby chcąc ręczyć za tego człowieka,
> Taki małżonek twój był. A spójrz teraz
> na obraz drugi: oto twój małżonek,
> Jak ktoś zatęchły, sączący zgniliznę
> W brata zdrowego swego. Gdzie masz oczy?
> (s. 187-188)[83]

Słuchając tych wersów możemy powiedzieć z ironią: „Ten szlachcic zbyt mocno protestuje"[84]. Symetria całej tej prezentacji i wyrażenia

---

[83] Tu i dalej podaję w przekładzie Macieja Słomczyńskiego, Wydawnictwo Literackie, Kraków, 1978.

[84] Jest to funkcjonujące w potocznym języku angielskim powiedzenie z Szekspira, którego używa się, gdy ktoś zaprzecza czemuś usilnie, a z jego słów wyraźnie

używane przez Hamleta wykazują tendencję do powtarzania podobieństwa, któremu rzekomo zaprzecza: „Takim małżonek twój był ... oto twój małżonek".

Hamlet błaga matkę, aby zrezygnowała ze związku małżeńskiego z Claudiusem. Nadmiar freudowskiej interpretacji zniekształcił ten fragment. Hamlet nie oburza się aż tak bardzo, aby wybiec i zabić łajdaka. W rezultacie nie czuje się dobrze z samym sobą, wini matkę, ponieważ jest ona wyraźnie na całą tę sprawę jeszcze bardziej obojętna niż on sam. Chciałby, aby to matka zamiast niego zainicjowała proces odwetu. Próbuje pobudzić w niej oburzenie, którego sam nie potrafi odczuć, aby przechwycić je z drugiej ręki, z jakiegoś rodzaju mimetycznego współczucia. Chciałby widzieć dramatyczne zerwanie między Gertrudą i Claudiusem, które zmusiłoby go do zdecydowanego opowiedzenia się po stronie matki.

Zgodnie z powszechnie akceptowanym dziś poglądem, Gertruda musiała odczuwać ogromne przywiązanie do Claudiusa. Następujący cytat nie dość, że nie potwierdzenia tego poglądu, ale sugeruje coś dokładnie przeciwnego:

> No sense to ecstasy was ne'ver so thrall'd
> But it reserved some quantity of choice,
> To serve in such a difference.
> (III, iv, 74-76)

> Nie popadają w niewolę uniesień,
> Lecz zachowują możliwość wyboru,
> Która służyłaby ci do odkrycia
> Różnic tak wielkich.
> (s. 189)

Hamlet nie mówi, że jego matka jest szaleńczo zakochana w Claudiusu; mówi, że nawet gdyby była, powinna być ciągle zdolna do postrzegania pewnej różnicy między swoimi dmoma mężami. Zakłada więc, że jego matka, tak jak on sam, n i e postrzega w ogóle żadnej różnicy. Założenie to jest oczywiście poprawne. Gertruda milczy podczas tyrady syna, ponieważ nie ma nic do powiedzenia. Przyczyną tego, że mogła tak szybko ponownie wyjść za mąż, jest to, że bracia są tak bardzo podobni, że czuje tę samą obojętność wobec obydwu. Hamlet dostrzega właśnie tę druzgocącą obojętność, jest nią dotknięty, ponieważ sam

---

wynika, że prawda jest wprost przeciwna. Ironia tego powiedzenia niestety znika w polskim tłumaczeniu. [Przyp. tłum.]

próbuje z nią walczyć. Podobnie jak wiele innych królowych u Szekspira, jak królowe w *Ryszardzie III*, Gertruda udaje się do świata, gdzie prestiż i władza liczą się bardziej niż namiętność.

W naszej dzisiejszej krytyce literackiej jesteśmy często zdominowani przez coś, co można by nazwać „imperatywem erotycznym", równie dogmatycznym w swoich żądaniach i ostatecznie równie naiwnym jak seksualne tabu, które go poprzedzały. Z czasem, gdy to buntownicze dziecko purytanizmu zestarzeje się, wówczas, miejmy nadzieję, będzie można uznać, iż jego skutki dla zrozumienia szekspirowskiej ironii były równie obrzydliwe i destrukcyjne jak samego purytanizmu.

Hamlet, aby pobudzić swojego mściwego ducha, potrzebuje bardziej przekonywującego teatru odwetu niż jego własny, czegoś mniej wymuszonego niż owa sztuka, którą Szekspir faktycznie pisze. Szczęśliwie dla tego bohatera i dla widzów, chciwie oczekujących ostatecznego skąpania we krwi, Hamlet ma wiele możliwości obserwowania pobudzających spektakli w swojej własnej sztuce i próbuje sam generować ich jeszcze więcej w świadomym dążeniu do wprowadzenia siebie w nastrój właściwy do zamordowania Claudiusa. Hamlet musi otrzymać ten impuls, którego nie znajduje w samym sobie od kogoś innego, jakiegoś mimetycznego modelu. Stwierdziliśmy, że to właśnie próbował uzyskać od swojej matki, ale bez sukcesu. Nie udaje mu się to także z aktorem, który odtwarza dla niego rolę Hekuby. W tym miejscu staje się jasne, że jedyną nadzieją Hamleta na spełnienie żądania swojej społeczności — i widzów — jest stanie się tak „szczerym" showmanem jak ów aktor, który potrafi wylewać prawdziwe łzy, kiedy udaje, że jest królową Troi!

> Is it not monstrous that this player here,
> But in a fiction, in a dream of passion,
> Could force his soul so to his own conceit
> That from her working all his visage wanned,
> Tears in his eyes, distraction in's aspect,
> A broken voice, and his whole function suiting
> With forms to his conceit? And all for nothing!
> For Hecuba!
> What's Hecuba to him or he to Hecuba,
> That he should weep for her? What would he do
> Had he the motive and the cue for passion
> That I have?
>
> (II, ii, 51-62)

> Czyż nie potworne jest to, że ów aktor,
> Zwykłą ułudą, zmyśleniem rozpaczy,
> Umiał tak duszę poddać urojeniu,
> Że jej cierpienie pokryło twarz jego
> Bladością, łzy się pojawiły w oczach,
> W rysach szaleństwo, głos się załamał,
> A obraz każdej czynności wspomaga
> Jego ułudę? Wszystko dla niczego!
> Dla Hekuby!
> Czym dlań Hekuba lub on dla Hekuby,
> By płakał po niej? Cóż by on uczynił,
> Gdyby miał taką przyczynę rozpaczy,
> Jaka mnie ściga?
> (s. 125-127)

Inny przykład pociągający dla oka Hamleta przychodzi wraz armią Fortynbrasa w jej drodze do Polski. Przedmiotem wojny jest mało ważna odrobina lądu. Tysiące ludzi muszą ryzykować życiem:

> Even for an eggshell. Rightly to be great
> Is not to stir without great argument,
> But greatly to find quarrel in a straw
> When Honor's at the stake.
> (IV, iv, 53-56)

> O pustą jajka skorupkę. Naprawdę
> Wielkim jest nie ten, kto czeka na wielką
> Przyczynę, lecz ten, który odnajduje
> Swą wielkość w kłótni o marne źdźbło słomy,
> Gdy honor został rzucony na szalę.
> (s. 221)

Scena ta jest tyleż komiczna, co złowieszcza. Nie wywarłaby ona na Hamlecie tak wielkiego wrażenia, gdyby ów bohater naprawdę wierzył w nadrzędność i pilność swojej racji. Słowa ciągle go zdradzają, zarówno tu jak i w scenie z matką. Jego odwetowy motyw nie jest faktycznie bardziej nieodparty jako sygnał do rozpalenia namiętności niż sygnał do rozpoczęcia akcji aktora na scenie. Musi również „odnaleźć swą wielkość w kłótni o marne źdźbło słomy" [*greatly ... find quarrel in a straw*], musi również zaryzykować wszystko „o pustą jajka skorupkę" [*even for an eggshell*].

Wpływ tej wojskowej sceny ma przynajmniej częściowo swe źródło w ogromnej liczbie ludzi w nią zamieszanych, w prawie bezgranicznym powielaniu przykładu, co nie może zawieść w kolosalnym podnoszeniu jego mimetycznej atrakcyjności. Szekspir jest zbyt wielkim mistrzem w dziedzinie rozumienia wpływu motłochu, aby nie pamiętać w tym miejscu o skumulowanych skutkach mimetycznych modeli. Aby ubić jak pianę entuzjazm do walki przeciw Claudiusowi, potrzeba tej samej irracjonalnej zarazy, co w wojnie przeciw Polsce. Ten rodzaj mimetycznego podżegania, z którego Hamlet w tym miejscu „wyciąga korzyść", silnie przypomina ów rodzaj spektaklu, który rządom zawsze udaje się zorganizować dla swych obywateli, kiedy uznają, że nadszedł czas, aby pójść na wojnę: czyli owacyjną paradę wojskową.

Jednakże, jak sądzę, tym kto ostatecznie skłania Hamleta do działania nie jest ani aktor, ani armia Fortynbrasa, ale Laertes. Laertes dostarcza najbardziej przekonywującego spektaklu, nie dlatego że dostarcza najlepszego przykładu, ale dlatego że jego sytuacja jest paralelna do sytuacji Hamleta. Ponieważ jest równy Hamletowi, przynajmniej do pewnego stopnia, jego zapalczywy wygląd konstytuuje najpotężniejsze z wyobrażalnych wyzwań. W takich okolicznościach uczucie emulacji nawet najbardziej apatycznego człowieka musi wzrosnąć do takiego stopnia, że może ostatecznie prowadzić do osiągnięcia czegoś w rodzaju katastrofy, której domaga się spełnienie odwetu.

Prosty i bezrefleksyjny Laertes krzyczy do Claudiusa „oddaj mi mego ojca" [*give me my father*], a następnie wskakuje do grobu siostry w dzikiej demonstracji żalu. Jako dobrze ułożony szlachcic lub wytrawny aktor, potrafi wykonać z najwyższą szczerością wszelkie te działania, których żąda społeczne otoczenie, nawet jeżeli są ze sobą sprzeczne. W jednej chwili może opłakiwać niepotrzebną śmierć istoty ludzkiej, a w następnej niesłusznie zabić dodatkowy tuzin, gdy powie mu się, że zagrożony jest jego honor. Śmierć ojca i siostry są dla niego nieomal mniej szokujące niż brak parady i ceremonii na ich pogrzebie. Podczas obrządku Ofelii, Laertes powtarza prośbę do księdza o „więcej ceremonii" [*more ceremony*]. Laertes jest formalistą; odczytuje tragedię, której jest częścią, jak formaliści wszelkiego rodzaju. Nie poddaje w wątpliwość słuszności odwetu. Nie kwestionuje odwetowej literatury. Dla niego nie ma krytycznych pytań; nigdy nie przyjdą mu do głowy tak, jak nigdy nie przychodzi na myśl większości krytyków, że sam Szekspir może kwestionować słuszność odwetu.

Hamlet obserwuje Laertesa skaczącego do grobu Ofelii i ma to na niego piorunujący wpływ. Refleksyjny nastrój rozmowy z Horatiem ustępuje entuzjastycznej imitacji teatralnej żałoby rywala. W tym miejscu wyraźnie decyduje, że także powinien działać w zgodzie z wymogami społeczeństwa, inaczej mówiąc, że powinien stać się drugim Laertesem. W związku z tym musi także skoczyć do grobu kogoś, kto właśnie umarł, nawet jeżeli w ten sposób wykopie jeszcze więcej grobów dla żyjących:

> 'Swounds, show me what thou'lt do.
> Woo't weep? Woo't fight? Woo't fast?
> Woo't tear thyself?
> Woo't drink up eisel? Eat a crocodile?
> I'll do't. Dost thou come here to whine?
> To outface me with leaping in her grave?
> Be buried quick with her, and so will I.
> ....
> I'll rant as well as thou.
> (V, i, 274-283)

> Rany boskie,
> Ukaż mi, co byś mógł uczynić: płakać?
> Wałczyć? Czy pościć? Czy rozedrzeć siebie?
> Czy piłbyś ocet? Czy zjadł krokodyla?
> Wszystko uczynię. Czyś tu przyszedł skomleć,
> Czy też drwić ze mnie, skacząc do jej grobu?
> Dasz się pochować z nią żywcem, ja także.
> ....
> Będziesz się puszył, i ja to potrafię
> (s. 279-281)

Hamlet, aby uwierzyć w cel odwetu, musi wejść w ów układ zamknięty mimetycznego pragnienia i współzawodnictwa; tego właśnie dotychczas nie potrafił osiągnąć, ale nagle dzięki Laertesowi osiąga w końcu histeryczne natężenie owej „bladej i bezkrwistej emulacji" [*pale and bloodless emulation*], która konstytuuje końcowe stadium owej ontologicznej choroby, tak często opisywanej gdzie indziej u Szekspira, na przykład w *Troilusie i Cressidzie* czy w *Śnie nocy letniej*.

Te słowa są krystalicznie czystą ekspresją mimetycznego szaleństwa, które prowadzi do victimage'u. Słysząc je, powinniśmy wiedzieć, że zakończenie jest blisko. Wyraźność tego fragmentu jest faktycznie komiczna i podstawowa dla zrozumienia całej sztuki; nadchodzi ona po tych wszystkich scenach, które już poznaliśmy, potwierdzając ich rolę jako scen o ciągle niedostatecznej mimetycznej zachęcie.

Szekspir może umieścić te niewiarygodne słowa w ustach Hamleta, nie poddając jednocześnie w wątpliwość dramatycznej wiarygodności tego, co następuje. Widzowie, idąc za przykładem Gertrudy, przypiszą ów wybuch „szaleństwu".

>This is mere madness.
>And thus awhile the fit will work on him.
>Anon, as patient as the female dove
>When that her golden couplets are disclosed,
>His silence will sit drooping.
>
>   (284-288)

>To obłąkanie zwykle, a paroksyzm
>Będzie we władzy trzymał go czas pewien
>Później, cierpliwie niby gołębica,
>Gdy para złotych piskląt się wykluje,
>Ciche milczenie stuli jego skrzydła
>
>   (s. 281)

Hamlet, chwilę później, już na zimno zdecydowany zabić Claudiusa, odwoła się do tego ostatnio wspomnianego porywu w jak najbardziej istotnych słowach:

>I am very sorry, good Horatio,
>That to Laertes I forgot myself,
>For by the image of my cause I see
>The portraiture of his. I'll court his favors,
>But, sure, the bravery of his grief did put me
>Into a towering passion.
>
>   (V, ii, 75-80)

>... boleję, mój drogi Horatio,
>Że zapomniałem się przy Laertesie,
>Gdyż z wizerunku mojej sprawy wnoszę,
>Że sprawa jego jest mojej odbiciem.
>Będę ubiegał się o jego względy,
>Lecz boleść, którą okazał w nadmiarze,
>Doprowadziła mnie do najburzliwszej
>Wściekłości.
>
>   (s. 289)

Hamlet, jak każda ofiara mimetycznej sugestii, odwraca prawdziwą hierarchię między innym i sobą. Powinien powiedzieć: „gdyż z wizerunku jego sprawy wnoszę / Że moja sprawa jest jego odbiciem" [*by the image of his cause I see the portraiture of mine*]. Jest to, oczywiście, poprawna formułka odnosząca się tych wszystkich spektakli, które miały wpływ na Hamleta. Łzy aktora i wojskową paradę Fortynbrasa przedstawiono już jako mimetyczne modele. Laertes również funkcjonuje jako model i dla zrozumienia tego największe znaczenie mają dwa ostatnie wersy. W tym momencie zimne zdeterminowanie Hamleta jest transmutacją „najburzliwszej wściekłości" [*towering passion*], którą daremnie próbował przedtem zgromadzić i której w końcu udzielił mu Laertes poprzez „boleść, którą okazał w nadmiarze" [*bravery of his grief*].

Bardziej zaawansowane stadia procesu mimetycznego są wyraźniej kompulsywne i samobójcze niż stadia wcześniejsze. Ale są one jedynie pełnym rozwinięciem tego, co wcześniej dopiero kiełkowało. Dlatego też stadia te są między innymi karykaturalnie mimetyczne. Wszystko dotychczas niezrozumiałe i ukryte staje się zrozumiałe i wyraźne. Tak zwani normalni ludzie muszą uciekać się do etykiety „szaleństwa", aby nie dostrzegać ciągłości między tą karykaturą i własnym mimetycznym pragnieniem. Dobrze poinformowany psychiatra rozpozna w wybuchu Hamleta wewnątrz owego grobu ten rodzaj symptomu, który należy do „teatralnej schizofrenii" lub podobnej choroby. Nie potrafi dostrzec w tym nic poza czystą patologię, całkowicie oddzieloną od wszelkiego racjonalnego zachowania, włączając jego własne, którego nie postrzega jako mimetyczne. Pisarstwo geniusza nigdy nie uczestniczy w tym złudzeniu. Jeżeli schizofrenia często „zawzięcie" imituje, jeżeli przemienia się w spektakularną „teatralność", powody mogą tkwić nie w szczególnym zapale pacjenta lub w talencie do imitowania, ale w mniejszym talencie do nieświadomej imitacji, która po cichu jest uprawiana zawsze i wszędzie przez wszystkich normalnych ludzi.

Pytanie, o to, co schizofreniczna jednostka próbuje osiągnąć, angażując się w swoją teatralność, uzyskało odpowiedź w *Hamlecie*. Próbuje osiągnąć to, co każdy inny zdaje się osiągać bez trudu. Próbuje ona być normalnym człowiekiem; naśladuje dobrze przystosowaną osobowość Laertesa, tzn. człowieka, który sięga po miecz wtedy, gdy powinien nie wyglądając jak szaleniec.

Ów szaleniec niepokoi nas nie dlatego, że jego gra jest inna niż nasza, ale dlatego, że jest taka sama. Jest to ta sama mimetyczna gra, w którą angażujemy się wszyscy, ale trochę zbyt niedwuznaczna, jak na nasz gust, jakby grana z nadmierną pilnością przez człowieka, któremu brak poczucia proporcji. Ten rodzaj szaleńca próbuje desperacko być taki sam jak my lub, być może, zwyczajnie udaje, aby nas zawstydzić, wyśmiać naszą sromotne zniewolenie. Wolimy zostawić tę sprawę samą sobie i nie przeglądać się w lustrze, które się nam oferuje.

Dwuznaczny stosunek samego Szekspira do teatru odwetu jest podobny do stosunku Hamleta do swego odwetu. Zdefiniowanie tej sztuki jako wyraz problemu twórcy jako dramatopisarza może być jednakże jedynie koniecznym pierwszym krokiem. *Hamlet* nie byłby *Hamletem*, gdyby Szekspir pisząc go kontemplował swój duchowy „pępek" na modłę podobną do tej, która odnosi tryumfy we współczesnym pisarstwie. Nie stworzyłby sztuki tak wiecznie i powszechnie zachwycającej. W tym hamletowskim obrazie zmęczenia autora odwetem i jego tragediami musi być coś, co przetrwało wieki i ciągle jeszcze koresponduje z naszym kłopotliwym położeniem we własnej kulturze.

Stwierdziliśmy już, że katarktyczne skutki teatru bazują na niedokładnie ujawnionych procesach „kozło-ofiarnych", oczywiście silnie osłabionych, ale strukturalnie identycznych z rytuałami prymitywnej religii. Niektórzy krytycy rozpoznają to powiązanie. Kenneth Burke w swoim eseju o *Coriolanusie* wykazuje, że wszystko w tej tragedii jest zaprojektowane z victimage'em bohatera w umyśle i że najbardziej skuteczna strategia victimage'u równa się „regułom estetycznym", zdefiniowanym przez Arystotelesa w jego *Poetyce*[85].

Northrop Fry w swojej *Anatomy of Criticism* również widzi tragedię jako bezkrwawe i wyobrażeniowe przedstawienie ofiarniczych obrządków[86]. Aby nie wyolbrzymiać odmienności tego przedstawienia, powinniśmy pamiętać, że same ofiarnicze rytuały były już jakimiś przedstawieniami bardziej spontanicznych form victimage'u.

Bez względu na to jak wysubtelnione i uszlachetnione mogą stać się skutki mechanizmu kozła ofiarnego w teatrze, zawsze są nowym przeniesieniem jego pierwotnych skutków, za którymi ostatecznie musi ciągle ukrywać się rzeczywista ofiara, która jest o tyle skuteczna w dostarczaniu *katharsis*, o ile jej victimage dostarcza satysfakcji, a więc wprost proporcjonalnie do naszej niezdolności rozpoznania jej arbitralności. Może też być tak, że tradycjonalne formy kulturowe, takie jak teatr nigdy nie będą mogły uwolniić się całkowicie od victimage'u. Jednakże błędne byłoby wnioskowanie, że ludzki umysł jest uwikłany w nieskończony zamknięty proces victimage'u. Można powiedzieć, że istnieje coś unikalnego w zdolności nowoczesnej kultury do postrzegania victimage'u jako takiego, tzn. do poprawnego interpretowania

---

[85] K. Burke, *Coriolanus and the Delights Faction*, w: *Language as Symbolic Action*, University of California Press, Berkeley, 1966, s. 81-100.
[86] N. Fry, *Anatomy of Criticism*, Atheneum, New York, 1965.

"kozło-ofiarnych" skutków, chociaż jedynie jako zjawisk psychospołecznych, a nie jako zjawisk religijnych i estetycznych epifanii.

Jak się zdaje, dopiero pod koniec Średniowiecza, słowo „kozioł ofiarny" nabrało owych konotacji spontanicznego victimage'u, zwłaszcza zbiorowego, które ma także dla nas. We wszystkich nowoczesnych językach słowo kozioł ofiarny, *bouc émissaire*, *Sündenbock*, itd. odnosi się zarówno do owego spontanicznego victimage'u, jak i do religijnego rytuału, przedstawionego w XVI rozdziale Księgi Kapłańskiej, jak też do podobnych rytuałów w innych kulturach. To podwójne użycie tego słowa jest zdobyczą nowoczesnego świata i może równie dobrze być jego największym, jedynym i rozstrzygającym krokiem w dziedzinie kulturowej hermeneutyki, najbardziej rozstrzygającym postępem, przynajmniej potencjalnie, w tworzeniu naukowej antropologii.

Socjolog Max Weber w eseju o starożytnym judaizmie słusznie zaobserwował biblijną tendencję do stawania po stronie ofiary [*victim*][87]. Zinterpretował tę niezwykłą perspektywę jako zniekształcenie generowane przez historyczne nieszczęścia Żydów, przez ich niepowodzenie jako budowniczych imperium. Gdyby historyczne niepowodzenie wystarczało do wyjaśnienia istnienia Biblii, wówczas świat powinien posiadać o wiele więcej takich tekstów. Kultur, o których można powiedzieć, że powodziło im się dobrze wystarczająco długo, aby się wyróżnić, jest z całą pewnością niewiele, podczas gdy niezliczenie wielu kulturom powodziło się jeszcze gorzej niż Żydom. Jednakże żadna z nich nie stworzyła nigdy czegoś takiego jak Biblia.

W perspektywie Weberowskiej interesujące jest to, że tak jak wszystkie bardziej współczesne perspektywy nieświadomie rozpoznaje prawdę. Aprobata victimage'u jest normą mityczną, podczas gdy jego dezaprobata jest wyłącznym monopolem tekstu biblijnego. Max Weber widzi ten monopol w świetle czysto uczuciowym i moralistycznym; nie podejrzewa jego olbrzymich konsekwencji dla wiedzy o ludzkiej kulturze, gdyż jak prawie wszyscy inni jest całkowicie ślepy na strukturotwórczą rolę victimage'u nie tylko w mitycznych tematach, ale i w tych instytucjach i wartościach kulturowych, które wywodzą się z mitów, włączając, oczywiście, wiarę Niemiec Bismarcka w intelektualne cnoty wygrywającego imperializmu.

Interpretacja Maxa Webera jest zakorzeniona w tłumaczeniu judeochrześcijaństwa przez Nietzschego jako resentymentu (*ressentiment*) słabego w stosunku do silnego, niewolników w stosunku do panów,

---

[87] Max Weber, *Ancient Judaism*, The Free Press, 1952.

ofiar w stosunku do swoich prześladowców. Dosłownym szaleństwem postawy Nietzschego jest to, że będąc tak blisko rozpoznania prawdy o ludzkiej kulturze, rozmyślnie został orędownikiem jej kłamstwa. Widzi rehabilitację ofiary jako daremny i destrukcyjny bunt przeciw żelaznemu prawu lepszego. Samo szaleństwo Nietzschego sugeruje, że owa prawda o kulturze niedługo wybuchnie na intelektualnej scenie nowoczesnego świata. Owe siły tłumienia są faktycznie te same, co siły objawiania. Im bardziej histeryczna staje się ta represja, tym bardziej jest widoczna. Dzisiaj prymitywna mitologia jest oczywiście wynoszona pod niebiosa, podczas gdy biblijny tekst całkowicie ignoruje się lub obrzuca obelgami i zniekształca. W naszym świecie filozoficznej hermeneutyki i powoływania się na „naukową" interpretację, tekst biblijny zajmuje centralne miejsce niewykrytego kozła ofiarnego, który tajemniczo „strukturalizuje" wszystko.

Nawet jeżeli racje biblijnych autorów za przyjęciem strony ofiar były głównie psychologiczne lub społeczne, pytanie o to, jak osiągnięto tę postawę, w obecności samego osiągnięcia traci faktycznie znaczenie. Krytycy mogą przeoczyć tę potężną rewolucję, jaką reprezentuje biblijna perspektywa, nigdy bowiem nie podejrzewali, co tak naprawdę ukrywa się za mitologią, pastwieniem się i mechanizmem kozła ofiarnego.

Tekst biblijny nawet w najbardziej prymitywnych warstwach zmierza ku demitologizacji skuteczniej niż jakiś nowoczesny demitologizer. W Pięcioksięgu demitologizacja występuje jeszcze w ramach mitycznych, tak jak do pewnego stopnia w tragedii greckiej. W proroctwach przed wygnaniem i po wygnaniu ramy te znikają; prorocy otwarcie demaskują przemoc i bałwochwalstwo przemocy. To objawienie Starego Testamentu prawdopodobnie osiąga swój punkt kulminacyjny w Księdze Hioba, w niektórych psalmach, w pieśniach Cierpiącego Sługi, w Ebed Jehowa z Drugiego Izajasza. Jednym z dokonań tych tekstów jest ujawnienie roli kozła ofiarnego jako założyciela religijnej wspólnoty niezależnie od jakiegoś szczególnego kontekstu. Wszystkie szkoły interpretatorów, przede wszystkich żydowskie i chrześcijańskie, próbują narzucić swój własny kontekst i wykluczyć inne, nie zdając sobie jak dotychczas sprawy z tego, że jeżeli głównym przedmiotem Objawienia jest generujący mechanizm wszystkich ludzkich kultur, to każdy kontekst jest równie uzasadniony.

Mękę Jezusa w Ewangeliach należy również odczytać przede wszystkim jako objawienie ludzkiej przemocy. Absolutna ofiara umiera nie po to, aby zagwarantować składanie ofiary, co byłoby doskonałe w oczach ciągle jeszcze ofiarniczego boga. Wyobrażenie to oznacza, że ofiara, która sama jest absolutnie pozbawiona gwałtu i sprawiedliwa, jest ostatecznym objawieniem przemocy nie tylko słowami, ale poprzez wrogą polaryzację zagrożonej ludzkiej wspólnoty. Jej śmierć ujawnia nie tylko przemoc i niesprawiedliwość wszystkich ofiarniczych kultów, ale również brak przemocy i sprawiedliwość boskości, której wola została w ten sposób całkowicie spełniona po raz pierwszy i jedyny w historii.

Ewangelia zastępuje wszystkie poprzednie religijne prawa prostym nakazem: „zrezygnuj z wszelkiego rodzaju zemsty i odwetu". Nie jest to ani utopijny schemat, ani ludowy anarchizm wymarzony przez romantycznego reformatora. Skoro mechanizm victimage'u musi być źle rozumiany, aby działać, to jego pełne ujawnienie pozbawia ludzką wspólnotę ofiarniczej ochrony.

Zwyczajowe odczytywanie wielu ewangelicznych tematów cierpi na ofiarnicze zniekształcenia. W nieofiarniczej lekturze wszystkie te tematy znajdują swoje miejsce pozbywając się jednak wszelkich odniesień do mściwego Boga. Na przykład, przynajmniej w samych Ewangeliach temat apokaliptyczny zawiera czysto ludzką groźbę. Apokaliptyczne proroctwo znaczy ni mniej ni więcej, jak tylko racjonalne przewidywanie, co ludzie mogą wyrządzić sobie nawzajem i swojemu środowisku, jeżeli w pozbawionym *sacrum* i niechronionym przez składanie ofiary świecie nie zaczną brać pod uwagę ostrzeżenia przed odwetem.

Wpływ judeochrześcijańskiego Objawienia jest daleki od wyczerpania się, jak wielu ludzi sądzi, może jedynie być opóźniany przez powszechną niezdolność poprawnego do odczytywania tych tekstów. Ich wywrotowa siła jest przysłaniana przez ofiarnicze zasłony, tworzone przez antyreligijne, religijne i tradycyjne tłumaczenie.

Błędne ofiarnicze odczytywanie Ewangelii umożliwiło szereg różnych faz w chrześcijańskiej kulturze. W Średniowieczu na przykład zasady Ewangelii powierzchownie pogodzono z arystokratyczną etyką osobistego honoru i odwetu. Gmach ten zaczął rozpadać się wraz z Renesansem — Szekspir jest głównym świadkiem tego wydarzenia. Nawet po zaniknięciu krwawej wendety, pojedynków i podobnych obyczajów, kultura chrześcijańska nigdy nie uwolniła się całkowicie od wartości zakorzenionych w odwecie. Postawy społeczne, chociaż z nazwy chrześcijańskie, pozostają w zasadzie obce prawdziwie chrześcijańskiej inspiracji.

Ta inspiracja nigdy nie zniknęła, ale często stawała się zbyt słaba, aby sprzeciwić się zwycięskim kompromisom, nawet aby w pełni uświadomić sobie samą siebie. Dlatego jej wpływ jest odczuwany jako nieznana i dwuznaczna siła, skradający się przewrót wszystkich społecznych postaw i wartości.

Hamlet z cała pewnością nie jest tchórzliwy; widzimy, że jego bezczynność mimo rozkazu ducha wynika z niepowodzenia w zgromadzeniu właściwych uczuć. To niepowodzenie, chociaż tego się domaga, nie zostało nigdy prosto i niedwuznacznie wyjaśnione jako zwrot przeciw etyce odwetu. Może wydać się to dziwne w czasach, kiedy krwawy odwet był faktycznie w odwrocie, gdy jego zasadność szeroko kwestionowano. Z drugiej strony, z dramatycznego i literackiego punktu widzenia, milczenie Szekspira nie jest wcale dziwne. *Hamlet* należy do gatunku, który żąda, aby etyka odwetu była traktowana jako oczywista. Odwetowa tragedia nie jest odpowiednim nośnikiem tyrad przeciw odwetowi.

Szekspir przynajmniej pozornie musiał szanować literackie konwencje swoich czasów. W tragedii odwetowej cała elokwencja musi być po stronie odwetu; wszelka odraza, którą bohater czuje do aktu odwetu i jaką twórca odczuwa do eksploatowania go estetycznie, pozostaje myślą nie do końca sformułowaną, prawie chaotycznym uczuciem, któremu ostatecznie pełna kontrola nad zachowaniem bohatera nie może się udać, gdyż pozbawiłoby to sztukę jej oficjalnego statusu sztuki odwetowej. Widzom dostarcza się ofiar, których oczekują.

Geniusz Szekspira przemienił owo powstrzymywanie się w wartość. To milczenie serca *Hamleta* stało się głównym powodem trwałego oczarowania tą sztuką, jej najbardziej tajemniczo sugestywną cechą. Jak to możliwe?

Jeżeli dotychczasowe obserwacje są słuszne, to owa zależność ludzkiej kultury od odwetu i victimage'u jest zbyt fundamentalna, aby nie przetrwać eliminacji najbardziej niewybrednych fizycznych form przemocy, tj. faktycznego zamordowania ofiary. Jeżeli judeochrześcijański zaczyn nie jest martwy, to powinien włączyć się w niejasną walkę przeciw coraz głębszym warstwom podstawowego współdziałania przemocy z ludzką kulturą. Gdy owa walka sięga głębokich warstw, brakuje nam słów do opisania tych zagadnień; żadne pojęcie nie może uchwycić tego typu przewrotu, któremu musiałyby podlegać nasze wartości i instytucje. Gdy zawodzi język, milczenie może być bardziej wymowne niż słowa.

W *Hamlecie* sama nieobecność argumentów przeciw odwetowi staje się potężnym napomknieniem o tym, o co naprawdę chodzi w naszym nowoczesnym świecie. Wydawałoby się, że właśnie w tych późniejszych stadiach naszej kultury, gdy fizyczny odwet i krwawa wendeta kompletnie zniknęły lub zostały ograniczone do marginalnego środowiska, jak świat podziemia, żadna sztuka odwetowa, czy nawet sztuka powstrzymywanego odwetu nie może uderzyć w prawdziwie głęboka strunę współczesnej psychiki. W rzeczywistości kwestia ta nie została nigdy całkowicie wyjaśniona — dziwna pustka w samym centrum *Hamleta* staje się symboliczną wypowiedzią na temat zachodniego i nowoczesnego dyskomfortu psychicznego, równie potężnym jak najbardziej genialne próby zdefiniowania tego problemu, na przykład podziemny odwet Dostojewskiego. Nasze „symptomy" zawsze przypominają ów niewysłowiony paraliż woli, owe niewysłowione zepsucie ducha, które dotyka nie tylko Hamleta, ale również inne postacie. Kręte ścieżki tych postaci, dziwaczne intrygi, które knują, ich namiętność do obserwowania bez bycia widzianym, ich pociąg do podglądania i szpiegowania i powszechne skażenie stosunków międzyludzkich ma dużo sensu jako opis odróżnicowanej ziemi niczyjej, leżącej gdzieś między odwetem i brakiem odwetu, na której my sami jeszcze ciągle żyjemy.

Claudius przypomina Hamleta w swojej niezdolności do przyjęcia zapłaty i odwetu na wrogach. Król powinien zareagować bardziej kategorycznie i stanowczo na morderstwo Poloniusa, który był przecież jego osobistym doradcą; ta zbrodnia dotknęła go bezpośrednio. Przyczyny jego niezdecydowania, działanie jedynie w ukryciu, mogą być różne od motywów Hamleta, ale ostateczny rezultat jest taki sam. Gdy Laertes pyta Claudiusa, dlaczego nie udało mu się ukarać mordercy, odpowiedź zdradza zakłopotanie.

Nawet Claudius objawia hamletowskie symptomy. Nie Hamlet, ale czas się załamał [*the time is out of joint*] I nie biegnie już dłużej swym zwykłym torem. I gdy Hamlet opisuje swój odwet jako „chory" lub „bez smaku", mówi w imieniu całej wspólnoty. Aby zdać sobie sprawę z natury i rozmiaru tej choroby, musimy wiedzieć, że wszystkie zachowania, które skłonni jesteśmy odczytywać w tej sztuce jako strategiczne i konspiracyjne, można również odczytać jako „chory odwet".

Kiedy pewien typ konfliktu staje się endemiczny, wówczas ujawnia się jego równorzędna struktura. Przeciwnicy potrafią odgadywać wzajemnie swoje ruchy. Aby działać skutecznie, każdy musi drugiego zaskoczyć, wytrącić go równowagi przez zrobienie czegoś, co nie wynikałoby z tej wzajemności lub przeciwnie: musi zrobić jeszcze raz coś, co ta wzajemność nakazuje, musi wykonać ten ruch, którego obecnie druga strona nie docenia; ruch zbyt oczywisty, a więc taki, który staje się znowu najmniej oczekiwany.

Każdy musi brać pod uwagę takie same zabiegi strategiczne w tym samym czasie i równorzędność [wzajemność][88], której każdy równocześnie przy pomocy tych samych środków próbuje uniknąć, musi znowu zwyciężyć. W rezultacie strategiczne myślenie wymaga coraz większego wyrafinowania, coraz mniej działania i coraz więcej kalkulacji. W końcu trudno odróżnić strategię od zwlekania. Sama myśl o strategii może być strategiczna ze względu na samoudaremniającą się naturę odwetu, której przynajmniej dotychczas nikt nie zechciał stawić czoła, tak że możliwość odwetu nie zostaje całkowicie usunięta ze sceny. Ludzie dzięki strategii, mogą zawiesić odwet na czas nieokreślony bez rezygnowania z niego. Są równie przerażeni obydwoma radykalnymi rozwiązaniami, żyją, jeżeli nie na zawsze, to przynajmniej tak długo jak to możliwe, na ziemi-niczyjej chorego odwetu.

Na tej ziemi niczyjej niemożliwością staje się zdefiniowanie czegokolwiek. Wszystkie działania i motywacje są zarówno sobą, jak i własnym przeciwieństwem. Gdy Hamlet nie wykorzystuje okazji zabicia Claudiusa podczas modlitwy, może to być niepowodzenie woli lub najwyższa kalkulacja; może to być instynktowny humanizm lub wyrafinowanie okrucieństwa. Sam Hamlet tego nie wie. Kryzys Kolejności dotarł do najbardziej intymnych zakątków jednostkowej świadomości. Ludzkie uczucia stają się tak poplątane jak pory roku w *Śnie nocy letniej*. Nawet on, który ich doświadcza, nie potrafi już powiedzieć, co jest czym i poszukiwanie trafnych odróżnień przez krytyka do niczego nie prowadzi. Większość interpretatorów kurczowo trzyma się iluzji, że za złudnymi podobieństwami muszą ukrywać się rzeczywiste różnice, podczas gdy prawda jest wręcz przeciwna. Rzeczywiste są jedynie podobieństwa. Nie wolno nam dać się zwieść przez jasne włosy Ofelii i jej żałosną śmierć. Lub raczej zdajmy sobie sprawę, że Szekspir świadomie wprowadza w błąd mniej uważnych widzów przy pomocy tych niewyszukanie teatralnych cech typowych dla czystej bohaterki. Tak jak Rosenkrantz i Guildenstern, Ofelia pozwala na uczynienie z siebie narzędzia w rękach swojego ojca i króla. Jest również zarażona chorobą czasu. Innym znakiem zarażenia jest jej język i zachowanie, skażone erotyczną strategią Cressidy i innych smakowitych szekspirowskich bohaterek. Hamleta złości w Ofelii to, co zwykle złości istotę ludzką w innej ludzkiej istocie: widoczne oznaki

---

[88] Polskie odpowiedniki angielskiego *reciprocity* użytego w tym jak i w wielu innych miejscach w tym tekście nie zawsze w pełni oddają angielskie konotacje tego słowa. Po polsku chciałoby się użyć dwóch słów do opisu znaczenia użytego słowa angielskiego. [Przyp. tłum.]

własnej choroby. Jest to więc ta sama choroba, która niszczy miłość Ofelii do Hamleta i upadla miłość Hamleta do teatru.

Hamlet zaplanował swoją sztukę wewnątrz sztuki tak, aby zdemaskować Gertrudę i Claudiusa lub raczej, aby zmusić ich do demaskacji. Jest to zadziwiająco podobne do zabiegów wielu współczesnych dramaturgów, tylko że Hamlet nie osiągnął jeszcze najwyższego stadium samooszukiwania, co do którego teoretycy są zgodni, i całe przedsięwzięcie uzasadniają jako wyższą formę estetycznej odpowiedzialności. Od czasów Jean-Paul Sartre'a i jego następców, umiejętność przedstawiania się w korzystnym świetle przez resentyment prezentuje samą siebie jako najsurowszy moralny obowiązek pisarza do demaskowania wszystkich „burżuazyjnych" widzów bez różnicy.

Regułą gry jest zmuszanie wszelkich Gertrud i Claudiusow na widowni do powstania w środku przedstawienia i opuszczenia z hukiem teatru. Nic, co nie jest z oburzeniem odrzucane przez publiczność, nie będzie już dłużej akceptowane. Publiczność niestety także potrafi nauczyć się reguł i staje się entuzjastycznym wyznawcą własnej demaskacji, co staje się jej drugą naturą i nie musi być dłużej symulowane. Nie ma już żadnej różnicy między skandalem i konwencją, między buntem i konformizmem. Przeciwieństwa łączą się nie w jakiejś chlubnej heglowskiej syntezie, ale w niemożliwych do wysłowienia potwornościach. Sól ziemi nawet nie wie, że straciła swój smak — najostrzejsza demistyfikacja, najbardziej wyszukana dekonstrukcja przekształca się w banały Poloniusa.

Dylemat pozostaje ten sam; przybiera jedynie formy coraz bardziej ekstremalne i widowiskowe, co powinno sprawić, że postrzeżenie go i zdefiniowanie przyjdzie nam z większą łatwością niż Szekspirowi, ale — co osobliwe — Szekspir wciąż nas jako „demistyfikator" wyprzedza. Potrzebujemy go, jak sądzę, aby lepiej zrozumieć ową dziwną historyczną sytuację, konstruowaną przez samą potworność naszej technologicznej mocy.

Nie zamierzałem być dowcipny. Technologiczny postęp uczynił naszą broń wojenną tak niszczącą, że jej użycie zniweczyłoby wszelki racjonalny cel agresji. Po raz pierwszy w historii Zachodu pierwotny lęk przed odwetem staje się znowu zrozumiały. Cała planeta staje się odpowiednikiem pierwotnego plemienia, ale tym razem nie istnieje żaden ofiarniczy kult, który mógłby pomóc odparować i przekształcić tę groźbę.

Nikt nie chce zapoczątkować cyklu odwetu, prowadzącego do unicestwienia ludzkości, i równocześnie nikt nie chce całkowicie z odwetu zrezygnować. Jesteśmy jak Hamlet zawieszeni między całkowitym odwetem i całkowitym brakiem odwetu, niezdolni do podjęcia decyzji, niezdolni do podjęcia odwetu i niezdolni także do wyrzeczenia się go. W cieniu tej monstrualnej groźby instytucje unieważniają się, „hierarchie w szkołach i bractwa w miastach" [*degrees in schools and brotherhoods in cities*], wszystkie ludzkie stosunki załamują się; „rzecz każda zaraz w inną uderzy" [*each thing meets in mere oppugnancy*]. Sprawiedliwość traci swoje imię i „najlichszy w masce wyda się równy" [*the unworthiest shows as fairly in the mask*]. Całe przedsiębiorstwo jest chore.

Wielu ludzi przeklina dzisiaj te same naukowe i technologiczne odkrycia, które jeszcze kilka lat temu czcili. Ten sam biblijny Bóg, obwiniany wcześniej o spowolnianie postępu, obecnie, gdy rzeczy stają się gorzkie, zostaje oskarżony o pobudzanie i zachęcanie do tej niebezpiecznej próby sił nowoczesnego człowieka. Ciągle jeszcze próbujemy projektować naszą własną przemoc na tego Boga, ale tym razem daremnie, ponieważ już w niego nie wierzymy.

W rzeczywistości, to że dominacja człowieka nad całym światem może stać się dla człowieka niebezpieczna, nie może być winą jakiegoś boga; może to być jedynie ludzki duch odwetu, który w nas całkowicie nie wygasł. Gdybyśmy nie zdecydowali się wykluczyć judeochrześcijańskiego piśmiennictwa z naszych kulturowych pytań, sam ten fakt natychmiast przypomniałby nam o ciągle nie dostrzeganym lub jedynie dostrzeganym częściowo ewangelicznym ostrzeżeniu przed odwetem. Tekst judeochrześcijański mimo wszystko może bardziej odnosić się do naszego losu, niż mitologia Edypa autorstwa Zygmunta Freuda lub dionizyjska mitologia Nietzschego. Powinniśmy teraz zacząć podejrzewać, że bardziej należy ostrzegać przed odwetem niż przed utopijną anarchią lub przed sentymentalnym moralizmem.

Powinniśmy również zacząć rozumieć *Hamleta*.

Niektórzy twierdzą, że odczytywanie *Hamleta* jako dzieła przeciw odwetowi jest anachroniczne, ponieważ nie należy on do konwencji odwetowego gatunku. Nawet jeżeli ten zarzut jest słuszny to czyż zaprzecza to temu, że Szekspir mógł na jednym poziomie stosować się do reguł gry odwetowego gatunku, a na innym poddawać te same reguły w wątpliwość? Czyż ta podwójna taktyka nie stała się typowa dla nowoczesnej krytyki? Czyż Szekspir był za mało inteligentny, aby użyć tego fortelu? Wiele oznak wskazuje na to, że w licznych innych sztukach właśnie tak czyni, dostarczając tłumowi takiego spektaklu, jakiego żąda, i pisząc równocześnie między wierszami druzgocącą krytykę tego spektaklu dla tych, którzy potrafią ją odczytać.

Jeżeli ktoś obawia się, że *Hamlet* w przedstawionej perspektywie staje się pretekstem do komentarzy na temat współczesnej sytuacji, niech przyjrzy się alternatywnej perspektywie. Tradycyjne interpretacje *Hamleta* są dalekie od neutralności; ich pierwszą konsekwencją jest przyjmowanie etyki odwetu za oczywistą. Najbardziej dyskusyjne pytanie o tę sztukę nie może zostać postawione; z góry je wykluczamy. Problem Hamleta przesuwa się więc z samego odwetu na wahanie się w obliczu odwetu. Dlaczego dobrze wykształcony młody człowiek waha się przed zabiciem bliskiego krewnego, który jest równocześnie królem na tej ziemi i mężem jego matki? Doprawdy, jest to pewna tajemnica; problem nie w tym, że nigdy nie znaleziono zadowalającej odpowiedzi, lecz w tym, że powinniśmy kontynuować jej poszukiwanie.

Skądinąd gdyby ogromna literatura o *Hamlecie* wpadła kiedyś w ręce ludzi nie znających naszej kultury, zapewne doszliby oni do wniosku, że nasze akademickie plemię musiało być barbarzyńską rasą. Po czterech wiekach polemiki chwilowa niechęć Hamleta do popełnienia morderstwa wydaje nam się ciągle tak dziwaczna, że pisze się coraz więcej książek, aby rozwikłać tę tajemnicę. Jedynym sposobem wyjaśnienia owego dziwacznego gromadzenia literatury jest przypuszczenie, że w dwudziestym wieku prośba jakiegoś ducha wystarczyłaby, aby przeciętny profesor literatury urządził rzeź wszystkich swoich domowników bez mrugnięcia okiem.

Wbrew popularnej oficjalnej doktrynie, owo umieszczenie Hamleta w naszej współczesnej sytuacji, a w szczególności owo odniesienie do czegoś tak wyraźnie obcego literaturze, jak nasz problem nuklearny, nie może sprowadzić krytyka na manowce; nie może odrywać go od jego właściwej pracy, którą jest czytanie tekstu. Zadziwiające, ale skutek jest dokładnie przeciwny. Owo nuklearne odniesienie może przywrócić nam poczucie rzeczywistości.

Wyobraźmy sobie współczesnego Hamleta z palcem na nuklearnym przycisku. Po czterdziestu latach zwlekania ciągle nie ma odwagi, aby nacisnąć przycisk. Otaczający go krytycy stają się niecierpliwi. Psychiatrzy oferują swe usługi i dają swoją zwykłą odpowiedz: Hamlet jest chorym człowiekiem.

Na jaką chorobę cierpi? Dr Ernest Jones, osobisty przyjaciel i biograf Freuda, postawił diagnozę przypadku. Znajdując się w prostej linii sukcesji apostolskiej, Jones jest człowiekiem jak najbardziej czczonym, i jego opinia jest najwyższej wagi. Jest za bardzo człowiekiem nauki, aby postawić diagnozę nieprzemyślaną, toteż po serii badań pacjenta, dobrowolnie przyznaje, że nie może stawić czoła groźnym symptomom wahania się Hamleta bez wahania się między dwiema odmiennymi patologiami: **histerycznym paraliżem woli i specyficzną abulią**. Jest to jednak tylko drobna niepewność. Co do ostatecznej przyczyny psychoanalityk nigdy się nie waha. Ernest Jones, jak Polonius ma pewność, że problemy Hamleta są natury ściśle seksualnej.

Jedyną różnicą między oceną Jonesa i Poloniusa jest przesunięcie z córki analityka na matkę pacjenta. Owo przesunięcie czyni wszystko bardziej interesującym i nowoczesnym. Nasz czas, w porównaniu z tamtym bardziej „załamany", powinien i wytwarza coraz bardziej wyszukanych Poloniusów, na których w pełni zasługuje.

Gdyby tylko psychoanalityk mógł położyć współczesnego Hamleta na swojej kanapie, gdyby tylko mógł poradzić sobie z jego kompleksem Edypa, specyficzna abulia zniknęłaby; przestałby się wahać i jak prawdziwy mężczyzna nacisnąłby ów nuklearny przycisk.

Prawie wszyscy dzisiejsi krytycy bronią etyki odwetu. Psychiatrzy samą myśl o zaniechaniu go widzą jako chorobę, którą należy leczyć, a tradycyjni akademicy biorą odwet za regułę literacką, którą należy szanować. Inni próbują czytać Hamleta w świetle popularnych ideologii naszych czasów: na przykład buntu politycznego, niedorzeczności, prawa jednostki do agresywnej osobowości, itd. Nie jest przypadkiem, że świętość odwetu dostarcza doskonałego środka transportu dla wszelkich postaci zastępczych współczesnego **resentymentu**. Owa godna uwagi jednomyślna przychylność w stosunku do odwetu potwierdza, jak sądzę, rozumienie tej sztuki jako ziemi niczyjej między totalnym odwetem i całkowitym brakiem odwetu, owej specyficznie współczesnej przestrzeni, gdzie wszystko staje się zabarwione chorym odwetem.

Jest dziś w dobrym tonie twierdzić, że zamieszkujemy w całkowicie nowym świecie, w którym nawet nasze największe arcydzieła zdają się nie na miejscu. Byłbym ostatnim, kto zaprzeczy, że jest coś unikalnego w naszym świecie, ale istnieje również coś unikalnego w *Hamlecie* i możemy doskonale się samooszukiwać, aby nie stawić czoła jakiemuś rodzajowi odniesienia, które jest dla nas kłopotliwe.

To nie *Hamlet* jest nietrafny, ale mury konwencji i rutyny, którymi otaczamy dzisiaj tę sztukę w imię innowacji raczej niż tradycji. Gdy coraz więcej zdarzeń, przedmiotów i otaczających nas postaw ogłasza coraz głośniej tę samą wiadomość, aby jej nie słyszeć, musimy potępiać coraz więcej naszych doświadczeń jako nieistotnych i absurdalnych. Wraz z najmodniejszymi dziś krytykami osiągnęliśmy punkt, gdzie historia, sztuka, język i sam sens nie mają sensu.

Ten nonsens, którym chcielibyśmy się ogrodzić, chociaż powierzchownie uspakajający, konstytuuje milczące poddanie się tym siłom, które doprowadziły Hamleta do ostatniego aktu tej sztuki i które mogą prowadzić dzisiaj do jego planetarnego ekwiwalentu. Nie może być przypadkiem, że ten świat, który cztery wieki temu zrodził *Hamleta* i obecnie znalazł się w dziwnym historycznym impasie, o którym wolimy nie rozmyślać, stanie się również tym światem, którego jedynym religijnym prawem będzie wyrzeczenie się odwetu, światem, który dziś odmawia nawet wzmiankowania o tym, chociaż nie może już dłużej tego ignorować i który będzie coraz bardziej zmuszony, aby usłuchać tego prawa — lub zginąć.

Sami stworzyliśmy tę sytuację, bez niczyjej pomocy. Nie możemy winić o to jakiegoś mściwego boga. Nie mamy już boga, którego upadek z taką dumą zakładamy, gdy nie występuje już z pogróżkami. Chociaż sytuacja, w której obecnie się znajdujemy, była całkowicie do przewidzenia, większość filozofów i naukowców nie potrafiło jej przewidzieć; tych kilku, którzy przewidzieli, nigdy nie zostało poważnie wysłuchanych.

Gdy nowoczesna kultura skierowała się ku nauce i filozofii, gdy grecki wymiar naszego dziedzictwa stał się dominujący, kiedy mitologiczna wizja powiązana z dyscyplinami takimi jak psychoanaliza, odradzała się intelektualnie, wówczas tekst judeochrześcijański wyrzucono na peryferia naszego intelektualnego życia; obecnie jest całkowicie wykluczony.

W rezultacie nie można nadać żadnego sensu naszemu współczesnemu historycznemu położeniu. Zaczynamy podejrzewać, że w naszym intelektualnym krajobrazie brakuje czegoś zasadniczego, ale nie odważamy się poważnie o to zapytać. Perspektywa jest zbyt przerażająca. Udajemy, że nie widzimy rozpadania się naszego kulturowego życia, gdzie desperacka daremność kukiełek pokazuje, że okupują pustą scenę podczas tej dziwnej przerwy w dziejach ludzkiego ducha. Cisza zstąpiła na ziemię, tak jakby anioł miał wkrótce złamać siódmą pieczęć Apokalipsy.

Hamlet nie jest zaledwie grą słów. Możemy znaleźć sens zarówno w *Hamlecie* jak i w naszym świecie, jeżeli odczytamy je w duchu przeciwodwetowym. Szekspir chciał, aby *Hamlet* w ten właśnie sposób był odczytywany — należało go odczytać w ten sposób już dawno temu. I jeżeli my sami w obecnym momencie naszej historii ciągle nie potrafimy odczytać, że *Hamlet* został napisany przeciw odwetowi, to kto to uczyni?

31
CZY MAMY PRAGNĄĆ ZBURZENIA ŚWIĄTYNI?

Pragnienie i śmierć w *Otellu* i w innych sztukach

Otello nie jest po prostu dramatem łatwowiernego kochanka, wystrychniętego na dudka przez łajdaka; aby zrozumieć, co przytrafia się Maurowi, warto porównać jego tragedię ze sztuką, która z wszystkich dzieł Szekspira najbardziej ją przypomina, tzn. z *Wiele hałasu o nic*. Główne elementy *Otella* zostały już przedstawione w tej komedii. Claudio jest w Messynie obcym i niedoświadczonym młodym człowiekiem, któremu brak pewności siebie. W rezultacie w zalotach czuje się zmuszony, aby uciec się do stręczyciela — zwraca się do swojego wojskowego dowódcy, księcia Don Pedro. Otello, tak jak Claudio, ma skłonność do niewiary w swój szczęśliwy los. Czyż piękna wenecka dziewczyna może się naprawdę w nim zakochać? Otello na samą myśl o wejściu po raz pierwszy do owego doskonałego świata weneckiej szlachty wpada w panikę i również udaje się do stręczyciela, porucznika Cassio.

W obu tych sztukach bohater i jego stręczyciel są wojownikami nierównymi rangą. W *Wiele hałasu o nic* człowiek prowadzony przez pośrednictwo jest niższy rangą niż jego pośrednik, co jest nie bez znaczenia. W *Otellu* hierarchia jest odwrócona, ale pośrednik, Cassio, również zdaje się mieć przewagę nad Otellem. Cassio jest wszystkim tym, czym Otello nie jest; białym, młodym, przystojnym, eleganckim i co najważniejsze prawdziwym weneckim arystokratą, prawdziwym człowiekiem tego świata, zawsze nieskrępowanym wśród podobnych do Desdemony. Otello ceni sobie Cassia tak wysoko, że wybiera jego, a nie Jago na swojego namiestnika.

Te same cechy, które czynią danego człowieka atrakcyjnym jako stręczyciela, czynią zeń również potężnego rywala. Jesteśmy już obeznani z tą kwintesencjonalnie szekspirowską ambiwalencją. Zazdrość bohatera nie jest zakorzeniona ani w tym, co Desdemona robi, ani w tym, co Jago mówi, ale przede wszystkim w owej wewnętrznej słabości, zmuszającej Otella do uciekania się do stręczyciela. Kiedy Desdemoma wstawia się u swego męża w sprawie Cassia, powołuje się na to, że ten młodszy człowiek „w zalotach twych ci towarzyszył" [s. 91; *came a-wooing with you*, III, iii, 71][89]. Jej wybór zwrotu jest niefortunny, gdyż sugeruje, że Cassio w stosunku do niej odgrywał dokładnie tę samą rolę co sam Otello, a tego właśnie Otello się obawia. Desdemona, całkiem niewinnie, przypomina Otello o tym, o czym on chciałby zapomnieć. Jednakże ani Otello, ani Claudio naprawdę nie potrzebują stręczyciela. Desdemona zakochała się w nim, zanim on ją zauważył; gdyby nie zaczął był się zalecać do niej, sama by się zalecała.

Jeszcze innym podobieństwem *Otella* i *Wiele hałasu o nic* jest oczarowanie obu bohaterów domniemaną zdradą małżeńską ich obecnych lub przyszłych żon. Oszczercze oskarżenia nie niszczą ich zainteresowania tymi kobietami, ale zmieniają jego naturę. W obu sztukach bohaterowie są mimetycznie pobudzeni na myśl o ilości mężczyzn, z którymi kobiety te rzekomo spędziły noc, i chcą dołączyć do tego wyimaginowanego tłumu. Gdy pragnienie erotyczne staje się zbiorowe, przemienia się w podłą żądzę i zaczyna tęsknić za upadkiem swego rzekomo upadłego przedmiotu. Hero i Desdemona w oczach Claudio i Otella stają się „przedmiotami seksualnymi", są przedmiotami równie silnego pożądania, co pogardy.

Wreszcie ostatnim podobieństwem między *Otellem* i *Wiele hałasu o nic* jest rola łajdaka w tych sztukach. Gdyby mimetyczne samo-zatruwanie determinujące zachowanie tych bohaterów, zostało przedstawione zbyt otwarcie, nie mogliby dobrze funkcjonować jako bohaterowie; wydawaliby się zbyt okropni. Minimalny stopień identyfikacji widzów jest niezbędny. Dlatego Szekspir, zarówno w tej komedii, jak i w tragedii obok bohatera umieszcza łajdaka, który naprawdę jest ofiarniczym substytutem bohatera.

Don John jest niedojrzały i nieprzekonywujący, ale Jago jest złożony i fascynujący. Szekspir uczyniwszy go zazdrosnym o Cassia, zwycięskiego zawodowego rywala, i o Otella, którego podejrzewa o erotyczne zainteresowanie swoją żoną, nadaje temu łajdakowi mimetyczną

---

[89] Tu i dalej podaję za: *Tragedia Otella Maura Weneckiego*, przełożył Maciej Słomczyński, Wydawnictwo Literackie, Kraków, 1982. [Przyp. tłum.]

logiczność, następnie zaś skutecznie ukierunkowuje na niego ogrom szpetoty, która powinna należeć do Otella. Na światło dzienne wychodzi cały krajobraz diabelskiej zazdrości i zawiści, który w *Wiele hałasu o nic* pozostawał w ukryciu nadając tej komedii walor tajemniczości, czasami aż do niezrozumiałości.

To, że perfidia Jagona jest tylko pozornie od rzeczy, można dostrzec w tym, że prawie nie musi formułować swej myśli, by zasugerować ją Otellu:

> *Iago*: My noble Lord —
> *Othello*: What dost thou say, Iago?
> *Iago*: Did Michael Cassio,
> When you wooed my lady, know of your love?
> *Othello*: He did, from first to last. Why dost thou ask?
> *Iago*: But for a satisfaction of my thought —
> No further harm.
> *Othello*: Why of thy thought. Iago?
> *Iago*: I did not think he had been acquainted with her.
> *Othello*: O, yes, and went between us very oft.
> *Iago*: Indeed!
> *Othello*: Indeed? Ay, indeed. Discern'st thou aught in that?
> Is he not honest?
> *Iago*: Honest, my lord?
> *Othello*: Honest. Ay, honest.
> (III, iii, 93-103)

> *Jago*: Szlachetny panie mój,
> *Otello*: Co mówisz, Jago?
> *Jago*: Czy Michał Cassio, gdy się zalecałeś
> do naszej pani, wiedział o miłości waszej?
> *Otello*: od pierwszej chwili — Czemu o to pytasz?
> *Jago*: Chcę tylko myśli me uporządkować,
> A to nic złego.
> *Otello*: Jakie myśli, Jago?
> *Jago*: Nie przypuszczałem, żeś ją poznał wcześniej.
> *Otello*: O tak, był często gońcem między nami.
> *Jago*: Doprawdy?
> *Otello*: Doprawdy? Doprawdy. Czy cos w tym
> dostrzegasz? Czy nie jest uczciwy?
> *Jago*: Uczciwy, panie mój?
> *Otello*: Uczciwy? Tak, uczciwy.
> (s. 93)

Jago jest doskonałym powiernikiem, ponieważ jest mimetycznym sobowtórem Otella, stąd tak mu czasami bliskim, że ci dwaj mężczyźni stają się swoim lustrzanym odbiciem, tak jak w dalszym ciągu cytowanego dialogu:

> *Othello*: Honest. Ay, honest.
> *Iago*: My Lord, for aught I know.
> *Othello*: What dost thou think?
> *Iago*: Think, my Lord?
> *Othello*: Think, my lord?
> By heaven, thou echo'st me...
> (III, iii, 103-106)

> *Otello*: Uczciwy? Tak, uczciwy.
> *Jago*: Tak, panie mój, o ile wiem,
> *Otello*: A co myślisz?
> *Jago*: Myślę, mój panie?
> *Otello*: Myślę, mój panie? Jest mym echem...
> (s. 93-94)

Nasion podejrzliwości nie trzeba rozsiewać; rola Jagona w istocie polega na czynieniu jawnymi tych myśli, które Otello daremnie próbuje stłumić:

> *Othello*: I do not think but Desdemona's honest.
> *Iago*: Long live she so! And long live you to think so!
> *Othello*: And yet, how nature erring from itself —
> *Iago*: Ay, there's the point: as, to be bold with you,
>   Not to affect many proposed matches
>   Of her own clime, complexion, and degree,
>   Whereto we see in all things nature tends,
>   Foh! One may smell in such a will most rank,
>   Foul disproportion, thoughts unnatural.
>   But, pardon me, I do not in position
>   Distinctly speak of her, though I may fear
>   Her will, recoiling to her better judgment,
>   May fall to match you with her country forms,
>   And happily repent.
>   (III, iii, 223-236)

> *Otello*: Wierzę w uczciwość Desdemony,
> *Jago*: Niechaj zostanie taką całe życie; abyś
>   I ty tak o niej całe życie myślał!

> *Otello*: A przecież może pobłądzić natura —
> *Jago*: Tak, i w tym sedno. Wybacz mi zuchwałość,
> Lecz odrzuciła wielu zalotników;
> Rodaków, rasy jednej z nią i stanu,
> Ku czemu, jak to widać wszędzie, zmierza
> Cała natura. Cóż, można wywęszyć
> W takim pragnieniu nikczemną przewrotność
> A także myśli przeciwne naturze.
> Lecz wybacz. Mówiąc to, nie chcę podkreślić
> Że mówię o niej, choć mogę się lękać,
> By jej pragnienie, gdy wróci rozsądek
> Nie porównało cię z jej rodakami
> I nie zechciało cię odrzucić.
> (s. 100)

Prędzej lub później, Desdemona zapewne zakocha się w kimś ze swojego świata; Jago nie musi tego nawet sugerować, ponieważ Otello mechanicznie w to wierzy. Maur — jak wszyscy zakochani ludzie — nie zdaje sobie sprawy, że jego żona przypomina go bardziej, niż sugerują pozory zewnętrzne. Pociąga ją z tych samych powodów, co ona go pociąga. Żadne z nich nie zdaje sobie sprawy z tego, że oboje są posłuszni tej samej odśrodkowej dynamice mimetycznego pragnienia, którą egzemplifikują.

Jak już wskazywałem, Desdemona pragnie nie „prawdziwego Otella", lecz mimetycznego wizerunku, który wyczarowała jego żywa relacja z awanturniczego życia. Jest jej Amadisem z Galii. Różni się ona od romantycznych kobiet z komedii głownie tym, że jak to wypada tragicznej bohaterce, gustuje bardziej w epice niż przesłodzonej poezji Lysandra i Hermii.

Brabantio jest pierwszym Otellem Desdemony, chociaż nie we freudowskim sensie seksualnej miłości do córki lub córki do niego, ale w bardziej realistycznym sensie dostarczania pierwszego modelu jej pragnieniu. Brabantio jest głodny przerażających przygód Otella, co jest prawdziwym początkiem dramatu (por. rozdz. 20). Desdemona, zamiast słuchać słów ojca i być posłuszną jego wyrażonym *explicite* życzeniom wobec niej, podąża za jego egzotycznym pociągiem i imituje jego sekretną słabość, co otwiera szeroko owczarnię dla zgłodniałych wilków.

Mimetyczne pragnienie idzie wprost ku prawdzie swego pośrednika, nawet jeżeli język tego ostatniego ukrywa prawdę. Możemy dostrzec to zarówno w przypadku Desdemony jak i samego Brabantia, który rozumie bardzo dobrze pragnienie swej córki, ponieważ jest ono identyczne z jego własnym. Kiedy mówi, że oszukawszy ojca, oszuka również Otello, mówi jak najprzenikliwiej; Jago powtórzy te drogocenne słowa zazdrosnemu mężowi.

Nawet chociaż Otello myli się, myśląc, że Desdemona może zakochać się w Cassiu lub kimś do niego podobnym, jego niepokój nie jest bezpodstawny. Egzotyczna wartość męża z cała pewnością ulotni się w codzienności życia małżeńskiego; Desdemona żyjąc, mogłaby zwrócić się ku innym młodszym Otellom. Desdemona tęskni za spektaklami przemocy i jest tak oczarowana zbliżającą się bitwą o Cypr, że musi tam być nawet za cenę rejsu innym okrętem. Sama definiuje poprawnie naturę swojego pragnienia:

> That I did love the Moor to live with him,
> My downright violence and storm of fortunes
> May trumpet to the world. My heart's subdu'd
> Even to the very quality of my lord.
> (I, iii, 248-251)

> Że kocham Maura i pragnę być przy nim,
> O tym mój nagły czyn i poświęcenie
> Grzmią wobec świata. Serce me oddam
> Panu mojemu, aby się mną cieszył.
> (s. 35)

Desdemona jest tak oczarowana ciemnym i gwałtownym światem Otella, że nie podejmuje żadnych kroków, by ratować swoje życie, gdy wykrywa jego mordercze zamiary. Wręcz przeciwnie, przygotowuje się na śmierć jak na noc miłosną. Nie należy odczytywać jej przyzwolenia w kategoriach romantycznej bohaterki Verdiego. Jest ona „rycerzem pięknym" [s. 54; *fair warrior*, II, i, 182] Otella i ów tragiczny koniec jest spełnieniem jej najbardziej ukrytych oczekiwań. *Otello* to sztuka o tym najbardziej mrocznym pragnieniu. Kiedy model i przeszkoda stają się jednym i tym samym, Eros i destrukcyjny impuls są również jednym i tym samym i właśnie to Szekspir portretuje w swoim zakończeniu.

Owo zlanie się libido i gwałtownej śmierci jest ostatecznym wynikiem konfliktotwórczej *mimesis*, ową ostateczną pożogą, do której komedia nie powinna czynić aluzji. Szekspir nawet w *Otellu* nie czyni swej złowieszczej apokalipsy pragnienia zbyt oczywistą. Także tutaj musi myśleć o publiczności i uciec się do ofiarniczego substytutu. Jago sam zdaje się być odpowiedzialny za owe gwałtowne zakończenie, a nie Otello i ponad wszystko nie Desdemona.

Owa końcowa tragedia nie tylko nie jest nieporozumieniem, ale jest wręcz ostatecznym porozumieniem pomiędzy Otello i Desdemoną. Skąd moja pewność? Prawda ta, tylko częściowo widoczna w *Otellu*, jest całkiem wyraźna w poprzedzającej go sztuce, w *Wieczorze Trzech Króli*. Czy też raczej prawda ta jest tak samo ukryta i dwuznaczna zarówno w jednej sztuce jak i w drugiej, ale porównanie analogicznych tekstów rozwieje poszczególne wątpliwości i uczyni wszystko krystalicznie jasnym.

Na zakończenie *Wieczoru Trzech Króli* książę Orsino, odkrywszy, że Olivia jest zakochana w Violi, staje się obłąkańczo zazdrosny. Chce się zemścić na rzekomej winowajczyni, Violi, którą błędnie bierze za młodego mężczyznę. W tym dzikim nastroju robi szybką aluzję do barbarzyńskiej zazdrości pewnego Egipcjanina, który zabił swoją ukochaną „w chwilę przed śmiercią" [*at point of death*] i za którego przykładem chce pójść:

> *Orsino*: What shall I do?
> *Olivia*: Even what it please my lord, that shall become him.
> *Orsino*: Why should I not? had I the heart to do it,
>   Like to th'Egyptian thief at point of death,
>   Kill what I love? — a savage jealousy
>   That sometimes savors nobly. But hear me this:
>   Since you to non-regardance cast my faith,
>   And that I partly know the instrument
>   That screws me from my true place in your favor,
>   Live you the marble-breasted tyrant still.
>   But this your minion, whom I know you love,
>   And whom, by heaven I swear, I tender dearly,
>   Him will I tear out of that cruel eye,
>   Where he sits crowned in his master's spite.
>   Come, boy, with me; my thoughts are ripe in mischief;
>   I'll sacrifice the lamb that I do love,
>   To spite a raven's heart within a dove.
>   (V, i 115-131)

> *Książę*: cóż mam teraz czynić?
> *Olivia*: To co przystoi twej godności, panie.
> *Książę*: Czemu bym nie miał, gdybym tego zechciał,
>   Jak ów egipski łotr, w chwilę przed śmiercią,
>   Zabić swej miłej? — taka dzika zazdrość
>   Bywa szlachetna. Lecz teraz posłuchaj:
>   Ponieważ miłość mą z wzgardą odrzucasz,
>   A znam po części to narzędzie, które

> Służy, by wyrwać mnie z miejsca w twym sercu,
> Więc żyj, tyranko, o piersi z marmuru.
> Lecz twój pieszczoszek, którego tak kochasz
> I który także jest mym ulubieńcem,
> Będzie wyrwany z twych okrutnych oczu,
> W których króluje drwiąc ze swego pana.
> Pójdź ze mną chłopcze. Gniew wezbrał w mych myślach;
> W ofierze jagnię najmilsze uśmiercę
> I w gołębicy złamię krucze serce.
> (s. 144)

Mój czytelnik może zaprotestować, że Viola nie jest Olivią i że zazdrość księcia jest całkowicie uzasadniona, podczas gdy Otella nie jest. To prawda, a jednak sytuacja ta jest bliższa tragedii, niż się wydaje. Egipski złodziej, ów model przemocy Orsina, jest faktycznie zapowiedzią Otella. I tak samo książę, kiedy planuje zamordować kobietę, która go kocha i którą on również kocha. Tym, co robi cała tę scenę zdecydowanie „otellowską" jest reakcja Violi na groźbę Orsina, jej gorliwość, aby umrzeć z rąk morderczego kochanka, komiczny odpowiednik akceptacji śmierci przez Desdemonę:

> And I most jocund, apt, and willingly,
> To do you rest, a thousand deaths would die.
> (V, i, 132-133)

> Ja po tysiąckroć życie moje złożę
> Z radością, jeśli ci to pomóc może
> (s. 144)

Śmierć oczywiście ma często u Szekspira znaczenie seksualne — z całą pewnością jest tak w obecnym przypadku. Jednakże ów seksualny kalambur nie tylko nie niszczy mojej hipotezy, ale jeszcze ją wzmacnia. Jak wszystko inne u Szekspira, pokrewieństwo śmierci i pragnienia może być odczytywane w tragicznym lub komicznym nastroju.

To gwałtowne zakończenie, bez względu na to czy „faktycznie występuje", czy przemienia się w kalambur, osyła do przygniatającej obecności śmierci na zakończenie mimetycznego procesu. W miarę jak pragnienie staje się coraz bardziej opętane przez przeszkody, które ciągle wytwarza, porusza się nieubłaganie ku unicestwieniu siebie-i-innego, dokładnie tak jak erotyczne zaloty zmierzają ku seksualnemu spełnieniu.

Aby zrozumieć Desdemonę i Otella, możemy porównać ich z Romeem i Julią. Śmierć tej dwójki młodych ludzi nie jest faktycznie konsekwencją kłótni ich rodziców, ale ich własnej absurdalnej porywczości, która powinna być odczytana jako spełnienie pragnienia, wyraźnie wypowiedzianego przez Romea w jego rozmowie z ojcem Laurentym. Dzięki ofiarniczej substytucji determinującej całe przedstawienie na poziomie, który wcześniej nazwanym „sztuką powierzchowną", odpowiedzialność za śmierć zostaje przypisana jakiemuś zdradzieckiemu łajdakowi, najlepiej ojcu (tutaj staremu Capuletti), ale rzeczywista treść sztuki leży w owym dobrowolnym pośpiechu zmierzającym ku destrukcji i śmierci.

Jak zawsze u Szekspira, małoduszny ojciec i rodzinna wendeta są pustymi straszydłami, które zasadniczo nie mają związku z tragicznym zakończeniem, chyba że jedynie na powierzchownym i ofiarniczym poziomie kontrkulturowej mitologii. Stary Capuletti jest dokładnie tak samo nie związany z całym dramatem, jak w *Śnie nocy letniej* ściana lew i ojciec — *toujours lui* — ze śmiercią Pyramusa i Tysbe.

Ci wyżej wspomniani absurdalni kochankowie są z cała pewnością głównym modelem dla fabuły *Romeo i Julii*. *Sen nocy letniej* został napisany zaraz po tej tragedii i tutaj sztuka wewnątrz sztuki przedstawia satyrycznie oszukaństwo z poprzedniej pracy, jego cyniczną eksploatację romantycznej łatwowierności. Pyramus i Tysbe umierają w wyniku tej samej absurdalnej porywczości, co Romeo i Julia. Szekspir po raz drugi otwarcie wyśmiewa młodego człowieka, który popełnia samobójstwo, nawet nie sprawdzając, czy jego ukochana naprawdę umarła. Ojciec Laurenty na próżno próbuje ubiec ten szalony pośpiech ku śmierci swoim mądrym ostrzeżeniem Romea: [dosłownie:] „Te gwałtowne zachwyty gwałtownie się kończą" [*These violent delights have violent ends*, II, vi, 9].

Tak jak *Otello*, *Romeo i Julia* jest sztuką o najbardziej mrocznym pragnieniu, którego już nic nie kusi poza własną apokaliptyczną samodestrukcją. To najmroczniejsze pragnienie przybiera u Szekspira różne formy; jedna z najbardziej frapujących wypowiedzi pojawia się w *Miarce za Miarkę*, gdzie nagła namiętność Angela do Izabelli zostaje pobudzona przez anielską czystość młodej kobiety, zainteresowanej jedynie religijnym ascetyzmem. Jej obojętność wobec mężczyzn jest równa jego własnej wyniosłej obojętności wobec kobiet. Widzi jej czystość jako osobistą zniewagę, akt okrucieństwa, nieodparte wyzwanie, umyślną przeszkodę umieszczoną na jego drodze, jak najdalej posunięty *skandalon*.

> O cunning enemy, that to catch a saint,
> With saints dost bait thy hook! Most dangerous
> Is that temptation that doth goad us on
> To sin in loving virtue. Never could the strumpet,
> With all her double vigor, art and nature,
> Once stir my temper; but this virtuous maid
> Subdues me quite.
> (II, i, 179-185)

> O przebiegły wrogu, który pragniesz
> Schwytać świętego, zarzucając haczyk,
> Na którym święta zawieszasz przynętę!
> Pokusa bywa najniebezpieczniejsza,
> Gdy nas do grzechu popycha miłością
> Do cnoty. Nigdy żadna ladacznica,
> Z całym zapałem udanym i szczerym,
> Ani na chwilę by nie zakłóciła
> Spokoju ducha mego. Lecz ta panna
> Cnotliwa całkiem mnie podbiła
> (s. 61)[90]

Czystość Izabelli staje się mimetycznym sobowtórem puryniatyzmu Angela, rywalem na śmierć i życie, który musi być pokonany. Jest przeciwieństwem łaknienia zdrady przez Claudia i Otella, a jednak jednocześnie jest tym samym. Angelo otwarcie uznaje destrukcyjną naturę swojego pragnienia. Jego język pokazuje, że bardziej chodzi tu o namiętność niż o pożałowania godny, ale nieistotny kaprys. Jak w świetle błyskawicy, cały przerażający wymiar pragnienia nagle ujawnia się:

>   Having waste ground enough,
> Shall we desire to raze the sanctuary
> And pitch our evils there?
> (II, ii, 169-171)

> Mając dookoła dosyć wolnych gruntów,
> Czy mamy burzyć świątynię i stawiać
> Kloakę w miejscu tym?
> (s. 61)

---

[90] *Miarka za miarkę*, przełożył Maciej Słomczyński, Wydawnictwo Literackie, Kraków, 1983. [Przyp. tłum.]

W niespełna trzech wierszach Szekspir definiuje owo bezkresne aspirowanie do złego, czym w swoim ekstremum staje się mimetyczne pragnienie. To zło nie jest ani nieszczęściem, ani nieświadomym determinizmem, lecz dobrowolną zgodą woli. Owo pragnienie zburzenia świątyni nie może być zredukowane do anonimowej siły, jak entropia lub „instynkt śmierci" i nawet jeszcze mniej do owej obłudnej łaskawości naszego „pragnienia śmierci". To ostatnie sformułowanie jest najbardziej mylące z wszystkich, ponieważ sugeruje, że popęd ku destrukcji i śmierci jest oddzielnym od głównego nurtu pragnienia, nieistotnym suplementem, czymś z konieczności obcym owemu pięknemu niewinnemu pragnieniu, które jest jednocześnie naszym najsilniejszym uprzedzeniem, ponieważ jest także naszym uporczywie utrzymującym się mitem, jedynym substytutem dla masy już porzuconych złudzeń. Tutaj znowu, Augustyn jest lepszym przewodnikiem dla głębokiego rozumienia Szekspira niż Freud i liczna rzesza jego epigonów.

32
KOCHASZ JĄ, BOWIEM WIESZ, ŻE JĄ MIŁUJĘ

Figury retoryczne w *Sonetach*

Sonety zawierają pewną zadziwiającą mimetyczną materię zawierają i z cała pewnością zasługują na miejsce w tej książce. Dokładnie nie wiadomo, kiedy Szekspir je napisał, ale większość erudytów zgadza się, że raczej na początku kariery. Gdybym trzymał się ściślej przypuszczalnej chronologii, omawiałbym je wcześniej.

Niektóre z nich są tak spektakularne, że przez jakiś czas bawiłem się myślą o rozpoczęciu od nich tego eseju. Takie rozwiązanie sprzyjałoby mojej całościowej strategii maksymalnego polegania na samym autorze, jako tłumaczu własnych dzieł. Ostatecznie z tego zrezygnowałem, obawiając się dolewać oliwy do wiecznego ognia „biograficznej ułudy". Wcześniejsza ekspozycja *Sonetów* mogłoby sugerować, że moja interpretacja teatru ma źródło właśnie w nich, a nie w samym teatrze. Pierwsze pytanie o sonety zawsze brzmi: „Czy są one autobiograficzne". Gdybym zaczął tę książkę od sonetów, mogłaby być mylnie poczytana za rozległą ekstrapolację mimetycznych trójkątów, które w nich dominują. Nie jest ona niczym w tym rodzaju. Jeśli chodzi o moje osobiste odkrycie Szekspira, to inicjującą i brzemienną w skutki była lektura *Snu nocy letniej*, czego się zapewne wielu czytelników domyśliło.

Trójka protagonistów w *Sonetach* to obok samego poety pewien młody człowiek, którego on kocha i celebrowana „niewiasta ciemna", zmysłowa i niesolidna kochanka. W wielu sonetach występują jedynie dwie postacie, poeta i młody człowiek lub poeta i owa niewiasta ciemna. Trzy postacie pozostają w interakcji w małej, ale ciągle sporych rozmiarów grupie. Dwie z nich to poeta i młody człowiek. Trzecia jest rywalem o uczucie ostatnio wymienionego — drugi poeta lub sama owa niewiasta ciemna.

Drugi poeta pozostaje postacią raczej niejasną i nieważną; niewiasta ciemna jest głównym rywalem i erotycznym obiektem autora. Wiersze, w których pojawiają się wszyscy trzej protagoniści, otwarcie dyskutują złożony i ciągle zmieniający się mimetyczny trójkąt, który tworzą. Oto pierwszy przykład, sonet 42:

> That thou hast her, it is not all my grief,
> And yet it may be said I lov'd her dearly;
> That she has thee is of my wailing chief,
> A loss in love that touches me more nearly.
> Loving offenders, thus I will excuse ye:
> Thou dost love her because thou know'st I love her,
> And for my sake even so doth she abuse me,
> Suff'ring my friend for my sake to approve her.
> If I lose thee, my loss is my love's gain,
> And losing her, my friend hath found that loss;
> Both find each other, and I lose both twain,
> And both for my sake lay on me this cross.
>   But here's the joy, my friend and I are one;
>   Sweet flattery! then she loves but me alone.

> Że masz ją, mały ból jedynie rodzi,
> Choć ją kochałem, mogę rzec, serdecznie;
> Że ona ciebie ma, to we mnie godzi,
> Ten cios mą miłość zranił niebezpiecznie.
> Wymówkę dla was mam, grzeszni w miłości:
> Kochasz ją, bowiem wiesz, że ją miłuję
> Ona me dobro widzi w niewierności,
> Gdyż tym miłego mego uraduję.
> Jeśli cię stracę, zyska miła moja;
> Jeśli ją stracę, zyskasz ty, przez stratę;
> Jeśli zyskacie na tym oboje,
> Na mnie włożycie krzyż jako zapłatę.
> Lecz jest pociecha: jesteśmy jednością,
> Więc pozostanie ona mą miłością.
>   (s. 50)[91]

Pytanie autobiograficzne pozostaje bez odpowiedzi i skądinąd poza rzeczywistym zainteresowaniem. Ale pytanie „egzystencjalne" jest

---

[91] Tu i dalej podaję za: *Sonety*, przełożył Maciej Słomczyński, Cassiopeia, Kraków, 1992. [Przyp. tłum.]

czymś całkowicie innym. Pragnienie sportretowane w tym i we wszystkich pozostałych sonetach jest takie samo jak w teatrze. Zakładanie, że pisarz taki jak Szekspir spędził całe swoje życie pisząc na temat nie mający odniesienia do niego samego, byłoby po prostu niedorzeczne.

Poeta podejrzewa romans między dwójką swoich przyjaciół i jest przez to unieszczęśliwiony, ale znajduje pociechę w myśli, że oni interesują się sobą nawzajem z jego powodu. „Kochasz ją, bowiem wiesz, że ją miłuję" [*Thou dost love her because thou know'st I love her*], itd., oznacza, że poeta jest pośrednikiem „grzesznych w miłości" [*loving offenders*]. Jeżeli jego wpływ pozostanie najważniejszy, będzie mógł pozwolić sobie na wielkoduszność; jego duma pozostaje bez szwanku. Ale czy jest to faktycznie prawda? [Dosłownie:] „słodkie schlebianie" [*Sweet flattery*] sugeruje coś innego. Pokrętne rozumowanie sonetu może być mozolną próbą samooszukiwania.

Bez mimetycznej teorii nie moglibyśmy nawet podsumować tego poematu. Sam ten fakt jest zdumiewający. Prawie każdy krytyk powie, że mimetyczne pragnienie nie ma nic wspólnego z poezją, nawet wewnętrznie antypoetycką. Może mieć coś wspólnego z literaturą satyryczną, *esprit* (d o w c i p e m) w stylu francuskim, ale nie ma nic do powiedzenia o poezji, a poezja, jak wszyscy wiemy, jest duchowym sanktuarium literatury.

Ten sonet, jak i inne podobne, w gruncie rzeczy nie powinien zostać nigdy napisany, zwłaszcza przez takiego poetę jak Szekspir, lecz czy należy wątpić w ich autentyczność? Zdecydowanie nie; są one tak kwintesencjonalnie szekspirowskie, jak *Wieczór Trzech Króli* i *Troilus i Cressida*. Przypominają te choroby u Moliera, którymi siedemnastowieczni lekarze nie musieli się martwić: ich istnienie nie było uznawane przez *la faculté*.

Czy moje osobiste uprzedzenie może wyolbrzymiać owo zakłopotanie, które te sonety powinny wzbudzać u literackich *bien-pensants*? Ponieważ większość sonetów jest podwójna, można nie przejmować się tymi kilkoma trójkątnymi; nawet największy poeta robi czasem błędy. Czy warto martwić się kilkoma pożałowania godnymi wyjątkami, skoro dysponujemy masą autentycznie poetyckich sonetów nie skażonych przez mimetyczną zarazę?

Przyjrzyjmy się „podwójnemu" sonetowi skierowanemu ku owej niewieście ciemnej. Na pierwszy rzut oka wygląda tak, jakby miał uspokoić strażników ortodoksji:

O, from what pow'r hast thou this pow'rful might

> With insufficiency my heart to sway?
> To make me give the lie to my true sight,
> And swear that brightness doth not grace the day?
> Whence hast thou this becoming of things ill,
> That in the very refuse of thy deeds
> There is such strength and warrantise of skill
> That in my mind thy worst all best exceeds?
> Who taught thee how to make me love thee more,
> The more I hear and see just cause of hate?
> O, though I love what others do abhor,
> With others thou shouldst not abhor my state.
> If thy unworthiness rais'd love in me.
> More worthy I to be belov'd of thee.
> (150)

> O, jakiż mocarz moc taką ci nadał,
> Że serce moje kłonisz swą marnością
> Bym prawdzie oczu mych własnych kłam zadał
> I rzekł, że dzień się nie zdobi światłością?
> Skąd rzeczy podłych taka wielka uroda,
> Że choć wstręt budzisz, gdy czynisz nikczemnie,
> Czyn każdy tyle sił i wdzięku doda,
> Że przezwycięża twe zło dobro we mnie?
> Kto cię wyuczył, że słyszę i widzę
> Tak, że cię kocham, choć mam nienawidzić?
> O, choć to kocham, czym się inni brzydzą,
> To jedna z wszystkich masz się mną nie brzydzić.
> Jeśli miłuję w tobie brak wartości,
> Tym bardziej jestem wart twojej miłości
> (s. 158)

Zamiast erotycznego trójkąta, znajdujemy tutaj wiele uderzających figur retorycznych. Współcześni interpretatorzy uwielbiają właśnie je znajdować w poemacie. Naucza się ich podkreślać rolę język. We współczesnej krytyce język jest wszystkim — oto wielkie odkrycie naszego wieku. W poezji naprawdę ważne jest nie to, co ona mówi, lecz jak mówi.

Owe figury przypominają nam figury występujące w komediach. Polegają na zestawieniu słów o „przeciwstawnym" znaczeniu, moc i niemoc, najgorszy i najlepszy, miłość i nienawiść, człowiek godny i niegodny. Gdy dwa przeciwieństwa są blisko siebie, ich znaczenia się znoszą, jak materia i antymateria. Właśnie to zwykle słyszymy i brzmi to dość logicznie. Jeżeli poeta upiera się przy tym typie nonsensownej koniunkcji, musi mieć cel inny od zwykłej komunikacyjnej funkcji języka.

Jaki jest ten cel? Wszystkie współczesne odpowiedzi na to pytanie są ciągle, jak mi się wydaje, zakorzenione w *littérarité* Rolanda Barthesa. Cokolwiek wyróżnia jakiś wiersz stylistycznie, skupia uwagę czytelnika na wierszu jako takim, na jego poetyckiej tożsamości. Poprzez swoje figury językowe i również poprzez poetycką formę jako taką — tutaj formę sonetu — wiersz mówi: „Jestem literaturą". Szczególnie w poezji, ale również w prozie jednowymiarowa denotacja otwiera drogę dla wielu konotacji. Ich podstawą jest wyróżnianie się literatury jako literatury, jej „literackość".

Coś z tego niewątpliwie jest prawdą. Ciągłe powracanie tej samej figury w naszym sonecie reklamuje swoją literacką specyfikę. Czy jest to jednak wyłączna lub nawet główna funkcja oksymoronu w tym wierszu? Oczywiście nie. Ten stylistyczny efekt jest równie znaczący tutaj jak w komediach i znaczenie to jest takie samo.

Chociaż sonet 150 wydaje się podwójny, to jeśli poświęcimy mu trochę więcej uwagi okaże się, że jest dokładnie tak samo trójkątny jak sonet 42, chociaż mniej *explicite*. Gdy brak trzeciej osoby, poeta nie może ujawnić oszustwa damy ze wszystkimi szczegółami i robi do niego zaledwie aluzję poprzez figury retoryczne. Narzekań poety na kochankę nie należy jednak zbyt łatwo odrzucać. Jest on ofiarą jej mimetycznej strategii. Dalekie od głupiego zniesienia się, co sugeruje druga część słowa „oksymoron" — *moron*[92] znaczy prawie to samo po grecku, co po angielsku — te dwa przeciwieństwa wyrażają przeciwstawne aspekty doświadczenia autora. Ich współistnienie nie jest bynajmniej pokojowe, ale nie tak wzajemnie niszczące, aby dać w rezultacie nonsens.

Mimetyczne oszustwo owej damy polega na uporczywym graniu na uczuciach więcej niż jednego mężczyzny. Jest to źródło jej władzy nad poetą. Wierność nie uczyniłaby jej nawet w połowie tak atrakcyjną, jak czyni to niewierność. Oto dlaczego uczucia poety do niej są „sprzeczne". Znajduje ją upragnioną i budzącą odrazę, zachwycającą i obrzydliwą. Przypomina nam to rozwścieczone ale bezsilne obserwowanie Cressidy w ramionach Diomedesa przez Troilusa.

Jeśli chodzi o tę kobietę, jest więc dosłownie prawdą, że jej „najgorsze wszystko najlepsze przewyższa" [*her worst all best exceeds*]. Jest dosłownie prawdą, że poeta jest wściekle z a k o c h a n y, jak i

---

[92] Angielskie „człowiek niedorozwinięty". Greckie. *oksys* = „ostry" + *moros* = „głupi". [Przyp. tłum.]

wściekle jej nienawidzi. Jego ujarzmienie jest paradoksalnie wzmacniane przez to, co z punktu widzenia niemimetycznej logiki powinno położyć mu kres. Jest dosłownie prawdą, że dama zawdzięcza swą władzę swojemu defektowi — tzn. skazie moralnej, która czyni ją wrażliwą na awanse ze strony innych mężczyzn. Jest dosłownie prawdą, że „w samej odmowie papierów gwarancyjnych" [*in the very refuse of her deeds*] jest dość „siły i gwarancji zręczności" [*strength and warrantise of skill*], aby trzymać poetę wiecznie na uwięzi.

Ponieważ poeta w damie „miłuje ... brak wartości" [*unworthiness rais'd love*], jest dosłownie prawdą, że jest „wart" [*worthy*] jej miłości. Ta dwójka ludzi z całą pewnością na siebie zasługuje. Moralne oburzenie jest luksusem, na który żadnego z nich nie stać. Ale jeżeli poeta szuka prawdziwego uczucia, to ten rodzaj przyciągania, który istnieje między nim i jego kochanką, go nie wywoła. To, co ta para kochanków ma ze sobą wspólnego, jest również tym, co ich rozdziela — tj. swój „hipermimetyczny" temperament. Im bardziej pokorny staje się poeta w odpowiedzi na przeszłe zniewagi, tym silniejsza jest pobudka dla jego kochanki, aby zachowywać się jeszcze bardziej skandalicznie. Z mimetycznego punktu widzenia, jej reakcja jest mądra. Jej mądrość jest tą samą mądrością, którą Cressida czerpała ze swojego przygnębiającego doświadczenia z Troilusem.

Ów oksymoron jest eliptycznym wypowiedzeniem mimetycznego paradoksu. Wydaje się nonsensowny jedynie z punktu widzenia języka, który próbuje zachować fałszywą racjonalność, kurczowo trzymając się psychologii dla pensjonarek. Owe przeciwstawienia niewątpliwie wytwarzają kontrast stanowiący aluzję do intelektualnego skandalu ich spotkania. Jednakże ów skandal jest oczywistym ustępstwem na rzecz owej psychologii dla pensjonarek. Poeta faktycznie nie traktuje go serio; chce abyśmy wyszli poza ten skandal i zastanowili się nad nieładem naszego umysłu, nieładem spowodowanym tyranią jego kochanki.

Mimetyczny paradoks pasuje do oksymoronu jak ulał. Przeciwstawienia ani się nie znoszą, ani się nie uzupełniają — ich łączny rezultat jest monstrualny w takim sensie jak Noc Świętojańska. Figury retoryczne, aby wyrazić dylemat poety jak najbardziej ekonomicznie i frapująco, zagrażają brutalnie konwencjonalnemu językowi. Nie ma powodu do paniki i ogłaszania, że nasz sonet jest „czysto retoryczny", a tym bardziej do utrzymywania, że język sam nie daje sobie rady, że język jako taki załamał się.

Trójkątne i podwójne sonety niewiasty ciemnej mają wspólną mimetyczną treść. Akademiccy krytycy, mimo że nigdy nie powołują się otwarcie na tę treść, to jednak milcząco na niej bazują, kiedy zakładają, że we wszystkich sonetach występuje jedna i ta sama dama. Nie biorą pod uwagę możliwości, że dama ta w różnych sonetach może być kimś innym. Wykonują niewątpliwie dobrą robotę, ale na jakiej podstawie? Nie może nią być kolor jej włosów, gdyż nie zawsze się o nim wspomina. Jedyną cechą, której nigdy nie brakuje, jest jej mimetyczna strategia, jej rozmyślna zdradliwość wyjaśniona w trójkątnych sonetach.

W elżbietańskim Londynie mimetyczna zręczność nie była monopolem wyłącznie kobiet. Przynajmniej teoretycznie nie można zlekceważyć możliwości, że niewiasta ciemna nie jest jedyną kobietą występującą w sonetach. Hipoteza ta jednak z punktu widzenia naszego tematu jest bez znaczenia. Kobieta jest zawsze ta sama w tym sensie, że jej związek z poetą jest zawsze ten sam i jego skutek jest zawsze taki sam. W gruncie rzeczy nie ma znaczenia, czy owa dama dzięki zabiegom językowym jest w ogólnych kategoriach zdemaskowana, czy też dyskutowana jest jej główna broń, tzn. romans, który może ona mieć z najlepszym przyjacielem poety.

Sonety albo mają trzech bohaterów i mimetyczna interakcja w nich jest udramatyzowana prawie tak samo jak w teatrze, albo mają dwóch bohaterów, a trójkątny wymiar jest zarówno znaczony jak i ukrywany przez figury mowy. Oksymoron można uważać za pewien rodzaj ofiarniczego zastępowania trzeciego bohatera, specyficzny przepis zmiany dramatycznej prozy w ten typ poezji, który „prawdziwie poetyccy" krytycy potrafią docenić — poezji, w której erotyczny trójkąt jest wciąż obecny, ale ukryty za zasłoną rzekomo niepotrzebnej wybujałości języka. Krytycy, którzy hałaśliwie celebrują „język" nigdy nie uchylili tej zasłony. Psychoanaliza też nigdy tego nie czyni. Aby ocenić znaczenie mimetycznego wymiaru, musimy pamiętać, że zazdrość nie jest jednym wśród innych toposów klasycznej poezji, lecz toposem *par excellence*.

Szekspir potrafi grać literacką grę w *littérarité* równie fachowo jak jego mierni rywale. Różnica polega na tym, że tchnął w nią prawdziwe życie i przemienił w jeszcze jedną ekspresję owego pragnienia, które go opętało. Teoria *littérarité* jest ślepa na rzeczywistą nadrzędność wielkiego poety, którą, paradoksalnie, mimetyczna teoria ujawnia.

Zbytni nacisk na *littérarité* sygnalizuje narcystyczne wyjałowienie literatury. Tylko snob pisze dzieła sztuki, aby być nazwany „pisarzem". Mierni poeci są mierni, ponieważ używają konwencji poezji konwencjonalnie, tzn. w imię konwencji jako takiej.

Mimetyczna teoria, daleka od bycia antypoetycką, sama dociera do istoty retoryki miłosnej Zachodu, która wcale nie jest tak pusta, jak to się wydaje. Jest ona bardziej niż cokolwiek innego lingwistycznym środkiem transportu dla mimetycznej interakcji. Gdyby ten język był tak pozbawiony znaczenia, jak twierdzą krytycy, nie przetrwałby tak długo. Nawet dzisiaj pisarz, który osiąga zdolność rozumienia meandrów mimetycznej strategii, zostaje napiętnowany jako „retoryczny" przez tych, którzy nie chcą łamać sobie głowy o prawdziwe znaczenie tego, co on mówi. Współczesne wychwalanie retoryki jest tak samo niezasadne jak jej wcześniejsze obwinianie, ponieważ ciągle zakłada obojętność wobec treści. Sami pisarze nigdy nie są obojętni wobec treści własnych prac; jeśli są dobrzy, próbują wypowiedzieć tę treść tak prosto i ekonomicznie, jak to możliwe.

Większość podwójnych sonetów zwraca się do młodego człowieka. łatwo dowieść, że *implicite* są one także trójkątne. Nawet w nieobecności szatańskiej kusicielki lub rywalizującego poety, związek nigdy nie jest bezchmurny. Poczucie niepewności przenikające te teksty jest podstawowe dla ich poetyckiego smaku. Powód owego poczucia niepewności jest w niektórych sonetach mniej oczywisty niż w innych, ale faktycznie nigdy nie jest trudny do odkrycia. Jak zawsze, jest to obawa przed niewiernością.

> Is it thy will thy image should keep open
> My heavy eyelids to the weary night?
> Dost thou desire my slumbers should be broken,
> While shadows like to thee mock my sight?
> Is it thy spirit that thou send'st from thee
> So far from home into my deeds to pry,
> To find out shames and idle hours in me,
> The scope and tenure of thy jealousy?
> O no, thy love, though much, is not so great,
> It is my love that keeps mine eye awake,
> Mine own true love that doth my rest defeat,
> To play the watchman ever for thy sake.
>   For thee watch I, whilst thou dost wake elsewhere,
>   From me far off, with others all too near.
>   (61)

> Czy z twojej woli wśród nocy znużonej
> Obraz twój wznosi me ciężkie powieki?
> Czy chcesz, by były me sny zakłócone,

> Z mego wzroku drwił twój cień daleki?
> Czy duch twój przebył z domu drogi tyle,
> By badać czyny me, szukać słabości
> I ujrzeć moje przetrwonione chwile,
> Treść i przyczynę główną twej zazdrości?
> O, nie! Twa wielka miłość jest zbyt mała;
> To moja miłość ma bezsenne oczy,
> To mnie ma wierna miłość sen zabrała
> I jak straż nocna wciąż za tobą kroczy.
> Będę straż trzymał do ocknięcia twego —
> Z dala ode mnie, zbyt blisko innego
> (s. 69)

Bezsenność poety jest spowodowana przez młodego człowieka; wobec braku szczególnego rywala, jego *angoisse* (udręka) wydaje się na pierwszy rzut oka bez przyczyny. Rzeczywistym problemem jest raz jeszcze zazdrość, ale zostaje to ujawnione na samym końcu, w ostatnich pięciu słowach. Fakt, że wszyscy inni bez wyjątku budzą strach, że nikt nie jest wolny od podejrzeń, potwierdza obsesyjny charakter tej zazdrości. Przyznanie się do tego jest niewątpliwie oznaką słabości; poeta, zanim ulegnie przymusowi mówienia, opiera się tak długo, jak może.

W tych sonetach nawet najbardziej konwencjonalne tematy — jak na przykład przemijanie czasu — nie są wolne od zazdrości. Kiedy więc poeta boleje nad starością, czyni tak nie dlatego, że starzenie się jako takie go martwi, ale ponieważ umieszcza go w niekorzystnej pozycji w stosunku do młodszych rywali.

Dokładnie tak, jak w przypadku niewiasty ciemnej, możliwe cudzołóstwo młodego człowieka przeraża poetę, ale jest to konieczny element związku, nawet jego najważniejszy komponent, i to z tego samego powodu, co zawsze. Niewierność, zamiast osłabić przywiązanie poety do winowajcy, zgodnie z potoczną mądrością wzmacnia je.

Owe sonety o młodym mężczyźnie są często mniej rażąco trójkątne niż sonety o niewieście ciemnej — powód jest jasny. Poeta jest mniej surowy w stosunku do przyjaciela niż w stosunku do kochanki. To co wydaje się machiawelicznym planem z jej strony, jest mu odpuszczane jako prostoduszność, męska beztroska, nawet przesadna uprzejmość. W sonecie 41 to łagodniejsze traktowanie młodego człowieka widać wyraźnie, ale zazdrość jest taka sama jak o ową damę. Ten związek w obu przypadkach jest posłuszny mimetycznemu prawu:

> Those petty wrongs that liberty commits
> When I am sometime absent from thy heart,

> Thy beauty and thy years full well befits,
> For still temptation follows where thou art.
> Gentle thou art, and therefore to be won.
> Beauteous thou art, therefore to be assailed;
> And when a woman woos, what woman's son
> Will sourly leave her till she have prevailed?
> Ay me, but yet thou mightst my seat forbear,
> And chide thy beauty and thy straying youth,
> Who lead thee in their riot even there
> Where thou art forc'd to break a twofold truth:
> > Hers by thy beauty tempting her to thee,
> > Thine by thy beauty being false to me.
>
> Popełniasz małe grzeszki na swobodzie,
> Wówczas gdy serce twe mnie nie dostrzega;
> Służą twym latom one i urodzie,
> Gdyż w ślad za tobą wciąż pokusa biega.
> Że miły jesteś, możesz być zdobyty,
> Że piękny jesteś, budzisz pożądanie;
> A czy kobietę jakiś syn kobiety
> Odrzuci, zanim go ona dostanie?
> Biada! Lecz mogłeś mnie uniknąć, winiąc
> Urodę swoją i zbłąkaną młodość,
> Które prowadzą cię, szkodę ci czyniąc?
> I tam, gdzie dwakroć złamiesz wiarę, wiodą;
> Jej, gdyż twa piękność ją ku tobie kusi;
> I swą, gdyż piękność twa mi kłamać musi.
>
> (s. 49)

Prawo mimetyczne umożliwia nam dostrzeżenie czegoś więcej poza heterogenicznym nagromadzeniem wierszy w sonetach. Pojawia się jednoczący temat, którym nie jest ani młody mężczyzna ani niewiasta ciemna, ani nawet oboje razem, ale cierpienie poety, spowodowane przez jego hypermitetyczną wrażliwość.

Najbardziej oryginalne i sugestywne wydają mi się sonety wyraźnie trójkątne, chociaż nie z powodu podglądackiego zainteresowania, które mógłby pobudzić możliwy „autobiograficzny" rezonans, ale ponieważ portretują dylemat poety najbardziej klarownie i najpotężniej. Najlepszy może tu być sonet 144:

> Two loves have I, of comfort and despair,
> Which like two spirits do suggest me still:
> The better angel is a man right fair,

The worser spirit a woman color'd ill.
To win me soon to hell, my female evil
Tempteth my better angel from my side,
And would corrupt my saint to be a devil,
Wooing his purity with her foul pride.
And whether that my angel be turn'd fiend
Suspect I may, yet not directly tell,
But being both from me, both to each friend,
I guess one angel in another's hell.
   Yet this shall I ne'er know, but live in doubt,
   Till my bad angel fire my good one out.

Dwie mam miłości, rozpacz i otucha
Jako dwa duchy tak rządzą nade mną;
W mężczyźnie jasnym mam dobrego ducha,
A gorszy z duchów jest niewiastą ciemną.
W piekło mnie spycha złej niewiasty siła,
Kusząc anioła mego, by mnie rzucił;
Świętego nawet w diabła by zmieniła,
Chce, pyszna, by swą czystość w brud obrócił.
Lecz mój anioł oddał diabłu duszę
Otwarcie nie śmiem rzec, ale zgaduję,
Gdyż są w przyjaźni ze sobą; myśleć muszę,
Że już anioł w piekle się znajduje.
   Prawdy nie poznam, zostanie zwątpienie,
   Póki dobrego zły duch nie wyżenie
                              (s. 152)

W rozdziale o Joyce przedstawiałem jako „karykaturalny" joyce'owski pomysł, że Anna Hathaway uprawiała miłość z dwójką braci Szekspira wyłącznie w celu utrwalenia swojej dominacji nad nim. Byłem zbyt nieśmiały, jak się zdaje. Owa strategia, o którą jest oskarżana niewiasta ciemna, przebiega dokładnie tak samo jak w pomyśle Joyce'a.

W pierwszym cytowanym trójkątnym sonecie (42) poeta śmiało próbował przekształcić fundamentalnie odrażającą sytuację przez zwiększanie swojej roli jako pośrednika dwojga przyjaciół. W sonecie 144 zajmuje przeciwne stanowisko, portretując siebie, jako prowadzonego przez pośrednictwo, jako ofiarę raczej niż inspiratora s u g e s t i i. Sugerującymi są ów młody człowiek i niewiasta ciemna. Wszystkie pozycje są odwrócone.

Musimy przyjąć, że za sonetami traktowanymi całościowo ukrywa się pojedynczy trójkąt, który nigdy nie jest interpretowany dwa razy w taki sam sposób. Nie mamy naprawdę wglądu w ten „rzeczywisty" trójkąt lub w owe zmiany, którym może, ale nie musi podlegać od czasu do czasu. Sam poeta nigdy nie jest niczego pewien. Mamy do czynienia wyłącznie z jego późniejszymi wrażeniami, żadne z nich nie daje nigdy ani jemu, ani nam całkowitej pewności.

Sonety, które wydają się „mniej trójkątne" muszą odpowiadać tym momentom, kiedy poeta postrzega swoją zazdrość jako tak przesadną i wyszukaną, że całkowicie lub prawie całkowicie zanika. Na innym ekstremum zdrada wydaje się tak pewna, że trójka protagonistów musi być sobie znana. W innych jeszcze sonetach, zwycięża niepewność.

Ta ostatnio wymieniona postawa jest ostatecznie najistotniejsza, nie dlatego, że jest ona statystycznie dominująca — jest wyraźna jedynie w sonecie 144 — ale ponieważ ów pluralizm interpretacji w końcu równa się całkowitemu brakowi interpretacji. Po ruchu w jednym kierunku występuje zawsze ruch w kierunku przeciwnym. Na przykład w ostatnich sześciu wierszach sonetu 42 naszkicowane zostały oba następujące po sobie ruchy, a nie tylko jeden. Są one jedynie chwilowo zatrzymane w czasie obrotu, który nigdy się nie kończy. Prędzej czy później wszystkie interpretacje będą powracać w jakimś formie „wiecznego powrotu".

Wszystkie sonety *implicite* lub *explicite* próbują rozwiązać ten sam problem: czy poeta jest ofiarą podwójnej nielojalności? Pytanie to jest wystarczająco niedwuznaczne, nadające się zawsze do odpowiedzi „tak" lub „nie", a jednak okazuje się nierozstrzygalne. Rozstrzygnięcie zależy całkowicie od dwóch istot ludzkich najbliższych i najdroższych poecie. Jedno drobne słowo załatwiłoby tę sprawę raz na zawsze, ale ono nigdy nie pada. Poeta badawczo przygląda się swojej tajemnicy dzień i noc — zawsze daremnie. Jego przenikliwość i bystrość nie tylko nie pomagają mu, ale czynią wszystko i wszystkich jeszcze bardziej mętnymi.

Kto jest wielbicielem, kto jest ukochanym w tych sonetach, kto jest podmiotem, a kto przedmiotem, kto jest pośrednikiem, a kto jest prowadzony przez pośrednictwo, kto oszukuje i kto jest oszukiwany? Nie potrafimy stwierdzić. Całość jest sylabizowaniem całkowitej ignorancji. Sonet 144 konceptualizuje to gruntowne wątpienie. Wiersz 10 jest pierwszym jego rozpoznaniem: „Otwarcie nie śmiem rzec, ale zgaduję" [*Suspect I may, yet not directly tell*"]; drugie wyznanie wątpliwości pojawia się w przedostatnim wersie: „Prawdy nie poznam, zostanie zwątpienie" [*Yet this shall I ne'er know, but live in doubt*]. Gdy ten odstani wiersz rozumiemy jako rozpaczliwy żart, a nie prawdziwe wyznanie wiary w odkrycie prawdy, uznamy, że poemat naprawdę mówi o skrajnym zwątpieniu.

Skrajne zwątpienie wydaje się prawie zbyt „nowoczesnym" tematem literackim jak na czasy Szekspira. Przypomina nam ono pisarzy bliższych historycznie, jak Kafka lub Prousta *Uwięziona*, opętanych przez ten sam rodzaj zazdrości jak poeta w sonetach. Jest to ta sama zazdrość, którą znaleźliśmy u Jamesa Joyce'a.

Tę samą kombinację mamy oczywiście również w teatrze, szczególnie w *Wiele hałasu o nic*, w *Otellu* i — co najważniejsze — w *Zimowej opowieści*, o czym się jeszcze będziemy mogli przekonać. Należy ją określić, jako rozpad owego erotycznego trójkąta, wewnętrzny rozpad jego różnicy, który wpływa nie tylko na rywali, ale na ich wspólny przedmiot pragnienia. W sonecie 144 wydarza się *explicite* coś, co gdzie indziej nie jest nigdy niczym więcej niż aluzją. Pod wpływem niewiasty ciemnej dobry anioł przemienia się w szatana; na niego także wpływa mimetyczna zaraza. Głowna różnica w sonetach zostaje obalona.

Wszystkie stosunki stają się nierozpoznawalne nie z powodu interpretacyjnego niedoboru, lecz ze względu na interpretacyjny nadmiar. Kiedy zanikają różnice, zanim całkowicie znikną, bujnie się mnożą. Ofiara pada pastwą wielu zmyślonych demonów, „powiewnego nic" ze *Snu nocy letniej*. Wyzwolone w ten sposób różnice są słabe, wszystkie mają tendencję do zaciemniania się nawzajem.

Sonety to kalejdoskop wszystkich możliwych interpretacji, postaw i strategii, których zwolennikiem stanie się jednostka, gdy uwikłana w rozpadający się trójkąt mimetycznego pragnienia próbuje daremnie położyć kres temu kłopotliwemu położeniu. I te ciężkie przeżycia są z kolei introspekcyjną wersją tego, co znajdowaliśmy wszędzie w teatrze, tj. kryzysu Kolejności i jego rozmnażania monstrualnych podwojeń, z których każde jest po części aniołem, po części diabłem. Z powodu owego gorączkowego, umysłowego ożywienia, które ów kryzys Kolejności rozpoczyna i wielu sprzecznych hipotez, które generuje, owo rozpadanie się może być tym, czego pisarz potrzebuje, aby stworzyć zadziwiająco różnorodne modulacje tego samego mimetycznego trójkąta: szekspirowski dramat.

Gdy badamy sonety z punktu widzenia teatru, zawsze w którejś ze sztuk możemy znaleźć takiego bohatera, którego imieniem każdy z sonetów mógłby być nazwany. W sonecie 42 stwierdziliśmy, że poeta podejmuje desperacki wysiłek nie w tym celu, aby zaledwie pogodzić się z rozpaczliwą sytuacją, ale żeby przyjąć ją entuzjastycznie. Postawa ta przywodzi na myśl syndrom rajfura-i-rogacza z komedii, wszystkich tych bohaterów, którzy zachęcają do zdrady przez swoje nierozważne samozadowolenie. Pandarus jest karykaturą tej intelektualnej pokusy. Możemy sobie z łatwością wyobrazić, że autor z sonetu 42, aby zwiększyć jeszcze swoją rolę, mógłby aktywnie ułatwiać owo miłosne połączenie, którego tak desperacko się obawia, a więc przekształcając się w ten sposób w doskonałą kopię wuja Cressidy.

Sonet 144 przedstawia inną skrajność. Nie czujemy tu Pandarusa, lecz „rzeczywistą" zazdrość. Gdybyśmy mogli być pewni, że przekonanie poety o tym, że pada ofiarą oszustwa, jest uzasadnione lub chociażby możliwe do przyjęcia, nazwalibyśmy tę zazdrość „normalną". Ale „pesymistyczna" wersja owego trójkąta jest tak samo wątpliwa jak jej przeciwieństwo. Jeżeli zazdrość poety jest bezpodstawna, to sonet 144 wywołuje nie ducha Pandarusa, ale szaloną podejrzliwość Claudia o Hero i księcia lub szaleńczą podejrzliwość Otella o Desdemonę i Cassia lub Leontesa o Hermionę i Polixenesa.

Silna zazdrość może być intelektualnym zaczynem, z którego powstaje idea takich charakterów jak Phebe, Silvius, Orsino, Pandarus, Claudio, Otello, Leontes i wielu innych. Uczuciowy i intelektualny pejzaż, któremu przyglądamy się w sonetach może być wizerunkiem umysłu Szekspira w czasie intensywnej twórczości. Wieczny powrót wszystkich interpretacji wygląda jak tygiel, z którego narodził się ten teatr.

Joyce nie wspomina o sonetach w swoim szekspirowskim eseju, jednakże bardziej niż jakiś pojedynczy dramat dostarczają one argumentów na rzecz jego koncepcji twórczego procesu dramaturga. Jak odkryliśmy wcześniej, ów wielki obserwator samego siebie był przekonany, że jego geniusz literacki jest nie do rozdzielenia od jego mimetycznej zazdrości. Podejrzewa on, że taka sama musi być prawda o Szekspirze.

Wielka ilość wskazówek sugeruje, że wielu wielkich demaskatorów mimetycznego pragnienia było kompulsywnie „trójkątnych" w owym joyce'owskim sensie, czy też w sensie szekspirowskich sonetów. Poza Joyce'em, Proustem i samym Szekspirem, przychodzą mi na myśl także ci, którymi zajmowałem się dawniej: Racine, Molier, Dostojewski i Nietzsche[93].

Ci wielcy pisarze, będąc bardziej wrażliwi na rolę mimetycznej zarazy w sprawach ludzkich niż większość z nas, zdają się przejawiać skłonność do dostrzegania nawet najmniejszych oznak jej obecności wokół siebie. Błędnie wyolbrzymiają ryzyko mimetycznej oscylacji w swoich związkach z najdroższymi im ludźmi. W rezultacie, ich

---

[93] Zob. Girard, *Dawna droga, którą kroczyli ludzie niegodziwi*, Wydawnictwo Spacja, Warszawa, 1992; *Dostoevsky: du double à l'unité*, Plon, Paris 1963; *Strategies of Madness, Nietzsche and Dostoevsky*, w: To Double Business Bound, The Johns Hopkins University Press, Baltimore 1978; Athlone, London 1988.

codziennemu życiu wiecznie zagraża niepewność i brak stabilności. Niezawodny brak psychicznej równowagi jest ceną, którą płacą za literacki geniusz.

Jeżeli przedmiot jest zbyt blisko patrzącego, jasność wynikająca z mimetycznej intuicji może być tak oślepiająca, że najdrobniejsze opętanie przemieni ją w całkowitą ślepotę. Ta niedostępna dla wzroku przestrzeń w centrum oznacza, że mimetyczna ekspertyza, jak najbardziej słuszna wewnętrznie, jest bezużyteczna, a nawet bardziej niż bezużyteczna dla samego eksperta. Staje się źródłem jego własnego tragicznego złudzenia.

Ta ostatnia myśl, wyrażona *explicite* w *Zimowej opowieści*, będzie przedmiotem następnych pięciu rozdziałów. Moje krótkie badanie sonetów w tym rozdziale, jak i rozważania dotyczące *Otella* w poprzednim, można potraktować jako przygotowanie do tego ostatniego głównego tematu. *Zimowa opowieść* jest w wielu aspektach jedyna w swoim rodzaju. Mówi o owym najmroczniejszym pragnieniu bardziej otwarcie niż jakakolwiek inna sztuka. Jest to również ta sztuka, której bohater najbardziej przypomina poetę z sonetów. Chorobliwie zazdrosny Leontes łączy kafkowską niepewność tych sonetów z wściekle niszczącą zazdrością Otella.

Opowieść zimowa jest wyjątkowa w jeszcze inny sposób. Być może dlatego, że analizuje owo najmroczniejsze pragnienie bez kompromisu czy jakichkolwiek okoliczności łagodzących, znajduje wyjście z labiryntu, zdumiewającą i tajemniczą drogę, którą tym razem nie jest śmierć, lecz nowe życie, prawdziwe odrodzenie. Zajmijmy się więc ową dramatyczną wypowiedzią, którą uważam za najgłębszą i najbardziej osobistą z wszystkich dramatycznych wypowiedzi Szekspira, najbardziej ponurą na początku, ale wreszcie pierwszą z prawdziwie wyjaśniającym i zbawiającym zakończeniem.

33
DAWSZY CI TAKĄ SPOSOBNOŚĆ
Zimowa opowieść (akt I, scena 2)

Najbardziej monstrualną zazdrością u Szekspira nie jest zazdrość Otella, lecz Leontesa, protagonisty w *Zimowej Opowieści*. Temu królowi Sycylii, nie mającemu po swojej stronie nikogo, kto zatruwałby mu umysł, prawie udaje się zniszczyć całą rodzinę. Jego wierna i długoletnia żona, Hermiona, jest mu bezinteresownie oddana; jego rzekomy rywal, Polixenes, król Bohemii, jest doskonale lojalnym przyjacielem. Jednakże w scenie drugiej aktu pierwszego obserwujemy nagłą przemianę Leontesa w dziką bestię. W przeciwieństwie do tego, co stwierdza wielu krytyków, ta wielka scena zawiera wszystko, co konieczne do pełnego zrozumienia zazdrości tego bohatera.

Polixenes po dziewięciomiesięcznej wizycie u Leontesa i Hermiony, oświadcza, że musi wrócić do swojej rodziny i spraw Bohemii. Leontes ogromnie zmartwiony z powodu tej decyzji błaga swojego przyjaciela, żeby pozostał jeszcze chociaż kilka dni. Tak rozpaczliwie pragnie zatrzymać Polixenesa na Sycylii, że staje się chaotyczny i jak najbardziej obcesowo, prawie niegrzecznie zwraca się do Hermiony, która stoi milcząco po jego stronie: „Naszej królowej język zasechł? Przemów" [s. 12; *Tongue-tied our queen? speak you*, I, ii, 27][94].

Jedynym bohaterem, któremu w tej scenie „język zasechł" jest sam Leontes. Wiedząc jak przekonywująca potrafi być jego żona, pragnie, aby się wtrąciła bez proszenia. Liczył zarówno na nią, jak i na swojego przyjaciela; czuje, że tych dwoje najważniejszych w jego życiu ludzi zdradziła go. Hermiona wyczuwając w nim zamęt, pierwsza próbuje go uspokoić:

> I had thought, sir, to have held my peace until
> You had drawn oaths from him not to stay. You, sir,
> Charge him too coldly.
>
> (28-30)

---

[94] Tu i dalej cytuję za: *Zimowa opowieść*, przełożył Maciej Słomczyński, Wydawnictwo Literackie, Kraków 1981. [Przyp. tłum.]

Sądziłam, panie, że powinnam milczeć,
Póki nie zmusisz go, aby poprzysiągł,
Że nie zostanie. Prosząc go, objawiasz
Chłód nazbyt wielki.
(s. 12)

Przystępuje więc ona do „oskarżania" Polixenesa w swój ciepły i przyjacielski sposób, bez jakiejkolwiek ubliżania. Leontes jest wielce zadowolony. Dwa razy powtarza „dobrze powiedziane, Hermiono" [*well said, Hermione*]. Kiedy Polixenes ustępuje szybko usilnej prośbie Hermiony i decyduje się odłożyć wyjazd, Leontes jest pełen zachwytu i wdzięczności:

> At my request he would not.
> Hermione, my dearest, thou never spok'st
> To better purpose.
> (87-89)

> Na mą prośbę nie chciał.
> Nigdy, Hermiono droga, w lepszej sprawie
> Nie przemówiłaś
> (s. 16)

Hermiona pyta męża czy naprawdę tak sądzi. Niefrasobliwie odpowiada, że tylko przy jednej innej okazji mówiła równie dobrze, w dniu, gdy powiedziała „tak" na jego oświadczyny. To co ona robi później, jest mniej więcej powtórzeniem tego samego, co właśnie powiedział jej mąż:

> ....I have spoke to th'purpose twice:
> The one, for ever earn'd a royal husband;
> Th' other, for some while a friend.
> (106-108)

> Więc wiesz już, rzekłam po dwakroć do rzeczy:
> Raz, gdy zyskałam króla na małżonka,
> Drugi, by wstrzymać nieco przyjaciela.
> (s. 17)

Hermiona, powiedziawszy te słowa, podaje swoją rękę Polixenesowi. W tej samej dokładnie chwili w Leontesie wzbiera zazdrość:

[*Aside*]

Too hot, too hot!
To mingle friendship far, is mingling bloods.
I have *tremor cordis* on me: my heart dances,
But not for joy — not joy.
(108-11)

[Na stronie.]

Nazbyt gorące to, nazbyt gorące!
Nazbyt płomienna przyjaźń krew rozpala.
Odczuwam *temor cordis*, serce tańczy,
Lecz nie z uciechy — nie z uciechy.
(s. 17)

Ukazanie afektu do Polixenesa przez Hermionę w obliczu Leontesa nie może znaczyć tego, co ten mąż obecnie chce, aby znaczyło. Leontes jest tego świadomy, a jednak pozostaje przy swoim szalonym, nowym przekonaniu. Jaka jest przyczyna tej nagłej zazdrości? Podczas rozmowy żony z Polixenesem Leontes oddalił się, nie mogąc zaś słyszeć zawołał [dosłownie:] „Czy jest już pozyskany?" [*Is he won yet?*], mając na myśli Polixenesa. W następującej wymianie zdań, kiedy Hermiona łączy w myśli „zyskanie męża" [*earning a husband*] z „zyskaniem przyjaciela" [*earning a friend*], po prostu zapożycza metaforę od Leontesa.

Leontes widząc, że żona go imituje, jest przerażony. W ciągu dziewięciu długich miesięcy marzył o doskonałym trójkątnym zjednoczeniu z Polixenesem i Hermioną. Czuł, że taki sam bliski stosunek powinien istnieć między tymi dwojgiem, jak między nim, Leontesem i każdym z nich oddzielnie. Podczas całej wizyty przyjaciela wyczuwał z jego strony pewną powściągliwość wobec swojej żony i z jej strony wobec niego. Zinterpretował tę ich wzajemną rezerwę jako ukryte karcenie go; być może jego żona pogardzała nim z powodu wyboru złego przyjaciela lub jego przyjaciel pogardzał nim z powodu wyboru złej żony.

Na początku tej sceny Leontes jeszcze próbował zbliżyć Polixenesa i Hermionę, ciągle przekonany, że odniósł niepowodzenie. Stąd jego smutek, gdy Polixenes informuje o swoim odjeździe, jego irytacja, że Hermiona spontanicznie nie wygłasza sprzeciwu. I nagle, kiedy słyszy, jak ona powtarza jego słowa, ten strasznie niepewny mężczyzna zmienia całkiem zmienia zdanie. Decyduje, że jego starania mimo wszystko udały się, zbytnio się udały, udały się aż nadto. Oceniając własną rolę popada z jednej skrajności w drugą.

Hermiona uświadomiła Polixenesowi, że to nie dla niej, lecz dla jej męża ważne było to, aby jego przyjaciel został trochę dłużej i Polixenes skłonił się ku jej prośbie. Leontes doskonale dostrzega tę uległość wobec swojego najdrobniejszego życzenia, tę tendencję Hermiony jak i Polixenesa do przemieniania się w jego kopię.

Leontes używał swojej żony do stręczenia innego mężczyzny. Rozmyślając nad tym faktem, widzi siebie jako mimetyczny model całkowicie odmienny od tego, którym chciałby być. Widzi siebie jako mimowolnego Pandarusa, popychającego żonę w ramiona przyjaciela, a przyjaciela w ramiona żony.

Przez dziewięć długich miesięcy, sądzi Leontes, był *le cocu magnifique* i on jeden o tym nie wiedział. Wszyscy zapewne śmieją się z niego za jego plecami. Kiedy Camillo nie chce wierzyć w zdradliwość Hermiony, Leontes wysuwa wniosek, że on także należy do spisku: „A pomógł mu ucicc Camillo./ Był mu rajfurem" [s. 41; *Camillo was his help in this, his pandar*", II, i, 46]. Król oskarża doradcę o trwanie w roli, do grania której on, zadowolony z siebie mąż, mimetycznie go zaprosił, przez odgrywanie jej przed nim.

Znaczenie tego wszystkiego zostało najpierw sformułowane przez godnego zaufania Camillo, osobistego doradcę i powiernika, człowieka najlepiej poinformowanego o zamiarach swego pana. Mówiąc do wstrząśniętego Polixenesa, podsumowuje złudzenie Leontesa w kilku słowach:

> He thinks, nay, with all confidence he swears,
> As he had seen't, *or been an instrument*
> *To vice you to't*, that you have touch'd his queen
> Forbiddenly.
> (I, ii, 414-417; wyróżnienie Girarda)

> Myśli, nie, klnie się z całym przekonaniem,
> że widział, *dawszy ci taką sposobność*,
> Jak dotykałeś w sposób zabroniony
> Jego królowej.
> (s. 33; wyróżnienie za Giradem)

Leontes nigdy nie wypowiedział słowami, „ja sam zasadziłem cudzołożne pragnienie w sercu mojej żony i mojego przyjaciela"; ostrożny Camillo przedstawia swoją diagnozę jako dyskusyjną, ale nie są to tylko domysły; jest to całkowicie potwierdzone przez Leontesa na zakończenie tej sceny i przez Hermionę na początku aktu trzeciego, kiedy broni się przed niesłusznym oskarżeniem męża. Przyjrzyjmy się najpierw Hermionie. To, co mówi jest całkowitą prawdą, która dostatecznie ją broni, ale również ujawnia ów element przenikliwości w zazdrości Leontesa, ów zasadniczy punkt, którego krytycy dotychczas nie dostrzegli:

> For Polixenes,
> With whom I am accus'd, I do confess
> I lov'd him as in honour he requir'd,
> With such a kind of love as might become
> A lady like me; with a love, even such,
> So, and no other, as *yourself commanded*:
> Which, not to have done, I think had been in me
> Both disobedience and ingratitude
> To you, and toward your friend, whose love had spoke,
> Even since it could speak, from an infant, freely,
> That it was yours.
> (III, ii, 61-71; wyróżnienie Girarda)

> Polixenesa, z którym mnie obwiniasz,
> Kochałam, wyznam, lecz zgodnie z czcią moją,
> W sposób należny jego dostojeństwu
> I tak jak winna dama mego stanu.
> *Tak mi go przyjąć nakazałeś*. Gdybym
> Nie posłuchała, wpadłabym, jak sądzę,
> W nieposłuszeństwo i niewdzięczność wobec
> Ciebie i twego przyjaciela, który
> Świadczył ci miłość swoją od dzieciństwa
> (s. 70; wyróżnienie za Girardem)

Według słów Hermiony jej afekt do Polixenesa jest prawdziwy; bierze swój początek w jej mężu. Leontes nakazał, aby emulowała jego wspaniałą przyjaźń do przyjaciela z dzieciństwa — była gorliwie posłuszna. Odczytała ten nakaz nie tyle z jego słów, co z tego typu nacisku, który ilustrowało zachowanie Leontesa po ogłoszeniu wyjazdu przez Polixenesa, kiedy czuł się osobiście zdradzony przez to, co zinterpretował jako jej obojętność.

Hermiona potwierdza, że jej mąż był naprawdę mimetycznym modelem w jej związku z Polixenesem. Leontes odkrył coś prawdziwego, ale błędnie interpretuje tę rzeczywistość, która jest doskonale niewinna, a nie taka jak on sobie wyobraża. Hipermimetyczny Leontes wpycha swoją żonę w klasyczny *double bind*. Cokolwiek ona czyni, w jego oczach uczynić może tylko źle: jeżeli rozważnie pozostaje na boku, wydaje się nieczuła; gdy wyraża swoją sympatię do Polixenesa, jest oskarżona o cudzołóstwo.

Leontes jest najwyższym ekspertem mimetycznego pragnienia; widzi siebie jako niedobry rodzaj mimetycznego modelu dla Hermiony, Polixenesa i dla Camilla. Jego psychologia jest opaczna, ale z bardziej złożonych i wyrafinowanych powodów, niż się zwykle zakłada. Nie można odrzucić go jako bezsensownego szaleńca.

Słynny monolog Leontesa o afekcie/żądzy jest często przedstawiany jako jeden z bardziej niejasnych, być może właśnie ten najbardziej niejasny tekst z całego Szekspira. W świetle tego, co właśnie odkryliśmy, cała niejasność znika:

> Affection! thy intention stabs at the centre.
> Thou dost make possible things not so held,
> Communicat'st with dreams (how can this be?)
> With what's unreal thou co-active art,
> And fellow'st nothing. Then, 'tis very credent
> Thou may co-join with something, and thou dost
> (And that beyond commission), and I find it
> (And that to the infection of my brains
> And hard'ning of my brows).
> (I, ii, 138-146)

> Żądzo! Twój wybuch serce me przebija,
> Czynisz możliwym to, co niemożliwe,
> Podobna jesteś snom; — Jak to być może? —
> Nierzeczywiste jest twym sprzymierzeńcem
> Nicość wspólnikiem, można więc uwierzyć,
> Że możesz złączyć się z czymś właśnie teraz
> (łamiąc zakazy), a ja to odkrywam.
> (A skutki tego mózg mój zakaziły
> I czoło rośnie.)
> (s. 18-19)

Dla Leontesa jest tak naturalne zastanawianie się nad naszą zdolnością do zgłębienia prawdziwych uczuć podobnych do nas ludzkich istnień, jak dla zazdrosnego narratora w *Poszukiwaniu straconego czasu* Prousta. Stwierdzenie Leontesa wygląda jakoś chaotycznie, ale ma ono odzwierciedlać chaotyczny stan umysłu, a więc forma ta ma sens dramatyczny. Mimetyczne poglądy samego Szekspira są wiernie odtworzone w tym tekście; cokolwiek Leontes mówi, jest z ich punktu widzenia logiczne.

Niektórzy komentatorzy sądzą, że słowo „afekt/żądza" [*affection*] odnosi się do Leontesa i jego zazdrości, inni — że oznacza rzekome pragnienie Polixenesa przez Hermionę i na odwrót. Z perspektywy Leontesa te trzy pragnienia, będąc swą kopią, są identyczne. Zamiast wybierać między tymi dwiema interpretacjami, jakby były nie do pogodzenia, musimy je połączyć. „Afekt/żądza" jest nierozdzielna od „zakażenia"; oznacza mimetyczne pragnienie we wszystkich jego modalnościach.

Dla Szekspira jest oczywiste, że rozumiemy innych ludzi lub mylimy się co do nich tylko dzięki projektowaniu na nich własnych uczuć. W *Wieczorze Trzech Króli* na przykład Orsino analizuje pragnienie Olivii wyłącznie na bazie własnego pragnienia (rozdz. 13). Również w mowie Leontesa owa projekcyjna natura wszelkich prób uchwycenia pragnień innych ludzi jest traktowana jako oczywista. Jeżeli pragnienie jest nicości wspólnikiem [*fellows nothing*], jeżeli nie reprodukuje się mimetycznie, subiektywny wizerunek, który projektuje, nie ma przedmiotowego odpowiednika; sądzimy, że rozumiemy coś poza sobą, kiedy w rzeczywistości nie obejmujemy myślą niczego więcej poza złudzeniami. Albo pragnienie nie wytwarza prawdziwej wiedzy, ponieważ nie ma mimetyczego potomstwa, lub wytwarza ową upragnioną wiedzę, ponieważ wytworzyło już przedmiot tej wiedzy.

Projekcja jest zatem nie zawsze zwodnicza; gdyby zawsze była, nie byłoby w ogóle wiedzy o pragnieniach innych ludzi. Szekspir nie uznaje naszego wygodnego rozróżnienia między — z jednej strony — projekcyjną i „subiektywną" wiedzą, która zawsze będzie fałszywa i — z drugiej strony — „obiektywną" wiedzą, która może być „naukowa" i prawdziwa. Idea niesubiektywnej nieświadomości, którą można systematycznie badać, umożliwia Freudowi ponowne wprowadzenie obiektywnej wiedzy kuchennymi drzwiami. To samo dotyczy mitycznego rozróżnienia Lacana między tym, co nazywa on symbolicznym i zmyślonym. Dla Szekspira każda wiedza o pragnieniu jest projekcyjna.

Mamy przynajmniej cztery różne słowa lub metafory w tym tekście na temat mimetycznej wiedzy o mimetycznym pragnieniu. Po pierwsze, wizerunek ojcostwa; następnie idea porozumienia; po trzecie temat pragnienia, które może, ale nie musi łączyć się z innym, myśl już obecna w „sprzymierzeńcu" [*co-active*, 141], pragnienia, które jest oddzielone i jednocześnie blisko związane z tym pierwszym pragnieniem, ponieważ zostało ono zrodzone przez nie lub przez jego sprawcę. Wszystkie te formułki opierają prawdziwą wiedzę o pragnieniu na efektywnym uczestnictwie wiedzącego w tym, co jest wiadome. Nasz tekst jest zadziwiającym esejem na ten sam temat, co ta monografia, tj. „twojego sprzymierzeńca!" — mimetycznego pragnienia i jego wiedzy.

Jeżeli współwytwarzanie pragnień już wystąpiło, wówczas partnerzy Leontesa muszą kochać już się nawzajem tak silnie, jak Leontes ich kocha — to właśnie jest „łamaniem zakazu" [*beyond commission*]: jego bycie rogaczem, „rośnięcie czoła" [*hard'ning of his brows*], zbiega się z „zakażeniem" [*infection*] jego mózgu, z ciągle wzrastającą mimetyczną obsesją. Leontes poprawnie zakłada, że pełnił rolę ojca w narodzinach uczuć Polixenesa i Hermiony. Między dwiema ewentualnościami, które szkicuje, dokonuje prawidłowego wyboru. Skoro jednak tylko zdaje sobie sprawę, że sukces uwieńczył jego starania i że naprawdę istnieje sympatia między Hermioną i Polixenesem, na której uformowanie się poświęcił tyle czasu, wtedy jego brak zaufania do samego siebie powoduje, że czuje się wykluczony z tego związku. Przekształca go w pewien rodzaj sojuszu przeciwko sobie, cudzołożniczego współudziału.

Leontes, jak wielu współczesnych interpretatorów, popełnia błąd z powodu nadmiaru podejrzliwości. Afekt jego żony do Polixenesa jest jego dzieckiem, ale on rozumie to błędnie. Jego niepewność prowadzi zawsze wprost do najgorszej z możliwych interpretacji, jego straszliwy błąd jest nierozdzielny od jego przenikliwej mimetycznej intuicji. Jego przenikliwość, nie tylko nie pomaga mu w ciężkiej godzinie, ale spycha go w dół. Taki jest los wielu teoretyków! Wiedza o tym, czy imitacja wystąpiła, przychodzi bardzo trudne, ale nawet jeżeli w tym punkcie zgadujemy słusznie, i tak możemy się mylić, co do natury imitacji, którą odkryliśmy.

34
TWOIM SPRZYMIERZEŃCEM!
Zazdrość w *Zimowej opowieści*

Owe dwie możliwości zdefiniowane w tekście o „afekcie/żądzy" odpowiadają dwóm typom mimetycznych bohaterów, których spotkaliśmy w teatrze Szekspira. Po pierwsze, mamy dużą grupę bohaterów — czasami bohaterek — których pragnienie „czegoś wspólnikiem" [*fellows something*]: Valentine, Collatine, czterech kochanków z Nocy Świętojańskiej, Orsino, Troilus i inni. Dzięki mimetycznemu chełpieniu się zawsze udaje im się zakomunikować swoje pragnienie innym ludziom i w ten sposób wytworzyć niebezpiecznych rywali, których nie potrafią rozpoznać jako własnego wytworu.

Po drugie, mamy niewielką grupę tych, dla których pragnienia „nicość wspólnikiem" [*fellows nothing*] lub prawie nicość; Claudio i Otello. Ci zamyśleni, introspekcyjni herosi wielce sobie niedowierzają, lojalnych towarzyszy i przyjaciół biorą ciągle za rywali, których — jak błędnie sądzą — wytworzył ich własny nieumiarkowany apetyt na mimetyczną aprobatę. Za sprawą stosowanych przez siebie porywczych i gwałtownych środków zaradczych wywołują katastrofę gorszą niż ta, której się spodziewają. Leontes niewątpliwie należy do tej drugiej grupy, chociaż ma także pewne cechy pierwszej — mianowicie, swój związek z Polixenesem. Ci dwaj królowie są przyjaciółmi z dzieciństwa podobnego typu, jak Valentine i Proteus, Helena i Hermia, Rosalinda i Celia.

Ale mimo, że nie wszyscy członkowie pierwszej grupy są przyjaciółmi z dzieciństwa, wszyscy przyjaciele z dzieciństwa sprzed *Zimowej opowieści* i tak są członkami tej grupy. Powód jest oczywisty: przyjaciele z dzieciństwa ustawicznie imitują się nawzajem i domagają się imitowania: ich pragnienia nie mogą nie być „wspólnikiem czemuś". Żaden przyjaciel z dzieciństwa, który zakochuje się, nie potrafi tolerować obojętności swojego przyjaciela wobec kobiety, którą kocha. Stara się pobudzić pragnienie tego ostatniego najlepiej, jak potrafi, ale wówczas ostro go potępia za próbę pogwałcenia swojego większego prawa do posiadania tego przedmiotu. Rozpoznajemy ów stary mechanizm, kiedy słyszymy, jak Leontes rzuca ponure groźby przeciw temu mężczyźnie — Polixenesowi, oczywiście — który jest „gardzący / Granicą między twym a mym" [s. 18; *fixes / No bourn 'twixt his and mine*, I, ii, 133-134].

Leontes, ponieważ sam zachowuje się tak, jak u Szekspira zachowują się sobowtóry, oczekuje, że Polixenes zrobi to samo, ten jednak tego nie czyni. W przeciwieństwie do wszystkich poprzedników ani Polixenes, ani Hermiona nie ulegają owej pokusie, którą Leontes umieszcza na ich drodze. Mimetyczne przesunięcie od miłości do nienawiści jest przeżyciem jednostronnym, doświadczanym jedynie przez Leontesa — ta jednostronność czyni je zwodniczym.

Przykłady nieuzasadnionej zazdrości w *Wiele hałasu o nic* i w *Otellu* nie umniejszają unikalności *Zimowej opowieści*. W dwóch wcześniejszych sztukach obiektem podejrzenia nie jest bliski przyjaciel lub rówieśnik, lecz zwierzchnik bohatera albo podwładny w najsurowszej z wszystkich hierarchii: hierarchii wojskowej; Don Pedro jest dowódcą Claudia; Cassio jest namiestnikiem Otella. Zgodnie mimetycznym prawem, ta hierarchiczna różnica powinna wytwarzać niewinną odmianę mimetycznego pragnienia, z e w n ę t r z n e p o ś r e d n i c t w o, co faktycznie się dzieje. Don Pedro odczuwa przez chwilę pokusę, aby uwieść Hero dla siebie, ale jego poczucie obowiązku powstrzymuje go od współzawodnictwa z Claudiem. Podobnie Cassio nie współzawodniczy z Otellem.

Choć w wymienionych sztukach ów brak faktycznej podstawy do zazdrości bohatera w tych sztukach dowodzi zadziałania mimetycznego prawa, to jednak *Zimowa opowieść* mówi o czymś innym. Jej trzej protagoniści nie są rozdzieleni społecznymi i kulturowymi barierami, które mogłyby zapobiec w e w n ę t r z n e m u p o ś r e d n i c t w u i jego prawdopodobieństwo zostaje jeszcze zwiększone przez zagorzałe wtrącanie się Leontersa. Po dziewięciu miesiącach zachowywania się jak „wieczny mąż" Dostojewskiego, jego nagły napad zazdrości jest daleki od absurdu. We wszystkich poprzednio omawianych sztukach o przyjaciołach z dzieciństwa, Leontes mógłby zagrać rolę Pandarusa z procentem; na pewno „odniósłby sukces" z co najmniej jednym z dwójki partnerów w mimetycznym trójkącie, a być może z dwoma.

Czy należy wysunąć wniosek, że Szekspir wyparł się w tej sztuce wiary w mimetyczne prawo, traktując je jako paranoidalne bredzenie inteligentnego szaleńca, sugerując, być może *implicite*, że *Troilus i Cressida*, jak i równie cyniczne sztuki, zostały napisane przez takiego szaleńca? W *Zimowej opowieści* widzę samokrytykę, ale taką, która sugeruje potrzebę modyfikacji, a nie odrzucenia mimetycznego prawa. Hermiona jest mimo wszystko tak mimetyczna, jak jej mąż sobie wyobraża, tylko że w całkiem inny sposób.

Leontes błędnie zakłada, że jak tylko społeczne i kulturowe bariery między istotami ludzkimi upadną, musi nieuchronnie przyjść kolej na wewnętrzne pośrednictwo i zniszczyć ich interakcję. Jedyną osobą w tym trójkącie, która potwierdza ten scenariusz jest sam Leontes.

Hermiona zawdzięcza swoją miłość do Polixenesa pośrednictwu, które nie jest w e w n ę t r z n e w zwykłym sensie, ponieważ pozostaje czyste, niewinne, pełne szacunku dla praw i obowiązków wszystkich wchodzących w grę stron; jednakże nie jest ono również z e w n ę t r z n e. W momencie kiedy rodzi się zazdrość Leontesa, Polixenes i Hermiona traktują się nawzajem tak bezceremonialnie, jakby byli bratem i siostrą. Ich utrata zahamowań sporo dodaje do zazdrości Leontesa.

Ową siłą, która zatrzymuje piekielne skutki *mimesis*, gdy nie napotyka przeszkód, jest przede wszystkim sama Hermiona, jej cnotliwy rozum, jej wrodzona szlachetność ducha, mądry użytek ze swej wolności. Nie ma w niej kszty b o v a r y z m u. Jest zaiste bardziej godna podziwu niż kobiety powszechnie za takie u Szekspira uważane, jak Julia i Desdemona, które w naszych oczach czerpią korzyści z mimetycznej emanacji zakorzenionej w ich mimetycznych skłonnościach. Szekspir jest tak wielki, że mamy predylekcję do czytania i błędnego rozumienia jego zmyślonego świata, tak samo jak czytamy i błędnie rozumiemy otaczające nas istoty ludzkie.

Sądząc z tego, co wydarza się w drugiej połowie sztuki, Polixenes jest mniej wyjątkowym istnieniem ludzkim niż Hermiona, ale nie w tym rzecz. Mężczyzna niekoniecznie musi być moralnym gigantem, aby powstrzymać od pożądania żony najbliższego przyjaciela. Może mieć tysiąc innych rzeczy na głowie, o których autor nie musi nas informować. Poza tym nie wolno nam zapominać, że Hermiona nigdy nic nie zrobiła, aby skusić Polixenesa. To właśnie niemądrze rozgniewało jej męża chwilę przedtem; była według niego nieznośnie powściągliwa w stosunku do jego drogiego przyjaciela.

Leontes nie jest tak do końca konsekwentny w swoim myśleniu; nie myli mimetycznego prawa z prawem przyczynowym, którym ono nie jest i uwzględnia istnienie pragnienia, dla którego „nicość wspólnikiem". Marzył przecież o całkowicie niewinnej miłości, która właśnie powstała między Leontesem i Hermioną. A jednak, stając wobec dowodu jej istnienia, czuje się owładnięty przez zazdrość.

Im mniejsza szansa, że gdzieś w rzeczywistym świecie istnieje jakaś prawdziwa niewinność, tym potworniejsze jest pomylenie jej z jej przeciwieństwem i próba jej zmiażdżenia. Leontes nie tylko nie rozpoznaje prawdziwej natury swoich najbliższych, ale — będąc głównym spadkobiercą dobra, co błędnie rozumie — nie może go zniszczyć, nie niszcząc samego siebie. Głupota tego potężnego umysłu jest jeszcze bardziej przepastna niż jego wina.

Zachowanie Leontesa przypomina to, w jaki sposób sam Szekspir stosował mimetyczne prawo we własnym teatrze, tworząc sztuki, z których praktycznie wygnano prawdziwą niewinność. Niewinność była szczególnie niemożliwa w przypadku trójkątów dotyczących przyjaciół z dzieciństwa. Aż do *Coriolanusa* Szekspir czyni aluzję do mimetycznej ambiwalencji bliskich przyjaciół tak, jakby to było prawo natury. Czytając raz jeszcze słowa Aufidiusa (Coriolanusa?) na ten temat, będziemy mogli z większą łatwością uchwycić stan umysłu Leontesa:

> Friends now fast sworn,
> Whose double bosoms seem to wear one heart,
> Whose house, whose bed, whose meal and exercise
> Are still together, who twin, as 'twere, in love
> Unseparable, shall within this hour
> On a dissension of a doit, break out
> To bitterest enmity
> (IV, iv, 12-18)

> Zaprzysiężeni przyjaciele, którzy
> W dwóch piersiach jedno serce chcieli nosić;
> Którzy dzielili czas, łoże, posiłki
> I pracę; których miłość przemieniła
> W bliźnięta — będą jeszcze tej godziny
> Na skutek sporu o marną błahostkę
> Odczuwać pełną goryczy nienawiść.
> (s. 158)

Wśród sztuk o bezpodstawnej zazdrości *Zimowa opowieść* jest niezwykła nie tylko dlatego, że występują w niej niewinny przyjaciel z dzieciństwa i niewinna żona. Coś innego czyni ją w swej kategorii wyjątkową — brak łajdaka. Aby ocenić znaczenie tej cechy, najpierw przypomnijmy sobie dramatyczną funkcję Don Johna w *Wiele hałasu o nic* i Jago w Otellu.

Gdy zinterpretujemy tych dwóch bohaterów ze wspomnianych sztuk w terminach mimetycznych, stanie się jasne, że ich zazdrość działa dokładnie tak, jak zazdrość Leontesa; jest równie samowywołująca się jak i samowyjaśniająca się. Z punktu widzenia „głębszej sztuki" Don John i Jago są niepotrzebni. Tylko wtedy, gdy pozostajemy ślepi na mimetyczną genezę tych dramatów, potrzebujemy łajdaków, aby wyjaśnić zazdrość bohaterów.

Jeżeli z jakiegoś powodu prawdziwe wyjaśnienie nam się wymknie, łajdacy dostarczą nieco sztucznej, ale wygodnej zamiany. Są ofiarniczymi narzędziami w sensie ścisłym, ponieważ ich funkcja w linii prostej zależy od scapegoatingu. Łajdactwo łajdaków ściąga na sobie oburzenie, które Claudio i Otello z całą pewnością pobudziliby, gdyby nie dostarczono żadnej zewnętrznej motywacji wyjaśniającej ich okrutne i przestępcze zachowania. Bez łajdaków widzowie w ogóle nie potrafiliby identyfikować się z żadnym z bohaterów. Don John i Jago są filarami, na których zostały wzniesione „powierzchowne" wersje sztuk, do których oni należą. Powtórzmy, że różnicą między powierzchowną i głębszą sztuką jest widoczność mimetycznej interakcji w tej ostatnio wymienionej i niewidoczność jej w tej pierwszej.

Ofiarnicza struktura generowana przez scapegoating łajdaków w *Wiele hałasu o nic* i w *Otellu* jest podobna do struktury generowanej przez scapegoating Shylocka w *Kupcu Weneckim*. Skoro tylko zaczynamy rozumieć mechanizm victimage'u, ofiarnicza interpretacja słabnie i zagraża interpretacja mimetyczna. Możemy to jasno dostrzec, porównując krytyczny odbiór *Wiele hałasu o nic* z odbiorem *Otella*. Nawet chociaż Claudio jest mniej przestępczy z tych dwóch bohaterów, więcej zaintrygowanych brwi wzniesie się w jego kierunku niż w kierunku *Otella*; jedynym możliwym powodem jest to, że Don John jest mniej zatwardziałym łajdakiem niż złowieszczy Jago, o wiele mniej zadowalającym jako ofiarnicza oferta.

Krytyka dotycząca *Zimowej opowieści* czyni często dramatyczną funkcję łajdaków u Szekspira nawet bardziej oczywistą. Rutynowi krytycy zawsze uważali Leontesa za równocześnie denerwującego i niezrozumiałego. Narzekając, że jego zazdrość jest „niedostatecznie umotywowana", uważają, że nie jest on zadowalającym protagonistą „poważnego dramatu". Tymczasem naprawdę jest on Otellem bez Jago, Claudio bez Don Johna, jest pełnym odsłonięciem prawdy, ciągle jeszcze częściowo zamaskowanej w poprzednich sztukach.

Największym symbolem zazdrości w teatrze Szekspira powinien być Leontes, ale możemy z łatwością zrozumieć dlaczego zamiast niego został wybrany Otello. Jest on na wiele różnych sposobów bardziej ozdobny, ale główny powód leży gdzie indziej. Zazdrość jest uczuciem, w którym wszyscy mamy swój udział i musi być złagodzona poprzez złożenie ofiary. Wizerunek dostarczany przez Leontesa jest zbyt nagi dla powszechnej konsumpcji.

Standardową formą sztuki dramatycznej — w przeciwieństwie do tragedii — jest dychotomia bohater *versus* łajdak; osiągnięcie popularności wymaga, aby ten schemat był ciągle powtarzany. Zróżnicowanie, którego się domaga, musi opierać się na jakimś łajdackim winowajcy, którego ukarania widz z upodobaniem oczekuje. Ten ofiarniczy kozioł musi polaryzować ich wrogość w taki sposób, aby oddalić ją od bohatera, którego jest faktycznym sobowtórem. Łajdak, aby oddziaływać na równej stopie z bohaterem, musi być wystarczająco do niego podobny, a jednak — aby mieć jakość łajdaka — musi być uderzająco odmienny. Te sprzeczne wymogi są wszędzie i zawsze cechą wszystkich składanych ofiar, rozpoczynając od rytualnego palenia.

W *Zimowej opowieści* Szekspir odrzuca wszelkie środki ostrożności i usuwa wszelkie podpory spod powierzchownej sztuki. Szekspir ukazując bez maski całą straszliwą prawdę czyni ją jeszcze straszliwszą, nakazując Leontesowi, aby zniszczył swoją przyjaźń z dzieciństwa, całą swoją rodzinę, a także kobietę, którą kocha. W porównaniu ze swoimi dwoma poprzednikami, Leontes sprawia wrażenie bardziej ponurej wersji czegoś i tak już całkiem ponurego. Jest najbardziej inteligentną, najbardziej przygnębiającą i najbardziej niszczycielską z wszystkich hipermimetycznych postaci u Szekspira.

Z cała pewnością nie może być zwykłym przypadkiem, że brak łajdaka pojawia się właśnie w tej sztuce, która radykalizuje zło mimetycznego samozatruwania się i po raz pierwszy czyni jednego z dwóch przyjaciół z dzieciństwa niewinnym. Koniunkcja ta sugeruje, że Szekspir zawiera ugodę z czymś ze swojej przeszłości, co bezskutecznie usiłowało wyjść na światło dzienne. Jak już wspominałem w rozdziale o Joyce'ie, ów dramat dwóch przyjaciół z dzieciństwa mógł równie dobrze być jego własnym, ale nie ma potrzeby precyzowania biograficznej korelacji, aby wyczuć dynamikę realności wchodzącej w grę w późniejszych dziełach, poczynając od *Hamleta* poprzez pierwsze dwa romanse, osiągającej punkt kulminacyjny w *Zimowej opowieści*.

Hipotezę tę możemy, jak sądzę, wzmocnić, jeżeli zamiast porównywać tylko trzy sztuki, jak to czyniliśmy dotychczas, dodamy czwartą, *Cymbeline*, jeszcze jeden dramat bezpodstawnej zazdrości. Przypomnijmy sobie fabułę: Posthumus został zmuszony do opuszczenia Szkocji, ożeniwszy się z córką Cymbelina, Imogeną, wbrew życzeniom jej królewskiego ojca. Wygnaniec znajduje się w Rzymie i tam, wychwalając niemądrze przed kilkoma miejscowymi lekkoduchami wyższość szkockich kobiet w ogóle, a Imogeny w szczególności, zaszczepia w młodym mężczyźnie o imieniu Jachimo emulacyjne[95] pragnienie jego pięknej żony.

Posthumus w sposób jak najbardziej typowy i donkiszotowski ułatwia przedsięwzięcie swojemu rywalowi, dając mu list polecający do Imogeny. Jachimo udaje się do Szkocji i następnie wraca z pewnym bezprawnie zdobytym dowodem, że Imogena została uwiedziona; intymna znajomość jej ciała poświadcza, że widział ją nagą i faktycznie widział ją, będąc ukryty w kufrze w jej sypialni. Posthumus natychmiast wysuwa stąd wniosek, że żona go zdradziła i traci wszelką nadzieję.

W fazie depresyjnej Posthumus jest tak nierozważny, nierozsądny i samopokonujący się, jak ów samowychwalający się *macho* wcześniej. Jak wszystkie hipermimetyczne postacie, jest on w tej skrajności maniakalno-depresyjny, nieustannie oscyluje między megalomańskim uniesieniem i całkowitym przygnębieniem, nie mając czasu nawet na najkrótsze zdroworozsądkowe rozmyślania między jednym a drugim.

Jednakże Posthumus niezmiernie przewyższa swych zwiastunów: ma zdolność do rozumienia siebie i skruchy, które to cechy zapowiadają Leontesa. W spotkaniu ze teściem demaskuje własny syndrom rajfura-i-rogacza, chociaż mniej cynicznie niż Stefan Dedalus, ale równie wyraziście:

> I am Posthumus,
> That kill'd thy daughter — villain-like, I lie —
> *That caus'd a lesser villain than myself,*
> *A sacrilegious thief, to do't.* The temple
> Of virtue was she; yea, and she herself.
> (V, v, 217-221; wyróżnienie Girarda)

> Tak, to ja,
> Posthumus, który zabił twoją córkę jak łotr. Nie, kłamię.
> *Który kazał czyn ten spełnić innemu mniejszemu łotrowi.*
> *Świętokradczemu rabusiowi.* Była
> Przybytkiem cnoty, tak, i samą cnotą
> (s. 183; wyróżnienie za Girardem)

Posthumus, nazywając łajdakiem zarówno siebie, jak i Jachimo, rozpoznaje w mimetycznej rywalizacji doskonałe podwajanie się.

---

[95] Por. rozdz. 18. Słowo *emulation, emulous* według Girarda pełni ważną rolę w tekście Szekspira. Oznacza ono równocześnie imitowanie kogoś i rywalizowanie z nim. Emulacyjne pragnienie można przetłumaczyć jako pragnienie dorównania i przewyższenia. [Przyp. tłum.]

Łajdakiem nie jest jedynie ów skuszony rywal, ale również mimetyczny kusiciel i kusiciel jest większym łajdakiem. Posthumus wypowiada prawdę odnoszącą nie tylko do Valentinów, Collatinow i Troilusów, ale również do Claudia i Otella. Jest pierwszym szekspirowskim bohaterem na tyle pokornym i uczciwym, żeby publicznie przyznać się do tej prawdy.

Posthumus faktycznie prosi widzów, aby nie używali łajdactwa Jachima jako wytłumaczenia dla niego samego; jest jak Claudio, który powiedziałby: „Nie patrz na Don Johna; to ja jestem winny". Ten nowy Otello oświadcza: „To ja powinienem być bardziej obwiniany niż Jago". Don John i Jago, zamiast być „mniejszymi łajdakami", zostali przedstawieni w tak obrzydliwym świetle, że Claudio i Otello, których rzekomo okpili, zostali całkowicie pozbawieni tej winy, która należałoby im przypisać. W *Cymbeline* widzimy, że ta wina wraca do swojego prawnego właściciela — proces wypełniający się do końca w *Zimowej opowieści*. W *Cymbeline*, trzeciej sztuce o nieuzasadnionej zazdrości, Szekspir pośrednio potępia to, w jaki sposób ongiś sam wykorzystywał łajdaków. Zamiast zachęcać do „kozło-ofiarnego" przeniesienia, jak czynił w dwóch pierwszych sztukach, zniechęca do tego. W czwartej sztuce sprawi, że stanie się to niemożliwe.

Cymbeline to mierna sztuka; częściowo mógł ją napisać Fletcher lub ktoś inny. Jestem jednak przekonany, że Szekspir miał w niej swój udział, zwłaszcza w tworzeniu postaci bohatera, Posthumusa, zbyt proroczego z punktu widzenia najbliższej przyszłości Szekspira, aby nie być pod wpływem naszego autora. Postać ta jest obiektem zainteresowania krytyków, ponieważ dostarcza oświecającego „zgubionego ogniwa" między — z jednej strony — Claudio oraz — z drugiej strony — Othello i Leontesem. Fakt, że *Cymbeline* to dzieło względnie nieudane może być spowodowany częściowo jego przejściowym statusem, byciem w połowie drogi między dwiema wielkimi dramatycznymi wypowiedziami. Będąc częścią dwóch dramatycznych systemów, sztuka ta jest literacko „monstrualna" w szekspirowskim sensie; występuje tu jeszcze łajdak, ale tak nieuwypuklany i po „dekonstrukcji", że nie służy już tworzeniu skutecznego dramatycznego wybiegu.

Cymbeline, to sztuka nieodzowna dla zrozumienia ostatecznej ewolucji Szekspira, ale nieudana dramatycznie. Dobry dramat wymaga jasnej strukturalnej zasady; Szekspir, zanim faktycznie potrafił uchwycić ów wzór upadku i odkupienia z *Zimowej opowieści*, musiał zniszczyć całkowicie starą strukturę „kozło-ofiarną". *Cymbeline* nie jest ani jednym, ani drugim — autor próbuje złagodzić to swoje strukturalne wahanie się poprzez mnożenie szalonych wydarzeń.

W pierwszych romansach Szekspir zdaje się walczyć z czymś, czego nie może całkowicie pokonać. Jeżeli jest tak naprawdę, oznacza to, że moja wcześniejsza koncepcja powierzchownej sztuki jako środka czysto strategicznego, jako owocu rozmyślnego chłodnego planowania, nie jest całkowicie fałszywa, lecz niepełna. Postawy cynicznie manipulacyjne nie są nigdy, nawet w teatrze, tak przezroczyste i samokontrolujące się, jak to się wydaje. Gdyby ten, kto manipuluje, nie próbował pod jakimś względem zwieść samego siebie, nie próbowałby też zwodzić innych.

35
ZŁOŚĆ ANI PRZYCZYNA

Grzech pierworodny w *Zimowej opowieści*

W *Zimowej opowieści* przyjaciele z dzieciństwa nie „funkcjonują" dokładnie tak, lecz prawie tak jak zwykle. Polixenes jest prawie tak samo zły w drugiej połowie sztuki, jak Leontes w pierwszej, a więc zła równoważność jest po prostu odroczona i przyjaciele mogą grać swoją zwykłą rolę ilustracji i symbolu ludzkiej tendencji do skłócania się w swym najgorszym wydaniu. Camillo w otwierających sztukę wersach, często tak ważnych u Szekspira, oferuje pierwszy portret tej przyjaźni:

> Sicilia cannot show himself over-kind to Bohemia.
> They were trained together in their childhoods, and
> there rooted betwixt them then such an affection
> which cannot choose but branch now. Since their
> more mature dignities and royal necessities made
> separation of their society, their encounters,
> though not personal, have been royally attorneyed
> with interchange of gifts, letters, loving
> embassies, that they have seemed to be together,
> though absent; shook hands, as over a vast; and
> embraced, as it were, from ends of opposed
> winds. The heavens continue their loves!
> (I, i, 21-32)

Pan Sycylii nie może okazać nadmiaru serdeczności panu Czech. W dzieciństwie wychowano ich wspólnie, a wzajemna przyjaźń zapuściła wówczas takie korzenie, że teraz musi rozrastać się bujnie. Odkąd rozłączyły ich dostojeństwa, nabyte wraz z dojrzałością, i powinności monarsze, nadal odbywają się spotkania królewskich zastępców, a towarzyszy im wymiana podarunków, listów i serdeczności, aby wydało się im obu, że choć rozłączeni są razem; padają sobie dłonie z oddali i padają sobie w ramiona żyjąc na krańcach przeciwnych wiatrów. Niechaj Niebiosa podtrzymują ich miłość!

(s. 9)

Mądry Camillo modli się za kontynuację tego pięknego związku, ale jego rozmówca, drugorzędna postać o nazwisku Archidamus, nie widzi potrzeby boskiej pomocy; przyjaźń powinna być niezniszczalna:

I think there is not in the world either malice or matter to alter it.
(I, i, 33-34)

Sądzę, że nie istnieje w świecie złość ani przyczyna, która mogłaby tę miłość odmienić.

(s. 9)

„Złość" [*malice*] odnosi się do tego, co może zrobić łajdak, aby zakłócić harmonijne związki. „Złość" oznacza Don Johna w *Wiele hałasu o nic* i Jagona w *Otellu*. „Przyczyna" [*matter*] odnosi się do wszystkich rzekomo racjonalnych powodów, na jakie powołują się przyjaciele, bracia, współpracownicy, aby uzasadnić swoje kłótnie: konflikty namiętności, interesu, prestiżu, władzy, wszystko, co uważa się za dostateczne, aby uzasadnić nienawiść.

Jest dosłownie prawdą, że w tym dramacie złość ani przyczyna nie odegrają żadnej roli. Wszystkie te fakty, które Don John i Jago potrafili ukryć przed Claudiem i Otellem, są jasne i na stałe wystawione przed oczy Leontesa. Paulina, żona Camilla, jest bardziej wytrwała i elokwentna w obronie prawdy i sprawiedliwości, niż kiedykolwiek był jakikolwiek łajdak w obronie oszustwa i zła. Nikt wokół Leontesa perwersyjnie nie schlebia jego zazdrosnej namiętności; nikt nie pozoruje, że dzieli z nim jego fałszywe przekonanie, nawet najbardziej nieśmiali dworzanie, którym co prawda brak odwagi Pauliny, ale przynajmniej milczą.

Żadne podejrzane słowo nie pada z ust Hermiony czy Polixenesa, nikt nie rzuca choćby jednego dwuznacznego spojrzenia. Dwaj królowie są ze sobą w stosunkach pokojowych. Ich królestwa nie mają nawet wspólnych granic. Żaden z mężczyzn nie pożąda dóbr drugiego. Nie można obwiniać ani złości, ani przyczyny, a jednak przyjaźń jest zniszczona. Autor po raz pierwszy odmawia dostarczenia ofiar, których potrzebuje nasz wygłodniały optymizm, aby utrzymać wiarę we wrodzone dobro człowieka.

Archidamusa już więcej nie zobaczymy; nagłe zniszczenie przyjaźni powinno wstrząsnąć jego optymizmem do podstaw, ale prawdopodobnie tak się nie stało. Takimi ludźmi nic nigdy nie wstrząsa do podstaw. Archidamusowie tego świata są postaciami *par excellence* antytragicznymi. Ciągle stawiają czoła niesprawdzaniu się ich optymistycznych proroctw. Wszystkie otaczające ich przyjaźnie rozpadają się, długoletni sprzymierzeńcy rozpoczynają wojnę, stabilne związki kończą się, kochankowie rozchodzą, małżonkowie rozwodzą się — oni pozostają jednak niewzruszeni. Witają każdą nową katastrofę jako nieoczekiwany wyjątek, cud w przeciwnym kierunku, który nigdy się nie powtórzy i nie ma wpływu na szerszy obraz. Mówią do siebie: „Oto przypadek, który zaprzecza naturalnemu porządkowi kosmosu".

Cokolwiek się wydarza, mimetyczna prawda o ludzkim konflikcie pozostaje zawsze nierozpoznana. Gdy sprawy stoją zbyt źle, istoty ludzkie nie wahają się nigdy, aby wymyślać złość i przyczynę potrzebne do jej zatajenia. Teatr odzwierciedla tą praktykę i tak samo, co najmniej powierzchownie, odzwierciedla ją teatr Szekspira — aż do *Zimowej opowieści*. Wers wypowiedziany przez Archidamusa pośrednio ostrzega nas, że tym razem będzie inaczej; nie będzie ugody z prawdą.

Kilka wersów dalej, po pierwszym przywołaniu ducha przyjaźni z dzieciństwa, w prywatnej rozmowie między Hermioną i Polixenesem pojawia się następne:

> We were as twinn'd lambs that did frisk i' th' sun,
> And bleat the one at th' other: what we chang'd
> Was innocence for innocence: we knew not
> The doctrine of ill-doing, nor dream'd
> That any did.
> (I, ii, 76-71)

> Byliśmy jak dwa bliźniacze jagnięta,
> Skaczące na słońcu, beczące ku sobie,
> Wymieniające się swą niewinnością;
> Nie znana była nam doktryna grzechu;
> Nie śniło nam się, by znał ją ktokolwiek.
> (s. 15)

Na samym początku jest dwóch przyjaciół z dzieciństwa, lub nawet lepiej dwóch braci, najlepiej bliźniaków. Im mniej są zróżnicowani tym lepiej; Szekspir porównuje Polixenesa i Leontesa nie do zwykłych jagniąt, ale do jagniąt bliźniaczych. A jednak nie są oni bliźniakami, nie są nawet braćmi, ich podobieństwo jest wyłącznie mimetyczne: gdy jeden zabeczy, drugi beczeniem odpowie. Jagnięta, tak jak wspólny

„wzorek" [*sampler*] Heleny i Hermii ze *Snu nocy letniej*, są metaforą niekonfliktotwórczej *mimesis*.

Przyjaciele z dzieciństwa są tak daleko od rzeczywistego grzechu, jak tylko istoty ludzkie być mogą; wymieniają jedynie n i e w i n n o ś ć za n i e w i n n o ś ć. A jednak dorastając przemieniają się w żarłoczne wilki — równocześnie albo kolejno, co jest bez znaczenia. Nawet w tych jagniętach — szczególnie w nich — potencjał zła jest ogromny i doskonale zespolony z niewinnością, w której jest zakorzeniony.

Jest to owa prawie przezroczysta tajemnica, która zawsze męczyła Szekspira. Na sam koniec swej dramatopisarskiej kariery podsumowuje swoje rozmyślania, które po raz pierwszy wykryliśmy za pozorną frywolnością *Dwóch szlachciców z Werony*. Polixenes mówi:

> Had we pursu'd that life,
> And our weak spirits ne'er been higher rear'd
> With stronger blood, we should have answer'd heaven
> Boldly "not guilty", the imposition clear'd
> Hereditary ours.
>
> (I, ii, 71-75)

> Gdybyśmy dalej żyli tak, a nasze
> Słabe duszyczki nigdy nie wezbrały
> Od krwi przypływu, moglibyśmy odrzec
> Niebu zuchwale „niewinni", gdyż wolni
> Od grzechu, który jest naszym dziedzictwem
>
> (s. 18)

Łagodność jagniąt jest często przywoływana jako argument przeciw idei grzechu pierworodnego. Oburzony filantrop, atakując rzekome okrucieństwo tej doktryny, wskazuje na niewinność dzieciństwa jako spektakularny dowód przewrotności teologów. Szekspir całkowicie się z tym nie zgadza się.

Skoro owe bliźniacze jagnięta są tym najlepszym, co istoty ludzkie mogą zrobić w zakresie niewinności, skoro bezsensowny konflikt zawsze jest już przyczajony za tym związkiem, który jest najbliższy naszej idei doskonałości, to jak można bronić tezy o człowieku w istocie niewinnym? W oczach naszego autora owe jagnięta nie świadczą przeciw grzechowi pierworodnemu, ale są jego frapującym potwierdzeniem.

Zimowa opowieść wyrastając ponad złość i przyczynę wcześniejszych sztuk, zaprasza nas, by stawić czoła duchowi niezgody w całej jego okropności. Tym razem rozmyślania o przyjaciołach z dzieciństwa

Grzech pierworodny w *Zimowej opowieści*

nie rozpuszczają się w ambiwalencji perwersyjnego pragnienia; prowadzą wprost do doktryny upadku i grzechu pierworodnego. Hermiona, będąc dobrym słuchaczem, rozumie tę aluzję:

> By this we gather
> You have tripped since.
> (75-76)

Z tego możemy wywnioskować, że później
Przyszły potknięcia.
(s. 15)

A Polixenes odpowiada:

> O my most sacred lady,
> Temptations have since then been born to's: for
> In those unfledg'd days was my wife a girl;
> Your precious self had then not cross'd the eyes
> Of my young play-fellow.
> (76-80)

Pani świątobliwa,
Pokusy w nas się narodziły później
W tych dniach niewinnych była moja żona
Dzieweczką jeszcze; twa droga osoba
Także nie wpadła jeszcze w oko memu
Towarzyszowi zabaw.
(s. 15)

Aż do tych ostatnich wersów Polixenes całkiem dobrze sobie radził, ale teraz się gubi: nie może być sprawiedliwe obwinianie kobiety o kłótnię mimetycznych bliźniaków, po prostu dlatego że trafiło się jej być między nimi. Kiedykolwiek mimetyczne sobowtóry poszukują czasowego pojednania, osiągają je jej kosztem. Jest ona ich wspólnym kozłem ofiarnym, a nie prawdziwym wytłumaczeniem ich konfliktu.

Bylibyśmy w tym miejscu złymi czytelnikami, gdybyśmy sądzili, że Pilixenes ciągle przemawia w imieniu Szekspira. Fakt, że w pracy jakiegoś pisarza pojawia się pewna opinia i że za jego życia była ona popularna, niekoniecznie oznacza, że on ją aprobował. Jeżeli chcemy dowiedzieć się, co naprawdę Szekspir myślał, musimy czekać, aż Hermiona w następujący sposób odpowie Polixenesowi:

> Grace to boot!
> Of this make no conclusion, lest you say
> Your queen and I are devils.
> (80-82)

Dobre Nieba!
Nie wnioskuj z tego, abyś nie osądził,
Że twa królowa i ja, to diablice.
(s. 15)

Słowo „diabeł", *diabolos* nie oznacza jakiejś biernej przeszkody, lecz zawadę, o którą potyka się prawo i prorocy, ów *skandalon* z Ewangelii, przeszkodę, która tym bardziej przykuwa naszą uwagę, im boleśniej się z nią zderzamy, owo krzyżowanie się rywalizujących pragnień. Bohaterem, który ilustruje to zjawisko w omawianej sztuce jest oczywiście Leontes, a następnie Polixenes; nie może nim być Hermiona.

Hippolita na zakończenie Nocy Świętojańskiej mówi zaledwie kilka słów w odpowiedzi Tezeuszowi. Hermiona, odpowiadając Polixenesowi wypowiada jeszcze mniej słów, ale są one w swym kontekście równie rozstrzygające jak słowa Hippolity w *Śnie nocy letniej* (zob. rozdz. 7). Jeszcze raz rację ma kobieta, a nie mężczyzna. Kobieta jest preferowanym nośnikiem prawdy u Szekspira.

Hermiona nie wypowiada się przeciw biblijnemu wyobrażeniu upadku, ale przeciw interpretacji, która wypacza tekst Księgi Rodzaju, która uniemożliwia wyłonienie się jego mimetycznego znaczenia. Ewa niewątpliwie grzeszy pierwsza, ale jej chronologiczne pierwszeństwo nie czyni z niej prawdziwego początku. Jak ona słucha węża, tak Adam słucha Ewy. Jest ona dla niego tym, czym wąż dla niej: mimetycznym pośrednikiem. Te dwie ludzkie istoty stają się przedłużeniem węża, ich miejsce zajmowane w tym zwoju nie sprawia, że któryś z nich staje się mniej lub bardziej winnym. Pragnienie Ewy nie jest w żaden sposób różne od pragnienia Adama — ani mniej, ani bardziej mimetyczne.

Adam w odpowiedzi na pytanie Boga obwinia o wszystko Ewę; od tamtego czasu do dziś powtarza to oskarżenie, choć cztni to wbrew biblijnemu tekstowi, który nie wybacza mu tchórzliwego unikania odpowiedzialności, wyraźnie uważając je za kontynuację i rozjątrzanie grzechu pierworodnego. Nie ma biblijnego uzasadnienia dla wyróżniania Ewy jako głównej winowajczyni. Jedynie z najwęższego punktu widzenia — owego wiecznie niemimetycznego punktu widzenia Adama — chronologiczne pierwszeństwo Ewy może zostać przekształcone w ofiarnicze umniejszanie grzechu Adama. Adam od początku próbował przekształcić jakiś nieistotny szczegół w całościowe przesłanie tej biblijnej opowieści. Czyni tak, aby uniknąć prawdy o swoim pragnieniu. Odziedziczyliśmy po nim zarówno owo pragnienie jak i apetyt na scapegoating, który idzie z nim w parze. Dziedzictwo to jest charakterystyczne dla współczesnej intelektualnej sytuacji. Zamiast wrócić do biblijnych źródeł i przeczytać je bez uprzedzeń, wiele współczesnych feministek potulnie akceptuje Adama interpretację upadku i obwinia Księgę Rodzaju o dyskryminację płci, którą ona faktycznie piętnuje. Antyfeministyczne uprzedzenie tak się obwarowało, że zwyciężyło nawet same feministki. Na szczęście, kilku bardzo spostrzegawczych czytelników, za których olśniewającą intuicją właśnie podążam, odkryło w tekście Księgi Rodzaju bezcenny model mimetycznej interpretacji, którym on faktycznie jest[96].

Powtórzmy, że spór Polixenesa i Hermiony nie jest atakiem na grzech pierworodny, ale argumentowaniem *implicite* przeciw temu rozumieniu, które pozbawia go jego rzeczywistej treści i przemienia w jeszcze inną receptę na kozła ofiarnego kosztem kobiety. To przekręcenie paradoksalnie i haniebnie egzemplifikuje to, w jaki sposób biblijne idee są przekształcane w swoje przeciwieństwa. Faktycznie idea grzechu pierworodnego oznacza, że wszystkie istoty ludzkie ponoszą równą winę za mimetyczne pragnienie i scapegoating. Nawet chociaż Szekspir nie stwierdza tego *explicite*, „bliźniacze jagnięta" i ich złowieszcze przekształcenie w wilki nieuchronnie narzucają się same, jako lepszy archetyp grzechu pierworodnego niż owo obwinianie i pastwienia się nad Ewą.

Hermiona, odrzuciwszy pogląd Polixenesa, nie proponuje własnego widzenia grzechu pierworodnego, ale przecież nie jest to konieczne. Nacisk położony przez Polixenesa na „bliźniacze jagnięta" robi to za nią, podobnie jak ten dramat w całości. Jestem przekonany, że kiedy Szekspir myśli o grzechu pierworodnym, ma na myśli przyjaciół z dzieciństwa i braci połączonych i skłóconych przez *mimesis*. W *Hamlecie* jego biblijnym odnośnikiem jest Kain i Abel: Claudius słusznie czuje, że jego grzech jest grzechem *par excellence*: „dźwiga na sobie / Pierwszą najstarszą klątwę, bratobójstwa" [s. 177, *the primal eldest curse, a brother's murther*, III, iii, 37-38]. *Zimowa opowieść* sugeruje taką samą definicję. Nie jest przypadkiem, że w Księdze Rodzaju Kain i Abel następują bezpośrednio po Adamie i Ewie. Te dwie opowieści definiują cały mimetyczny proces w paru słowach.

---

[96] R. Schwager, *Must There Be Scapegoats?* Winston, New York, 1987, s. 79; Jean-Michel Oughourlian, *Un mime nommé désir*, Editions Grasset et Fasquelle, Paris, 1982, s. 38-44; Aidan Carl Mathews, *Knowledge of Good and Evil*, w: *To Honor René Girard*, Anma Libri, Saratoga, Calif., 1986, s. 17-28.

Skupienie uwagi na grzechu pierworodnym i odrzucenie złości i przyczyny to dwa aspekty tej samej wizji. Ale zanim grzech można uznać za ów grzech pierworodny przedstawiony w Księdze Rodzaju, należy oczyścić go ze spaczenia, przeciw któremu Hermiona słusznie protestuje dokładnie w tym samym momencie, w którym staje się jego ofiarą. Hermiona nie jest diabłem, ale jest ciągle traktowana jak on, najpierw w słowach Polixenesa, a następnie czynnie przez Leontesa. Spór Polixenesa z Hermioną jest religijnym i filozoficznym streszczeniem *Zimowej opowieści* jako całości, jej duchowym *mise en abîme*.

Niesprawiedliwe wyróżnienie kobiety przez Polixenesa jest prorocze nie tylko w wypadku niesprawiedliwości Leontesa wobec Hermiony, ale i jego własnej niesprawiedliwości wobec Perdity w drugiej połowie sztuki. Leontes i Polixenes są bardzo podobni; zasługują na siebie nawzajem bardziej niż to sobie wyobrażają.

Przez wiele lat mimetyczna zasada fascynowała Szekspira jako źródło złożonych wzorów strukturalnych i paradoksalnych porażek. Portretował je w komediach z ogromną jasnością i siłą. Następnie, w późniejszych tragediach tracił stopniowo zainteresowanie mechaniką mimetycznej rywalizacji i koncentrował się coraz bardziej na jej etycznych i ludzkich konsekwencjach, na niepotrzebnym cierpieniu, które to szaleństwo wytwarza.

Późniejsze sztuki, zwłaszcza romanse, zdają się obracać wokół niesprawiedliwie prześladowanych kobiet, często młodszej i starszej, córki i matki. Niektórzy krytycy zaobserwowawszy to, argumentują za egzystencjalnym rezonansem tego tematu, nawet za pewnym poczuciem winy. Odmiennie od większości poprzednich szekspirowskich bohaterek, ofiary te są wolne od mimetycznej perwersji, ale są o nią niesprawiedliwie podejrzewane przez hipermimetycznych bohaterów, takich jak Posthumus i Leontes. Pierwszym wielkim przykładem tego typu jest Cordelia z *Króla Leara*.

Odczytywanie *Zimowej opowieści* jako swego rodzaju osobistego wyznania wydaje mi się możliwe do przyjęcia. Szekspir zdaje się żałować swojego przeszłego zachowania wobec pewnych, bliskich mu kobiet w związku z pewnym przyjacielem, głęboko kochanym i nienawidzonym. Jest to interesujące nie z biograficznego punktu widzenia, ale dlatego że harmonizuje z różnicą perspektywy między wcześniejszymi sztukami a romansami, zwłaszcza z *Zimową opowieścią*.

Szczególnie interesujące jest porównanie *Zimowej opowieści* z *Dwoma szlachcicami z Werony*. W świetle naszej hipotezy jest to to samo opowiadanie. Już w tej wczesnej sztuce, jak stwierdziliśmy, jest aluzja, że Valentine jest co najmniej częściowo odpowiedzialny za wstrętne zachowanie Proteusa. Ale zachowanie to jest faktycznie wstrętne, podczas gdy w *Zimowej opowieści* jest tak jedynie w wyobraźni Leontesa. Proteus z tej ostatniej sztuki, czyli Polixenes, w ogóle nie zdradza przyjaciela; nie zakochuje się w Sylwii.

Sensowne jest przekonanie, że Szekspir oskarża sam siebie o *excès de soupçon* [nadmiar podejrzeń], co znalazło odbicie w jego poprzednio nieubłaganym stosowaniu mimetycznego prawa, w jego niezdolności do sportretowania niewinnego bohatera, szczególnie przyjaciół z dzieciństwa lub braci. Hipoteza ta nie oznacza, że Szekspir w *Zimowej opowieści* niechybnie oskarża samego siebie o przestępstwa Leontesa; wystarczy myśleć w terminach symbolicznie równoważnych złych uczynków.

Czy z owego samokrytycznego aspektu oraz z nacisku na upadek/jesień w *Zimowej opowieści* należy wysuwać wniosek, że Szekspir zapewne sam nurzał się w chorobliwym poczuciu winy, gdy pisał tę sztukę? Według mnie prawda jest wprost przeciwna. Dla mężczyzny na stanowisku Leontesa, idea grzechu pierworodnego oznacza wyzwolenie.

Grzech pierworodny nie przekształca człowieka wierzącego w najbardziej winnego; pycha sama może to zrobić za sprawą nieznośnego ciężaru, jaki na nas nakłada. Grzech pierworodny jest *la chose la mieux partagée du monde* nawet bardziej od zdrowego rozsądku Kartezjusza. Wiara w niego może być najlepszym lekarstwem przeciw najbardziej niebezpiecznej pokusie — owej pysze, która aspiruje do unikalności, przedstawiając ją najpierw jako nagrodę, którą należy wygrać, a następnie jako nieznośne brzemię, które zapamiętale próbujemy zrzucić na innych. Pastwienie się nad innymi jest obroną przed pastwieniem się nad sobą, do czego przegrana pychy nieuchronnie prowadzi.

36
I PRAGNĘ CIEŃ TWÓJ MIŁOWAĆ ŻARLIWIE

Zimowa opowieść (akt V, scena 1 i 2)

Scena pierwsza w akcie piątym *Zimowej opowieści* mogłaby być zatytułowana „ostatnie kuszenie Leontesa". W szesnaście lat po tragedii z pierwszych trzech aktów Florizel, syn Polixenesa przybywa na Sycylię w towarzystwie Perdity, faktycznie zaginionej córki Leontesa, której tożsamość nie jest jednak znana. Para ta ucieka przed wściekłością królewskiego ojca, który nie chce, aby jego syn ożenił się ze skromną pasterską, którą zdaje się być Perdita. Podczas pierwszego spotkania z królem, młodzi ludzie utrzymują, że Polixenes sam przysłał ich jako posłów do swojego starego przyjaciela, ale prawda nagle wychodzi na jaw i Florizel błaga Leontesa, aby był u jego ojca jego stręczycielem [*go-between*][97].

> Step forth as mine advocate. At your request
> My father will grant precious things as trifles.
> (V, i, 221-222)

> Orędownikiem moim zostań; ojciec
> Na twoją prośbę odda rzecz najdroższą,
> Jak gdyby była bez wartości.
> (s. 36)

Odpowiedź Leontesa pokazuje, że Perdita silnie go pociąga:

> Would he do so, I'd beg your precious mistress,
> Which he counts as a trifle.
> (223-224)

---

[97] Por. rozdział 17. [Przyp. tłum.]

Wówczas poprosiłbym o twą bezcenną
Panią, gdyż mam ją za rzecz bez wartości.
(s. 156)

Wówczas zawsze czujna Paulina boleśnie przypomina staremu królowi o jego zmarłej żonie:

> *Paulina*:   Sir, my liege,
> Your eye hath too much youth in't. Not a month
> 'Fore your queen died, she was more worth such gazes
> Than what you look on now.
> *Leontes*:   I thought of her,
> Even in those looks I made.
> (224-228)

> *Paulina*: Panie mój, władco, zbyt wiele młodości
> lśni w twoim oku. Na miesiąc, nim zmarła,
> Królowa Twoja bardziej była godna
> Podobnych spojrzeń niźli ta, na którą
> Spoglądasz teraz.
> *Leontes*:   Pomyślałem o niej
> Rzucając owe spojrzenia.
> (s. 156)

Leontes nie kłamie; daleki jest od tego, aby nie pamiętać o Hermionie, pamięta ją zbyt żywo. Perdita wygląda jak swoja matka, a Florizel jak swój ojciec, tak że cała przeszłość zdaje się wskrzeszona.

Od Florizela i Perdity, gdy trzymają się za ręce przed Leontesem, promieniuje to samo zuchwałe szczęście, jakie biło od Polixenesa i Hermiony szesnaście lat wcześniej — Leontes jeszcze raz czuje męczarnie zazdrości, jeszcze raz czuje się wykluczony z raju. Ci kochankowie szukają o opiekuna, ale w oczach Leontesa nie potrzebują żadnego opiekuna; wydają się bosko niezależni, odporni na zranienie.

Ów blask, który Paulina widzi w oczach Leontesa jest odbiciem pragnienia Perdity przez Florizela i Florizela przez Perditę. Jeszcze raz Leontes jest zagrożony mimetyczną zarazą. Scena ta wskrzesza pamięć przeszłości, która nigdy nie była prawdziwa, pamięć zazdrości Leontesa. Tym razem jednak ci młodzi ludzie naprawdę się pragną; naprawdę proszą Leontesa o to, aby został ich pośrednikiem. Ta prawdziwa wersja fałszywego oryginału nadaje zwodniczy wygląd autentyczności dawnej obsesji. Możemy z łatwością zrozumieć, dlaczego Leontes ponownie odczuwa pokusę, aby przywłaszczyć sobie to szczęscie lub, jeżeli nie może, aby je zniszczyć.

Dopóki nie dostrzeżemy niesamowitego powtórzenia owego najbardziej przeraźliwego doświadczenia Leontesa, dopóty nie potrafimy zrozumieć, dlaczego po raz drugi podchodzi tak blisko do tej zawady (którą jest zazdrość); nie odczujemy współczucia, na jakie pierwszy raz zasługuje. Najistotniejsze w tym epizodzie nie jest kuszenie go, ale jego ostateczne zwycięstwo, kontrastujące z poprzednią klęską. Ta scena nie ma zakwestionować, lecz wzmocnić wiarogodność skruchy Leontesa.

Na zakończenie tego krótkiego epizodu, Leontes raz jeszcze zwraca się do Florizela:

> But your petition
> Is yet unanswer'd. I will to your father.
> Your honor not o'erthrown by your desires,
> *I am friend to them and you.*
> (228-231; wyróżnienie Girarda)

> Twoja prośba
> Bez odpowiedzi zostanie na razie.
> Ojcu twojemu ruszam na spotkanie,
> Jeśli cześć twoja nie uległa żądzom,
> *Będę jej sprzyjał i tobie.*
> (s. 156; wyróżnienie za Girardem)

Osobisty kryzys Leontesa skończył się, szczęśliwe zakończenie uśmiecha się do tej dwójki młodych ludzi. Wszystko to, jak się zdaje, jest zbyt oczywiste, aby wymagać dalszego komentarza.

A jednak ostatni wers jest osobliwie sformułowany. Zamiast powiedzieć „będę tobie sprzyjał", Leontes najpierw mówi „będę im sprzyjał" [*I am friend to them*], co znaczy „twoich żądzom /pragnieniom" [*your desires*][98]. Czy powinniśmy założyć, że te dwa sformułowania są równoważne i że ostatnie „i tobie" [*and you*] jest niepotrzebne? Wszystko, czego dowiedzieliśmy się z tej monografii, sugeruje, że uszeregowanie słów „przyjaciele" [*friends*], „żądza /pragnienie" [*desire*], oraz „ciebie" [*you*] jest umyślną aluzją do mimetycznej ambiwalencji tej sytuacji. Jeżeli dwa pragnienia są nawzajem swoimi przyjaciółmi, będą pożądać tego samego przedmiotu,

---
[98] W oryginale jest dosłownie: „będę im sprzyjał [tzn. żądzom/pragnieniom] i tobie". [Przyp. tłum.]

tej samej Perdity; mężczyźni, mający te pragnienia, nie będą ostatecznie przyjaciółmi, lecz wrogami. Przyjaźń mężczyzn oznacza harmonię i spokój, przyjaźń ich pragnień oznacza zazdrość i wojnę. Az do ostatecznego „i tobie" [*and you*], słowa Leontesa były siedliskiem ponurej możliwości nowej tragedii.

Szekspir jeszcze raz umiejętnie zabawia się tym pragnieniem, które w *Śnie nocy letniej* „opierało się na wyborze przyjaciela". Raz jeszcze słowa „przyjaciel", „przyjaźń" przywodzą na myśl podstępną naturę mimetycznej rywalizacji, jej tendencję do podpełzania do nas, kiedy nasze intencje są najczystsze. Możemy być ciągle przekonani, że naszym działaniem ciągle kieruje wzgląd na przyjaciela, podczas gdy w rzeczywistości ze względu na to pragnienie przyjaciela, owa przyjaźń została już zdradzona.

Ostatni wers reasumuje wymiar czasowy w doświadczeniu Leontesa. Po „jestem dla nich przyjacielem" [*I am friend to them*], tzn. dla twoich pragnień, aktor grający Leontesa powinien zrobić krótką przerwę dla prawie niedostrzegalnego westchnięcia żalu; „i tobie" powinno wydać się słowami człowieka nagle uwolnionego od niewidzialnego ciężaru. To zwycięstwo nad pokusą powinno być ostrożne, ale nie aż tak, aby było niewidoczne.

W następnej scenie dowiadujemy się, że Paulina zaprosiła Leontesa i goszczonych przez niego Polixenesa, Camilla, Florizela i Perditę na odsłonięcie zdumiewająco prawdziwego-jak-żywy posągu świętej pamięci żony, matki i przyjaciela. Posągiem jest sama Hermiona, która mieszkała przez szesnaście lat w domu Pauliny. Tak więc dzieło sztuki objawia się tutaj jako sam pierwotny model, a nie jego mimetyczna reprodukcja. To co wydaje się iluzją Bytu jest samym Bytem. Scena ta odwraca mimetyczny proces sztuki. Dlaczego? Aby odpowiedzieć na to pytanie, musimy najpierw postawić inne: pytanie o stosunek Szekspira do sztuki.

Jeżeli Szekspir potrafi traktować teatr tak brutalnie, jak to uczynił w *Śnie nocy letniej* oraz w *Troiliusie i Cressidzie*, możemy również oczekiwać pewnej surowości wobec sztuki, której sam nie uprawiał. Konsubstancjonalna jedność estetycznej *mimesis* i mimetycznego pragnienia charakteryzuje tak samo malarstwo, jak teatr, i pewne tego konsekwencje odcyfrowaliśmy już z mozołem w najwcześniejszym i najbardziej prostolinijnym portrecie mimetycznego pragnienia, tj. w portrecie Proteusa w *Dwóch szlachcicach z Werony*.

Niepohamowana tęsknota Proteusa za portretem Sylwii implikuje osłabioną zdolność odróżnienia rzeczywistej kobiety od jej kopii; jest symptomem mimetycznej choroby, która przenika całe jego bycie:

> *Proteus*: Madam, if your heart be so obdurate,
> Vouchsafe me yet your picture for my love,
> The picture that is hanging in your chamber;
> To that I'll speak, to that I'll sigh and weep;
> For since the substance of your perfect self
> Is else devoted, I am but a shadow;
> And to your shadow will I make true love.
> *Julia*: [*Aside*] If t'were a substance, you would sure deceive it,
> And make it but a shadow, as I am.
> *Silvia*: I am very loath to be your idol, sir;
> But since your falsehood shall become you well
> To worship shadows and adore false shapes,
> Send to me in the morning, and I'll send it.
> (IV, ii, 119-131)

> Proteus: Pani, gdy serce twe jest tak uparte,
> Daruj miłości mej choć wizerunek,
> Obraz w komnacie twojej zawieszony.
> Z nim będę mówił i do niego wzdychał,
> Łzy wylewając. Skoro twa istota,
> Tak doskonała, spogląda z oddaniem
> Ku innej stronie, jestem tylko cieniem
> I pragnę cień twój miłować żarliwie.
> Julia: [Na stronie]: Żywą istotę zaraz byś oszukał
> I w cień przemienił, jakim ja się stałam.
> Sylvia: Brzydzę się wielce być twym bóstwem, panie.
> Lecz skoro fałsz twój zdaje się pomocny
> Dla czczenia cieni i zwodniczych kształtów,
> Rzecz tę otrzyma rankiem twój wysłannik.
> Dobrej ci nocy życzę.
> (s.112)

Sylvia jest dla niego idolem w dosłownym sensie, tj. w sensie czczenia wizerunku. Proteus przemieniając się w zaledwie cień Valentina, szuka w cieniu Sylvii zaledwie cienia zadowolenia. Pogardliwa reakcja tych dwóch kobiet — pierwsza miłość Proteusa, Julia, jest obecna w przebraniu — stanowi aluzję do onanistycznej impotencji; sugestia ta nie przeczy późniejszej próbie zgwałcenia Sylvii przez Proteusa.

Obydwa te zachowania są zakorzenione w maniakalno-depresyjnej oscylacji typowej dla hipermimetycznych bohaterów. Wizerunki i znaki całkowicie nierzeczywiste w punkcie wyjścia, nie mogą przynieść zawodu aż do tego stopnia, jak przedmioty rzeczywiste odpowiedzialne za mimetyczną matnię, w którą zostają wplątane istoty ludzkie. Wizerunki i znaki nabywają więc paradoksalnej wyższości nad tymi przedmiotami, które zastępują. Przedmiot sam w sobie miły, jak kobieca piękność, zostaje tak niepomyślnie zaatakowany przez mimetyczne krzyżowanie się pragnień, że w ostrych przypadkach mimetycznego pragnienia wydaje się w istocie rzeczy frustrujący i diaboliczny. Dzięki wizerunkom można pośrednio czerpać przyjemność z przedmiotów zakazanych — zastępczo, ofiarniczo.

Gdy Olivia w *Wieczorze Trzech Króli* chce pobudzić pragnienie u Violi, ceremonialnie odsłania twarz, jakby odsłaniała obraz. Ta pseudonarcystyczna bohaterka zna „instynktownie" nadrzędną moc wizerunków w swoim świecie i przemienia siebie dla Violi w fałszywe dzieło sztuki, w zwierciadło, w zaledwie wygląd zewnętrzny kobiety, którą jest.

To negatywna postawa nie oznacza oczywiście, że Szekspir „nie lubi sztuki". Podoba mu się ona tak bardzo, że widzi ją tak, jak widział inne namiętności — jako formę zniewolenia. Dla większości z nas sztuka stanowi niewiele więcej niż jedną z „zacnych racji", porywczo, chociaż z rezerwą ściskanych, trochę jak ekologia lub sprawiedliwość społeczna. Sztuka i wartości artystyczne mają wielu wrogów w naszym świecie, więc mężnie sięgamy po broń przeciw nim, automatycznie zakładając, że zapewne nawet bardziej dotyczy to wielkich artystów, których podziwiamy. Szekspir, jak sądzę, byłby wdzięczny, gdyby mógł zobaczyć potężną bitwę, jaką toczymy w obronie tego, w co niewątpliwie wierzymy, tzn. „wyższych wartości" — czyli mówiąc inaczej, naszych wartości.

Nowoczesne użycie finansowego słowa „wartość" było obce Szekspirowi, podobnie jak ukrywająca się za nim filozofia. Cztery wieki temu artyści a nie sztuka potrzebowali obrony. Sztuka była wciąż ściśle związana z duchem odkrywania, charakterystycznym dla Renesansu i wczesnej nowożytności. Nie pojawiło się jeszcze rozdzielenie między duchem estetycznym a duchem naukowym i rozwojem technicznym.

Pierwsze kroki realizmu w malarstwie zdawały się jednym z przykładów tego, co uwolnione moce ludzkiego talentu mogą osiągnąć. Nie było to całkowicie nasze wyobrażenie o „postępie", ale zaczęło ono przybierać taki wygląd. Uderzająco realistyczny szczegół w malarstwie mógł wywołać ten sam rodzaj podniecenia, co wynalezienie pomysłowego urządzenia mechanicznego. Miłość arystokratycznych patronów do sztuki miała często jakość promiennooką w stylu „co-oni-jeszcze-wymyślą", dziś zarezerwowaną dla nadsztuki komputerów lub nadprzewodnictwa. Dzieła sztuki i techniczne cuda były często wystawiane razem. Mamy do tego, jak się zdaje, aluzję w ostatniej scenie *Zimowej opowieści*. Leontes, idąc w kierunku rzekomego posągu Hermiony, przechodzi przez prywatną galerię Pauliny i z zapałem interesuje się jej „rzadkimi dziełami" [*singularities*]:

> Your gallery
> Have we passed through, not without much content
> In many singularities; but we saw not
> That which my daughter came to look upon,
> The statue of her mother.
> (V, iii, 10-14)

> Przez twoją galerię
> Szliśmy z wyraźnym ukontentowaniem
> Na widok wielu rzadkich dzieł, a przecież
> Nie ujrzeliśmy tego, co ma córka
> Przybyła ujrzeć: posągu jej matki.
> (s. 165)

Leontes jest typowym renesansowym *connoisseur*, człowiekiem ciekawym wszystkiego, co nowe i wybitne. Z całą pewnością zalicza się do tego posąg, naśladujący tak realistycznie, że nie można go odróżnić od jego ludzkiego modelu. Słowo r z a d k i e d z i e ł o [*singularity*] odnosi się zarówno do dzieł sztuki, jak i pomysłowych technologicznych wynalazków. Rzekomy pomnik Hermiony należy do obu tych kategorii równocześnie i potrafimy znakomicie zrozumieć, dlaczego Leontes oczekuje znalezienia go w galerii Pauliny.

Dla nas ów kult prawdziwego-jak-żywy jest czymś więcej niż anachronizmem; jest dowodem estetycznego analfabetyzmu. Z owego wielkiego nieumiarkowania realizmu przerzuciliśmy się na inne ekstremum, nasza flaga ciągle tam jeszcze powiewa. Nie byłoby wielką przesadą stwierdzenie, że w ciągu ostatniego stulecia lub dawniej, chwalono sztukę tym bardziej, im bardziej odbiegała od tego, co pogardliwie nazywamy „fotograficznym realizmem". Dawne opętanie naladowaniem rzeczywistości stało się skrępowaniem, które próbujemy odrzucić jak nieszkodliwy kaprys, drobną skazę na estetycznej mentalności naszych poprzedników. W rzeczywistości było to najważniejsze prawo sztuki; wyrażało ono tę dynamiczną jedność, którą utraciliśmy, harmonijną koniunkcję aspiracji estetycznych, naukowych i technicznych.

Mimetyczna definicja sztuki panowała niepodzielnie od czasów Greków aż do końca dziewiętnastego wieku — wtedy to w kilka lat została zburzona. Była to tak rewolucyjna zmiana, że trudno jest dostrzec jakąś ciągłość między późnym i wczesnym okresem nowożytnym. Szekspir jednak ją sugeruje. Z naszego współczesnego punktu widzenia kult prawdziwego-jak-żywe zdawał się zbyt niewolniczo odtwarzać powierzchowność, szanować rzeczy takimi, jakimi są. Szekspir również ustosunkowuje się do niego negatywnie, ale z powodów prawie diametralnie przeciwnych od naszych. Postrzega w nim początek stawiania na piedestale fortelu (sztuczki), pierwsze odejście od Bytu, które może poóźniej uprawomocnić wiele następnych.

Kiedy Bassanio w *Kupcu Weneckim* otwiera ołowianą szkatule i widzi obraz Porcji, nie może oderwać od niego oczu:

> Fair Portia's counterfeit! What demigod
> Has come so near creation? Move these eyes?
> Or whether, riding on the balls of mine,
> They seem to be in motion? Here are sever'd lips,
> Parted with sugar breath; so sweet a bar
> Should sunder such sweet friends. Here in her hairs
> The painter plays the spider, and hath woven
> A golden mesh t' entrap the hearts of men
> Faster than gnats in cobwebs.
> (III, ii, 115-123)

> Konterfekt pięknej Porcji! Jakiż półbóg
> Tak tchnął weń życie? Czy nie drgną te oczy?
> A może (moje źrenice chwyciwszy)
> Ruch od nich wzięły? Rozchylone wargi
> Zdają się słodkim tchnieniem ożywione,
> Słodką przegrodą, która dzieli słodkich
> Przyjaciół: oto w jej włosach ów malarz
> Igra jak pająk i utkał w nich złotą
> Sieć, w którą chwytać może serca mężczyzn,
> Prędzej niż komar wpada w pajęczynę.
> (s. 81-82)

Bassanio oczywiście chce ożenić się z Porcją ze względu na jej majątek i urodę; to, że jest przedmiotem sporu czyni ją, niewątpliwie nawet bardziej atrakcyjną. Gdy tylko jednak znajduje jej portret, ów wenecki konkurent wie, że zawody dobiegły końca. Porcja należy do niego i obawiam się, że natychmiast ulotni się część jej czaru.

Gdy pełen względów Bassanio uroczyście zapewnia, że oryginał niezmiernie przewyższa kopię, jest tak tą kopią zaabsorbowany, że w piętnastu niezwykle rozwlekłych wersach nie potrafi powrócić do oryginału. Wydaje się niezdolny do rozmyślań nad całą Porcją równocześnie, czy nawet nad kompletnym jej portretem, jej całą twarzą, nawet nad jej włosami, czy też nad prawdziwą złotą siateczką we włosach; skupia się na namalowanej kopii tej kruchej ozdoby. Rzeczywista kobieta tymczasem stoi samotnie za jego plecami, niebudząca zainteresowania i obojętna. Doskonała replika jej samej uczyniła ją niepotrzebną.

Tekst ten przedstawia łagodniejszą i bardziej elegancką wersję Proteusa przed portretem Silvii. Aby zrozumieć estetyczne zaabsorbowanie Bassania, potrzebujemy antidotum na naszą estetyczną pobożność: zwróćmy się więc ku sardonicznej uwadze Pascala o miłośnikach sztuki, wielce podziwiających wierne reprodukcje przedmiotów, których oryginałami pogardzają. Wygląda to na czyste filisterstwo; przywiązujemy bowiem niewiele uwagi do idei, która leży u podstaw tej *pensée*, czysto pascalowskiej wersji mimetycznego pragnienia, owego *divertissement*. Pascal, podobnie jak Szekspir, za fetyszyzmem prawdziwego-jak-żywe wyczuwa odchodzenie od Bytu, które odzwierciedla pogłębianie się rozległego mimetycznego kryzysu.

Przedrenesansowe malarstwo próbowało być wierne rzeczywistości ze względu na autentyczny szacunek dla niej. Za oczywistą przyjmowano absolutną wyższość twórczości boskiej nad ludzką. Wraz z Renesansem stan rzeczy zaczął się zmieniać: nacisk przesunął się z reprodukowanej rzeczywistości na reprodukcję samą w sobie. Artyści ciągle jeszcze imitowali przyrodę, ale w duchu współzawodnictwa, który dodawał im zuchwalstwa. Wkrótce pojawiła się nadzieja, że ludzka twórczość doścignie i nawet prześcignie swój model.

Gdybyśmy rozszerzyli szekspirowskie rozumienie *mimesis* na okresy późniejsze, wyjaśniłoby to estetyczne przewroty dwóch ostatnich stuleci mniej wzniośle, niż to dotychczas robili historycy sztuki, ale logiczniej i skuteczniej. Artyści współzawodnicząc najpierw o coś, co nazywali prawdą natury, ogłosili następnie ten przedmiot za niedorzeczny i zaczęli współzawodniczyć bezpośrednio między sobą. W tym samym momencie zadecydowali, że imitacja, nie tylko nie jest konieczna, ale jest ostatecznie odrażająca; lęk przed powtarzaniem tego, co inni już zrobili lub niedługo zrobią, zastąpił stary lęk przed niewystarczająco wierną imitacją. Co więcej — powszechne poszukiwanie oryginalności nie tylko nie zlikwidowało chwilowych manii i mód, ale jeszcze przyspieszyło i pomnażyło je, generując mody mimetycznej uległości bardziej tyrańskie od tych, które wyprodukowała jawna imitacja. Odrzucenie *mimesis* jako prawa teoretycznego nie oznacza jej końca; przemieszcza jedynie imitację i spycha ją do podziemia. Owo unowocześnianie w całości — z kilkoma cząskowymi i sławnymi wyjątkami — odzwierciedla ogólny dryf nowoczesnego społeczeństwa od z e w n ę t r z n e g o pośrednictwa ku w e w n ę t r z n e m u.

Kiedy *mimesis* zmienia się z pozytywnej na negatywną, kiedy próbuje wymknąć się podwajaniu, wytwarza go coraz więcej poprzez niezamierzone odwzajemnianie. Logika współzawodnictwa niszczy rytuały przeszłości, zmuszając najpierw sztukę do histerycznego wypaczenia, następnie do bezkształtności i chaosu, ostatecznie ku całkowitej nicości — czystej i prostej samodestrukcji. Techniczna doskonałość złotej siateczki Porcji to pierwsza salwa w mimetycznej eskalacji, która paradoksalnie, lecz logicznie prowadzi do nowoczesnego wykluczenia Bytu, nawet do naszego karykaturalnego zaniechania „odniesienia" [*the referent*]. Nie musimy być zwolennikami szekspirowskiego mimetycznego radykalizmu w każdym względzie, aby docenić zawartą w nim proroczą intuicję.

W *Zimowej opowieści* i w *Kupcu Weneckim* ostrożny lecz niedwuznaczny posmak satyry przywarł do mimetycznego realizmowi tego, co było wówczas współczesną sztuką. Jak Leontes jest zwierciadłem dla swoich dworzan, tak dworzanie będącainteresowani sztuką jak on, są zwierciadłem swojego króla. Gdy dowiadują się o cudownym, nowym posągu Hermiony, chcą wiedzieć, kto go wyrzeźbił i kiedy? Mówi się im, że

> [it is] a piece many years in doing and now newly perform'd by that rare Italian master, Julio Romano, who had he himself eternity and could put breath into his work, would beguile Nature of her custom, so perfectly he is her ape. He so near to Hermione has done Hermione that they say one would speak to her and stand in hope of an answer.
>
> (V, ii, 94-102)

> przez wiele lat trudził się, a ostatnio ukończył osobliwie uzdolniony mistrz włoski Julio Romano, który gdyby sam był wiekuisty i mógł ożywić tchnieniem swe dzieła, odebrałby Naturze jej rzemiosło, tak doskonale ją naśladuje [dosłownie: małpuje]. Uczynił Hermionę tak

podobną do Hermiony, że jak powiadają, pragnie się do niej przemówić i czeka w nadziei na odpowiedź.

(s. 160-161)

Najważniejsze słowo w tym tekście „małpa" [*ape*] na końcu głównego zdania brzmi jak uderzenie w fałszywą strunę, chytrze podkopując gładki odbiór komunałów, które go otaczają. Życie dworskie to stawianie na piedestale małpowania we wszystkich jego formach, a na dworze Leontesa kult tego, co współcześni krytycy nazywają nadal mimetycznym realizmem, jest tego przejawem.

Ponieważ pomnik w ogóle nie istnieje, odniesienie do Julio Romano jest całkowicie niepotrzebne i cudaczne, niewątpliwie podpowiedziane przez fakt, że ten modny artysta był sławiony jako mistrz prawdziwego-jak-żywe. Szlachcicem, który rozpowszechnia tę fałszywą pogłoskę jest rządca Pauliny, który nie czyni tego bez jej przyzwolenia. Żart jest niewątpliwie jej autorstwa; ta wspaniała dama doznaje niejakiej uciechy kosztem tych samych bojaźliwych snobów, którzy szesnaście lat wcześniej pozwolili jej samotnie stawić czoło wściekle zazdrosnemu Leontesowi.

37
CZYŻ MNIE NIE GANI TEN KAMIEŃ, ŻE JESTEM BARDZIEJ NIŹLI ON KAMIENNY?

Zimowa opowieść (akt V, scena 3)

Gdy Leontes widzi wreszcie ów pomnik, jest zaskoczony jego zdumiewającym podobieństwem do swojej żony. Kochający mąż jest głęboko poruszony, ale koneser chce jeszcze osądzać. Badając drobiazgowo ów dziwny obiekt, który zaoferowano jego ciekawości, robi godne uwagi odkrycie:

> But yet, Paulina,
> Hermione was not so much wrinkled, nothing
> So aged as this seems.
> (V, iii, 27-29)

> Jednak, Paulino,
> Hermiona zmarszczek nie miała tak wielu
> I młodszą była, niż tu się wydaje.
> (s. 166)

Według Pauliny rzeźbiarz chciał sportretować Hermionę „tak jakby żyła teraz". Jego oddanie prawdziwemu-jak-żywe było tak wielkie, że był wierny życiu, którego nie było. Mniej złożony Leontes mógłby w tej chwili domyślić się, że owa dobra dama żartuje sobie z niego; nasz człowiek niczego nie podejrzewa. Wierząc, że przed szesnastoma laty zniszczył swoją niepohamowaną wściekłością własną żonę, stawia opór świadectwu własnych zmysłów — rzecz zrozumiała. Jego zaciętość jest jednak zbyt wielka, aby nie domagać się dodatkowego wyjaśnienia. Szekspir subtelnie podkreśla estetyczny snobizm.

W eleganckim świecie Sycylii wytworny szlachcic nie powinien nigdy mylić nawet najdoskonalszej kopii z kopiowanym oryginałem. Według pewnego greckiego pisarza niektóre greckie ptaki były tak kompletnie oszukane przez winogrona na greckich obrazach — malarz był wirtuozem prawdziwego-jak-żywe — że próbowały jej jeść. Kto chciałby przypominać te ptaki? „Nowocześni artyści stali się tak doskonali, mówi Leontes sam do siebie, że mogą nas wszystkich wystrychnąć na dudka; ja się nie dam; nie uwierzę, że ten posąg jest moją żoną; będę trzymać się kamienia, skoro oczy utrzymują, że nie może nim być". Już w świecie Leontesa największym wstydem jest dać się oszukać przez podobiznę. W każdym pokoleniu wstyd ten przybiera odmienną formę, ale ciągle jest z nami.

Współcześni intelektualiści wciąż lubią besztać kolegów za ich niewątpliwie opłakaną, ale raczej wzruszającą skłonność do brania znaków za przedmioty, które oznaczają. A co odwrotnym złudzeniem, brania realnego przedmiotu za znak? Wydaje się nam ono niemożliwe. Znak zaledwie ma się okazać realnym bytem? Nawet gdybyśmy widzieli ten cud na własne oczy, uważalibyśmy go za tak skandaliczny, że nie uwierzylibyśmy weń. Leontes tak samo jak my jest czujny na pierwszy rodzaju złudzenia, a bezbronny wobec jego przeciwieństwa. Dla niewinnych sztuczek Pauliny i Hermiony jest on idealny do wyprowadzenia w pole.

Szekspir delikatnie wyśmiewa zachodnią łatwowierność *par excellence*, ową obsesję na punkcie łatwowierności. Eksperci wątpiąc zawsze wybioą niewiarę; czyni to z nich ekspertów. Jak wszyscy inni, nieszczęsny Leontes chce być ekspertem, toteż i w dziedzinie estetyki i erotyki szuka pewności w zaprzeczaniu temu, co widzi na własne oczy. Jest to nowy wariant naszego starego opowiadania: m i ł o ś c i z a s ł y s z a n y m   s ł o w e m,   m i ł o ś c i   c u d z y m   o k i e m. Rzeźba ta jako rzeźba jest odpowiednikiem „nieczułego magnesu", ku któremu wszyscy kochankowie Nocy Świętojańskiej instynktownie ciążą. Między czystą radością i kamieniem gramy bez ryzyka i wybieramy kamień.

Nie powinniśmy z tego powodu myśleć o Leontesie źle. Głębia jego skruchy nie podlega kwestii. Najpierw przychodzi mu na myśl Hermiona:

> O, thus she stood,
> Even with such life of majesty, warm life,
> As now it coldly stands, when first I woo'd her!
> I am asham'd: does not the stone rebuke me

For being more stone than it?

(34-38)

O, tak właśnie stała wówczas,
Majestatyczna tak i pełna ciepła
Ożywionego, jak dziś stoi zimna,
Gdy oświadczyłem się jej po raz pierwszy!
Wstydzę się. Czyż mnie nie gani ten kamień,
że jestem bardziej niźli on kamienny?

(s. 167)

Leontes doznał przemiany, i to tak nagle, że drugorzędne aspekty jego osobowości pozostały takie same; potrzebuje więcej czasu na przystosowanie. Jego estetyczny konformizm przylgnął do niego, jak mokre ubranie do ciała człowieka, który właśnie uratował kogoś z topieli — kogoś, kto okazał się być nim samym; jest zbyt podniecony, aby myśleć o zmianie koszul.

Gdyby ta *jeu de scène* nie zawierała nic istotnego, to po co się pojawia? Symbolicznie jej znaczenie jest ogromne. Niepewność Leontesa powtarza w skrócie jego poprzedni mimetyczny problem z Hermioną. Konkluzja jest powtórzeniem całego dramatu w kilku słowach; ożywia na nowo „tragiczną skazę" Leontesa, lecz w słabszej tonacji, tak że możemy zobaczyć na własne oczy, jak znika raz na zawsze jego zadawniona grzeszność.

My, publiczność, jesteśmy najpierw tak samo nieświadomi jak ów bohater; myślimy, że Hermiona nie żyje. „Posąg" odsłonięty po raz pierwszy powinien wydawać się prawdziwą rzeźbą pozbawioną życia. Odkrywamy prawdę powoli, ale nie tak wolno jak Leontes. Kiedy wspomina się po raz pierwszy o zmarszczkach, oświetlenie powinno się rozjaśnić. Rozpoznając aktorkę, która gra Hermionę, chwytamy w mig całą prawdę, ale nie Leontes. Popełniając przez krótki czas ten sam błąd, możemy go zrozumieć. Po raz pierwszy całkowicie sympatyzujemy z tym bohaterem.

Te ostatnie momenty sztuki, gdy dobiega ona końca, oddziałują nawet na tych, którzy nie interesują się szczególnie religią w sposób wyłącznie religijny lub graniczący z religijnym. Nieodparcie przychodzi na myśl słowo z m a r t w y c h w s t a n i e. Niektórzy się tym nie zgadzają; widząc, że brak tu rzeczywistego zmartwychwstania i że nie używa się religijnego języka, odmawiają temu zakończeniu *Zimowej opowieści* religijnego wymiaru.

Czy ów efekt zmartwychwstania jest wymysłem religijnego żarliwca, który zawsze próbuje dodać religię do literatury? Nawet widzowie najbardziej wrażliwi na tę scenę nigdy nie odczytują jej jako czegoś w rodzaju chrześcijańskiej wersji Pigmaliona. Jeżeli nie sprzeciwiamy się dogmatycznie religijnemu oddziaływaniu literatury z przyczyn, które z trudem można by określić jako literackie, uznamy je jak każde inne. Zaprzeczanie im ze względu na to, że brak wyraźnego religijnego dyskursu, byłoby równoznaczne z zaprzeczaniem wszelkim erotycznym oddziaływaniom literatury, jeżeli nie są połączone z obrazowymi passusami z podręcznika seksulogii.

Przezwyciężenie pokusy przez Leontesa harmonizuje z *jeu de scène* obmyśloną przez Paulinę. Jeżeli mimetyczne pragnienie jest owym złem, które poddaje w wątpliwość i ostatecznie niszczy to, co rzeczywiste, to autentyczne pojednanie powinno wytwarzać przeciwny skutek. Wyzwolony Leontes powinien mimo wszystko doświadczać rzeczywistej obecności — i doświadcza jej — z niewielkim opóźnieniem.

Ta przegrana mimetycznego pragnienia jest większym cudem niż pogwałcenie jakiegoś niemądrego naturalnego prawa. Jedyną rzeczą, której nauczyliśmy się naprawdę z tej monografii, jest to, że gdy pragnienie chwyci raz kogoś w szpony, nigdy nie wyrzeknie się swojej ofiary. Bohaterem, który umiera w akcie drugim i zmartwychstaje w akcie piątym, jest nie Hermiona lecz Leontes, toteż ostatnia scena powinna być przedstawiana na scenie z jego punktu widzenia. Odwracając język Eliota, powiemy, że pozorne zmartwychstanie Hermiony to subiektywny korelat czegoś bardziej obiektywnego i realnego, tj. wyrzeczenia się przez Leontesa złego pragnienia. Efekt zmartwychstania pojawi się wówczas, gdy czujemy, że te dwa aspekty stają się jednym w doświadczeniu bohatera. Słowo z m a r t w y c h - w s t a n i e jest z całą pewnością właściwe, nawet nie do uniknięcia dla opisu tej jedynej perspektywy, która się w tej scenie liczy — perspektywy Leontesa. Nie wstydzę się go użyć.

Sceny pierwsza i trzecia aktu piątego ostro ze sobą kontrastują. Autor wyraźnie zamierzył, aby po „fałszywym" zmartwychstaniu Hermiony nastąpiło „prawdziwe". Ich zestawienie jest wyraźnie zamierzone i potwierdza trafność słowa „zmartwychstanie". Żaden z tych przypadków nie jest oczywiście rzeczywistym zmartwychstaniem; oba są nieoczekiwanym, ale naturalnym ponownym pojawieniem się w życiu Leontesa zaginionych przez długi okres czasu kobiet, najpierw córki, a następnie żony. W pierwszej scenie Leontes widząc Perditę, tak silnie przypomina sobie żonę, że zdaje mu się, że z m a r t w y c h - w s t a ł a; złudzenie to, najpierw wielce przekonywujące, znika równie szybko jak się pojawiło, gdy tylko znika pokusa, którą wywołało. W tym mirażu mimetycznego pragnienia zmartwychwstała Hermiona pojawia się tak młoda jak wówczas, kiedy Leontes widział ją po raz ostatni, jak gdyby jakaś tajemnicza wieczność unieważniła szesnaście minionych lat.

Druga scena odwraca fałszywe wrażenia pierwszej sceny — ciało Hermiony nosi piętno czasu. Taki jest powód obecności zmarszczek. Drugie zmartwychwstanie jest tak prawdziwe, jak fałszywe było pierwsze. Jest to nagroda dla Leontesa za odpokutowanie złego pragnienia. Ta duchowa prawda jest również prawdą w sensie dosłownym. Mądra Paulina najpierw silnie wzburzona z powodu ostatniej pokusy swego pana, a następnie całkowicie uspokojona zadecydowała, że Hermiona może bezpiecznie połączyć się ponownie ze swoim mężem.

Zmarszczki Hermiony nie powinny być źródłem nieporozumienia. Jest zrozumiałe, że Leontes uznał je w posągu za zagadkowe. Nie powinniśmy jednak myśleć, że gdy tylko opadnie kurtyna, będzie on marzyć o operacji kosmetycznej dla swojej żony lub o szybkim rozwodzie z nią. Dzisiaj oczywiście prawdopodobnie byłoby to konieczne. Jest on przecież człowiekiem sukcesu i nie powinno otaczać go nic poza przedmiotami bez zarzutu. Powinien więc być pewien, że jego obiekty seksualne wzbudzają zazdrość innych mężczyzn.

Imperatyw rajfura-i-rogacza osiągnął takie kos...mimetyczne[99] proporcje w naszym „skomplikowanym" nowoczesnym świecie — zawsze tak określanym przez massmedia — że przyjmujemy go za jedyne niezniszczalne etyczne prawo. Przypuszczam jednak, że renesansowy świat Leontesa był mniej „skomplikowany" od początku, a jego nawrócenie jeszcze go „uprościło".

Omawiana scena z posągiem to unikalne odwrócenie związku między prawdą i złudzeniem, byciem i niebyciem, który dominował u Szekspira przed *Zimową opowieścią*. We wszystkich komediach i tragediach ciągle stwierdzaliśmy, że główny nacisk odsuwał się od bezpośredniości doświadczenia ku coraz większej *mimesis*, większemu metafizycznemu złudzeniu. Rzeczy uchodzące zrazu za autentyczne, były pokazane jako urojone; wyobrażenia rzekomo prawdziwe okazywały się fałszywe; te fałszywe od początku znikały całkowicie. Ostre rozróżnienia zamazywały się; chaos zajmował miejsce jasności. Harmonijne kształty zanieczyszczały się nawzajem, stając się monstrualnymi. Sławni ludzie

---

[99] Żartobliwe połączenie słów „kosmetyczne", „kosmiczne" i „mimetyczne". [Przyp. tłum.]

znikali, pojawiając się następnie jako widma. Forma rozkruszała się, różnice załamywały się; stałe przedmioty topiły się, robiąc „maczankę z całej tej kuli ziemskiej" [*a sop of all this solide globe*, *Troilus and Cresida*, I, iii]. Symbole rozplatały się; triumfowała nicość.

Ktoś może zaprotestować, że w licznych poprzednich sztukach zakończenie sugerowało już powrót do rzeczywistości. To prawda, ale we wszystkich rozważanych przez nas zakończeniach rzekome zwroty okazywały się być fantazją s z t u k i p o w i e r z c h o w n e j, opierającą się na ofiarniczym podstępie, ostrożnie ale skutecznie poddanym w wątpliwość przez g ł ę b s z ą s z t u k ę. Sama Kolejność zostaje zdemaskowana jako owoc kolektywnej przemocy i zdyskredytowana.

Zakończenie *Zimowej opowieści* jest czymś całkowicie innym. Tym razem triumf bycia jest autentyczny, nie zakorzeniony już dłużej w ofiarniczej śmierci. Jaka może być przyczyna tej rewolucyjnej zmiany? Stwierdziliśmy wcześniej, że wiele obsesyjnych szekspirowskich tematów pojawia się w tej sztuce ponownie, ale zawsze z pewną różnicą. Mimetyczna psychologia Leontesa jest tak wyrafinowana i głęboka jak psychologia samego Szekspira, a jednak poddana testowi sromotnie zawodzi. Czyżby paranoidalny wgląd piętnowany w tej sztuce był potępieniem przez autora własnej nieprzejednanej psychologii? Czy kobiety, prześladowane we wszystkich romansach, są jedynie wymysłem jego wyobraźni, czy też są rzeczywistymi kobietami? Po raz pierwszy rozmyślania nad mimetycznymi podwojeniami prowadzą autora do pojęcia grzechu pierworodnego. Czy wszystko to odzwierciedla demistyfikację własnego demistyfikującego podejścia, samokrytyczny, nawet pokutniczy nastrój?

Nawrócenie się/zmartwychwstanie Leontesa znakomicie potwierdza tę hipotezę. W świetle poprzednich rozdziałów tej pracy nie może to być wyssane z palca; z całą pewnością jest zakorzenione w wielu aspektach tej i poprzednich sztuk, które zdają się do niego nawoływać.

Skąd u Szekspira ten przeskok z autentycznego, ale desperackiego cynizmu *Troilusa i Cressidy* ku postawie, sugerowanej przez drugą połowę *Zimowej opowieści*? To zmiana nie wydaje mi się estetycznym kaprysem. Dokonywała się stopniowo i jej pierwsza ekspresja — Posthumus — wydawała się dziwnie niezręczna, jak na pisarza tak potężnego i doświadczonego jak Szekspir. Niemniej Posthumus wyraźnie zapowiada mistrzowskie prowadzenie wątku skruchy Leontesa.

Jeżeli założymy, że twórca wkłada w swoich bohaterów wiele z samego siebie, specyficzna odmienność wszystkich tematów w *Zimowej opowieści* wyraźnie ma sens, łącznie z aktem trzecim i czwartym, których nie omawialiśmy. W miarę jak Szekspir stał się surowszy dla siebie, jego tolerancja dla innych wzrosła, a portretowanie niewinności nabrało mocy, której mu brakowało w pierwszych dwóch romansach. *Zimową opowieść* i jej zakończenie widzę jako pośrednie wyjaśnienie twórczego doświadczenia oparte na pogłębiającej się świadomości, iż wcześniejsza surowość wobec ofiar mimetycznego pragnienia miała źródło w zjadliwości choroby w nim samym.

Zimową opowieść uważam za udaną realizację celu, który pozostawał długo niezrealizowany, a którego ślady możemy znaleźć nie tylko w dwóch pierwszych romansach, ale w Kordelii z *Króla Leara*, mniej wyraźnie w okropności *Otella*, w ofiarniczym obrzydzeniu *Hamleta*, nawet w sztukach bardziej zabarwionych nihilizmem, jak na przykład *Troilus i Cressida*, gdzie można ten cel odczytać jedynie w szaleństwie własnej negacji, w systematycznym wykorzenianiu wszystkiego nawet z trudem wyobrażalnego jako o d k u p i c i e l s k i e.

Osobiste uwikłanie autora we własne dzieło często uważa się za coś niedostępnego dla krytyka; teraz myśl ta nawet jest mniej popularna niż kiedykolwiek, zderzając się z modnym rozumieniem literatury jako „zabawy słownej". Nawet *mimesis* jest wciągnięta w tę bitwę — przez tych samych ludzi, którzy w zasadzie zaprzeczają jakiemukolwiek związkowi z nią. Mówi się nam, że pisarze są m i m a m i potrafiącymi wymyślać tysiące stanów umysłu, których nigdy sami nie doświadczali. Jest to niewątpliwie prawda, ale nie cała, prawdy częściowe są zaś mylące. Prawdziwy pisarz naprawdę pragnie opisywać własny stan umysłu.

Argumenty przeciw angażowaniu się pisarza w swoją pracę nigdy nie robiły na mnie dużego wrażenia; w przypadku *Zimowej opowieści* przejmuję się nimi nawet mniej niż kiedykolwiek. Zbytnio przypominają mi one Leontesa w obliczu posągu. Nie chcemy być o s z u k a n i p r z e z p o d o b i z n ę. Współcześni krytycy, nie chcąc wydać się naiwnymi, uparcie trzymają się tej ilucji co do iluzji. Fałszywe wyobrażenie o sztuce czyni ich ślepymi na prawdziwą Hermionę ukrywającą się pod fałszywym posągiem.

Przeżycie duchowe, które odczytuję w *Zimowej opowieści*, zostało wydedukowane z tekstów. Nie jest to „autobiograficzna" hipoteza, czy też „opinia" lub „przekonanie", które odgórnie przypisuję człowiekowi o imieniu William Szekspir.

Wielkość pisarza jako mimetycznego objawiciela nieuchronnie powoduje, że w pewnym momencie kariery dochodzi on w jakiś sposób do ugody z prawdą o sobowtórach i może doświadczyć swego mimetycznego „ja" jedynie prywatnym kosztem, poważnym kosztem.

Aby zaakceptować mimetyczną świadomość nadającą kształt jego pracy, musi odkryć swą identyczność z obiektami własnej satyry; musi zaakceptować upadek wszelkiej mitycznej r ó ż n i c y najistotniejszej w jego osobistym systemie samousprawiedliwiania się. Nie teoretycznie, ale na własnej skórze musi zweryfikować słowa Pawła do Rzymian (II 1): „Przeto nie ma uniewinnienia dla ciebie, człowiecze, kimkolwiek jesteś, gdy jako sędzia się narzucasz; bo potępiasz samego siebie sądząc drugiego; czynisz przecież to samo, co osądzasz"[100].

Wszelkie pisarstwo przywracające moc mimetycznej prawdzie o stosunkach międzyludzkich ma swój początek w duchowym doświadczeniu, które może opisać się samo jako skrucha, tak jak w *Zimowej opowieści* lub — metaforycznie — jako śmierć, choroba, czy jakiś inny rodzaj osobistej katastrofy, do której przeszczepiono symbolizm zmartwychwstania.

Mimetyczne zamknięte koło nie jest kwestią „uczuć", ideologii, wierzeń religijnych; jest nie dającą się zmanipulować strukturą ludzkiego konfliktu rozpoznaną *explicite* j e d y n i e w judeochrześcijańskim Piśmie Świętym. Wszyscy wielcy pisarze *implicite* rozpoznają tę prawdę, ale nie wszyscy czynią ją tak jawną. Na przeszkodzie stoi ignorancja, uprzedzenia i inne czynniki.

Faktycznie nie ma to znaczenia. Samo przeżycie, o którym mowa, przyjmuje zawsze tę samą charakterystyczną formę, formę składania ofiary; odwzorowuje „śmierć i zmartwychwstania", ale w paradoksalnej inwersji, ponieważ zasadnicza treść nie jest tutaj ofiarnicza. Zamiast jakiegoś rodzaju „kozło-ofiarnego" przeniesienia, mamy coś dokładnie przeciwnego — powrót podmiotu do samego siebie, autentyczną samokrytykę.

W swej pracy nad powieścią europejską stwierdziłem, że wszyscy najwięksi powieściopisarze napisali jedną kluczową pracę, czasami dwie lub nawet więcej, których zakończenia, chociaż dalekie od jednolitości, należą do tej samej łatwo rozpoznawalnej grupy, ponieważ wszystkie odtwarzają ów wzór śmierci i zmartwychwstania. Wzór ten jest banalny i może znaczyć niewiele, ale może również odnosić się do przeżycia, które właśnie zdefiniowałem, tak zasadniczego dla wielkości arcydzieł i tak potężnego, że twórcy nieodparcie czynią do niego aluzję zwykle w miejscu najbardziej do tego celu dostosowanym, tj. w zakończeniu. W *Deceit, Desire and the Novel* nazwałem te istotne zakończenia p r z e m i a n a m i r o m a ń s k i m i — nazwą mylącą, jak

---

[100] Przełożył ks. Seweryn Kowalski. [Przyp. tłum.]

sądzę, ponieważ zjawisko to przekracza granice wszelkich literackich rozróżnień, łącznie z różnicami gatunku[101].

Zakończenie *Zimowej opowieści* uważam za pierwszy i wyjątkowy przykład takiego t w ó r c z e g o n a w r ó c e n i a u Szekspira, wyjątkowy nie tylko z powodu jego piękna i późną datę w chronologii tego twórcy, ale z powodu nadzwyczajnej typowości jego całościowej struktury, uzyskanej dzięki środkom, które są całkowicie szekspirowskie.

Podczas gdy w większości powieści aspekt z m a r t w y c h w s t a n i a jest zredukowany do kilku słów, Szekspir rozdmuchuje ten skromny symbolizm do majestatycznych wymiarów omawianej sceny z posągiem. Przeciwnie jest ze ś m i e r c i ą, drugim biegunem tej podwójnej struktury. Podczas gdy w większości nowel śmierć panuje niepodzielnie na zakończenie, w omawianym finale jest zredukowana do absolutnego minimum, nieznacznie przedłużonej, ale ciągle krótkotrwałej iluzji, że Hermiona istnieje jedynie jako pomnik.

Jeżeli wspomniane przeze zakończenia miałyby naprawdę znaczyć to, co mam na myśli, wówczas obecna w nich śmierć pokonana przez zmartwychwstanie powinna wystąpić jako dominująca myśl na krótko szybko zdyskredytowana jako znikające tło. Realizacja tego celu bez uciekania się do specjalnych zabiegów niszczących całe przedsięwzięcie wydawała się od początku niemożliwa, a jednak Szekspir uczynił to z ogromną łatwością w *Zimowej opowieści*. Gdyby rozmyślnie planował zilustrowanie procesu nieofiarniczej śmierci i zmartwychwstania, nie mógłby zrobić tego lepiej.

Chociaż zakończenie to nie ma otwarcie religijnej treści, jego podobieństwo do pewnych scen zmartwychwstania w Ewangeliach jest zbyt uderzające, aby być przypadkowe. Gdziekolwiek Jezus pojawia się po Zmartwychwstaniu, tam jego uczniowie nie potrafią go zrazu rozpoznać. Maria Magdalena bierze go za ogrodnika; uczniowie Emmausa za zwykłego wędrowca. Zwątpienia Tomasza są odmianą tego samego tematu. Co oznacza to opóźnione rozpoznanie?

Przyczyna nie tkwi w Jezusie, ale w uczniach, którzy nigdy nie są „wystarczająco nawróceni". Ich niedoskonałość jest strukturalnie specyficzna w tym sensie, że zawsze krąży wokół tego samego rodzaju przeszkody, postrzeganej jako zewnętrzna rzeczywistość, mimo że ma swoje źródło w nich samych. Przeszkoda ta towarzyszy rzekomo nawróconemu grzesznikowi przez jakiś czas jako drobne, ale nieustępliwe utrudnienie na jego drodze do głębszej wiary; po osiągnięciu tej

---

[101] Zob. Girard, *Deceit, Desire and the Novel*, dz. cyt., rozdział 12.

wiary znika bez śladu. Nawrócenie i zmartwychwstanie są ściśle powiązane; dotyczy to szczególnie Marka, którego oryginalne zakończenie jest wyjątkowo krótkie.

Pobożne niewiasty w dwa dni po ukrzyżowaniu chcą dać Jezusowi odpowiedni pogrzeb. Zbliżając się do grobu w ów wielkanocny poranek, martwią się wielkim kamieniem (przeszkodą) blokującym wejście, który jest za ciężki, aby odepchnąć go na bok. Kiedy docierają na miejsce, kamień jest odsunięty i grób pusty (Mk XVI 1-4). W *Zimowej opowieści* posąg odgrywa rolę podobną do tego kamienia. Jest ową przeszkodą — *skandalonem* — w rozpoznaniu Hermiony. Leontes, chociaż czuje ciepło jej rąk, ciągle nie może uwierzyć, że ona żyje.

Kamień i pomnik to symboliczne konkretyzacje mimetycznej przeszkody. Pomimo swej nierzeczywistości, *skandalon* ten jest silnie zniewalający. Wywodzi się z intersubiektywnego — interdiwidualnego — współdziałania między mimetycznym współzawodnictwem a strukturami nie tylko indywidualnych dusz, ale całego ludzkiego świata zamykającego nas wszystkich w więzieniu błędnego koła. Przemoc, którą generuje jest faktycznym źródłem tych fałszywych form transcendecji, które poważnie ograniczają naszą wizję. Jak już wiemy, ta zasada bałwochwalstwa czyni składanie ofiary niezbędnym, ponieważ odcina nas ona nie tylko od Boga, ale także od siebie nawzajem.

Kobiety w drodze do grobu są przygotowane na ujrzenie swego Pana najlepiej jak człowiek może, ale to, co w nas najlepsze, ciągle jeszcze nie wystarcza w takich okolicznościach; zawsze istnieje jakiś *skandalon* w naszych oczach, który nas oślepia. Opóźnione rozpoznanie zarówno w Ewangeliach jak i *Zimowej opowieści* właśnie to oznacza.

Aby scena z posągiem była w pełni udana, kamień, do którego Hermiona zdaje się być zredukowana, musi oznaczać w oczach Leontesa nie tylko jej fizyczną śmierć, ale co ważniejsze, jego własną duchową śmierć. Szekspir sprawia, że to wszystko staje się całkowicie jasne, nakazując samemu Leontesowi, aby na zakończenie cytowanego już fragmentu wskazał na podwójne znaczenie w tym symbolizmie:

> ...does not the stone rebuke me
> For being more stone than it?
> (V, iii, 37-38)

> Czy mnie nie gani ten kamień,
> Że jestem bardziej niźli on kamienny?
> (s. 167)

Już w *Otellu* dokładnie w takim samym kontekście kamień jest wizerunkiem duchowej śmierci. Maur tuż przed zabiciem Desdemony, gdy jej uroczyste zapewnienia o niewinności sprawiają, że po raz pierwszy wątpi w jej winę, czuje, że jego serce zmieniło się w kamień:

> O, perjur'd woman, thou dost stone my heart,
> And mak'st me call what I intend to do
> A murther which I thought a sacrifice
> (V, ii, 63-65)

> Kobieto, serce me przemieniasz w kamień
> I każesz zwać to, co pragnę uczynić,
> Mordem, choć w myślach zwałem to ofiarą.
> (s. 184)

Takie same były odczucia Leontesa, gdy odkrył niewinność swojej żony myśląc, że ją zabił. W jednym tylko wersie Szekspir przekształca wyznanie winny przez Otella w objawienie, czym jest składanie ofiary. Człowiek jest tym dziwnym zwierzęciem, które nalega, aby nazywać swoje morderstwa składaniem ofiary, jakby był posłuszny rozkazowi jakiegoś boga.

Odkrycie, że składanie ofiary jest morderstwem, jest nie tylko prawdą obecną w *Otellu*, ale i w *Juliuszu Cezarze* — jest prawdą we wszystkich tragediach, ostateczną prawdą ofiarniczej kultury, która inspiruje *Zimową opowieść* nawet bardziej niż poprzednie sztuki. Ta największa prawda ujawniona przez Szekspira znajduje się również w Ewangeliach.

Fakt, że Otello nie tylko rozumie tę prawdę, ale odnosi ją do samego siebie, czyni zeń innego zwiastuna Leontesa. Tym, co przemienia nasze serca w kamień, jest odkrycie, że w tym lub innym sensie wszyscy jesteśmy rzeźnikami udającymi ofiarników. Kiedy zrozumiemy, że musimy sami w sobie unieważnić ten *skandalon*, który udawało nam się dotychczas zrzucać na jakiegoś kozła ofiarnego, staje się on kamieniem tak nieznośnie ciążącym nam na sercach, jak sam Jezus na ramionach świętego w legendzie o Krzysztofie.

Czymś, co może zakończyć tę piekielną próbę, jest pewność uzyskania wybaczenia. Właśnie to zostaje dane Leontesowi, gdy w końcu dostrzega, że Hermiona została zwrócona mu żywa. Jest to pierwszy taki cud u Szekspira; na zakończenie *Króla Leara* było to jeszcze dramatycznie niemożliwe, teraz jednak przyszedł czas, by stało się to po raz pierwszy. Jak ów pomnik przemienia się z kamienia w ciało, tak przemienia się serce Leontesa.

Modelem dla tego zakończenia może być jedynie sama Ewangelia, interpretowana jako owo unieważnianie *skandalona*, którego ducha właśnie wywołaliśmy. Szekspir z całą pewnością rozpoznał w Ewangeliach prawdziwe objawienie nie tylko Boga, ale człowieka, tego, co mimetyczne uwięzienie robi z człowiekiem. Geniusz Szekspira umożliwia mu osiągnięcie w tym zakończeniu czegoś, co należy wyłącznie do Ewangelii, tj. niemagicznej a jednak nienaturalistycznej jakości zmartwychwstania. Im bliżej przyglądamy się scenie z posągiem, tym bardziej przypomina nam się, że to zmartwychwstanie ma być zmartwychwstaniem w c i e l e, w przeciwieństwie do mglistego świata duchów wyczarowanego przez mimetyczne bałwochwalstwo. Opóźnione rozpoznanie Jezusa nie ma nic wspólnego z rzekomo mniejszą widocznością jego zmartwychwstałego ciała z racji mniejszej realności owego mrocznego życia pozagrobowego, do którego teraz będzie należał. Prawda jest wprost przeciwna. To zmartwychwstanie jest zbyt rzeczywiste dla percepcji, która pozostaje zaciemniona przez fałszywe przekształcenia mimetycznego bałwochwalstwa w idole.

Wśród wielu arcydzieł Szekspira, *Zimowa opowieść* zasługuje na specjalne miejsce jako najbardziej wzruszająca. W tym teatrze przed tą sztuką oznaki pokory i współczucia nie były całkowicie nieobecne, ale było ich niewiele, co rzekomo wynikało z przedstawiania siebie przez pisarza jako człowieka bez twarzy, zaledwie monogram, nie-osobę, zero, nikogo, *nadie*. Tak właśnie portretuje Szekspira Jorge Luis Borges w na poły cudacznej, na poły poważnej interpretacji przedłożonej w jego zbiorze esejów zatytułowanych *El Hacedor*. Borges używając słowa *nadie* jako tematu, faktycznie sugeruje, że Szekspir kupił swój geniusz za cenę swej jednostkowej duszy.

Ów faustowski pakt z diabłem o imieniu *mimesis* to niewątpliwie znakomity pomysł, ale nie stoi za nim najdrobniejszy dowód, poza oczywiście ogromnym geniuszem Szekspira, jego prawie niespożytą mocą mimetycznej personifikacji, która niczego nie dowodzi w kwestii jego osobowości. Za tezą Borgesa odczytuję wyrafinowaną wersję tego samego lęku, który już dwukrotnie spotkaliśmy na kilku ostatnich stronach, zachodniego i nowoczesnego lęku *par excellence*, lęku przed b y c i e m o s z u k a n y m p r z e z p o d o b i z n ę. Szekspir bez twarzy jest ostatnim mimetycznym mitem, wymyślonym przez pisarza, który — odmiennie od Joyce'a — zrozumiawszy wiele na temat prawdziwej roli *mimesis* w literaturze, zatrzymuje się zawsze na krok przed ostatecznym pytaniem.

Zimowa opowieść (akt V, scena 3)

Argumenty Borgesa najbardziej wymownie zwalcza sama *Zimowa opowieść*, sztuka, w której człowieczeństwo autora błyszczy jak nigdzie indziej i z całą pewnością najbardziej jasno w punkcie krytycznym, gdzie, po raz pierwszy w tym teatrze, otwiera się bezgłośnie transcendentalna perspektywa.

38
WSZYSCY INNI TAK SIĘ DADZĄ SKUSIĆ JAK KOT DO MLEKA

Auto-satyra w *Burzy*

Burza jest siecią pajęczą, w centrum której Prospero/Szekspir obserwuje własny proces tworzenia. Cała sztuka odbywa się wewnątrz sztuki. W potężnym czarodzieju łamiącym na zakończenie swoją własną pałeczkę, rozpoznajemy samego dramatopisarza, który oznajmia decyzję porzucenia teatru.

Wodług współczesnej mądrości, naszkicowana właśnie interpretacja wykracza poza to, co krytyk może racjonalnie powiedzieć o jakiejś pracy literackiej. Mówi się nam, że posuwa się ona „zbyt daleko". Jednakże moim zdaniem posuwa się ona jednak nie dość daleko. Wszystko i wszyscy w *Burzy*, nie tylko Prospero, robią aluzję do szekspirowskiego procesu kreacji, poczynając od Kalibana, głównej przeszkody w realistycznej interpretacji tej sztuki. Nasza szekspirowska pobożność buntuje się przeciw dającej się udowodnić prawdzie, że Szekspir tworząc to ostatnie monstrum, myślał głównie o samym sobie i o własnym teatrze.

Szorstkość Prospero wobec Kalibana kontrastuje z jego wcześniejszą uprzejmością. Istniał kiedyś okres współpracy między tymi bohaterami. Cóż taki ignorant, jak Kaliban mógłby zaoferować człowiekowi tak uczonemu, jak Prospero? Otóż wtajemniczył on swojego pana w piękno wyspy:

> And show'd thee all the qualities o' th' isle,
> The fresh springs, brine-pits, barren place and fertile
> (I, ii, 337-38)

> Wówczas, kochając cię, wskazałem wszystkie
> Źródła ze świeżą i słoną wodą,

A także miejsca żyzne i jałowe
(s. 30)[102]

W tamtych dniach Kaliban był jedynym towarzyszem Prospera i jego oddanym sługą. Związek ten jest podobny do późniejszego związku z Arielem, ale zdaje się bardziej tkliwy:

> When thou camest first,
> Thou strok'st me and made much of me, wouldst give me
> Water with berries in't, and teach me how
> To name the bigger light, and how the less,
> That burn by day and night ...
> (I, ii, 332-336)

> Przybywszy tutaj,
> Głaskałeś włosy me i mnie lubiłeś,
> Sok jagodowy mieszałeś z wodą,
> Uczyłeś, jak mam zwać to wielkie światło,
> Płonące za dnia i to mniejsze nocą
> (s. 29-30)

Kaliban kochał swoją wyspę, znał ją tak dobrze, że mógł uczyć kogoś takiego jak Prospero, który jej nie znał, wielu rzeczy bez wypowiedzenia jednego zrozumiałego słowa. Prospero odwzajemniając się swojemu przyjaznemu monstrum za jego usługi, obdarza je zdolnością mowy.

Ta ścisła współpraca Kalibana z Prospero nie pozostaje w żadnej relacji z czegokolwiek, co faktycznie wydarza się podczas tej sztuki. Ma ona znaczenie tylko w odniesieniu do przeszłości. Jednakże autor przywiązuje duże znaczenie do tej przeszłości; temat Prospera uczącego Kalibana mówić został powtórzony i wzmocniony przez samego Prospera:

> Abhorred slave,
> Which any print of goodness will not take,
> Being capable of all ill! I pitied thee,
> Took pains to make thee speak, taught thee each hour
> One thing or other: when thou didst not, savage,
> Know thy own meaning, but wouldst gabble like

---

[102] Tu i dalej podaję za: *Burza*, przełożył Maciej Słomczyński, Wydawnictwo Literackie, Kraków, 1980. [Przyp. tłum.]

A thing most brutish, I endow'd thy purposes
With words that made them known.
(351-358)

Podły niewolniku,
Na którym dobro nie zostawi śladu,
Lecz każde zło się odciśnie! Z litości
Mówić uczyłam cię; każdej godziny
Chciałam wyuczyć cię czegoś nowego:
A tyś i słowa nie mógł rzec, dzikusie,
Lecz bełkotałeś, jakbyś był bydlęciem;
Wyposażyłam twe pragnienia w słowa,
Byś mógł ujawnić je.
(s. 30-31)

Szekspir pisząc te wersy, niewątpliwie miał na myśli coś, co wykracza poza ich dosłowne znaczenie. Przy całej swojej fizycznej i moralnej brzydocie Kaliban jest prawdziwym poetą; krytycy zawsze zauważają, że kilka z najpiękniejszych wersów w tej sztuce należy do niego:

Be not afeard; the isle is full of noises,
Sounds and sweet airs, that give delight and hurt not.
Sometimes a thousand twangling instruments
Will hum about mine ears, and sometime voices
That, if I then had waked after long sleep,
Will make me sleep again ...
(III, ii, 135-140)

Nie trwóż się. Wyspa ta jest pełna dźwięków,
Głosów i słodkich pieśni, które cieszą
Nie szkodząc wcale. Czasem strun tysiąca
Brzęk słyszę wokół siebie; czasem głosy,
Które, choć ze snu bym powstał długiego,
Ukołysałyby mnie znów ...
(s. 87)

Kaliban symbolizuje wrodzone wyczucie poetyckie, poezję sprzed języka, pozbawioną formy, amoralną, nawet niemoralną, przeto niebezpieczną, być może karygodną, a jednak rzeczywistą. Prospero ucząc Kalibana mówić jest samym Szekspirem, przekształcającym w prawdziwe poematy i sztuki tę jeszcze niewerbalną poetycką inspirację, którą zawdzięcza Kalibanowi. To monstrum reprezentuje literacką modę, którą późniejszy Szekspir odrzuca, poznawszy zasadniczą rolę, jaką odgrywała w jego karierze.

Kaliban symbolizuje część prac Szekspira przepełnionych monstrami, które same mogą być widziane jako monstra. Szekspir nie zaprzecza poetyckiej wartości swoich dawniejszych prac, ale dostrzega w nich zasadę nieporządku, gorycz, przemoc i moralny chaos, które w retrospekcji potępia jako „monstrualne". Alegoria ta byłaby oczywista, gdybyśmy nie mylili Kalibana z dziewiętnastowiecznym monstrum w stylu Frankensteina lub w najlepszym wypadku z Quasimodem Victora Hugo, garbusem z Notre-Dame. Nasza nieznajomość mitycznych monstrów przemienia Kalibana w zwykły wybryk natury.

Jest istotne, że Kaliban w swoim głównym przejawie jako monstrum nie jest tylko Kalibanem, ale też kimś innym; jest związany ze Stephanem. Ta dwójka tworzy bezwładny stos pod czymś w rodzaju koca. Kiedy pijany Trinculo zbliża się do tego dziwacznego kształtu, bierze go za pojedyncze monstrualne stworzenie, samemu wykazując tendencję do zespolenia się z nim w miarę coraz bliższego i nerwowego badania go.

Zajmując się *Snem nocy letniej* zdefiniowaliśmy mityczne monstrum jako połączenie stworzeń lub ich części, które w punkcie kulminacyjnym jakiegoś ofiarniczego kryzysu zdają się nie do odróżnienia. Z tym właśnie mamy tutaj do czynienia. Kaliban jest zarówno wytworem, owym mitycznym monstrum, jak i procesem, który je wytwarza — rzecz jasna naszym mimetycznym procesem. Możemy to dostrzec, gdy tylko pojawiają się na scenie stosunki interpersonalne. Kaliban jest tak bardzo pod wpływem wina, które zaoferował mu Trinculo, że prosi tego nędznego pijaka o bycie dlań bogiem:

> That's a brave god, and bears celestial liquor.
> I will kneel to him
> ....
> I'll show thee every fertile inch o' th' island;
> And I will kiss thy foot. I prithee be my god.
> (II, ii, 117-118; 148-149)

> Oto bóg mężny z nektarem niebiańskim.
> Uklęknę przed nim.
> ....
> Ukaże ci każdy cal żyznej ziemi na tej wyspie
> i całować będę twe stopy; błagam cię, bądź mym bogiem.
> (s. 68, 69)

Bałwochwalcze skłonności Kalibana są ważniejsze od jego fizycznej brzydoty; pierwsze może wyjaśnić to ostatnie, a nie odwrotnie. Kaliban jest monstrum właśnie dlatego, że oddaje cześć Trinculo. Możemy dostrzec to natychmiast, jeżeli zapamiętaliśmy Noc Świętojańską. Kaliban mówi o Trinculo tak jak Helena mówi o Hermii i Demetriuszu. Dowodzenie, że Helena czci tych przyjaciół, gdyż jest okropną bestią byłoby absurdalne. Helena czuje się jak straszliwa bestia, ponieważ niemądrze czci zwykle ludzkie istoty.

Bałwochwalcze pragnienie nie jest nieuzasadnionym komicznym uderzeniem w strunę, które można usunąć ze sztuki bez zmieniania jej natury. Jeżeli oddzielimy to monstrum od jego mimetycznego kryzysu, nie będzie już funkcjonowało jako monstrum. Wino Trincula jest przedmiotem w trójkącie, którego pozostałe kąty okupują sam Trinculo i Kaliban. Wino to odpowiednik Erosa między czworgiem kochanków lub teatralnego odgrywania ról przez majstrów.

Kaliban, wybrawszy Trincula na pośrednika, składa mu taką samą propozycję jak wcześniej Prospero; chce pokazać nowemu bogu swoją piękną wyspę. Gdy mimetyczna choroba pogłębia się, jej ofiary mają skłonność do coraz szybszej wymiany pośredników. W miarę jak zastępowania te mnożą się, ich destabilizujący skutek staje się coraz gorszy, generując owo gwałtowne pomieszanie, prowadzące do rozmnażania się monstrów. Za porzucenie kultu Prospera Kaliban zasługiwałby na naszą aprobatę, gdyby nie przerzucił się natychmiast na nawet mniej boskiego Trincula.

Odkrywszy nikczemność Trincula, Kaliban rozumie swój błąd; ma przebłysk zrozumienia typowy dla wszelkich hipermimetycznych bohaterów w tym momencie, gdy święty prestiż ich aktualnego bożka rozpada się:

> What a thrice double-ass
> Was I, to take this drunkard for a god
> And worship this dull fool!
> (V, i, 295-297)

> Jakim
> Potrójnym osłem byłem, że opoja
> Tego za Boga wziąłem i wielbiłem
> Tępego głupca!
> (s. 129)

Nie należy jednak wysuwać wniosku, że Kaliban naprawdę wyciągnął naukę z tej lekcji i że nigdy nie popadnie z powrotem w bałwochwalstwo. Kaliban uosabia owo paradoksalne połączenie ślepoty i zrozumienia, które charakteryzuje niższe obszary konfliktotwórczej *mimesis*. Czasami wydaje się tak niemądry, że wątpimy w jego człowieczeństwo; innym razem — bardziej inteligentny niż wszyscy w tej sztuce. Kaliban, jak Kasjusz w *Juliuszu Cezarze*, zdobywa poparcie Stephana i Trincula jako spiskowców przeciw Prospero, swemu byłemu bogu i aktualnemu diabłu. Ów spisek jest tym samym trójgłowym monstrum, które chwilę wcześniej widzieliśmy pełzające pod kocem. Jak pamiętamy, Brutus w *Juliuszu Cezarze* mówi o „monstrualnym obliczu" spisku; Kaliban potwierdza *quasi*-techniczne użycie słowa m o n s t r u a l n e w tym fragmencie. Spiski kiełkują, kiedy monstrualne halucynacje w punkcie kulminacyjnym kryzysu stają się normą, w chwili, gdy pragnienie jest tak zaostrzone, że staje się mordercze i zaczyna pojawiać się zastępowanie antagonistów. Kaliban jest całą teorią monstrualności streszczoną w kilku słowach.

Prospero, aby zwabić swoich napastników na inną niż on sam przynętę, ma Ariela rozsiewającego „błyszczące ozdoby" na ich drodze. Konspiracyjni towarzysze Kalibana są tak przez nie skuszeni, że zapominają o swoim pierwotnym celu. Jedynie Kaliban pozostaje skoncentrowany na Prospero i gorzko wyszydza próżność swoich wspólników. Dzięki wszechmocy Prospera i wzruszającej słabości jego przeciwników scenie tej brak suspensu. Jej cel jest raczej dydaktyczny niż dramatyczny. Ilustruje kontrast między z jednej strony, pragnieniem dwóch żeglarzy ciągle jeszcze zorientowanych na przedmiot, tj. między powierzchownym konsumeryzmem, który leży na wyższych poziomach mimetycznego procesu i z — drugiej strony — ową złowieszczą, ale gruntowną jednowymiarowością Kalibana, cechą najbardziej zaawansowanego pragnienia, kiedy niszczenie siłą przeszkody-modelu jest jedynym obsesyjnie realizowanym celem. Wszystko to kończy się larum i krzykiem, zbiorowym szczuciem psów myśliwskich z wyraźną aluzją do jednomyślnego pastwienia się, które kładzie kres kryzysowi Kolejności. Cały mimetyczny proces zostaje przedstawiony symbolicznie.

To przedstawienie jest tak gładkie, że ogólny efekt jest alegoryczny, a nie prawdziwie dramatyczny, inaczej niż w wielkich sztukach wczesnej dojrzałości, jak *Sen nocy letniej, Juliusz Cezar, Troilus i Cressida*. A jednak wszystkie główne aspekty tego procesu są tak jasno naszkicowane, że nie sposób ich pomylić.

Kaliban ilustruje samą zstępującą spiralę mimetycznego wzmagania się i rozpadu, którą odnaleźliśmy odzwierciedloną faza po fazie w rosnącym ekstremizmie kolejnych komedii. Jak zauważyliśmy w pierwszej części tej książki, profil wszystkich sztuk rozważanych chronologicznie przypomina zanurzającą się spiralę symbolizowaną przez Kalibana. Za Joyce'em doszliśmy do wniosku, że trajektoria ta musi coś mówić o estetycznym i egzystencjalnym doświadczeniu autora. Sądzę, że Szekspir to potwierdza, łącząc Kalibana ze swoim własnym procesem twórczym. Połączenie to jest najbardziej widoczne w sławnym stwierdzeniu Prospera na zakończenie sztuki: „to stworzenie mroczne (Kaliban) / Do mnie należy". [s. 128, *This thing of darkness* (Caliban) *I Acknowledge mine*, V, i, 275-76]. Wers ten sugeruje, że ów wpływ Kalibana na autora, choć godny pożałowania, pozostaje zbyt silny, aby go całkowicie pokonać przynajmniej w dziedzinie estetyki.

Szekspir wymyślając Kalibana, pozostawał ciągle w samokrytycznym nastroju *Zimowej opowieści*. Jeśli jednak ponownie spojrzymy na przeszłe dzieje „wyspy", przekonamy się, że aby złagodzić surowość swojej samokrytyki, powołuje się on na okoliczności łagodzące. Kiedy Prospero przybył na wyspę, Ariel już tam był, tak jak Kaliban, ale uwięziony w sośnie, przybysz nie mógł więc spotkać się z nimi bezpośrednio. Karę tę na Ariela nałożyła poprzednia władczyni wyspy, zła czarownica Sycorax, matka Kalibana, ponieważ odmówił podporządkowania się jej rozkazom:

> And, for thou wast a spirit too delicate
> To act her earthy and abhorr'd commands,
> Refusing her grand hests, she did confine thee,
> By help of her more potent ministers,
> And in her most unmitigable rage,
> Into a cloven pine; within which rift
> Imprison'd thou didst painfully remain
> A dozen years ....
> (I, ii, 272-279)

> A że jesteś
> Duchem zbyt jasnym, abyś mógł wypełniać
> Owe przyziemne, obmierzłe rozkazy,
> Przeciwstawiłeś się jej możnej woli,
> Za co z pomocą swych sług bardziej krzepkich,
> Płonąc wściekłością nie do ugaszenia,
> Wraziła ciebie w pień rozciętej sosny
> I w tej szczelinie uwięzionej trwałeś
> Przez lat dwanaście cierpiąc;
> (s. 26)

Ariel reprezentuje bardziej wyrafinowaną, etyczną i szlachetniejszą modę literacką, którą późniejszy Szekspir chce zastąpić Kalibana. Wszyscy krytycy zauważają, że *Burza* jest wyraźnie odmienna od pozostałych sztuk, jeśli chodzi o pewne „techniczne" aspekty literackie. Jest to jedyna dojrzała sztuka Szekspira, dokładnie wiewna arystotelowskiej jedności czasu, miejsca i akcji. Jest to istotny aspekt przeciwstawienia Ariela Kalibanowi, chociaż istnieją inne ważniejsze.

Sycorax umarła, zanim przybył Prospero, ale jej duch przez jakiś czas dominował, gdy Ariel ciągle był w swojej sośnie, a Kaliban *de facto* był panem tego miejsca. Oznacza to, jak sądzę, że kalibanowskie elementy we własnej pracy autora, nad którymi obecnie ubolewa, powstały przynajmniej częściowo z powodu ubolewania godnego stanu angielskiej sceny w chwili, w której rozpoczął pisanie. Należy winić Prospera za zbytni pociąg do Kalibana, ale do pewnego momentu sam był ofiarą złych okoliczności.

Burza nie jest wiecznym „portretem artysty", ale dynamiczną „historią" dzieła Szekspira, które dzieli się na dwa okresy: jeden — znaczony przez Kalibana i drugi — znaczony przez Ariela. Gdy Prospero najpierw uczynił swoim m i n i s t r e m Kalibana, Ariel był przemocą poskromiony; Kaliban z kolei był siłą trzymany w ryzach, gdy Ariel został uwolniony, aby zająć jego miejsce. Kaliban zapewnia sobie pewną swobodę ruchu i jego obecne uwięzienie jest mniej okrutne niż uwięzienie Ariela w przeszłości. Symbolicznie jego więzienie jest jednak bardziej surowe, gdyż znajduje się w w twardej skale, a nie w miękkim drzewie sosnowym. Odzwierciedla to, jak sądzę, powagę zagrożenia, które moralnie i estetycznie reprezentuje Kaliban w oczach późniejszego Szekspira.

Nie potrafimy powiedzieć, gdzie dokładnie należy nakreślić linię graniczną między Kalibanem i Arielem — nie należy tego zresztą próbować, bo chociaż te dwa duchy są w zasadzie nie do pogodzenia, to sugeruje się *de facto* ich koegzystencję. Gdy Ariel był uwięziony, jego żałosny jęk dał się słyszeć j a k w y s p a d ł u g a i s z e r o k a; moim zdaniem oznacza to, że lepszy duch, nawet chociaż stłumiony i ogłupiony, był już obecny w pracach inspirowanych przez Kalibana. I *vice versa*: Kaliban z całą pewnością jest wszędzie u Szekspira, gdyż jego obecność jest uwydatniona w owej jedynej pracy, którą na pewno można przypisać Arielowi — w *Burzy*.

Pewne konotacje Kalibana każą mi myśleć o *Sezonie w piekle* Arthura Rimbauda. Poeta zwraca się ku swojej przeszłości i — nie odrzucając jej całkowicie — dostrzega w niej coś dosłownie piekielnego. Innym kuszącym odniesieniem jest nietzscheański Dionizos.

Podobieństwa tkwią w owej mieszaninie elementów mitycznych i realistycznych, oraz w „prymitywnych" jak i „dekadenckich" konotacjach, które znajdujemy zarówno w Kalibanie, jak i Dionizosie. W Arielu — odwrotnie — jest coś spokojnego, szlachetnego i uporządkowanego, co przypomina o pojęciu apollińskości Nietzschego. Szekspirowską *Burzę* postrzegam jak coś z Nietzschego w odwrocie, coś ostrzegającego publiczność przed ponurą atrakcyjnością Kalibana /Dionizosa — odróżnicowaną przemocą i mitycznymi metamorfozami, które niewątpliwie przyczaiły się za nihilistycznym zawrotem głowy nowoczesnego ofiarniczego kryzysu.

I Ariel i Kaliban chcą być wolni, ale nie ten sam zamysł przyświeca w tym pragnieniu. Kaliban, urodzony niewolnik, pragnie wolności, aby ją znowu roztrwonić na większą liczbę pośredników. Tak jak Hermia głośno protestująca przeciw tyranii ojca, potrafi jedynie kontynuować wybieranie cudzymi oczami.

Prospero uwolnił Ariela z sosny, aby wykorzystywać jego talent literacki, ale przymusowa praca jest odrażająca dla tego ducha o niezależnym umyśle. Szekspir, jak sądzę, daje w ten sposób do zrozumienia, że przymusy swojej kariery literackiej uważa za coraz bardziej nie do zniesienia. Ariel pragnie rzeczywistej wolności, wolności od wszelkiego mimetycznego serwitutu. Owa rewolucja symbolizowana przez ruch ku Arielowi przypomina nawrócenie Leontesa. Stwierdzenie, że *Burza* podejmuje opowiadanie swojego stwórcy w tym miejscu, gdzie *Zimowa opowieść* je kończy, jest uproszczeniem, ale o tyle użytecznym o ile pomaga w usytuowaniu tych sztuk wobec siebie.

Zamiana Kalibana na Ariela nie czyni Prospero „nawróconym" w takim sensie jak Leontes. Możemy nazwać go „zreformowanym", ale musimy natychmiast dodać, że jest mniej zreformowany, niż przypuszcza. Szczerze kocha swoją córkę, ale jest napuszony, obłudny, autorytarny i wielce teatralny. Wszystkie te defekty wskazują na coś w jego przeszłości, na jakieś wielkie zło mu wyrządzone, którego nie może zapomnieć.

Szekspir pisząc *Burzę*, nie poddawał retrospekcyjnie w wątpliwość „autentyczności" nawrócenia Leontesa, ale po prostu przygotowywał scenę do ironicznego widzenia samego siebie. Zasadnicza jest scena, w której Prospero wyjaśnia Mirandzie, dlaczego on — legalny książę, „władza absolutna w Mediolanie" — powinien żyć porzucony na bezludnej wyspie jedynie w towarzystwie swojej córki. Jego *nemesis* jest młodszy brat, Antonio. Bracia byli oczywiście wielkimi przyjaciółmi, ale ich przyjaźń wygasła, gdy Prospero wpadł na niemądry pomysł, aby poprosić Antonio o zastąpienie go na jakiś czas na jego tronie. Łajdak poczuł się w nowej roli jak ryba w wodzie:

> ...he did believe
> He was indeed the Duke, out o' th' substitution,
> And executing the outward face of royalty,
> With all prerogative: hence his ambition growing —
> Dost thou hear? ...
> To have no screen between this part he play'd
> And him he play'd it for, he needs will be
> Absolute Milan.
> (I, ii, 102-109)

> I stał się księciem; był przecież zastępcą
> I całą władzę monarszą sprawował, —
> Stąd pycha jego wzrosła. —
> Czy mnie słuchasz?...
> Pragnąc, by zniknął przedział między rolą
> A tą postacią, którą wciąż przedstawiał,
> Musiał mieć władzę pełną w Mediolanie
> (s. 17)

Gdyby Prospero umyślnie ukartował zamianę rywala potencjalnego na rywala rzeczywistego, nie mógłby zrobić tego bardziej pomysłowo:

> I, thus neglecting worldly ends ...
> ....
> ...in my false brother
> Awak'd an evil nature; and my trust,
> Like a good parent, did beget of him
> A falsehood in its contrary as great
> As my trust was; which had indeed no limit,
> A confidence sans bound.
> (89-97)

> Tak zaniedbawszy wszystkie ziemskie sprawy
> ....
> Podłość w fałszywym bracie obudziłem;
> A ufność moja, jak zbyt dobry ojciec,
> Spłodziła fałsz w nim, równy mej ogromnej
> Ufności; także, jak ona, bez granic
> (s. 16)

Prospero perwersyjnie pobudził owo braterskie pragnienie własnego książęcego b y c i a. Jednakże przedstawia siebie jako naiwną ofiarę, idealistę zainteresowanego jedynie książkami, całkowicie obcego namiętności, którą namiętnie poddaje drobiazgowej analizie.

Nasze długotrwałe doświadczenie natychmiast rozpoznaje jeszcze jednego hipermimetycznego bohatera, jeszcze jednego obsesyjnego Valentina, który zamiast kobietą nęci księstwem. Jednakże zaledwie je stracił, już zawzięcie pragnie je odzyskać. Wszystko w tym portrecie jest komicznie wierne typowi. Retoryczna kwiecistość zdradza tego człowieka: „jakim wiarołomnym / Brat się okazać mógł! (s. 15) ... Czy może to być brat mój? (s. 17) [*that a brother should / Be so perfidious!* ... *then tell me / If this might be a brother*! I, ii, 67-68, 117-118]. Doprawdy? Jakiż inny rodzaj brata Szekspir kiedykolwiek portretował? Musi być więcej symetrii między nimi, niż Prospero chce uznać.

Jakaż może być symetria między bezlitosnym człowiekiem akcji i bezsilnym intelektualistą na pustynnej wyspie? Oczywiście jest to symetria wszystkich mściwych sobowtórów. Fakt, że jeden ma w swej zbrojowni prawdziwą broń, a drugi zaledwie słowa, nie robi zasadniczej różnicy. Słowa mogą być bardziej śmiercionośne niż karabiny, a Prospero jest człowiekiem wielu słów — słów do Mirandy, słów do publiczności, potoku mściwych słów. Ponieważ Prospero i jego córka są sami na tej wyspie, jej aprobata jest równoważna powszechnemu poklaskowi. Ten drugi Lear jest kwintesencjonalnym *littérateur*.

Czym jest ta burza, którą Prospero włącza i wyłącza mocą woli i z której nie wynika najmniejsza szkoda? Jest to, jakby to powiedział Victor Hugo, *une tempête sous un crâne* — własność Prospera, praca (nie)czystej wyobraźni, sama sztuka, którą właśnie oglądamy. Ta burza ma tylko jeden skutek; przyprowadza wszystkich wrogów Prospera tam, gdzie ma on władzę, do tego jedynego miejsca, gdzie wszystkie jego życzenia są natychmiast spełniane — na jego wyspę, do nieistniejącego świata literackiej kreacji. To właśnie każdy pisarz może robić mocą woli — przemieniać wrogów w bohaterów swojej fikcji, gdzie może traktować ich, jak mu się podoba. Wyimaginowana natura zemsty Prospero staje się jasna na koniec sztuki, dzięki brakowi zakończenia. Antonio nigdy nie upokarza się przed bratem. Literacka zemsta Prospero spala na panewce.

Większość pisarzy pisze, aby zaspokoić właśnie to pragnienie, na potępianiu którego strawili całe życie. Doczesna bezsilność przekonuje ich o własnej nieskazitelnej cnocie. Sztuka jest wymyślonym polem bitewnym, gdzie dramatopisarz wygrywa *revanche*, którego nie dostarczyło „rzeczywiste życie".

Władza Prospero nad rzeczywistymi istotami ludzkimi nie równa się jego literackiej mocy. Kiedy widzi zakochanych Ferdynanda i Mirandę wykrzykuje, że „to działa", mając na myśli swoje „czary". Prospero widzi siebie jako wyłącznego kreatora tej miłości, jak i wszystkiego w tej sztuce; z całą pewnością jest nim, ale jedynie w swoim spektaklu. *Vis-à-vis* rzeczywistych istot ludzkich, którymi również są Ferdynand i Miranda, Prospero jest bezsilnym starym człowiekiem.

Możemy to dostrzec w jego niedorzecznym, chociaż wzruszającym fortelu, aby ochronić Mirandę przed cierpieniem z powodu zmienności kochanka. Widząc, że jest to miłość od pierwszego wejrzenia, mimetyczny ekspert w nim zauważa:

> They are both in either's pow'rs; but this swift business
> I must uneasy make, lest too light winning
> Make the prize light.
>
> (I, ii, 451-453)
>
> Wpadli nawzajem w swoje sidła; lecz nazbyt
> Szybko to biegnie. Muszę rzecz utrudnić,
> Aby zwycięstwo lekko uzyskane
> Nagrody lekko nie ważyło.
>
> (s. 36)

Miranda jest zbyt niewinna, aby dać Ferdinandowi tę lub inną nauczkę, więc jej ojciec, jak zwykle, bierze sprawę w swoje ręce. Przez większą część sztuki będziemy obserwować Ferdynanda potykającego się o kłody rzucane pod jego nogi „na srogie zlecenie" przyszłego teścia.

My, mimetyczni eksperci za tą dziwaczną ogniową próbą rozpoznajemy dryft w myśleniu Prospero. Wie, że aby wzmocnić nowo narodzone pragnienie najlepsze są nieprzezwyciężone przeszkody — mimetyczne, oczywiście. W wypadku ich braku należy znaleźć substytuty — Prospero ma na nie genialny pomysł. Kiedy słyszymy kochanków, mówiących do siebie w tym samym języku jak Kaliban, proszący Trincula o to, by został jego bogiem, wątpimy, czy ta metoda wyleczy nielojalność, ale co ojcu pozostaje do zrobienia?

Burza w scenie pierwszej aktu pierwszego nie jest zjawiskiem naturalnym, ale absurdalną bitwą o władzę na statku rzekomo uszkodzonym przez burzę. Zawsze, a szczególnie w nagłym wypadku, polecenia powinien wydawać hierarchia dowodząca okrętem, ale na tym szczególnym okręcie cały prawomocny autorytet został poddany w wątpliwość przez niezdyscyplinowanych pasażerów, samych arystokratów łącznie z księciem i królem. Pomimo odrębnych hierarchii nastawionych na swój własny interes, te dwie grupy mimetycznie współzawodniczą o panowanie nad tym małym królestwem, które w rezultacie coraz szybciej tonie. Rozpadają się w walce sobowtórów, przyspieszają katastrofę, której można by zapobiec poprzez uporządkowane współdziałanie.

Jest to owe „okrycie maską Kolejności" raz jeszcze, gwałtowne odróżnicowanie ofiarniczego kryzysu, ów kontekst wszystkich sztuk Szekspira bez wyjątku. Jest to burza istnień ludzkich wśród nich samych. Aby ją rozpocząć nie potrzeba żadnej burzy meteorologicznej; czary Prospera nie mają tu nic do rzeczy.

Czy burza ta ma miejsce wyłącznie w wyobraźni Prospera, jak to początkowo sugerowaliśmy, czy też w realnym świecie, jak to sugerujemy obecnie? Geniusz tej sztuki w tym, że obie odpowiedzi są równocześnie prawdziwe. Z szekspirowskim założeniem o mimetycznym krążeniu w kółko wyobraźnia Prospero może być równocześnie wszystkim, niczym lub prawie niczym, jedynie nieznaczną przesadą tu i ówdzie. Wymysły wielkiego pisarza nie muszą zgadzać się z rzeczywistym światem, aby były zasadniczo tym samym. Jego „czary" zrobione są z tej samej materii, co rzeczywisty świat, który może zawsze dostarczyć, co potrzeba, aby kontynuować swój wcale niewesoły bieg. Najbardziej histeryczny, hipermimetyczny autor dostrzeże prawdę tam, gdzie pokorny obserwator nigdy nie dostrzeże.

Dobrym przykładem jest brat Prospera, Antonio, który jest nawet gorszy niż przedstawia go Prospero. W scenie pierwszej aktu drugiego widzimy go przygotowującego wraz z Sebastianem plan zamordowania dwóch śpiących niedaleko mężczyzn — brata Sebastiana Alonzo, króla Neapolu i Gonzala, starego doradcy:

> *Sebastian*: I remember
> You did supplant your brother Prospero.
> *Antonio*: True:
> And look how well my garments sit upon me;
> Much feater than before; my brothers' servants
> Were then my fellows; now they are my men.
> ....
> Here lies your brother,
> No better than the earth he lies upon,
> If he were that which now he's like, that's dead;
> Whom I, with this obedient steel, three inches of it,
> Can lay to bed for ever; whiles you, doing thus,
> To the perpetual wink for aye might put

> This ancient morsel, this Sir Prudence, who
> Should not upbraid our course. For all the rest,
> They'll take suggestion as a cat laps milk;
> They'll tell the clock to any business that
> We say befits the hour.
> *Sebastian*: Thy cause, dear friend,
> Shall be my precedent: as thou got'st Milan,
> I'll come by Naples.
>
> (II, 1, 270-292)

> *Sebastian*: Pamiętam, że swego
> Brata Prospera usunąłeś siłą.
> *Antonio*: Prawda. Spójrz, jak te szaty na mnie leżą:
> Zgrabniej niż wprzódy. Słudzy brata byli
> Towarzyszami mymi, dziś mi służą.
>
> ....
>
> Tutaj
> Spoczywa brat twój, nie lepszy niż ziemia,
> Na której spoczął, gdyby tylko zechciał
> Być tym, którego udaje: umarłbym.
> Trzy cale stali posłusznej wystarczą,
> Abym go uśpił na wieki; tymczasem
> Ty możesz w drzemkę wiekuistą wpędzić
> To stare próchno, Pana Rozważnego,
> By nie zawadzał nam w drodze do celu.
> Zaś wszyscy inni tak się dadzą skusić
> Jak kot do mleka. Ujrzą na zegarze
> Taką godzinę, jaką my wskażemy.
> *Sebastian*: Będzie twa sprawa, drogi przyjacielu,
> Przykładem dla mnie; jak ty Mediolan,
> Tak ja Neapol chwycę.
>
> (s. 59-60)

Antonio, jak każdy mimetyczny nałogowiec, rozgłasza swoją ewangelię na wszystkie strony, próbując wpoić w Sebastiana bardziej kryminalną wersję tego samego pragnienia, które Prospero wpoił w niego. Chce, aby Sebastian stał się władzą absolutną w Neapolu w ten sam sposób, jak on sam stał się absolutną władzą w Mediolanie. Scena ta, ze swoimi lustrami i mimetycznym oszukaństwem *en abîme* zdaje się tak znajoma, że czytelnikowi pozostawię przyjemność jej analizy.

W *Burzy* obecne są wszystkie tematy kwintesencjonalnie szekspirowskie: mimetyczne nęcenie, ofiarniczy kryzys, okrywany tajemnicą dyskurs mimetycznego współzawodnictwa, monstrualne podwojenia itd., ale nie są one ze sobą połączone ani prawdziwie dramatyczne. Są jak seria aluzji do poprzednich sztuk, znakomite winiety stworzone dla delikatnej autoparodii.

Szekspir dając do zrozumienia, że sam należy do owego mimetycznego systemu powiązań, który jego sztuki tak często ilustrują, zarówno nie poddaje, jak i poddaje w wątpliwość epistemologiczną bazę swej wizji. Umieszczenie w centrum samego obserwatora jest wykończeniem obrazu. Stwierdziliśmy, że w każdym z romansów pytanie o osobiste zaangażowanie autora staje się bardziej natarczywe; obecnie, w *Burzy* jest najbardziej naglące. Szekspir zawsze dostrzegał, że pragnienie krąży w kółko, ale w komediach i tragediach widział je głównie w świecie zewnętrznym, jako cechę innych ludzi — ludzi których tworzy. Gdy koło to zamyka się na nim samym, mógłby powtórzyć za Macbethem „Wówczas Sprawiedliwość, / O równych szalach, do warg nam przykłada / Zatruty puchar, przez nas napełniony, / Karząc zawartość wypić" [s. 32, *This even-handed justice / Commends the ingredients of our poison'd chalice / To our own lips*, I, vii, 10-12][103].

Jednakże w tym wypadku zamknięcie tego koła jest czymś pobożnie upragnionym, jedynym prawdziwym zwycięstwem Prospera, jego triumfem nad samym sobą. Tak jak Leontes wcześniej, Prospero /Szekspir pokonuje ostatecznie swoje pragnienie zemsty:

> Though with their high wrongs I am struck to th' quick,
> Yet, with my nobler reason, 'gainst my fury
> Do I take part. The rarer action is
> In virtue than in vengeance. They being penitent,
> The sole drift of my purpose doth extend
> Not a frown further.
> (V, i, 25-30)

> Choć mnie ubodły krzywdy me do głębi,
> Jednak po stronie własnej szlachetności
> Przeciw wściekłości mej stanę: gdyż cnota
> Jest doskonalsza w uczynkach niż zemsta:
> Są pełni skruchy, więc już brwi nie zmarszczę.
> (s. 115)

Wróćmy na chwilę do wielkiej sceny Prospera z Mirandą (I, ii). Pomimo wielu przestróg, wykrzykników, nawoływań do czujności, ów wielki czarownik nie potrafi utrzymać uwagi swojej córki: „Proszę cię,

---

[103] Przełożył Maciej Słomczyński, Cassiopeia, Kraków, 1980. [Przyp. tłum.]

posłuchaj mnie ... Czy mnie słuchasz? ... Ty nie słuchasz! ... Proszę cię, posłuchaj mnie ... Zauważ te warunki, to zdarzenie ... Czy mnie słuchasz? ... Posłuchaj trochę dalej ... Usiądź jeszcze i posłuchaj ostatniego" [*I pray thee mark me* .... *Dost thou attend me?* ... *Mark this condition, and th' event.* ... *Dost thou hear?* ... *Hear a little further.* ... *Sit still and hear the last*]. Miranda próbuje wchłonąć obsesję Prospera i odtworzyć ją dla niego jak gramofonowa płyta, ale czuje się coraz bardziej ospała. Gorliwie stara się ukazać zainteresowanie, lecz w rezultacie jej wypowiedź jest bezładnym potokiem słów. Nie próbuje wprowadzać swojego ojca w zakłopotanie, jednakże właśnie to robi; jej pytania ujawniają dziury w jego opowiadaniu:

> *Miranda*: Wherefore did they not
> That hour destroy us?
> *Prospero*: Well demanded, wench;
> My tale provokes that question.
>
> (I, ii, 138-140)

> *Miranda*: Dlaczego
> Nas nie zgładzili wówczas?
> *Prospero*:Słusznie, dziewczę:
> Opowieść moja rodzi to pytanie
>
> (s. 19)

Wymówka Prospera jest typowa: poddani zbyt go kochali, toteż uzurpator nie śmiał go zabić. Wszystko to słyszeliśmy już w *Hamlecie*. Skoro Prospero był tak popularny, jak twierdzi, dlaczego nikt nie pospieszył w jego obronie?

Prospero, mimo wielkich starań, nie potrafi urzec nawet swojego zniewolonego słuchacza. W szczytowym momencie Miranda delikatnie, spokojnie zasypia. Szekspir ironicznie sam sobie zaprzecza: „ta zła krew między braćmi i przyjaciółmi tak się odnawia", spekuluje, „że nudzi młodych ludzi aż do otępienia. Czasy się zmieniły; oryginalność cieszy się popytem, a nie ta odwieczna kronika zgrzybiałej namiętności. Oto mamy piękną dziewczynę, która siedząc w pierwszym rzędzie zasypia przed końcem aktu pierwszego. Sam sobie jestem winien. Czy naprawdę muszę pisać jeszcze jedną sztukę?"

Jeżeli sam Szekspir ostatecznie decyduje, że co za dużo to za wiele, to co będzie z krytykami? Albo moja teza stała się oczywista wieki temu, albo nigdy się nie stanie. Był moment, kiedy mogłem sprytnie zakończyć tę książkę skromnym szekspirowskim cytatem, czymś, co każdy rozpoznałby i docenił, takim jak „lakoniczność jest istotą dowcipu" [*brevity is the soul of wit*]. Za późno na pełne wdzięku opuszczenie sali, ale Szekspir nie jest tym typem pisarza, który opuściłby przyjaciół w krytycznej sytuacji; on robi do mnie oko; zasugerował już najbardziej odpowiednie zakończenie dla mojego przedsięwzięcia, zakończenie nie do uniknięcia dla monografii, którą napisałem. Miranda uśpiona mimetycznym pragnieniem! Po otrzymaniu takiej rady, pozostając wierny memu celowi, nie mogę posunąć się o wers dalej.

POSŁOWIE

Książka René Girarda o Szekspirze jest pierwszą książką tego autora napisaną po angielsku. Trudno interpretować treść dzieł Szekspira, bazując na tłumaczeniu. Tłumaczenie jest już pewną interpretacją.

1. Czego naprawdę dotyczy niniejsza praca René Girarda?

Praca ta dotyczy doświadczeń metafizycznych i ich produktów, które — jak się tego dowodzi, analizując dialog Hipolity z Tezeuszem (rozdział 7) — nie są czystym wymysłem. W dramatach Szekspira mamy wiele bytów nadprzyrodzonych i postaci mitologicznych. Zdaniem Girarda Szekspir pokazuje, gdzie należy szukać ich początku (Girard nie mówi tu o przyczynie).

2. Zaskakujące słowa

Język polski nie dysponuje całkowicie zadowalającymi odpowiednikami wielu słów kluczowych w pracy Girarda. Słowa te ponadto są teoretycznym językiem autora, który rozwijał się stopniowo i którego sens należy rozumieć w kontekście całego dzieła autora. Takimi kluczowymi słowami są na przykład pragnienie (*desire*), *mimesis*, odróżnicowanie (*undifferentiation*), wzajemność / równoważność (*reciprocity*), mimetyczna rywalizacja (*mimetic rivalry*), emulacja (*emulation*), *double bind*, polaryzacja (*polarization*), *victimage*, *scapegoating*, interdywidualny (*interdividual*), podwojenia / sobowtóry (*doubles*), kryzys Kolejności (*crisis of Degree*), mord założycielski (*foundational murder*), składanie ofiary (*sacrifice*) itd.

3. Praca o Szekspirze w kontekście innych prac Girarda.

Zjawiska kulturowe mają początek w przeżyciach metafizycznych. Są ich wytworem. Zjawiska kulturowe Girard proponuje traktować tak jak języki (kontynuując tradycję Lévi-Straussa) „ ... w tym sensie, że są skomponowane ze znaków, które nic nie znaczą, jeżeli są od siebie nawzajem oddzielone. Znaki znaczą za pomocą innych znaków; układają się w systemy wyposażone w wewnętrzną logikę, która nadaje kulturom i instytucjom indywidualność"[104]. Systemy znaków produkują sens, tj. różnicują.

Według Girarda Szekspir odkrył silę, która systematycznie niszczy i tworzy na nowo ów kulturowy sens, tj. różnicujący system kultury. Tą siłą jest mimetyczna zasada. Doprowadza ona do odróżnicowania ludzi na poziomie przeżyć i zachowań, co podkopuje sens (różnicowanie) utrwalony w języku kultury. Język ten ulega zepsuciu, tracąc swą moc komunikacji. Używając metafory Girarda, sens zjawisk kulturowych mniej lub bardziej się rozplata. W danym momencie możemy znaleźć szereg bardziej lub mniej „rozplecionych" instytucji czy pojęć.

Wróćmy na chwilę do doświadczeń metafizycznych, do przeżycia *sacrum*. W innych swoich pracach Girard wykazał, że rytuały, mity, wierzenia (czyli to, co nazywamy religią) są produktami victimage'u, tj. zbiorowego doświadczenia metafizycznego, którym jest sakralizacja ofiary, kładąca kres kryzysowi Kolejności (tj. kryzysowi hierarchii naśladowania). Sam kryzys jak i mord dokonany na ofierze jest naturalną konsekwencją działania mimetycznej zasady.

U kresu działania mimetycznej zasady jest morderstwo — tak ta zasada działa, taka jest jej natura. Morderstwo to może stać się morderstwem założycielskim jakiejś kultury, gdy victimage (sakralizacja ofiary) udaje się.

Obalenie bogów starego victimage'u nie oznacza wolności od mimetycznej zasady i doświadczeń metafizycznych. Oznacza jedynie upadek Kolejności. Boskimi nie będą już dla nas starzy „bogowie" lecz np. nasi przyjaciele. Oznacza tzw. pośrednictwo wewnętrzne, czyli że proces mimetyczny rozpoczyna się od początku, aby zakończyć się nowym victimage'em.

4. Pragnienie

Angielskie *desire* nie ma dobrego odpowiednika w języku polskim. Po polsku oznacza pragnienie, chcenie, pożądanie. Owe wahania w znaczeniu *desire* w języku polskim oddają jednak zmienność zjawiska, które się pod tym terminem kryje. Zdecydowałam się tłumaczyć angielskie *desire* jako „pragnienie", gdyż dla Girarda pragnienie jest procesem w czasie. Rozpoczyna się jako piękne, niewinne pragnienie, przekształcając się w miarę swojego rozwoju w to, co nie wahamy się nazwać zazdrością/zawiścią, używającą przemocy pożądliwością.

---

[104] *Things Hidden since the Foundation of the World*, Stanford University Press, 1987, s. 5.

Pragnienie nie zmienia jednak w czasie swej natury. Od samego początku jest chęcią posiadania tego, co Inny posiada, czyli tym, co nazywamy zazdrością, a co Girard nazywa mimetycznym pragnieniem. Przybiera ono jednak formę coraz bardziej z naszego punktu widzenia „perwersyjną".

5. Mimetyczne pragnienie

Co jest złego w pragnieniu? Dlaczego np. buddyzm nakazuje wyrzeczenia się pragnień, uważając, że jest to droga do większej szczęśliwości?

Girard udziela nam zaskakującej odpowiedzi. Pragnienie jako oryginał nie istnieje. Pochodzi zawsze z drugiej ręki—zawsze jest rezultatem *mimesis*. Pragnienie jest rezultatem naśladowania pragnienia kogoś innego, którego pragnienie jest również rezultatem *mimesis*.

Owa mimetyczna natura pragnienia może mieć różne skutki w zależności od tego, jaki jest aktualny stan społeczności, w której pragnienie to właśnie się rozwija. Jeżeli w społeczności tej jest silna Kolejność (hierarchia naśladowania), wówczas jest ona w stanie dostarczyć pragnieniu zewnętrznego pośrednictwa, tj. wskazać niekonfliktowe przedmioty pragnień, tak że pragnące osoby nie będą o te przedmioty walczyć. Gdy jednak Kolejność jest słaba, ludzie zaczynają walczyć o te same przedmioty, gdyż w wyborze przedmiotów pragnienia naśladują siebie nawzajem.

Zajmijmy się sytuacją, gdzie Kolejność upada. Dramaty Szekspira zaczynają się od upadku Kolejności, co symbolizuje gwałtowne bezkrólewie lub upadek jakiegoś dobrze ustalonego autorytetu. Kolejność upada, bo reprezentujący ją autorytet ma tendencję do samoniszczenia się, co znakomicie pokazuje w *Król Lear*.

To, co wydaje się najważniejsze w pragnieniu — przedmiot pragnienia — jest naprawdę czymś najmniej ważnym. Naprawdę liczy się pośrednik (model) pragnienia — tzn. osoba naśladowana. Pragnienie zaczyna się doświadczeniem metafizycznym. Motorem mimetycznego pragnienia jest bowiem pragnienie b y c i a pośrednika. Temu b y c i u przypisuje się transcendentną wartość. Gdy Kolejność upada b y c i u Innych przypisuje się boską wartość. Pragnienie mimetyczne to pragnienie metafizyczne — pragnienie boskości b y c i a Innego.

Mimetyczne pragnienie ma strukturę trójkąta. Naśladując pragnienie przedmiotu przez naszego przyjaciela (wewnętrzne pośrednictwo), którym nie można się dzielić, popadamy z nim w konflikt o ten przedmiot. Przyjaźń jest zmącona przez mimetyczny *double bind*, który zaczyna panować nad interakcją.

Położenie osób złapanych w trójkąt mimetycznego pragnienia jest równoważne/wzajemne. Obie strony naśladują to samo pragnienie, naśladując siebie nawzajem. Tworzy to samonapędzający się układ.

6. Ewolucja mimetycznego pragnienia

Ewolucja pragnienia to również następujące po sobie zmiany w świadomości osób złapanych w trójkąt mimetycznego pragnienia. Poszczególne stany świadomości są reprezentowane przez różne szekspirowskie postacie. Te stany świadomości są zaraźliwe i rozprzestrzeniają się z łatwością na całe grupy społeczne. Girard mówi jednak o ewolucji pragnienia a nie po prostu o ewolucji świadomości.

A. *Mimesis* nabywania

Pragnienie zaczyna swój bieg od doświadczenia metafizycznego — pragnienia przedmiotów, które posiadają ci, których b y c i e wydaje się boskie. Przechodząc różne stadia swego rozwoju, pragnienie kreuje nowych bogów (boskim staje się przedmiot pragnienia, pośrednik pragnienia czy też podmiot pragnienia) i kończy swój bieg połączone z innymi pragnieniami w metafizycznym doświadczeniu victimage'u.

Faza I: Formowanie się trójkąta mimetycznego pragnienia (syndrom rajfura i rogacza).

Mimesis jest odpowiedzialna za formowanie się trójkąta mimetycznego pragnienia i jest motorem kolejnych przekształceń.

Pragnienie subiektywnie ma charakter jednostkowego przeżycia, lecz naprawdę jest zakorzenione w rzeczywistości interdywidualnej, tj. w tym że przedmioty, które posiadamy, nabierają wartości tylko dzięki odbiciu ich w pragnieniu przez innych ludzi (tzn. w ich zazdrości). Gdy Inni pragną tych samych przedmiotów, co my, przedmioty te nabierają wartości metafizycznej. We wczesnych sztukach Szekspir pokazuje mężów, którzy pobudzają u innych mężczyzn pragnienie ich własnej żony — sami są zarówno rajfurami jak i rogaczami. Ich pragnienie własnej żony jest jedynie pozornie oryginalnym pragnieniem. Naprawdę kuszą innych, aby móc naśladować ich pragnienie własnej żony, nawet chociaż dali temu pragnieniu początek.

Uformowany trójkąt pragnienia odróżnicowuje strony: zarówno rajfur/rogacz, jak i gwałciciel naśladują to samo pragnienie. W rezultacie walczą o ten sam przedmiot pragnienia i na tego, kto zdobywa ów przedmiot nielegalnie, społecznośc zrzuca cała winę. Wyróżnienie łajdaka to forma scapegoatingu, tzw. ofiarnicze wyjaśnienie zdarzeń. Łajdak to uległe sakralizacji zło.

Faza II: Rozpadanie się trójkąta mimetycznego pragnienia (monstrualne podwojenia).

Zdobycie przedmiotu mimetycznego pragnienia nie daje satysfakcji. Zdobycie przedmiotu pragnienia nie czyni bowiem b y c i a zdobywcy równie boskim, jak wydawało się być b y c i e Innego, do którego ów przedmiot pierwotnie należał. Ponadto zdobycie przedmiotu pragnienia pozbawia b y c i e pośrednika elementu boskiego. Traci on autorytet jako pośrednik. Z trójkąta mimetycznego pragnienia pozostają jedynie zwalczające się, zablokowane przez mimetyczny *double bind* i nie mogące zrozumieć własnej zdrady monstrualnc podwojcnia. Próbują wyciągnąć jakieś wnioski ze swojego smutnego doświadczenia. Dobrym wyjaśnieniem stają się wówczas np. duszki, jak w *Śnie nocy letniej*. Tworzenie bytów nadprzyrodzonych jako odpowiedzialnych za kłopoty w miłości jest ofiarniczym wyjaśnieniem zdarzeń.

Faza III: Metamorfozy i korupcja języka.

Osoby złapane w trójkąt mimetycznego pragnienia odczuwają subiektywnie silną polaryzację własnych pozycji. Czując się w piekle, postrzegają partnera jako boga. Naprawdę są coraz bardziej odróżnicowani — obie strony naśladują to samo pragnienie. Osoby w subiektywnym odczuciu spolaryzowane próbują się temu odczuciu sprzeciwić. Ich pozycje mogą się ponadto naprawdę zmieniać. Taką huśtawkę spolaryzowanych pozycji pokazano w *Śnie nocy letniej*. Gdy biegunowe widzenie samego siebie przestaje być stabilne i zaczyna się zmieniać, psuje się język ludzi próbujących opisać swoje doświadczenie. Nie potrafią już opisać pojęciowej opozycji leżącej u podstaw tej biegunowości (różnicy).

Podobnie jest w przypadku szybkiej zmiany ról. Język traci władzę nad doświadczającą tej zmiany jednostką. Wyzwala się ona z języka. Pojawiają się halucynacje.

Faza IV. *Mimesis* double bindu i mimetyczna manipulacja.

Polaryzacja pozycji, z których jedna charakteryzuje się ekstremalną samopogardą, a druga ekstremalną miłością własną jest rezultatem *mimesis*. Skrajna miłość własna jest imitacją pragnień skierowanych na samego siebie. Przedmiot nie do zdobycia przyciąga doświadczone pragnienia, które próbowały wyciągnąć wnioski z dotychczasowych doświadczeń. Doświadczywszy, że zaspokojenie pragnienia przynosi rozczarowanie, doświadczone pragnienie chce pozostać nie spełnione. Według Girarda jest to wzorowanie się na mimetycznym *double bind*, tzn. na zablokowaniu każdego możliwego wyboru.

Gdy ludzie złapani w trójkąty mimetycznego pragnienia osiągają opisany wyżej stan świadomości, wówczas możliwe staje się pojawienie się Pandarusa — według Girarda najbardziej frapującego bohatera *Troilusa i Cressidy*. Pandarus sam „zablokował" się całkowicie, jeśli chodzi o własne pragnienie. Jest on rajfurem, który dla własnej uciechy (podglądactwa) tworzy dla innych trójkąty mimetycznego pragnienia.

W *Troilusie i Cressidzie* wszyscy prędzej czy później osiągają podobny stan świadomości, co Pandarus. Cressida próbuje manipulować pragnieniem Troilusa, próbując najpierw zniszczyć jego miłość własną i poprzez swoją obojętność wskazać na siebie jako przedmiot pragnienia, a następnie próbując dostarczyć mu modeli i rywali, aby pozostać przedmiotem jego pragnienia. Ulisses manipuluje w taki sam sposób pragnieniem Achillesa, próbując zniszczyć jego pychę, najpierw przez uczynienie bożyszczem Ajaxa, a następnie przez odsunięcie pragnień tłumu od Achillesa.

Manipulacje pragnieniem nie przynoszą pożądanych skutków. Przynoszą chaos, a właściwie pogłębiają chaos, o którym wspomina się na początku *Troilusa i Cressidy* i który tu właśnie określa się jako kryzys Kolejności.

B. *Mimesis* konfliktu (naśladowanie odwetu).

W *Juliuszu Cezarze* zniknęły już przedmioty pragnienia. Pragnienie przekształciło się już w to, co bez wahania nazwiemy zazdrością /zawiścią, pożądliwością. Ludzie w tym stanie świadomości naśladują siebie nawzajem w wyborze przedmiotu do ataku, a nie przedmiotu miłości. Szukają odpowiedzialnego za swoje nieszczęścia. Ludzie formują i naśladują formowanie się spisku i morderstwo.

Faza I: Spisek

Zostaje wytworzone mimetycznie pragnienie morderstwa przez formowanie spisku.

Faza II: Naśladowanie spisku

Tłum mszcząc się za śmierć Cezara, naśladuje mordercę Cezara, tzn. naśladuje formowanie się spisku, czyli polaryzację i zabijanie.

Faza III: Walczący bracia

Walczący bracia (zwalczające się sobowtóry/podwojenia) formują się po śmierci Cezara. Zaczyna się walka, gdzie obie strony twierdzą, że walczą w imieniu Cezara. Mordercy twierdzą, że kochali Cezara, ale musieli go zabić dla dobra Republiki (Cezar rzekomo chciał korony). Antoniusz chce pomścić śmierć Cezara, chociaż w jakimś stopniu podziela poglądy morderców i ich kocha. Dochodzi do bitwy pod Filippii, gdzie Brutus i inni mordercy Cezara popełniają samobójstwo w imieniu Cezara. Naśladują jego zabójstwo w swym samobójstwie, przedstawiając samych siebie jako dalsze ofiary w tej samej co Cezar sprawie.

C. Zakończenie kryzysu: victimage

Juliusz Cezar jest sztuką o morderstwie i procesie przetłumaczania go na język instytucji, jaką jest składanie ofiary. Uczynienie z Cezara ofiary złożonej w kulcie Tarkwiniusza — demona-tyrana zagrażającego Republice — nie udaje się. Udaje się natomiast zinterpretowanie samobójstwa Brutusa jako ofiary złożonej w kulcie Cezara. Wyłania się kult republikańskiego królobójstwa, tj. poświęcania się dla zabijania wroga Republiki. Jest to opis udanego victimage'u, tj. udanej sakralizacji ofiary i utworzenia instytucji składania ofiary.

Pod udanym victimagem kryje się jednomyślność, co do słuszności zabicia jakiejś ofiary. Pojawia się wiara, że pewna krew została przelana słusznie. Jednomyślność ta powoduje zakończenie kryzysu. To nagłe zakończenie (będące rezultatem *mimesis*) jest nie rozumiane i przypisane zostaje zabitej ofierze rozumianej jako budzącego lęk i miłość boga, któremu wspólnota winna jest posłuszeństwo. Rozwija się konformizm do rozkazów boga, naśladowanie wzorów postrzeganych jako wzory od boga. Zostaje odbudowana Kolejność.

Według Girarda funkcjonowanie danej społeczności opiera się na instytucji składania ofiary, która jest imitacją mordu założycielskiego i ma na celu odbudowywanie jednomyślności co do jego słuszności. Instytucja ta przechodzi ewolucję wraz z ewolucją danej kultury w kierunku łagodzenia jej jawnego okrucieństwa aż do granicy zaprzeczenia samej sobie. Ostatecznie wszystkie instytucje i wytwory danej kultury są wytworami mordu założycielskiego. Dla całego systemu różnicowań danej kultury jest on ostatecznym odniesieniem.

Girard nazywa ofiarę mordu założycielskiego kozłem ofiarnym, aby podkreślić, że wbrew wierze jakiejś grupy było to morderstwo niesłuszne. Chce też wskazać na zbrodnicze początki różnicowań kulturowych.

Tak więc Girard twierdzi, że rozwojem kultury rządzi mimetyczna zasada. Ona powoduje, że systemy te cyklicznie się rozpadają, a u fundamentów kolejnej rozwijającej się kultury leży victimage.

Według Girarda Ewangelie, ale także niektórzy powieściopisarze i dramaturdzy odkryli, co naprawdę leży u fundamentów kultury, u jej początków. Próbują budować kulturę nie bazującą na przemocy, wolną od victimage'u.

7. Byty nadprzyrodzone i postaci mityczne jako produkt kozła ofiarnego

Girard dowodzi, że szereg bytów nadprzyrodzonych, postaci mitycznych, jak i sam boski Cezar są świadomie przedstawione przez Szekspira jako kozły ofiarne. Przedstawia o na przykład. Cezara z szeregiem znamion ofiarniczych (jak kiepskie ucho), które w świadomości prześladowców charakteryzują kozła ofiarnego.

8. Naśladowanie własnej śmierci

Girard w zaskakujący sposób interpretuje *Romeo i Julię* oraz *Otello*. Julia i Desdemona umierają, gdyż naśladują własną śmierć.

W pracy Girarda istnieje wiele niejasnych punktów. Częściowo może to być spowodowane tym, że jego język płynie pod prąd naszych myślowych przyzwyczajeń. Warto zawsze pamiętać, że Girard używa wielu różnych słów do opisu mimetycznej zasady — czyli tego samego następującego po tym samym, poprzedzającego to samo i walczącego z tym samym. A jednak moc twórcza powtarzania tego samego jest ogromna (rozwija to chociażby matematyczna teoria chaosu). Szereg pojęć wskazuje wyłącznie na różny aspekt tej takiej-samości. Np. wzajemność to doskonałe naśladowanie się stron; mimetyczna rywalizacja to naśladowanie cudzego pragnienia i walka wynikła w tego naśladowania wspólnego przedmiotu pragnienia.

9. Mimetyczna zasada

Na zakończenie warto przypomnieć ogólnie, czym jest według Girarda mimetyczna zasada i w jakiej relacji do niej pozostaje religia.

Mimesis jest tą zasadą, która doprowadza do rozpadu kultury (jej odróżnicowania, czyli rozplecenia się jej symbolicznego sensu) jak i tą zasadą, która doprowadza do wyłonienia się nowego kulturowego porządku (tj. zróżnicowania, czyli symbolicznego sensu). *Mimesis* to prosty mechanizm powtarzania tego samego wzoru o niezwykle złożonych skutkach.

Kumulatywne skutki *mimesis* Girard opisuje poprzez rozróżnienie *mimesis* nabywania i *mimesis* konfliktu.

Mimesis nabywania, czyli naśladowanie pragnienia tego samego przedmiotu, polaryzuje ludzi. Pragnienie tych samych przedmiotów prowadzi do konfliktu o te przedmioty. *Mimesis* nabywania będąc zaraźliwa (coraz więcej ludzi naśladuje wskazane pragnienie przedmiotu) polaryzuje i skłóca coraz więcej ludzi. Stosunki społeczne oraz osobowości dezintegrują się, gdyż rośnie odróżnicowanie. Identyczni przeciwnicy walczą zaciekle o przedmiot, który ma wartość tylko dzięki temu, że strony naśladują swoje pragnienie i o ten przedmiot walczą.

Mimesis konfliktu to naśladowanie samej rywalizacji, niekończący się odwet. *Mimesis* konfliktu polaryzując, integruje. Naśladowanie morderstwa doprowadza do skupienia się wokół tej samej ofiary. Osiągnąwszy integrację wokół morderstwa arbitralnej ofiary, przypisuje się jej cechy boskie. Budzi ona lęk jako ktoś, kto powoduje zarówno kryzys, jak i jego zakończenie. Wspólnota koncentruje się na wszelkich znakach ze strony tej boskości, traktując je jako instrukcje.

Religia ze swoimi rytuałami i zakazami to niekompletna wiedza o skutkach *mimesis*. Mimetyczny konflikt jest przedstawiony jako zemsta krwawego boga. Religia nakłada sankcje na mimetyczny konflikt. Systemy religijne zapobiegają rozprzestrzenianiu się przemocy, zakazując pewnych mimetycznych zachowań. Większość religii jednak leczy skutki *mimesis* przez użycie tych samych środków co choroba, czyniąc centralną instytucję składania ofiary zamiast wiedzy o działaniu mimetycznej zasady.

10. Postawa chrześcijańska

Zimowa opowieść próbuje dostarczyć nieofiarniczego zakończenia chaosu wywołanego przez mimetyczne pragnienie. Sztuka ta przedstawia „zmartwychwstanie" Leontesa, czyli zrozumienie mimetycznego pragnienia jako mechanizmu własnego okrutnego zachowania.

11. Uwaga końcowa

Mimetyczne pragnienie doprowadza więc prędzej czy później do konfliktu wszystkich z wszystkimi, dezintegrując język i osobowości. Konfliktu tego nie zakańcza umowa społeczna, lecz victimage. Dziś obaliliśmy bogów, ale siły, które dawały im początek działają. Czy potrafimy je opanować?

New Haven, wrzesień, 1995
Barbara Mikołajewska

www.ingramcontent.com/pod-product-compliance
Lightning Source LLC
Chambersburg PA
CBHW071957150426
43194CB00008B/909